西學東漸
中學西傳

甲午年湯春 崔爾定題

总第二十八集
2020年春夏卷
CSSCI来源集刊
北京语言大学主办

阎纯德　主编

 语言资源高精尖创新中心支持项目

漢學研究
Chinese Studies

学苑出版社

图书在版编目（CIP）数据

汉学研究．总第二十八集：2020年．春夏卷 / 阎纯德主编．-- 北京：学苑出版社，2020.7
　ISBN 978-7-5077-5963-1

　Ⅰ．①汉…　Ⅱ．①阎…　Ⅲ．①汉学－文集　Ⅳ．① K207.8-53

中国版本图书馆 CIP 数据核字 (2020) 第 115830 号

出 版 人	孟　白
责任编辑	杨　雷　张敏娜
封面题字	朱天曙
出版发行	学苑出版社
社　　址	北京市丰台区南方庄 2 号院 1 号楼
邮政编码	100079
网　　址	www.book001.com
电子信箱	xueyuanpress@163.com
销售电话	010-67601101（销售部）　67603091（总编室）
经　　销	新华书店
印 刷 厂	北京虎彩文化传播有限公司
开本尺寸	710×1000　1/16
印　　张	40.875
字　　数	650 千字
版　　次	2020 年 7 月第 1 版
印　　次	2020 年 7 月第 1 次印刷
定　　价	80.00 元

汉学研究编辑委员会

顾　　问：汤一介　李学勤　袁行霈　李宇明
　　　　　倪海东　崔希亮　李向玉　安平秋
主　　任：刘　利
副 主 任：韩经太
主　　编：阎纯德
副 主 编：周　阅
编辑部主任：陈　皛
编　　委：万　明　乐黛云　王　宁　王晓平
　　　　　方　铭　刘顺利　严绍璗　李明滨
　　　　　李庆本　宋绍香　杜道明　张西平
　　　　　张国刚　张　华　何培忠　杨玉英
　　　　　陈戎女　周　阅　郑杰文　欧阳哲生
　　　　　段江丽　耿　昇　耿幼壮　柴剑虹
　　　　　钱林森　钱婉约　徐志啸　郭　鹏
　　　　　阎纯德　阎国栋　黄晓敏　熊文华

卷前絮语

一

　　2020年岁首，流窜多时的旷世新冠病毒，借传统节日荼毒武汉，在中国，武汉是"战疫"前线；这场全民"战争"，有力出力，有钱出钱，钱少的捐"心"，无数白衣战士，奋斗在最前线，全世界的一切善良人，也和我们在一起。

　　这场"战疫"，中国得到许多国家人民的同情与支持。疫情一发生，日本许多地方的民众与企业率先伸出道义援手，向武汉驰捐防疫物资，东京街头写着"中国加油""武汉加油"，晴空塔专门点亮红色和蓝色，为中国武汉抗击疫情祈愿和加油。发往援助中国的物资箱上写着"山川异域，风月同天""岂曰无衣，与子同裳""青山一道同云雨，明月何曾是两乡""辽河雪融，富山花开。同气连枝，共盼春来"……这些源自《诗经·秦风·无衣》、唐朝王昌龄《送柴侍御》和南朝梁周兴嗣《千字文》的朴素、自然而美丽的诗句，无不负载着人类深沉的博爱思想，它们很美，其美就在于美得真诚，美得走心！日本人民在中国危难之时，给予我们物质和精神的援助，温暖了中国人的心！

　　在这次"疫情"中，我对日本汉学家海村惟一说："日本人民在中国遭受病毒袭击之时给予的同情、支持和阳光般的温暖，深深感动了中国。中日一衣带水，风月同天，但愿中日两国人民能够世世代代友好下去……"不仅是日本，还有众多国家也纷纷发声，向武汉呼喊，提供人道援助；世界卫生组织赞扬中国全民的"抗疫"精神。

　　尽管人类种族相异，肤色不同，但是，人类同根，命运共体。人与世界的距离，是心与心的距离；这种手足之情，在于理解与真诚。我们都生活在地球这条大船上，不"同舟共济"，这条大船就可能扛不住狂风巨浪。

　　病毒是人类既狡猾又恶毒的敌人。从冬春至初夏，它以百倍的残酷，向人类发动登峰造极的"屠杀"。在不少国家受到严重伤害之时，中国虽在"疗伤"之中，仍以"同舟共济"之精神，向不少国家提供了人道支援。

5月初,26位联合国大使以"云合唱"的形式,动情地演唱已故流行曲天王、伟大的艺术家、慈善家,被称为"图腾、信仰、演艺至尊、万王之王和上帝的乐器"的迈克尔·杰克逊(Michael Jackson,1958—2009)创作的一首最著名歌曲《治愈世界》(*Heal the World*),以表达对遭受新冠病毒侵害的人类的同情与声援:"在你心中有个地方,我知道那里充满了爱,这个地方会比明天更加灿烂;如果你真的努力过,你会发觉不必哭泣,在这个地方,你感觉不到伤痛或烦忧;到那个地方的方法很多,如果你真心关怀生命,给彼此多一点空间,营造一个更美好的地方。拯救这个世界,让它变得美好——为你,为我,为了全人类。……不断有人死去,如果你真心关怀生命,就为你、为我,创造一个更加美好的世界!如果你想知道缘由,那是因为有一种爱,它不会说谎,爱是坚强的,爱就是心甘情愿地奉献;如果我们努力尝试,我们将会看见,在这幸福中,我们感觉不到丝毫恐惧或畏忌;我们不仅仅是活着,而是真正开始生活,那爱的感觉将延续下去,爱让我们不断成长,创造一个更美好的世界,拯救这世界,让它变得美好,为你、为我、为了全人类……在我心中你们都是我的兄弟,共同创造一个没有恐惧的世界。我们一起流下喜悦的泪水,看到许多国家铸剑为犁,我们真能达到那里,如果你真心关怀生命,营造一些空间,创造一个更美好的地方,拯救这世界,让它变得美好……"深信每个人听到这支歌曲,想到人类的灾难,都会流下热泪的。

人之初的善良是共同的。人类走到今天,总是君子多,小人少,善良、仁慈的同情心,即使"三观"不同的人,也会"和而不同"地生活在同一片蓝天下,用中国人的思维,这叫情系一心,"四海之内皆兄弟",这就是"道不远人,人无异国""德不孤,必有邻"。人类处于困难时期,但是这一切都会过去!

二

汉学是文化交流,在这种交流、接受和欣赏中,不仅彼此受益,也会有超越。我们说,天有三宝:日、月、星;人有三宝:仁慈、善良、宽容。人心对了,世界就会有"同心同德"和"风雨同舟"。以中国文化为蓝本创造的SINOLOGY,传递的就是这种思想。

在此非常时期,我被迫蜗居一隅,趴在高不过半米、大不足平米的小圆桌上，凭借垫上厚厚的杂物，架上电脑，组成我的"办公室"，在不时经受停电的骚扰下，哈着腰，低着头，继续我2019年岁末开始的《汉学研究·总第二十八集》"春夏卷"的编辑工作。这个过程，我与"武汉战疫"的喜、忧、痛日夜相伴，折磨着你我，痛苦着你我；"汉风"曾经吹拂的国度发出回声——"山川异域，风月同天""岂曰无衣，与子同裳"……人分异地，情同一心、风雨同舟的感情，其实就是SINOLOGY的回音，是中外文化交流绽放的善良之花。

在悲情到处弥漫之时，我在遥远而无"人烟"之地封闭自己，在潜心编辑"春夏卷"的过程中，无意中又诞生了"秋冬卷"：聪明、健壮、漂亮的"两兄弟"，会在"战疫"中一先一后诞生！最先面世的"春夏卷"是一个健壮的娃娃，他有不少亮点，除了"国学特稿"，还有"窗外风景"这个专栏，三篇大文，都负载着名家的智慧和心血。"阳明学域外传播与研究"全是日本阳明学研究，颇具学术性，是真正的日本汉学研究。"'汉籍合璧工程'专栏"文章五篇，面向世界，寻找中国文化典籍曾经走过的足迹；"法国汉学研究"栏，实则钱林森教授主持的"中法建交55周年"专辑的续篇，因文章繁多，至今依然不能刊完，只能以备下次待用；"德国汉学研究"由李雪涛教授领衔，文章实力不俗；"俄罗斯汉学研究"由名家李明滨挂帅；"美国汉学研究"也很好；还有"波兰汉学研究""葡萄牙汉学研究""意大利汉学研究"等，文章虽不算多，却代表了我们不断拓展进取的面貌。"日本汉学（中国学）研究"历来来稿最多，而"朝鲜半岛汉学研究"和本刊的重要栏目"中国文化经典传播与研究"也都来稿丰富。

在疫情暴发的这两个多月里，本刊用稿的安排，无论是延迟刊发，或是希望作者对文稿进行适当修改压缩，曾得到二十多位作者的理解与支持，有钱林森、周月琴、魏崇新、万燚、李真、张明明、周睿、韩东、尤珉、包呼格吉勒图等。

尘埃落定之后，一切都是过去时。昨天的风暴过去了，我们有了一个难得的今天。25岁的《汉学研究》也迈出脚步，欢欢喜喜，让风景留下自己的身影……

阎纯德

2020年5月8日改于神州半岛

目　录

卷前絮语 　　　　　　　　　　　　　　　　　　　　　　　　　　阎纯德（ 1 ）

· 国学特稿 ·
　　魏晋隋唐儒学的特征与精华（下）　　　　　　　　　　　　　　单　纯（ 1 ）
· 窗外风景 ·
　　"知识旅行"与"学科交屏"
　　　　——简论20世纪上半期中国日耳曼学与德国汉学的互动　　叶　隽（ 19 ）
　　中西交往史及相互影响研究的当下意义
　　　　——"海外中国研究若干词汇梳理及启示"的补正　　　　　俞晓秋（ 36 ）
　　作为一门新兴学科的世界华文文学　　　　　　　　　　　　　　古远清（ 47 ）
· 张西平专栏 ·
　　19世纪中国典籍的西译
　　　　——一个纲要式的总结　　　　　　　　　　　　　　　　　张西平（ 65 ）
· 阳明学域外传播与研究 ·
　　日本阳明学的发生原因及早期特征　　　　　　　　欧阳祯人　向昊秋（ 74 ）
　　论岛田虔次的朱熹、王阳明关系研究　　　　　　　　　　　　　詹良水（ 94 ）
　　论井上哲次郎的"日本阳明学"研究
　　　　——以《日本阳明学派之哲学》为中心　　　　　　　　　　张细进（108）
　　日本儒学家冈田武彦的阳明学研究　　　　　　　　　　　　　　刘海成（121）
· "汉籍合璧工程"专栏 ·
　　主持语　　　　　　　　　　　　　　　　　　　　　　　　　　王承略（134）
　　俄罗斯国立图书馆所藏顾之逵校本《穆天子传》初探　　　　　　陈肖杉（136）
　　俄藏张之洞致吴重憙佚札两通考释　　　　　　　　　　　　　　李　兵（146）
　　日藏孤本《月令采奇》考　　　　　　　　　　　　　　　　　　刘　博（154）

日本内阁文库藏孤本《金谷奇芳》考述　　　　　　刘迎秋　刘宗棠（161）
日本汉学家赤松弘《诗经述》的阐释特色
　　　——以《国风》为中心　　　　　　　　　　　　　　杨胜男（170）

· 法国汉学研究 ·

法国汉学家儒莲《太上感应篇》法译本考析　　　　　　张　粲（177）
顾赛芬《论语》法语译本出版沿革考证　　　　　　　　成　蕾（188）
从"自然"到"自然哲学"
　　　——法国汉学家贝特鲁奇的中国绘画研究　　　　孙　敏（199）
《不同民族的道德与宗教传统史概述》第六章：古代中国
　　　［法］艾蒂安·皮维尔·德·瑟南古　著　柴庆友　刘成富　译（214）
法国国家图书馆藏小说戏曲版本考述　　　　　　　　　陈恒新（224）

· 德国汉学研究 ·

重构德国汉学叙事的新尝试
　　　——对作为学术史的德国汉学史的几点认识　　　李雪涛（232）
论卫礼贤的中国、中国人和中国文化观　　　　　　　　黄　涛（241）
20世纪上半叶德语中国文学史的历史书写
　　　——以"四大名著"为中心　　　　　　　　　　张　欣（253）

· 俄罗斯汉学研究 ·

《荀子》在俄罗斯的流传　　　　　　　　　　　　　　李明滨（264）
瓦西里耶夫的中国历史研究　　　　　　　　　　　　　赵春梅（274）
道家研究
　　　——俄罗斯1917年之前的汉学发展
　　　　　　　　　　　［俄］阿·列·梅申斯基著　张海鹰　译（283）
查瓦茨卡娅《中国古代绘画美学问题》的学术特色与价值　魏　刚（301）

· 美国汉学（中国学）研究 ·

中国的哲学何以是世界的哲学
　　　——重思芬格莱特　　　　　　　　　　　　　　张慕良（315）
芮乐伟·韩森与尼雅、楼兰出土文物和文书研究　　　　陈　晶（326）
康达维赋学研究中的扬雄形象建构　　　　　　　　　　贾文霞（340）

目 录

· 拉美汉学研究 ·

拉丁美洲当代诗人与李白的互文性研究 　　　　　　　　　李翠蓉（355）

· 波兰汉学研究 ·

初论并论所宣称的"中华三段论"（上）
　　　　　　　［波兰］雅努什·赫梅莱夫斯基 著　钱 爽 译（367）

· 葡萄牙汉学研究 ·

葡萄牙汉学的萌芽 　　　　　　　　　　　　　　　　　张敏芬（376）

· 意大利汉学研究 ·

中意文化交流史重要人物方济各会士叶尊孝 　　　　　　杨慧玲（393）

· 日本汉学（中国学）研究 ·

西学的介入与日本汉学的变局
　　——从《日本汉学史》谈到日本汉学史 　　　　　　张 真（405）

沟口雄三中国学思想方法论的悖论 　　　　　　　　　　朱 捷（424）

江芸阁形象在近代日本的变迁 　　　　　　　　　　　　唐 权（432）

策彦周良《谦斋南游集》版本考论 　　　　　　　　　　陈 茜（448）

"章断注连"考
　　——《倭名类聚抄》中《颜氏家训》的影响及传承 　莫文沁（461）

对修辞的考究
　　——《〈文选〉李善注的活用》序章
　　　　　　　　［日］富永一登 著　杨晓斌 张静宜 译（474）

· 朝鲜半岛汉学研究 ·

满洲史和东北史的关系考察
　　——基于稻叶岩吉与金毓黻的交流
　　　　　　　　　［日］毛利英介 著　王广义 张朝钰 译（482）

朝鲜李植对中国文学的接受及其意义 　　　　　　　　　王 成（495）

崔溥《漂海录》中的比较意识 　　　　　　　　　　　　聂友军（506）

朱熹《家礼》视域下朝鲜中期茶文化的汰革　　　　赵曜曜 周 欣（519）

· 南亚汉学研究 ·

70年来印度的中国研究
　　——历史与趋势 　　　　　　　　　　　　　　　　管永前（530）

缅甸汉学家妙丹丁翻译的中文作品及影响研究　　　　　　张秋琳（542）

· 中国文化经典传播与研究 ·

"史"与"诗"的融合
　　——詹宁斯《诗经》英译本研究　　　　　　　　　　左　岩（553）
论典籍翻译中的强制阐释
　　——以传教士《中庸》英译本为例　　　　　　　　宋晓春（567）

· 春秋论坛 ·

他者的中国眼
　　——林语堂及其华文打字机
　　　　　　　　　　［美］迈卡·阿毕瑟　等　著　杨玉英　选译（579）
《聊斋志异》的图像传播
　　——大洋洲纪念币与英美烟卡考释　　　　　　　　任增强（588）
汉语神学词汇考
　　——以"圣神"为例　　　　　　　　　　　　　　王硕丰（597）

· 汉语教学国际传播研究 ·

啤嚊道《华英通语》与美国早期汉语教育　　　　　　潘瑞芳（605）
洋人眼中的汉语教学
　　——《华西初级汉语教程》　［加拿大］启尔德　著　廖芷蘅　译（617）

· 书评 ·

一部中西文化交流史研究的厚重之作
　　——评欧阳哲生著《古代北京与西方文明》　　　　付　政（627）
从西方影像中发掘中国近代史
　　——《海外史料看庚子事变》介评　　　　　　　　姚　斌（631）

Contents

Editor's Remarks   Yan Chunde (1)

Special Manuscripts Resulted from Studies of Chinese National Culture

The Features and Essences of the Confucianism in Wei, Jin, Sui and
    Tang Dunasties (II)   Shan Chun (1)

Views Outside Windows: Special Manuscripts

A Brief Analysis of the Interaction between Chinese Germanology and German
    Sinology in the First Half of the 20th Century   Ye Jun (19)

The Combing and Enlightenment of Loanwords in Chinese Studies from Abroad
     Yu Xiaoqiu (36)

The World Chinese Literature as an Emerging Discipline   Gu Yuanqing (47)

Special Column Dedicated to Zhang Xiping

The Western Translation of Chinese Classics in the 19th Century as an Outlined
    Summary   Zhang Xiping (65)

Spread and Research of Yangming Doctrines Abroad

The Causes and Early Features of Japanese Yangming Doctrines
     Ouyang Zhenren, Xiang Haoqiu (74)

Shimada Kenji's Views on the Relationship between Zhu Xi and Wang Yangming
     Zhan Liangshui (94)

Tetsujiro Inoue's Study of *Japanese Yangming Doctrines*   Zhang Xijin (108)

Japanese Confucianist Okada Takehiko's Research on Yangming Doctrines
     Liu Haicheng (121)

Special Column Dedicated to "Global Integration of Chinese Ancient Books"

The Columnist Remarks   Wang Chenglue (134)

A Priminary Study of Gu Zhikui's Proofread Edition of *the Biography of King Mu*
(*The Parade of King Zhou*) Stored in the National Library of Russia
　　　　　　　　　　　　　　　　　　　　　　　　Chen Xiaoshan（136）

A Textual Criciticism and Explanation of the Two Lost Letters that Zhang
Zhidong Sent to Wu Chongxi Stored in Russia　　　　Li Bing（146）

A Textual Research of *Yueling Caiqi*（*On Chinese Lunar Culture*）Compiled by
Li Yiji, a Unique Copy Stored in Japan　　　　　　Liu Bo（154）

A Study of *Jingu Qifang*, a Unique Copy Stored in Canbinet Library of Japan
　　　　　　　　　　　　　　　　　Liu Yingqiu, Liu Zongtang（161）

The Elucidatory Features of Interpretation of *The Book of Odes* by Hiroshi
Akamatsu, a Japanese Sinologist　　　　　　Yang Shengnan（170）

Sinology in France

A Brief Analysis of the French Edition of *The Book of Recompenses* by the
French Sinologist Jean Pierre Abel Remusat　　　　Zhang Can（177）

A Historical Research of the Publications of Seraphin Couvreur's French
Edition of *The Analects of Confucius*　　　　　　Cheng Lei（188）

On the Study of Chinese Paintings by French Sinologist Raphael Petrucci
　　　　　　　　　　　　　　　　　　　　　　　　Sun Min（199）

Ancient China: The Sixth Chapter of *Résumé de L'histoire et des Traditions
morales et religieues chez les divers people*
　　　［France］Étienne Pivert de Senancour, translated by Chai Qingyou, Liu Chengfu（214）

An Investigation of the Rare Chinese Classic *The Book of Changes*
Stored in the National Library of France　　　　Chen Hengxin（224）

Sinology in Germany

A New Attempt to Reconstruct the Narrative of German Sinology　　Li Xuetao（232）

Richard Wilhelm's Views on China, Chinese People and Chinese Culture
　　　　　　　　　　　　　　　　　　　　　　　Huang Tao（241）

On the Historical Writing of the History of Chinese Literature in German
in the First Half of the 20th Century　　　　　　Zhang Xin（253）

Sinology in Russia

How was *Xunzi* Handed Down in Russia　　　　　　　　　　Li Mingbin （264）

Vasilyev's Studies of Chinese History　　　　　　　　　Zhao Chunmei （274）

Taoist Studies: The Development of Sinology in Russia before 1917
　　　　　　　　［Russia］A. L. Myshinsky, translated by Zhang Haiying （283）

On the Academic Characteristics and Value of E. Zavadskaya's
　　Aesthetic Issues of Ancient Chinese Paintings　　　　　　Wei Gang （301）

Sinology in America

How can Chinese Philosophy Be a Part of the World Philosophy:
　　Rethinking Herbert Fingarette　　　　　　　　　　Zhang Muliang （315）

American Sinologist Valerie Hansen and His Study of the Unearthed
　　Cultural Relics at Niya and Loulan　　　　　　　　　　Chen Xiao （326）

The Construction of Yang Xiong's Images in David R. Knechtges's *Fu* Study
　　　　　　　　　　　　　　　　　　　　　　　　　Jia Wenxia （340）

Sinology in Latin American

Intertexuality between contemporary Latin American Poets and Li Po
　　　　　　　　　　　　　　　　　　　　　　　　　Li Cuirong （355）

Sinology in Poland

Notes on Early Chinese Logic (1)
　　　　　　　［Poland］Janusz Chmielewski, translated by Qian Shuang （367）

Sinology in Portugal

The Bud of Portuguese Sinology　　　　　　　　　　　Zhang Minfen （376）

Sinology in Italy

Franciscans Basilio Brollo de Gemona, an Important Figure in the History of
　　Sino-Italian Cultural Exchange　　　　　　　　　　Yang Huiling （393）

Sinology in Japan

The Intervention of Western Learning and the Changes of Japanese Sinology
　　　　　　　　　　　　　　　　　　　　　　　　　Zhang Zhen （405）

The Ideological and Methodological Paradox in Mizoguchi Yuzo's Chinese Studies
　　　　　　　　　　　　　　　　　　　　　　　　　　Zhu Jie （424）

摄大乘中观"非有非无""有相无相"之思辨逻辑对"重玄之道""重玄之理"做了精致的发挥,其所谓"玄者,深远之义,亦是不滞之名。有无二心,徼妙两观,源于一道。同处异名。异名一道,谓之深远。深远之玄,理归无滞。既不滞有,以不滞无,二俱不滞,故谓之玄也"。这些话与佛学关于"缘起性空"的论证极为相似,也对道教后来转出的心性学打开了新的思辨路径。

隋唐时期中国化的佛教也发展到了前所未有的高度。像最早在中国建立的天台宗,经过对本宗经典《法华经》的综合创新提出"会三归一"的理论,将中国已有的儒、道思想以及佛教其他的教义"会归"其教义,开出自己思想的至上"一乘";华严宗亦自期佛教大宗,"立破无碍""会通本末",试图以"判教"的方式统一佛教的各家宗派,以确立一宗庄严独大的思想权威。华严判教的旨趣,法藏开其端,而宗密成其论。宗密所著《原人论》对中国固有的人本主义儒家和自然主义道家进行批驳并对佛教其他宗派进行理论上的深浅辨析,指明只有"一乘显性教"才是直显宇宙真心的如来藏,它高于大乘传统教义中的"阿赖耶识"。因为,阿赖耶识仍然是有,是法相,破除法相、超越有的就是空,所以,华严宗又得名为空宗,以暗示其他宗派为"有宗"(以贬低其他宗派近"法相宗"之谓)都不"究竟"。禅宗是中国化的佛教最典型的一支。它的"不立文字"和"教外别传"突破了佛教禅定修行的传统,以直觉顿悟的方式解放了信徒对于经典和仪轨的执迷,给中国佛教,乃至中国人的思想和生活方式带了某些革命性的变化。

隋朝虽短命,但三教并立的局势却得以形成,其中亦以儒家为文化之正统。至唐时此种文化思想格局仍然得以保持。唐太宗曾说:"朕今所好者,唯在尧舜之道,周孔之教,以为如鸟有翼,如鱼依水,失之必死,不可暂无耳。"① 因此,在维系社会的上层建筑方面,儒家在"三教并立"的局势中仍然居于重要地位。总括地讲,儒家思想在"三教并立"时期的主要特征有三:一是韩愈借鉴佛教的"法统"学说,建立起儒家自己的"道统"学说,以阐明儒家思想在中国社会道德和政治伦理中的权威地位;二是李翱标举的"尽性命之道"的"复性说",将佛教知识本体论的思想方法与孟子心性伦理的传统结合起来,为中国儒学思想的发展奠定了一个逻辑严密的论证方式,催生

---

① 《贞观政要·慎所好》。

Sinology in Russia

How was *Xunzi* Handed Down in Russia　　　　　　　　Li Mingbin (264)

Vasilyev's Studies of Chinese History　　　　　　　　Zhao Chunmei (274)

Taoist Studies: The Development of Sinology in Russia before 1917
　　　　　　　　[Russia] A. L. Myshinsky, translated by Zhang Haiying (283)

On the Academic Characteristics and Value of E. Zavadskaya's
　　Aesthetic Issues of Ancient Chinese Paintings　　　　Wei Gang (301)

Sinology in America

How can Chinese Philosophy Be a Part of the World Philosophy:
　　Rethinking Herbert Fingarette　　　　　　　　Zhang Muliang (315)

American Sinologist Valerie Hansen and His Study of the Unearthed
　　Cultural Relics at Niya and Loulan　　　　　　　Chen Xiao (326)

The Construction of Yang Xiong's Images in David R. Knechtges's *Fu* Study
　　　　　　　　　　　　　　　　　　　　　　Jia Wenxia (340)

Sinology in Latin American

Intertexuality between contemporary Latin American Poets and Li Po
　　　　　　　　　　　　　　　　　　　　　　Li Cuirong (355)

Sinology in Poland

Notes on Early Chinese Logic (1)
　　　　　　　　[Poland] Janusz Chmielewski, translated by Qian Shuang (367)

Sinology in Portugal

The Bud of Portuguese Sinology　　　　　　　　Zhang Minfen (376)

Sinology in Italy

Franciscans Basilio Brollo de Gemona, an Important Figure in the History of
　　Sino-Italian Cultural Exchange　　　　　　　Yang Huiling (393)

Sinology in Japan

The Intervention of Western Learning and the Changes of Japanese Sinology
　　　　　　　　　　　　　　　　　　　　　　Zhang Zhen (405)

The Ideological and Methodological Paradox in Mizoguchi Yuzo's Chinese Studies
　　　　　　　　　　　　　　　　　　　　　　Zhu Jie (424)

On the Changes of Jiang Yunge's Images in Modern Japan　　　Tang Quan（432）

A Textual Research of the Editions of A Collection of Quanzhai's
　　Southern Tour by Sakugen Syaryor　　　Chen Qian（448）

A Textual Research of "Sending a Document to the Authority thus to Cut
　　off the Disaster Brought to Others by the Dead" from the Comparative
　　Perspective of Chinese and Japanese Languages and Cultures　　Mo Wenqin（461）

An Investigation of the Rhetoric
　　　　　　［Japan］Kazuto Tominaga, translated by Yang Xiaobin, Zhang Jingyi（474）

Sinology on the Korean Peninsula

An Exploration of the Relationship between Manchuria History and Northeast History
　　　　　　［Japan］Eisuke Mori, translated by Wang Guangyi, Zhang Chaoyu（482）

Korean Scholar Lee Sik's Acceptance of Chinese Literature and its Significance
　　　　　　　　　　　　　　　　　　　　　　　　Wang Cheng（495）

On the Comparative Consciousness in *Ch'oe Pu's Diary*: *A Record of*
　　Drifting Across the Sea　　　　　Nie Youjun（506）

The Phenomenon of "the Replacement of Tea" in the Middle Period of
　　Choson Dynasty from the Perspective of Zhu Xi's *Family Etiquette*
　　　　　　　　　　　　　　　　　　　　Zhao Yaoyao, Zhou Xin（519）

Sinology in the Southern Asia

Indian Studies of China over 70 Years: History and Trends　　Guan Yongqian（530）

A Study on Myanmer Sinologist Mya Than Tint's Translation of Chinese
　　Books and Their Influence　　　　　Htay Htay Myint（542）

Spread and Research of Chinese Classics

A Study of William Jennings's *The Shi King*: The Cld Poetry Classics of the Chinese
　　　　　　　　　　　　　　　　　　　　　　　　Zuo Yan（553）

The Imposed Interpretation in English Translations of Chinese Classics: A Case
　　Study of the Missionaries' English Translations of *The Doctrine of the Mean*
　　　　　　　　　　　　　　　　　　　　　　　Song Xiaochun（567）

Spring and Autumn Forum

Others' China Eye: Lin Yutang and His Chinese Typewriter
　　　　　　　　　　　[America] Micah Efram Arbisser et al., translated by Yang Yuying （579）
On the Graphic Communication of *Strange Stories from a Chinese Studio*
　　　　　　　　　　　　　　　　　　　　　　　　　Ren Zengqiang （588）
A Study of Chinese Theological Vocabulary: A Case Study of "Holy Spirit"
　　　　　　　　　　　　　　　　　　　　　　　　　Wang Shuofeng （597）

International Spread and Research of Chinese

Huaying Tongyu (*Chinese and English Phrase Book*) Compiled by Benoni
　　Lanctot and the Early Chinese Education in America　　Pan Ruifang （605）
Chinese Education in Foreigners' Eyes: Chinese Lessons for First Year Pupils
　　in Western China　　　[Canada] Omar L. Kilborn, translated by Liao Zhiheng （617）

Book Review and Message

A Comment on Ouyang Zhesheng's *Ancient Beijing and the Western Civilizations*
　　　　　　　　　　　　　　　　　　　　　　　　　Fu Zheng （627）
Chinese History Enriched with West Films and Pictures: A Book Review of *Better*
　　Understanding the 1900 Riot Through Foreign Files　　　Yao Bin （631）

　　　　　　　　　　　　　　　　　　　　Translated by Yang Yuying
　　　　　　　　　　　　　　　　　　　　Revised by Xiong Wenhua

·国学特稿·

魏晋隋唐儒学的特征与精华（下）

单 纯

五、隋唐儒家发展的历史脉络

虽然隋与秦一样都是中国历史上两个最短命的政权，但它们之后都有一个长期的政权形式，儒家思想在其中起到了很大的作用，汉代有"举荐制度、孝廉制度"；唐朝则有"科举制度"。这些都是"汉唐盛世"不可或缺的思想基础和制度保障。但与秦不同的是，秦焚书坑儒，而隋却极力扶持儒学；所同者则为社会动荡，秦末和隋末皆遭遇农民起义不断，而之后又都紧接一思想创新时代：在汉先为黄老，再为两汉之经学；在唐代，思想界则基本上是儒、道、佛并立的局面。当然，也有些思想家想重新恢复儒学在汉时的正宗地位，但他们在反对佛、道的同时，或明或隐地吸取了佛学思辨哲学的若干方面，在这点上，王通、韩愈堪称代表。这种思想倾向开启了后来宋代理学的先河。

1. 三教并立

隋唐时期，中国政治社会相对稳定，文化和思想亦出现开放与包容气象，历史上前所未有的外来文化——佛教和民间信仰道家得到了比较充分的发展并为儒家主导的中国社会所接受，形成了"三教并立"的思想格局。

隋唐时期，道教在借鉴佛学思辨逻辑的基础上对魏晋时期道家的玄学又有进一步的深化拓展，形成了新的"重玄学"流派。成玄英、李荣、唐玄宗、杜光庭等思想家倡导运用重玄学的方法，在道体论、道物论等方面对道教形而上学加以新的理论诠释，上禀老庄道玄之理，融通佛学般若涅槃奥义，阐扬魏晋思想风流遗绪，终成道教重玄哲学体系。像成玄英这样的思想家，融摄大乘中观"非有非无""有相无相"之思辨逻辑对"重玄之道""重玄之理"做了精致的发挥,其所谓"玄者,深远之义,亦是不滞之名。有无二心,徼妙两观,源于一道。同处异名。异名一道,谓之深远。深远之玄,理归无滞。既不滞有,以不滞无,二俱不滞,故谓之玄也"。这些话与佛学关于"缘起性空"的论证极为相似,也对道教后来转出的心性学打开了新的思辨路径。

隋唐时期中国化的佛教也发展到了前所未有的高度。像最早在中国建立的天台宗,经过对本宗经典《法华经》的综合创新提出"会三归一"的理论,将中国已有的儒、道思想以及佛教其他的教义"会归"其教义,开出自己思想的至上"一乘";华严宗亦自期佛教大宗,"立破无碍""会通本末",试图以"判教"的方式统一佛教的各家宗派,以确立一宗庄严独大的思想权威。华严判教的旨趣,法藏开其端,而宗密成其论。宗密所著《原人论》对中国固有的人本主义儒家和自然主义道家进行批驳并对佛教其他宗派进行理论上的深浅辨析,指明只有"一乘显性教"才是直显宇宙真心的如来藏,它高于大乘传统教义中的"阿赖耶识"。因为,阿赖耶识仍然是有,是法相,破除法相、超越有的就是空,所以,华严宗又得名为空宗,以暗示其他宗派为"有宗"(以贬低其他宗派近"法相宗"之谓)都不"究竟"。禅宗是中国化的佛教最典型的一支。它的"不立文字"和"教外别传"突破了佛教禅定修行的传统,以直觉顿悟的方式解放了信徒对于经典和仪轨的执迷,给中国佛教,乃至中国人的思想和生活方式带了某些革命性的变化。

隋朝虽短命,但三教并立的局势却得以形成,其中亦以儒家为文化之正统。至唐时此种文化思想格局仍然得以保持。唐太宗曾说:"朕今所好者,唯在尧舜之道,周孔之教,以为如鸟有翼,如鱼依水,失之必死,不可暂无耳。"[①] 因此,在维系社会的上层建筑方面,儒家在"三教并立"的局势中仍然居于重要地位。总括地讲,儒家思想在"三教并立"时期的主要特征有三:一是韩愈借鉴佛教的"法统"学说,建立起儒家自己的"道统"学说,以阐明儒家思想在中国社会道德和政治伦理中的权威地位;二是李翱标举的"尽性命之道"的"复性说",将佛教知识本体论的思想方法与孟子心性伦理的传统结合起来,为中国儒学思想的发展奠定了一个逻辑严密的论证方式,催生

---

① 《贞观政要·慎所好》。

了传统儒家"仁义"本位思想体系向宋明"理气"本位的思想体系转换,丰富了儒家思考宇宙人生问题的方法并提升了整个儒家思想体系的理论水平;三是柳宗元对佛性论中的普遍性与客观性思想价值的借鉴,将其与《周易》和《论语》中的宇宙论辩证思想和社会伦理价值观相结合,产生了强调人的主体能动性的新"天命观",达到了儒家传统的"天人之辨"议题的新高度。

2. 隋代的通儒——王通

隋朝虽短,但其中重要的儒家学者王通的影响却很久远——尽管他只活了33岁(584—617)——以至于唐初辅佐太宗的重要儒臣都被传为其"入室弟子"。这些传闻未必有史料依据,只见于其亲人编撰的《中说》之中,但其力倡"三教可一"的思想对于唐代的政治家和学者都产生了无可置疑的影响。

王通虽然是隋代儒学的重要人物,可是《隋书》并未立其传,而只是在之后的其他史书文献中其他人的传记中顺便提及他。这倒是中国史书褒奖儒家学者传统的一个例外现象。《新唐书·王绩传》说:"兄通,隋末大儒也。"《旧唐书·王勃传》也提到了王通,说王勃的祖上王通"依《孔子家语》、扬雄《法言》例,为客主对答之说,号曰《中说》"。《资治通鉴·隋纪三》记载他曾于仁寿三年(603),"诣阙献太平十二策,上不能用,罢归。通遂教授于河汾之间,弟子自远而至者甚众,累征不起"。相关史书亦称王通著有《十二策》《续六经》和《中说》,惜乎现在流传的只有《中说》一种,是其卒后,由其弟王凝及王通之子王福畤编撰的,主要是王通本人的言行录,因其模仿孔子弟子编撰《论语》,亦有人称之为《文中子中说》。

《中说》中记载,唐初重臣魏徵、杜如晦、李靖等曾问学于王通,但是其他史料并未提及,或许他们之间只是见过面,谈过话,但是这些记载颇为宋后学者怀疑,梁启超因此而訾议王通,有点疑问过头。因为隋唐王氏家族学望很高,要造假和虚托他名,既无可能亦无必要。隋唐时代,佛教繁兴,而儒学又多染饾饤章句虚夸习气,虽经魏晋玄学洗礼,先秦那种批判创新的气势也不复存在,王通遂以复兴儒学、重振王道仁政高自标榜,强调"仁政"对于"礼治"的价值引领作用。他以先秦儒家的"心性"为基础,应对佛教道家的思想挑战,阐明"人心"与"道心"、性与情的区别和对立,以人的主体和伦理的心主导人生哲学的修养功夫,以"静""诚"弘扬儒家入世伦理,从个人心性自觉引发出"大公无私"的政治伦理,所谓"夫能遗其身,然后能无私。无私,然后能至公。至公,然后以天下为心矣，道可行矣"①。以儒家的入世伦理统合三教合流的思想文化。将颜之推倡导的三教合流用于修身提升至治国平天下，为韩愈从心性学推导出政治思想道统的前驱。

王通的"三教可一"是以承认政治制度和文化思想现实为基础，重新评估儒家的政治伦理价值，暗示佛道二教修身养性之用与儒家治国平天下之用可以互补，并行不悖。他所宣称的"三教可一"客观地分析了作为儒家思想补充者的佛道二教的本质和意义，而不是简单地拒斥佛道，为儒家自身的失误免责："诗书盛而秦世灭，非仲尼之罪也。虚玄长而晋世乱，非老庄之罪也。斋戒修而梁国亡，非释迦之罪也。《易》不云乎：'苟非其人，道不虚行。'"② 西晋的"八王之乱"不能归罪于老庄的玄学，南朝的"侯景之乱"也不能归罪于梁武帝的佞佛，正像不能把"焚书坑儒"归罪于孔子。主要的问题是认清这些思想的价值，而不能措置乱用。佛教长于修心养性，不适于社会治理；道教长于神仙不死之身，不适于孝悌仁义之伦，儒家则长于体用一致、经世济民，这才是治国平天下的正道，所以理政治世应以儒家思想为主，辅之以佛道二教。他坚持认为，三教关系中，儒家可以为其主导而立于不可取代之地位者，正在于"内圣与外王之道"的紧密联系，且宜以"外王""事功"为其主导。

3. 儒家经典的新诠释

隋唐虽然在学术思潮上被冠以"隋唐佛学"之名，但是这一时期对儒家经典的注释却取得了很大的进展。魏晋以来，儒家学者对于传统的经典的研究形成了一种诠释性的文体，称为正义、疏或义疏。这是对汉代的注、章句训诂等文体的创新，是对儒家经典的注、章句等的解释的再疏通和义理矫正。如果说汉儒经学的注、章句密切结合与经典原来的文本，则与疏、义疏或正义密切联系的就是注、章句以更深广地挖掘本文所蕴含的意义，即经学传统中所谓"注宜从经，疏不破注"的治学原则。唐代儒者即以"正义"的形式继续深化对儒家经典的创新发展，而中国传统学术或者说儒家传统学说也主要是通过注疏之学的形式得到延续和发展。

结合时代的需要，儒家的经典体系在隋唐时期得到了系统性创新和深化

---

① 王通《中说·魏相》。
② 王通《中说·周公》。

发展。隋代的大儒有刘焯、刘炫，他们之学会通南北，博极古今，颇为当时的学者所敬仰，而后代儒者对于儒家诸经的义疏，多以他们的观点为标准。这是所谓"二刘"的学望。隋唐之间，辨才卓绝的通儒陆德明撰写解释儒家经典文字音义的《经典释文》三十卷和《易疏》二十卷，在儒家经学史上贡献巨大。陆德明研究经籍、解释经典，并非仅限于儒学，而对于佛教和道家经典及义理亦多有深入的钻研和体会，甚至将《老子》《庄子》也列入《经典释文》之中。他的诠释系统不仅包括经文训释音义，也兼及传注，汇集并保存了汉魏以来230多家训诂音注作品，学术价值极高。他的经学不仅反映出道家玄学"辨名析理"的方法论影响，也在注疏的实质内容上显示他对李唐王朝遵奉老子情怀的变通态度，这是儒家经学史上的一个创举，也反映出隋唐之间儒道融合的思想倾向。

　　唐初时，颜师古选编了《五经定本》，以其为儒家统一的基本文献。唐太宗时，孔颖达等人受命编撰的《五经正义》意图恢复儒学的入世政治伦理本色，以矫正汉代儒家经学的谶纬风气。孔颖达的《五经正义》初稿出来之后，曾经遇到社会上一些批评指责，唐太宗遂命孔颖达再行修改；到高宗永徽二年，再命中书门下与国子三馆博士、弘文馆学士集体考证、修订，动员了政府中的高级官员及当时的文教名流共同修改《五经正义》的文稿，到永徽四年由皇帝下诏颁行全国。最后钦定的《五经正义》就成了国家科举考试的依据。这些学术活动皇帝亲自督促，足见当政者用意深远：为儒家经典确立官方注解，充实内容，意图恢复儒家经典在国家政治生活中的权威意识形态地位。然而，就学术本身的价值而言，《五经正义》的注文是以南朝儒学观点为主，北朝儒学观点次之，义疏方面则于南北之学，兼容并蓄，扬长避短，虽然释义间不无附会之弊，但于破门户之见者亦多有启发，亦有综合自成风范、激励后人的优长。

　　《五经正义》的"附会之弊"大概是指其中对于汉儒解经者留下的谶纬，以及其自身对传统注文的曲解。但是对于经与注的具体解释绝大部分都是比较周详而清晰的，其注文中保存了汉儒的基本成就，其疏也综合了魏晋时南北的经学成果，说其是集前朝宿儒经学于一体，囊括诸家注疏之大成，抑或确当。经学史上所谓"汉注唐疏"，此其一证也。不过，经学的通病则是思想驳杂而缺乏系统，其中创新处不多且不说，而一旦列入官学、定为考试标准，势必蜕变成为桎梏读书人思想的教条。这就是为什么《五经正义》之后，唐代的儒家经学再有独立成就者殊少，唐中后期经学的衰退也与此不无干系，在儒家后学中引起的批判亦见增多。值得一提的是，被苏轼誉为"文起八代之衰，而道济天下之溺"的韩愈与其学生兼同道李翱所撰的《论语笔解》（上下卷，存于《古经解汇函》中），就是针对官学《五经正义》的矫正和批判，其要旨见于三端：一是改动原来的文句，二是修改前人的注释，三是求同存异，相互呼应。① 他们二人对《论语》的解释，摆脱了《五经正义》对儒家经典拘泥于注疏的影响，偏重于对其义理的阐释，颇能发挥作者解经时的心得体会和创见。宋代儒者注释儒家经典于韩、李解释《论语》的方法亦多所借鉴。

六、唐代儒家思想的特色

儒家经学列入官学多受皇家意识形态的掣肘，其学术思想能标新立异者殊少。而在官学之外，唐代儒家仍有反叛和创新思想的出现，其中最显著的是韩愈、李翱的心性论以及韩愈、柳宗元和刘禹锡的天人关系论。

1. 心性之学的阐发

儒家思想在起源时更多的是关于"仁义"伦理的价值的阐发，这主要是应对社会制度的"礼坏乐崩"之故。而佛教心性和道家自然思想的挑战，在隋唐时代却激发了儒家对心性之学的梳理和拓展。如果说唐代儒家思想在理论上有所创新，当然就是指其"心性"议题之上，虽然当时未达及宋明儒"心性"之学的系统性和理论高度，但是他们对"心性"议题的探索，则为后儒标明了一条应对佛教和道家理论挑战的思想路径。

在"心性"议题方面，韩愈、李翱所阐发的"心性"思想是：上有挖掘孟子、《中庸》心性之旨，中有应对佛教道教心性修炼之功，下传开启宋明心性学之力。唐代中后期的儒家哲学由于长期与佛道两教的交融与渗透，已经逐渐在感受和吸收佛道个人修行中的心性奥义，而于社会政治伦理上坚持孔仁孟义之时，中唐以后的儒家知识分子，更自觉地吸收佛教和道教思想中所揭示出的心性主体价值，以创立儒家自己的心性修养理论，将天道人道融化为一体，以新的天人之学应对唐代三教并立中儒家日益淡出文化主导地位的

---

① 参见任继愈主编《中国哲学发展史·隋唐卷》第113—119页，人民出版社，1994年。

局面。

儒家传统的心性论主要见于《孟子》和《中庸》，即我们后来所谓"思孟学派"所阐发的核心哲学思想，是中国式的知识论与人生论、政治论的结合，即"心性"必然会通于"天命"；"内圣"必然通于"外王"，其与佛教、道教最大不同即在于此，后者只是强调心性的清静寂灭和长生久视，于人际伦理、社会责任无多瞩意。韩愈以《大学》一文标举儒家的"心性"志趣："传曰：古之欲明明德于天下者，先治其国；欲治其国者，先齐其家；欲齐其家者，先修其身；欲修其身者，先正其心；欲正其心者，先诚其意。然则，古之所谓正心而诚意者，将以有为也。今也欲治其心而外天下国家，灭其天常，子焉而不父其父，臣焉而不君其君，民焉而不事其事。"① 这其中明显又表达了对于当时社会上佛教出家出世和道教自然无为思想的不满，当然也是对唐朝当政思想和社会风气的担忧。他认为人最可贵的、最根本的就是内在的"心意"，它的活跃和自觉必然导向"治国平天下"的政治和社会理想，这是中国传统文化的正宗主脉，也是儒家的主流思想，以复兴儒家"道统"为己任的韩愈自然不会坐视佛道异端思想的侵袭而不顾。在他看来，阐扬儒家的"心性"正好可以在学理上表达他的排佛轻道思想，以儒家的"心性""天命"言之，佛教出家出世等于是残害生命本身，而道家道教则或蔽于消极无为，或蔽于羽化狂想。而在人的心性修炼和社会生活转化上，韩愈贬斥佛道思想的观点则见于"性情三品"之说。他的主张是："性也者，与生俱生也；情也者，接于物而生也。性之品有三，而其所以为性者五。情之品有三，而其所以为情者七。"② 他承认人生原本有性，情则是人性接触外物时转化出的东西，颇类佛教"性空"和"幻化"的说法，而其发动者，多见于心，"缘起性空""幻化虚像"皆赖于"心"的识见与辨析。惜乎韩愈于此处并无合理的推论。不过，性并无原始的平等——这与佛性的平等思想大异其趣，而是具有上、中、下三等。上品是善、下品是恶，中品则可以向善恶方面发展，即可为善为恶，这样看来，性就是儒家常讲的社会伦理，其内容就是仁义礼智信这五德，所谓"七情六欲"中的七情也是类比佛教的思想讲的，即"喜、怒、哀、乐、惧、爱、恶"。它们是人的性所发动后展现出来的情感，

---

① 《原道》，载《韩昌黎文集》卷十一。
② 《原性》，载《韩昌黎先生集》卷一一。

由性的品质决定它们的不同表现形式，得其上者大概是像尧舜一类的圣贤，有博爱至诚的情感或何晏讲的"圣人无喜怒哀乐"，此处的"无"当然是超越之意；得其中者大概是《中庸》里讲的"发而皆中节"，那就是不掺杂个人的偏执情绪；得其下者当然就是私欲放纵的情绪，这是离儒家伦理标准最远的情绪，近乎动物，是孟子所谓的"人之所以异于禽兽者"。韩愈的这些说法，固然是为了反对和贬低佛道的心性修炼思想，但与佛道鼓励个体修炼的自主性而言，他思想中"心"的主体作用完全被"性"的客观条件限制住了，这对于信徒或个体人物来说，仍然是一种思想束缚，自然很难在理论上和实践上抗衡佛道两家。

与韩愈有师友之谊的李翱更喜欢《中庸》中的"心性"观念，他以为韩愈对"心性"诠释的局限性可以在《中庸》的思想中得到很好的解决。为此，他作了三篇《复性书》，上篇总论性、情和"圣人"，中篇论如何修养而成为"圣人"的方法，下篇专论"修养"的必要性。在心性论中，李翱集中讨论的是性，他认为这是阐明儒家社会伦理、拒斥佛教个性修炼理论的关键。与佛教强调性空的修炼旨趣不同，李翱坚持人性与万物之性有着社会伦理的本质差别："君臣、父子、夫妇、兄弟、朋友，存有所养，死有所归。生物有道，费之有节。自伏羲至于仲尼，虽百代圣人不能革也。"① 这就是说，"性"的本质不是事物本体在逻辑上的"空"，而是人类社会中的维系人伦的秩序，是亘古不变的"圣人之道"。他进一步论证："人之所以为圣人者，性也。人之所以惑其性者，情也。喜、怒、哀、惧、爱、恶、欲，皆情之所为也。情既昏，性斯匿矣。非性之过也，七者循环而交来，故性不能充也。"又说："百姓之性与圣人之性弗差也。虽然，情之所昏，交相攻伐，未始有穷，故虽终身而不睹其性焉。"② 这就是说，圣人与平常人一样发动之性皆属同一，不过平常人多为"情"所惑。他这里的性情与韩愈讲的性情没有什么大的不同，都是就社会上的伦理道德讲的，不同的是他涉及"性命之源"的哲学问题，既可以对接佛教所谓"佛性"又能达其同一哲学水平而加以申论。他接着论证说："圣人者，人之先觉者也。觉则明，否则惑，惑则昏。……夫明者所以

---

① 《去佛斋》，载《李文公集》卷四。
② 《复性书上》，载《李文公集》卷二。

对昏，昏既灭，则明亦不立矣。"①"圣人"的"觉"与佛教的"佛"颇可相通，平常人虽不觉，但就其性讲与圣人亦无差别，只要自己努力去"情"之"惑"，就可以恢复"性"的本来面目，达到佛教的如来自性，这就是"复性"。他是从平等的立场讲"复性"，与韩愈从"三品"的差等立场讲"性"很不相同，可以弥补韩愈对人的主体性和自觉性的忽视，因而可以在平等之"性"上与佛教展开辩论。他对佛教的平等"性"和慈悲"心"皆无所反对，因为这些都是儒家伦理中的应有之义，他所反对的是佛教怎么能够采用出家出世的途径来表达伦理的"心性"。

正是看到韩愈在排佛理论上的局限，李翱认为拒斥佛教的"心性"仅从《大学》所引用的资源并没有多少深度，他对儒家中那些轻浮的排佛观点自然不大满意："惑之者溺于其教，而排之者不知其心。虽辩而当，不能使其徒无哗而劝来者。"② 溺于佛教者是受到了其佛性论的影响，没有同样深度的理论则当如何破除人们对佛教的执迷呢？韩愈并没有在理论上解决这个难题。李翱认为，儒家实际上是有一种心性论传统，即是"思孟学派"，其理论源头就是孔子的孙子、孟子的老师子思所作的《中庸》。他说，自孔子开始就存在一个"尽性命之道"，孔子的孙子子思从家学中得到了这个"道"，并将其著为《中庸》而传给孟子，孟子死后，《中庸》的文字虽然还在，但是其中"性命之源"的精神却没有人往下传了。在佛教进入中国之后，"性命之源"的问题只在《庄子》《列子》《老子》或佛经中为人所传诵，儒家的人皆"不足以穷性命之道"，自然抵挡不了佛教心性论，收拾不住中国的人心了。照他看来，儒家传统中的"心性论"是比佛教、道家道教更有思想活力和社会伦理品质的资源，《中庸》中的第一句话"天命之谓性"就启示了这种特殊的思想资源。他反复论证《中庸》的奥义，称"人之不力于道者，昏不思也。天地之间，万物生焉，人之于万物，一物也，其所以异于禽兽虫鱼者，岂非道德之性全乎哉！……昏而不思，其昏也终不明矣"。③"昏不思"是启示"心"的思辨功能，由"心思"而统合"性情"，此"心性"之旨，李翱较韩愈有更切近的觉悟。故而，他认为儒家的人应当时时用心警觉，恢复性命之全，这

---

① 《复性书上》，载《李文公集》卷二。
② 《去佛斋》，载《李文公集》卷四。
③ 《复性书下》，载《李文公集》卷二。

是天命，亦是人道，是儒家学者自当坚持的入世道德。他从"天命之性"讲到人的道德自觉和社会担当，那就是"至诚"的境界。这些都是用佛教的思想方法，甚至佛教喜欢的术语来贬斥佛教，恢复儒家伦理教义中的人性尊严，所谓"至诚"可以合"诚明""明诚"为一体，照明天地万物，于复性中体验"天人合一"的精髓。宋明理学讲"为天地立心""性即理也""心即理也"，都从李翱的推论中得到很大启发。

2. "三教并立"环境下的"天人合一"思想

汉代太史公曾言自己的学术使命是："究天人之际，通古今之变，成一家之言"。本此特殊的使命，儒学宗师们信其为"名山事业"，不逊庙堂尊位或万贯家财。唐代大儒韩愈亦复如此。按照"华夷之辨"或"夏夷之辨"的儒家思想旨趣，他对属于夷狄的佛教畅行于中土颇感焦虑，仿照佛教的"法统"说，自创一个儒家的"道统"说，并将儒家圣人的神圣价值立于天地宇宙之间，以"天人之辨"为思想框架论证儒家的入世哲理，以贬斥夷狄佛教的出世思想。他的《原人》中说："形于上者谓之天，形于下者谓之地，命于其两间者谓之人。"天地人皆有自己的行为领地，各行其道。但人在天地中，必然承担使天地万物和谐共生的使命，这就是儒家圣人入世的合法性，因此，批评佛教出世是背弃天地情理。在"天人关系"上，柳宗元引证韩愈的话说："夫果蓏饮食既坏，虫生之。人之血气败逆壅底，为痈疡、疣赘、瘘痔，虫生之。木朽而蝎中，草腐而萤飞，是岂不以坏而后出耶？物坏，虫由之生。元气阴阳之坏，人由之生。……繁而息之者，物之仇也。人之坏元气阴阳亦滋甚。垦原田，伐山林，凿泉以井饮，窾墓以送死……其为祸元气阴阳也，不甚于虫之所为乎？吾意，有能残斯人使日薄岁削，祸元气阴阳者滋少，是则有功于天地者也。繁而息之者，天地之仇也。……有功者受赏必矣，其祸焉者受罚亦大矣。"① 说动物滋生于植物之腐败，再联想到人生于阴阳，好像是说宇宙中的生死关系，前者之生必因后者之死，所以形成了生命链上"你死我活"的对立方式，这种观察和类比当然太直观、太粗糙了，不过他的推论是说"天人关系"中的"报应论"，这是将汉儒的"天人感应"与佛教的"报应论"直观联系在一起所做的议论，然其所主张的人道又倾向于道家的"天道"自然观。柳宗元的天道自然观却与韩愈的天人感通大不相同，在天道

---

① 《唐柳先生集》卷一六。

观上他是偏于宇宙自然无为的思想，而在人道观上，他认为"自然"并不能为人的入世思想提供什么合法性，亦不取"天道"自然的思想，而是主张人的仁义伦理本身就是自觉的，亦是自明的；他认为假借天道来做合法性的说明实属多此一举，二者"其事各行不相预"①。柳宗元将天的自然属性与人的社会属性分离开来，是为了更多地发挥人的主观创造性，这样的理解对于天道自然的宇宙观来说是符合科学精神和客观规律的，在政治思想上亦可避开汉儒深陷的谶纬迷信。但是，儒家的学术旨趣并不是偏自然科学的，自然也不是偏宗教的，而是在"天人合一"中将宇宙自然观与人文价值统一起来，以为其"入世哲学"的信仰基础。其实，他自己在《天爵论》中意识到了"天人合一"与"天人相分"的不同认识价值和社会价值，但是他在联系到儒家的"入世哲学"时则很难将两者在学理上统一起来："仁义忠信，先儒名以天爵，未之尽有。夫天之贵斯人也，则付刚健、纯粹于其躬，悼为至灵，大者圣神，其次贤能，所谓贵也。刚健之气钟于人也为志。……纯粹之气注于人也为明。……明离为天之用，恒久为天之道。举斯二者，人伦之要尽是焉。……然则圣贤之异愚也，职此而已。使仲尼之志、之明，可得而夺，则庸夫矣。授之于庸夫，则仲尼矣。若乃明之远尔，志之恒久，庸非天爵之有级哉。……道德与五常存乎人者也。克明而有常，受于天者也。……或曰：子所谓天付之者，若开府库焉量而与之耶？曰：否。其各合气者也。庄周言天曰自然，吾取之。"② 他在这里从天道自然中引出孟子所谓"人爵"思想，不过他没有联系孟子的"良知论"；照孟子的说法，"人爵"不过是"良知"的一种表现方式，用以说明儒家内在的价值取向具有对外在权力的超越性，而外在权力亦可以类推为自然的天道。这样讲起来，就不能说天道人道是两分的，相互没有关系；恰好相反，孟子的"天爵"就是要利用天道自然来说明人的内在伦理价值，人道五常的价值是个志向选择的问题，不能以天道自然的"大小"、仓库中客观分量的多少来衡量。庄子讲自然之气也不是与人的志向之气分离讲的，他并不在乎自然之气的清浊、大小、厚薄，而是讲它的普遍性，以便与人的伦理价值相贯通，是所谓"齐万物"之气，"通天下"之气，"通天人"之气，故此，人才能于宇宙的气化流行之中"致逍遥"。柳

---

① 《答刘禹锡论"天论"书》。
② 《唐柳先生集》卷三。

宗元的天人关系在认识自然的客观性与人的主观性的"不相预"方面确有创见，但是在联系儒家"天人合一"的伦理价值取向上却游离了儒家的精神。

刘禹锡大约是看出了韩愈、柳宗元"天人之辨"中的某些问题，他纠正说："余之友，河东解人柳子厚作天人说以折韩退之之言，文信美矣，盖有激而云，非所以尽天人之际。"因此，他倒是提出了"天人交相胜"的观点，以修正柳宗元的"天人不相预"的问题："天，有形之大者也；人，动物之尤者也。天之能，人固不能也；人之能，天亦有所不能也。故余曰：天与人交相胜耳。"① 他自己在《天论》的序言中说：传统中讲天人关系的有两种基本的态度，一是天人感应说，视天为人事的主宰，赏善罚恶，即"阴骘之说"。另外一种是天人相分说，视天与人事无涉，物遭雷击，春生万物，皆不辨万物善恶好坏，这就是"自然之说"。他认为自己的朋友柳宗元批韩愈的文章，虽然态度恳切、文字优美，但是其中带有个人情绪，"天人关系"亦没有说到尽处。照他的分析，韩愈"天人关系"的"阴骘之说"将人的主体性说得太消极了，人有所为则必遭天之惩罚；而柳宗元的"自然之说"，又将天的性质说得太客观了，似乎与人没有任何关系。这显然也不对。中国传统社会中，人的生物性存在因农业生产与自然之天发生密切联系，人的社会性存在则与天发生信仰上的合法性联系，所谓"天降下民，作之君，作之师。惟曰其助上帝宠之"②。因此，正确的结论就是刘禹锡的"天人交相胜"，天与人是交互性的利益关系，天以人彰显自然的生命伦理，人依天而取自然资源并自觉其普遍的生命伦理意义，这就是他开宗明义讲的"大凡入形器者，皆有能有不能。天，有形之大者也；人，动物之尤者也。天之能人固不能也；人之能天亦有所不能也。故余曰：天与人交相胜尔"③。这个结论可以视为唐代"天人之辩"的最高思想成就。

七、隋唐儒家思想的精华

隋唐儒家思想的精华大体上可以归结为"心性"议题中的主体性和创造

---

① 《天论·上》，载《刘梦得文集》卷五。
② 《孟子·梁惠王下》。
③ 《天论》，载《刘梦得文集》卷一二。

性两个方面，其价值一方面可见于"心性本觉"的观念在禅宗的中国化中的价值，一方面见于韩愈、李翱对于心性理论在《大学》《中庸》中的贡献，为宋明理学和心学提供了清晰的思想线索。

1. 心性论的主体性意义

中国学术思想在隋唐阶段虽然以"佛学"的繁兴为显著特征，但是佛学的创新发展特别是佛教中国化的禅宗的出现，儒家的心性思想起到了十分独特的作用，使印度佛学的"佛性本寂"转向中国禅宗的"佛性本觉"，开拓出了佛教发展史上的新生面，其中自然显现出儒家这一时期的思想精华。

佛教传入之前，在儒家的传统中本来就存在一个人本的、主体性的"心性"思想脉络，只不过在《论语》中多以"志"的概念表达，到了《孟子》阶段始表达为"心"，并与"性""命""浩然之气"联系起来，成为儒家宋明陆王心学的思想源头。孔子在《论语》中讲"苟志于仁矣，无恶也""朝闻道，夕死可矣""士志于道，而耻恶衣恶食者，未足与议也"（皆出自《里仁》），又说"志于道，据于德，依于仁，游于艺"（《述而》），最为人知的就是"三军可夺帅也，匹夫不可夺志也"（《子罕》）。他这里讲的"志于道""闻道"和"志于仁"与我们现在说的"志向"是同一的，都是发源于主体的"心"，不过他没有详细论证"志"的基础和功能，只是暗示其主体性的人文价值，即后来孟子明确的"孔子登东山而小鲁，登泰山而小天下，故观于海者难为水，游于圣人之门者难为言。……君子之志于道也，不成章不达"①。君子所"志"的道，是"达道"，是一种最高的思想境界，正是《中庸》里讲的"中也者，天下之大本也；和也者，天下之达道也"。不过，儒家这种"志于""达道"的天人合一境界，在人这里何以可能呢？在孔子这里基本上还是处于一种"天命信仰"，就像西方宗教的"博爱、自由、平等"何以可能，也没有理性的推论，只是出于一种对上帝造物、立法和救赎的信仰。但是，儒家在孟子这里又有了一个突破，他首先将人的"志向"归于个体的"心"，提示其"心知"的功能，而达到"天命"的伦理。

照孟子的逻辑，人的"志向"可能"达道"完全是因为人有心，心能知，而知的对象就是道理，道理弥漫于天地间，则"天人合一"在知识论和伦理学上都是可能的了。所以，儒家在孟子心性论上建立的伦理观不是西方的宗教伦

---

① 《孟子·尽心上》。

理学，而是儒家的人道伦理学。孟子说："心之官则思，思则得之，不思则不得也，此天之所与我者。"① 这是儒家明确承认人的思想的"官能"来自"心"（heart），与西方传统认为思想的"官能"来自"脑"（mind）是很不一样的，在"脑"里，思想能力被理解为一种"细胞"的逻辑功能，而在"心"里，思想的能力则与"知天""知命"的伦理意义联系在一起。所以，孟子进一步推论说："心之所同然者，何也？谓理也，义也。"（《孟子·告子上》）人心不仅有认知功能，而且更重要的是承担了伦理义务，有"志向"、有"良心"的人就被视为区别于"小人"的"君子"："尽其心者，知其性也，知其性，则知天矣。"② 在他看来，"心"的"官能"不仅是"知道事物的本性和道理"，而且还知道"人的本性和天下道义"："人皆有不忍人之心。先王有不忍人之心，斯有不忍人之政矣。以不忍人之心，行不忍人之政，治天下可运之掌上。所以谓人皆有不忍人之心者，今人乍见孺子将入于井，皆有怵惕恻隐之心。非所以内交于孺子之父母也，非所以要誉于乡党朋友也，非恶其声而然也。由是观之，无恻隐之心，非人也；无羞恶之心，非人也；无辞让之心，非人也；无是非之心，非人也。恻隐之心，仁之端也；羞恶之心，义之端也；辞让之心，礼之端也；是非之心，智之端也。人之有是四端也，犹其有四体也。有是四端而自谓不能者，自贼者也；谓其君不能者，贼其君者也。凡有四端于我者，知皆扩而充之矣，若火之始然，泉之始达。苟能充之，足以保四海；苟不充之，不足以事父母。"（《孟子·公孙丑上》）这一段话终于阐明了孟子心性学的伦理意义：儒家的心不仅能"知理"，能"理政"，更重要的是能"达道"。

冯友兰曾经就中西方哲学的传统解释说："思与感相对。在西洋很早的时候，希腊哲学家已看清楚思与感之分别，在中国哲学家中，孟子说：'心之官则思。'（《孟子·告子上》）他把心与耳目之官相对待。心能思，而耳目则不能思，耳目只能感。孟子说这段话的时候，他说及心，只注重其能思，他说及思，亦只注意于其道德底意义。"③ 儒家"心"的道德意义，就是"良心"，是天地良心，是用个体的心通达于宇宙的伦理之心，而不是认识客观道理的"头脑"。西方流行的学术观念认为，儒家思想之所以不是"哲学"正

---

① 《孟子·告子上》。
② 《孟子·尽心上》。
③ 冯友兰《三松堂全集》（第四卷）第6页，河南人民出版社，2000年。

源于其没有明确的知识论传统，儒家学者并不愿意将物质世界的客观道理当作"头脑"认识的终极目标，只愿意将"尽物之性"视为"赞天地之化育"的手段，而将"尽心、知性、以至于命"的"天人合一"当作终极目标，因此不承认其为一种哲学，只视其为一种伦理思想。同样，基督教立场的学者也反对将儒家视为一种宗教，因为儒家讨论的"天"并不是一个真正意义上的"天主"（God），儒者信仰天，完全不是因为"天主"高高在上，制造万物和人类，在"世界末日"时再将"善人"复活，接回"天堂"，而是将"天"视为自己心知的对象和体会的对象，以"人人都有良心"把西方宗教伦理所主张的"天赋人权"赋予每一个人。因此，西方宗教以上帝"道成肉身"、止于耶稣一人，贬斥儒家"心性"论下推导出的"满街都是圣人"。在这种比较与辩驳中，儒家思想是否要勉强比之于西方的哲学传统和宗教传统并非十分必要，重要的反而是阐明：儒家因其心性的观念比西方宗教有更公平的主体性和认知性，比西方哲学有更积极的伦理性和宗教性。所以，仅从西方哲学这一方面评价儒家心性论的伦理性和宗教性，则儒家并非哲学；同样，仅从西方宗教这一方面评价儒家心性论的主体性和认知性，则儒家亦非宗教。但是，如果综合、平衡地看待儒家心性论的价值，则可以说：儒家既是中国特色的宗教，亦是中国特色的哲学。

2. 心性论对佛教中国化的贡献

佛教作为一种外来文化传入中国并没有像基督教在世界各地的传播那样，所遇到的是激烈的冲突，甚至是战争的局面。虽然中间有过一些政治介入的"灭佛"事件，但是在思想文化层面基本上是平和的，故而产生了佛教中国化的"格义""教门"和"宗门"这三个阶段。其情势如陈寅恪所总结的："佛教学说能于吾国思想史上发生重大久长之影响者，皆经国人改造吸收之过程。其忠实输入不改本来面目者，若玄奘唯识之学，虽震荡一时之人心，而卒归于消沉歇绝。"因而，对中外思想文化交流情势判断说："其真能于思想上自成系统，有所创获者，必须一方面吸收输入外来之学说，一方面不忘本来民族之地位。此二种相反而适相成之态度，乃道教之真精神，新儒家之旧途径，而二千年吾民族与他民族思想接触史之所诏示者也。"[①] 联系佛教传入中国的

---

① 陈寅恪《审查报告（三）》，载冯友兰《中国哲学史》（下册，增订本）第 1207—1208 页，台北：台湾商务印书馆，1993 年。

情势，禅宗的出现以及佛学作为与本土的儒道二教并立而为中国社会接受，其过程亦恰如冯友兰做的总结：佛教进入中国最初的阶段是在道家神仙方术传统中寻找相互兼容的观念进行"格义"，因而是相互影响，二教皆以对方为特殊形式之"宗门"，最后却是在引入了儒家的心性主体价值之后，形成了中国自己的佛教大宗，所谓"宗门"就是禅宗，是中国化了的佛教。

印度的传统佛教虽然也讲"佛性"论，但其"佛性"的公平性和主体性都不如儒家的心性论那样彻底。它一方面强调"众生皆有佛性"，但是在如何因佛性觉悟而成佛方面却并不公平，按照法相唯识宗的讲法，至少"无情众生"是无心的，无心即便其有"佛性"亦无法觉悟，不能成佛。这样看来，其佛性论既无主体性亦少自觉性，所以在印度多以"佛性本寂"来消解人的主体性，而纠缠于"佛性"的外在论证，与人的主体实践和创新相隔膜。其实，唯识宗执着于十分烦琐的论证，这中间就蕴含着"心识"的主体性和创新性，但是，这种"般若无知"的知识论传统势力太强大了，以至于"心识"的真正价值无法从这个思想传统本身获得突破。

而使禅宗产生革命性转变的恰好是中国僧徒中"大字不识一个"的慧能。他倡导的觉悟成佛，是从自己的本心开始的，其"明心见性""见性成佛"正是孟子心性论的在直觉意义上的发挥。慧能自己说："自性迷，佛即众生；自性悟，众生即是佛。"① 反过来讲，"悟性"又靠什么？禅宗讲靠"明心见性"，这样就可以"拨开云雾见青天"了；因为人人都有心，因此人人都可以成佛。这和印度早期的小乘佛教只崇拜释迦牟尼为佛、后来大乘佛教的有宗不承认众生因佛性成佛很不相同，是受到了儒家基于心性论的"人皆可以为尧舜"的直接影响。禅宗的人相信自己有一个传统，即"教外别传，不立文字，直指人心，见性成佛"。钱穆就此推论说："而其后推演愈深，乃至无佛可成，无法可得，无烦恼可除，无涅槃可住；无真无俗，本分为人，呵佛骂祖，得大解脱，如是则世、出世之界划尽泯，佛氏'慈悲'乃与儒家之'仁'，同以一心为应世之宗师。故论绾合佛义于中国传统之大群心教者，其功必归于禅宗也。"② 中国传统的入世大宗是儒家，其知性知命知天的动力源就是心，这是禅宗得以突破印度佛教传统，在中国自标新异的要害所在，也

---

① 敦煌本《坛经》。
② 钱穆《国史大纲》（上册，修订本）第373页，台北：台湾商务印书馆，1994年。

是其人文价值最著者。方立天说，儒家的心性之学经过禅宗的借鉴和转化，其宗教意味上的"终极关怀"和世俗意义的社会伦理适应中国社会上下层的精神需求，因而佛教在中国社会中的"起死回生"也是得益于儒家心性学的人文价值："慧能禅宗是把心外的佛变成心内的佛，从而否定有外在的佛；是把佛变为举目常见的平常人，或者说是把平常人提高到与佛相等的地位，体现了人与佛仅是迷悟不同，实是平等的思想。这种理论虽然具有鲜明的神秘直觉体验的性质，但它明快简易，与中国传统思想吻合，无疑是既适应封建社会上层建筑统治者追求来世继续享福的心愿，也适应下层民众要求摆脱现实苦难的渴望，因而得到了广泛的流传。"[1] 这是一个已在中国当代思想学术界形成很大共识的结论，也是近代西学东渐以来中国学者所谓"中学为体，西学为用"和"中国特色"的文化观念得以形成的思想基础，其影响在当代中国学者关于不同文明对话的议题中越来越明显。

隋唐时的佛教虽然极度兴盛，但当时的政策都还是"三教并立"的，而且在国家政策和法律制度方面仍然以儒家的世俗伦理为主导。但是就儒家学者所争的"道统"而言，佛教特别是禅宗的影响已经胜过了儒道二家，此是韩愈和李翱等儒者所难以接受的。故韩愈和李翱等儒者在学术思想上都力图拒斥佛教而弘扬儒学，其势如战国时代之孟子，因天下"道统"不归墨家即归道家，所以，孟子奋起而拒斥杨墨，以"心性""养气"为理论基础，足见其思想创新和道德勇气方面的价值。韩愈之辟佛，其道义之重自比于孟子，尤其点明孟子所彰显的心性价值，放言孟子为"并世无孔子，则不当在弟子之列"。儒家心性之学由是而高扬，开宋明陆王心学之先河，亦间接说明禅宗在佛教传统中的革命得益于儒家心性之学者，怎样评价都不过分。同样，也正是因为禅宗在中国社会所实现的创造性转化的启示，韩愈、李翱一辈儒家才发掘出了儒家心性学的文化价值，使《大学》《中庸》中的"格致""诚心""性命""诚明"这些人文价值丰富的主体性和创新性观念进入儒家经久不衰的议题之中，足以为中华文化接引现代世界文明中的"民主""自由""平等""博爱""自立""创新"等价值观提供本民族特有的精神资源，亦可以现代西方文化期之于儒家心性之学，犹之于古代印度佛教期之于禅宗也。

总之，儒家思想在隋唐时代展现的文化价值不仅在于禅宗的革命和韩愈、

---

[1] 方立天《中国佛教与传统文化》第407—408页，上海人民出版社，1988年。

李翱对于《大学》和《中庸》中儒家心性价值的发现，更重要的是它为我们现代的社会提供了一种可以期待的超越时空的价值观念，以之贯彻"古为今用、洋为中用"的原则，而不能局限于产生这些观念的历史环境和事件，墨守成规，终而贬低或丧失传统文化的现代创造性转化价值。从唐代"三教并立"所启示的人文价值来看，对于本民族的传统文化主流儒释道或者外来引入的西方文化包括马克思主义，我们应当采取一种综合创新的立场，既坚持历史唯物主义的"批判继承"，也接受辩证唯物主义的"抽象继承"，并且立志于在这种综合性继承中创新。

（单纯　中国政法大学教授）

·窗外风景·

"知识旅行"与"学科交屏"
——简论 20 世纪上半期中国日耳曼学与德国汉学的互动

叶 隽

摘 要：本文选择 20 世纪上半期中国日耳曼学的若干代表人物，如杨丙辰、冯至、陈铨、商承祖等，考察他们与德国汉学家的互动状况，涉及卫礼贤、卫德明、福兰阁、傅吾康、洪涛生、颜复礼等，指出相比较德国汉学的成绩，中国日耳曼学的发展却差强人意。尤其是第二代日耳曼学学者本来有着非常好的机遇和基础，通过汉学家这一学术近邻与窗口，远可以直溯追逼作为世界学术领袖的德国学术之堂奥，中则不妨亲近其必然勾连的国际汉学圈，近亦可由其为中介进一步联通与中国主流学界如文史哲等学科的关系，但很可惜未能打开一片更新的学术与知识空间的新天地，其经验教训值得深思。

关键词：中国日耳曼学　德国汉学　学术史

出于对异域理解的必要，一国往往有建设以某个具体外国文化为研究对象的学科或专业的需求。中德两国虽然都已更早接触到对方的国度和文化，但真正在教育和学术体制内落实对对方的研究，仍然要等到 20 世纪初期。先是德国在汉堡殖民学院（Hamburgisches Kolonialinstitut）1908 年设立了汉学教授讲席，并邀请曾长期担任驻华外交官的福兰阁（Franke Otto, 1863—1946）出任此职。此后蔡元培留德归国，并于 1916 年底出任北大校长，在北京大学进行改革，设立德国文学系，聘任杨丙辰担任系主任。

一、相互援引和课程开设

中德双方同样都很注意聘请对象国的学者来担任教职，最初的合作仍然要从彼此的相互认知和援引开始说起，譬如福兰阁就邀请了清末探花商衍鎏（1875—1963），而蔡元培同样礼聘了日耳曼学家欧尔克（Waldemar Oehlke，1897—1949）和汉学家卫礼贤（Richard Wilhelm，1873—1930）。传教士时代的卫礼贤在青岛办教育有很大的收获，其中之一就是培养出的学生杨丙辰，日后乃得到杨丙辰的援引而进入北京大学担任德文系的老师。

卫礼贤的北大授课，其实是一件很有趣的事。如张威廉就回忆曾听过卫氏的讲座，说他"不但通晓古汉文，汉语也说得正确流利，曾在北大大礼堂做过一次公开讲演，博得不少掌声"①。如此看来，卫氏的真才实学，即便是当年的北大学生也是承认的。可卫氏与北大的因缘早就开始了，1919年6月15日时即曾来北大讲演，据《德国尉礼贤到京演讲通告》称：

> 德国尉礼贤博士（Dr. Wilhelm）本彼邦哲学家，到中国已十一年，精通华文，尤研究中国哲学。已译成德文者，有论语、孟子、老子、列子、庄子及大学、中庸等，现正译周易，近适以事来北京，本校特请于十五日午后五时，在第三院大礼堂用华语讲演。演题为"中国哲学与西洋哲学之关系"，届时全校同人均可往听。②

其时恰在五四之后，张威廉说他在北大时听过卫礼贤的报告，有可能是这一次。而卫礼贤在1924年也曾在北大做过一系列的学术报告，内容是关于老子、孔子和康德伦理学的比较。其思路则在于："我想借此机会向听众介绍一点真正深刻的西方哲学，因为这些年从美国引进来的怀疑主义和实用主义

---

① 张威廉《我学德语的经过和对德语教学的点滴看法》，载《德语教学随笔》第156—157页，南京大学出版社，2000年。
② 《德国尉礼贤到京演讲通告》（1919年），北京大学档案，案卷号BD1919027。

哲学实在令人可怕。"① 他不无美好地回忆过自己在北京大学的经历,② 但卫氏在这里任职的是德文系教授,他所谈及的课堂情况自然主要是与德文系的学生在一起。他当时开过两门语言课,是三、四年级合班的"德文尺牍""德文作文";另开了几门专业课,一是"德国大思想家之人生观及宇宙观"(Lebens-und Weltanschauungen der grossen deuschen Denker)、一是"德文修辞学及文体学"(Deutsche Stilistik und Rhetorik),这两门课都是给三年级学生开的,后者加了一个小注"用书:同前",看来是有教科书的;还有二年级的"德国近世文学概论"(Einführung in die moderne deutsche Dichtung)与三年级的"德文诗学"(Deutsche Poetik)。③ 卫礼贤的德国文学修养看来不错,这几门课没有功底是开设不出来的。但如果将之与作为专业学者的欧尔克一比较,"不比不知道,一比吓一跳"④,差距马上就显现出来了。

据说,卫礼贤当时在北大每周课时即达20小时,而且还在师范大学与医专兼课,并有两个昔日的青岛学生与其共事。他自己这样回忆说:"我接受了北京大学的德国文学与哲学的教授聘请,工作量相当重,但同时与学生的交流也能彼此受益。此外我还在师范大学与其他高级研讨班做报告,涉及哲学、教育学与西方哲学史等。我有时用英文讲,有时用中文讲,在北大上课时则主要用德文并杂以中文的解释。"⑤ 虽然我们相信卫礼贤的充沛精力与过人本领,但如此庞收并择,就注定内容难以深入独到。更何况,是需要术业有专攻的德国文学。遗憾的是,我们现在无法找到卫氏当时讲授这些专业课程的讲义教材或追述回忆,当年的学生们,诸如张威廉、商承祖、冯至等,均未

---

① Erich Hänisch: "Die Sinologie an der Berliner Friedrich Wilhelms Universität in den Jahren 1889-1945", in *Studium Berolinense-Aufsätze und Beiträge zu Problemen der Wissenschaft und zur Geschichte der Friedrich Wilhelm Universität zu Berlin*. Berlin, 1960. S. 554-555. 转见张国刚《德国的汉学研究》第35页,中华书局,1994年。

② [德]卫礼贤著,王宇洁等译《中国心灵》第222—223页,国际文化出版公司,1998年。

③《德文学系课程一览(十二年至十三年度)》,载《北京大学日刊》1923年9月15日,第3版。

④ 从1923—1924年德文学系四个年级的课程设置情况来看,欧尔克无疑是"大拿",他承担了几乎从一至四共四个年级的主干课程。参见《德文学系课程一览(十二年至十三年度)》,载《北京大学日刊》1923年9月15日,第3版。

⑤ 转引自 Wilhelm, Salome (hg.): *Richard Wilhelm: Der geistige Mittler zwischen China und Europa*(《卫礼贤——中国与欧洲间的精神使者》). Düsseldorf, Köln: Eugen Diederlichs Verlag, 1956. S. 285.

能就此提供材料，至少说明他们的印象不深，能记得他的，只是他关于孔子、老子与康德的比较，可见其汉学家的身份仍是第一位的；而相反，北冯南张都不约而同地对欧尔克的专业水平推崇有加。这种比较中隐含的学术评价差异，是不难得出的。好在卫礼贤从来就没有想到要在德国文学上与其同僚们一争雄长，他的一门心思与宏大志愿，都放在了德国汉学学科的创立问题之上。这，才是他心目中真正的事业。

商承祖也曾在汉堡大学当过汉学讲师，傅吾康曾记录下他在汉堡大学求学期间的情况，其中关于"中国老师上的会话练习课"是这样记述的：

> 起初，担任该职的是邱长康先生，他来自福州，却说一口很好、很标准的中文，当时正在写民族学的博士论文。接下来一个学期，我父亲的同事商衍鎏的儿子商承祖代替了邱长康。这个孩子随他父亲来到汉堡，上了好几年德语学校，现在要在汉堡攻读博士学位，也以民族学和日耳曼学作为副专业。语言老师的课不是被安排在早上就是在晚上，因此，在职人员——大多数是中国公司的雇员——也能参加。上课的形式通常是这样的：老师随便提出一个小题目，接着开始和学生对话，我们尽自己所能地参与。在这个过程中，老师解释我们不知道的新词和用语，大家记下来。有时候，语言老师也讲一个小故事，要我们复述。虽然上课根本就不系统，但我们学会了还算正确的发音，不久后就能简单地表达。书法课也由语言老师来担任。①

通过这段描述，我们可以想象商承祖担任汉语教师的情形。邱长康（1900—1960）曾长期留德，在 1931 年归国后，先后任教于中央大学社会系、中央军官学校等，1932 年任国民政府德国总顾问处德文翻译，1936—1938 年任驻德使馆三等秘书。还曾历任国民政府教育部高等教育司第二科科长等职。② 邱长康的博士论文完成于 1937 年，是《依据古中国文献的苗族文化》（*Die Kultur der Miao-Tse nach aelteren chinesischen Quellen*, Hamburg,

---

① ［德］傅吾康著，欧阳甦译《为中国着迷——一位汉学家的自传》第 35—36 页，社会科学文献出版社，2013 年。

② 邱长康简历，参见 http：//baike.baidu.com/view/960951.htm？fr＝aladdin，访问日期：2014 年 9 月 11 日。

Dissertation，1937）①。我们可以看到，当时的汉堡大学汉学学科是明显的有民族学特征的，这主要和颜复礼（Fritz Jäger，1886—1957）密切相关，此君虽是福兰阁弟子，后又担任其学术助手，但却独辟蹊径。他的这种学术风格取向，相当深地影响到弟子辈。譬如邱长康对苗族的研究，而商承祖不仅曾陪同颜复礼去云南考察瑶族，而且还曾调查松花江下游的赫哲族。

二、跨学科涉猎和走向田野

但双方的彼此关注并不仅仅停留于相互援引上，作为中国日耳曼学的重要人物，杨丙辰不但曾以卫礼贤为师，而且还亲自翻译德国汉学界的论著，譬如对福兰阁的著名文章《现下在德国之中国学》的翻译，就是由杨丙辰自己操刀的②。此外，特别需要提及的是，杨丙辰曾任职于中德学会，自然就与德国汉学家有非常密切的接触，甚至发生了"剪不断，理还乱"的纠缠关系，譬如傅吾康就记录了和他的严重冲突，即关于解雇其时中德学会的中文秘书王熙庸这件事：

> 1939年4月，我下决心解雇王熙庸并通知了推荐他的杨丙辰。为此我们发生了很大的争执。杨丙辰感到自己受到了伤害，极其严厉地谴责我，说我是一个完全堕落的、没有良心的人等。但对我提出的王熙庸是否能够完成交给他的任务这个关键问题，杨丙辰则不予理睬。此外，王熙庸在杨丙辰的帮助下给谢礼士写了一封非常愤怒的信。用如此可笑的方式投诉我，这太过分了，以至于连谢礼士都无法严肃对待此事，并且还转告给我。王熙庸也去德国大使馆诉苦告状。我向艾克报告了这件事，他完全了解我的立场，却认为我的处理太幼稚、太愚蠢，他说得大概完全正确。艾克也去了大使馆，并和彼德尔博士讨论了此事，彼德尔庇护了我，将王熙庸拒之门外。这件事后来得到如此调节：王熙庸得到一项"研究任务"，将中文杂志中的德语翻译文章以及关于德国的文章的标题

---

① 《为中国着迷——一位汉学家的自传》第35页。
② ［德］福兰阁著，杨丙辰译《现下在德国之中国学》，载《研究与进步》1939年第1卷第2、3期。此处见李雪涛编《民国时期的德国汉学：文献与研究》第4—23页，外语教学与研究出版社，2013年。

写成卡片。对于交付的卡片，他会得到一笔报酬。实际上，他在以后几年里交了一些卡片。这件事大大损害了我和杨丙辰的关系。此后，只有在无法回避的时候，我才会为了中德学会的事务接近他。①

作为中德学会的首任中方常务干事，杨丙辰确实有其责任和位置；而傅吾康作为谢礼士（Ernst Schierlitz, 1902—1940）之后的德方常务干事，自然不能不直接面对。两者的矛盾，其实也表现出在此类合作机构中中德双方必然不可避免的制度性障碍，这就是德方的事实主导地位。如果双方是权利平等的，傅吾康又如何能够在未得到作为中方常务干事的杨丙辰的同意的情况下，就能做出解聘职员的决定呢？这其实也难以避免，要知道在1939年的时候，已经是日据时期，德国人显然因为其特殊身份而能在北平活动自如，而这批接近德国的中国文化人也因此获得了一个活动的相对自由空间，杨丙辰与王熙庸等人的工作应作如是看。

如果说作为第一代日耳曼学者的杨丙辰已经开辟了与德国汉学合作的路径，那么到第二代人像冯至、陈铨、商承祖则沿着这条路继续走了下去，譬如像冯至对于德国汉学的接触就是多方面的，一方面是在北大求学期间，使得他和卫礼贤、洪涛生（Vincenz Hundhausen, 1878—1955）有师生之谊②，自然就发生事实上的学术联系。接着发展下去自然就成了学术上的往来，譬如冯至曾帮助卫礼贤翻译。当时《小说月报》请卫礼贤撰写《歌德与中国文化》一文，日后被收入《歌德之认识》（温晋韩译）一书③。冯至则受托将此文中所引用的歌德组诗《中德四季晨昏杂咏》（Die Chinesisch-Deutschen

---

① 《为中国着迷——一位汉学家的自传》第91页。
② 按照姚可崑的叙述："我还陪同冯至去拜访过他在北大时一位给他讲德国文学的老师。这人名叫洪涛生（Hundhausen），是一个畸人。他本来是律师，到北京来办理一个已故德商在中国留下的一大笔遗产。可是他爱上了中国文学，他与北大某同学合作，翻译了《西厢记》、《牡丹亭》、陶渊明的诗等。冯至出国前也帮助他译过《琵琶记》。他独身住在广安门外一座叫作'南河泡子'的小岛上，几间简陋的平房，四周是葱茏的树木，他过着朴素的隐士般的生活。使我惊讶的是，别的鸟他不养，却养着一只猫头鹰。猫头鹰在中国是不祥之鸟，在西方则是智慧的象征。他进城时也到我们家中小坐。冯至说，他去德国留学选择了海岱山大学，就是洪涛生向他建议的。北平解放后，他作为德侨被遣送回国，听说他到德国不久，好像'水土不服'，就逝世了。"姚可崑《我与冯至》第53—54页，广西教育出版社，1994年。
③ 参见周冰若、宗白华编《歌德之认识》，钟山书局，1933年。

Jahresund Tageszeiten）译为中文①。抗战胜利回迁之后，冯至在北大任职时，曾邀请卫礼贤之子卫德明（Hellmut Wihelm，1905—1990）担任德语教授，后又请傅吾康继任②。当然他们的关系是有延续性的，日后傅吾康的回忆录中，就已经提到与冯至在德国相识。傅吾康 1937 年到北平的时候，冯至虽然还挂名担任中德学会的中方常务秘书，但实际上已去上海同济任职，而按照傅吾康的说法，"冯博士在德国学习期间，我就大致上认识他"③。冯至的留德时代（1930—1935），虽然主要求学于海德堡大学，但也曾有一段时间在柏林待过，所以认识大名鼎鼎的汉学家福兰阁当属意料中事。就当时留德学人圈子来说，关注与自身学脉关联的"汉学"也是很正常的。他们在此期间也有书信往来，冯至即便远在昆明，也曾给傅吾康致函："发中德学会傅吾康 [Franke] 信，内附有 H. 威廉信。"④ 这是 1940 年 3 月 6 日的事情，显然冯至一函二用，既直接写给负责中德学会事务的德方干事傅吾康，也有关于卫德明的信。这有些费心，这信是卫德明发给冯至的，冯至又转给傅吾康的；还是冯至请傅吾康转交给卫德明的呢？后者的可能性应更大些，因为卫德明当时在北平，是中德学会的一个重要人物，也曾担任过常务干事职务。1946 年 8 月 13 日，傅吾康到中德学会和四位从大后方来的前成员会谈，其中就包括冯至，还有蒋复璁（1898—1992）、毛子水（1893—1988）、姚从吾（1894—1970）⑤。

如果这样看的话，那么冯至对傅吾康之父福兰阁的关注就是渊源有自了，他在留德期间或许也在柏林见过福兰阁，这从傅吾康的回忆中可以得到某种印证。1940 年，冯至发表《评福兰阁教授的李贽研究》，此时当在西南联大时代，其署名为冯君培，发表在《图书季刊》第 2 卷第 1 期⑥。福兰阁这两篇论文分别发表于 1938 年、1939 年，都是在普鲁士科学院（Preussische

---

① 周棉《冯至年谱》，载《冯至传》第 397 页，江苏文艺出版社，1993 年。
② 傅吾康说："我得到了现任北京大学西方语言文学系德语教研室的教授兼系主任冯至的邀请，担任他教研室里的教授职位，这个职位是由于卫德明去西雅图的华盛顿大学而空缺出来的。"《为中国着迷——一位汉学家的自传》第 170 页。
③ 《为中国着迷——一位汉学家的自传》第 74 页。
④ 冯至著，冯姚平整理《昆明日记》，载《新文学史料》2001 年第 4 期。
⑤ 《为中国着迷——一位汉学家的自传》第 154 页。
⑥ 冯至《评福兰阁教授的李贽研究》（1940），载《冯至学术论著自选集》第 185—189 页，北京师范学院出版社，1992 年。冯至《评福兰阁教授的李贽研究》，原载《图书季刊》第 2 卷第 1 期，1940 年 3 月，见李雪涛编《民国时期的德国汉学：文献与研究》第 480 页，外语教学与研究出版社，2013 年。

Akademie der Wissenschaften）的学刊上①，可见冯至还是相当注意德国汉学的学术进展，或许这与他认识福兰阁也不无关系。虽然算起来已经是相隔两代人，但冯至并未在学术上留有情面，他在文末点出：

> 福氏在他第一篇论文里有一点小的错误。即是把李贽的朋友刘东星与刘晋川当作两人，其实晋川是刘东星的别号。至于福氏把《李温陵传》的作者袁中道误为袁宏道，则由于国学保存会排印《焚书》时黄节的跋语，吴虞作《李卓吾别传》亦沿其失，现荣肇祖在他的《李卓吾评传》里已经纠正了。②

这里对中国历史上人名的误识，其实并不能算是太大的错误；但至少说明冯至读书是很认真的，将其作为一件很严肃的事业来做，而且也可以说是学有根基，很明确地指出了对方的硬伤所在。1940 年前后的冯至，处于颠沛流离的西南联大时代，不可能再在德文学科本身的发展上大显身手（连这个专业也暂时取消了）；故此兴趣有所调整，将对中国古代文化的传统研究放在心上，也是情理中事。如果我们能结合其时其境当更能理解，好在冯至留有日记，给我们提供了很好的材料，1940 年 1 月 11 日记称："袁守和来，执李贽文去。"③ 显然，指的就应该是这篇《评福兰阁教授的李贽研究》。当时袁同礼也在昆明，他早年毕业于北大，1929—1948 年间任国立北平图书馆副馆长、馆长等职。此前他和冯至等往来颇频，所以在撰写此文的过程中他很可能扮演了一个助推师的角色。我们不应忽略的是，在 1935 年的北平，正是袁同礼推荐冯至出任中德学会的中方干事，④ 使他获得工作能在北平同时赡养照料老父。其时袁同礼既是北平图书馆的馆长，同时也兼任中德学会的理事⑤。福兰阁是德国汉学界的元老人物，此时已经是近乎耄耋高龄，之所以仍能得

---

① 福兰阁于 1923 年当选为普鲁士科学院院士。［德］福兰阁著，欧阳甦译《两个世界的回忆——个人生命的旁白》第 173 页，社会科学文献出版社，2014 年。
② 冯至《评福兰阁教授的李贽研究》(1940)，载《冯至学术论著自选集》第 188—189 页。
③ 《昆明日记》，载《新文学史料》2001 年第 4 期。
④ 《我与冯至》第 52 页。
⑤ 中国的图书馆学界本身就是一个值得关注的另类场域，蒋复璁、袁同礼等可为代表。曾担任中央图书馆馆长的蒋复璁就是留德归来，而且曾在柏林大学与俞大维、姚从吾等都参加过福兰阁主持的讨论班（Seminar）课程。《德国的汉学研究》第 51 页。

到中国学界的不断记忆,除了学术因素之外,显然也与人际脉络有关。这点我们看他的公子傅吾康的经历,也可以得到印证。

而更有意思的则是商承祖,他作为商衍鎏之子自幼即得有机会负笈德邦(应为 1912—1916),当时不过 10 多岁的少年而已,却打下了非常好的德语口语基础;日后入北大德文系,果然皎皎然不群于众。大概是在 20 世纪 30 年代他再度赴德,在汉堡大学留学(1931—1933 年注册),以《中国"巫"史研究》(Schang, Tschengtsu: *Der Schamanismus in China-eine Untersuchung zur Geschichte der chinesichen "wu"*. Hamburg: o. V. Diss. phil. Hamburg, 1934)的博士论文获民族学(Völkerkunde)博士学位①。但商与汉学关系也匪浅,不仅是指他曾同时在汉堡大学任汉语讲师(Lektor für Chinesisch),其论文也同时接受了汉学教授的指导,如他在论文后记中致谢的 Jäger 与 Forke,都是德国著名汉学家。这自然就是大名鼎鼎的佛尔克(Alfred Forke, 1867—1944),与颜复礼。

这中间有一个非常重要的环节,就是他曾在 1928 年时,受时任中央研究院院长蔡元培之委派,与颜复礼一起去广西壮族自治区凌云县,对当地的瑶族文化进行田野调查,为期近 1 个月,随后于 1929 年出版了《广西凌云瑶人调查报告》②。这本小册子是作为中央研究院社会科学研究所的专刊出版的,所以我们可以通过这种轨迹窥出当时中德学术交往的可能方式。有趣则在于,颜复礼与商承祖日后是师生关系,但他此时可能更多是作为翻译的角色陪同随行的。虽然颜复礼是汉学家,但其口语程度未必就佳,而且毕竟身在异国,有一个母语者同行,毕竟可以方便多了,必要时还可以排忧解难。

欧尔克眼高于顶,但却对他的北大弟子们印象很好,他毫不吝惜地称赞商承祖是最好的学生。③ 所以,作为北大德文系的第一批学生,商承祖(低一

---

① 参见 Harnisch, Thomas: *Chinesische Studenten in Deutschland-Geschichte und Wirkung ihrer Studienaufenthalte in den Jahren von 1860 bis 1945*(《中国留德学生——1860 至 1945 年间留学的历史和影响》). Hamburg: Mitteilungen des Instituts für Asienkunde, 1999. S. 468.

② [德]颜复礼、商承祖《广西凌云瑶人调查报告》,"国立中央"研究院社会科学研究所专刊(第贰号),1929 年。

③ Oehlke, W.: *In Ostasien und Nordamerika als deutscher Professor: Reisebericht*(1920-1926)(《在东亚与北美做德国教授:旅行报告(1920—1926)》). Darmstadt & Leipzig: E. Hofmann, 1927. S. 38.

级但同班听课）和张威廉等一样，是接受了汉学家老师的指导的。所以卫礼贤的课程，他应是听讲了的。1924 年毕业后，任教于国立东南大学；1928 年起，任国立中央大学副教授。正是在此期间，商承祖受聘于中央研究院社会科学研究所，进行了若干民族学的研究工作；而随后商承祖即赴德留学，正是在汉堡大学，而颜复礼在 20 世纪 30 年代时是执掌了汉堡大学的汉学教席的。颜复礼与蔡元培有交往，这估计主要与民族学的共同兴趣有关。蔡元培留德时就对民族学很感兴趣，所以就不难理解，1929 年 1 月，蔡元培院长聘李四光、秉志、钱崇澍、颜复礼、李济、过探先及钱天鹤七人为国家博物馆筹备处筹备委员会委员，以钱天鹤为常务委员，筹备处设立于南京。

而之后更与颜复礼一起进行田野调查，取得了相当的成绩。1929 年，商承祖参与完成的调查研究报告，至今仍具有学术意义[1]。遗憾的是，商氏似乎并没有能将自己早年的民族学训练带入到日后的德国文学研究中去，这是非常遗憾的。考察商承祖的学术轨迹无疑是饶有意味的，他因家世背景而能得有留德机缘并获得博士学位。按照傅吾康的说法，颜复礼在 1927—1929 年间在华，其中有一年在南京的中央研究院历史语言研究所，他获得机会与商承祖一起去广西调查瑶族情况，以后且非常喜欢谈及这次旅行[2]。商承祖的调查之旅并未以此为限，譬如 1930 年他与凌纯声（1902—1981）合作，在东北地区又进行过满-通古斯语族民族的调查。这些工作与他日后完成的博士论文《中国"巫"史研究》当有较大关系。

陈铨治德语文学，博士论文又专攻中德文学关系，自然少不了要与汉学家打交道，他的博士论文《德国文学中的中国纯文学》主要研究德国文学与中国文化的关系[3]，这就自然必须充分关注德国汉学的成绩与不足，他自己显然也是心高气傲，对德国汉学颇有"指点江山"的豪情壮志，批评挑剔，也

---

[1] 参见龚世扬《颜复礼、商承祖与〈广西凌云瑶人调查报告〉》，载《民族论坛》2010 年第 12 期。

[2] Wolfgang Franke, "Fritz Jäger in memoriam", *Sino-Malaysiana -Selected Papers on Ming & Qing History and on the Overseas Chinese in Southeast Asia 1942-1988*. Singapore: South Seas Society, 1989. p. 587.

[3] Chen Chuan, *Die chinesische schöne Literatur im deutschen Schrifttum* (《德国文学中的中国纯文学》). Inaugural-Dissertation zur Erlangung der Doktorwürde der Hohen Philosophischen Fakultät der Christian-Albrecht-Universität zu Kiel. vorgelegt von Chuan Chen aus Fu Schün in China. 1933. 日后陈铨将其改写为中文本出版，陈铨《中德文学研究》，商务印书馆，1936 年；另陈铨《中德文学研究》，辽宁教育出版社，1997 年。

确实不无道理。

  一般的汉学家和译者我们且不论，就名家来说，陈铨首先就选中了卫礼贤和顾路柏（Wilhelm Grube，1855—1908），他说："如果我们再去翻阅在德国最负盛名的两部《中国文学史》，一部是卫礼贤（Wilhelm）一部是格汝柏（Grube），看见他们讲中国文学家名字同作品的稀少，我们也会同样地失望。"① 这里被点名示众的乃是两位大汉学家，即卫礼贤、顾路柏。对卫礼贤，陈铨总体还是肯定的，尽管如此，他还是颇不以为然："就是像卫礼贤那样深造的学者，对于中国文化在德国方面那样有贡献，在他作的中国文学史里边，居然说《红楼梦》是'禁书'，称《玉娇梨》是一篇'短篇小说'。"②《玉娇梨》篇幅适中，但《红楼梦》则确实有过被禁的历史。卫礼贤撰有一册《中国文学》，短小精悍，不能说有多么详尽，但倒也眼光独到，不失为一部了解中国文学的入门书，关于《玉娇梨》的论述是放在缩小的字体中的，即集中讨论了一批在中国本身文学史脉络里未必很重要，却在欧洲获得殊荣的作品，如《好逑传》《玉娇梨》《花笺记》《白蛇传》等；而且这里陈铨对德语文类概念的理解或许略有偏差，称《玉娇梨》为"诺苇乐"（Novelle）③，其实并不错，这大概是中（短）篇小说的意思④。当然，若说陈铨对卫礼贤的批评

---

① 《中德文学研究》第3页。
② 《中德文学研究》第2页。
③ 诺苇乐的中文译名由作者杜撰，目的主要在于更清楚地彰显德语文学体裁本身的特性。有论者这样区分中篇小说这一概念在中、德语境里的迥然不同："德语文学中的所谓'中篇小说'（Novelle），与中国的中篇小说完全不同：在中国文学中，中篇小说主要是篇幅上的定义，指两万字以上、十万字以下的小说。而德语文学中的'中篇小说'概念，对小说的情节和结构有着严格的要求，与篇幅却并没有直接的联系：有的'中篇小说'还没有'短篇小说'（Erzaehlung）长，而有的'中篇小说'又接近'长篇小说'（Roman）的规模。德语中'中篇小说'这个词，起源于意大利语的novella，原本是一个法律术语，意为新奇的事情、奇怪的事情。后来成为一种文学体裁，主要归功于薄伽丘的《十日谈》……"具体言之，德语文学的中篇小说区别于其他散文体叙事文学的特点有："首先，中篇小说的叙事集中在对唯一一个事件过程的表现上，所以，结构紧凑简洁；其次，故事情节的塑造与戏剧有相似之处，也就是说，情节应该从展开部分发展到高潮，然后有一个出乎意料但合乎情理、与人物性格和情节发展的逻辑相符的转折点；最后是结局，构成一个完整的情节结构。在这个过程中，情节的发展与人物性格的塑造应该紧密结合在一起。"范大灿主编《德国文学史》（第3卷）第469—470页，译林出版社，2007年。
④ Wilhelm, Richard: *Die chinesische Literatur*（《中国文学》）. Wildpark-Potsdam Akademische Verlagsgesellschaft Athenaion M. B. H., 1930. S. 187.

过于苛刻或许未必，因为如果放置在一个整体的翻译史脉络中，其实还是肯定居多：

> 洪德生实际上不是翻译的人，是改编的人。我们读他的改编本，我们应当只认作洪德生的诗，不应当认作原作者的诗。从这一点看起来，我们认为他的改编本，是有价值的作品，真正准确精美的翻译，还不多见。方塞卡的《灰阑记》，依据裘利安的法译本，还有不少的错误。汝德伯格出版的《古代中国爱情笑剧》不过叙述五本元曲的内容，它既不能算翻译，也不能算改编。我们有个印象，好像汝德伯格所见别人谈过这五本戏里的故事，从记忆里，错误遗漏地重述出来。唯一好的翻译，只是佛尔克的《灰阑记》。此外还值得称赞的，就是卫礼贤的翻译，特别是他两本关于庄子的戏剧：《蝴蝶梦》同《劈棺》。①

这里涉及多位欧洲汉学家，譬如洪涛生、儒莲（Stanislas Julien，1797—1873）等都是，可见陈铨对西方汉学相当熟稔。但是，我们要理解的是，陈铨之所以如此锋芒毕露，乃与其基本学术定位有关，他对自己研究的目的性有很明确的设定"说明中国纯文学对德国文学影响的程序"，"就中国文学史的立场来判断德国翻译和仿效作品的价值"。② 陈铨所试图达到的，是三层境界：第一层，展现的是"考据功夫"，希望通过细致扎实的译本校勘，来对德国汉学界（或中国文学德译状况）的"误读"进行客观的学术批评；第二层是"义理判断"，即站在中国文学的价值立场来考量德国人工作的"是非对错"；第三层，是"理论构建"，即试图建立一套外国文学译介输入（首先是中国文学德译）过程的"三阶段说"。但他或许有着太过强烈的主题预设立场，所以在基本层面的工作并不足够细致，譬如对卫礼贤的批评就不够扎实。

留德时代，陈铨也曾在柏林求学，按照傅吾康的说法，他1937年来华后，曾"骑自行车去城外的清华大学，再次见到我柏林时的语言交流伙伴、

---

① 《中德文学研究》第82页。洪德生即洪涛生。
② 《中德文学研究》第4页。

清华大学的德语教授陈铨"①。如此，则陈铨与德国汉学家有过直接交往，亦属查有实据。也就难怪，陈铨对德国汉学界的成果了如指掌。就其指点江山、议论风生来看，陈铨确实有着一般日耳曼学家难以企及的汉学学术修养，对德国乃至西方汉学界的学术成果也算相当娴熟，但他所采取的态度则并不让人恭维，过于以一种居高临下的态度对待他人，并非一种"知学"的态度。我们要意识到，汉学家是外国人，其所观察中国的角度往往与国人不尽相同，尤其是那些有纯正求知立场的汉学家，绝非一般人可比，可以对中国研究起到"横看成岭侧成峰"的作用，丰富对中国自身的理解。

三、"观念原型"与"场域赋精"

如果说20世纪30年代的中国现代学术场域基本开始成熟，但日耳曼学的整体建构和成型仍要有待来者。陈铨、冯至等人虽然在20世纪30年代中期陆续归国，可旋即就是轰轰烈烈的民族战争，所以刚开始构建的学科场域基本上就"胎死于腹中"。20世纪40年代的中国，虽然是战火纷飞，但倒真的展现出某种"元气淋漓"的景象，西南联大的烽烟狼起之后，其实原也有另一种学术原创的可能存在。如果陈、冯二位联手，汇北大、清华学统于一体，再加上这代人中如商承祖、张威廉、董问樵等的锱铢积累，则中国日耳曼学的成就当远不止此。

作为中国日耳曼语文学第二代人物的"三巨头"，冯至、陈铨、商承祖三位基本可以代表中国德文学科的三大重镇源头，即北大、清华与南大。而从这三位的发展轨迹来看，从最初的北大-清华二元，到日后南北大学格局，倒也符合中国现代学术的基本架构。冯至、陈铨二位确实各有特点，冯至是五

---

① 《为中国着迷——一位汉学家的自传》第76页。傅吾康还更为详细地叙述了这种互助关系，当时的德国汉学系学生需要学习一些用文言文写作的文章，譬如康有为的就很难懂，"为了帮助熟悉这些文章，学习汉学的学生喜欢和中国学生互换合作。起初，我和学日耳曼学的学生陈铨一起互助，他1932年春季离开柏林后，从1932年12月到1934年春，我和历史学家张贵永互换交流，他在赫尔曼欧肯那里准备博士论文。这两位中国人都是北京的清华大学毕业生，青年时期受过良好的中国文字训练，在我翻译课文时能提供许多帮助，每次见面，我都认真地准备将要共同阅读的课文的翻译，就像上课一样。我主要是帮助中国人修改润色他们的德语博士论文。"《为中国着迷——一位汉学家的自传》第46页。张贵永（1908—1965），历史学家；欧肯（Hermann Oncken, 1869—1945），德国历史学家。

四时代成长起来的学子,受到新文化的特殊熏陶,而又不乏中国传统的文化修养,故此乃能在留德求学之后仍立基传统而开辟新知,其《论歌德》与《杜甫传》正成双翼而见之;而陈铨则出身清华,作为吴宓门下的高足之一,对于美国学统自然别有会心,他又是英文专业出身,所以对西洋文学和文化自有一种特殊的新大陆背景和情结,所幸他并没有为此所限,而是继续追踪寻源、拷问堂奥,这就有了由美转德,继续求学的经验,乃为中国德文学科的发展开拓出一重新的境界,《中德文学研究》一书所开辟的比较文学之路,其实具有重要的学术史意义;商承祖的经验多少难以复制,却是独树一帜,其出身本乃德文,可惜的是并未能一鼓作气,而中央大学一系德文学统的开辟则与留美归来的英文学者范存忠密切相关,正是跨文化优势汇聚的集中体现,当然商承祖作为德文学科的主事者,其本来当可扮演更为吃重的角色,但可惜他在学术成果上相对逊色。

20世纪50年代以后随着大背景的变化,很少有学者还能坚守本位,在学术道路上继续开拓新土。陈铨在西南联大之后未能重归清华,是为一大憾事,不过联系到其时其势,也可以有"理解之同情";所以他前往同济,试图新辟阵地,也未尝不是一步妙棋;可惜的是,政治环境的变化总是太快,学者的学术生命总不能脱离社会实际语境而发展。20世纪50年代的院系调整,使得南京大学得天独厚,尽集南方学界精英于金陵,不仅有陈铨,还有廖尚果等人。此时作为学科领袖的商承祖,本应审时度势、顺势而为,但考其事实则不然。难怪作为局中人的张威廉慨叹说:"1952年院系调整时,调来了同济和复旦的德语师资和图书;师资有陈铨、廖尚果、凌翼之、贺良诸教授,焦华甫讲师,德国女教师陈一荻和作家布卢姆,真可说是人才济济,盛极一时。但为时不过十年,便就风流云散了。"[①]

---

① 《我学德语的经过和对德语教学的点滴看法》,载《德语教学随笔》第161页。院系调整后的复旦大学的外国语文系仅设俄文、英文两组。俄文组即原复旦大学外国语文系俄文组;英文组由复旦大学外国语文系英文组及沪江大学、圣约翰大学、震旦大学三校的外国语文系合组而成。《华东区高等学校院系调整方案》,载教育部档案1952年长期卷,卷14。转引自胡建华《现代中国大学制度的原点:50年代初期的大学改革》第102页,南京师范大学出版社,2001年。这位布卢姆是一位德国女士,即朱白兰(德语原名Klara Blum,拼音为Dshu Bailan,1904—1971)。1949年她重回北京,1952年担任复旦大学德语文学教授,同年9月转到南京大学任德文专业教授。"Klara Blum/Dshu Bailan Lebensweg"(朱白兰简历),南京大学档案。

这里暂不深究其中的语境变化、政治影响、人际网络等诸多复杂因素，仅从学术角度，尤其是与德国汉学互动互生的可能性方面考察中国日耳曼学的草创过程。通过以上简单梳理，我们可以清晰地看到，德国汉学家在中国日耳曼学发展过程中扮演了并非不重要的角色，而其可能提供的学术资源也是相当丰厚的。第二代日耳曼学学者本来有着非常好的机遇和基础，通过汉学家这一学术近邻与窗口，远可以直溯追逼作为世界学术领袖的德国学术之堂奥，中则不妨亲近其必然勾连的国际汉学圈，近亦可由其为中介进一步联通与中国主流学界如文史哲等学科的关系。无论如何，借助汉学家的学术兴趣和知识路径，日耳曼学学者本可以别出手眼，打开一片更新的学术与知识空间的新天地；可察其实际则否，何以然？

其一，德国汉学界有较为明确和自觉的学科史意识，这从汉学家不断书写和总结自身的学科发展进程可以看出，从福兰阁到颜复礼（还包括如海尼士、傅海波、卫德明等），他们都曾有过相关论述①。在理论上，他们也试图有所攀缘，有所发覆。其二，德国汉学家的留华背景不容小觑，他们虽然往往不是正规地进入中国大学接受学术训练攻读学位，但通过与中国学者的深入交往，他们有可能接触到中国学术的核心部分，尤其是"中德学会"此类组织的创办，使得这种留华学术居留成为常态化。其三，德国汉学家以中国为对象，打通文史哲与社会科学，故此有其联通广博的长处，而且德国大学要求学生选择一个主专业与两个副专业，虽然有时难免显得驳杂，但却有利于这种广阔学术视野的形成，这为他们日后在学术场域里纵横驰骋提供了坚实的知识基础。

相比之下，中国日耳曼学的建构可谓路漫漫其修远兮，其一，我们的学科史构建远远不够自觉。没有基本的学科史梳理，没有学术史的自觉意识和沉潜工作，我们很难站在一个高度上来总结自家的经验教训，更何况说是"一览众山小"。其二，我们虽有留德背景，但基本上是为弟子，自居于一种被动的学习地位，这并不算错，但如何由此而建构自身的学科传统，真正地在普遍性的学术意义上能贡献于国际性的"日耳曼学"，则是我们必须思考的

---

① 《现下在德国之中国学》，载《研究与进步》1939 年第 1 卷第 2、3 期。此处见李雪涛编《民国时期的德国汉学：文献与研究》第 4—23 页。Jäger Fritz, "Der gegenwärtige Stand der Sinologie in Deutschland", in: *Orientalistische Rundschau*. 17, S. 561—563.

问题，也是我们作为中国现代学术一分子必须承担的责任；其三，我们的日耳曼学建构是单向度的，即主要以语言和文学为中心，根本做不到打通，如何更进一步地以日耳曼为地域文化概念，则要求我们勇于走出自己狭小的学科视界，努力求知、打破界限、善于顶层设计，这方面我们更有很长的道路要走。

但中国日耳曼学的建构乃是中国现代学术发展过程里的必有之义，其原因安在？中国日耳曼学至少承担两方面的学域责任，一方面作为中国现代学术必不可少、甚至至关重要的外国学之重要组成，乃担负必须承担的"建构工作"；另一方面，作为一种涉外研究，其研究对象为外部对象，则必须要求中国日耳曼学学者有世界眼光、德国学养、跨文化意识，这些理应成为日耳曼学学者知识来源的题中必有之义。

这就要追溯这代人的知识背景形成，他们的留德时代，以及人际脉络交往关系等因素。"观念原型"如何形成，在场域运作之中又如何交错作用，并对观念形成发生重要影响的。"场域赋精"又究竟怎样才可能实现？在现代中国这个时段，德国汉学家与中国学术界的交流相当密切，这首先意味着对中国学术的重视和理解，虽然像卫礼贤那样能深入底里、对华亲切的大人物仍属凤毛麟角，但以福兰阁为代表的主流德国汉学家确实也显示出了他们的涉猎广博和体大思精，虽然他更愿意亲近和欣赏的是像胡适这样纯粹的中国留美学生，而非陈寅恪这样游学多国、国学修养极富的天才人物。这未免是学术史发展过程里的悲哀，但此中或更当注意的是场域因素。当陈寅恪留学德国，尤其是在柏林大学求学之际，正是福兰阁执掌柏林大学汉学讲座之时；从这个意义上来看，则伯希和（Paul Pelliot，1878—1945）以国际汉学祭酒的身份，其对中国学者的重视和理解，特别值得表彰；而其对陈寅恪态度的变化，尤其是在牛津大学聘请陈寅恪任汉学教授事上的鼎力相助和评价就十分难得，是能真正地站在学术立场上客观判断，而且不带偏见。另外可举出的其时其他评价也很有意思，所以蒋复璁的这段话是有趣的，即德国汉学即便学术上有所示弱，也是要与法国汉学界不同的，是必须彰显的国族情绪和场域自尊。

中国学界对德国汉学的研究方兴未艾，可以提供大量的材料；但这方面仍需努力，譬如重要汉学家的代表作仍未见全貌，像福兰阁、顾路柏、卫礼贤、佛尔克等人的代表作或经典著作，必须译介。相比之下，德国学界对中国日耳曼学的介绍研究基本尚属蜻蜓点水,这点不利于德国学界的整体视域之获得。再深入一步,则德国汉学与中国学术的交集是非常之广泛的,对于汉学家来说,他们的首要兴趣当然还是在吸引他们的"中国知识"。但我们聚焦到日耳曼学家这个群体,就意味着"德国知识"是如何形变的?两个学科之间的碰撞,又是通过这样一种位置交错的方式进行的,其实饶有意趣,因为这其中正展现出"交错的学科与互构的学术"的阔大空间,譬如德国汉学家的交游圈层十分广泛,既与传统学术的代表有交往,如卫礼贤与劳乃宣等;又与中国现代学术的精英人物,如卫礼贤与蔡元培、胡适等关系一样密切;而与社会科学家乃至自然科学家的交谊,也不容忽略,譬如魏特夫(Karl August Wittfogel, 1896—1988)就与中国现代学人多有交往,人文学者固不用说,和竺可桢也颇有往来。①

(叶隽　同济大学特聘教授,人文学院文化史与文化哲学博士生导师)

---

① 参见李孝迁《魏特夫与近代中国学术界》,载《域外汉学与中国现代史学》第239—267页,上海古籍出版社,2014年。

中西交往史及相互影响研究的当下意义

——"海外中国研究若干词汇梳理及启示"的补正

俞晓秋

冷战结束后,经贸全球化和全球信息化进程,为世界各国、不同民族和不同文明之间的接触交流、彼此认知和相互影响,带来了一个前所未有的新局面。中国改革开放 40 年的历程,也是中国与世界关系变化与发展的历程。随着中国在经济高速发展、全球经贸比重上升和扶贫脱困等方面,取得举世瞩目成就,对世界和平与发展做出了独特的贡献,参与国际事务协商和全球治理活动越来越多,中国的国际地位和世界影响力也逐渐增大。相应地,全球范围内对中国的观察与研究逐渐形成一股热潮,世界范围的当代中国研究越来越多样,更加全面和深入,其面貌已完全不同于中西交往史上在明末清初年代的欧洲对中国的观察和研究,"海外中国研究热"成了 21 世纪全球性的学术景观之一。

关注和了解海外中国研究的过去与现在,从基础入手。中外交往关系及影响源远流长,海外对中国的接触、了解和研究亦有数百年之久。尤其体现在海外汉学发展历史脉络和"中国观"之中,对欧美及周边国家影响甚深。为此,笔者曾于去年七八月间撰写了《海外中国研究若干词汇的梳理及启发》一文,查询和梳理了有关英文 Sino、Sinology、New Sinology 和 Chinese Studies & China Studies 等词汇概念的由来。① 拙文刊发后重读,既发现了有不少粗浅之处,也觉得有必要介绍一下中国学者对中西交往历史与相互影响关系的研究成果和看法。在海外汉学研究大家阎纯德先生的鼓励下,故作此文借以对先前的拙文做一点补正。

---

① 俞晓秋《海外中国研究若干词汇的梳理及启发》,载《国外理论动态》2019 年第 12 期。

一、中西交往的历史线索与 Sino 的由来

中国与西域和亚欧大陆小亚细亚以及远至地中海与欧洲的接触、交往，已有两千多年的历史。著名的历史学家向达先生所著《中西交通史》一书中的"西"，并非是我们现在所理解的"西方国家"或"西方世界"，而是指西域以及西域以西直到欧洲的古代国家与古代文明体，直至世界进入近代社会才发生变化。因此，所谓的"西方"概念，是相对于近代欧洲殖民扩张和资本主义国家兴起后提出的"东方"概念而形成的。

海外中国研究的历史与学术脉络与中西交往关系的历史是相互关联的。笔者前文通过英文查询与梳理了 Sino 和 Sinology 的由来，而中国学者对此由来却有自己研究的见解。

向达先生在其《中西交通史》一书中认为，若《穆天子传》《逸周书·王会解》《竹书纪年》《管子》等古书可靠，中国同西方古时便已有了交通的痕迹了。[1] 他在《中西交通大事年表摘要》中提到，公元前4世纪周安王时期，希腊人 Ctesias 始述及 Seves 地方，据云此即指中国而言，以其为产丝之国故名，以 Severs 盖有产丝地之义也，其后罗马人书中常及此。[2] 这一叙述似乎与笔者先前文章引用和梳理英文资料的说法有所差异。

向达先生写道，公元前第四、第三世纪，中亚以西以至四方，一时交通大开，往来甚盛。同时中国也正是战国群雄纷起、秦霸西戎之时。中国丝绸此时已名闻遐迩。因此，印度最古的《摩奴法典》（Laws of Manu）和《摩诃婆多罗》（Mahabharat）中便有了"支那"（China）的名称。希腊古书中也时时提到东方一国出产丝绸，名曰"赛里斯"（Serice）。"支那"一名传到西方，转为 Sin 同 Thin，又转为 Sinae 同 Thinae。"支那"称呼大约即是从秦国的"秦"字得声，而"赛里斯"乃是"丝国"之意。希腊人之知有"支那"最早在西元前第五、第四世纪。汉武帝开通西域，张骞奉使大宛，于是中国人对西方今中亚细亚一带的知识，方算确有可据，此后，中国书上也时常见到"大秦"的名称了。传闻诸国中远在西方的"安息""条支"，安息即古波

---

[1] 向达《中西交通史》第1页，岳麓书社，2012年。
[2] 《中西交通史》第90页。

斯，条支在今叙利亚，西汉时的"大秦"（别名黎轩或犁靬）即罗马帝国。① 汉武帝元朔三年（公元前 126 年），张骞出使西域，中国知罗马自始也。② 汉朝中国的丝绸确已传入罗马，而罗马的琉璃也已传到中国。汉代女性的耳珥有用玻璃为之者，汉魏六朝时代的海马葡萄镜乃是西方影响的作用。前汉时，陆路上的中西交通要算敦煌，水道上中外通商的总口岸则是今广东海康合浦两县之地。③ 依据向达先生的论述，欧洲知"中国"和 China 一词源自古印度、丝绸和秦王朝。

专长中西交通史研究的知名历史学家张星烺先生在其《欧化东渐史》一书中写道，欧洲人与中国有交通，西汉以来已然矣。东方货物运入欧洲，大概经由四道：第一道经中亚细亚、撒马尔罕、布哈拉、里海北岸，再至黑海北岸，渡海至君士坦丁堡。第二道经印度大陆及印度洋、波斯湾、美索不达米亚、底格里斯河，北至特莱彼松德，抵黑海，再西至君士坦丁堡。第三道经尤福莱底斯河，至阿勒坡，再至安都城，渡地中海达欧洲。第四道入红海，抵埃及，达地中海滨。1453 年土耳其人攻占君士坦丁堡，诸道皆为土耳其人阻隔，故欧洲各国商人不得不另觅新道以通东方。④ 原中国欧洲学会会长、历史学家与欧洲问题专家陈乐民先生在《中西之交》一书中写道，自汉朝张骞以来，中国人的足迹到达了小亚细亚，最远到了中东。在汉朝，罗马帝国已以"大秦"的名字见于中国的史籍。⑤ 司马迁《史记·大宛列传》记载了张骞出使西域；西汉刘歆《西京杂记》记载道，武帝元封三年（公元前 108 年），大秦国（古罗马）贡花蹄牛。班固《汉书》上记载说，和帝永元九年（公元 97 年）班超遣掾甘英，抵条支、历安息，临西海以望大秦。桓帝延熹九年（公元 166 年），大秦王敦遣使贡象牙、犀角、玳瑁。⑥

从张星烺与陈乐民两位大学者的考证叙述来看，汉代以来中西就有了一些交往，中国与世界就建立了联系，尽管当时人们的"世界"只限于亚欧大

---

① 《中西交通史》第 7 页。
② 《中西交通史》第 90 页。
③ 《中西交通史》第 9—10 页。
④ 张星烺《欧化东渐史》第 2 页。此书收录在王云五主编《万有文库》中，商务印书馆，1933 年，本文引用的是湖南长沙岳麓书社版本，2013 年 11 月出版。
⑤ 陈乐民《中西之交》第 41 页，北京出版社，2017 年。
⑥ 《中西之交》第 90—91 页。

陆中国以西至阿拉伯海、地中海与希腊、罗马。如果说公元15世纪以前，中国与世界的关系主要是通过陆路交往发生的，而进入大航海时代，中国与世界的关系则开始转向以海路为主，欧洲对中国历史进程的影响则越来越多。因此，谈论中国与世界的关系，须从2000多年前来加以了解和认识，而不能仅仅从近代或1840年鸦片战争作为一个起始。

二、中国文明与西洋文明历史上互为影响

所谓"西洋文明"和"东洋文明""西方文明"与"东方文明"之分，乃是进入19世纪的产物，与欧洲殖民主义与资本主义向亚洲大陆扩张、东西方文化发生直接碰撞密不可分。历史上的所谓"西洋文明"或"西方文明"，指的就是以古希腊、罗马为代表的古代地中海——爱琴海文明和以英国、德国等为代表的近代西欧文明。以中国为代表的东方文明和以欧洲为代表的西方文明，在千余年的接触交往中相互传播、相互影响。

根据向达先生的研究，他认为，明代末期发现的《大秦景教流行中国碑颂》，是西洋文明正式莅临中国的"第一篇重要文献"。西洋人之到中国，以唐朝的景教徒为其先导，景教就是基督教的一派，这一派的传入同后来许多西洋人之来中国都有关系。① 元朝时期，中西交通之盛前所未有，马可·波罗入仕元朝至10余年。自元朝始，欧洲文化逐渐向东方传播。明朝以后，西洋航海术发达，中西交通复活，欧洲诸国与中国的通商传教都相继而至，"中国文化史上获得一个收获，就是西学的传入"。利玛窦（Metteo Ricci，1552—1610）、鄂本笃（Bento de Goes，1562—1607）来华，明朝万历至清乾隆200年间，西学如历算、哲理、火器等在中国植下一点点基础。② 中国近代学者张维华先生在《明史欧洲四国传注释》一书中写道："西土著述，以关宗教者为多，余为天文、历法、算术、物理、机械、水利、地理、哲学、伦理等，均有论著。"③ 也就是说，这一期间先后来华传播水法、火器、采矿、天文、数学、地图、物理、哲学、艺术绘画、玻璃器皿、麻布、晴雨表、地图等知识、

---

① 《中西交通史》第14—15页。
② 《中西交通史·叙论》第7—9页。
③ 张维华《明史欧洲四国传注释》第173页，上海古籍出版社，1982年。

技艺和实物者，大多为来自西班牙、葡萄牙、意大利和德国的基督教传教士。

如利马窦所著《乾坤体义》以述天象，传播了西洋数学，所译的首书便是希腊人欧几里得所著的《几何原本》6卷，又制浑天仪，绘制《万国舆图》，传入西洋地理学。李之藻《浑盖通宪图说》为中国人所著第一部介绍西洋天文学之作。汤若望（Johannes Adam Scholl von Bell，1592—1666）著有《新法表异》《新法历引》，尤其是《历法西传》中介绍了托勒密、哥白尼、伽利略等学说。康熙年间，白晋（Joachin Bouvet，1656—1730）、雷孝思（Jean Baptiste Regis，1663—1738）和杜德美（Pierra Jartoux，1668—1720）三人历时10年绘制一部《皇舆全览图》。艾儒略（Giulio Aleni，1582—1649）所著《西学凡》把西洋学问分为文、理、医、法、教、道六科，理科即哲学（中复分五家）、逻辑学（言明辨之道）、物理学（言察性理之道）、形而上学（言察性以上之理）和数学（究物形之度与数）、伦理学（言察义理之学）。熊三拔（Sabatin de Ursis，1575—1620）继利马窦后著《泰西水法》一书，阐明几种水利器具的原理，解决旱灾饥馑问题，徐光启所著《农政全书》水法一卷，即全部采用熊三拔之法。李之藻同傅泛际（Francisco Furtado，1587—1653）合译亚里士多德逻辑学的《名理探》10卷，宋应星的《天工开物》和方以智的《通雅》书中提到辨别矿物之法都是受了西学的影响。① 还有西洋的美术和建筑，尤其是基督教宗教画的传入对中国绘画的影响便是写真。澳门、广东一带建筑的西洋风味，以及广州的外国"十三洋行"的房子都模仿了西洋建筑，包括园林艺术与喷水池。②

同样，中国技法、器物、文艺以及古代经典学问也影响了欧洲。18世纪前后的欧洲正处于浪漫主义时代，对于东方的中国抱有很大的关注热情与兴趣。譬如，建筑和各种装饰上的罗可可艺术（Rococo），它打破了先前所有清规戒律，以一种活泼不羁的线与面，表现文艺复兴的精神。"这种风趣，完全是模仿中国的作风而来，最可见的便是瓷器。"③ 16世纪意大利佛罗伦萨便有人仿效中国的瓷器，白底上面绘以深蓝色的花纹，后由意大利传到荷兰，又研究出一种雨过天晴的颜色，17世纪中叶这种工艺传遍欧洲各地，大体都是

---

① 《明史欧洲四国传注释》第47—48、50—54页。
② 《明史欧洲四国传注释》第55页。
③ 《明史欧洲四国传注释》第62—63页。

模仿中国的形式和花纹,最初传到法国,由法国传到德国,瓷器上的绘画都模仿中国,或者含有中国风的意味在内。

其次是中国的漆器传入欧洲,17世纪法国宫廷即从中国运去不少漆柜,欧洲的漆器业也因中国的漆器传入而逐渐发达,所用花卉图案,多仿中国同日本的样式。再次是中国的绸缎,法国用来仿制,印染织都采用东方花样。同绸缎一同传入法国的还有中国的绣品以及在绣品上绘画的工艺针绘(Needle painting),以及花布和花纸等。① 再次是建筑,中国亭园建筑也曾风靡一时,中国式的宝塔、雕花的窗槛和亭子都点缀到西洋的花园中了。同时,中国的艺术理论与中国式的茶社也传入欧洲。而后是中国的经书典籍。17、18世纪在华传教士将中国经籍译成西文寄回国内。如利玛窦将中国《四书》译成西文寄回本国。艾儒略说,"国人读之,知中国古书,能识真原,不迷于主奴者,皆利之力也"。奥古斯丁会教士门多萨(Juan Gonsales de Mendoza,1545—1618) 1585年把欧洲当时所存文献中有关中国历史、国家体制、宗教和风俗习惯的资料编纂成《中华帝国风物与习俗史》(Geschichte der hochest bemerkenswerten Dingen und Sitten im chinesischen Konigreich),并列出自尧以来中国历史王朝年代表。② 比利时人柏应理(Philippe Couplet,1623—1693) 于1682年回欧洲曾以传教士所译华文书400册呈献给当时的罗马教皇。③

受中国影响最为显著的要算德国哲学家、数学家莱布尼茨(Leibniz),他读过当时所译的中国经典和记载中国的书。莱氏称,理论和哲学的科学如历算名理形上之学,西方自然胜过东方,但实践的哲学不能不推东方独步了。他的二进制说据说受到中国"道"的影响,他创立柏林科学社,用意就在沟通中国同欧洲的文化。法国启蒙时代哲学家伏尔泰也热烈赞美中国,向往中国的实践道德,批判当时欧洲社会现状,认为文明在"中国已经达到了人们所能想象的最高程度"。④ 他还改编了元代的《赵氏孤儿》一剧,称这是了解中国精神的头等好材料。后来百科全书派学者对中国的哲学的见解全来自伏尔泰,其中一位学者博瓦勒(Poivre)著有《哲学家游记》(Travels of a Phi-

---

① 《明史欧洲四国传注释》第63页。

② [德]裴古安《德语世界早期的中国历史书写》,载李雪涛编《东亚研究与全球史的建构——德语东亚文化史的几个研究路径》第57页,华东师范大学出版社,2018年。

③ 《中西交通史》第64—65页。

④ 《中西交通史》第64页。

losopher）称："若是全世界都采用了中国的法律，那岂不是好。到北京去！去看那最有威权的人：这才是上天的真正完备的影像呢！"① 1723 年意大利传教士马国贤（Matteo Ripa）自中国回国，在那不勒斯建立了一所中国学院，由教会出资，培养到东方传教的教士。在法国，杜赫德（Jean-Baptiste Du Halde，1674—1743）于 1725 年和 1735 年分别出版了《中国简述》（*Description de la Chine*）和 4 卷本《中华帝国及其所属鞑靼地区的地理、历史、编年纪、政治和博物》（*Description géographique, historique, chronologique et physique de l'Empire de La Chine et de la Tartarie Chinoise*）。1814 年，雷慕莎（Jean Pierre Abel Rémusat，1788—1832）成为法兰西学院第一位汉语教授。② 在经济学说方面受有中国学说影响的是重农党派中的克斯奈（Quesnay），他以为农业为财富之本之说，法皇路易十五因克斯奈的主张仿效中国，而为亲耕籍田之举。克斯奈去世后，曾被人称是"欧洲的孔子"。还有一位受中国影响很深的文学家是德国文学家歌德（Goethe），翻读过当时所有中国六经的译本，对中国诗词和建筑都有评论，写下了作品《中德岁时记》（*Chine sische-deutsche Jahres und Tagesxeiten*）。他还校读过《好逑传》《花信记》，翻译过《百美新咏》。③

陈乐民先生在他的《中西之交》一书也写道，《明史》中的《欧洲四国传》是史书中为欧洲国家立传的开端，还有《明实录》、严从简《殊域周咨录》、顾炎武《天下郡国利病书》、沈德符《万历野获编》、屈大均《广东新语》和清代王韬《泰西著述考》等，对当时葡、西、荷、意等国航海与传教士来华逸事有所记载。④ 莱布尼茨在 1697 年出版的《中国近事》文集中就提出了欧中在文化科学领域里相互学习和交流的重要观点，他的数学研究就受到了中国《易经》的启发，他的哲学思想也受到中国儒学——宋儒"理""气"的影响。⑤

正是自传教士来华后，"西学东来"和"中学西渐"，在近代欧洲逐渐开

---

① 《中西交通史》第 65 页。
② 杨保筠、刘雪红《杜赫德〈中华帝国全志〉的编撰缘由和原则》，载《国际汉学》2015 年第 3 期，《海外中国研究若干词汇的梳理及启发》，载《国外理论动态》2019 年第 12 期。
③ 《中西交通史》第 65—67 页。
④ 《中西之交》第 49、235 页。
⑤ 《中西之交》第 43 页。

出了一朵"中国之花",即"汉学"(Sinology),或称欧洲汉学。德国汉学家施寒微(Helwig Schmidt-Glintzer)认为,汉学这个概念产生于19世纪,"汉学或曰欧洲人的中国","研究中国人事务"之学术理论。① 在欧洲人眼里,"中国是非常东方化的,可以将印度与希腊相比,波斯和罗马相比"(黑格尔语)。② 然而,整个两千多年中西交通历史里的中欧之间上述彼此交往、相互影响的关系,随着欧洲殖民列强凭借"船坚炮利"强行打开中国大门,亦即鸦片战争后发生了重大变化。向达先生这样写道:"为害近代中国最烈的租界制度、领事裁判权,都因有这几个条约(指《南京条约》《中法条约》和《中美条约》)而产生。西洋人自此得自由往来经商于中国内地,往昔锁国的局面至是完全打破,所谓帝国主义在政治上同经济上的侵略中国都于此战开其端。所以鸦片战争乃是上结两千年中西交通蒙昧的局面,下开近百年来中国史上急剧变幻的关头,真是历史上一个数一数二划分时代的战争。"③ 张星烺先生写道:"自是以后,有形之欧化及无形之欧化,日渐输入中土,每次战败,外患益烈,而欧化之输入,亦随之而益盛焉。"④ 陈乐民先生则写道:"在19世纪中叶,发生了中国和西洋大规模接触,西洋近代文明以各种方式、各种渠道大举进入封闭的中国。中国文明的'自然进程'至此打乱了。从此,中国必须加入世界历史的总进程,不可能再独自地在原来的轨道上运行。历史地看,中国从那时起已经开始提出了与外界'接轨'的问题了。"⑤

三、中西历史交往关系研究的当下意义

1949年中华人民共和国成立,又历经改革开放40年,中国社会的面貌发生了翻天覆地的变化,"东方巨人"站起来、富起来、强起来了,近代中国"积贫积弱"的状况得到根本改变,中国的世界形象为之一新。进入新世纪、

---

① [德]施寒微《论汉学及西方对中国的兴趣——导论》,载李雪涛编《东亚研究与全球史的建构——德语东亚文化史的几个研究路径》第21—22页,华东师范大学出版社,2018年。

② [德]余思凯《想象中的中国:德国汉学研究里的〈宏大叙事〉》,载《东亚研究与全球史的建构——德语东亚文化史的几个研究路径》第107页。

③ 《中西交通史》第86页。

④ 《欧化东渐史》第10页。

⑤ 《中西之交》第12页。

新时代，随着中国稳步发展、国际影响力增大，正在逐步走进世界舞台的中央，世界越来越关注中国及其未来的走向，也以更多样的视角和方式观察、接触、了解和研究当代中国，中国与世界的交往关系及相互影响进入了一个新的历史时期。因此，鉴古知今，裨益莫此大焉。

（一）放眼认知世界也是认知自己。自古以来，中国与域外的其他民族、社会和文明体一直就有交往关系，自先秦始，历经两汉、唐宋、明清时代，即便在晚清时期有过一段"闭关锁国"的历史，但外部世界对传统中国社会的影响仍然没有中断过。从中西交往史中，我们也看到了一个基本事实，就是外部世界尤其是欧洲对中国由点到面、逐渐扩展的了解认识与研究，早于和多于中国对外部世界的了解认识与研究，从明代不断增多的传教士来华到晚清西方列强对华殖民与资本的双重入侵，历经约400年，而中国对外部世界尤其是欧洲有更多的实地了解和进行大量翻译与研究是在19世纪中后期。《海外中国研究》系列丛书翻译出版的上百种涉及中国语言、文学、乡村、礼俗、科技等欧美传教士和学者撰写的研究专著，以及晚清尤其是洋务运动时期出版的诸多汉译西学论著，便是一个佐证。

因此，研究了解自古以来世界是怎样观察、接触和研究中国的，又如何回应世界对于历史与当下中国的不同认知和评价，是一个非常重要的现实课题，也是自我认识所不可或缺的一个途径。正如《海外中国研究》丛书主编刘东教授所言："我们不仅必须放眼海外去认识世界，还必须放眼海外来重新认识中国。"① 通过他人的眼光来认识自己，有助于在一个开放、多样和变化的"地球村"里有更多的自知之明。

（二）中国与世界的关系是一个永恒的命题。有关中国与世界的关系问题，澳大利亚首任驻华大使费思棻（Stephen Fitz Gerald）曾在《中国与世界》（*China and The World*）一书中写道："中国于公元前第3世纪统一起，直到19世纪，其间经过了刚好两千年多一点。在这两千年中，中国是一个独特的和持续的政治文化实体，同相邻的各国人民和各种文化相互发生作用，它本身就是一个世界。"②

自古以来，中国就与周边地区和欧亚大陆的其他地区有着相互交往和彼

---

① http://www.sohu.com/a/271764897_114988.
② ［澳］费思棻《中国与世界》（中译本）第11页，商务印书馆，1980年。

此影响的关系。近代至现代,"舶来品"和外来诸多影响逐渐增大。如今,日益开放的中国越来越深入到世界体系之中,自身的发展和未来也就越来越离不开世界。同样,世界的和平发展也与中国息息相关。中国与世界的关系是一个双向互动的关系,海外中国研究需要回答如何认识当代中国以及又如何与中国打交道问题。正如英国伦敦政治经济学院全球事务研究所所长埃里克·伯格洛夫(Erik Berglof)所言:"随着中国在世界经济和政治中的影响力不断增强,深入理解中国社会发展变得越来越重要,中国的积极参与也正在改变全球化进程本身。这在国际贸易和金融领域也许是最为明显的。中国也更广泛地影响了全球治理。随着中国在国际舞台的影响力增强,现有国际机构将面临新机遇与挑战,同时新的国际机构也可能产生。"①

同样,中国学者也要回答如何认识当今世界以及又如何与这个世界打交道的问题。这就需要中国学者以更开阔的眼界、更开放的胸襟去拓展国际研究,从中国与世界的互动影响出发,加大对世界历史与国际关系、人类文明发展、全球经济政治、国际体系秩序以及地区和国别的深入研究的力度,了解和把握当今世界的变化和未来演变趋势,为中国和世界的沟通交往与和谐共处提供真知灼见。面对一个经济全球化、全球信息化、发展不平衡、多极多样的世界,当代中国和未来中国应自我主动地塑造怎样的一个国际形象和角色,积极发挥怎样的一种国际影响力和作用,怎样借鉴吸收世界先进的理念、创新、科技、管理、文化等并加以"中国化",处理好"中国化"与"世界化"的关系,又怎样传播好中国的声音、主张和中国文化,逐步减少和消除外部世界对中国一直存在的误解、偏见甚至是错误的认知,这是摆在中国学者和智库面前的一个重大课题,也是密切关注海外中国研究动向,加强包括海外当代中国研究成果在内的国际研究的应有之义。

(三)推动对话交流以促进不同文明互鉴。1697年出版的《中国近事》一书序言中,德国数学家、哲学家莱布尼茨这样写道:"全人类最伟大的文化和最发达的文明仿佛今天汇集在我们大陆的两端,即汇集在欧洲和位于地球另一端的东方的欧洲——支那(人们这样称呼它)。"② 可见,海外汉学或国

---

① 赵媛《海外中国研究促进中国发展智慧分享》,2019年10月25日,此文摘自《海外学者笔下的中国政策试验》,载《国外理论动态》2019年第9期,http://gn.cssn.cn/hqxx/gdft/201910/t20191025_5020727.shtml。

② 《中西之交》第251页。

际汉学的兴起，是中西交往和文化互动的历史产物，也是对海外中国研究成果再研究的重要领域和课题。

中外关系史，实际上就是古代中国文明通过陆路和海路与西域直至地中海沿岸其他文明体交往的历史，是大航海时代后近代"西学东渐"和"东学西渐"互为影响的历史，是近代民族国家形成以来至现代中国与世界各地区各国间关系的历史，也是世界历史与人类文明史的一个重要组成部分。每一个民族自身都具有自己的人类知识结晶，自己的文明。如果这种文明得以发扬，就会丰富人类的共同遗产。如若蹈常袭故，既得不到发展，又得不到借鉴和传播，那么这种文明便会湮没无闻。[①]

如果说古代世界不同文明之间的接触交往是通过易货贸易、王朝贡礼以及商人、旅行者、传教士、探险家等途径进行的，那么，在全球化进程和"地球村"的环境下，加上当代信息通信技术创新和一个崭新"互联网世界"的形成，以国家为主体和以国家间关系为主要途径的不同民族、文化和文明之间的交流与影响方式，与古代与近代已有很大不同，更加多样丰富，也更加错综复杂。全球化和互联网既强化了世界各地区和各国之间彼此依存与相互影响，同时也使基于语言、身份、地域、历史、宗教和价值观认同之上的不同文化与文明之间的差异日渐凸显，成为影响当今国家关系、国际政治和国际合作的一大要素。因而，为推动世界和平与发展，促进各国之间和谐相处，不同文明之间进行广泛、深入、多样的对话交流变得越来越迫切。

进入新世纪和新时代，随着中国日益融入国际体系、走近世界舞台的中央，加强中国与世界相互交流、共同发展，促进不同文明之间平等对话和互学互鉴，增进相互认知理解、消除彼此误解偏见，培育全球共同体的意识，是历史与未来的客观要求，也是向世界讲好中国历史文化和中国发展故事、共同应对全球性挑战和积极推动构建人类命运共同体的重要途径。或许这些就是重视海外中国研究的当下意义吧。

（俞晓秋　福建师范大学讲座教授）

[①] 中共中央党校科学社会主义教研室编译《文明和文化——国外百科辞书条目选译》第9页，求实出版社，1982年。

作为一门新兴学科的世界华文文学

古远清

摘 要：移民史研究和"境外"新词的创造，是世界华文文学学科建立的重要理论依据。世界华文文学学科发展经历了从中国境外文学向海外华文文学辐射，从着重政治功利向注重审美价值的转换两个阶段。这门新兴学科，在学术上也有"汉学"的味道；其研究对象为中国文学暨海外华文文学，还应把华人文学包括进去。中国文学、华文文学、华人文学的概念有不同的内涵。"华语语系文学"的概念有新意，但"去中国化"的倾向不可取。世界华文文学，在某种意义上也可以说是世界汉语文学，将其纳入汉学研究范畴，不失为一个新的学术生长点。

关键词：中国文学 华文文学 华人文学 华语语系文学

本文着眼于 20 世纪至当下华文文学的整体，以华文文学的发生、发展和转型为贯穿线索，在时间维度上跨越一个多世纪，将世界华文文学置于语种文学整体中，探讨世界华文文学学科发生的背景、学科发展的历程、学科研究的对象，世界华文文学的几种话语体系的辨析，以及世界华文文学学科品格和特征的阐释。

一、一门新兴学科的崛起

20 世纪 80 年代以后，中国在世界事务中扮演了重要角色。随着频繁的经贸往来和文化交流，出现了留学热和"洋插队"现象。中国学术界为适应新的时代要求，也在不断扩大视野，由文学史走向民族史、移民史、文化史、国际关系史研究，由单一的作家作品论研究走向语种的文学研究。

（一）学科建立的依据

世界华文文学作为一门独立学科，逐渐进入中国社会科学学界视线。2006 年，国家社科基金课题指南，将世界华文文学研究正式列入和中国现当代文学同属三级学科进行课题申报，不像过去那样视为中国现当代文学的子课题。这是世界华文文学学科崛起得到公认的一个重要标志。

当然，对这门学科能否独立存在，仍有争议。但不可否认的是，世界华文文学从中国现当代文学中独立出来，有相应的理论做支撑：20 世纪后半期，西方出现了一些如后现代、后殖民、全球化、跨文化、差异表达这些能指符号，尤其是源于希腊的"离散"一词，成了世界华文文学应用文化研究方法探讨身份问题的理论支持。此外，中国的海外移民史研究在身份认同上的界定，关系到海外华文文学的学科性质，也就是与中国文学不同的学科特征以及文化变迁的母体上，提供了一种难得的参照系。据有关资料显示，从中国迁到海外的移民，开始时有普遍的怀乡心态，不愿意注销原来的国籍；或为适应现状，实行双重国籍制。可自 1955 年万隆会议后，中华人民共和国明确宣布取消双重国籍，华侨便去掉了"侨"字而成了移居国的外籍华人。随着从移居到定居，不再有过客心态的"华侨"变成"华人"，后来又有"华裔"[1]，即国外出生在"他乡"受教育的下一代。他们与"华人"最大的不同是"文化中国"意识淡薄。不管是"华人"还是"华裔"作家，其书写的文学从此不再是中国文学的支脉，而是成了居住国文学的一部分。

这种从"战后初期的'华侨不变论'，到 60 年代的'华人同化论'，走向 80 年代王赓武的'华人多重认同论'"[2]的移民史研究，是中国学者研究海外华文作家身份转型的一种重要理论资源。

至于台港澳文学，在《辞海》《现代汉语词典》中增加了原没有的一个新词"境外"。"境外"并不等于自然的国土疆界之外，而是包括一国领域以内而尚未实施行政管辖的部分。如台湾地区，香港、澳门地区，属于"境外"[3]。台湾是中国的领土，"台湾文学"再有什么不同于大陆文学的地方，

---

[1] 刘登翰、刘小新《华人文化诗学：华文文学研究的范式转移》，载《东南学术》2004 年第 6 期。

[2] 刘登翰《命名、依据和学科定位》，载《福建论坛》2002 年第 5 期。本文吸收了他的研究成果。

[3] 陈贤茂《关于"海外华文文学"一词的使用规范》，载《世界华文文学》2000 年第 6 期。

也绝不能称为"海外华文文学"。"境外"一词的出现,有助于我们认识台湾、香港、澳门文学的特质。

此外,还有极为丰富、远不同于中国文学的作家作品资料,有素质较高的研究人员,有与学科相关的研究专著,有《华文文学》理论刊物和《世界华文文学研究年鉴》,这均是世界华文文学学科建立的另一重要依据。

面对全球化时代,不同文化的交流和跨文化的沟通已成为一种常态。不能再以二元对立的思维设置专业,更不能以民族中心的方法去限制学科的生存和发展。随着中国现当代文学回归为原先就是世界文学一部分的特点,北京大学甚至延边大学等近百所学校先后开设过华文文学课。2003年,南京大学成了第一个华文文学博士学位授权的学科点。如今在中国,至少有1/5的硕士、博士论文在研究世界华文文学。

从中国现当代文学脱颖出来的世界华文文学学科,其课程的开设及博士点的建立,经历了选择和接受、融合和发展,最后到阐释和创新阶段。至于全国性或国际性的华文文学研讨会①,在中国已举办过近20届,这也是世界华文文学学科建立的一个必要步骤。

世界华文文学学科的发展,得力于全球性的"中文热"不断升温。不可否认,华文文学如今已成了一种世界性的文学现象。早在六七十年代,华文文学已引起美国、英国、法国、德国部分学者的关注。1979年9月,由安格尔和聂华苓共同主持的美国爱荷华大学(The University of Iowa)"国际作家工作坊",邀请了世界各地华文作家,举行"中国文学创作前途座谈会"。其中最引人瞩目的是来自中国到美国定居的作家首次相聚在一起。在这个会上,聂华苓提出的"我们对整个中华民族的感情"②,为建立以中文创作与民族想象文学共同体做了舆论准备。

文学交流本不分国界,也不分政治信仰,将不同性质的文学纳入华夏文化和研究视域,是一种大趋势。1986年7月,美国威斯康星大学和德国鲁尔大学在德国莱圣斯堡举办的"华文文学大同世界国际会议"(International Conference on the Commonwealth of Chinese Literature),这是华文文学这门学科

---

① 与世界华文文学同进同出的新兴学科比较文学,其首届的全国性大会,比华文文学会议迟了一年。但由于比较文学有30年代众多成果做基础,故它的发展比世界华文文学学科步伐快。

② 也斯《爱荷华的中国文学座谈会》,载台湾《诗潮》(第4集)第28页,1980年12月。

建立的"史前史"。"华文文学的大同世界"也可译成"华人共和联邦文学"①,和本文说的"世界华文文学"是一个意思。共同的血缘和语言,本是建立世界华文文学这门学科的情感纽带。"大同世界"之所以能建立,一个重要原因是作家们使用的都是汉语,有着共同的中华文化渊源;此外,它是跨界的,这便集合了不同国家和不同区域炎黄子孙生存的历史与经验。这种跨界的建构,更集中体现在 2011 年,由中国世界华文文学学会与世界华文作家协会联合举办"共享文学时空"研讨会,全球五大洲 30 多个国家 400 多位文友共同研讨世界华文文学的发展现状及未来前景,可见既有全球性,又有本土性;既有延续性,又有交融性②的世界华文文学研究,已日渐成为一门显学。

(二)学科发展的历程

世界华文文学学科发展经历了两个阶段:一是从中国境外文学向海外华文文学辐射;二是从着重政治功利向注重审美价值的转换。

华文文学在中国的出现,最先是在海外的台湾文学。还在 1997 年,北京的《当代》杂志率先发表了白先勇的《永远的尹雪艳》。当时把白先勇当作旅美作家,但也有人视他为台湾作家,或两者身份兼而有之。1982 年,广州召开了首届"台湾香港文学学术研讨会",讨论的重点均是台湾文学,而后来的香港文学研究,仍扮演着陪衬台湾文学的角色。

过了 1 年之后,随着中国对外交流的不断扩大,研究者们越来越感到"台港文学"乃至"台港澳文学"难以适应形势的需要,因而"海外华文文学"的概念开始流行起来。1984 年汕头大学"海外华文文学研究中心"的筹建及次年《华文文学》试刊号的问世,便是一个明显的标志。

到了 1986 年 2 月,在北京出版的 1986 年第 1 期《四海》上,作家秦牧正式打出"世界华文文学"的旗号。但对"世界华文文学"这个概念,学术界并没有马上接受。1991 年在广东中山市召开的第五届研讨会上,仍沿用"台港澳暨海外华文文学研讨会"的名称,所不同的比上一届多了一个

---

① "大同世界"一词,是借用刘绍铭的翻译。他把"大英共和联邦"加以汉化,因此成为"大同世界"。王润华《从洲华文文学到世界华文文学的大同世界》,载《从新华文学到世界华文文学》,1994 年。

② 许翼心、陈实《作为一门新学科的世界华文文学》,载《台港与海外华文文学评论和研究》1996 年第 2 期。本文吸收了他们的研究成果。

"澳"字。

不受意识形态束缚而强调学术研究的独立性方面,台湾、香港的学者有他们的经验,他们早就把世界华文文学作为一个整体来推介。1991年7月,在香港召开了"世界华文文学研讨会";1992年11月,在台湾成立了"世界华文作家协会"。华文文学本已和英语文学、法语文学、西班牙语文学一样,在全球形成了一种体系,因而该会将新华文学、马华文学、菲华文学、泰华文学,甚至亚华文学、欧华文学、美华文学与作为母体的中国文学沟通起来的做法,是一种有益的尝试。

改革开放大潮在90年代汹涌澎湃,对外交流的窗口也越开越大,不受政治宰制的内地学者已开始注意到要扩大研究范围,关注中国以外的华侨、华人、外籍人士用汉语为表达工具,反映华人在其居住国生活或以母国生活作背景的作品。1993年在庐山召开的第六届会议上,不再将本属中国文学的台港澳文学与属外国文学的海外华文文学并置在一起。于是在这次会议上,正式使用了"世界华文文学国际研讨会"的名称。

"世界华文文学"的命名,不能片面地理解为原先名称的简化,因为这种命名提升了过去对台港澳暨海外华文文学研究的品位:

> 它把台港澳暨海外华文文学,作为一种世界性的文化和文学现象,置于全球多极和多元的文化语境之中,使"台港澳"暨"海外"的华文文学,不再只是地域的圈定,而同时是一种文化的圈定,作为全球多元文化之一维,纳入在世界华文文学一体的共同结构之中,使这一命名同时包含了文化的迁移、扩散、冲突、融合、新变、同构等更为丰富的内容和发展的可能性。以这样更为开阔的立场和视野,重新审视台港澳暨海外华文文学,便更适于发现和把握台港澳暨海外华文文学置身复杂的文化冲突前沿的文学价值和文化意义。世界华文文学的命名,体现了鲜明的学科意识,和对这一学科本质特征的认识。①

作为一门学科的命名,不仅展示出长期被遮蔽的一种全球性的文学现象,

---

① 刘登翰《命名、依据和学科定位》,载《福建论坛》2002年第5期。本文吸收了他的研究成果。

而且启示人们无论是学术视野还是研究方法，都应大幅度更新，尤其注重审美价值。世界华文文学研究的方法本应多种多样：既可用社会学的方法，也可用历史学的方法；既可以是民族的，也可以是地域的；既可以是文学的，也可以从语言学角度入手。有不少人用文化视角去研究华文文学的"文化身份"，去探讨华文文学的文化旨归；或去研究华文文学作品中的漂泊者形象，把握华族文化与别族文化在文学相遇的反差。有的则用符号学或结构主义的方法，去阐述海外华文文学创作的一些问题。

从中国现当代文学到"港台文学""台港文学""台港澳文学"，再到"海外华文文学"，直到"世界华文文学"名称的使用，标志着从课题性的命名到一门新兴学科的崛起。

二、关于世界华文文学的研究对象

特定的学科总是有特定的研究范围，不同的研究范围决定了不同学科的性质及其研究方向。世界华文文学的研究对象，创作是它建构及生成的主要条件，华族文化是其唯一根基。具体说来，华人的内在价值和精神表现，通过小说或散文、诗歌等形式去体现。外部的人文世界与移民后产生的精神焦虑，是互相支撑的。认识到这种特殊性，可更契合海外不同层面的华人心态，在东西方读者中也会引发更多的共鸣和认同。

世界华文文学学科的研究对象，中国文学不能缺席。中国文学所包含的台湾、香港、澳门地区的文学，虽与<u>大陆</u>（内地）文学同根同种同文，但从历史演进的角度看，台港澳文学依然呈现出与<u>大陆</u>（内地）当代文学很多"殊相"，有许多不同的创作特色和风貌。如台湾有"眷村文学"，有"张（爱玲）腔胡（兰成）调"；在香港有"难民文学"和"南来作家"；在澳门则有"土生"文学。

世界华文文学学科研究的另一重要对象是海外华文文学，首先是指东南亚华文文学，包括新加坡、马来西亚、泰国、菲律宾、印度尼西亚、越南、老挝、柬埔寨、缅甸、文莱和东帝汶等国家的汉语文学创作；蒙古、日本、朝鲜、韩国等东亚华文文学，也是世界华文文学的发展区域。其次是指欧洲各国、北美洲和南美洲各国、澳大利亚、新西兰及其他国家的华文文学。

具有自身特质、自身品格的海外华文文学，与中国文学不可能完全"断奶"。对于许多海外作家来说，不管拿什么护照，故乡虽然仍在心中，但他乡已成了第二故乡。海外华文作家对所在国意识形态与生存方式主动或被动的认同、接受，对移居国文化的吸收与思考，特别是对中国传统文化时有背离的情况，各自均可以自成一格。何况他们有着审美趣味不同的受众，在某一范围内还形成了别人不可取代的影响力。海外华文作家就这样随着公民身份的变化及其生活重心的转换，表现出与中国文学不同的创作立场、价值取向、人生思考和艺术经验。所有这些，都成为对固有的中国文学研究观念的挑战。

还要说明的是，中华文化不能与地理概念的中国文化画等号，因为海外的中华文化，是中国文化的异化。"另外，不同的居住国、不同的社会环境，其表现出来的中华文化，也会有所不同，所以海外华文文学因环境因文化的影响，也带有区域性，如东南亚的华文文学，与欧美的华文文学会有差异，这是环境、文化对人对写作的影响使然。"①

作为重视研究文学关系的学科，世界华文文学要研究海外华文文学与中国的关系，台港澳文学与大陆（内地）文学的关系；东南亚华文文学与世界华文文学的关系。这些研究，多半通过比较方法实现。但不能由此说世界华文文学与比较文学性质相同，或说世界华文文学是比较文学的一个分支。比较文学是研究不同国家、不同地区所使用的不同语言及其文化的相互关系和影响，一言以蔽之，比较文学的定义就是"国际文学关系史"。而世界华文文学"则是研究同一民族语言、同一文化传统的文学之间的关系和影响。比较，只是研究中的一个重要方法。"②

关于世界华文文学的研究对象，有两个问题值得讨论：

一是，华人文学到底应不应该成为世界华文文学的研究范畴？华文文学是从语言角度立论，而华人文学其着重点不在语言而在族群。从血统上来讲，中国人也是华人，但如果不从民族认同上入手而从外交方面着眼，华人的概念早已超越了中国人的范围，通常是指中国以外有华族血统的世界公民。与华族血统相关联，华人文学也有用母语写作的情况。他们即使是用英文、马来文、日文写作，也不可能完全排除精神文化还乡的可能。他们常常具有两

---

① 张奥列《海外华文文学该姓啥?》，载《文学报》2019年3月28日。
② 许翼心、陈实《作为一门新学科的世界华文文学》，载《台港与海外华文文学评论和研究》1996年第2期。本文吸收了他们的研究成果。

种心态，两种情感，写作时采用两种视角。华人文学的形态，先天就带有某种混合性。故世界华文文学不应固守"华文"的疆界。华人文学作品不管有无中译本，都应作为世界华文文学的一种研究对象。这不仅可以扩展世界华文文学研究的版图，而且可以起到对照和互为补充的作用。

二是，中国大陆（内地）文学是不是世界华文文学的研究对象？由于"世界华文文学"一词系从"台港澳暨海外华文文学"概念演变过来，故不少大陆（内地）学者认为，已有了"中国当代文学研究会"专门研究大陆（内地）文学，如果把大陆（内地）文学也当作世界华文文学的研究对象，不仅是实力而且精力上也不堪重负。其实，这不是"不堪重负"问题，而是因为研究中国大陆（内地）文学乃是世界华文文学研究的题中之意。中国大陆（内地）文学是世界华文文学的发源地与大本营，它拥有数量最大的华文文学创作队伍、编辑队伍、出版队伍和广阔无边的读者群。5000年来光辉灿烂的历史文化和文学传统，无时无刻不在影响着海外华文文学的发展。如果完全不研究中国大陆（内地）文学，世界华文文学必然跛脚，而且大陆（内地）本土与海外境外作家的对话，就不可能实现。在全球化时代，中国大陆（内地）文学应加盟于华人地区作家的互相对话。这对话，有时可能是各唱各的调，不可能很快达成共识。但不管怎么样，均应突破国别文学研究的局限。"实际上，由'对话'所呈现出的不同国家和地区的华文创作的差异，正是它们获得独立生命和价值所在。"[①]

华文文学的"华"，兼指"华文"与"华人"。华文文学本是个多元文化、多重视角的多面体，有互不雷同的层面和维度。确认这种立体状态，把华人文学和中国大陆（内地）文学涵盖进去，才能认识世界华文文学学科的包容性、丰富性和复杂性。

学科研究对象还与学科定位紧密相连。有一种"文化的华文文学"的新概念[②]，其倡导者认为这种文学是附属于文化研究的新学科。这种定位淡化乃至取消了"语种的华文文学"。不错，应引进文化的研究方法研究世界华文文学，但世界华文文学终归是"文学"，文化研究不能完全取代文学研究。华文

---

① 刘登翰《华文文学的大同世界》第3页，花城出版社，2012年。本文吸收了他的研究成果。

② 吴奕锜、彭志恒、赵顺宏、刘俊峰《华文文学是一种独立自足的存在》，载《文艺报》2002年2月26日。

文学当然是一种文化现象，可其关键词是"文学"而非文化。

对世界华文文学研究对象的确定，就这样前后经历了"命名"的讨论、对世界华文文学学科对象的界定、世界华文文学历史状况和区域性特色的探索、海外华文作家"文化身份"的确认，乃至如何编撰"20世纪华文文学史"的研讨，进而转入对世界华文文学学科发展历史的描述，尤其是对几种常用的话语体系辨识。

三、世界华文文学的几种语话体系

概念是对历史或当前现状经验的一种归纳，它用来总结历史经验和回答当前存在问题。由于华文文学是一种新兴的跨区域的世界性现象，对它的研究时间不长，因而在进入研究前，必须对华文文学自身特殊性的话语体系做出辨析和说明。

（一）中国文学、华文文学、华人文学

"华人"一词最先出现在1500多年前的南北朝。[①] 华文文学在19世纪之前的日本、朝鲜、越南等"汉语文化圈"就零零星星出现过。后来华文文学不仅在亚洲，而且在世界各大洲遍地开花。到了20世纪，东南亚地区出现了"华文文学"的称谓。这个"华文文学"是指全球不论何种国籍的作家，用汉语创作表现华族或其他民族生活的作品。这是一种从语言、文字方面进行规范的语种文学，其内涵比中国文学广泛，即中国文学除用维吾尔文、藏文等少数民族语言创作的作品外，它单指中国作家用汉语创作的文学，而华文文学却包括中国文学之外的海外华文文学。

中国文学当然是由中国作家创作，而华文文学作者却不一定是中国公民，也不一定是华人或华裔，因而华文文学并非像有的学者所定义的"华人作者为华人读者创作有关华人世界的华文作品"[②]。华文文学也有非华人作者，这主要是汉学家和政治家，如美国的葛浩文、韩国的许世旭、德国的马汉茂，还有越南的胡志明和黄文欢、日本的山本哲也、苏联的费德林。尽管这些人

---

① 见（南朝宋）谢灵运《辩宗论·问答附》："良由华人悟理无渐而诬道无学，夷人悟理有学而诬道有渐，是故权实虽同，其用各异。"

② 杜国清《世界华文文学研究方法试论》，载《世纪之交的世界华文文学》，《台港与海外华文文学评论和研究》1996年第2期。

写的文章不一定反映华人的生活而是居住国的社会面貌、人文自然景观和特有的生活习俗，但由于它以汉语作为表达思想感情的工具，故其作品虽不是中国文学但却是华文文学。也就是说，只要用汉语书写，哪怕其内容并无中华民族意识及其乡土情结，当然也更谈不上海外华人的归属感，仍应看作是华文文学。有人将华文文学的"华文"等同于中华文化，这就缩小了华文文学的版图，势必把上述葛浩文、许世旭等人用华文书写的作品剔除出去。

　　作为另一种概念的华人文学，在前面已做了初步论述，这里再补充如下：华人在种族上系泛指炎黄子孙后代，文化上则是指享有相同的思想文化资源及其历史记忆、文化风俗的族群，创作者的国籍及族别是界定它的标准。和华文文学比较，华人文学是一棵大树，华文文学是它长出的枝叶，或者说华文文学是华人文学的一个分支。

　　具体来说，华人文学由两大部分构成：一是海外华人用华语创作的作品；二是指海外的华人用英文、荷兰文、法文、马来文、印度尼西亚文、西班牙文、韩文、日文等书写的文本。这类作品有前代林语堂用英文创作的《京华烟云》《唐人街》。虽说作者不用华文，但仍在惯性的轨道上滑行，将海外生活套入海内故事，充斥着"月是故乡明"的感叹。这类作品表面上写的是海外，其实表现的还是东方之子的情怀。后来者有美国汤婷婷的《女战士》、谭恩美的《喜福会》、哈金的《等待》，加拿大李群英的《残月楼》、丹尼思钟的《侍妾的儿女们》，荷兰王露露的《莲花剧院》，英国张戎的《鸿》，法国戴小捷的《巴尔扎克与中国小裁缝》，等等。这些作者大多数不是第一代移民和受过系统华文教育的华侨后代，而是掌握了移民国语言的土生华裔人士。据美国华人学者王灵智的介绍，华人文学还有许多处女地有待开垦，如中国、秘鲁混血作家佩特罗·S.朱伦的诗歌，菲律宾的知识分子作家们的"革命书写"，还有欧亚混血作家"水仙花"（伊迪丝·伊顿）用轻快的笔触书写19世纪华美移民满含血泪的故事。① 这些作品不能划入中国文学的版图，它们具有独立自主的品格。

　　不可否认，华人文学与华文文学的关系时有交叉或重叠的地方，但两者仍有自己的楚河汉界。从文本角度来说，华文文学不需查户口国籍，只要作

---

① 蒲若茜译《"开花结果在海外——海外华人文学国际研讨会"综述》，载《华文文学》2003年第1期。

家以汉语为书写工具就认可,这是从语种文学入手。而华人文学,是指散布在世界各地的华人,既用中文又用母国以外的不同语言文字书写的篇章。它从作为创作主体的华族血统的身份出发,其种族血缘关系是认同是最重要的依据。

作为一门新兴学科,世界华文文学中的华文文学与华人文学,有互相渗透、互相联结和综合、交叉、分化的趋势。这种趋势造成对它的命名在世界各地出现的情况不甚相同,如华人文学,在美国称为"美国华裔文学",还有的将 Chinese American Literature 译为"华裔美国人文学""华裔美国文学"和"美国华裔英语文学"等。较为科学的说法应该是"美国华裔文学",因为在这一概念中它首先强调的是美国文学,然后才加以限定,即华裔文学是整个美国文学的一个组成部分。另一方面,按照华语的表达习惯,应该是涵盖面大的位于前列,首先强调的内容在前,因而 Chinese American Literature 的中文译名应是"美国华裔文学",这和广泛流行的译名"美国犹太文学""美国黑人文学"相一致,各属于作为一个整体的美国文学的组成部分。[1]

美国的华人文学,最著名的作家是第二代移民出身的汤婷婷与谭恩美。她们不是生于中国,在美国接受系统的教育,用英文写作可谓是轻车熟路。她们的作品多以家庭为单位,从中表现不同人群的行为举止所折射的文化异同。其中常出现讲中国神怪故事包括《西游记》的母亲形象。这类作者始终不忘记中华文化,但又不囿于中华文化,跳出了以中国人为背景的世俗写法。

作为不是华文文学而是华人文学的作家,著名的不是很多,但也有新出现的任璧莲。她于 1991 年出版了 *Typical American*(《典型美国人》),用幽默诙谐的笔调,反映出中国移民在双重文化身份的转换下追求"美国梦"的艰难历程,其中有美国族裔双重价值标准的撞击和折中,对美国主流社会有关族裔的本质论重新做出了解构。

如果不扩大华文文学的文化研究内涵,或漠视华人文学的存在,或用一刀切的二分法,那就忽视了这些华裔文学所成长的中华文化土壤,也忽略海外华人的种族认同,漠视了他们的创作成绩,这在客观上会挫伤海外华人创作的积极性。[2]

---

[1] 王理行、郭英剑《论 Chinese American Literature 的中文译名及其界定》,载《外国文学》2001 年第 3 期。

[2] 梁丽芳《扩大视野:从海外华文文学到海外华人文学》,载《华文文学》2003 年第 1 期。

(二) 作为"他者"的海外华文文学

海外华文文学的"海外"是指中国本土之外的地域,"华文"指汉语,"文学"则是表现现实生活的一种样式。

在第二次世界大战后,殖民地国家纷纷独立,华文作家与中国的联系不再像过去那样是紧密的"化外之民",时刻关注旅居他乡的华人的生存困境,写的作品本土色彩在增强。然而,正如澳大利亚华文作家张奥列所说,他们"不是为写作去关注当地、关注身边,而是为生存而关注。写作只是这种生存的衍生物、副产品。"① 由此看出,海外华文作家与中国作家不同之处在于,具有"他者"的双重身份。相对于中国作家来说,他们的作品是海外华人文化的载体,而不是母国文化在海外的单纯移植。这种与中国文学的异质性或曰差异性,对母国文学而言,无疑是"他者"。而相对于居住国的主流文学而言,作家用异民族的文字即华文写作,这种外在的、另类的"客体",同样属"他者"。② 他们写的是具有异国特色的混合性作品,因而海外华文文学不能简单地看作是中国文学的留洋和外放,而应视为所在国也就是外国文学的一部分。

不可否认,海外华文文学的命名是从中国视角或曰从中国本位出发的。这种命名,内涵了内/外、中心/边陲的二元对立。这不仅与地理因素有关,也与价值观念相连。在许多人看来,作为海外的"他者",永远是绿叶,是中国文学这朵大红花的陪衬。为了改变中国文学是主力军、海外华文文学是同盟军这种传统观念,有的东南亚学者提出"多元文化中心论",认为中国文学固然是华文文学中心,东南亚也有自己的华文文学中心,如新加坡华文文学中心、马来西亚华文文学中心。③

海外华文文学创作有两个文本:一是具有历史文化价值的文本,它反映了华人在国外艰辛的奋斗历程,可作为历史教科书的补充。二是具有文化意义的文本。这类作品比前一种艺术性高。它不是一般的"纪录片",而是"艺术片",作者用生动的情节讲述了以移民为主题的"海外中国故事"。

海外华文文学同时具有历史文献价值、文化价值和审美价值的作品不是很多。无论哪种文本,海外华文作家所感受到的东西方两种不同文化的交汇,

---

① 张奥列《海外华文文学该姓啥?》,载《文学报》2019 年 3 月 28 日。
② 刘俊《从台湾到海外》,花城出版社,2004 年。
③ "大同世界"一词,是借用刘绍铭的翻译。他把"大英共和联邦"加以汉化,因此成为"大同世界"。王润华《从洲华文文学到世界华文文学的大同世界》,载《从新华文学到世界华文文学》。

完全相异的价值观的撞击,炎黄子孙为融入社会在陌生国度所产生的心灵落差及情感转化,都是东方经验在海外社会的一种反映。这反映来之不易,因作家的创作得不到居住国官方乃至财团的支持,出版社对他们也没有兴趣,娱乐机构对这些华人作家更无视其存在,故他们的作品只好出口转内销,返回中国发表和出版。即使这样,相对"海内"而言的这种外来文学,仍应将其和中国文学严格区分开来。

(三)"离散"与新移民文学

在华文文学研究中,带有悲凉意味的"离散"是一个关键词。"离散"其词源于希腊语 Diasperien,其中前缀"dia-"表示跨越,"speiro"为散播之意。在中国,离散也翻译为流散,以用来形容离开故土的华人。"离散"的文学描写对象,多为出于各种原因离开故土到异乡生活却仍然保有原有文化习惯的族群。在后殖民主义语境下,"离散"的语义还存在于跨民族关联(transnational networks)的动态之中。也就是说,行为"越界"(cronus)的"离散",意味着对当前生活及社会制度的严重不满,文化边界由此逐步消失而产生了融合以及矛盾现象的出现。

离散文学有一种属个体的离散,流浪者或流亡作家创作的文学,均属这一类。而以离经叛道著称的流亡作家,在国外毕竟是一个异乡人,他们最终逃不出被放逐的命运。浓厚的异国情调,是这类文学的特色。另一种是离散族群的写作。这种写作表现了移民们迁徙或被迫迁徙异国他乡后,尽管想向主流文化看齐,但由于炎黄子孙的文化身份使他们始终无法忘怀长江黄河,从而形成母国文化与外来文化难于弥合的裂痕。作品中所表现的深沉哀伤,是永远无法甩脱的。

正因为华人不断向世界离散,所以只要涉及华人用华语所创作的作品,就有华文文学写作的存在。在某种意义上,前述的海外华文文学,也可以看作离散式的移民文学。但移民文学的内涵大于海外华文文学,移民文学包含华裔移民用外语尤其是用英文写的作品。他们使用的不是母国汉语,但与中华文化并没有一刀两断。这种文学在 20 世纪 20 年代就开始出现,如郭沫若在日本留学时写的诗歌作品,郁达夫创作的小说,还有三四十年代老舍用英文写的长篇小说《二马》。这种现代作家在国外跨界双语的写作现象,一直被主流的文学史放逐,移民文学正好将他们涵盖。

移民文学分旧移民文学、新移民文学两种。旧移民文学是指自 50 年代起，台湾掀起出国留学的狂潮后，不少滞留不归的海外作家以留学生生活为素材，谱出了一曲曲海外游子在异邦留学、成家立业的悲喜剧。代表作有於梨华的长篇小说《又见棕榈，又见棕榈》、聂华苓的《桑青与桃红》、张系国的《香蕉船》、丛甦《失根的兰花》。这类作品以失落感为主旋律，在某种程度上说也是悲情文学，属50年代台湾怀乡文学的延伸和深化，同时是60年代台湾现代文学的一支劲旅。它拓宽了怀乡文学的天地，增添了台湾当代文学的品种。在沟通两岸和海外华人的感情上，起到了桥梁作用。

20世纪70年代末，中国国门向世界敞开。在这种情势下，不同于於梨华的新移民文学应运而生。这类文学的许多作者是留洋深造的学生，因而又可称为新留学生文学。其作品不像旧移民文学写国外求学时多有纪实倾向和充满血泪的控诉。

新移民文学的题材离不开新游牧时代移居者出洋后，为生活所累出现的种种故事，其中渗透了中华传统文化与时髦的外来文化交流后所呈现"剪不断，理还乱"的心态。无论是华侨、华人或华裔，他们凭借异国风情之"奇"、迎来送往之"离"，以及多元文化激荡之"美"，才得到文坛和读者的重视。这种新移民文学，是对中华文学的一种补充和丰富。

新移民文学也可以是非移民作家所写，但更多的是新移民作家执笔，80年代陆续出去或留学或打工或继承遗产或嫁过去的卢新华、哈金、虹影、严歌苓、张翎、曹桂林、施玮等人作品，表现了初出国门的新奇感，他们多半从抒情、抗争走向进取、奋斗。其作品虽有实际生活经验的记述与宣泄，但更多的是对人生命运的关怀和思想的探求。还有刘荒田等人的散文，在思考哲理、展现人生时，透露出一种机智的幽默风格。

新移民文学的"新"，其时间维度具有不确定性，比如它是否会像中国当代文学的"当代"那样无限延长，学术界对此有不同意见。不管如何争议，下列两点均为共识：新移民文学上限为1978年。此外，海外华文文学的作家无不与中国的政治、经济、文化保持着密切的联系。许多人还以在中国主流媒体发表作品为荣，但不能说新移民文学就是中国当代文学的组成部分。因为新移民文学作家"出走"后所处的生活环境、文化背景及写作方式，与中国作家均有较大的差异。他们的选材对象、情感表达方式，以及使用的语言不纯，还有跳脱了中国意识形态的影响，所有这些都形成了新移民文学自己的个性，与中国当代文学虽相似，但又是"熟悉的陌生人"。

新移民文学一个重要特色是跨区域：从中国来，然后辐射到海外。随跨区域而来的跨文化，是指它不限于中华文学，而是受异质文化熏陶后和居住国文化交融，"它在文学写作的纯粹性和自我要求方面、在文学写作的超然态度和大胆突破方面，在异质文化对文学观念的渗透和体会方面，新移民文学都自有一种有别于中国当代文学的文化特性。也就是说，新移民文学的文化特性，跨占或兼具了'中国文化'与海外'异质文化'两种文化内涵，并升华出一种不同于两种文化中的任何一种文化的新文化。"① 如果将新移民文学的研究范围从东方扩展到西方，那这种移民就不仅是民族的转化，而且与"后民族主义"的兴起有关。

这里还应注意到第二代移民或土生华裔的中文书写："其艺术视角比起许多中国新移民作家，也明显不同。而新移民作家本身也是有差异的。倘若你认同他乡是故乡，故乡亦他乡，这种时空置换，就是你从客居、漂泊中转而找到归属感。有了这种归属感，你就会淡去'离散'的情结，注入'融入'的期待，笔下也就疏离中国叙事了。"②

新移民文学同样存在于作为中西文明近代交流第一回廊的澳门，那里不仅有葡萄牙文化，也有移民文化。澳门几乎所有的文化遗产都打上了移民文化的烙印。1949年以后，一波又一波新移民从香港来，从内地来，从东南亚来，从澳洲美洲来，这为澳门带来了多彩多姿的文学和繁盛的文化硕果，而且也开辟了移民文学新的生存和发展模式。

海外华人移民通常说被形容为"失根的兰花"，但这不等于华文文学就是"空谷幽兰"。研究这种并非"空谷幽兰"的离散诗学及移民文学，必须借助全球化和现代性理论，剖析他们在讲述"西方梦"的同时，如何向世界叙述"中国故事"，以揭示这些作家对世界华文文学史的独特价值与贡献。

四、"华语语系文学"的生成及局限

长期在台湾受中文教育的史书美（Shu-mei Shih），其母语其实是韩语。

---

① 刘俊《世界华文文学：历史·记忆·语系》第163、164页，花城出版社，2017年。
② SHU-MEI SHIH, *Visuality and identity: Sinophone articulations across the Pacific*, Berkeley & Los Angeles: University of Califonia Press, 2007, p. 4.

在大学求学时则从事英语研究,此外她还有第二、第三外语如日语、法语。通晓各种语言的她,自然对语言的交汇现象特别关注。她觉得生育她的土地海岛台湾,一直没有受到大国学界的青睐。她不甘心让台湾成为美国的附庸或作为中国大陆的替身,这使史书美发生一种远离中心的焦虑。

"华语语系"(Sinophone)便是在这种背景下,由时在美国加州大学洛杉矶分校东亚系任教的史书美,在2004年发表的英文论文《全球文学与认同的技术》中提出。后来在2007年出版的英语世界第一本以专著形式将华语语系形诸文字的著作 *Visuality and Identity: Sinophone Articulations Across the Pacific* (《视觉与认同:跨太平洋华语语系的表述与呈现》)中,作者提出作为"华语语系"的主体,没有必要永远在"花果飘零"情结里自沉,而应该从叶落归根改为落地生根。史书美不像某些人那样言必称"离散",而是提倡"反离散"。正是在"反离散"框架上,她提出的"华语语系"这一理论范畴,这专门指称发生在中国之外的华人用华语在文学乃至电影、美术等的创作实践。用史书美的原话来说,是指"在中国之外以及处于中国边缘、在数百年的历史中被不断改变并将中国大陆文化在地化的文化生产网络"①。

乍看起来,史书美是在借鉴西方学界通用的 Anglo-phone(英语语系)、Francophone(法语语系)、Hispanophone(西语语系)、Lusophone(葡语语系)而提出来的,但这并不纯粹是语言和文学方面的探讨,在学术诠释里面包含着"去中国化"的意识形态。这具体表现在史书美对所谓的"本质化"的"中国性",及其派生出的"离散中国人"(Chinese diaspora)等概念的重新解释和颠覆。本来,史书美一直把自己创造的"华语语系"概念看作是反叛这一本质化的"中国性"的重要理论支柱:"华语语系更多时候是一个强而有力反中国中心论的场域。"② 史书美以台湾著名导演李安的《卧虎藏龙》等文艺作品为例,说明"华语语系"是可以成功操作的。她还通过这些作品的分析去破除人们习以为常的"指向一个'永恒的中国'或'本质中国性'(essential Chineseness)的幻象"③。

史书美的"华语语系文学"研究,是一种跨界研究,其中混杂有文学地

---

① *Visuality and identity: Sinophone articulations across the Pacific*, p. 31.
② *Visuality and identity: Sinophone articulations across the Pacific*, p. 3.
③ 张奥列《海外华文文学该姓啥?》,载《文学报》2019年3月28日。

理学的研究方法。她关注马来西亚及中国台湾等不居于中心地位的文学交流和汇合，扩大了汉语文学的研究空间，这的确有一定的新意。

自史书美提出"华语语系文学"一词并在 2006 年进入中国以后，引起一波未平一波又起的论争。值得重视的是经过王德威等学者鼓吹和充实，美国主流学界是也以极大的热情给了相当的关注，给人有向学科化方向发展趋势之感。但无论是史书美还是王德威，其洞见中均有偏见。比如史书美自称是华裔美国人，"台湾意识"还有"西方中心论"的影响，使她对中国充满了误读，由误读、偏见还产生出一种敌意。她在台湾地区和西方所认知的中国，显然不是来自自己的真实感受，而是用一种意识形态所做的塑造。她号称提出"华语语系"是为了批判"中国中心论"，可她始终未能对自己凌驾在"中国意识"之上的"台湾意识"进行反思。

排除政治偏见不谈，来自后现代主义、后结构主义、后殖民主义、文化研究等在内的西方当代批判理论组成的"华语语系文学"，至少概念不够严谨。史书美以这种概念指称中国之外的华语语言文化和群体，以及中国的少数民族群体，可人们要问："华语语系文学"到底是指华文作家的华语创作，还是华文作家的英语（日语、法语）创作？是指少数民族作家的华语创作，还是原住民作家的民族语言创作？是指华文作家的方言写作，还是外国作家的华语创作？这是一笔糊涂账。如果这些创作可通通算作"华语语系文学"，那岂不蜕化为大家可以言说而大伙又不甚明确所指的概念？[①] 当不同立场的研究者把自己认可的代表性的作品往"华语语系"这个大箩筐塞时，这个概念的科学性、规范性必然大幅缩水。王德威也十分清楚这样做所造成的无所不包的混乱，但抵抗"中国性"，是史书美与王德威的共同目标。这与他们的海外生活经验分不开，可正是这种经验，使他们对中国做出曲解乃至反叛。而要反叛强大的中国及其繁荣昌盛的中国文学，要排除中国之外另立体系，另立山头，谈何容易。香港作者黄维樑就指出："华语语系文学"的"语系"一词是多余的，只会引起不懂汉语或粗糙地说华语的人误解[②]。至于史书美、王德威倡导的"华语语系文学"，其针对性是所谓中国的"文化和政治霸

[①] 霍艳《另一种"傲慢与偏见"——对"华语语系文学"的观察与反思》，载《文艺报》2017年5月31日。

[②] 黄维樑《学科正名论："华语语系文学"与"汉语新文学"》，载香港《文学评论》2013年第27期。

权",这已脱离了学术讨论的范围。

如果说史书美、王德威在"巧立名目",也许会把复杂的问题简单化。作为美国中国文学研究中最有权威性的学者之一的王德威,对史书美有关"Sinophone"的定义,他没有"照着讲",而是"接着讲",表示自己不同意将中国文学排除在"华语语系"之外,他本人的学术研究范围也一直将中国文学视为华文文学的主体,但在立场与知识谱系上,王德威与史书美"心有灵犀一点通",他所做的只是"补苴罅漏"的工作。认为"华语语系"即"华夏的声音"的王德威,所看重的对象不是着眼在民族意义上的"现代中国",而是由马华作家温瑞安在台湾提出的有 5000 年光辉历史的"文化中国"①。据此王德威将神州大地以外的华语文学诠释为"花果飘零,灵根自植"②。在他看来,"道统外移"造成了台港澳文学分流出去以及海外华文文学四处撒播的碎片化"中国"。他用"后学"观点指出:"华语语系文学与以往海外华侨文学、华文文学最不同之处,就在于反对寻根、归根这样的单向运动轨道。"③

"华语语系文学"研究给中国学者的启示,在于不能把"中心"绝对化,以免忽略了离散华人的本土经验,弱化了他们的主体意识。中国学界与史书美、王德威的分歧,虽与政治有关,但更多的是学术争鸣。他们充分肯定海外学界提出的"关注边缘"的思考,当然也无法苟同从"抵抗中心"产生出的分离主义思潮。只有努力展开与海外学者的沟通与境外学者的对话,不全盘吸取别人的观点,有所扬弃有所保留,才能把中国的文学研究上升到一个新的层次。

世界华文文学作为从中国现当代文学、比较文学、世界文学"突围"出来的新兴学科,为构建世界共通的华文文学意识的多维视野,有必要进一步强调超越不同文明的畛域和不同文化的视野,探讨华文文学共同体的期许与想象,并在此基础上构筑一个具有国际性、整体性的世界华文文学的大同世界。

毫无疑问,从 80 年代蹒跚起步到新世纪蓬勃发展的世界华文文学这门学科,在"突围"中日益走向成熟,其发展前景日新月异,令人乐观。

(古远清　陕西师范大学人文社会科学高等研究院、
中南财经政法大学中文系)

---

① 王德威《中文写作的越界与回归——谈华语语系文学》,载《上海文学》2006 年 9 月号。
② 王德威《华语语系文学:花果飘零,灵根自植》,载《文艺报》2015 年 7 月 24 日。
③ 王德威《华语语系文学:花果飘零,灵根自植》,载《文艺报》2015 年 7 月 24 日。

·张西平专栏·

19世纪中国典籍的西译

——一个纲要式的总结*

张西平

1789年法国大革命的胜利和1793年最后一名在华的耶稣会士钱德明（Joseph-Marie Amiot，1718—1793）的去世，结束了18世纪的来华耶稣会汉学时代。1807年马礼逊（Robert Morrison，1782—1834）入华则开启了19世纪西方汉学新的一页。如果我们从汉学史的角度对19世纪中国典籍的西译做个纲要式的宏观总结，以下几点是比较重要的。

一、在对中国典籍的翻译上取得了重大的进展

德国著名汉学家傅吾康（Wolfgang Franke，1912—2007）认为"19世纪汉学方面最杰出、经久不衰的成果是在翻译、词典和其他参考工具书等领域"①。他认为法国汉学家沙畹（Emmanuel-Edouard Chavannes，1865—1918）所翻译的《史记》至今仍然可用，理雅各（James Legge，1815—1897）的《中国经典》系列今天也是一部标准的译著代表，而儒莲（Stanislas Julien，1797—1873）、雷慕莎（Jean Pierre Abel Rémusat，1788—1832）、伟烈亚力（Alexander Wylie，1815—1887）、顾赛芬（Couvreur Seraphin，1835—1919）、翟理斯（Herbert Allen Giles，1845—1935）等19世纪的各类汉学家的译著在西方汉学史上都应有其地位。从《考狄书目》中我们已经可以看出，19世纪

---

* 本文为北京外国语大学北京中外文化交流研究基地项目成果。
① 傅吾康著，陈燕、袁媛译《19世纪的欧洲汉学》，载张西平主编《欧美汉学研究的历史与现状》第123页，大象出版社，2006年。

欧美汉学界对中国典籍翻译已经大大超过了18世纪传教士汉学时期对中国典籍的翻译，在数量上已经完全不是一个数量级。在内容上，已经大大突破了传统的对儒家的著作翻译和研究，他们已经开始注意道教、佛教的文献和研究。例如，在《中国丛报》中就刊登法国汉学家雷慕莎关于萨满教和佛教的研究。正如马礼逊在《中国丛报》上读到雷慕莎的这些文章所说的："我们将欢迎这一出版物在中国的出现。迄今为止，佛教，特别是中国佛教，我们仍所知道的很少。因此，任何有像雷慕莎这样对佛教的语言如此具有学识的学者提供的这些信息，都是很受欢迎的。"①

因此，在19世纪西方汉学界对中国古代文化的典籍大踏步地前进了。

二、译者队伍发生了重大的变化

18世纪中国典籍的翻译基本上完全为来华的耶稣会士所垄断，19世纪对中国典籍的翻译的译者队伍则大大扩大了，由来华传教士垄断中国研究的时代已经成为过去，由此，职业汉学家和业余汉学家成为19世纪中国典籍翻译的基本队伍，这些业余汉学家由来华传教士、外交官、商人共同组成，而这样一支中国典籍的翻译队伍的身份是变动的，这成为19世纪汉学史的重要特点。

专业汉学诞生于法国，法国所以领军于欧洲专业汉学，恰恰是17—18世纪以来来华法国耶稣会士的这份丰厚的学术遗产，由此，奠基了19世纪前半叶法国汉学在欧洲的领袖地位。"在该世纪（19世纪）的整个上半叶，汉学研究将在法国组织起来，并在那里成为学院和书本中的一门学科，……"② 在以往的研究中我们可以看到雷慕莎、儒莲以及他们的弟子们等这些法国汉学家在中国古代文化典籍翻译上的贡献，这些欧洲本土的专业汉学家的翻译范围和翻译质量都足以和此前的来华耶稣会士相比美。

业余汉学家的翻译队伍是由欧洲本土的业余汉学家和在中国本土的业余汉学家共同组成。在欧洲19世纪东方学的很多贡献是由业余的东方学家完成

---

① Robert Morrison, "Buddhism", *The Chinese Repository*, vol. I, p. 155.

② [法] 戴密微《法国汉学研究史》，载 [法] 戴仁主编，耿昇译《法国当代中国学》第22页，中国社会科学出版社，1998年。

的，汉学研究也是如此，一些人完全处于兴趣展开汉学研究，从事中国典籍的翻译工作，他们不必为一份工资而工作，翻译中国的典籍的时间也全部在业余时间。一个典型的例子就是法国汉学家毕欧（Edouard Biot, 1803—1850），"他是著名物理学家巴斯蒂特·毕欧（Bapiste Biot, 1774—1862）的儿子，后成为儒莲的学生，原来的专业是铁路工程师，放弃工程师职业后，毕生致力于汉学，他第一个把《周礼》译为西方文字"①。

而在中国的这些业余汉学家则十分混杂，王国强提出"侨居地汉学"的概念，他认为："这些侨居在中国和相邻国家的汉学研究者和在欧美本土的汉学家有自己的特点，与'本土'的汉学研究相比，后两种类型的汉学研究者有更接近或直接生活在中国的便利条件，故而在研究内容、材料甚至方法上均与'本土'的汉学研究有所不同；并且这些研究基本上都是由那些远离'本土'，在中国及其周边国家和地区从事传教、外交和商贸等活动的而暂时或长期侨居在远东或来中国的侨民来完成。鉴于此，我们把后两种汉学形态称为'侨居地汉学'，这是西方汉学研究在中国和中国周边地区的扩散。延伸和发展。"② 笔者认为这是一个较好的概念，其实不仅仅在19世纪，在17和18世纪也存在，例如，来华传教的利玛窦（Matteo Ricci, 1552—1610）、汤若望（Johann Adam Schall von Bell, 1592—1666）、南怀仁（Ferdinand Verbiest, 1623—1688）等人也是长期侨居中国，最后葬于中国。他们的汉学研究自然和在欧洲的业余汉学家像基歇尔（Athanasius Kircher, 1601/1602—1680）、傅尔蒙（Étienne Fourmont, 1683—1745）有所不同，在20世纪上半叶这种侨居地汉学研究依然是一个重要的现象。

这些侨居在中国周边的西方人中既有传教士，也有外交官，还有商人等，以《中国评论》为例，王国强将在该杂志上发表3篇文章的骨干作者为对象做了统计，结果是：传教士作者20人（占31%），外交官作者19人（接近30%），海关人员9人，港府职员7人，学者4人，医师3人，编辑和商人各1人。③ 以《中国丛报》为例，19世纪这些在远东的业余汉学家的水平参差

---

① ［德］傅海波著，胡志宏译《欧洲汉学史简评》，载张西平编《欧美汉学研究的历史与现状》第112页。
② 王国强《〈中国评论〉(1872—1901)与西方汉学》第122页，上海世纪出版集团，2010年。
③ 《〈中国评论〉(1872—1901)与西方汉学》第58页。

不齐,有些有较好的专业水平,有些基本处于业余状态。① 段怀清将这些汉学家分为:"文化道德驱动型""适应中国策略型""求知好奇兴趣型""学术专业型""混合型"。其实相当多的汉学家是"混合型"的,很难将其研究中国的特点分得过细,"几乎大多数汉学家对于汉学研究都经历了从最初的兴趣、好奇到稳定的、理性的、专业的、科学的研究,乃至成为终生研究方向的发展变化。从这一角度来说,大多数汉学家,也都属于混合型的汉学家"②。

19世纪是西方各国专业汉学研究机构逐步建立起来的年代,德国汉学家傅海波(Herbert Franke,1914—)说:"直到1860—1880年间,希腊文和拉丁文杂交的'汉学'一词才转化为通常意义上的词汇,这个时期,中国研究和中国本身才逐渐凸显出来,成为学术上一个专门的课题。"③ 这样,这些在华的传教士和外交官在返回本国后转身就变成了职业汉学家。理雅各从中国回去后创立了牛津大学汉学系,翟理斯从中国返回后到了剑桥大学汉学系做教授,庄延龄(Edward Harper Parke,1849—1926),从中国返回后担任了曼彻斯特大学教授,卫三畏(Samuel Wells Williams,1892—1884)从中国返回美国后创建了耶鲁大学东亚系。19世纪欧美的中国研究是一个变动的世纪,是各国专业汉学研究机构逐步建立和发展起来的世纪。因此,从事中国典籍翻译的这些汉学家们的身份也是变动的,这成为19世纪汉籍西译中非常独特的现象,从而和18世纪与20世纪的译者队伍形成了鲜明的区别。19世纪西方汉学是一个从传教士汉学向专业汉学逐步过渡的时期,从而在中国典籍翻译队伍上呈现出一种过渡性和混杂性,此时的译者虽然不少是传教士出身,但已经受到19世纪西方各种新兴社会学科兴起的影响,如比较语言学、比较宗教学、人类学等,这样他们的研究已经不像18世纪来华耶稣会士那样对中国的研究和翻译基本上在传教学的框架中展开,开始呈现出一种新的特点。但此时这些业余汉学家们旧的思路仍未完全消除,新的思想同时又呈现在他们的翻译中,因而,19世纪对中国典籍的翻译的这种过渡性和复杂性是它的

---

① 参阅欧德理(Ernest John Eitel,1838—1905)在《中国评论》对德国汉学家花之安(Ernst Faber,1839—1899)的批评,*The China Review, or Notes and Queries on Far East*,Vol. 2,No. 1(1873. July),p. 2.

② 段怀清、周俐玲编著《〈中国评论〉与晚晴中英文学交流》,广东人民出版社,2006年。

③ 《欧洲汉学简史简评》,载《欧美汉学研究的历史和现状》第116页。

重要特点。最典型的例子莫过于理雅各他在香港所出版的《中国经典》和后来返回牛津后在《东方圣书》中的译文发生了较大的变化。理雅各一个人的翻译风格和思想前后的变化绝非是他一个人的问题,而是整个19世纪西方汉学在翻译中国典籍时的基本特点:已经在努力走出传教学的立场,但那个旧传统的影响仍深深地笼罩着汉学家的思想;已经开始了新的尝试,用19世纪西方新的社会科学方法翻译和研究中国典籍,但尚未娴熟地掌握新的方法。这就是19世纪西方汉学的特点,前者使他们区别于17至18世纪的传教士汉学,后者又使他们不可与20世纪的专业汉学同日而语。

三、俄罗斯汉学家在中国典籍西译中的重要地位

以往的研究往往不能将俄罗斯汉学史放入整个欧洲汉学史的整体框架之中加以考察。"在近代的世界汉学史上,西洋汉学、东洋汉学和俄罗斯汉学,本来是鼎足而三立的。后者那种摈弃烦琐、经世致用的倾向独具一格,引人瞩目。可惜,限于语言和资料,俄罗斯汉学在我国学人心中,长期疏离,并未得到足够的重视。"①

通过研究俄罗斯汉学家的汉籍西译成就,我们可以发现他们在19世纪对汉籍翻译的数量和品种都在西欧汉学界之上,尤其是对中国北方历史文献的翻译上,更为突出。德国著名汉学家傅海波说:"与近几个十年的情况相比,必须承认俄国汉学在19世纪已达到令西欧汉学家感到惊讶的程度。"② 比丘林、瓦西里耶夫、巴拉第,这些19世纪的俄国大汉学家在汉籍西译上的成就值得我们为其大书一笔,实际上只有将俄罗斯驻北京的东正教使团的汉籍西译成果纳入整个西方汉学的中国典籍的翻译图景中,欧美汉学研究的共同体才能建立起来。③

---

① 蔡鸿生为陈开科《巴拉第与晚清中俄关系》所写的序言,上海书店出版社,2008年。
② 《欧洲汉学简史简评》,载《欧美汉学研究的历史与现状》第116页。
③ 参阅陈开科《巴拉第与晚晴中俄关系》,上海书店出版社,2008年。今年出版的西方汉学通史著作仍将俄罗斯汉学成就排除之外,这是欧美汉学史研究的一个遗憾。参阅 David B. Honey (ed), *Incense at the Altar: Pioneering Sinologists and the Development of Classical Chinese Philology*, New Haven, Connecticut, 2001。

四、中国典籍翻译语言发生变化，英语译本明显增加

19世纪是英国人的世纪。国强，语言胜，国弱，语言衰，作为文化标志的语言是随其国家的强弱而不断发生着变化。"当罗马帝国如日中天的时候，拉丁语被称作'世界语'，在亚历山大后继者的时代，希腊语被称作'世界语'，从17世纪到18世纪，法语也曾经是欧洲宫廷、贵族和外交的语言，但是，真正影响整个世界并得到广泛传播的语言却只有英语。在世界各地，在美洲、澳大利亚、非洲和亚洲，英语都安家落户了。"①

由于17至18世纪来华的传教士是代表罗马梵蒂冈教廷来传教的，葡萄牙对东方拥有护教权，这样在将中国典籍翻译成欧洲语言时，首选的语言自然是罗马教廷的官方语言——拉丁语，或者对东方拥有护教权的国家语言——葡萄牙语，而西班牙则是从墨西哥横跨太平洋进入东亚，当他们在菲律宾站稳脚跟后，汉籍西译的西班牙语也就出现了。但在早期来华耶稣会士中除葡萄牙人外，意大利人居多，这样意大利语也是常用的中国典籍翻译语言，例如，罗明坚（Michele Ruggieri，1543—1607）和利玛窦。到18世纪中叶，来华的耶稣会士中法国人逐步增加，法国传教士入华的方式与传统耶稣会士来华有了重大区别。法语在当时欧洲成为上层社会的流行语言，特别是来华的法国耶稣会士都是"国王数学家"，在研究能力上天赋很高，对中国古代文化研究用力也勤，这样将中国典籍翻译成法文的著作就多了起来。

19世纪英国实力逐步进入亚洲地区，由此也推动了英国汉学的发展。"英国人所主导的与汉学研究有关的期刊与其殖民势力的扩张也有着极为合拍的一致性，19世纪初期有在马六甲所刊发的《印支收闻》（Indo-Chinese Gleaner），到了19世纪中后期则以香港的《中日释疑》和《中国评论》为主，进入20世纪前半叶又以上海的刊物《新中国评论》《皇家亚洲文会北中国支会会报》为主要阵地。"② 当英国人开始成为主导东亚的主要力量时，他们对汉学的研究也自然高涨起来，以英语为主的关于中国典籍的翻译著

---

① ［德］汉斯·约阿西姆·施杜里希著，吕叔君、官青译《世界语言简史》第183页，山东画报出版社，2009年。

② 《〈中国评论〉（1872—1901）与西方汉学》第237页。

作和论文自然也就多了起来。这表现在早期在华出版的英文报刊上,"研读早期在华英文报刊,以及这一时期英美作者关于中国的其他论著,可以清晰地看到,它们共同鼓励或推动了西方中国研究的转向,即从17至18世纪以耶稣会士为主体的中国叙事,转向以英美商人和新教传教士为主体的中国叙事"①。

阚维民根据《考狄书目》做了一个汉学家国籍的统计,这个统计很有说服力,他写道:"根据美国哥伦比亚图书馆《〈汉学文献目录〉索引》统计,从16世纪至1924年,西方汉学家共有7737位,其中113人至少发表或出版了20篇(部)以上论文(著作),笔者称他们是多产西方汉学家,其中英国为37人,法国29人,德国12人,美国9人,其他国家7人,不明国籍者19人。而在所有37位英国高产汉学家中,仅有2位逝世在1850年之前,6位逝世于1925年之后,在华时间和汉学研究最佳年龄时段均在19世纪的占绝大多数。这一事实在某种程度上已经说明,19世纪的英国汉学研究队伍成为左右西方汉学研究的主导力量之一。"②

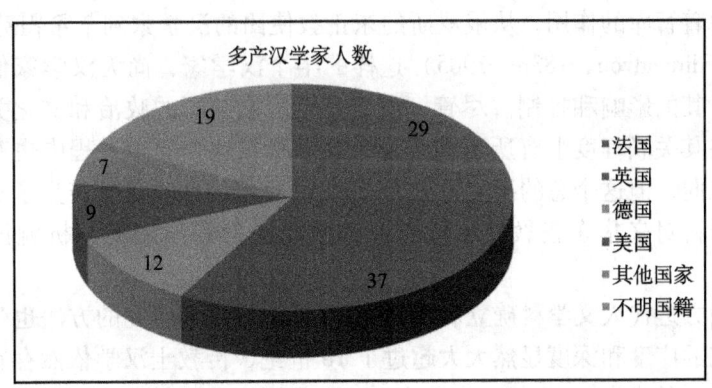

---

① 吴义雄《在华英文报刊与近代早期的中西关系》第280页,社会科学文献出版社,2012年。
② 阚维民《剑桥汉学的形成与发展》,载任继愈主编《国际汉学》(第10期)第196页,大象出版社,2004年。

17—18世纪西人的汉籍西译从以拉丁语、葡萄牙语为主逐步转变为法语为主反映了17—18世纪期间欧洲各国实力的消长。而在19世纪英语最终成为汉籍西译的主要语言,这反映了英国在19世纪的国家实力和地位。汉籍西译语言的变迁实际反映了当时这些西方国家在欧洲实力的强弱与他们在中国利益的大小和在东亚实力的消长。

四、结　语

19世纪是西方势力向全球扩张的世纪,也是西方文化强盛的世纪,同时也是西方国家内部经济实力和文化实力发生变化的世纪。在整个19世纪西方人文社会科学已经完全走出中世纪的阴影,近代人文社会科学取代了18世纪的学科,以新的学术形态和分类登上历史舞台。

在这样的历史文化背景下,西方的中国研究发生了重大的变化。18世纪的"中国热"完全消退,中国在西方的形象开始走向它的反面。"黄祸论"兴起,在帝国主义瓜分中国的罪恶历史过程中,汉学作为西方东扩的知识后备军发挥着智库的作用,从俄罗斯的东正教使团的汉学家到李希霍芬(Richthofen Ferdinandvon,1833—1905)这样的半个汉学家,尚无汉学家们可以摆脱帝国对其的影响和控制。尽管,由于各个国家与国的政治和文化关系有所不同,在其关联程度上有所不同,每个汉学家在这个历史过程中也有着完全不同的取向,但这个总的历史背景无疑对19世纪的西方汉学产生了重要的影响。陈开科对来华东正教使团汉学家的政治身份和作用的分析就说明了这一点。①

在西方近代人文学科确立和成熟的19世纪,汉学研究的方法也受到其影响,研究的广度和深度显然大大超过了18世纪,传教士汉学依然存在,但专业汉学已日益成为主力。Sinology作为一个术语正式登场。作为知识形态的西方汉学,在意识形态和实证主义的双重性下发展,社会科学的方法开始成为其主导,传教士汉学的护教式研究渐渐退出历史舞台。在这一时期,西方汉学研究取得了前所未有的成就,知识不是小说,后殖民主义的理论不能解释西方东方学的复杂形态和多样性。

---

① 陈开科《巴拉第的汉学研究》,学苑出版社,2007年。

19世纪汉学研究著作中，法语依然是主要语言，但英语已经开始登上主角的历史舞台。对中国典籍翻译的内容也大大扩展了，我们可以看到汉籍西译的过程中，翻译语言已经发生了重要的迁移。英语翻译中国典籍在19世纪达到了它的高潮，这和英国当时的国家力量相符的。① 当法国汉学家儒莲去世后，19世纪下半叶，欧洲汉学的大旗是由英国汉学扛起的。应该说，英国汉学引领西方汉学的时间也不长，随着理雅各1897年的谢世，当儒莲的弟子们成长起来后，当法国汉学家沙畹和他的弟子们登上历史舞台时，欧洲汉学的旗手又换成了法国人。

19世纪的中国文化通过汉学在西方的影响呈现出一个复杂、多面的形态，总体上中国文化在西方思想界的影响已经失色。尽管黑格尔曾经专程到巴黎听雷慕莎的课程，但他的中国观依然是19世纪欧洲人偏执的中国观的典型代表。中国典籍的西译在一个更为广阔的空间中展开了，知识的扩展成为欧洲思想文化界对中国的认识更为深入，为20世纪中国思想在西方重新引起关注奠基了知识的基础。

（张西平　北京外国语大学教授、国际儒学联合会副会长、
《国际汉学》主编）

---

① 在这个意义上巴雷特（T. H. Barrett）在他的《出奇的漠视：汉学著述与汉学家简史》（*Singular Listlessness: a Short History of Chinese Books and British Scholars*, London, Wellsweep Press, 1989）一书中的观点是值得商讨的，作者在讨论英国汉学的成就时只是考虑到在英国本土的汉学家和成就，而没有看到在"侨居地"的英国汉学家们所取得的成就，按照王国强的看法就是"近代英国汉学最基本的地理格局是：'本土'与'域外'共存；且重心不在'本土'，而是在有'域外'汉学的远东地区"。由此，必须改变巴雷特这类学者对19世纪英国汉学的看法。（王国强《〈中国评论〉（1872—1901）与西方汉学》第249页）。

·阳明学域外传播与研究·

日本阳明学的发生原因及早期特征

欧阳祯人　向昊秋

摘　要：本文从多个方面讨论了中国的阳明学为什么会在日本江户时代悄然流行的原因，分析了即便德川幕府提倡朱子学，视为维护其统治的官方哲学，即便始终存在着部分官员、权贵的打压，但是终究没有真正影响日本阳明学在江户时代的崛起。这一股抗衡的学术力量，给日本的学术界带来了真正的活力。本文还讨论了江户时期的阳明学是返本开新之学，立足于日本的现实，而回归阳明学的精神。江户时期的阳明学者没有中国明代后期以后的学者在政治上遭遇大一统噤若寒蝉的绝境，更没有数千年文化传统沉重的思想负担，所以，随时随地，意气风发，充满了阳明学行动哲学的骨感和日本特色的创新和发展。

关键词：日本阳明学　中江藤树　熊泽蕃山　大盐中斋　三轮执斋

日本阳明学的鼻祖[①]中江藤树（1608—1648）出生于日本江州，相去中国王阳明贬谪到龙场（岁在戊辰，公元1508年）正好100年。中江藤树比王阳明晚出130多年。中江藤树出生的时代，中国正值闭关锁国的晚明之际，满朝文武，欺上瞒下，贿赂公行，太监当道，特务横行，剪除异己，压制言论，官场、学界噤若寒蝉，黎民百姓暗无天日。在当时的中国，阳明学的真精神，要么被其后学扭曲歧出，走向狂禅、枯禅，要么被统治者公开打压，销声匿迹。到了清朝200多年间，知识分子钻营于场屋，苟且于名利，茫茫然于故

---

① 此一界定的第一人，是大盐中斋。大盐中斋在其《洗心洞札记》中写道："先生我邦姚江开宗也。"转引自［韩］崔在穆著，朴姬福、靳煜译《东亚阳明学·阳明学在日本的展开》第75页，中国人民大学出版社，2009年。其后，日本学界高濑武次郎、井上哲次郎等均沿其说。

纸堆中，皓首穷经、毫无创新而不自知。与中国学术界死气沉沉不一样的是，日本刚刚走出了 100 多年的战国分裂，进入了德川幕府统治的江户时代。井上哲次郎说："17 世纪初，随着德川氏平定海内，我国的文运走向昌隆。"① 日本的阳明学在与朱子学的较量、互动之中，从民间悄然崛起，特别是在中江藤树之后，生机勃发，此起彼伏，雄姿英发，展现出了完全不一样的局面，像一阵清风，穿越了程朱理学的层层铁幕，由小到大，由少到多，灵根再植，最后在日本遍地开花。中江藤树、熊泽蕃山、大盐中斋、三轮执斋等等，波澜壮阔。

一、由朱子学向阳明学的转变

在德川幕府的时代，官方真正信赖和依托的本来是朱子学。井上哲次郎写道："以藤原惺窝为首的学者提倡朱子学，林罗山继承其思想，亦鼓吹朱子学。② 是以天下靡然从其风，朱子学以建瓴之势日渐昌隆。"③ 朱子学在德川幕府时期的崛起，是其政权的性质所决定的。日本政治学专家升味准之辅写道：

> 强者的统治与朝廷的权威虽然结合得如此巩固，但也要防止强者更迭的可能性。担当这项任务的，是朱子学。按照朱子学的说法，在这个世界上，无论是自然界，还是人间世，均受"理"的统御。"理"内在于万物，寓于万物而使万物存在。在"理"的作用下产生的人类社会的秩序，是君臣、父子、夫妇、兄弟、朋友五种人际关系（五伦），人必须根据这个规律行动。④

所以，阳明学的思想一开始就受到了官方的打压。井上哲次郎说："在官

---

① ［日］井上哲次郎著，邓红等译《日本阳明学派之哲学》第 1 页，山东人民出版社，2019 年。
② 根据钱明教授的考证，藤原惺窝和林罗山这些朱子学者，都接触过陆象山和王阳明的著作。但是他们不是阳明学的支持者。
③《日本阳明学派之哲学》第 1 页。
④ ［日］升味准之辅著，董果良译《日本政治史》第 5 页，商务印书馆，1997 年。

府的统治下，无法公然倡导姚江之学，甚至以阳明学为谋叛之学，视其为蛇蝎。"① 所以，阳明学在日本的崛起完全是从民间开始的。但是这给日本的学术界带来了与朱子学相抗衡的一种社会思想的力量。井上哲次郎说："此时若没有其他学说与之抗衡、并驾齐驱的话，我国的儒家哲学仅偏向于一方，结果则会偏执迷妄，活气尽失，最终成为死学。"② 井上哲次郎认为，日本这个时期的古学无法与朱子学抗衡，只有阳明学的精神力量才能够打破当时学术界朱子学一统天下的态势。

正是因为有这样的学术背景，所以，日本早期的阳明学者，大多都有一个由纯粹朱子学者向阳明学转向的过程。从日本的汉学角度上来讲，他们的转向都有不同的切入点，但是归宿只有一个——阳明学。岛田虔次认为，在当时，日本的朱子学并没有担当起"为天地立心，为生民立命，为往圣继绝学，为万世开太平"的社会历史责任。岛田虔次说："在我国，因存在着这样的倾向——若说到宋学、朱子学，则几乎反射的感觉'肃杀之气充塞宇宙'（荻生徂徕），也许特别有效。而且中国的宋学（其结晶即朱子学）同日本的朱子学不同，假如将张横渠的这四句取为标准，则某种程度上不是能清楚地领悟它吗！就是说，我国的朱子学，极其缺乏为天地、为人类，为学之传统，而且也缺乏为万世这样的规模雄大的精神。"③ 中国的朱子学是不是在中国担当起了"为天地立心，为生民立命，为往圣继绝学，为万世开太平"的历史使命，这里姑且不论，但是，根据岛田先生的论断，我们可以知道，当时的日本学者对朱子学也确实有不太满意的一面，尤其是也道出了阳明学悄然而至的社会政治原因。升味准之辅对朱子学在当时的政治功能和社会作用也同样提出了强烈的质疑和批评，因为朱子学面对的战国之后的日本，与中国元、明、清时期的高度集权完全不同。

中江藤树的人生经历和学术经历，很能够说明这一点。中江藤树 11 岁开始读《大学》，每当读到"自天子以至于庶人，壹是皆以修身为本"的时候，感动得热泪盈眶，身怀志在圣贤的人生抱负。16 岁的时候他开始听僧侣讲《论语》，继而读《四书大全》，全身心"只崇奉朱子学"④，但是，他先是 33

---

① 《日本阳明学派之哲学》第 1 页。
② 《日本阳明学派之哲学》第 1 页。
③ [日] 岛田虔次著，蒋国保译《朱子学与阳明学》第 3 页，山东人民出版社，2019 年。
④ [日] 高濑武次郎著，张亮译，邓红校注《日本之阳明学》第 34 页，山东人民出版社，2019 年。

岁接触到了《王龙溪语录》，37岁时"得《阳明全书》而读之，沉潜反复，大有所得。在此之前曾做《大学》之解，经过三次，未得格物致知之要。忧心忡忡，至此，解其致知，见为致良知，乃默坐澄心，验之人情，考之事理，质之《诗》《书》《语》《孟》，觉得没有不吻合的。于是豁然开朗，多年之疑，终于得解。此后经常为学者说止于至善之工夫。"① 解读《大学》，三次未得格物致知之要，关键是从内心深处，对朱子学充满疑虑，所以忧心忡忡，满怀狐疑。对这位一读《大学》就热泪盈眶的学者来讲，正是王阳明明觉精察、简易直截、唯精唯一的良知之学，才能够使他在《诗》《书》《语》《孟》中找到精神的依据。验之人情，考之事理，无不吻合，其实是在他枯涸的心中引起了期待已久的真正共鸣。纯情质朴的良知之善，使他走出了朱子学的字词章句的迷雾和理学的桎梏，醍醐灌顶，豁然开朗，找到了自我漫长的求索目标。所以，他醉心于王阳明的良知之学，默坐澄心，敬若神明。

深究阳明学在日本的崛起历程，笔者深以为，阳明学在日本江户时代崛起，日渐昌隆，原因之一，是古代日本始终都没有出现过像中国秦皇、汉武般大一统中央的集权：

> 在日本古代社会，无论经历过多少次王朝的更替，都很难改变在地理上自然形成的共同体之间的规则。就是说，在社会政治建筑上，日本没有形成可以从上到下直接控制人民的金字塔结构的权力；而共同体之间的联系就像由不同颜色的积木按照同色相连的原则搭起的房子，房顶是天皇，其他部分是按照功能差别摆放的积木群，而且同色积木之间（藩的内部）的黏合剂比不同颜色之间（藩之间）的强。……无论是最高领导者还是最强势的政治集团，都不会拥有像中央集权社会里那样的绝对权力，否则，会招致其他人或者其他共同体的联合抵抗。这一点可以看作是共同体之间的一个主要规则。②

日本的政治体制受到了它的地理气候、海洋气候、交通特点等各方面的影响。特别是在经历了漫长的战国时期之后，特殊的历史发展和社会形态，

---

① 《日本之阳明学》第37页。
② 孔祥旭《樱花与武士》第59—60页，同心出版社，2007年。

导致了日本社会的各大名之间具有相当的独立性和彼此之间权力的牵制性。也就是说,江户时代的德川幕府虽然大权在握,统治着全国的大名,但是,它根本不同于中国的大一统中央皇权。升味准之辅写道:"朱子学把天皇与将军解释为君臣关系,认为将军是天皇的代理人,受委主持大政。这不是历史事实。天皇从来没有发委的权力,只是赋予最强大的战国大名以统治的正统性而已。但是,为了解释在遥远的王朝时代朝廷曾经有过的权力现在旁落于幕府手中这个事实虚拟了一个'大政御委任'理论。按照这个理论,既然将军是受委之后掌握全权的,所以将军的统治是正统的,应当排斥威胁这一统治的人。但是,如果情况发生变化,即出现幕府不是足以完全控制朝廷的强者,而进行反抗的强者又要拥立朝廷的情况时,就会出现强者的更迭。"① 古学派出身的荻生徂徕在其《政谈》一书中也有具体而微的高论,此不赘述。正因为德川幕府时期的政治特殊性,提供了阳明学在民间发展的肥沃土壤。人才的流动比较自由,思想的发生发展就有了生存的空间。中江藤树为了回家尽孝,说走就走了,他的藩主也并没有为难他。中江藤树的弟子熊泽蕃山是世代武士出身,一直受到重用,但是他偏偏要弃武从文,藩主少将光政,倍加眷遇,但是他还是坚辞致仕,离开冈山,少将光政也并没有追究追杀,诛之而后快,与中国明代朱元璋处心积虑地制造各种冤案、腰斩诗人高启,朱棣灭方孝孺十族等诸如此类的专制残暴,完全不同。所以,升味准之辅指出:

> 这样,便形成由德川领国和外洋国持大名领国组成的复合国家。外样大名原来与德川家处于同等地位,但至少在名义上同德川将军家结成主从关系而独立形成和经营的领国,则受将军家的支配。家康尚未强大到足以用武力征服它们的地步,所以还要借用朝廷的权威使自己的优势地位正统化;而外样大名也没有强大到可以用武力抵抗的程度,所以接受了将军的支配。因此,幕府与外样大名的主从关系具有很强的假象。②

权力的彼此牵制,貌合而神离,不论是将军还是大名,都背不起铲除异

---

① 《日本政治史》第6页。
② 《日本政治史》第7页。

己、滥杀无辜的罪名。这种社会和政治的环境，为阳明学在日本的悄然崛起创造了无数的发展空间。

另外，日本阳明学的兴起与它的武士制度有深刻的内在原因。早在德川幕府之前，日本战国时代就给予了武士以独特的社会地位。我们知道，日本武士到了德川幕府的时代，其地位之稳固更是得到了制度和法律的保障。德川家康在其法律中规定："对武士无礼，对上级不逊的庶民，可立刻斩杀。"① 因此，由于幕府以及各大名与武士之间有相互依赖的特殊关系，最后导致在江户时代，人之所以为人的刚毅果断，磊落不羁，真性狷介，一诺千金，忠贞不贰，杀身成仁等等，我们中国人只能在春秋战国时期才看得到的人物风貌和社会风尚，一直就自然而然，慷慨悲歌，络绎不绝。冯梦龙的《王阳明出身靖乱录》说："先生十四岁习学弓马，留心兵法，多读韬钤（指《六韬》《玉钤篇》）之书。尝曰：'儒者患不知兵。仲尼有文事，必有武备。区区章句之儒，平时叨窃富贵，以辞章粉饰太平，临事遇变，束手无策，此通儒之所羞也。'"② 王阳明文武双全的个人魅力，立德立功立言的功德，在日本社会上上下下，都引起了巨大的共鸣。因此，日本的阳明学与日本的武士道之间，可以说是你中有我，我中有你，有一种互相推动的张力，最后对日本武士道的形成起到了推波助澜的作用。著名日本阳明学研究专家钱明教授指出：

> 后来日本武士道中所体现出来的基本精神，其实也与以上所说的阳明学的四大学术品格有关系。我把这种基本精神概括为四个字：一是"武"字，对应于武士道所强调的文武合一；二是"行（事）"字，对应于武士道所强调的道术合一；三是"心"字，对应于武士道所强调的心剑合一；四是"简（易）"字，对应于武士道所强调的简素精神。以上四个方面，文武合一、道术合一再加上知行合一、义利合一，可以说就是日本阳明学的基本特征。③

---

① ［美］鲁思·本尼迪克特著，吕万和等译《菊与刀》第45页，商务印书馆，1996年。
② 冯梦龙编《王阳明出身靖乱录》，台湾台北广文书局，1968年影印本。又见于日本弘毅馆开雕本，《皇明大儒王阳明出身靖乱录》，日本东京都文京区东洋文库。
③ 钱明教授于2019年7月2日在武汉大学的演讲《阳明学在日本的传播·展开·特点》PPT原文。

根据高濑武次郎的记载，中江藤树与大盐中斋本身是武士出身。大盐中斋20岁的时候就"当上了大阪东组与力"，也就是江户时代基层武士中的官员。① 在介绍大盐中斋的时候高濑武次郎写道：

> 句读之师虽不可缺，但并不一定要名师。然其私淑王阳明，无疑为独学。中斋的境遇和气质最适合学习阳明学。其弱冠之时已为刀笔之吏，在簿书堆积中，势必自促知行合一。加之其资质峭直果毅，最适简易直截之学。他不堪朱子学繁旺闷养，一朝读到《古本大学》，便触豁然灵机，遂弃旧学而归之。异域之外，旷三百岁奋起兴然，绝非偶然。王阳明乃所谓百世之师也。②

在这里我们看到，江户时代日本人的学术要的是舒畅性情，简洁实用，并不是雕虫小技，在故纸堆中寻寻觅觅。所以，王阳明正是他们盼望已久的百世名师。一旦接触到王阳明的著作，他们马上产生共鸣，豁然灵机，弃旧迎新，灵魂拥抱。千山万水，挡不住他们"奋起兴然"，迎接王阳明的期盼；时间的阻隔，也无法减去他们拥抱王阳明思想的热情。

松浦诚之在给大盐中斋《洗心洞札记》的跋中写道：

> 先生志学之时，海内儒风萎靡，如非训诂，则为文诗，未有躬行孝悌忠信以导后进者。故先生亦久陷其窠臼。但一旦读《古本大学》，便默识神了诚意致知之旨。③

从松浦诚之的文字中，我们看到，在古代的日本，因为德川幕府的统治需要，日本官方遵从了朱子学。但是，现实生活的需求和人性的舒张渴望，又使许多日本人不能不最终改弦更张，弃旧迎新，崇奉阳明学。所以，知道了日本社会的风尚和人性的特征，我们就会知道，松浦是在说，朱熹的《大学》训诂，把学者引进了文字考索和故纸堆的窠臼，儒风萎靡，道德沦丧，

---

① 《日本之阳明学》第115页。
② 《日本之阳明学》第116页。
③ 《日本之阳明学》第116页。

没有了道德实践的工夫。而王阳明的心学则把大盐中斋指引上了诚意致知的坦途。至少日本当时的阳明学者，是这样认为的。

在日本阳明学历史上，熊泽蕃山至今都是一位大名鼎鼎的、楷模式的人物。他一开始也是学习朱子学的，在他的论述中，很多时候都是朱王兼取。他认为，朱熹的训诂注释对于初学者来说，是有巨大作用的。这样的评述也是真诚客观的：

> 朱子……于经传之注，古今第一名人也。其有言中古人之心处，也有不合之处。为了让初学者好学，简单地施以义理之注。这样清一色的注解，给予后学者极大的学思。①

但是，他对朱熹的批判也最为彻底：

> 朱子……有文过广之弊端，学者近理而远心法，以书法举例的话，犹雪中兔之足迹。兔为心也，圣经贤传皆我心之注也，得兔后，足迹无用了，得心后，书也无用了，有大取一贯一路之处，见大意可得心，在日用工夫上有详细可见之事。然而为了我受用之详细，不能只详细读书。朱子学分解章句过多，乃至过多地落入文句之理而失于心。今之朱子学者，无论如何只要说是朱子语便是正确的，是故《圣经》被注解掩盖，心法被经义隔开，朱子学者却使朱子成为圣门之罪人。②

中国大陆的学者，大约一看到这样的文字就会嗤之以鼻，因为站在朱子具体的文本上来讲，这段文字有很多漏洞，相对于朱熹庞大的理论体系来讲，远远谈不上全面、细致。但是，我们如果能够比较冷静地面对朱子学成为中国古代后期皇权钦定的考试教科书后（具体地讲，就是在公元1313年，元仁宗宣布科举取士，第一、二两场考试的题目必须从朱熹的《四书章句集注》中抽绎出来，标准答案都只能以该书的内容为标准），就会发现从小攻读《四书章句集注》的明、清两代满朝文武绝大多数都是虚伪无耻、贪得无厌，无

---

① 《日本之阳明学》第81页。
② 《日本之阳明学》第81—82页。

法面对天下苍生，孟子"自反而缩，虽千万人，吾往矣"（《孟子·公孙丑上》）的精神彻底丧失之后，匍匐在皇帝的权杖下苟全性命、苟延残喘的样子，仰人鼻息、胁肩谄媚的样子，欺上瞒下、作威作福的样子，钩心斗角、阴险歹毒的样子，都已经远远离开孔子、孟子十万八千里。也许，诚如很多人所言，这是统治者的原因、是体制的原因，与朱熹没有关系，但是，那些统治者为什么就不选择王阳明呢？而且，阳明学的心即理、知行合一、致良知之学，就是要纠朱子之偏，也确实是事实。古代日本的阳明学者，真正重视阳明学的原因，正在于此。因此，高濑武次郎写道：

> 蕃山传王阳明之学，完成知行合一，做出了不亚于阳明的活动，成为一代豪杰而被人钦佩，至今也是王学者中最佳楷模。若我国阳明学派无蕃山之才略事业的话，后入王学者，也许会选择中国阳明学之末流，这并非私言，且看维新前后的杰士们，从他们的言论可以清楚地知道他们是如何钦佩蕃山的经纶的，所以如今我邦之王学者，被赞誉为活动型经纶家。①

据高濑氏的记载，熊泽蕃山总共有24种著作。也是一位赫赫有名的立德、立功、立言，全面发展的大人物。日本阳明学的这种发展状态，与中国元、明、清时期钦定朱子《四书章句集注》为法定经典，科举制为牢笼与诱饵，恩威并施，导致万马齐喑，文化凋零，毫无创新能力的状态完全不同。这种鲜明的对立与不同，已经预示着日本近现代的转型崛起和中国晚明以后进一步的沉沦。井上哲次郎说："朱子学派虽然出现了许多博学多识之士，却有固陋迂腐之弊。反之，阳明学派……单刀直入，得其正鹄。在这一点上阳明学确实比朱子学优秀。让我们试举德川时代的儒教史，朱子学派中并非没有伟人，但固陋迂腐之人也不少。反观阳明学派，比起朱子学派来说人数虽少，但在这些人物中，几乎没有固陋迂腐之人。如中江藤树、三轮执斋、中根东里、春日潜斋之类，其行为可观者不少。犹如熊泽蕃山、大盐中斋、佐久间象山、吉田松阴、西乡南洲等，可观其事功。姚江学派的优秀人物众多

---

① 《日本之阳明学》第83页。

是不争的事实，可见阳明学有陶冶人物之功。"① 阳明学的本质就是行动哲学，是人之所以为人的精神解放。因此，在中国的晚明和清朝受到了致命的打压，以致长期萎靡不振，甚至灭绝消失。但是，由于没有真正的中央集权的思想钳制，阳明学在经过了一番挣扎与斗争之后，终究在日本抬起头来，走向了现实社会生活的每一个角落，走向了辉煌。

纵观日本阳明学的崛起过程，从不同学者的人生特质和社会人生经历来讲，我们确实是看到了朱子学与阳明学本身具有极大的不同。我们中国当代的学者，必须要有基本的学术良知和理论勇气，面对朱子学本身确实存在的问题。日本德川幕府时期极富影响力的哲学家、儒学思想家荻生徂徕（1666—1728）批评过朱熹的《通鉴纲目》：

> 若看《通鉴纲目》，则古今之间中意的人一个也没有，因为一次见解观察今世的人，人品变坏就有理由。而且《纲目》之议论，如同盖印似的，格式固定，道理一定，大体有极限。天地是活的东西，人也是活的东西，像绳子紧捆那样看之，就的确是无用的学问。（《徂徕先生答问书》）②

古学派荻生徂徕本来不是阳明学家，但是他对朱熹的问题看得很清楚。从这段文字中我们至少可以有三个启示：第一，中国元明清的统治者，为什么极为喜欢朱熹的思想？朱熹在中国真正崛起的时间，偏偏是在铁蹄元朝充满种族歧视，铁蹄下中国的黎民百姓哀鸿遍野、民不聊生、没有任何权利和尊严的时代。元、明、清时代，从统治者的阴险、狡诈、残忍、无耻、无能、贪婪来讲，从思想文化的禁毁与改造来讲，从绞杀人之所以为人的创新性来讲，在在都是中国历朝历代最为黑暗的时代，更是毫无社会的活力和创新的时代。正是在这个时候，为什么中国的历史偏偏碰到的是朱熹？第二，为什么偏偏是在日本德川幕府时代，阳明学找了突破口？而且这个时代，正是中国文化的原创精神在中国本土遭到绞杀、扭曲、篡改、毁灭、丧失的时代？是历史的偶然，还是日本社会不断发展的历史必然？德川幕府时代到底给阳

---

① 《日本阳明学派之哲学》第2页。
② 《朱子学与阳明学》第61页。

明学的发展提供什么样的独特土壤？这是值得我们认真研究的问题。第三，朱熹的哲学思想结构当然十分的庞大，十分的深沉，但是，为什么荻生徂徕就偏偏看到了中国人看不到的问题（这里的几句话，当然不能代表荻生徂徕对朱熹的全面评价，但是它立足于日本社会的现实，确实是抓住了朱熹的症结，我们无法否定荻生徂徕的客观真实性）？这到底是中国社会本身已经病入膏肓、自欺欺人、言行不一、无可救药，还是当时的日本学者具有不同的学术视野？这些问题，当然有不同的诠释角度、诠释态度，以及不同的诠释结论，但是，日本阳明学在江户时代的突破与崛起，确乎为我们研究朱陆异同、朱王异同提供了一个辽阔的研究视野。

二、江户时代的阳明学是返本开新之学

一切的创新，都是厚积薄发。王阳明穿越程朱，从理学走向心学，当然与王天叙、王华父子的精心栽培不无关系。王阳明的人生于百死千难之中，志在圣贤，起伏跌宕，历尽磨难而龙场悟道，绝非偶然。相对于先秦原始儒家来讲，王阳明的心学就是返本开新之学。日本江户时代的阳明学者，绝大多数人都是从小就学习中国各种典籍，在接触阳明学的时候，早就已经满腹经纶。但是，不论是学习中国古籍或是接触阳明学，都完全是他们的性情性格、学问学术、师承学脉上的兴趣，往往与功利无关。尤其是与中国古人追求名利的科举考试无关。因此，日本的阳明学者往往都是一些纯情挚性、意气风发、志在圣贤的人，与阳明学本身十分相投。

诚如高濑氏所言："阳明学有顿悟之风，不以训诂究理为主，一读豁然贯通，则和几十年前之悟，毫无不同之处。何况，藤树既已怀疑朱子之学，且以猛烈的感情和敏锐的推理力，迎接王学的到来。所以，藤树得王学之精髓，为我邦王学之鼻祖，是不容置疑的。"① 原来，在中江藤树那里，王阳明知行合一的良知之学，只是把他蕴含、潜沉在自己心中的思想唤醒了，他的"接受视域"（伽达默尔《真理与方法》中的概念）早就已经做好了彻底的全面准备。据井上哲次郎记载，中江藤树在阅读了《大学》之后感叹道："幸哉，

---

① 《日本之阳明学》第55页。

此经之存，圣人岂不可学而至焉乎？"① 简直与王阳明从小志在圣贤的想法几乎完全一样了。

熊泽蕃山是中江藤树的学生，他们之间的结缘，拜藤树为师的过程，比中国古代程门立雪的故事更加起伏跌宕，生动感人，发人深省。有一次，熊泽蕃山听说了一个马夫赶车拾金不昧的故事。那个马夫异常朴实厚道，他告诉失主，他之所以这样做，完全是受到了他们村里的圣人中江藤树先生的教化。长期以来，这位地位低贱的马夫就是按照中江藤树先生的道德原则做人做事的。一席话，把蕃山弄感动了：

  马夫曰："贱役糊口，岂不想利？唯有叫中江与右卫门藤树的人，教授我里中，吾曾闻其言曰：'诚正以修其身，事君致忠，事亲敬孝，勿以贫滥，勿以贱枉。'今若以所赐之处获利的话，为欺此心。"言毕去之。噫，浇季之世安能得如此之人？②

然后他就马上整装远行，专程去拜访中江藤树，要拜中江藤树为师。但是中江藤树知道后，特意避而不见。熊泽蕃山还专门找人帮忙去诚挚地表达他的诚意。后来虽然见面了，但是，中江还是没有同意，大概是怀疑熊泽蕃山的诚意，所以就推说自己不足以为人之师。宽永十九年（1642）七月，熊泽蕃山再次拜见中江氏，再三请求依然没有得到允许。"于是，二晚站在其屋檐下不睡。藤树之母怜其志，对藤树曰：'人从远方而来，恳请如此，传之其所习，谁谓好人之师？'是以诺之。"③ 母意不能违背，才收了熊泽蕃山为徒。熊泽蕃山这种拜师学阳明学的精神是令人十分感动的。这样诚挚的态度，这样执着的为人，尤其是拜中江藤树这样的"圣人"（在世的时候，中江藤树先生已经有"近江圣人"之名了。这也体现了日本儒家学说与中国儒学完全不同的豪情与气象）为师，以后要干一番顶天立地的大事，完全是人生兴趣、爱好、志向所驱使的，因此也就是顺理成章的事情了。

正是由于这种超越功利得失的态度，有的时候甚至超越生死的追求精神，

---

① 《日本阳明学派之哲学》第5页。
② 《日本之阳明学》第64页。
③ 《日本之阳明学》第64页。

所以，江户时代日本的阳明学者在学习阳明学的时候，就很容易进入阳明学博文约礼、体用一源、明觉精察、唯精唯一、天地良知、万象森然、冲漠无朕的境界。笔者深以为，返中国原初阳明学之本，开创日本阳明学之新，这是江户时代的阳明学者最大特点之一。日本阳明学者是事功型的学者，政治的环境、生活的状态也不允许他们像中国的阳明后学那样走向狂禅。有了这种精神和态度作为基础，日本江户时代的阳明学就在没有大一统政治高压和所谓文化传统束缚的状态下，成为"日新之学"。中江藤树首创于前，熊泽蕃山、大盐中斋、三轮执斋等等后学紧随其后，滚滚朝前，确实是为日本社会的近代化转型奠定了辽阔、广大、厚实的基础。

高濑武次郎写道："藤树之学术为日新之学，丝毫没有固滞之处。教门人也以达时虚位致至善为最紧要之事。藤树的日新，从许多事情可以看出，现仅举一例而说明之。藤树经常对门人说：'曾赠山田某《三纲领解》，其至善之解里，有事善心不善者非至善，心虽不违善，事不中节者也非至善。'当时未免支离之病，乃陷此谬误。心事一也。'心善则事亦善，事善则心亦善，天下未有事善心不善，心善事不善者。'大概前解是出自朱子，后解是出自王子。"① "心事一也"，这是中江藤树在阳明学的指引下，对朱子学的超越证据。

中江藤树日新之学的表现是方方面面的。例如，他把孔子的视、听、言、动，改成了视、听、言、动、思。我们且不说他改得怎么样，反正中国的古人，绝对想不出来，简直就是不敢改。中国人的思想负担太重，而中江藤树们却没有这种顾虑。其言曰：

> 朱子解物犹如事，虽然后来的学者皆袭用，但仍有未尽之处。窃意以为，事即五事而已。所谓五事，为视听言动思。天下之事，千种万端，但没有离开五事的，离开五事的话，便没有天下万事。五事是万事之根本、善恶之枢机。故五事皆从良知，则天下之事无不善。五事皆脱离良知，天下之事无不恶。所以《尚书·洪范》的九畴，有天道，有人道，天道以五行为本，人道以五事为根本，可以此为证。②

---

① 《日本之阳明学》第44页。
② 《日本之阳明学》第41页。

依托于《尚书·洪范》的五行思想，把孔子的视、听、言、动，擅自地改成了视、听、言、动、思，这无论如何，在同时代的中国晚明和清朝，完全是无法想象的事情。依托于先秦儒家原典《尚书》，返本开新，进一步深化了儒家思想在逻辑上的准确性、完整性和系统性，所以，中江藤树思考问题的方式和有效的探索，受到了高瀬武次郎的赞扬："藤树虽然也不是没有妄言之迹，但也颇有独特见解。其试解'事'字，立先人未发之言，而定于五事，朱王之说有些抽象而漠然，藤树做了具体说明，断然解释成视、听、言、动、思五事，其功甚多。"① 这里的修改当然只是一点点，从孔子在《论语》中的逻辑和语境上来讲，中江藤树的修改也未必真的正确，但是，在整个儒家思想发展的历程上，这就是花果飘零、灵根再植的一大步，是一种特殊的、在中国的清代根本不可能出现的飞跃。

中江藤树一生纯孝，他在他的卧室里挂了一幅《道统传》，每天起床后，便盥洗盛服，烧香叩头，接着就高声朗诵《孝经》，天天如此。年轻的时候声音比较高，晚年的时候渐渐变低，最后是心中默读。长期耳濡目染，切身体会，明觉精察，他在这方面就做出了巨大的创新。在一封信中，他写道：

> 母亲一个人住在近江，母子离别不能尽养育之心。于是写信想请母亲来当地养老，哪知母亲回信说"女人不能超越国界"，所以不想来。母亲儿子分别单身而过，母亲只能依靠我，我却把母亲放在另一个国度，这是违反道义的，便写了退职信，得不到批准，没办法自己辞职，才得以归还近江。我的行为有可能被认为是不忠，人们经常将忠孝进行比较。主君付钱雇佣儒者，像我这样能雇佣到的儒者比比皆是。然老母离开我，便没有别的依靠的人了。衡量忠孝，还是孝重于忠，所以我拈重去轻，只身而退。人虽脱藩，但绝不会侍奉其他主君。如果对此不能够理解，认为我的行为不好的话，请直言不讳地指出，绝不怨恨。为道义而退，绝不会忘记主君的恩情。我的行为似乎不忠，但是天命所定，我只能做此决定而已。②

---

① 《日本之阳明学》第42页。
② 《日本之阳明学》第51页。

信中表达的是，在他的特殊情况之下，"衡量忠孝，还是孝重于忠"，但是，实际的行动后果是，他的辞官而去，侍养母亲的行为，却是在孝不在忠。在这一点上，中江藤树比很多古代的中国名人都做得彻底。《琵琶记》中汉代蔡伯喈与赵五娘的故事、《铡美案》中陈世美与秦香莲的故事，写的都是中国古代的某些读书人，为了名利，不顾父母的生老病死，不认自己的糟糠之妻，另攀高枝。在现实生活中，中国古代这样的例子是很多的。这是中国千百年来中央集权、官本位的副产品，权力的过分集中，利益的巨大驱使，已经使中国的知识分子见利忘义。

由于在孝道的领域身体力行，深有感受，悟有所得，所以中江藤树最后就能够出神入化地提出他建立在"太虚神道"理论基础之上的"全孝说"。他认为：

> 孝为天地未画之前存在的太虚神道。天地人万物，皆从孝而生。春夏秋冬，风雷雨露，无非孝矣。仁义礼智是孝之条理，五典十义是孝之时，神理含蓄之处为孝，不能明其状，强取象为之孝，"孝"字合"老子"二字而成。今之"孝"字，是在成为文字之时，省其笔画而来的。天地未开之时，以太虚之理为老，以气为子。天地开启之后，以天为老，以地为子，以乾坤为老，以六子为子，以日为老，以月为子。"易"字合日月而成，日月和老子，其义一也，《易》和《孝经》为无隔阂之道理。山为老，川为子，中国为老，东夷南蛮西戎北狄为子。君为老，臣为子，夫为老，妇为子。于德性之感通，仁为老，爱为子。①

这样的表述，类似于孟子的"亲亲而仁民，仁民而爱物"（《孟子·尽心上》），这些观点在程朱理学那里，在陆王那里，都得到了进一步的发展。早在《大戴礼记》就有类似的观点。《曾子大孝》载曰：

> 君子一举足不敢忘父母，一出言不敢忘父母。一举足不敢忘父母，故道而不径，舟而不游，不敢以先父母之遗体行殆也。一出言不敢忘父母，是故恶言不出于口，忿言不及于己，然后不辱其身，不忧其亲，则

---

① 《日本之阳明学》第 49 页。

可谓孝矣。草木以时伐焉，禽兽以时杀焉。夫子曰："伐一木，杀一兽，不以其时，非孝也。"(《大戴礼记·曾子大孝第五十二》)

《大戴礼记》的表述可以推出中江藤树的观点来，但是，实话实说，基本上都是点到为止，语焉不详。虽然，由于时代的原因，中江藤树的表述明显有幼稚的一面，但是，他的太虚神道说包含了宇宙论、神灵论、伦理论以及人性论，从思想的框架上来讲，无拘无束，自由洒脱，敢想，敢说，敢写，这本来就是学者最最尊贵的品质。而且，他的这个重大的理论创新，对后来的熊泽蕃山、三轮执斋、大盐中斋等后学产生了深远的影响。依托于张载、王阳明的太虚说，形成了日本阳明学史上以太虚思想为理论基础的一大思想的动脉，源远流长。这是非常了不起的事情。

高濑武次郎曰："大凡阳明学，犹如含有两种元素，一曰事业性的，一曰枯禅性的。得枯禅性元素的，则足以亡国；得事业性元素的，则可以兴国。然彼我两国之王学者，各得其一，也遗有实例。"① 真是神论！本来，王阳明的及门弟子大多是真正传承了阳明的真正精髓的。李贽指出："阳明之时，得道者如林，吾不能悉数之。"② 但是，在此后的中国，以李贽为标志的阳明心学被彻底打压之后，此后再无李贽式的战斗至死的人物。晚明以后，特别是清朝数百年，更是死气沉沉，毫无生气，令人十分沉痛。释太虚曰：

> 阳明出其自受用之"致良知"三昧，简明亲切，向人当前指点。接其教音者，殆无不承风归化，心悦诚服。但阳明以自己之高明律人，视他人尽是高明，既不能定之以教理，又未能范之以律仪，而及门诸子，得浅、得深、得纯、得驳，只取其一偏，以之独扬其至，执之不得会通，末流遂猥杂不可收拾！《明儒学案》泰半皆王门流裔，列为浙中王门学案、江右王门学案、南中王门学案、楚中王门学案、北方王门学案、闽粤王门学案及泰州学案；再传而后者，又有止修学案、东林学案、蕺山学案等。于中约可分四类：龙溪、心斋，偏重阳明直指"独知"一端，陷于狂滥，不能谨持良知以为善去恶，故此派唯归入佛门，乃得踏实。

---

① 《日本之阳明学》第27页。
② 袁宗道《白苏斋内集》第308页，上海古籍出版社，1989年。

东廓、念庵，偏重阳明默坐澄心一端，落于虚拘，未能得"良知"以从体起用。故此派后衍为黎洲，用乃渐宏。见罗止修，颇能贯持，然根本未清也。东林与世，颇能致用，然悟养已疏也。蕺山专提谨独，近于东廓、念庵，而黎洲亦气禀习尚用事而已。余子不一一论，卒未有明得阳明之全者也，宜其流风亦随有明一代而亡矣！然张苍水传之于日本，反能涓涓不息，郁久成明治之盛，则因倭人禅侠相尚，易恒化于"致良知"而直往径行之风也。①

在阳明学研究史上，这是一段非常重要的文字。仔细研读这段文字，笔者深有所得，感慨良多。首先，太虚立足于日本阳明学的崛起，并没有仅仅囿于佛学的局限，而是站在民族的前途与未来、站在中华民族"致良知"的角度，来讨论阳明后学的发展事实，由于阳明学的后学们没有得到阳明"致良知"的三昧，致使王阳明的真正精神没有得到传承。其次，太虚先生在这里直接指出了导致产生这一后果的原因，是王阳明理论本身的缺点在于"但阳明以自己之高明律人，视他人尽是高明，既不能定之以教理，又未能范之以律仪，而及门诸子，得浅、得深、得纯、得驳，只取其一偏，以之独扬其至，执之不得会通，末流遂猥杂不可收拾"，可谓淋漓尽致。再次，阳明后学各家各派，各有各的特色，也各有各的问题，涉及的各种流派，地域辽阔，人员众多，鱼龙混杂，却各得一偏，但是最终"其流风亦随有明一代而亡矣"！这是在说清朝近三百年的历史，其实没有阳明学，从学术的发展与创新来说，它已经销声匿迹。

太虚在这里说得很清楚，日本阳明学之所以"涓涓不息，郁久成明治之盛"，原因在于"禅侠相尚"，是阳明学在日本接了地气，是其社会长期以来"禅"与"侠"历史积淀的结果。"易恒化于'致良知'而直往径行之风也"，说的就是直指人心，简明亲切，唯精唯一，明觉精察而知行合一，全部落在实际的行动上。换言之，日本的阳明学得到了阳明学的真传。

以三轮执斋为例，我们可以得其大概。三轮执斋生于公元1669年，此时中江藤树已经去世20年，但是，三轮执斋终身崇奉中江藤树。18岁之时，就立志要干一番事业。先去学医，但是没有碰到好的老师，后来转而学习儒学，

---

① 释太虚《王阳明论》，载梁启超等《王阳明传》第234—235页，新世界出版社，2016年。

进入佐藤直方门下，住在老师的家里成为专门的儒生。但是，"直方为崎门翘楚，主张程朱理学，排斥王学。这从《王学论谈》一卷可窥其学。执斋入其门后，倾听朱学，而私归王学，觉得对自己有益而喜好之。于是被直方绝交，受到暴言。他自己想亲自前往辩解，遇见其门人正在发怒。是以感到困窘数年。后来直方知道其改变学问不是为了名利，于是相待如故。直方病革之日，命子弟先告知执斋，执斋乃前往探望，但命已绝没来得及。因此终夜伺候在柩前，写了和歌八首而哭之"。① 三轮执斋向往儒家思想，认真学习。但是，当仁不让于师，坚守自己的学术良知，悄悄地走上了与老师完全不同的道路，具有高度的思想自主性。弄得师徒二人，磕磕绊绊，若即若离，以至于生离死别，不堪回首。

　　三轮执斋得到王阳明心学的真传，终生守护，简易直截，言行萧朗，直指人心而成就斐然。著述有20多种，最著名者是他首次翻刻《标注传习录附录》共四卷，这在日本阳明学史上具有里程碑式的意义，产生了深远的影响。他在日本桥、饭田町等地创设"明伦堂"，"遵信王文成公，专绍述之，但没有在王学之外别树一帜"，他"从中国人那里得到两幅王文成公的画像，一幅藏之于明伦堂，一幅藏之于近江之藤树书院"。② 足见其对王阳明的人品与学问尊重向往之真诚！井上哲次郎说他长期在明伦堂教授弟子，"以东都之木铎自任。门人之多，不可胜数"。③ 请大家注意，"以木铎自任"，这是以天下为己任，还是自己性情的舒张和高扬？自己称自己为"木铎"，这是元明清的中国人做梦都不敢想象的事情，这样的情况至今没有改变。尤其值得注意的是，三轮执斋还是当时日本首屈一指的诗人，诗词唱和，顺手拈来，成为一时之盛。三轮执斋对阳明学的方方面面都有细致的阐述，井上哲次郎从以立志未始、助知辱、以孝悌为本、养气、广量、考之气象、内省、致良知、言行念虑不妄、执中、四句教等多个方面进行了系统的阐述。④ 三轮执斋的"心之本体"学说，"论善恶之起源，极为周到精密"⑤，因此受到了高濑武次郎先生的高度赞扬。他在诠释"无善无恶心之体"时写得很精妙，笔者现誊录于此，

---

① 《日本阳明学派之哲学》第137页。
② 《日本之阳明学》第103页。
③ 《日本阳明学派之哲学》第138页。
④ 《日本阳明学派之哲学》第148—158页。
⑤ 《日本之阳明学》第105页。

与诸君分享:

> 虽然人心有善恶二途,那是发动时之事。动是因气之故,其不动时只是一丝光明而已。如镜之未开之时,没有妍媸。其不映照时,并非没有万象。心映照物时,则有象,镜是本镜。心不写照时,则无象,镜之内并非无象。此镜无动静,照物之心有动静。此镜为人之本体,不如此源而为善,则其善是气质之善,不是天理之本体。恶亦然。所谓心之体,即宿在人心之天神。此光明不亘人之意念,自然照是非,是为良知。耳无五音是耳之大体。无五音,故能分闻五音,不会有误。若常有一音的话,五音皆误。故耳之至善为无五音。口亦无味为口之本体。无五味,故能分无味,不会有误。若有一味的话,五味皆误。故无五味,为口之至善。心无善恶,心之本体。无善恶,故能辨善恶,各不误事。若有之时,善恶皆不同,故无善恶,心之至善。①

无善恶,故能辨善恶。可知三轮执斋像中江藤树一样,其阳明学的底色,受了龙溪的影响。但是,"心之体,为鉴空衡平状态之心、寂然不动之心,故执斋比之明镜。以明镜与万象之妍媸,说心之体与事物之善恶之处,颇为巧妙,极为精致。今客观事物之善恶,和主观心之本体性对,心之本体与客观事物之善恶如何无关,依然称作鉴空衡平。若心之本体,预先具备善恶的话,则不能辨别善恶。所以执斋借口耳和五味五音,来表示这个关系。而此处所说的至善,为绝对之善,超越任何与善恶有关的性质。这就是所谓的无声无臭、无善无恶。"② 高瀬武次郎的诠释,出神入化,依托于先秦经典,深得儒学三昧。与三轮执斋的高论可谓心心相印,相得益彰。从三轮执斋生动的文字、形象的比喻、深入浅出的风格以及理直气壮的文风,我们也可以想见其著述、演讲以及为人的风采。井上哲次郎在其《日本阳明学派之哲学》中讲述了三轮执斋给一位僧人讲阳明学的故事,我们可以从中领略到江户时期日本阳明学者捍卫正宗阳明学的风采:

---

① 《日本之阳明学》第105页。
② 《日本之阳明学》第105页。

执斋尝为一个叫鞭禅师的僧人讲《中庸》，极力排斥佛家反对性命之理，想让他抛弃日用之常，醒悟旧习之非，归儒教之正。讲学完毕之后，僧人赠送执斋笔墨和诗一首。然执斋推却曰："凡为吾学者，大都不为僧人讲学，但如果能知其非而归儒，亦不美事哉？这是予应其请之理由。而师终不能出陷溺之窟。则惠赠笔墨，不能接受。"①

执斋先生于正直厚道、狷介狂放、犀利尖锐的言辞后面，充分体现了阳明学的学术精髓和人生追求目标。其坚持原则，敢作敢为的为人做派，实在是令300年后的我们心往神驰。三轮执斋的这段话说的意思是，学习阳明学就是如切如磋，如琢如磨，以文会友，以友辅仁。既然我苦口婆心让你改邪归正，而你却死陷佛教的空寂之窟不能自拔，那么，我们志不同，道不合，君子不相与谋。斩钉截铁，这正是阳明学的干净利索。

井上哲次郎在其大著《日本阳明学之哲学》论及江户时代的阳明学者，从中江藤树，到渊冈山、熊泽蕃山、北岛雪山、三轮执斋、川田雄琴、中根东里、大盐中斋、佐藤一斋，还有对明治维新产生了重大影响的系列人物等等，无不如数家珍，十分系统，描述出了整个的发展轮廓。千里伏脉，深入细致。例如，他在叙述到中江藤树的时候，从宇宙论、神灵论、人类论、心理论、伦理论、政治论、学问论、教育论、异端论等等各方面讨论了中江藤树的成就。井上哲次郎对中江藤树的评价极高，认为他锋芒毕露，直击人心，"深从自己的信仰，注重操行，可知其精神犹如秋霜烈日"②，但是，中江藤树还只是刚刚开始。中江藤树的阳明学派，井上哲次郎列了37人，三宅石庵的阳明学派更加庞大，其余还有大盐中斋学派、春日潜庵学派、梁川星岩学派等等。有名有姓，一流的阳明学者，井上哲次郎就列了30多人，整个的阳明学发展体系，蔚为大观。相关的讨论，还有待我们深入研究。

（欧阳祯人 武汉大学中国传统文化研究中心教授、博士生导师，
中华孔子学会常务理事、中华孔子学会阳明学会副会长、
武汉大学阳明学研究中心主任；
向昊秋 武汉大学中国传统文化研究中心博士生）

---

① 《日本阳明学派之哲学》第146页。
② 《日本阳明学派之哲学》第2页。

论岛田虔次的朱熹、王阳明关系研究

詹良水

摘 要： 岛田虔次《朱子学与阳明学》一书的核心是朱熹、王阳明（后简称：朱、王）关系研究，该研究是以岛田先生受内藤湖南"宋代近世说"影响而产生的中国近代性问题意识，以及他对阳明学的特殊生命体验为思想背景而展开的。该书认为阳明学是在宋明理学所宗的"内面主义"上对朱子学的继承和发展，亦即认为阳明学与朱子学具有内在一致性，而非是对立的，这一观点新颖而深刻。岛田先生在朱、王关系研究中所展现的深刻之处还在于他对宋明理学的"一系叙述法"，以及透过对阳明学内在理论困境的剖析揭示其对"欲望"的肯定，这对我们研究宋明理学与阳明学都具有重要的启发意义。

关键词： 岛田虔次　朱熹　王阳明　朱子学与阳明学　内面主义

岛田虔次（1917—2000），日本广岛县人，毕业于京都大学文学部，后留校长期任教，是日本著名汉学家。其中国思想史研究以"阳明学"为中心而展开，被誉为日本乃至世界上王阳明哲学思想研究的开创者。在岛田关于阳明学的著作中，《朱子学与阳明学》被他视为是对自己数十年来阳明学研究的纲要，足见该书的重要性。而该书最为核心也最具价值的观点便是：在宋明理学一体观的前提下，认为王阳明继承了朱子"内面主义"①的面向，又扬弃了朱子还不能不承认的"外"的面向，而使"内面主义"彻底化，把"外"的权威完全夺给"内"。换言之，阳明学之于朱子学是继承和发展的关系，而非断裂或对立的。本文将主要围绕岛田先生《朱子学与阳明学》一书

---

① 关于"内面主义"，《朱子学与阳明学》中文版译者蒋国保先生指出，这是岛田先生惯用的一个词，本着与其"格义"不如"照搬"的原则，故而"硬译"为"内面主义"。并认为：所谓内面主义，当是用以指称以主体人及其生命精神与思想意识为研究对象的理论体系。

的中译本修订版,对其朱、王关系研究的思想背景、主要观点以及深刻之处展开论述。

一、岛田虔次研究朱、王关系的思想背景

纵观岛田先生一生的中国思想史研究①,宋代以后(岛田先生称之为"近代")的儒学是其主要视域,阳明学则是始终贯穿其中的核心。而《朱子学与阳明学》一书在岛田先生的中国思想史研究中又起到了承前启后的关键作用,该书主旨即是探究阳明学与朱子学的关系,在展开论述这一主旨前,我们有必要先了解岛田先生做此研究的思想背景。

从大的思想背景看,岛田先生毕生的研究视域和问题意识主要是受京都大学教授内藤湖南②的影响。而内藤湖南在中国史研究上最大的创见即是"唐宋变革说"或者"宋代近世说",他认为中国的近世始于宋代,并以宋元为近世前期,明清为近世后期,这一时期随着贵族的没落,君主得以建立独裁政治,与此相应,中国官僚群体最后形成,并开始出现平民主义倾向,文化逐渐下移到庶民中。③ 这一观点被岛田先生所接受和信奉,正如"日本阳明学"研究者邓红教授所说:"岛田是内藤的再传弟子,从思想史角度对中国近代做出诠释和验证,难道不是《挫折》乃至《研究》前两部分的宗旨所在吗?"④ 这从岛田先生的代表作之一——《中国近代思维的挫折》的命名中也能得到印证,而在该书的序言中,岛田先生开门见山地指出:

> 根据内藤湖南博士的观点,中国近代(宋、元、明、清)的成立,具有平民的发展与政治重要性的衰退这两个根本特征。在思想学术领域

---

① 岛田先生中国思想史研究的主要著作,见蒋国保《岛田虔次论阳明学要略》,载郭齐勇主编《阳明学研究》(第四辑)第38页,人民出版社,2019年。

② 内藤湖南(1866—1934),本名虎次郎,字炳卿,号湖南,日本著名历史学家、汉学家,曾任京都大学教授,是京都学派创始人之一。他的史学理论被称为"内藤史学",为日本研究中国史的学者广泛接受。岛田先生的老师宫崎市定是内藤湖南的学生,所以内藤湖南是岛田先生的师祖。

③ 关于"唐宋变革说",详见[日]内藤湖南著,夏应元等译《中国史学通论》(上、下),社会科学文献出版社,2004年。

④ 邓红《日本的阳明学与中国研究》第133—134页,广西师范大学出版社,2018年。

中，这两个根本特征以自由研究、自由批判的形式表现出来。我在本书中所展开的研究，归根结底就是受到博士这个观点的启发而产生出来的。①

事实上，内藤湖南的"宋代近世说"不仅是该书的理论前提，岛田先生的其他中国思想史著作莫不秉持这一观点。用吴震先生的话说："对此观点（引者注：宋代近世说），岛田终其一生坚守不渝。"②但是，岛田先生对于内藤湖南的"宋代近世说"并非简单地借鉴和继承，而是与其对中国近代性问题的独特思考相结合，并以对阳明学中蕴含的近代思维的挖掘为中心。对此，沟口雄三曾指出："岛田虔次氏从克服所谓亚洲的停滞论，特别是把中国视为'无历史持续的帝国'这种战前战中的黑格尔式中国观的立场出发，试图在从明代中叶的王阳明到明末的李卓吾这一所谓王学左派中，发现中国思想史的历史发展过程，并论证中国近代思维发展的萌芽。"③这一解读是十分准确的，也有助于我们理解岛田先生受内藤湖南"宋代近世说"影响而产生的中国近代性问题意识，而这一问题意识也是他对朱、王关系展开研究的主要思想背景。岛田先生的中国思想史研究为何会以阳明学为中心，这又涉及另一源于他特殊生命体验的思想背景。即岛田先生早年曾因读《传习录》产生过类似阳明"龙场悟道"式的顿悟体验，他晚年追忆这段经历时说：

> 儒教之所以成为我一生的课题，有其来由。在我大学三年级时，阅读明代王阳明的《传习录》而深受感动。当时，我两星期一次乘坐电车前往大津市，就在京津电车的车上阅读完的那一刹那，电车驶出逢阪山隧道，整个世界陡然显得一片光明——其实这话说得连我自己都觉得太过，（一查看地图便知道，京津线上根本没有什么隧道！）无奈我的记忆就是如此。④

---

① ［日］岛田虔次著，甘万萍译《中国近代思维的挫折·序》第1页，江苏人民出版社，2005年。
② 吴震《岛田虔次：〈中国思想史的研究〉》，载《中国学术》第十四辑，商务印书馆，2003年。
③ ［日］沟口雄三著，滕颖译《论明末清初时期在思想史上演变的意义》，载辛冠洁等编《日本学者论中国哲学史》第428页，中华书局，1986年。
④ ［日］岛田虔次著，邓红译《中国思想史研究·解说》第1—2页，上海古籍出版社，2009年。

论岛田虔次的朱熹、王阳明关系研究

这一灵光乍现、深契于心的体验不啻具有某种生命抉择的意味，故而岛田先生决定将其毕生精力投入到儒家思想的研究中，而阳明学自然是其研究的重心。这一体验直接促使岛田先生立即申请更改了毕业论文的题目，并"以昂扬饱满的精神与高度的思想张力，在短短不到四个月的时间内写出了《阳明学中人的概念与自我意识的展开及其意义》一文"。① 岛田先生此后的阳明学研究著作，包括《朱子学与阳明学》，皆体现出这一体验所带来的使命感。

但是，在岛田先生的学生时代，日本的中国学研究对宋学和清学较为重视，而对以阳明学为代表的明学评价不高。岛田先生所从学的京都学派，在研究中国学上"其主流是清朝的考证学，'空疏不学'的明学受到排斥"。② 而另一汉学重镇东京学派则继承江户汉学的传统，以宋学为主流。正如岛田先生所言：

> 作为关于宇宙论、人性论的近代思辨之学的宋学，作为对经典进行批判的考证学、文献学之清学，这两者怎么会成为近代学术史上的双璧，这个问题无须再提了。然而，居于宋学与清学之间的明学，即因阳明心学而为人们所知的明学，又是怎样的呢？……一般认为，阳明学发展至其末流便堕落于空疏的概念游戏，即所谓的"玄学"之中，而被其浸润的士大夫，则陷入无力、无理想的境地，结果就发展成为被称之为"心学横流"的社会性弊病。阳明学就是这样被定论的。更有甚者，心学还被咒骂成是明朝社稷之所以灭亡的根源。③

当然，岛田先生上述阳明学所遭受到的责难主要是就阳明学在中国的境况而言的。因为被日本"所移植的阳明学，倒是一直以很高的评价而受到关注，甚至还被看成是明治维新的一个精神推动力。"④ 而这一被日本移植的阳明学，其特征就是有意选取了阳明学中实践性、事功性一面进行继承和发挥。正如高濑武次郎所言："大凡阳明学，犹如含有两种元素。一曰事业性的，一

---

① 《中国思想史研究·解说》第2页。
② 《中国思想史研究·解说》第7页。
③ 《中国近代思维的挫折·序》第1页。
④ 《中国近代思维的挫折·序》第1页。

曰枯禅性的。得枯禅性元素的，则足以亡国；得事业性元素的，则可以兴国。然彼我两国之王学者，各得其一。"① 因此，邓红先生断言明治维新前后的日本阳明学事实上是一场借阳明学之名的社会振兴运动，而与学术研究关系不大，并认为"岛田之前日本学界的王阳明哲学思想研究，没有什么像样的学术成果，完全是一块未开垦的处女地"②。

面对学术研究层面的阳明学在中日两国的困境，对阳明学怀有深深认同感的岛田先生自然不能视若无睹，所以他便投入到了在学术研究层面为阳明学正名的事业中。在岛田先生看来，以阳明学为代表的明学作为宋学与清学的中间环节，也就是中国近代思想发展的一环，理应同样具备近代思维与精神。所以，问题就转变成了：从宋学到明学再到清学，有何内在的一贯的思想发展脉络？为此，岛田先生首先对明学与清学的关系做出了预测，他认为："清朝的考证学，在最深刻的意义上，是明代的心学的继续、展开，只是它不是自然的展开，而是被强制、被歪曲、不幸的展开。"③ 亦即认为标榜客观主义的清代考据学以比较特殊的方式贯穿着阳明学的主观主义。当然，对于这一观点，正如岛田先生所说："还没有伴随充分的论证、叙述，只不过是预测。"④ 所以，不久他就意识到："提起讨论明学和清学的关系，假如不追溯讨论宋学和明学，即朱子学和阳明学的关系，课题不是没完结吗？"⑤ 也就是说为了厘清明学与清学的关系，就还得讨论作为宋学与明学之代表的朱子学与阳明学的关系，从而最终揭示出宋明清三代思想一以贯之的发展轨迹，这便是岛田先生撰写《朱子学与阳明学》一书最直接的原因。

二、阳明学是在"内面主义"上对朱子学的继承和发展

朱子学与阳明学的关系是研究宋明理学或者阳明学所绕不开的问题。岛田先生认为，要阐明这一问题，就不能简单地以二者使用相同或对立的

---

① [日]高瀬武次郎著，张亮译，邓红校注《日本之阳明学》第27页，山东人民出版社，2019年。
② 《日本的阳明学与中国研究》第137—138页。
③ [日]岛田虔次著，蒋国保译《朱子学与阳明学》第147页，山东人民出版社，2019年。
④ 《朱子学与阳明学》第148页。
⑤ 《朱子学与阳明学》第146页。

概念来判断他们的关系，而必须从二者思想发展的内在脉络上寻找答案。所以，其《朱子学与阳明学》一书，便是从思想脉络上展开对朱、王关系的探究。

在探究朱、王关系时，岛田先生并未局限于二者的思想，而是将宋明理学看作一个发展的整体，从这一宏观而开阔的视域中来审视宋学和明学的关系，然后再顺理成章地论述朱、王关系。具体而论，岛田先生首先以其"一系叙述法"总结了宋明理学的共性——相对于之前的儒学，更加注重阐发内在的心性思想，并且以学以成圣为目标。他认为宋明理学的这一特性不可否认地有受佛教和道教的影响，但这种影响只是作为外在的刺激，激发儒者发掘儒家本身所具有的内在心性思想，即"以新儒教的'内'替换佛教的，或者道教的'内'"①。为此，他梳理了作为宋学之先驱的《原道》和北宋五子关于如何成圣以及"天理""人欲"的思想，展现了宋明理学一贯的、不断发展的"内面主义"理路，同时勾勒了"存天理去人欲"这一成圣工夫路径由隐到显的发展过程。接着，岛田先生在上述他所总结的宋明理学的共性，亦即他所说的宋明理学是"内面主义"之展开的前提下，重点论述了作为"内面主义"之顶峰的阳明学是如何继承和发展朱子学的。正如岛田先生所说："宋学的学问之方法，简而言之是成为圣人的方法，就是说为了存天理、去人欲的方法。"② 在这一点上，朱子和阳明是一致的，并且他们都把成圣的工夫落实在积极的"存天理"上，而非消极的"去人欲"上。即如何"存天理"成了他们学问的起点与重点，也正是在这一问题上，最能体现阳明学对朱子学的继承和发展。

在朱子的学问体系中，《大学》占有重要地位。《大学》因其对儒家内圣外王之学论述得最为系统而被宋明理学家所特别重视，甚至被认为是儒家成圣工夫路径与次第之所系。而《大学》工夫次第以"格物致知"为首，亦即成圣的第一步。朱子在二程的基础上，依"三纲八目"将《大学》分为"经"与"传"，发现对"格物致知"这最为关键的第一步的解释竟然遗失了，于是他下了极大的功夫，为《大学》作了"格物补传"，从中也最可见其学问的底色。岛田先生也正是依据"格物补传"所体现的朱子对内与外的

---

① 《朱子学与阳明学》第96页。
② 《朱子学与阳明学》第76页。

态度，得出其"内面主义"的不彻底性。朱子在"格物补传"中说道：

> 所谓致知在格物者，言欲致吾之知，在即物而穷其理也。盖人心之灵莫不有知，而天下之物莫不有理，惟于理有未穷，故其知有不尽也。是以大学始教，必使学者即凡天下之物，莫不因其已知之理而益穷之，以求至乎其极。至于用力之久，而一旦豁然贯通焉，则众物之表里精粗无不到，而吾心之全体大用无不明矣。此谓物格，此谓知之至也。①

岛田先生认为在这段话中朱子要表达的是："理既是内在于人的理，又是外在于人的天地万物之理。……要成为所谓圣人，简言之就是要成为像理那样性质的人，为此，既要内省，又要至事事物物而去查究事事物物之理，就是说，要求内在之理和外在之理的合一。"② 更进一步说，朱子的"格物穷理说"，根本上"不外乎要以'外'补'内'。……但作为像那样的最究极者、绝对者的灵明的'内'，通过片段的'外来之见闻'补充之后才可以成为完全的东西，这竟然能够容忍吗？"③ 所以，在岛田先生看来，"在朱子学里，原来宋学所志向的'内面主义'尚未充分实现自己的原理，尚处在不能不承认'外'这样的阶段。"④

朱子对于"格物致知"的解释，虽然以"即物穷理"为先，但最终还是为了"唤醒内心固存的天理"⑤，所以，确实如岛田先生说的是以"外"补"内"。但是天下之物繁多，若要先——即之而穷理，则可能会导致终身无暇顾及"内"，王阳明正是在这一点上不满于朱子的格物之说，认为这样会导致务外遗内。所以，阳明通过对"格物"的重新解释将在朱子那里架于内外之间的理完全收归于"内"。通常这一新解被认为是对朱子学的反对，并且是继承象山而来，但岛田先生并不这样认为，他说：

> 的确，阳明的"心即理"立场，非不能说是陆象山的"心即理"的

---

① （宋）朱熹《四书章句集注》第7页，中华书局，2012年。
② 《朱子学与阳明学》第78页。
③ 《朱子学与阳明学》第97页。
④ 《朱子学与阳明学》第96页。
⑤ 钱明《阳明学的形成与发展》第63页，江苏古籍出版社，2002年。

重复吧。但是,像已经叙述的那样,当时是朱子学的时代,他也是从朱子学进入的,就是说,他起先专心致志于朱子学,但在那里行不通,经过拼命地思索,结果突破了难关,这才抓住了"心即理"这样的原理,并不是从开头就是作为陆象山的门徒而出发的。阳明打算以庭前之竹为格物这样著名的传说,在某种意义上讲是可笑的,同时从某种意义上讲,又说明他是何等狂热的朱子之徒。①

又说:

> 宋代以来,学问的目的在于成为圣人。并且,人通过学问而能成为圣人。这是为学第一前提。所谓圣人,是纯乎天理而无人欲之杂者。……阳明的实践原则也同样在于存天理去人欲这一点。这一点上,他同朱子学绝不是立于相异的原则,却与彻底否认、攻击天理人欲之区别的陆象山,截然不同。阳明果然是从朱子学出发的,直到这儿,是没有问题的。②

可见,岛田先生是从王阳明思想形成和发展的思路上来论证阳明学和朱子学的关系的,认为阳明是从朱子关于成圣以及格物的理论出发的,并在遭遇挫折后不断探索,最终悟得"心即理",而并非直接从象山那里继承"心即理"。

岛田先生的这一论断是符合阳明思想发展之实情的。阳明在年幼时便立志学以成圣,并开始探寻成圣的路径。18岁时"谒娄一斋谅,语宋儒格物之学,谓'圣人必可学而至',遂深契之"③,之后便开始践行朱子的"格物"之说,甚至格竹致病。虽说阳明对朱子的"格物"之说存在误解,但也体现了阳明无法认同朱子分理为内外的做法,"物理吾心终若判而为二"④,以及"纵格得草木来,如何反来诚得自家意?"⑤的疑惑一直困扰着他。直到37岁

---

① 《朱子学与阳明学》第 95 页。
② 《朱子学与阳明学》第 98—99 页。
③ (明)王守仁撰,吴光等编校《王阳明全集》第 1348 页,上海古籍出版社,2014 年。
④ 《王阳明全集》第 1350 页。
⑤ 邓艾民注《传习录注疏》第 263 页,上海古籍出版社,2015 年。

时"龙场悟道",阳明才解开对于"格物"的困惑。阳明回忆这段经历时说:"及在夷中三年,颇见得此意思,乃知天下之物本无可格者;其格物之功,只在身心上做;决然以圣人为人人可到,便自有担当了。"①《年谱》则记载道:"先生始悟格物致知。……因念:'圣人处此,更有何道?'忽中夜大悟格物致知之旨,寤寐中若有人语之者,不觉呼跃,从者皆惊。始知圣人之道,吾性自足,向之求理于事物者误也。"② 也就是说,阳明通过龙场之悟,对朱子的"格物"之说进行了解构,而将"格"释为"正",将"物"释为心之所发之意所着落之"事",于是"格物致知"就变成了格心之天理、致心之良知。对此,岛田先生说:"简言之,阳明的龙场体验,就是追求'格物致知'而达到了'心即理',换言之,'格物致知'的意思,据说就是'心即理'。"③

虽然龙场悟道时,王阳明并未直接提出"心即理",但正如岛田先生所说,在阳明对"格物致知"的新解中,"心即理"已呼之欲出。果然,阳明在不久后便提出:"物理不外于吾心,外吾心而求物理,无物理矣"④;"所谓致知格物者,致吾心之良知于事事物物也。吾心之良知,即所谓'天理'也,致吾心良知之'天理'于事事物物,则事事物物皆得其理矣。致吾心之良知者,致知也;事事物物皆得其理者,格物也,是合心与理而为一者也"⑤。而成圣的工夫,也一转而为直接在心上存天理去人欲,对此,阳明以"精金之喻"譬之,他说:"圣人之所以为圣,只是其心纯乎天理,而无人欲之杂。犹精金之所以为精,但以其成色足而无铜铅之杂也。人到纯乎天理方是圣,金到足色方是精。……学者学圣人,不过是去人欲而存天理耳,犹炼金而求其足色。"⑥ 可谓罕譬而喻。

于是,宋学的"内面主义"被阳明所彻底化,朱子那里还不得不先去理会的外在事物之理,被阳明收归于内,即内外合一而归于心。故而在《朱子学与阳明学》一书的后记中,岛田先生总结道:

---

① 《传习录注疏》第 265 页。
② 《王阳明全集》第 1354 页。
③ 《朱子学与阳明学》第 97 页。
④ 《传习录注疏》第 95 页。
⑤ 《传习录注疏》第 100 页。
⑥ 《传习录注疏》第 63 页。

朱子学和阳明学的关系这样的问题，这才可以说是本书固有的课题，本书的全体，不外乎对这个问题的回答，就是说本书是在内面主义的展开这样的角度下领会朱子学——阳明学的历史，换言之性理学的历史。……写毕业论文以来直到今日我的立场是：排斥历来一般的见解——将阳明学当作"陆王学"，即作为陆象山学问的单纯的继承来领会、作为同朱子学直截了当地对立的形而上学来看——这样的历来的见解，将阳明学作为朱子学的展开来看，而这样的立场是一贯的。这也是我私下所自负的。①

在这段文字中，岛田先生简明扼要地表述了他对朱、王关系的看法，即认为阳明学并非和朱子学是截然对立的，与之相反，阳明学是在"内面主义"上继承和发展了朱子学，而对将阳明学视为单纯是继承象山而来的见解并不赞同。此即岛田先生对于朱、王关系的核心观点。

三、岛田虔次朱、王关系研究的深刻性

岛田先生的《朱子学与阳明学》一书可以说是以探讨朱、王关系为中心的简明宋明理学史，虽然篇幅有限，对不少问题都点到为止，但这并不妨碍该书所具有的深刻性。除了本文第二部分已着重介绍的岛田先生在宋明理学"内面主义"之展开的脉络下论证阳明学是对朱子学的继承和超越外，该书的深刻之处还主要体现在以下两方面：

其一，对于宋明理学，岛田先生将之视为一个整体并探索其一贯的思想脉络，即将整个宋明理学作为一脉相承的"内面主义"之展开来叙述。蒋国保先生将之称为"一系叙述法"。而中国学者在论述宋明理学时，多侧重从差异的一面将之分为"两系"或"三系"。所谓"两系"，即将宋明理学分为程朱理学（客观唯心主义）与陆王心学（主观唯心主义）两大派系；所谓"三系"，则外加以张载、罗钦顺为代表的"气学"（具有唯物主义色彩）。可见，将宋明理学分为"两系"或"三系"，其原因有二：一是受所有哲学都可划分为唯物主义或唯心主义的思维影响；二是以学者所主张的核心概念的相同

---

① 《朱子学与阳明学》第148页。

或相似作为划分依据，比如程朱理学和陆王心学的划分便主要是以小程与朱子主"性即理"，而阳明与象山主"心即理"这一概念上的异同为依据。

岛田先生十分了解当时中国学界对于宋明理学的此种划分，在《朱子学与阳明学》一书中也多次论及，但作为域外学者，他自然受唯物、唯心对立二分思维的影响和束缚较小，并且他也不以相同或相似的概念作为依据，而是着眼于宋明理学本身所具有的思想共性和发展脉络对其展开叙述。这使得岛田先生的宋明理学研究有许多独到之处，其中最为突出的便是以"内面主义"之展开对宋明理学作一系叙述，除此之外还有不少别出新意的观点：比如，岛田先生特意阐述了朱子学对明道思想的继承，认为"朱子虽然在思想继承方面'可以说差不多完全继承了伊川'，但他从内面主义发展理学，未必不出于程明道的影响，只是其影响不彻底"①。又如，岛田先生认为张载关于"气"的思想"事实上被完全吸收于朱子的'理气'说之中"②。虽然限于研究的主题和篇幅，岛田先生在书中对于这些观点的论证并未充分展开。但事实上，更重要的是岛田先生的研究方法和视角对我们所具有的启发意义。正如蒋国保先生所总结的那样，岛田先生的《朱子学与阳明学》一书，"在方法论上恪守两点，一是注重选取足以反映内面主义精神的思想，另是注重从内面主义层面来把握各家思想的一系列的联系。坚守这两个原则，使岛田先生的宋明理学的叙述，既删繁就简、精致扼要又主旨精深、周全系统，堪称特色鲜明的匠心之作"③。

其二，具体到岛田先生的阳明学研究，其深刻性在于他对阳明学虽然有着特殊的生命体验和认同，但却并非一味地赞扬阳明学，而是能对阳明学的内在理论困境做出剖析，并从中看到更为深层的内涵。在岛田先生看来，阳明学在理论上并非完全自洽，他质疑道：

"心即理"这样的阳明的根本命题，与"存天理去人欲"这样的实践原则，果真是无矛盾的并存吗？在朱子那里，"性即理"与"存天理去人欲"是调和的。但是，阳明的场合，果真是调和的吗？朱子的场合，

---

① 《朱子学与阳明学》第 161 页。
② 《朱子学与阳明学》第 124 页。
③ 《朱子学与阳明学》第 159—160 页。

把心分为性和情，认为理只是那个性，不从情的（其逸出状态是欲）一方承认理。但是，若拒绝那样的分析，容许设立以浑一的心作为全体的理，就必然的不能不把心中的情的部分、进而人欲的部分作为"理"而理论性的予以肯定。像那样的情况难道不会发生吗？①

此处，岛田先生指出了阳明在本体论上主张的"心即理"与在工夫论上遵循的"存天理去人欲"之间所存在的矛盾。具体而言，岛田先生认为朱子主张"心统性情"，只将心中所承载的"性"等同于"理"，而对于心所包含的"情"以及"情"之过与不及而产生的"欲"排除在外，故而与"存天理去人欲"的工夫论是相洽的。但是，阳明的"心即理"却以"浑一的心作为全体的理"，就难免将心中的"情"以及"欲"也作为"理"的一部分，如此，"存天理去人欲"的工夫就变得无从下手了，因为所存者包含了所去者。

从上述分析中，不难发现，岛田先生认为阳明在"人欲"进一步而言在"恶"的问题上存在含混之处。事实上，阳明确实对"人欲"和"恶"的问题在来源和工夫上都未给予足够的重视，这也为阳明晚年及身后弟子关于"四句教"的争论以及师门的分化埋下了隐患。也就是说，阳明无论在本体上还是工夫上都更重视"人欲"和"恶"的对立面，亦即"天理"和"善"。比如当有弟子问"人皆有是心，心即理。何以有为善有为不善"时，阳明回答："恶人之心失其本体。"② 而他又说："心之体，性也，性即理也。"③ 可见在阳明看来"恶"的产生是因为心失其本体，所以只需在心之本体亦即"天理"或"良知"上下功夫即可。又如阳明在其著名的"拔本塞源论"中，论述圣人之教时认为："其教之大端，则尧、舜、禹之相授受，所谓'道心惟微，唯精唯一，允执厥中'。"④ 可见阳明在引用"十六字心传"时，直接忽视首句"人心惟危"，而着重突出"道心"，这也正体现了他对"人心""人欲"以及"恶"的忽视。对于这一点，岛田先生有清楚地认识，他指出："在阳明那里，恶或者人欲，总之也是偶然的东西，一旦吾心的良知自觉起

---

① 《朱子学与阳明学》第99页。
② 《传习录注疏》第34页。
③ 《传习录注疏》第76页。
④ 《传习录注疏》第114页。

来，在其威力面前，任何恶就如同'被投入火炉一片雪'。"① 并指出阳明在"存天理去人欲"的成圣工夫上，重视的"不是'去人欲'这样消极的东西，而是'存天理'这样积极的东西；不是'收敛'而是'扩充'。"②

可见，岛田先生对于阳明的之所以会将"心即理"与"存天理去人欲"并举有深刻的理解，因为实际上阳明的"心即理"是在"道心"或在"心之体"的意义上说的，他虽然沿用朱子的"存天理去人欲"一说，但工夫更为侧重于"存天理"一面。而在阳明的晚年，他更多以"致良知"这一即本体即工夫的思想为宗，有学者所言，阳明后期的思想有一个从"存天理去人欲"向"致良知"的嬗变。③ 这看似在一定程度上缓解了阳明学内部所存在的理论张力，事实上却是对"人欲"和"恶"的问题的进一步忽视。若要追溯起来，对"人欲"和"恶"的问题的忽视在心学的创立者孟子那里已肇其端，孟子在本体论上坚持性善，在工夫论上主张"先立乎其大者，则其小者弗能夺也"④ 以及存养扩充"四端之心"，而将"人欲"和"恶"的问题视为是次要的，较少论及。荀子将孟子关于"恶"的来源的观点总结为"今人之性善，将皆失丧其性故（恶）也。"⑤ 是十分准确的，即认为孟子没有正视人性"恶"的一面，只是将之视为性善丧失后的结果。荀子正是抓住了孟子的这一缺陷，从人的欲望层面论证人性为恶，并认为要消除这种"恶"，就需要对人的自然欲望加以节制和教化，从而达到"化性起伪"。换言之，正是因为荀子正视"人欲"和"恶"的一面，才能对其进行否定；而孟子忽视"人欲"和"恶"则蕴含着对于二者的变相肯定。这便是思想的吊诡之处。

而对于岛田先生来说，他透过阳明"心即理"与"存天理去人欲"之间所存在的矛盾以及阳明晚年对"人欲"和"恶"的问题的进一步忽视，也看到了这一更为深刻的内涵，即连"阳明自身也没有预料的结论，是人的欲望以至于被肯定。"⑥ 岛田先生进一步认为，这一在阳明那里还未自觉阐发的思

---

① 《朱子学与阳明学》第100页。
② 《朱子学与阳明学》第76页。
③ 《阳明学的形成与发展》第66页。
④ 《四书章句集注》第341页。
⑤ （清）王先谦《荀子集解》第422页，中华书局，2012年。"恶"字据上下文意以及杨倞注"孟子言失丧本性，故恶也"补之。
⑥ 《朱子学与阳明学》第108页。

想,经由泰州学派再到李贽终于展现为肯定欲望和自我意识的"近代思维"。也正是在这一意义上,岛田先生对内藤湖南的"宋代近世说"进行了富有创新性地论证和发展,亦即从"内面主义"的发展、完成再到自我突破,揭示了宋代以后中国近代思维一以贯之的演进轨迹。

总之,正如岛田先生曾自述的那样,其中国思想史学研究属于"思想的社会史,或者叫社会的思想史。是超越儒教、佛教的区别,探求时代的意识——思想的一种见解"。① 而其朱、王关系研究正体现了这一治学特色,具有跨越时代、穿透表象的深刻性。

四、结　语

岛田先生的《朱子学与阳明学》一书虽然只是概论性的著作,却展现了岛田先生对于阳明学以及对中国近代性问题的深刻思考,所以岛田先生才会认为"本书具有对以往的我的研究做大致概括这样的意义"。② 该书于20世纪60年代中期首次出版后,便因其干练的语言和新颖深刻的观点而广受欢迎,5年间再版16次,并被翻译成多种文字,对日本以及世界的阳明学研究产生了重大的影响。他山之石可以攻玉,此次《朱子学与阳明学》中译本的再版,必能对我国的阳明学研究产生有益的促进作用。特别是在当前我国阳明学研究存在"虚热",甚至"神化""泛化"③ 问题的背景下,岛田先生在书中所展现的客观、理智地从学理上对阳明学进行解读,既看到其优长之处,又能指出其存在的理论困境和时代局限,值得我们借鉴和深思。

（詹良水　武汉大学哲学学院博士生）

---

① ［日］岛田虔次著,宁天平译《战后日本宋明理学研究的概况》,载《中国哲学》（第七辑）第147页,生活·读书·新知三联书店,1982年。

② 《朱子学与阳明学》第149页。

③ 详见丁为祥《阳明精神的三"点"一"线"及其现代意义——阳明心学的发生学辨析》,载《阳明学研究》（第四辑）第1—2页,人民出版社,2019年。

论井上哲次郎的"日本阳明学"研究

——以《日本阳明学派之哲学》为中心

张细进

摘　要：井上哲次郎是明治时期十分重要的哲学史家，他的《日本阳明学派之哲学》一书代表了他在"日本阳明学"研究领域的最高成就。本文以该书为考察对象，并立足于当时的社会背景，详细探讨井上在"日本阳明学"领域的研究缘由、内容及其特点。由于在政治上天皇的权威受到威胁，且其时的社会风气因为全盘西化政策而流于轻薄，井上为应对这两方面的问题，就开始了他的"日本阳明学"研究。井上首先完善和重构了江户时期的阳明学派，将其分为四大系统，并以人物的事迹与学说这两个要素为核心对阳明学派进行细致的介绍和梳理，从中也充分体现出井上自己提倡忠孝伦理、真善美并举和反对迷信的思想特点。虽然井上的"日本阳明学"研究有其不足之处，但是其学术价值和意义也是巨大的。

关键词：井上哲次郎　日本阳明学　《日本阳明学派之哲学》

井上哲次郎（1855—1944，后文皆简称：井上），号巽轩，筑前国（今福冈县）太宰府人，日本著名的哲学史家，也是"日本阳明学"的学术奠基人之一。作为一名哲学史家，井上把日本江户时期的儒学大致划分为朱子学派、阳明学派、古学派、折中学派和独立学派五个系统，他的这一分类模式在日本学术界产生了重要的影响，一直到现在仍被日本学者广泛运用。在这一分类框架下，1900—1906年间，井上出版了他的"江户汉学三部作"，即《日本阳明学派之哲学》（1900）、《日本古学派之哲学》（1902）和《日本朱子学派之哲学》（1906）三部著作，分别对江户时期的阳明学派、古学派和朱子学派进行了系统的论述。其中，又以《日本阳明学派之哲学》一书的影响最大，该书系统介绍了江户时期由中江藤树开创的"日本阳明学派"的源流，并详细论述了几个主要人物的哲学思想，代表了井上"日本阳明学"研究的最高成就，同时也体现了明治时期"日本阳明学"研究的主要特征。本文拟从《日本阳明学派之哲学》一书为中心，对井上"日本阳明学"研究的主要内容和特点进行分析与总结，同时也对明治时期"日本阳明学"研究的兴起与价值进行梳理与揭橥。

一、井上"日本阳明学"研究的缘由

井上所说的"日本阳明学"指的不是日本人对王阳明哲学思想的研究和探讨，也不是对王阳明思想本身的进一步深化，而是指王阳明的思想在江户时期传入日本后被日本化了的哲学思想，带有浓厚的日本特色，简而言之就是"日本人的阳明学"。在井上看来，日本这一时期的阳明学经中江藤树开创之后，后由熊泽藩山、渊冈山、三轮执斋、佐藤一斋和大盐中斋等人承续，由此形成了一个与朱子学派、古学派有别的"日本阳明学派"。井上的"日本阳明学"研究就是从对这一学派的论述而展开的，他在1900年出版的《日本阳明学派之哲学》一书就是对这一学派的系统论述。但是从井上的学习背景来看，他出生于兰学全盛期的德川幕府末叶，在西化普遍盛行的时代潮流之下，他从小就接受过西式教育，并且于1884年远赴德国学习欧陆哲学，直至1890年才回国，可以说是一个拥有深厚西学背景的学者。那么这样一名深谙西学的学者为什么会对江户时期的阳明学感兴趣呢？在笔者看来，这至少有以下两方面的原因。

首先是政治上的原因。自黑船事件以后，日本关闭了200多年的国门被强制性打开，并且在西方国家的坚船利炮的威胁下，相继与美、英、俄、荷兰等国签订了许多不平等条约。此时的日本在国家安全方面受到了严重的威胁，而当时的幕府却无法承担起拯救日本国家安危的重任。在这样的忧患之下，日本就开始了一场"尊王攘夷"的倒幕维新运动。1868年，这场运动成功，天皇的最高权威重新树立起来，成为日本最高的政治力量和精神力量。

但是自国门被打开以后，日本国民也逐渐见识到了西方国家在政治、经济、科技等方面的强大，所以同时也就涌起了学习西方思想的浪潮。自幕府末叶兰学的兴盛到明治维新初期的全盘西化，就是这一浪潮最明显的表现。而在这一浪潮之下，不仅仅引进了西方先进的科技，西方的自由、民主、平等和天赋人权等思想也逐渐引入日本,由此引发了长达15年之久的自由民权运动,开始动摇到天皇的权威和统治。天皇为了巩固自己的政权地位,开始转变教育政策,由最初的否定儒学改为向国民灌输"忠孝"伦理,提倡国民道德。1890年,明治天皇发布《教育敕语》,并委托井上为《教育敕语》撰写《敕语衍义》,以宣扬国民道德,教导国民孝亲忠君爱国,凝聚民心。从此,井上就成了天皇政府新教育政策的最佳代辩者。由于一直以来日本文化深受中国儒家思想的影响,因此要提倡国民道德,就很自然地会在经过日本化了的传统儒学中寻找资源。所以,井上也明确反对当时将儒学视为落后的观点,"而试图将儒教作为现代的实践来进行重构和再兴的努力"①,由此开启了井上对日本朱子学、阳明学和古学的系统研究,写下了著名的"江户汉学三部作"。他将朱子学看作是秩序性的东西而加以肯定,将古学看成是日本民族特有的精神,更是将阳明学看成是具有"怀抱纯洁如玉的动机,贯彻壮烈乾坤之精神"②和陶冶人物之功效的哲学思想。由此可见,井上后来在日本传统儒学领域的专门研究跟当时的政治背景是有一定的关系的,而他所撰写的《日本阳明学派的哲学》一书正是他日本传统儒学研究领域的重头戏。

除此之外,井上对江户时期的阳明学感兴趣还跟当时由于过分推崇西方文化而导致社会风气的下滑有关。井上曾这样描述当时的社会风气:"近来在我国有人极力宣扬来自欧美的思想,倡导各种主义,但是于道德的实行却几无效果。"③冈田武彦也说道:"如果从传统的东洋思想的立场审视问题,则欧美思想是功利的,具有使人心趋向轻佻浮薄的弊害。这种倾向在明治二十八年(1985)中日甲午战争中日方取得胜利后变得更加强烈。"④ 所以,当时的日本虽然在科学技术方面取得了很大的进步,但是在社会风气和国民道德这一块,井上是持悲观态度的。并且在井上看来,社会风气的堕落和国民道德的沦丧跟维新初期日本实行全面西化的政策不无关系,尤其是倡导功利主义给国民道德带了巨大的滑坡。他说:"维新以来,世间学者或倡导功利主义,或主张利己主义,其结果终究可能破坏我国民的道德心。虽然其学不能

---

① 刘岳兵编《明治儒学与近代日本》第28页,上海古籍出版社,2005年。
② [日]井上哲次郎著,邓红、张一星译《日本阳明学派之哲学·重订序》第1页,山东人民出版社,2019年。
③ 《日本阳明学派之哲学·重订序》第1页。
④ [日]冈田武彦等著,钱明编译《日本人与阳明学》第8页,台海出版社,2017年。

彻底做到，但亦会损害国家的元气，蠹毒风教的精髓……功利主义将人向私欲引导，玷污我国自古以来的神圣心德。功利主义固然是巧妙的理论，但作为德教则不足为取。世间鼓吹的各种各样的功利主义或利己主义，实际上是要从根基上毁坏我国民的道德心。"① 当然，井上也并不是完全反对西化。以他深厚的西学背景，自然能够看到西方的长处，尤其是在科学技术和经济制度等方面。比如他认为"功利主义作为国家的经济主义是可以的"②，只是在培养国民的道德心方面无能为力而已。所以在井上看来，正确的做法应当是在借鉴西方先进的政治制度、科学技术等实用方面的知识以发展经济提升国力的同时，还要重视对日本本土哲学历史的研究，加强日本国民道德的培养。因此井上呼吁"今天学界的当务之急是将东西洋哲学结合起来并将之发展"③。但是，由于"现在翻译输入西洋哲学方面已经有过为已甚的倾向，应当稍微留意一下东洋哲学"④，换言之，由于明治维新初期全盘西化成了主要的趋势，日本传统的哲学尤其是日本儒学被人们忽视，所以导致了日本在科技、经济方面有所进步的同时也引起了社会风气的堕落。因此，井上为纠时代之弊，就着重研究日本传统儒学，尤其是江户时期阳明学、朱子学和古学三派的哲学思想，以阐明日本德教的渊源，提升国民道德。而在上述三派之中，阳明学又以其纯洁如玉之动机、壮烈乾坤之精神及陶冶人物之功效等方面的特色而被井上青睐。

由上可知，由于维新初期实行全面西化和彻底否定儒学的国策，最终导致天皇的权威受到威胁，社会的风气也流于轻佻浮薄。井上为维护天皇的权威和纠正全盘西化带来的流弊，就开始了他的日本传统儒学研究，其中以他的"日本阳明学"研究影响最大。下文就以井上的《日本阳明学派之哲学》一书为中心，来详细梳理井上"日本阳明学"研究的主要内容和特点。

二、日本阳明学派的完善和重构

井上的"日本阳明学"研究是从完善和重构江户时期的阳明学派开始的。

---

① 《日本阳明学派之哲学·序》第1—2页。
② 《日本阳明学派之哲学·序》第1页。
③ 《日本阳明学派之哲学·重订序》第1页。
④ 《日本阳明学派之哲学·重订序》第1页。

在江户时期，日本虽然出现了一些以阳明学为宗的学者，但是还没有出现一个类似于像江右王学、浙中王学和泰州学派那样有着明确学统和传承线索的阳明学派，正如永田广志所说，"日本阳明学的特点在于它不是作为一个流派而继续发展并连续不断地流传下来，而是断断续续地、先后互不关联地时而出现代表人物"①，王家骅先生也持同样观点："在日本的江户时代，虽时断时续地出现了倾向阳明学的儒学者，但未能形成学统而连绵不绝的学派"②。但是日本明治时期的媒体人三宅雪岭在他的《王阳明》（1883）一书中提出：在江户时期存在着一个由中江藤树开创，后经熊泽藩山、三轮执斋、大盐中斋等人的承续最后到西乡隆盛这样的一个阳明学派。这一观点提出以后，立刻被井上和高濑武次郎接受。高濑在其1898年出版的《日本之阳明学》一书中将三宅雪岭建构的阳明学派系谱进行了扩充，由原先的9人扩充到了35人。次年，井上的《日本阳明学派之哲学》出版，书中将高濑的日本阳明学派系谱进行了更进一步的扩充，该书附录中所罗列的属于阳明学派系统的人数就有55人之多。至此，江户时期的日本阳明学派系谱经过井上的完善和重构最终被确定下来。

按照《日本阳明学派之哲学》一书的论述，笔者将井上建构的日本阳明学派的主要人物总结为以下四个部分：

其一，中江藤树一系。日本阳明学派是由中江藤树开创的，藤树之下著名的阳明学者有熊泽藩山、渊冈山、中川谦叔、泉八右卫门、中村又之丞、加世八兵卫、谷川仪左卫门、木村难波、田中全立、二见直养等。后来的三轮执斋因为是受到田中全立的影响后才转向阳明学的，所以三轮执斋也可以算是藤树一系。执斋的门人中著名的有川田雄琴，也是王学者。

其二，三宅石庵一系。石庵最初信奉朱子学，并且在大阪倡导程朱之学，直到晚年才归宗阳明学，所以他的弟子中井甃庵信奉的是程朱学而非阳明学。但是阳明学者佐藤一斋曾经就学于中井甃庵的儿子中井竹山，所以井上就认为"佐藤一斋也间接地继承了石庵的学问系统"③，因此佐藤一斋也就属于石庵一系的阳明学者了。一斋有很多著名的门人，如吉村秋阳、山田方谷、横

---

① [日]永田广志著，陈应年等译《日本哲学思想史》第77页，商务印书馆，1992年。
② 王家骅《儒家思想与日本文化》第115页，浙江人民出版社，1990年。
③ 《日本阳明学派之哲学》第86页。

井小楠、奥宫慥斋、佐久间象山、池田草庵、柳泽芝陵等等，其中佐久间象山的弟子吉田松阴和松阴的弟子西乡隆盛都被称之为当世豪杰。他们在井上看来都属于三宅石庵一系。

其三，大盐中斋一系。中斋曾在江户滞留数年，师事林述斋，研究儒学，后来参访藤树遗址，深有所感，归来途中偶遇飓风始悟良知旨意，此后信奉阳明学。中斋门人有很多，其中著名的有宇津木静区和林良斋。

其四，其他一些通过读阳明的著作而归宗阳明学或者间接受到藤树学派影响的阳明学者，比如北岛雪山、三重松庵、中根东里和春日潜庵等等。

以上四系就是井上在三宅雪岭和高濑的基础上完善和重构的日本阳明学派系谱。

三、"日本阳明学"研究的两大核心要素

虽然井上建构了一个完整的阳明学派系谱，但是他花大笔墨进行详细论述的重要人物只有中江藤树、熊泽藩山、三轮执斋、佐藤一斋、大盐中斋和中根东里六人，对他们六人的论述几乎占据了《日本阳明学派之哲学》一书的三分之二。而对这六人的论述，井上又主要是按照事迹、学说和相关著作这几个部分来展开的。其中又以藤树和中斋两人所占的篇幅最多，超过全书内容的三分之一；至于这六人之外的其他王学者，井上只是对他们的事迹和主要观点做了一个简单的介绍。以上就是井上论述江户时期日本阳明学派及其哲学的大致框架。

从该书的整体内容来看，笔者认为井上对日本江户时期的阳明学派及其哲学的研究有两大核心要素：事迹和学说；换言之，井上主要是围绕着阳明学者的事迹和学说这两个方面来进行他的"日本阳明学"研究的。

首先，井上对阳明学者的事迹都是非常重视的，而井上之所以会把这些人物的事迹看得十分重要，除了有"知人论世"这个原因之外，笔者认为还有一个关键原因就是井上想通过他们的事迹来证明两点。一是通过学说之外的事迹来佐证他们属于阳明学派。因为在井上看来，事迹在某种程度上是可以取代著书的。他说："阳明学者（引者注：指日本江户时期的阳明学者）著书不多，理论缺乏，故从哲学角度加以观察，还显得寡少浅疏。然在实践方面可资者很多却是不争的事实。阳明学者论著甚少，但其行状可取代著书，

反给人不少教诲。犹如知行合一是他们的主义那样,他们在其所知之处实践。故应该在他们的行动处发现他们所知,以代替他们的论著"①。可见,虽然日本的阳明学者著书不多,但是从他们的事迹上也可以看出他们是受王阳明的著作及其知行合一、致良知等思想的影响,所以我们就可以从他们的事迹中发现他们所归宗的学问是阳明学,进而推出他们属于阳明学派。二是证明日本阳明学的特色在于显赫的事迹,井上说:"一旦日本人接触到了阳明学,便和其性其物适合,以此迎彼,以彼容此,相互融合为一,内部充满活气,当事而发,快如闪电,足以晕眩众目……在中国,阳明学者往往显示出与众不同之处。然日本的阳明学派在成就显著活泼泼的事迹、留下显赫的痕迹方面,胜过了中国的阳明学派。"② 这即是说,日本阳明学派在显赫的事迹方面胜过了中国的阳明学派,而这正是日本阳明学的特色所在。由于这些原因,井上才会尽可能翔实地介绍日本阳明学者的事迹。

其次,井上对阳明学派中的几个主要人物的学说进行了详细的梳理。由于篇幅所限,这里只以中江藤树为例。井上首先对藤树的学说特点做一简要的介绍,认为藤树的学问范围只限于伦理,且十分信仰天之神灵,重心法、操行和实践。随后,井上从下面9个方面来进行详细论述:

1. 在宇宙论方面,藤树持一元论世界观,且具有唯心主义倾向,认为世界虽有理气二元构成,但两者妙合无间,本非二物,且以心为两者之统合。

2. 在神灵论方面,藤树以创生天地万物者为上帝,他无处不在,无所不晓,可以对人间的善行恶事进行赏罚,所以主张尊崇敬畏上帝。又认为上帝即良知,故上帝在我之中,我们可以通过自反慎独的方式发现上帝,如将其扩充合一,便可以充实于天地之间。

3. 在人类论方面,藤树认为人类同为理气二元构成,得理之全和气之真,因此人类为同根所出,进而主张人人平等,且人性本善,只是在见闻所到之处有自欺和慎独之别,这才有了君子小人之分。

4. 在心理论方面,藤树认为良知是每个人生来就拥有的,它不仅是天命所赐,更是天、神明和上帝本身,具有先天性、绝对性和神秘性,为世界的本体;并且由于人人皆具良知,所以知识不应从外求得,而应从自我发展

---

① 《日本阳明学派之哲学》第327页。
② 《日本阳明学派之哲学》第327页。

而来。

5. 在伦理论方面，藤树是动机论者，他以良知作为善恶的评判标准和行为的唯一准则，"率良知者为善，逆良知者为恶"①，善恶就在我们心中。并且如果能将内在良知扩充出去，就能达到神人合一、物我一体和内外莹澈的境界。

6. 在政治论方面，藤树是政教一致论者，认为政治是以伦理为基础而成的，在具体的实施过程中主张临机应变、文武合一。

7. 在学问论方面，藤树认为实践伦理才是唯一真实的学问，所以不需要博学多识，只需通过专注于经学的精神、融会贯通古圣人之心来进行实践。

8. 在教育论方面，"藤树将知育体育等置之度外，专于德教"②，主张教育以培养道德为目的，此外还重视音乐教育和女子教育。

9. 在异端论方面，藤树一方面将儒教的旨意全部纳入自家的学问中，另一方面又将佛教、老庄管商之教以及记诵辞章之教视作禽兽之教加以排斥，注重实行伦理的重要性。但是藤树对日本传统的神道教义却非常崇信，主张神道与儒学的调和。

井上从这9个侧面对藤树的思想进行了系统的论述，但是井上不是一味地总结其精义，而且对其不足之处也随文给出自己的评价，比如在论述藤树的理气概念时，井上说："藤树的概念稍缺精致，不免有混乱之处。"③ 在谈到藤树的报应思想时，井上评价道："然因其对于因果报应相关的理解，陷入了迷信。本是尺璧之微瑕，亦无疑是一缺点。"④ 在论述藤树的异端论时，井上认为藤树对佛教的批判失于严酷，"不应断言佛教毫无益处。如美术，源于佛教。如文学，为佛教所装饰。加之，佛教使我邦思想界丰富"⑤。井上还时常以世界哲学史的角度将藤树的思想与康德、耶稣、叔本华、斯宾诺莎等哲学家的思想进行比较，体现了他作为一名哲学史家的基本素养。在对阳明学派其他主要人物的论述中，井上也有着同样的特点。总的来说，井上在梳理日本阳明学派的主要人物时，著书、文藻等方面虽然也有介绍，但最主要的

---

① 《日本阳明学派之哲学》第41页。
② 《日本阳明学派之哲学》第62页。
③ 《日本阳明学派之哲学》第38页。
④ 《日本阳明学派之哲学》第47页。
⑤ 《日本阳明学派之哲学》第66页。

还是从事迹和学说两个方面来论述的。

四、井上在《日本阳明学派之哲学》中的思想特点

除了上述核心要素以外，井上在论述藤树、蕃山和中斋时还专门写了批判一节，对他们的思想进行一个专门的总结和评判；在全书的末尾，井上还对日本阳明学派的思想特点做了系统总结。由于受到哲学史体裁的限制，井上在论述人物哲学思想的部分无法充分表达自己的观点，而在这些部分就有了表达自己思想的机会，所以从中可以清楚地看到井上自己的思想特色，尤其值得注意。在笔者看来，井上自己的思想特色至少有以下三个方面：

首先，提倡忠孝伦理。在各种德性中，藤树最为看重的是孝，并将孝看作是良知、世界之实在和天地之本体这样高的地位。井上虽没有这样纯哲学的论述，但是他对藤树重孝这一点表示肯定，说道"此为吾人应考虑之处"①。此外，井上还从政治历史的角度阐述了孝的重要性。在他看来："孝为先祖与子孙之间的连接，所以血族命运如何取决于孝的强弱如何。日本民族从同一古老传说中延续遥远的传说，建国以来没有被其他民族所扰乱，同一的语言、风俗、习惯、历史等构成了一大血族，国家成于一个家族制……先国民继承祖先，未来子孙又继承现国民，日益发展。是故孝之教于日本民族的命运有重大关系。"② 井上在这里就把孝道和日本国家的前途命运联系在一起了。因为孝的强弱决定了一个家族的命运，而日本国家相当于一个大家族，所以国民的孝德就与整个国家的前途命运有了重大的关系。井上还认为"忠是孝的拓展"，因为"日本为一家族制国家，故在家对父，犹如在国对君。国是家的扩充，家为国的缩小"③，井上因此提倡"忠孝一本"之教，且认为它关系到日本国家日后长久的发展。井上的这一观点跟他之前为维护日本天皇政府而写的《敕语衍义》中的忠孝思想是一致的，同时也可以看出，井上的"日本阳明学"研究是对他在《敕语衍义》中所提倡的观点的一个哲学论证。

---

① 《日本阳明学派之哲学》第 72 页。
② 《日本阳明学派之哲学》第 72 页。
③ 《日本阳明学派之哲学》第 72 页。

中国传统儒学也很重忠孝，但是井上的忠孝观与之有很大的不同，呈现出他独有的特色，其特别之处就在于井上的忠孝观是与"共同爱国"结合在一起的。在日本的神道传说中日本天皇是天照大神的子孙，且自古及今皇统未断，万世一系，德行深远。在此背景之下，井上将家族制度分为"个别家族制度"和"综合家族制度"。"各家的家长继承先祖的学统，代表先祖，并致力于保持祭祀先祖传统。而个别的家族制度集合为一大家族制度，天皇正是此大家族制度的家长"①，换言之，整个日本国家是由一个个在家长主导下的小家族构成的，而国家则是一个综合性的大家族，这个大家族的家长就是日照大神的后代天皇本人。所以，从"个别家族"来说，家庭成员对父母要尽孝；而从"综合家族"来说，国民对天皇要像对父母那样尽忠。可见，忠和孝从本质上来说是一致的，尽孝必然会推出忠君爱国，而忠君爱国也正是在尽孝，这就是井上的"忠孝一本"思想。在日本近代史上，井上的这种忠孝思想的确是培养出了一些忠臣志士，在一定程度上也起到了凝聚人心的作用，但是日本在后来的发展中逐渐走向一种比较扭曲的帝国主义，这一思想可能也要负上一点责任。

其次，井上既重视德性，又重视才智；既重视具体实践，又重视客观知识；既重视内在之善，又重视形式之美。井上曾这样评论朱子学和阳明学："朱子学与阳明学，孰长孰短，难以定论。然朱子学派虽然出现了许多博学多识之士，却有固陋迂腐之弊。反之阳明学派往往不免于浅薄，然学者们单刀直入，得其正鹄。在这一点上阳明学确实比朱子学优秀。"② 这也即是说，在井上看来，阳明学以明心法、致良知为主要目的，所以阳明学有陶冶人物之功效，学者可由此单刀直入而得其正鹄，免于固陋迂腐，在这一点上，阳明学胜过朱子学，"所以叙述其（引者注：指日本阳明学）历史，探究其所存脉络，寻找其精神真相是非常必要的。"③ 但是朱子学也有胜过阳明学之处，朱子学重视书本知识，能让人博学多识而免于浅薄，井上在评价藤树学派时就谈到"藤树学派的学者学识浅薄，自负的认为仅有我辈得圣学之正派，对其他学派构建城壁，陷入偏狭固陋的境地"④，由此可见，井上对阳明学和朱子

---

① 《明治儒学与近代日本》第63页。
② 《日本阳明学派之哲学》第2页。
③ 《日本阳明学派之哲学》第2页。
④ 《日本阳明学派之哲学》第106页。

学的长处和弊端都是看得比较清楚的。所以井上主张既要培养德性，还要重视才智；既要重视伦理实践，还要重视客观知识。他说："学问不仅只有伦理一种，还有其他种种学问。不读书籍，得不到学问，世间子弟的学问难免荒废。"① 井上虽然也承认书籍只是学问的舟筏，但是放弃舟筏也难以获得真学，并且学问也不是只有伦理道德一种。所以井上在肯定阳明学者注重内在德性的同时，也批评他们过度排斥才智和忽视书本知识的态度，比如井上认为藤树"摈斥一切自我价值之外的有关客观性事实的一切探究精神，弊害不少"②，尤其在竞争日益激烈的当今社会，贬斥才智，忽视知识，就会使国民愚拙，国家也会因此走向灭亡。他对中斋将客观研究置之度外这一点也提出了严厉的批评，并由此而认为"轻视客观研究可谓东洋哲学之通弊，阳明学派在此特甚，危害不为不鲜……伦理以外还有种种学科存在，不能因为伦理之必要而否定其他学科"③，因此井上将心法和学术比作鸟之两翼，缺一不可，主观的工夫和客观的智慧需要相互配合才能实现道德的进步。此外，井上还重视文学艺术之美。比如，藤树断言佛教毫无益处，井上就随文提出反对意见，认为日本的美术和文学就受益于佛教；藤树认为程子比苏东坡伟大很多，而井上就认为东坡并不只是一代杰出的文豪，他能通过诗词歌赋来阐释天地之奥义、人生之美妙，实有永恒之价值，进而批评藤树"虽注目善的一方，却不知美为何物"④。另外，在对阳明学派学者的论述中，井上除了对他们的事迹和学说进行阐述以外，还对他们的诗文进行了介绍和评价等。可见，井上是真善美三者并举的。

最后，反对迷信之说。比如中斋认为心归太虚之人就不会沉溺于水，而会自己浮在水上，井上就批评中斋这是由于轻视客观研究才导致了他的学说中有些迷信成分，中斋过度夸大归太虚之境界，迂阔至极。藤树深信因果报应之说，认为人们意念、行为之善恶，上帝皆能知之，并因此给予奖赏或者惩戒，甚至以不孝之人会变成狗头的为例来论证。这一点虽有劝人向善之功效，但难免陷入迷信之境地，所以井上批评说："自然界有因果关系，此为事

---

① 《日本阳明学派之哲学》第 74 页。
② 《日本阳明学派之哲学》第 75 页。
③ 《日本阳明学派之哲学》第 263 页。
④ 《日本阳明学派之哲学》第 76 页。

实。道德上亦有因果关系，不可否认。然将两者混为一谈，却是很严重的错误。"① 这些都体现井上作为一名哲学史家所应当有的理性精神。

五、余论：井上与"日本阳明学"运动

上文以《日本阳明学派之哲学》为中心，就井上"日本阳明学"研究的缘由、框架和主要内容进行了梳理和论述，从中也可以看出井上自己的思想特色。井上是近代"日本阳明学"研究的重要代表人之一，所以井上的研究特点能够代表那一时期"日本阳明学"的研究特色。最近有学者指出，日本维新之后以井上为代表的"日本阳明学"研究只是"19世纪末20世纪初的日本发生的一场社会运动，既不是中国明代王阳明思想在近代日本的深化和再现，也并非学术思想流派，更和中国没有什么关系"②，笔者对此却有不一样的看法。

首先，明治时期对阳明学的研究的兴起是由当时的社会背景和阳明学本身所具有的特色共同决定的。正如冈田武彦所说："由于当时的社会人心，驰于形下，流于机械，道义淡薄，难以救药，若要想陶冶其品性，修养其精神，就只有求助于阳明学。这就是有识之人众口一致地希望振兴阳明学，青年志士竞相讴歌阳明学的原因。"③ 可见，当时的社会背景固然起到了很大的作用，但是如果阳明学本身没有这种陶冶品性修养精神的特质，阳明学在近代也是不会被青年志士所接受的。所以，这些学者并不只是"利用了王阳明哲学思想中'心即理''知行合一''致良知'等几句话作为自己的口号而已"④，虽然他们的目的的确是想通过阳明学中的这些理论来提升国民道德、纠正全盘西化所带来的弊端，但是这并不意味着他们对王阳明思想的解释就违背了王阳明思想本身，也不意味着他们对阳明学的研究就是一种虚构的学术。

其次，这一时期阳明学研究的兴起与日本民族特有的传统精神结构是分不开的，这一特殊的传统精神结构就是王健所总结的"神体儒用"模式。"神体"就是以神道为体，"儒用"就是通过对中国儒学的吸收和改造来进行解决社会面临的各种危机。详而言之，日本在近代以前主要是受到中国儒学的影

---

① 《日本阳明学派之哲学》第73页。
② ［日］邓红《日本的阳明学与中国研究》第10页，广西师范大学出版社，2018年。
③ 《日本人与阳明学》第13页。
④ 《日本的阳明学与中国研究》第35页。

响,但是在儒学传入之前,日本的神道信仰已经定型成为日本传统文化的主干,由于日本民族的实用性性格,儒家文化在传入之后并没有内在化为日本人的精神内蕴和存在方式,而是处在一个功用性的位置,"转变为'实用性'的日本儒学"①,通过将儒学的日本化来解决日本的社会问题和政治危机。儒学在日本历史上曾两次扮演过重要角色,第一次是推古改革到律令制度建立时期,日本天皇权力集团借助"王土王命""天命"等儒家思想来论证其统治的正当性,以解决当时天皇在理论上的统治合法性问题;第二次是江户时代,武家政体为解决自身存在的合法性问题,再一次借助儒学(主要是朱子学和阳明学),"以道德秩序建构的方式来获取社会的稳定和发展"②,通过稳定的社会秩序来维持自己的统治。如果从日本民族的"实用性"特征和"神体儒用"的传统精神结构来看,为解决维新初期的全盘西化所导致的种种问题而兴起对阳明学的研究就是一件顺理成章的事情了。从儒学的思想中寻找恰当的资源来解决特定的问题,这正是"神体儒用"这一传统精神结构的核心要义。如果仅仅抓住"日本阳明学"研究的实用性目的,而没有看到它与江户时期的阳明学和它的源头王阳明本人的哲学思想之间的联系,就判定这一时期的"日本阳明学"研究只是一场单纯的社会运动和虚构的学术研究,那么我们也可以按照同样的逻辑来判定日本历史上两次对儒学的借鉴和改造都是社会运动和虚构的学术研究。

最后,从井上的《日本阳明学派之哲学》一书中,我们也可以看出,井上对江户时期阳明学派的研究是很有学术价值和意义的。井上对阳明思想有着精准的把握,他在书中对阳明学的长处和弊端都进行了明确的揭示,对日本阳明学派的优胜之处和不足之处也给出了比较客观的评价。虽然井上所建构的这一学派的系谱的确值得商榷,但是即使我们对这些代表人物的学派归属把握不定,也不能完全否定井上建构学派系谱的价值,因为这些人物的思想比较复杂,有的就算不是阳明派的人物,他的思想中也有阳明学的成分,把他们思想中的阳明学成分梳理出来进行论述分析,同样是在进行阳明学研究。所以,不能因为其中的几个缺点就否定井上阳明学研究的学术价值和意义。

(张细进 武汉大学中国传统文化研究中心博士研究生)

---

① 王健《儒学在日本历史上的文化命运——神体儒用的辨析》第209页,大象出版社,2006年。
② 《儒学在日本历史上的文化命运——神体儒用的辨析》第212页。

日本儒学家冈田武彦的阳明学研究

刘海成

摘　要：冈田武彦是当代日本阳明学研究的代表人物之一。他以"体认"的研究方法，对王阳明及明末诸儒思想做出共感性分析，开辟了近代阳明学研究的新路径。冈田先生对王阳明"知行合一"的智慧、阳明后学的分化、明末东林学派与刘宗周的学术定位等问题都有独到的见解，多发前人所未发。在冈田先生那里，体认之学不仅是一种研究方法，更是一种生命体验和工夫实践。

关键词：冈田武彦　体认　王阳明　本体工夫论　刘宗周

冈田武彦先生（1908—2004）是当代日本著名的儒学家、阳明学大师，被现代新儒家代表杜维明先生称为"儒学祭酒"。[①] 冈田先生专攻宋明理学，而以阳明心学为中心的明代哲学，又是其研究的重中之重。那么，冈田先生的阳明学研究的方法和进路是什么？他对明代哲学思想有着怎样的独到见解和分析？围绕这些问题，本文以中文版《王阳明与明末儒学》《明代哲学的本质》为中心，结合冈田先生的其他论著，论述冈田武彦在阳明学研究方面的理路和诠释方法，阐明他对阳明学研究的心得和贡献。

一、冈田武彦的体认之学

受到明治维新的影响，近代日本学术界出现了全盘西化的倾向。以西田几多郎（1870—1945）为代表的京都学派与以井上哲次郎（1855—1944）为代表的东京学派，大都使用西方哲学的概念与方法来解读中国哲学的思想便

[①] 杜维明《冈田武彦先生的儒学》，载台湾《中国时报》，1977年8月24日。

是明证。与此不同，九州大学中国哲学史研究的开创者楠本正继（1896—1963）却继承了传统的学风，即对中国思想家们的学说和精神加以内在地理解和体认，运用中国哲学独自的运思法则解释中国思想史，而避免用外来的思想架构强加于其上。这一倾向，在楠本先生的弟子冈田武彦身上表现得尤为明显。冈田先生运用"内在性研究"或"体认"的研究方法，对王阳明及明末儒学展开系统论述和探讨，开启了近代阳明学研究的新路径。那么，冈田先生是如何选择"体认"的方法来进入阳明学研究的呢？

冈田先生很早就对"做中国哲学"① 有方法论自觉与反省。他早年亦曾热衷于用西方哲学的方法来研究宋明思想，并颇为此自满，但最终痛感到这种研究浮于表面而没有把握宋明哲学的真谛。这是因为冈田先生在精读古典文献过程中意识到，西洋哲学主张理论性和实证性，而中国哲学则主张实践体验，"要理解中国思想的精髓，非体验并研究中国思想家体验不可"②。此处的体验、实践并非指西方尼采、柏格森之流的纯粹经验论或直觉主义，而是指用真切的工夫去体认，因为中国思想家也是如此体认自得而成就其学的，这才是中国哲学相对于西方哲学的精髓所在。促成冈田先生走出西方哲学的迷思，而对传统中国哲学的研究方法进行深刻反省，是来自其师楠本正继的启发。楠本正继出身于儒学世家，其祖父楠本端山（1828—1883）和叔祖父楠本硕水（1832—1916）都是幕末维新时期的大儒，并誉为"西海二程子"。端山、硕水继承的是山崎暗斋的朱子学道统，但是其学以静坐澄心为根本，吸收了阳明学、东林学、刘宗周等明末诸儒的思想。楠本正继早年毕业于京都大学文学部中国哲学科，后又去美国、德国学习西方哲学，归国在九州大学任教数年之后，正继开始摆脱用康德哲学、实证主义等西方哲学理论来解明中国哲学的诠释路径，而向其渊源深厚的家学回归。这一家学传统，在冈田先生看来即是以静坐为基础的"体认"之学。冈田先生曾将楠本先生的为学进路总结为"用西方哲学来探讨学问体系，以家学（体认之学——引者注）

---

① 近年来学术界有从"中国哲学合法性"问题转到"如何做中国哲学"的倾向。所谓"做中国哲学"包含两层含义：一是区别于只述不作的哲学史论述，一是追求"做"出它的中国特色。参见陈少明《做中国哲学》第6—7页，生活·读书·新知三联书店，2015年。

② ［日］冈田武彦《我的生涯与儒教：追求体认哲学的历程》，载《中国文哲研究通讯》，1996年。转引自［日］藤井伦明《日本当代新儒家冈田武彦的"身学"及其思想产生之背景》，载《鹅湖月刊》2009年第414期。

来摄取精神"①,这一思想进路的成果体现便是《宋明时代儒学思想之研究》一书,在日本开创了以东方精神来研究中国哲学的先河。冈田武彦的《王阳明与明末的儒学》《王阳明大传》便是沿着楠本开创的新路,以深潜缜密的体认之学研究阳明学思想的名著。

  所谓"体认"或"内在性研究",冈田先生讲:"就是在研究一个人的哲学思想时,把他的体验移入自身,然后设身处地地加以体验的方法,而不仅仅在科学的实证中弄清楚他的哲学思想。"② 体认,就是切身体验思想家的工夫实践,并用思想家自己的语言说明自己的思想。我们认为,冈田武彦的"体认之学"既是主观的客观,也是客观的主观,是主、客观融合为一的哲学诠释路径。所谓"主观的客观"是指体认之学首先是从历史的立场出发,即通过对古典文献的阅读和掌握客观地还原研究对象的历史处境和思想架构,这可由考证和分析等科学、实证方法来完成;所谓"客观的主观"则是超越历史之维,对研究对象所处的生活世界与心境体验有真切的体认,这就要诉诸研究者的主观体验和实践。这实际上就是一种工夫体验。冈田先生的研究对象——王阳明,曾对"体认"下过一个精确定义:"体认者,实有诸己之谓耳,非若世之想象讲说者之为也。"③ "实有诸己",即是把外在的知识与道德实践紧密地结合在一起,通过自身体察与道德践履,使知识、技能彻底内在化为人内心真实呈现的光明德性和良知,成为自我身心的有机组成部分。因此,阳明学又被称为体认之学、身心之学。④ 冈田先生不仅仅于理论分析和哲学论辩,而是把自己的生命体验融入对思想家们的诠释当中,或许这才是最贴切于阳明学"真面目"的研究进路。因为这正是以阳明精神来研究阳明心学的思路。

  总而言之,冈田武彦"体认之学"的研究方法是东方式的,而非西方式的;是重体验的,而非重知解的;是创新的,而非守旧的。冈田先生始终将

---

① 转引自李今山《日本当代儒学家冈田武彦》,载《国外社会科学》1987年第8期。
② [日]冈田武彦著,吴光等译《王阳明与明末儒学》第3页,重庆出版社,2016年。
③ (明)王守仁《王阳明全集》(新编本)第一册,第232页,浙江古籍出版社,2010年。
④ [日]冈田武彦:"阳明学是体认之学,是培根之学,是身心相即、事上磨炼之学。"参见[日]冈田武彦著,杨田译,钱明审校《王阳明大传:知行合一的心学智慧》(上)第3页,重庆出版社,2015年。

自己定位为思想家,而非学问家、研究者。① 他的志向并不止在现代社会中重现传统文化思想,而是在体认、领悟儒家精神后,"超越传统",创造自己的思想,对现代社会有所教化和批判。② 这就是中国传统儒家士大夫的担当精神。由楠本正继开创,冈田武彦继承的"楠门学",不同于京都学派、东京学派借助西方哲学的传统,而是发掘出中国哲学自本自生的"体认之学"诠释路径,深入研究对象内部做出共感性分析,形成了自身学派的学术特色。

二、王阳明"知行合一"的智慧

我们一般以"陆王"并称,认为王阳明的哲学是由陆九渊而上溯到孟子的,但是若就阳明的学思历程及问题意识来看,王阳明是从以性为宗的朱子学转而倡导以心为宗的。从某种程度上说,王学是朱陆调和的产物。根据冈田先生的考察,以全体大用为核心的朱子哲学思想中,已蕴藏了朱陆同旨的根源。③ 所谓"全体大用"就是朱子所说的"心具众理而应万事"④,心虽是浑然的虚体,但其中具有森然的人伦条理,并显现为具体的实际事功。虽然朱子学的"心具众理"与陆王学的"心即理"有着根本性的差异⑤,但是追求心之全体大用的朱子学者却因此具有注重内心的倾向,并把朱陆合一当作自己的方向。到了明初则出现了把"穷理"浑融于"主敬"的吴与弼,而其门人娄谅提倡陆学的"本心"说,同门的陈献章则以陆学后劲杨简的"静澄"心学为宗。吴与弼及其门人陈献章、娄谅,都可以说是阳明心学的先驱。

冈田先生虽然以陈献章之学为王学的先驱,但认为二者之间仍然有根本性的"断裂":陈献章是"主静心学",更倾向于朱子学;王阳明是"主动心学",更接近于陆九渊。在冈田先生看来,宋学与明学的差别也在于前者主静,后者主动。而最能体现阳明心学"动"的一面便是"知行合一"和"事

---

① 冈田武彦:"我想当的,不是思想的再现者,而是思想的创造者。"转引自《日本当代新儒家冈田武彦的"身学"及其思想产生之背景》,载《鹅湖月刊》。
② 《日本当代新儒家冈田武彦的"身学"及其思想产生之背景》,载《鹅湖月刊》。
③ 《王阳明与明末儒学》第16—20页。
④ (宋)朱熹《四书章句集注》第320页,中华书局,2011年。
⑤ 前者指心以知觉作用认知理,后者指心与理完全等同。参见林月惠《冯柯〈求是编〉析评》,载《中国文哲研究集刊》2000年第16期。

上磨炼"。冈田先生认为阳明"知行合一"论的中心是"行",而不是"知",这是一种实践主义的思想。① 他所根据的是阳明自身所揭示的"知行合一"论宗旨:"我今说个知行合一,正要人晓得一念发动处,便即是行了,发动处有不善,就将这不善的念头克倒了。须要彻根彻底,不使那一念不善潜伏在胸中。此是我立言宗旨。"② 可见,阳明的"行"不是与"知"相对应的行为、行动,而是把心中萌发的意念也看作是"行",这就使得"行"与好恶之意(情)联系起来了。因此,冈田先生讲:"阳明虽不一定把好恶之情认作'生知安行事',但认为,若离此就不会有道德的法则、判断和知觉。这就是阳明'心即理'和'知行合一'说的基本立场。"③ 由此我们可知,冈田先生是从道德与情感一体论的立场论述阳明知行合一的,"知行合一"并不是知识论意义上的理论与实践相结合,而是道德哲学意义上的道德法则与好恶之情的浑然一体。因此,冈田先生讲:"阳明思想中最出彩的'体认',其实是一种情感。"④ "知行合一"说奠定了王阳明的哲学思想是以"行"为中心,也是以"情"为中心的。阳明既以"一念发动处即是行",其目的是要使人"发动处有不善,就将这不善的念头克倒",而这无非是省察克治之功。故而阳明也提倡"事上磨炼",只有在动时用工夫,才能做到程颢所谓的"动亦定,静亦定"。毫无疑问,这样的阳明心学,已经拂拭掉杨简、陈献章静澄之学的影响,而成了直接与陆子心学血脉相通的学说了。

王学的特质在于以简御繁、以一摄多,因而阳明终其一生在追求简易工夫,凝缩为学之"头脑"。冈田先生认为,在阳明晚年提出"致良知"这一大头脑之前,王学还提倡以"立志""立诚"为学问的头脑。早在龙场悟道以前,阳明教门人"先立必为圣人之志"⑤;在龙场为诸生写的教学训,其内容首先就是立志。所谓立志,就是立成圣之志。在成圣过程中必然要不断地做存理去欲的工夫,所以立志就是扩充念念为善之心,从而到达广大高明、美大圣神之域。阳明也把立志比作"培根"的本原工夫,此志不立,就好像

---

① 《王阳明大传:知行合一的心学智慧》(上)第7页。
② 《王阳明全集》(新编本)第一册,第106页。
③ 《王阳明与明末儒学》第44页。
④ 《王阳明大传:知行合一的心学智慧》(上)第17页。
⑤ 《王阳明全集》(新编本)第一册,第1232页。

植树不栽其根，纵使培土灌溉也是徒劳无功。① 总而言之，阳明提倡"立志"是使学者把工夫收摄到身心上做，亦即冈田先生所谓"体认""培根"的工夫。但是，立志的关键在于诚，若志欠真切，便会有困忘之病。② 因而在正德八年的《与黄宗贤》书中，阳明又把立诚比作杀人须就咽喉上着力的刀，从心髓入微处作工夫，自然笃实光辉；即使有私欲萌动，也如烘炉点雪、一举而化。③ 此时的阳明以立诚为学之头脑，与其提倡诚意为《大学》之本有关。根据阳明对《大学》的诠释，诚意是就意念所发而实实落落去好善恶恶，格物则是就意之所在的具体事为上为善去恶，故而是以诚意统率格物，格物是诚意的途径和实下手处。阳明的目的是强调格物不是通过客观的探求而获得外在的知识，而是以诚意为"头脑"，把工夫收摄于身心修养之中。然而，正如把"致良知"作为学之宗旨，阳明后来又把《大学》之要归于"致知"，诚意、格物都统率于致知。值得注意的是，阳明以"致良知"为最终的大头脑，并不意味着否定了"立志""立诚"的头脑地位，相反是将二者涵括在"致良知"之中。尤其重要的是阳明以"真诚恻怛"为良知之体，"无诚爱恻怛之心，亦无良知可致"。④ 因此，良知就不是冷彻的、纯思辨式之感知，而是与好恶之情一体的温血之觉知。由此，我们可知阳明"良知"与"知行合一"的联系。

无论是"知行合一"还是"良知"，阳明最终都将其统摄于本体工夫论。本体工夫论是指本体是工夫的本体，工夫是本体的工夫，本体与工夫的合一或浑一。一方面工夫即是本体，在工夫中体证本体，工夫之外别无本体；另一方面本体即是工夫，本体统摄、指导着工夫。最能体现阳明本体工夫论真意的是"四句教"：无善无恶是心之体，有善有恶是意之动，知善知恶是良知，为善去恶是格物。从心到意、知、物是在本体上说工夫，"利根之人直从本源上悟入。人心本体原是明莹无滞的，原是个未发之中。利根之人一悟本

---

① 王阳明："夫学，莫先于立志。志之不立，犹不种其根而徒事培拥灌溉，劳苦无成矣。"[《王阳明全集》（新编本）第一册，第276页。]
② 《王阳明全集》（新编本）第一册，第63页。
③ 王阳明："仆近时与朋友论学，惟说'立诚'二字。杀人须就咽喉上着刀，吾人为学当从心髓入微处用力，自然笃实光辉。虽私欲之萌，真是洪炉点雪，天下之大本立矣。"[《王阳明全集》（新编本）第一册，第165页。]
④ 《王阳明全集》（新编本）第三册，第1039页。

体,即是工夫,人己内外,一齐俱透了。"从物到知、意、心是在工夫上说本体,"其次不免有习心在,本体受蔽,故且教在意念上实落为善去恶。功夫熟后,渣滓去得尽时,本体亦明尽了。"① 阳明"四句教"本身是"彻上彻下",不落两边的圆教,但是门人后学却容易随其根性,各执一偏,如王畿以"心、意、知、物一齐俱无"的"四无说",以及钱德洪依阳明之教的"四有说"。王学的分化实导源于此。

三、阳明后学的分派

关于阳明学派的分化问题,历代学者有过不少论述。黄宗羲主要根据人文地理将阳明后学区分为浙中、江右、南中、楚中、北方、粤闽、泰州七大流派。近人牟宗三认为,这七大流派的主干不过三支,即浙中(以王畿、钱德洪为主)、泰州(以王艮、罗汝芳为主)和江右(以邹守益、聂豹、罗洪先为主)。② 20世纪30年代,嵇文甫受到马列主义的理论影响,把阳明后学划分为左、右两派,并对左派王学(王畿、王艮、李贽等)做了较深刻的论述,影响很大。③ 冈田武彦则主要依据在王阳明思想中占有根本地位的本体工夫之论,将阳明后学划分为现成派、归寂派和修证派三派。

现成派以王畿、王艮为中心,主张把阳明所说的"良知"看作现成良知,提倡"直下承当""一了百当"的顿悟,而排斥渐修,并强调吾心的自然流行,不着人力安排。相对于以工夫求本体而言,这是直接在先天本体上做工夫,遂成为"本体即工夫"派。有学者指出王畿曾明确反对"现成良知说",将王畿定位为良知现成派并不妥当。④ 实际上,冈田先生亦十分注意到二王的差异。与王艮等其他现成论者不同,王畿归根结底是想通过相信良知现成、当下即是来赋予工夫大头脑、大生命,亦即强调工夫必须是本体的工夫,而绝非是认为不需要工夫。王畿等人提倡"现成良知"应当说是符合王学发展方向的,因而在王学三派中最为兴盛。但是现成派末流或只重本体,不重工

---

① 《王阳明全集》(新编本)第一册,第129页。
② 蔡仁厚《王学流衍》第13—27页,人民出版社,2006年。
③ 嵇文甫《左派王学》,上海三联书店,2014年。
④ 如陈来认为:"龙溪明白反对以'良知当下圆成无病',故龙溪之'见在'与心斋之'现成'并不相同。"参见陈来《有无之境——王阳明哲学的精神》第333页,北京大学出版社,2013年。

夫，或以情识为知，纵情恣欲，在明末社会造成很大的流弊。这又是不可不知的。

归寂派以聂豹、罗洪先为中心，主张把良知分而为二，即分为体用、未发已发、内外、寂感、静动，并专在体上用工夫，认为工夫只在体上而不在用上，故而主张"体立而用自生"。① 聂豹以阳明中年时代的"主静"说为依据，强调以复归"未发之中"的"寂体"为目的的"守寂"工夫，认为必须归寂才能感通，以此确立了归寂派的宗旨。罗洪先有感于聂豹归寂说有偏静向内之弊，便转而提倡"知止"之要，其所谓"止"是收摄动静内外而无偏倚，与物同体而使物各得其所。因而冈田先生认为，由聂豹首倡的归寂说，只有到了罗洪先才称得上入于精微。归寂派与现成派一样强调在本体上用工夫，俱以先天之学为宗而排斥后天之学，但是归寂派以静为根本，强调立体而自然达用，因而有割裂体用的倾向。这就与主张一元论，偏向流动性的王阳明及现成派不同，而更倾向于主静、二元论的朱子学。

修证派以邹守益、欧阳德为中心，主张以工夫复本体，强调良知所蕴含的"天理"这一道德内涵，在实践中注重进行脚踏实地的道德修养，实即"工夫即本体"说。在修证派看来，真的工夫就是随着良知本体流行，真的本体就是工夫的自然之体。据此，修证派批评了轻视工夫而专求直悟本体的现成说，认为良知必须经过修证之工夫才能"做得十分完全"。另外，修证派对专以工夫为切要而轻视本体的观点也是持批评的立场，认为若不能体得良知之本体，那么工夫就不能简易真切。冈田先生认为，修证派严守王阳明"致良知"教，并以此矫正现成派的流荡和归寂派的偏静这两种弊端，因而又称之为"正统派"。然而正因为此派的着眼点在于矫正其他两派，尤其是现成派的流弊，故势必有接近朱子学的倾向，亦即强调用工夫求本体。这就与归寂派一样，难以适合王学的发展方向及时代思潮。

冈田武彦先生不借助于左派、右派，主观唯心与客观唯心等西方学术话语体系，而是通过阳明思想的核心"本体工夫论"来划分阳明后学不同流派，得益于其不重空谈理论而重体认的内在性研究方法。这种关注思想史发展内在脉络的研究进路，也必然决定了冈田先生对阳明后学的各流派采取"调和"的基本态度，较能同情地理解阳明后学的种种不同见解，亦能正视诸家的思

---

① （明）聂豹《聂豹集》第95页，凤凰出版社，2007年。

想的特殊性及其流弊。对于现成派，冈田先生既肯定其对阳明先天超越之学有推进之功，又能认识到其轻视工夫的一面，终而走向猖狂一路。对于归寂派，冈田先生既肯定其纠偏之功，又能防范其"徒然求静"而割裂体用。冈田先生的立场最接近于修证派，认为只有坚守阳明本人的义理思想才能修正其余两派的偏失，但他也指出此派欠功于王学发展之不足。冈田武彦对阳明后学的分派应该说是比较客观且全面的，因而得到较广泛的认同，成为阳明后学研究的典范。钱明将阳明后学划分为"两系五派"① 以及屠承先的"两系七派"② 便是在冈田先生三派说的基础上进一步加工和深化的结果。

四、东林学派和刘宗周

朱子学与阳明学的关系，是冈田武彦阳明学研究的一条主线。在冈田先生看来，以朱学为中心的宋学与以王学为中心的明学的差异在于：前者是二元论、理性主义的，后者是一元论、抒情主义的。但是，这些差异并不意味着朱子学与阳明学是截然对立的，相反，调和朱王、兼取两家是冈田先生阳明学研究的特色所在。因此，冈田先生尤为重视明末东林学派与刘宗周，前者是经由王学而产生的新朱子学，后者则是经由朱子学的新王学。

对于东林学派的定位问题，至今仍有不少争议。有学者认为东林学是对阳明学的一种"修正"，仍属于王学的一支③，而有学者指出东林是宗朱的，是王学的反对者。④ 冈田先生则将东林定位为既力矫王学流弊，又能吸取王学长处的新朱子学派。冈田先生讲："对东林来说，是非之明辨乃是学之根本。且东林以追求作为内在过程的明辨是非为根本，深切沉潜于理静。故而东林

---

① 钱明教授主张把王门后学分为两大系统（现成派和工夫派）、五个流派（虚无、日用、主静、主敬、主事）。参见钱明《王学流派的演变及其异同》，载《孔子研究》1987年第4期。

② 屠承先教授根据阳明后学所持本体功夫理论的侧重点不同，分化为两大系统：本体系统和功夫系统，在本体系统中又分为绝对派、虚无派和日用派，在功夫系统中又分为主静派、主敬派、主事派和主意派。参见屠承先《阳明学派的本体功夫论》，载《中国社会科学》1990年第6期。

③ 如梁启超："王学在万历、天启年间，几已与禅宗打成一片。东林领袖顾泾阳、高景逸提倡格物，以救空谈之弊，算是第一次修正。"参见梁启超《中国近三百年学术史》第44页，天津古籍出版社，2003年。

④ 参见钱穆《顾泾阳高景逸学述》，《中国学术思想史论丛》（七）第123—134页，生活·读书·新知三联书店，2009年。

拒斥求理于浑然之心的陆王心学，而遵从追求作为心之体、即理之内在的性的朱子学。"① 可见，东林是以性理为宗。东林学派成立的宗旨即是复兴性善说，以朱子学性理的客观性、严整性救正王学以"无善无恶"为心之体而陷入"无"和"空"之流弊。但是，东林也着力论述性之体认躬行、心体之静定自得，这就透显出其经由王学的一面。东林学派是认同心、理一体的。因此高攀龙认为，格物非是指悬空地泛观万物，而是观物即养心，以在身心上反求自得、反观默认为格物之根本。由此可见，东林的格物论更接近于王学的"正念头"，而非朱子的"即物穷理"。东林还提倡收敛身心、体认性体的静坐法。高攀龙为了救正阳明学以平常自然为宗旨的静坐法有陷于散漫的弊害，提倡用朱子学的"主一"作为静坐的根本。不过，他是从本体工夫一体论出发而论主一之敬的。所谓"一"，即平常之体，是本体即工夫；所谓"主"，即主于平常之体，是有意而不着意，是工夫即本体。② 这样一来，主一之敬便转为本体工夫一体之敬，朱子的居敬便被注入了阳明学的精神而再次活用了起来。由此，亦可窥知东林学作为新朱子学的一个侧面。

刘宗周早年师事有朱子学倾向的许孚远，以克己居敬为学之要，但后来以身心收敛的静存为主而提倡"慎独"说，晚年则建立起以"意"为心之体的独特的"诚意"说，从而大大开拓出儒学的新面向。宗周对王学是持批判态度的，但他的"诚意"新说实际上是受到了王学的启迪而形成。刘宗周所理解的"意"是指"好善恶恶"的好恶之意，实质上就是心在对道德价值的切实感受中判断善恶的能力。阳明同样也重视好恶之意，甚至一度以"诚意"为头脑。但是，阳明的"意"是指"心之所发"③，是属于经验层面的意念或念头；而刘宗周则从超验的层面来界定"意"为"心之所存"④，是人心先天本具的道德主宰，所谓"好必于善，恶必于恶"，这就决定了心的方向。正是把"意"视为一种比"知"更为深微的道德意向，刘宗周批评"良知犹是第二义"，而认为阳明"知行合一"说反而比"良知"说更有深意。⑤ 宗周基于

---

① ［日］冈田武彦著，焦堃译《明代哲学的本质》第285页，载邓红、欧阳祯人主编《日本阳明学研究名著译丛》，山东人民出版社，2019年。
② 参见《明代哲学的本质》第371页。
③ 王阳明："凡应物起念处，皆谓之意。"［《王阳明全集》（新编本）第一册，第231页。］
④ （明）刘宗周《子刘子行状》，载《刘宗周全集》（第九册）第39页，浙江古籍出版社，2012年。
⑤ （明）刘宗周《阳明传信录》，载《刘宗周全集》（第七册）第23页。

阳明所说的"知之真切笃实处即是行"的思想,把"诚"作为"知行合一"的主体,而把有定向的"意"作为心之体,避免了阳明学以"知"为心之体而造成过于虚灵滑转的偏弊。宗周以"诚意"为学之宗,故其"慎独"亦必以"诚意"为主脑。在他看来,"意"即是"独体","慎独"就是"独体"之存养,是未发中的存养。从此而言,宗周慎独说更近于朱子的居敬涵养之精神,而非王学"事上磨炼"之动的工夫。有鉴于当时的王学末流之弊,宗周提出了以工夫为主的本体工夫一体论。东林学者也具有同样的立场,只是在东林那里,有在静肃之理中求心体的倾向。与此相对,宗周因为以"意"为心之体,故有在内在的心体中求理的倾向。由此亦可见宗周与东林的区别,东林是新朱子学,宗周则是经由朱学的新王学。

  明末清初的儒学,尤其是高攀龙和刘宗周的学说,曾对日本幕末维新时的朱、王学者施以很深的影响,这也包括冈田先生所自承道统的楠本端山和硕水兄弟。可以说,冈田先生本人以静坐为基础的体认之学就是传承自明末东林学和刘宗周的儒学道统。冈田先生曾自述道:"为什么我会对明末儒学寄予强烈的关心!那是因为在当时无论是朱子学者还是阳明学者,在濒于政治社会的腐败、国家的危殆最危险之际,感知到要修治深刻的体认之学。……我的心被东林学者高忠宪的'静坐论'和刘念台的'诚意论'所牢牢吸引,尤其是他们悲壮的殉节,沉痛地撞击着我的心。"① 受到明末诸儒与楠本端山的影响,冈田先生早年所身体力行的是"静坐"的体认之法,到晚年则提倡身心两忘、物我一体的"兀坐"。他讲:"余尝说静坐矣,顷日宗兀坐,何也?曰:万物会归于心,心归于身也。身也者何,曰:体躯而非体躯者也。"② 冈田先生认为,天地万物的根源在于心,而心的根源则在于身。身首先指的是我们的七尺之躯,但在冈田先生看来身是"宇宙生气之充实处"③,亦即身实则具有虚灵不昧、化生万物的作用,所谓"体躯而非体躯者也"。兀坐的目的就在于培养此身命之根。由静坐到兀坐,由强调以心为主宰的心学到以身为

---

① 转引自 [日] 疋田启佑、李凤全《日本儒学家吉川幸次郎与冈田武彦》,载《孔子研究》2005 年第 6 期。
② 转引自钱明《日本当代儒学家冈田武彦思想述评》,载《宁波党校学报》2004 年第 5 期。
③ [日] 冈田武彦:"余谓天地万物回归于心,心归于身,身是心之本源,宇宙生气之充实处也。故曰,学也者身学也,致身尽焉,然初学者,宜兀坐以培其身命之根,应宇宙在手,万化生身,其功切至矣。"转引自《日本当代儒学家冈田武彦思想述评》,载《宁波党校学报》2004 年第 5 期。

根本的身学，是冈田武彦对明末朱子学与阳明学进行深刻体认的产物。

五、结　语

冈田武彦先生是现代学界少有的以"儒者"自居的人物，他一生所致力的事业是在现代社会复兴儒学。因此，冈田先生对宋明理学与阳明学的研究，不仅止于客观的义理研究，更有"为往圣继绝学，为万世开太平"的担当。这样的论述方式和态度，乃是以自己的生命体贴先哲们的生命，以自己的经验体验先哲们的经验，这本身就是一种工夫实践，也就是冈田先生提倡的"体认之学"。体认，作为一种研究方法即是"内在性研究"，强调遵循思想家思考、论述的内在理路，而非借用外来的思想观念和方法强加其上；作为一种工夫践履，则是指收敛身心的静坐体验。在冈田先生那里，这两者显然是一而二，二而一的。

"体认"的实质是"实有诸己"，讲求道德主体的知识与践履紧密结合在一起。因而以"体认之学"作为阳明学研究进路的冈田先生特别重视王阳明"知行合一"论，并以"行"为中心，就是可以理解的。在冈田先生看来，知行合一的本质是道德之知觉即良知，与好恶之情的浑然一体。对于"良知"的理解，冈田先生亦侧重于"良知之体为真诚恻怛"之内涵，把良知与知行合一联系起来。冈田武彦本着对宋明心性之学的深切"体认"，将阳明后学分化的思想基础归根于阳明的"本体工夫论"。依据冈田先生的划分，现成派是就本体而言工夫，把阳明所说的"良知"看作现成良知，视工夫为本体之障碍而加以抛弃；良知归寂派则把良知分为"虚寂之体"和"感发之用"，并认为"体立而用自生"，专在体上用工夫，是分本体与工夫而为二；良知修证派则是就工夫而言本体，认为良知必待后天修证工夫的展开而呈现，把关注点放在如何将至善心体运用于伦常实践上。现成派因顺应了王学的发展方向及时代思潮，在明末最为兴盛，但也因其轻视工夫，而陷入任情悬空之弊，以至于产生蔑视人伦道德和世之纲纪的风潮。明末的东林学派和刘宗周都是为了救正阳明后学的流弊而兴起的，但两者开辟的路径却不尽相同：前者是吸收王学的长处，而以朱子学为宗，冈田先生称其为"新朱子学"；后者则以朱子学天理的严整性修正王学，并根据阳明的"立诚""知行合一"提出"诚意"新说，使王学开出新的面向，冈田先生称其为"新王学"。综上所述，冈田武彦的阳明学研究脉络是：王阳明→阳明后学→东林学派→刘宗周。冈田武彦的阳明学研究，是顺着思想发展的历史脉络对研究对象进行内在性、共感性的义理分析，既照顾到学派、学术思想的纵向演变，也有对个体思想家的义理分析和横向比较。从更大的图景上看，冈田先生对宋明儒学（阳明学）的论述始终遵循着由宋学到明学、朱熹与王阳明这一学术发展脉络。这或许就是冈田先生所谓"体认"的研究方法之精髓所在吧。

（刘海成　武汉大学哲学学院博士生）

·"汉籍合璧工程"专栏·

主 持 语

王承略

全球汉籍合璧工程是一项国家重点文化工程，山东大学是实施责任主体单位。该工程致力于全球范围内中华古籍的调查整合工作，希望将世界各地藏书机构所藏中华古籍进行系统的调查编目，选取重要珍稀古籍影印出版，并有计划地开展整理研究，建设维护"全球中华古籍资源共建共享数据库系统"，为今后的汉学研究搭建更加完备的资料平台，提供坚实的资料支撑，以促进汉学研究更广泛的国际合作，实现人类智慧的互通共享。

在合璧工程实施过程中，发现了一些珍贵资料。对这些资料进行研究，是合璧工程题中应有之义。本期五篇文章，即是合璧工程调查汉籍及汉学研究成果的部分呈现。杨胜男《日本汉学家赤松弘〈诗经述〉的阐释特色——以〈国风〉为中心》一文，阐明了赤松弘所著《诗经述》尊奉朱熹《诗集传》的特点，同时也指出了他融合汉学之名物训诂与宋学之义理微言的倾向，丰富了域外《诗经》学研究成果。刘博《日藏孤本〈月令采奇〉考》一文，从版本、内容以及流传情况等方面，对日本内阁文库藏《月令采奇》做了详细考订，并深入发掘了该书在民俗、信仰、辑佚等方面的文献价值。刘迎秋、刘宗棠《日本内阁文库藏孤本〈金谷奇芳〉考述》一文，对内阁文库所藏孤本《金谷奇芳》的版本与作者、内容与价值等方面进行了考释，为研究明末底层士人和市民的思想和生活提供了新史料。李兵《俄藏张之洞致吴重憙佚札两通考释》一文，对俄罗斯国立图书馆藏《明清名家书札诗稿》中所存张之洞致吴重憙信札两通进行了考释，为研究张、吴二人生平交游和晚清河南、湖北边界防务及湖北农业、气候等相关问题提供了新史料。陈肖杉《俄罗斯国立图书馆所藏顾之逵校本〈穆天子传〉初探》一文，考订了俄罗斯国立图书馆所藏顾校本《穆天子传》的版本源流和递藏过程，并通过校读考索了宋本《穆天子传》的面貌。

　　《汉学研究》是海外汉学研究的重要学术平台，今特设栏目，及时推出，有力支持和推动了合璧工程，在此我谨代表合璧工程实施办公室，深表谢忱。今后，随着合璧工程的开展，相关汉籍与汉学的研究成果将不断涌现，敬请读者关注并予以指导。

（王承略　山东大学国际汉学研究中心教授、博士生导师）

俄罗斯国立图书馆所藏顾之逵校本《穆天子传》初探[*]

陈肖杉

摘　要：俄罗斯国立图书馆东方文献中心藏有顾之逵校本《穆天子传》，顾校本《穆传》曾在缪荃孙、王文进处，后为满铁大连图书馆收藏，又被苏联人带往莫斯科。顾之逵言其所据校旧抄本《穆传》为影宋抄本，黄丕烈以为该旧抄本为道藏本，顾、黄之说值得商榷，但顾之逵所见旧抄本，其底本应早于刘贞本，且与目前存世各本源流殊异。本文试图考索俄图顾校本《穆传》，厘清其源流。

关键词：穆天子传　俄罗斯国立图书馆　顾之逵　影宋抄本　结衔　五行

俄罗斯国立图书馆（Pоссийская государственная библиотека，以下简称俄图）坐落于莫斯科克里姆林宫旁，是俄罗斯的国家书库。其收藏图书、文献在4200万册/件以上，是欧洲最大的图书馆。俄图下设东方文献中心，负责搜集远东（亚太）地区的文献资料（主要为印刷物，手写本则由手稿部负责收藏）。

笔者在赴俄图开展汉籍调查编目工作期间，于东方文献中心发现《穆天子传》清顾之逵手校本。目前，学界对《穆天子传》（以下简称《穆传》）的研究多集中于注释与考证，关于其版本考察，仍留有不少悬而未决的问题。本文拟就俄图所藏顾校本《穆传》略加探考，以乞正于方家。

---

[*] 2016国家社科基金重大项目"俄藏中文古籍的调查编目、珍本复制与整理研究"，16ZDA180。

俄罗斯国立图书馆所藏顾之逵校本《穆天子传》初探

一、顾校本《穆传》及其题跋

晋武帝太康时，汲县（今河南新乡卫辉一带）一座战国魏墓被盗。当地官员得知消息后命人查检现场，除钟磬等文物外又得竹书数十车，此即汲冢书。晋武帝命荀勖、和峤等人整理汲冢书，并以隶字誊写。

荀勖字公曾，出身颍川荀氏，其曾祖荀爽为东汉司空。晋武帝时，荀勖为中书监。荀勖等人完成汲冢竹书《穆天子传》的整理后，以二尺黄纸誊抄，上呈晋武帝。据《穆传》荀勖序，汲冢竹书《穆传》的简长合古尺二尺四寸，以素丝编连，一简四十字，以墨书写。其所记载的是周穆王西游，见西王母之事。今本《穆传》凡六卷，荀勖等人整理的《穆传》是今本《穆传》的前五卷。汲冢竹书中又有《周穆王美人盛姬死事》一卷，记载周穆王以皇后之礼厚葬其宠妃盛姬之事，此即今本《穆传》卷六。《晋书·束晳传》将汲冢所出竹书《穆传》《盛姬死事》分作二书。《隋书·经籍志》所载《穆传》为六卷本，由此推知，隋朝时，《盛姬死事》一篇已附在《穆天子传》五篇之后，与今日所见六卷本同。

顾之逵字抱冲，元和（今江苏苏州）人，乾隆时藏书名家。乾嘉时著名学者顾广圻是其从弟。俄图所藏《穆传》有顾之逵朱笔校跋，钤"锡纶印""墀诏""大连图书馆藏"。其底本为明嘉靖范钦刻本，六卷一册，半页九行，行十八字，左右双边，白口，单白鱼尾。祁承㸁《澹生堂藏书目》将范钦所刻《穆传》等二十种书合称《范氏二十种奇书》[1]，故范钦本又称范氏奇书本。俄图藏本原缺卷六末页（"而将休"至"入于南郑"），顾氏以墨笔抄补，仍为九行十八字，复以朱笔校注。经核对，抄补部分与嘉靖范钦本《穆传》一致，可知顾氏曾见嘉靖范钦本全帙。

俄图顾校本《穆传》有数处题跋，现略加按语，照录如下：

1. 穆天子传，抱盅用影宋本校。

按：见扉页，朱笔。

---

[1]《宋元明清书目题跋丛刊》（第十四册）第285页，中华书局，2006年。

2. 壬子春，得一影宋抄本，断烂不全，失去一叶。其文与注则微有异同。因研朱细校其异，顾文字古奥，未敢妄订是非，行就博雅家正之。癸丑霜降后二日抱冲校毕记。

按：见内扉，墨笔。壬子为乾隆五十七年（1792），癸丑为乾隆五十八年（1793）

3. 此序抄本无，乃元人赘加也，作跋已可，何必云序。

按：见王渐序前天头，朱笔。

4. 刘公藏书，今考订家宝之。以此本观之，未尽善也。岂天一阁中更无古本耶。

按：见王渐序末天头，朱笔。刘公指元人刘贞，至正时曾刊刻家藏《穆传》。

5. 影抄宋本，每翻九行，行廿字。

按：见荀勖序前天头，朱笔。

6. 穆天子传 总六卷 古本 荀勖序
侍中中书监光禄大夫济北侯臣勖
领中书令议郎上蔡伯臣峤言部
秘书主书令史谵勤给
秘书校书中郎张宙
郎中傅瓒校古文穆天子传已讫谨并第录
序

按：见荀勖序前。顾氏以朱笔删去"穆天子传序，侍中中书监光禄大夫

138

济北侯臣荀勖撰",并按格式过录抄本的结衔。此即结衔五行。

7. 穆天子传第一　古文　郭璞注

按：见各卷标题处。顾氏以朱笔过录抄本格式。

由跋语可知，乾隆壬子年（1792）春天，顾之逵觅得一本《穆传》抄本，该抄本每页九行，行二十字，有荀勖序与郭璞注。顾氏判断该抄本是根据宋本《穆传》影抄，价值重大，故而以明嘉靖范钦刻本《穆传》为底本对校，于癸丑年（1793）霜降后二日校毕。顾之逵认为，这一《穆传》抄本较之刘贞本版本更优。

顾氏按抄本《穆传》，以朱笔直接校改于范钦本。其校改大致可分为三类：

（一）校异字，如改"峰"为"峯"，改"時"为"旹"，改"轍"为"輒"。这类校改多集中于前二卷，笔者以为顾氏并未逐一据改字体，如卷五"命為囗而時囗焉"，仍作"時"。

（二）校正正文，顾氏依抄本对《穆传》正文进行了校改，其校改处多为增删语助或形近之讹，对于文意影响不大。如卷二范钦本作"春山百獸之所聚"，顾氏校改为"春山者百獸之所聚"，范钦本作"赤烏氏先出自周宗"，顾氏校改为"赤鳥氏先出自周宗"；卷三范钦本作"予歸東土，和治諸夏"，顾氏校改为"予歸東土，和洽諸夏"，范钦本作"取其青血以飲天子"顾氏校改为"取其青血以飲于天子"。

此外，顾氏的校改有数处为对范钦本《穆传》阙字的增补。如卷一范钦本作"麋囗二十里"，顾氏校改为"麋走二十里"；卷五范钦本作"天子里圃田之路"，顾氏校改为"天子里圃田之數路"。《穆传》为晋时出土文献，在荀勖整理时已有残简，荀勖在隶写时以墨围标记其不可识读之处，此后《穆传》在其流传过程中又有脱文，故全书多有墨围。而顾氏据抄本增补之处应非《穆传》汲冢简所缺，而是后世流传过程中的脱文。

（三）校正注文，顾氏对《穆传》郭璞注的校改多未影响文意，如卷一"癸丑天子大朝于燕囗之山"，范钦本郭璞注"蓋朝會郡官"，顾氏校改为"蓋朝會郡臣"。卷四"以洗天子之足"，范钦本郭璞注"令肌膚滑"，顾氏校改为"令肌滑"。

又顾氏对郭璞注文的多处校改涉及注音，如卷一"至于陽紆之山"，范钦本郭璞注"紆音嘔"，顾氏校改为"紆音區"；卷三"己酉天子飲于潡水之上"，范钦本郭璞注"潡音淑"，顾氏校改为"潡音污"；卷五"見許男于洧上"，范钦本郭璞注"洧音羽美反"，顾氏校改为"羽未反"；卷六"天子乃周姑繇之水以圜喪車"范钦本郭璞注"繇音遙"，顾氏校改为"繇音桃"。

通观俄图《穆传》顾之逵题跋及校改可知，顾之逵所见抄本《穆传》为六卷本，与今本《穆传》在字句上有所出入，但其整体面貌大致相似。顾之逵所见抄本《穆传》之底本为《穆传》早期版本，但与今本相较，并无大规模散佚与增纂，在此期间《穆传》文本大体稳定。

二、俄图顾校本《穆传》的由来

据俄图《穆传》顾之逵的跋语（上文所录顾跋2），乾隆壬子年（1792）春，顾之逵得一《穆传》抄本，"断烂不全，失去一叶"，顾氏判断，该抄本为影宋抄本。乾隆癸丑年（1793）霜降后二日，顾之逵以此抄本校毕范钦本《穆传》。

缪荃孙《艺风堂藏书续记》录有顾抱冲校影宋本《穆传》，缪氏按语云壬子春，顾之逵得一影宋抄本《穆传》，断烂不全，失去一叶，其所据宋本为九行十九字[1]。这一记录与俄图顾校本《穆传》内扉的跋语大体一致。缪荃孙字炎之，江阴人，光绪时藏书名家，《艺风堂藏书续记》为其藏书目录，可知俄图顾校本《穆传》曾在缪荃孙处。

王文进《文禄堂访书记》亦录清顾抱冲据宋校明范钦刻本《穆天子传》六卷，王氏按语云此本钤有"锡纶印""墀诏""江阴缪氏藏"三方藏印。王文进字晋卿，民国时北京书商，《文禄堂访书记》是其经眼书目。俄图顾校本《穆传》钤"锡纶印""墀诏"两方藏印，可知俄图顾校本《穆传》曾为王文进经手。然而俄图顾校本《穆传》并无"江阴缪氏藏"这一方印。"江阴缪氏藏"是缪荃孙的藏印。俄图顾校本《穆传》曾被重新装帧。笔者推测，缪氏此方藏印钤于扉页，在顾校本《穆传》重新装帧时被截去。

俄图顾校本《穆传》又钤有"大连图书馆藏"藏印。1905年，日本占领

---

[1] 《宋元明清书目题跋丛刊》（第十四册）第285页，中华书局，2006年。

大连，并于 1907 年成立"南满洲铁道株式会社"（以下简称"满铁"）。"满铁"在经营铁路的同时开展了各种调查研究，为便于搜集资料，"满铁"以大连图书馆为中心，在东北设立了 31 个"满铁"图书馆及分馆。搜集古籍是大连图书馆的重要任务，著名汉学家松岐鹤雄就曾主持过大连图书馆的汉籍收藏事务。1945 年日本战败投降，同年 8 月，"满铁"大连图书馆被苏联红军接管。据石堂清伦《满铁图书馆》一文，苏联接管大连图书馆后曾派遣东方学家到大连图书馆了解情况，并带走了重要藏书。又据大谷武男《满铁大连图书馆终结之后》一文，大连图书馆的贵重图书被波波夫所率领的调查团带往莫斯科。俄图顾校本《穆传》的"大连图书馆藏"藏印表明，这本《穆传》曾被日本人收藏于大连图书馆，后被苏联人带往莫斯科。俄图顾校本《穆传》以金镶玉装重新装帧，配有蓝色函套，这与俄图所藏其他原大连图书馆藏书的装帧、保存形式相似。书衣内侧钤有"昭.4.9.9"的登记印，可知这本《穆传》于昭和四年（1929）9 月 9 日入藏"满铁"大连图书馆。

综上可知，1793 年秋，顾之逵以旧抄本校定范钦本《穆传》。清末，这一顾校本《穆传》被缪荃孙收藏。民国时，王文进在北京经手此书。1929 年 9 月，此书入藏"满铁"大连图书馆。此后，顾校本《穆传》被苏联运回莫斯科，藏于俄图东方文献中心。

三、顾之逵所见旧抄本《穆传》考索

顾之逵在其跋语中将其所见旧抄本称为影宋抄本，但并未说明理由。笔者以为，顾之逵的判断尚有商榷余地。

天津图书馆藏有黄丕烈校跋本《穆传》。黄丕烈字绍武，吴县（今江苏苏州）人，乾嘉时藏书名家，与顾之逵邻乡，且两人交厚。黄氏以明万历程荣汉魏丛书本《穆传》为底本，历时十数年，广校《穆传》诸版本，并将其异同逐一校注于程荣本《穆传》。天图黄校本《穆传》黄氏题跋中有以下数条值得留意：

  1. 案顾校本此序系补抄，序文前款式略列如左，穆天云云，侍中云云，领中云云，秘书云云，郎中云云，序，古文云云；
  2. 用顾广圻传校旧抄本校正，乙丑（1805）初冬，荛翁；

3. 丙寅（1806）小除夕，以顾千里影抄《道藏》本校，其与此刻异者，或下方旁行注出，标以"道"字，与此刻同者，不赘注出矣；

4. 丙子（1816）秋日，借元妙观（玄妙观）道藏本校，又正数字，皆就前校影钞道藏本所误者，余净校道藏别有本子在，复翁。

黄氏跋语言及，他曾以顾广圻传校旧抄本校正《穆传》，而黄氏将顾广圻的传校旧抄本看作道藏本。

经笔者对勘，俄图顾校本《穆传》中顾之逵校改之处，在天图黄校本《穆传》中亦多能找到校注，其中部分校改仅顾、黄二人相通，与其他《穆传》版本均不相同。如卷一顾校作"麋走二十里"，黄亦校为"麋走二十里"，其余《穆传》版本（包括正统道藏本）均作"麋口二十里"；卷二顾校作"天子於是取玉三桑"，黄亦校为"取玉三桑"，其余版本均作"取玉三乘"；卷三顾校作"取其青血以飲于天子"，黄亦校为"取其青血以飲于天子"，其余版本无"于"字。据黄丕烈跋语（见上文所引黄跋第 2 条），其据顾广圻校改处标以"道"字，但通检天图黄校本《穆传》诸校注，黄丕烈并未一一标注校本信息。以上三处校改未标以"道"字，但黄氏标出"道"字的校语均与顾之逵所校相合，而与正统道藏本出入较大。由此推测，黄丕烈所言"顾广圻传校旧抄本"应与顾之逵于壬子年（1792）所得《穆传》抄本字句相合。

顾广圻字千里，元和（今江苏苏州）人，乾嘉时著名学者。顾广圻是顾之逵的从弟。黄丕烈与顾之逵、顾广圻皆交厚，但俄图顾校本《穆传》中有顾氏跋语"癸丑霜降后二日顾抱冲校毕记"，可见并非顾广圻所校，可知俄图顾之逵校本《穆传》与黄丕烈所见"顾广圻传校旧抄本"非是一书。然而两个校本字句相合，笔者推测，乾隆壬子年（1792）顾之逵觅得《穆传》旧抄本后，其弟顾广圻亦有幸得见并手校此本，顾之逵与顾广圻所用校本应是同一旧抄本，故顾之逵校本与顾广圻校本相合。

黄丕烈并未将顾广圻所见旧抄本视为影宋抄本，考上文所录天图黄校本《穆传》跋语，黄氏乙丑年（1805）初冬时在跋语中称顾广圻所见《穆传》为旧抄本，丙寅年（1806）小除夕时在跋语中称顾广圻所见为道藏本，十年后，丙子年（1816）秋，黄氏在题跋中言及顾广圻校本，仍称其为校影钞道藏本。十年间，黄丕烈广校《穆传》诸本，但并未改变其对顾广圻所见《穆传》抄本的判断。尽管黄丕烈并未说明其判断依据，但顾之逵、顾广圻所见《穆传》为影宋抄本一说确实可疑。

黄丕烈认为顾广圻所见《穆传》抄本为道藏本，但未说明理由。笔者认为，这一观点亦值得商榷。道藏为经折装，故每页行数较少。今存最古之《穆传》版本为正统道藏本，五行十七字。俄图《穆传》顾之逵题跋云"影抄宋本，每翻九行，行廿字"，与道藏本行款不符。由此推测，顾广圻校本《穆传》或未标注其所见《穆传》抄本行款（此亦是顾之逵、顾广圻校本为二，但所校抄本相同的旁证），但顾之逵、顾广圻所见抄本并非道藏本。

顾之逵所见旧抄本，其所据底本的刊刻年代我们尚无法判明，但这一底本与目前存世的《穆传》并不属于同一版本体系。存世《穆传》多以刘贞本为祖本。元至正十年（1350），南台都事刘贞刊刻家藏《穆传》，王渐为此书作序。元至正刘贞刻本《穆传》已佚，但后世抄刻《穆传》，卷前多附王渐序，可知滥觞于刘贞本。俄图《穆传》顾之逵跋语云抄本无王序，乃元人赘加，又言"刘公藏书，今考订家宝之。以此本观之，未尽善也"。跋语中的刘公即是刘贞。抄本既无王序，顾之逵所见抄本之底本应早于元刘贞本，而今存最古之《穆传》版本正统道藏本较刘贞本晚出，卷前有王渐序。顾之逵的校注保存了古本《穆传》较为完整的面貌。

此外，顾之逵所见《穆传》抄本，其荀勖序前有结衔五行（见前文顾跋6）。存世《穆传》各版本卷前均无结衔五行，唯天图黄丕烈校本据顾广圻校本过录结衔五行，且以按语说明"顾校本此序系补抄"（此亦是顾之逵与顾广圻所用校本为同一旧抄本的旁证）。由此可知，顾之逵、顾广圻所见旧抄本《穆传》，其版本与已知《穆传》均不相同。

顾之逵所录旧抄本《穆传》的结衔五行具有重要的史料价值。学界对荀勖整理《穆天子》的时间多有争论，笔者以为，可据结衔五行准确判断《穆传》荀勖序的撰写时间。荀勖等人完成汲冢竹书中《穆传》的整理隶写后将其上呈晋武帝，换言之，荀勖序的撰写时间即是汲冢《穆传》完成整理的时间。

结衔五行中荀勖自称"侍中中书监光禄大夫济北侯臣勖"。据《晋书·荀勖传》，咸熙二年（265），晋武帝即位，封荀勖为济北郡公，荀勖固辞，于是改封济北侯，拜中书监，加侍中，领著作。太始八年（272），太子司马衷娶贾充之女，荀勖进位光禄大夫，此事在咸宁（275—280）初王濬上表请伐吴前。太康（280—289）中，诏以荀勖为光禄大夫，仪同三司开府辟召，守中书监、侍中、侯如故，此时太尉贾充、司徒李胤已薨，荀勖荐杨珧参辅东宫。《荀勖传》中荀勖凡两次诏为光禄大夫，期间并无去职的记录，此事可疑。考《晋书·武帝纪》，太康十年（289）十一月，左光禄大夫荀勖卒，则荀勖死时为左光禄大夫，而《晋书·荀勖传》中并无诏荀勖为左光禄大夫一事。《通典·职官十六》言江左以来，左右光禄大夫以上并得仪同三司，又言秦时光禄大夫银章青绶，及晋受命，置左右光禄大夫，假金章紫绶。则左右光禄大夫地位高于光禄大夫。由此推断，《晋书·荀勖传》或有讹脱，太康间荀勖应是诏封左光禄大夫。

考《晋书·武帝纪》，贾充薨于太康三年（282）夏四月庚午，李胤薨于太康三年闰月景子。则荀勖诏封左光禄大夫事在贾充、李胤薨后，则诏封左光禄大夫应在太康三年四月后。《穆传》结衔五行称"侍中中书监光禄大夫济北侯臣勖"，不称左光禄大夫，据此推知，荀勖整理汲冢《穆传》并作序，事在荀勖诏封左光禄大夫前。

四、余　论

从清人书目的按语中，我们能找到一些《穆传》结衔五行的信息。张金吾《爱日精庐藏书志》录《穆传》旧抄本六卷，按语云此本卷前有结衔五行及荀勖序，又其所用格纸版心镌"元览中枢"，盖秦秦四麟抄本。张金吾字慎旃，昭文（今江苏常熟）人，嘉庆时藏书名家。秦四麟字景阳，一字酉岩，常熟人，明万历时藏书名家，抄书甚富。秦氏抄书格纸版心镌"致爽阁""又元斋""玄斋"或"元览中枢"。

傅增湘《藏园订补邵亭知见传本书目》引莫棠眉批语，言及收得"道光中人临袁寿阶校影宋抄本"《穆传》，道光临本卷前有结衔五行，与张金吾本同。傅增湘字沅叔，江安（今四川宜宾）人，光绪时藏书名家。袁廷梼字寿阶，吴县（今江苏苏州）人，乾隆时藏书名家，与顾广圻邻乡，两人交往甚密。

潘景郑《著砚楼读书记》言及袁廷梼校本《穆传》曾在张金吾处，已佚。但吴志忠曾校抄袁校本《穆传》，吴志忠校抄本先在莫棠处，又归徐乃昌积学斋，今在潘景郑处。吴志忠字有堂，道光时吴县（今江苏苏州）人。潘景郑原名潘承弼，亦吴县人，当代版本学家。

笔者推测，傅增湘所言"道光中人"即吴志忠，而傅氏所谓张金吾本《穆传》即秦四麟抄本。综上可知，张金吾藏秦四麟抄本《穆传》，秦四麟抄本有结衔五行及荀勖序。袁廷梼校影宋抄本与秦抄本同。道光时吴志忠校抄袁校本。秦四麟抄本、袁校本已佚，吴校本曾在莫棠处，又归徐乃昌，今在潘景郑处。

又瞿镛《铁琴铜剑楼藏书目录》录杨仪抄本《穆传》，冯舒校跋。冯氏跋语云曾以秦柄绣石堂抄本校读《穆传》，秦柄抄本卷前有结衔五行。瞿镛字子雍，常熟人，道咸时藏书名家。冯舒字己苍，常熟人，明末清初藏书名家。秦柄字汝操，无锡人，万历时书商，藏书家。秦柄抄本、冯校本已佚。

秦柄、秦四麟、冯舒、顾之逵、顾广圻、黄丕烈、袁廷梼、张金吾、吴志忠俱是苏州无锡一带人士。《穆传》诸本中，秦柄抄本、冯校本一致，秦四麟抄本、袁校本、吴校本一致，顾之逵校本、顾广圻校本、黄校本一致。以上诸本卷首均有结衔五行。笔者猜测，以上《穆传》诸本一致，均源自同一种《穆传》版本，这一版本流传于苏州无锡一带，且该版本早于存世《穆传》的祖本刘贞本。又顾之逵、袁廷梼所言"影宋抄本"或是同一《穆传》抄本。吴校本今在潘景郑处，如能将俄图顾校本《穆传》与吴校本对校，或许能厘清早期《穆传》的源流，乃至判明顾之逵、袁廷梼所见是否是影宋抄本，大致恢复宋本《穆传》的面貌。

（陈肖杉　山东大学儒学高等研究院博士研究生）

俄藏张之洞致吴重憙佚札两通考释[*]

李 兵

摘 要：俄罗斯国立图书馆东方文献中心藏《明清名家书札诗稿》中，存有张之洞致吴重憙信札两通，既往著作均未刊布过。二札分别作于农历1894年3月和1906年10月，内容主要涉及张之洞与吴重憙之间的政务沟通及日常交往，反映了张之洞在省域边界防务上主张团结协作、知人善任、奖优罚怠的思想，也体现了他提倡清廉的为官之道，是研究张之洞、吴重憙二人生平交游和晚清河南、湖北边界防务及湖北农业、气候等相关问题的新史料。

关键词：张之洞 吴重憙 俄罗斯国立图书馆东方文献中心 信札

俄罗斯国立图书馆东方文献中心所藏《明清名家书札诗稿》是原"南满洲铁道株式会社"大连图书馆的旧藏，该书第三十三册为《仲饴[①]辑存书札》，首页钤有"大连图书馆藏"红色方形馆藏印和"南满洲铁道株式会社大连图书馆藏"红色椭圆形馆藏印，椭圆形印中又钤有蓝色编号印。椭圆形印中有红色登记号"昭.1411.27"，可知该书乃日本昭和十四年（1939）11月27日登记在簿，而蓝色编号印"825261"即为本册编号。本册存有吴重憙亲友致其信札共62通，其中有张之洞手札两通，分别作于1894年农历三月和1906年农历十月，既往著作均未刊布过，这不仅可对《张之洞全集》进行补遗，亦可为二人交往及相关研究提供新的史料。现据时间先后，逐录信札文字，略加考释。

---

[*] 2016国家社科基金重大项目"俄藏中文古籍的调查编目、珍本复制与整理研究"，16ZDA180。
[①] "仲饴"，本册封面误题为"仲诒"。

一、第一通信札考释

仲饴仁兄亲家大人阁下：

平皋近接，善政频闻。缅想芝辉，时深藿悰。辰惟鸿猷日懋，豸绣春稣。清标励白水之澂，特简荷丹霄之宠。真除指日，翘颂临风。

襄阳毘连贵治，边界素为匪徒出没之区，上年商定会哨章程，得执事与季芬①镇军，督饬文武兵役，实力巡缉，遇有缉捕事宜，互相协助，威棱远播，伏莽潜消，俾两境边氓，无惊桴鼓。迩闻襄阳一带，盗案颇稀，日臻静谧，窃幸北门之无警，实叨东壁之分光，遥听之余，莫名感佩。弟欣逢黍律，祗益薪劳，建树无闻，樗庸可愧。所幸楚境地方均臻安谧，去冬收成颇好，目前春雨应候，农事方兴，气象尚属绥和，堪以告慰锦注耳。

兹属朱少桐②观察，专使驰书奉候，敬达谢忱。附寄楚产四事，尚希莞存为幸。肃泐，敬请台安，诸唯爱照不备。

姻愚弟张之洞顿首

按，此札共268字，红色信纸，楷体写就，首页署"光绪甲午年（1894）三月十一日到"。吴重憙（1838—1918），字仲饴、仲怿，号蓼舸、石莲，晚号石莲老人，室名石莲庵，山东海丰（今无棣）人，系清代著名金石学家吴式芬③次子、

---

① 崔廷桂（？—1900），字季芬，江苏铜山（今属徐州）人，清末名将，同治二年（1863）始调援河南汝州，同光年间，回翔河南河北、南阳、归德三镇总兵二十余年，时任南阳镇总兵。参见（民国）《铜山县志》卷55，《人物传》第3页下—5页上，1926年刊本。

② 朱其煊（1839—1915），字少桐，浙江萧山人，朱凤标之子，荫生。历任工部郎中、湖北荆襄兵备道、福建按察使、山东布政使等职。

③ 吴式芬（1796—1856），字子苾，号诵孙，海丰吴氏第十七世孙，历任翰林院编修，江西南安知府，广西右江道，河南按察使，直隶、贵州、陕西布政使，官至内阁学士兼礼部侍郎衔，出为浙江学政，是著名古文字学家、金石学家。参见孙才顺、韩荣钧《清代海丰吴氏家族文化研究》第100页，中华书局，2013年。

陈介祺①之婿，为"海丰吴氏"第十八世孙。同治元年（1862）举人，历任工部郎中，河南陈州知府、开封知府，署河南南汝光道道员，江苏江安督粮道，福建按察使，江宁、直隶布政使，护理直隶总督、北洋大臣，住沪电政大臣，仓场侍郎，江西巡抚，邮传部侍郎，河南巡抚等职。清亡卸官后寓居天津，专心辑录、校刻家集。著有《石莲庵诗文集》《石莲庵词》《律步联吟集》，编有《吴氏诗存》《吴氏文存》《吴氏世德录》《吴氏试艺》等。

信的抬头张之洞称吴重憙为"亲家大人"，落款称"姻愚弟"，二人实非儿女亲家，然张之洞所属直隶南皮张氏家族与吴重憙所属山东海丰吴氏家族存在多重姻亲关系。海丰吴氏第十五世孙吴之勷②女嫁与张志咏③，吴之勷子吴衍曾嗣女嫁与张修育，吴重憙女适张之渊子、张之洞侄张彬，吴重憙四子吴峥配南皮张氏，故二人以"亲家"相称。此外，光绪二年（1876），张之洞娶福山王懿荣之妹王懿娴（1857—1879）为继配，而吴重憙与王懿荣为中表亲④，又王懿荣女王崇焕嫁与吴重憙次子吴封⑤（1864—1921），故张之洞与吴重憙之间的姻亲关系又增加一重。

此札署"光绪甲午年（1894）三月十一日到"，张之洞时年五十八，任湖广总督。吴重憙时年五十七，署任河南南汝光道⑥道员，其职掌带有督巡、

---

① 陈介祺（1813—1884），字寿卿，一作受卿，号簠斋，别署齐东陶父，晚号海滨病史，山东莱州府潍县人，著名金石学家，著有《吉金文释》一卷、《十钟山房尺牍》十册、《簠斋笔记》《家塾五言记》《诸经训释》《诗经论文》《说文统释》《汉书地理志校释》等。参见《清代海丰吴氏家族文化研究》第327—328页。

② 吴之勷（1754—1828），字翊臣，号淦崖，乾隆四十四年（1779）恩科举人，系吴重憙曾祖父，撰有《雪堂宝砚记》《雪堂宝砚歌》，为吴家后世金石学研究打下了基础。参见《清代海丰吴氏家族文化研究》第358页。

③ 张志咏（1785—1850），原名志宁，字幼于，号藕舲，举人，仕至湖南按察使。参见《清代海丰吴氏家族文化研究》第329页。

④ 吴式芬从父吴扶曾娶福山乾隆戊子举人、山西平阳府同知王钟泰女。参见《清代海丰吴氏家族文化研究》第316页。

⑤ 《清代海丰吴氏家族文化研究》第304页。

⑥ 该道驻信阳州，民国改为"豫南道"，故《重修信阳县志》中载"吴重憙，字仲诒，山东海丰举人……光绪十九年观察豫南"，"观察"即对道员的尊称。参见《重修信阳县志》卷21，《职官志》2第15页下，1936年铅印本。

监察色彩①，而当时监察、执法官官服一般绣有獬豸图案，故称"豸绣春酥"，又因吴重憙当时只是署任，故称"真除指日"，表达对吴氏实授官职的祝愿及期许。

张之洞此札主要对吴重憙于湖北、河南两省合力缉拿盗匪一事所做贡献表示感谢。襄阳地处湖北北部，毗邻吴重憙所辖地域。当时湖北、河南二省接壤处盗匪猖獗，为此，光绪十八年（1892）九月，河南南阳镇总兵崔廷桂、署河南南汝光道道员吴重憙、湖北安襄郧荆道道员朱其煊会同湖北提督程文炳，商定鄂、豫二省《会缉章程》，约期会哨，合力缉拿盗匪，以遏乱源。随后，崔廷桂、吴重憙、朱其煊三人会禀张之洞。同年十月二十一日，张之洞咨河南抚院并附修订版《鄂、豫两省会缉章程》②，其主要内容可概括如下：第一，两省驻扎军队须与地方官每一两月会哨一次，互通匪讯，合力缉拿，不得推诿；第二，购线③要不分地域，不拘身份，照章给赏，量才录用；第三，捕役通贼，如在邻封，应勿拘情面，实事求是；第四，重视保甲，论功行赏，倘徇隐不报，则惩责治罪；第五，遇有以江湖会煽惑愚民、影响恶劣者，应不分畛域，协力缉捕，如系被诱被胁、情节较轻或能悔罪自首者，从宽处置。此《章程》施行月余，是年十一月二十五日，张之洞又在《札知州宋熙曾等专办沿边州县缉捕事宜》中，欲委派湖北兴国州知州宋熙曾为专员，"专其责成，假以事权，辅以兵力"④，总办湖北北路襄阳、光化、随州、枣阳、应山五属缉匪事宜，并派风字马队中营营官副将刘恩荣、尽先守备罗心溶协助，力求"以靖边境而弭乱阶"⑤。十二月初七日，张之洞又联名湖北巡抚谭继洵，就委派宋熙曾、刘恩荣等文武专员办理湖北北路沿边缉匪事宜上奏⑥。由此也反映出张之洞在省域边界防务上主张团结协作、知人善任、奖优罚怠的思想。从以上奏折、咨札、章程中，不难想见当时二省合力缉匪的必要。在河南方面吴重憙、崔廷桂等人的协助下，二省合力缉拿盗匪一事犹有成效，故信中称"威棱远播，伏莽潜消，俾两境边氓，无惊桴鼓"。而襄阳一

---

① 杜家骥《杜家骥讲清代制度》第 39 页，天津古籍出版社，2014 年。
② 参见赵德馨主编《张之洞全集》第 5 册《公牍·咨札》第 384—385 页，武汉出版社，2008 年。
③ 意即征求破案的眼线。
④ 《张之洞全集》第 5 册《公牍·咨札》第 387 页。
⑤ 《张之洞全集》第 5 册《公牍·咨札》第 387 页。
⑥ 参见《张之洞全集》第 3 册《奏议》第 54—55 页。

带,从"盗案颇多"变成"盗案颇稀,日臻静谧"。湖北北路静谧的同时,实际也对河南南部的治理颇有益处,故称"窃幸北门之无警,实叨东壁之分光",肯定了吴重憙为此事所做的贡献,最后还"附寄楚产四事"以表感谢。

鄂、豫二省实行会缉制度之后,盗匪日稀,社会更加安定,也给农事生产创造了有利条件。张之洞在信中称"去冬收成颇好","去冬"指光绪十九年(1893)冬。楚地以水稻为主要粮食作物,晚清实行粮食"收成分数"制度,要求巡抚按时上奏所辖州县粮食收成分数。

光绪十七至十九年(1891—1893)湖北中、晚稻收成分数数量表①

年份	分数														
	9+	9	8+	8	7+	7	6+	6	5+	5	4+	4	3+	3	3-
1891	2	0	3	6	6	8	13	6	9	5	4	4	0	0	0
1892	3	1	4	2	11	9	10	10	8	4	2	2	1	1	0
1893	2	0	7	5	7	11	13	10	5	3	3	2	0	0	0

由上表可知,湖北种植中、晚稻的68州县(1891年为66州县)中,其中6分及以上者,1891年有44州县,1892年有50州县,1893年达55州县;5分及以下者,1891年有13州县,1892年有10州县,1893年只有8州县。从中、晚稻收成分数来看,光绪十九年(1893)确是三年以来最好的年份,除了自然因素以外,这与社会安定也有一定的关系。信中又称"目前春雨应候,农事方兴,气象尚属绥和","目前"即指光绪二十年(1894)三月,是年四月二十一日,湖北巡抚谭继洵《恭报湖北省光绪二十年三月份雨水粮价地方情形摺》云:"是月分晴雨相间,江汉水势渐长,秧苗播种,二麦结实,

---

① 此表数据源自谭继洵、张之洞二人的奏折,依次为光绪十八年(1892)三月二十六日谭继洵奏《查报湖北省光绪十七年中晚二稻收成分数折》、光绪十九年(1893)二月二十七日谭继洵奏《查报湖北省光绪十八年中晚二稻收成分数折》(参见贾维、谭志宏编《谭继洵集》上册《奏议》1第95—135页,岳麓书社,2015年)、光绪二十年(1894)二月十八日张之洞奏《查报湖北光绪十九年中晚稻收成分数折》(此时张之洞署任湖北巡抚,故由其上奏收成分数。参见《张之洞全集》第3册《奏议》第170页)。

粮价较上月互有增减，地方民情悉臻安谧。"① 亦可印证张之洞之言。可见此札也为研究晚清湖北农业、气候等相关问题提供了新材料。

二、第二通信札考释

仲饴仁兄亲家大人阁下：

顷奉惠函，猥以贱辰，仰荷远道专使，宠赐多珍，感愧无似。藉谂新猷丕焕，慰符遥祝，谨拜登楹联、西酒两种，锦屏已谨录大文。因来使述命，谆谆再拜登谢，余珍一律敬璧。专肃申谢，祗请勋安，复贺秋禧。不尽。

姻愚弟张之洞顿首

按，此札共97字，行楷写就，首页署"光绪三十二年（1906）十月初九日到"，所用纸为"师竹友梅馆"②红色信纸。吴重憙时年六十九，任江西巡抚③。张之洞时任湖广总督，此年八月初三日正值张之洞七十寿辰，故自谦道"猥以贱辰"。张之洞在信中主要对吴重憙所赠寿礼表示感谢。具体有何寿礼已无法尽详，不过信中称"谨拜登楹联、西酒两种，锦屏已谨录大文"，可见至少有"楹联""西酒"（洋酒）以及"祝寿诗文"之类，其余寿礼想必过于贵重，张之洞仅收下了楹联、西酒两种，亦过录了诗文，其余全部奉还。

关于张之洞拒收寿礼一事，张之洞六十生辰时还发生了一段小插曲。光绪二十三年（1897）八月初三日是张之洞六十生辰，八月十六日《申报》"拓湖浪谷"一条下，有"初三日为湖广督宪张生辰，属员驱辕祝嘏者，设宴一百八十二席款之。粤绅馈电光烟水制万民伞数柄，精巧绝伦"云云④。八月

---

① 《谭继洵集》上册《奏议》2 第186—187页。

② 师竹友梅馆位于湖北武昌察院坡，清光绪初年旺川曹其瑞（字庸斋）创设，初名"曹庸斋笔墨庄"，后改"师竹友梅馆"，主要经销徽墨、湖笔及文具用品，兼营装裱业，堂轴联屏，拓裱精良，得文人墨客青睐。参见绩溪县地方志编纂委员会编《绩溪县志》第447页，黄山书社，1998年。

③ 光绪三十二年（1906）正月授仓场侍郎，六月授江西巡抚，十一月授邮传部侍郎。参见《清代海丰吴氏家族文化研究》第248页。

④ 参见吴剑杰编著《张之洞年谱长编》（下卷）第515页，上海交通大学出版社，2009年。

二十八日，曾为张之洞幕僚梁敦彦①致电上海道经元善②促申报馆，要求更正有关张之洞寿庆的不实报道。梁敦彦表示：

> 本年帅以时势多艰，尤为深自谦抑，预期持牌示喻文武巡捕，一概不准馈送礼物。寿辰之日，属员来辕祝嘏，不特未设一宴款接，且并未出见一客受贺，即署内文案委员亦未得见。所有礼物，一概未收，即寿帐寿联，亦全数璧还，依照汤文正故事，录其诗文，还其屏联。至电光烟火水制万民伞，更不知何物，并无其事。此不特彦一人所目睹确知，抑亦合省官民所共仰也。不知《申报》如何讹传，失真至此，支离太甚。③

时值甲午战败，中日签订《马关条约》，背负巨额赔款，加之清廷腐败，匪患不绝，内忧外患，可谓"时势多艰"，主政一方的张之洞对此更有切身体会，六十大寿时，以不设宴席、拒收寿礼的方式来杜绝奢靡之风。汤文正即汤斌④（1627—1687），字孔伯，号荆岘，晚号潜庵，河南睢州（今睢县）人，官至工部尚书，卒谥文正，撰有《洛学篇》《潜庵语录》《汤子遗书》等。汤斌是清初有名的廉吏，有人为其祝寿，知其不会接受名贵礼品，便托人写了祝寿诗文，制成屏风作为寿礼。汤斌向来喜好诗文，于是派人将诗文抄录下来，把屏风仍然退还。张之洞"录其诗文，还其屏联"之举即效法汤斌。此信称"锦屏已谨录大文"亦是如此，张之洞过录了吴重憙所赠祝寿诗文，仍将锦绣屏风奉还。张之洞对待"亲家"吴重憙尚且如此，更何况下属官员。由此，此信一定程度上可为梁敦彦之言提供旁证，揭示《申报》的不实报道，同时也展现出张之洞提倡清廉、反对奢靡的为官之道。

---

① 梁敦彦（1857—1924），字崧生，广东顺德人，清政府所派第一批留美幼童，历任汉阳海关道、天津海关道、外务部右侍郎、外务部会办大臣兼尚书、会办税务大臣、弼德院顾问大臣等职。后曾任北洋政府交通总长。1917年参与张勋复辟，任"外务部尚书""议政大臣"。曾为张之洞幕僚。参见李盛平主编《中国近现代人名大辞典》第653页，中国国际广播出版社，1989年。

② 经元善（1840—1903），字莲珊，浙江上虞人，光绪八年（1882）任上海电报局总办。参见郑天挺、荣孟源主编《中国历史大辞典·清史卷》（下）第493页，上海辞书出版社，1992年。

③ 《张之洞年谱长编》（下卷）第515页。

④ 参见瞿冕良编著《中国古籍版刻辞典》第266页，苏州大学出版社，2009年。

三、结　语

　　总括而言，俄藏张之洞致吴重憙佚札两通，其内容主要涉及张之洞与吴重憙之间的政务沟通和日常交往。一方面，反映了张之洞任湖广总督期间，协同河南有关力量，制定《会缉章程》，合力缉拿盗匪一事，体现出他主张团结协作、知人善任、奖优罚怠的省域边界防务思想。这也为清代基层防务研究提供了一个切入点，设立"会哨（会缉）制度"在当时并非个例，那么这一举措在清代社会治理中的成效及影响如何，还值得深究。另一方面，张之洞拒收寿礼一事，一定程度上也展现其提倡清廉的为官之道。可以说，这两通佚札为研究张之洞及吴重憙二人的生平交游、晚清河南、湖北边界防务及湖北农业、气候等提供了新史料。2008年，赵德馨先生主编的《张之洞全集》由武汉出版社出版，可谓目前资料最翔实的版本，但由于张之洞此两通信札远藏俄罗斯，不易被发现和获取，难免致其遗漏。赵德馨先生在该书《前言》中也提道："张之洞的文献仍在不断被发现或披露中，看来，将来编辑《张之洞全集补遗》，势在必然。"① 显然，张之洞致吴重憙的两通佚札应当收入《补遗》之中。此外，《仲饴辑存书札》中另有吴重憙亲友致其书札计60通，包括松寿、邵松年、阮汝昌、王懿荣、任道镕等人，绝大部分未曾刊布，是研究吴重憙生平交游和晚清史事的珍贵资料，尚有待深入挖掘。

（李兵　山东大学儒学高等研究院博士研究生）

---

① 《张之洞全集·前言》第2页。

日藏孤本《月令采奇》考

刘 博

摘 要：《月令采奇》由明代李一楫编纂，刊于万历四十七年（1619），清代该书在我国就已经亡佚。经查，日本内阁文库珍藏着一部保存完好的万历本《月令采奇》，通过对其版本的考订，可知该书在刻成后不久便传入日本，经过昌平坂学问所、浅草堂文库，传至内阁文库，递藏有绪。该书内容充实，体例精当，对节日研究、民间信仰研究、文献辑佚等都具有较高价值，是一部珍贵的海外孤本。

关键词：《采奇》 编纂 流布 文献价值

《月令采奇》四卷（以下简称《采奇》），明李一楫纂，刊于万历四十七年。清康熙时期著名学者朱彝尊和李光地[①]等都曾断言该书当时已经亡佚，《（光绪）嘉应州志》中也注明该书"未见"，而《中国古籍总目》和我国各大图书馆古籍目录中该书也均无著录，可知该书在我国亡佚已久。随着现代国际汉学研究深入，台湾学者首先在日本内阁文库发现了一部保存完好的万历本《采奇》[②]，属海内外仅存孤本。国内已不少学者意识到其学术价值，夏日新、魏向东、常建华等都曾引述过其中内容。目前对该书的研究只有张勃的《〈月令采奇〉及其岁时民俗文献价值》一文，该文比较侧重对《采奇》民俗学方面的介绍，而关于它的版本情况、刊刻流布以及学术价值，尚无系统研究，希望通过全面研究将这部珍贵的海外孤本介绍给学界使用。

---

* 本文系国家重点文化工程"全球汉籍合璧工程"阶段性成果。
① 朱彝尊《经义考》卷一百四十九，李光地《御定月令辑要》卷二十四。
② 1970年台北艺文印书馆曾影印该本，并收入《岁时习俗资料汇编》丛书。

一、《采奇》版本述略

日本内阁文库藏明万历本《采奇》，番号"汉 9058"，两册，半叶九行，行十八字，白口，单鱼尾，四周单边，书口上端题月份，版心题卷数，下端标页数。前有李光缙、郑维岳、黄文炤三篇序文，卷末有吴亮朱跋文。各卷卷首第一栏题"月令采奇卷之某"，第二栏题"晋江县学司训粤人李一楫纂"，次题七位校阅人。卷首钤方形白文印"日本/政府/图书"和长方白文印"浅草文库"，卷末钤长方白文印"昌平坂/学问所"，长方白文印"文政丁亥"，方形白文印"披砂①"。

《采奇》各卷的不同部位标有刻工姓名，序文第十一页书口下端小字题"蔡刻"，第一卷卷首书口下端小字题"林苍书，余宇②梓"，第二卷卷首书口下端小字题"蔡俊刻"，第三卷卷首书口下端小字题"陈弘刻"，第四卷卷末书口下端小字题"陈弘刻"。第一卷卷首所题"林苍"应该是整部书的书手，与"余宇"并题，应该是因为处于第一卷，"余宇"并非整部书的刻工，而是第一卷的刻工，第二卷的刻工为"蔡俊"，最后两卷的刻工为陈弘，序文刻工为"蔡"。这些刻工信息是宝贵的文献资料，对明代泉州地区刻书活动研究具有重要价值。

刻工"陈弘"应该是泉州府匠班的主要刻匠之一，在李一楫好友何乔远的《闽书》中他承担了十八卷的任务，名字还题作"泉州府陈弘""泉州陈弘""泉陈弘""陈弘""泉弘""弘"等。《闽书》成于万历四十八年（1620），随后陆续刊刻，至崇祯四年（1631）全部完成，它与《采奇》刊刻的年代和地点十分相近，所用的刻工也多有重合。而内阁文库本的《采奇》刻印精良，没有任何翻刻、补板的痕迹，应该是一部保存完好的初刻本，尤为珍贵。

二、编纂与流布

《采奇》是如何编纂的，什么时间传入日本，又如何入藏内阁文库的？要解决这个问题，就必须对《采奇》的编纂和流布进行梳理。

---

① 印文作左"氵"右"砂"，应该是"砂"字的异体字。
② 字形亦像"字"字，难以辨认。

（一）编撰缘起

李一楫（1555—1624），明潮州府程乡县松江①人，万历贡生。他品行高尚、学识渊博，受到当时士大夫阶层的普遍肯定，素以刚正不阿闻名的何乔远②曾赞扬他："慷慨高明，学问淹贯，卓然有志于圣贤之道。"③ 李一楫曾屡试不第，于万历三十八年（1610）出贡任晋江训导，至1619年《采奇》出版之时，他一直都在晋江。调离晋江四五年后去世，所以"晋江司训"任上是他仕途中最重要的一个阶段。在此期间他交游广泛，《采奇》卷首胪列的七位校阅人都是当地的知名文人。尤其是何乔远，他早岁考取进士，后来辞官里居20余年，李光缙、黄文焰等都是他的学生，而他们都与李一楫交好。由此可知，李一楫在晋江交往的主体应该是以何乔远为核心的晋江文士团体，《采奇》的校阅和刊刻得到了他们较大的帮助。

李一楫编纂《采奇》的动机在李光缙《序》中有所言及：

> 闻之先生，蚤岁治博士家言，喜观古人书。客有语先生读《吕氏春秋》者，曰："是书当秦世，悬之国门，予千金，人莫增减一字。"先生亟取读之，心知无奇，第秦法重，国人畏威，箝口无敢雌黄耳，书则可增减多矣。于是……先生意亦欲以补吕览春秋之所未备，而破其千金不增减一字之说。④

欲与《吕氏春秋》争高下，补其未备，是李一楫编纂《采奇》的动机。这一说法是李光缙"闻之先生（李一楫）"，真实可靠，但可能因为科举考试等原因，早年未能实现。所以，吴亮朱在《跋》中记述道：

> （李一楫）连上七科不第，叹曰："天之扼我乃尔耶？"遂图不朽竿，

---

① 今广东省梅州市梅县松口镇。
② 何乔远（1558—1631），字穉孝，或称稚孝，号匪莪，晚号镜山，明代晋江人，杰出的方志史学家。万历十四年（1586）进士，除刑部主事，历礼部仪制郎中。万历二十四年（1596）告归。里居二十年余年不仕。天启元年（1621）重新启用，以户部右侍郎致仕。著述有《名山藏》《闽书》等，颇行于世。
③ 明崇祯刻本《闽书》卷五十四。
④ 明万历四十七年刻本《月令采奇》卷一（以下注用简称）。

投禅刹方丈，自经史子集、天文地志，垍震旦内典、苦县漆园、列仙玄箓、孤树草木、稗官小说，搜罗披沥者七越祀，关世教者悉采，汇辑成稿，藏之书楼。独此稿携入吾泉，呈与吾乡缙绅先生阅。①

七试不第、心灰意冷，在这样的情况下，李一楫发奋著述，七年完成《采奇》，定稿后藏之书楼，并未公布刊行。后来，他赴任晋江司训时携带了一部手稿，并将其赠予晋江文士们阅览，受到士林的一致称赞，于是在晋江士人的帮助下，《采奇》得以刊行。

（二）编纂体例

清代学者李光地对《采奇》的体例评价颇高："李巨川《采奇》一编，季有总序，月有月令，日有杂记，而又附以五行生旺、调摄、占候诸说，体例颇可观采。"《采奇》全书分四卷，一卷为一季三个月，各卷体例基本一致。第一，四季总叙为总纲，先是"解题"，一般援引《礼记》《尚书大传》《汉书·律例志》等，对该季节名称由来，天时物候变化进行解说。然后，再总结该季不同的别名，以及所对应"景、时、草、木、风、音、臭"等。最后，多引《金匮要略》《养生论》等医学养生著作，教人应季养生之道。第二，十二月令外加"中央土令"为细目，一般先从天文历法方面对该月的两大节气进行解释。然后，以"命曰"发端，归纳本月的别名。随后，以五日为一个周期，总结每隔五日的自然物候变化。最后，归纳天子王政，以及农业生产、生活的各种注意事项。第三，"逐日杂记"是主体内容，将每个月从初一到三十的每一日逐一记录。一般先记当天的节日，随后，摘录历史上当天发生的重要事件。个别特殊的日子，会有一些民间宜忌的内容等。另外，《采奇》收录的不仅是天子、王政的相关内容，还有大量民俗、民谚、占候、养生之类的文献，对研究古人生活有直接的参考价值。

（三）在日本的流布

《采奇》刊于1619年，吴亮朱《跋》中记载是李一楫"索赀家橐，爰付剞劂焉"②，可知《采奇》是家刻本，当时印数应该较少，所以流传不广。加之刊刻于明末，经历了明清易代的战乱，导致存世稀少。朱彝尊是有清一代

---

① 《采奇》卷四。
② 《采奇》卷四。

著名藏书家和学者，他完成于康熙三十八年（1699）的《经义考》中就记载："李氏巨川《月令采奇》，佚。"① 他当时都未见《采奇》，可见该书当时已十分稀见。内阁文库本的这部《采奇》很可能就是在1619—1699年这个阶段传入日本的。

《采奇》的四枚藏书章分别是："日本政府图书""浅草文库""文政丁亥""昌平坂学问所"，并无中国藏书章，说明该书在刻成后不久便传至日本，基本没在中国流传。从藏书章的先后顺序可知，该书最早是由昌平坂学问所收藏。"昌平坂学问所"始于日本宽永十年（1630），林罗山在上野忍冈开设书院……学问所的藏书首先便是林罗山开山传下，经林氏后代补益的汉籍。②《采奇》应该是林氏早期收集到的汉籍。"文政丁亥"是文政十年（1827），这一年可能对该书进行了一次整理，具体情况不得而知。明治八年（1875），东京设立了官办图书馆名为浅草文库，"浅草文库"印③就是当时的藏书章，林氏昌平坂学问所的一批藏书归入了浅草文库，《采奇》正在其中。明治十七年（1884）浅草文库改名为"太政官文库"，"日本政府图书"印是此时的藏书章。明治十八年（1885）废太政官，成立内阁，又更名为"内阁文库"，《采奇》在此存藏至今。

综上，《采奇》在日本的流传线索比较清晰，明末清初传入日本，先被昌平坂学问所收藏，再转入浅草文库，递藏至内阁文库，承传有序。一直在图书馆系统内流传，所以保存十分完好。

三、文献价值

李光缙如此评价《采奇》的价值："是书出，使贤知之人读之，可以昭昭修德；使愚不肖之人读之，不至冥冥举事；使上之人读之，可以茂对时育物之政；使下之人读之，不致犯非时妄作之令。其于开物成务、诱知破愚至矣。"④ 李光缙将《采奇》的受众一分为二进行评价，是因为该书不仅是一部

---

① 朱彝尊《经义考》《四部备要》本，第784页，中华书局、中国书店，1989年。
② 严绍璗《汉籍在日本的流布研究》第230页，江苏古籍出版社，2000年。
③ 根据日本学者植松安氏的统计，浅草文库在日本历史上曾出现过五次。《月令采奇》卷首这枚楷书双边长方朱文印，特征明显，是明治八年的浅草文库藏书章。
④ 《采奇》卷一。

学术著作，还是一部实用性很强的日用书籍，能直接地反映古人生活状况和思维世界，具有很高的研究价值。

（一）完整展现了我国古代的节日体系。李一楫将当时全年节日几乎搜罗殆尽，并附上了与节日相关的具体文献，其中既有春节这样的传统节日，也有冬至这样的时令节日，灌佛节这样的宗教节日，还有传柑节这样的民俗节日。这一节日体系对于我国传统节日研究意义非凡，它的完整性和系统性尤为重要，为传统节日的历史演进研究提供了一个标杆和参照。另外，《采奇》中关于节日的传说、民俗和仪式等十分丰富，是传统节日研究的重要资料，也是《采奇》目前被关注最多的内容。

（二）保留了大量民间信仰研究的一手材料。《采奇》中包含了大量民间信仰的内容，其实用性决定了它能够更贴近古人生活，更真切地反映我国民间信仰混杂的崇拜谱系。其中最值得的注意的是有大量修道、飞升的内容，这充分反映出道教在民间信仰中的重要地位。道教作为本土宗教，虽然遭受过外来宗教的强大冲击，也发生了不少内部改造，但是在民间社会，它仍然展现出了强大的生命力。另外，《采奇》中"占候""杨公忌日"等保留了大量民间"巫俗"，这些内容是原始宗教在民间的遗存，"百姓日用而不知"，大到婚丧嫁娶，小到出行沐浴，都会根据这些既定"规则"，择良辰吉日进行。从《采奇》来看，这些所谓迷信的内容，在古人的意识中与"农占""农谚"无二，都是一种经验的总结。区别在于农谚可以验证，而占候则显得玄虚不明。弄清这套"规则"是如何制定的，以及"规则"背后有着怎样的信仰根基和思维模式，关系到民间信仰研究的根本性问题。《采奇》中的这部分内容比较集中，可以据此作系统分析。

（三）为明代日用类书研究提供新角度。明代通俗日用类书刊刻十分兴盛，大多是商业性的。时令著作是其中的一种常见类型，其内容一般比较程式化，并且不断沿袭，是民间社会生产生活的重要参考。《采奇》是非营利性的家刻本，刊刻数量不多，其内容不迎合市场，与其他商业性的日用类书面貌明显不同。因为《采奇》主要针对士人群体，加之李一楫具有较好的学术修养，所以比坊刻的日用类书在内容和体例上都显得更为精良，受到当时士人的普遍赞赏，这是李一楫付出大量心血的结果。在明代大量编纂日用类书的风潮下，《采奇》是家刻日用类书中很具代表性的个案，这是一种重要的文化现象，该类型书的编纂动机，针对群体，以及如何运作等问题，都需要深入研究。

（四）具有辑佚价值。《采奇》征引了大量文献，并且基本都注明了文献来源，据统计，其中已亡佚的典籍或篇章如下：《法天生意》《下宽大书》《裴玄新语》《四海月令》《易通卦验》《珠囊隐诀》《五行书》《壶中录》《秦中图经》《传异记》《汲冢新书》《摄生方》《月令忌》《百一歌》《济世仁术》《养生仁术》《梅实占秋》《大慧禅师浴佛赞》《佛运统纪》《佛池论》《释苑宗规》①《冯氏口谭》《月令纂要》《白云杂记》《保命诀》《时序杂录》《续齐谐记》《长生要论》《救民方》《四时占候》《仙志戒》《历忌释》《摄生要术》《神仙感遇集》《世王传》《秘阁闲话》《修行记》《正一要旨》《常氏日录》《唐逸史记》《义鹓鶵记》《述仙记》《续晋志》《苏续志》《袜铭》《汉杂记》《察时要诀》《魏台访议》《汉旧仪》《黄帝占》《禁忌篇》《真常子养生歌》《春秋合城图》《关令尹喜内传》《竹书丛杪》《玉海记》。还有另外一种情况，原书虽已亡佚，但后世有辑本留存的有：《荆楚岁时记》《岁时杂记》《千金月令》《齐人月令》②《月令章句》《五经要义》《负暄杂录》《春秋说题》《春秋运斗枢》《春秋元命苞》《河图帝通纪》《春秋考异》《物理论》《食医心镜》③。由于《采奇》亡佚较早，以上多为清人的辑本，所以没有从《采奇》中直接辑出的文字，所以《采奇》也能对清代的辑佚著作有较大补充作用。

结　　语

综上，《采奇》是我国民俗月令著作中十分精善的一部，内容包罗宏富，材料精心裁剪，纲举目张，要言不烦。它充分展现了我国古人顺应自然，随时而动的生活理念。因其贴近民用，可以为节日研究、民间信仰研究、文献辑佚等提供较为直接的文献资料，是一部具有重要学术价值的海外孤本，值得学界重视。

（刘博　山东大学儒学高等研究院，博士研究生）

---

① 与《采奇》中的《禅院宗规》应是一书。
② 《四民月令》的误称。
③ 书名有误，应是《食医心鉴》。

日本内阁文库藏孤本《金谷奇芳》考述*

刘迎秋　刘宗棠

摘　要： 日本内阁文库所藏《金谷奇芳》一书，明万历十八年赤心子编，国内缺藏，该书为毛利高翰旧藏，刻工精美，品相优良，为明末通俗类书代表之一。其内容上雅俗共赏、题材广泛，形式上分类编纂、方便实用，来源上复杂多样、兼收并蓄。文中附有丰富插图，随文附有作者评语，对作品主旨、作者、出处、选文目的、感想等进行交代，且部分篇章他书未见，在明末通俗类书、底层士人思想观和普通市民兴趣取向研究方面有一定的文献史料价值。

关键词： 内阁文库　明末　孤本《金谷奇芳》

日本收藏中国古籍的机构甚多，以国立公文书馆内阁文库、宫内厅书陵部、静嘉堂文库等为代表，藏书颇丰，其中不乏孤珍稀善之本。在内阁文库中便藏有一部明万历间所刻《金谷奇芳》，查《全国古籍普查总目》、国内各大高校及图书馆书目以及历代公私书目，均未见著录，更未见有存藏，应为海内外孤本。该书分类纂集历代歌赋曲诗、吟行词联等各类文体440余篇，计5万余字，体例整饬，内容丰富，为明末存世不多的通俗类书[①]之一，亦为目前所知存世最早的通俗类书，故特撰此文向国内读者略做介绍，以就教于方家。

---

* 本文系国家重点文化工程"全球汉籍合璧工程"研究成果之一，该书为属工程影印回归书籍之一。民国时董康在其《书舶庸谭》内阁文库明版小说戏曲部分曾提及《金谷奇芳》一书，疑其为《金谷奇芳》。见董康著，朱慧整理《书舶庸谭》第14页，中华书局，2013年。

[①] 孙楷第最早在1931年便称此类书为通俗类书，其后虽有一些不同意见，但目前获得了诸如郑振铎、袁行霈、谭正璧、刘天振、程国赋等多数学者的认可。

一、版本与作者

《金谷奇芳》凡四卷,全名《心日山房评释公余欣赏金谷奇芳》①,赤心子辑,万历十八年(1590)周氏大有堂周近泉刻,据《日藏汉籍善本书录》提要记载:"此本系仁孝天皇文政年间(1818—1829)由出云守毛利高翰献赠幕府,明治初期归内阁文库。卷中有'佐伯侯毛利高标字培松藏书画之印'等印记。"②据考证,此书原为佐伯藩主毛利高标所藏,文政十一年(1828),其孙出云守毛利高翰将其家藏的17000余种汉籍进献给江户幕府的昌平坂学问所③,此书亦在其列,后该批书又被收储入内务省浅草文库。1885年,日本内阁制建立后,浅草文库与德川幕府之红叶山文库合并成内阁文库④,故该书封面钤有"昌平坂学问所"的黑色印识,卷中序文首页从上到下钤有"日本政府图书""浅草文库"和"佐伯侯毛利高标字培松藏书画之印"等红色印识。该书保存完好,线装方式,整书纵横为26厘米×17厘米,其中板框为22厘米×13.5厘米。白口,上鱼尾,四周单边,有行格,半叶10行,行20字,版心注"金谷奇芳卷之一"。全书共四卷,每卷单独成册,每卷首页皆题有"心日山房评释公余欣赏金谷奇芳卷之二""羊城赤心子评选""绣谷周近泉删锓"。整书刻工精良,字迹清晰,配有多幅插图。

作者赤心子,应为编著者的笔名,生平籍贯皆无从考证。据《全国古籍普查登记数据库》《中华古籍书目数据库》所录,赤心子另辑录有多部书籍,皆为通俗性或实用性的类书。包括万历十三年明雅堂《四民利观翰府锦囊》八卷⑤,万历金陵世德堂《绣谷春容》十二卷⑥,明末陈长卿刻《更癸轩汇辑

---

① 成书稍早的金陵万卷楼本《国色天香》全名作《新刻京台公余胜览国色天香》,可以看出《金谷奇芳》有明显的模仿痕迹。
② 严绍璗《日藏汉籍善本书录》第1270页,中华书局,2007年。
③ 严绍璗《日本藏汉籍珍本追踪纪实》第130页,上海古籍出版社,2005年。
④ 黄仁生《中国文学古今演变刍议·中日汉籍的古今交流》第481页,东方出版中心,2014年。
⑤ 该书封面有郑振铎跋称:"此明代坊间编刊的日用书之一,亦是建本……"见《中华古籍资源库·子类书》,善本书号16696。主要内容为婚丧嫁娶、谢辞拜思等程序事项和文章言辞,分门别类,方便实用。
⑥ 关于《绣谷春容》的成书时间,郑振铎、王重民、俞为民、大冢秀高、魏子云、向柱志等皆有文章进行考证,多数认为成书时间在万历二十年前后,但至今未形成统一意见。

闲居笔记》六卷①等。赤心子在这几种书中的冠名也略有不同,有羊城赤心子、起北斋赤心子、抚东赤心子、羊洛敕里起北赤心子或更癸轩赤心子等多种称呼。《金谷奇芳》刻书者绣谷周近泉②,为金陵书林大有堂坊主,据王重民《中国善本书提要》及杜信孚《明代版刻综录》等书考证③,周近泉现存刻书共5种,最早为万历八年,最晚为崇祯初年。另据《中国古籍版刻辞典》④记载,《闲居笔记》刻者陈长卿自嘉靖末至崇祯末于苏州皆有刻书问世,由此可知,赤心子大致活跃于万历初至崇祯末年南京、苏州一带,以编辑整理实用性、通俗性书籍为生的底层普通士人。

二、内容与价值

(一) 主体内容特点

刘知几云:"窃以《书》列典谟,《诗》含比兴,若不先叙其意,难以曲得其情。故每篇有序,敷畅厥义。"⑤故欲知《金谷奇芳》一书梗概,应先观其序,兹整理序文⑥如下:

> 石季伦筑金谷园,恣赏玩也。园以金谷名,表富贵也。季伦富敌王侯,笔之野史,声之后人,偕妾绿珠,日游金谷。乃金谷者,景长春于八节,花不谢于四时,异卉争妍,奇葩挺秀,种种色色,夺目映晴。季伦日陶陶焉,乐于斯,赏于斯,靡有怠朝者,盖醉奇芳,自而留神金谷

---

① 张献忠《从精英文化到大众传播·明代商业出版研究》第133页,广西师范大学出版社,2015年。指出该书成书于天启年间,未知所据为何。

② 孙崇涛指出:"有论者谓'绣谷'为实指某一地名,误。'绣谷'之义,接近'书林',谓指绣刻书坊的汇聚之地,……凡是冠以'绣谷'者,皆属指坐落金陵三山街书坊最密集之所的书坊或者坊主人名。"见孙崇涛《中国戏曲刻家述略》第63页,《戏曲艺术》2005年第2期。

③ 傅承洲编《中国古代叙事文学国际学术研讨会论文集》第163页,中国民族大学出版社,2011年。

④ 瞿冕良编《中国古籍版刻辞典》第472页,苏州大学出版社,2009年。

⑤ (唐)刘知几撰,(清)浦起龙通释《中国史学要籍丛刊·史通》第79页,上海古籍出版社,2015年。

⑥ 该序文采用写刻方式,因作者个别字迹潦草,字形较难识读,故笔者专门就此请教刘心明教授,兹谨致谢忱。

也。余于暇日，博采群编，选辑诗、歌、辞、赋、吟、行、曲、联，续以文、论、传、书、篇、箴、铭、状、启，类分成帙，大肆要略，逐一品评，借以怡神，剞劂氏近泉闻而恳木，木成，因以《金谷奇芳》名编。意或是以供燕玩，而为寓内文人士，公余欣欣而乐赏者。时万历庚寅春月毂旦赤心子书于白下近泉精舍。

此序文虽短小，但却透露以下几点重要信息：一是书名来源，即晋石季伦（石崇）筑金谷园的典故①。二是编书目的，选辑有趣的文章并释评，为文人士子悠闲燕玩的娱乐读物。三是作品的类型和来源，主要包括诗歌词赋等多种文体②，博采群编而成。四是刊刻者和刊刻时间，为白下（周）近泉万历庚寅年所刻。

该书目录分歌、行、赋、曲、诗、词、吟、联八类③，部居类汇，层次分明。据其目录，该书共收录各类作品 375 篇，但根据实际收录的作品远不止此，因该书目录脱漏颇多，文中实际所录篇目为 444 篇，其中铭 4 篇，歌 32 篇，行 11 篇，赋 33 篇，诗 190 篇，吟 15 首，词 130 首，对联 28 篇，另外还有曲 1 篇。目录皆未著录作者姓名，词类亦未注明词牌名，而以春闺、钱塘、晚景、春恨、渔父等主题为目。

选文上有两大特点，一是内容上题材广泛、雅俗共赏。从风格上来说，有道德说教类的，如《劝孝歌》《明日歌》等。有戏谑类的，如《瞎子赋》《嘉靖嘲蒋阁老》等。有低俗类的，如《闺中十美》《妓馆留题》等；从对象上来说，有歌颂人物的，如《虞美人草行》《左丘明赋》等。有记述史实的，如《夫妻咏别》《安南咏萍》等。有歌咏爱情的，如《相思赋》《寄妻》等。有描述风物的，如《新月》《咏木墩》《扇赋》《梅花吟》等。另外还收录了20 多篇奇闻逸事的对联，十分有趣；二是时间上当朝为主，兼收前朝，上自

---

① 据《晋书》载，该园不仅有美人香草，且常有"二十四友"优游其间，作者以此来表示该书内容多彩、雅俗共赏

② 序言所说后面的其他文、论、传等文体，在赤心子编的《闲居笔记》和《绣谷春容》中皆有收录。

③ 铭类在目录中没有单独标出，该书正文的前四篇即为四首铭文《士大夫不可一日无此味》《士大夫不可一日无此心》《士大夫不可一日无此友》《士大夫不可一日无此君》，并分别配有插图，《绣谷春容》分别称其为《菜铭》《葵铭》《琴铭》《竹铭》，下文皆简称"四铭"。

汉代，下讫明代皆有收录，许多为名家名作或民间脍炙人口的作品，如汉代枚乘《美人赋》、扬雄《逐贫赋》，三国蔡文姬《胡笳曲》，唐代李白、白居易多人、南唐李煜，宋代苏轼、秦观、李清照、欧阳修、邵雍等十余人，明代作者作品最多，解缙为首，唐伯虎、宗子相、王阳明等皆有收录。此外，还有近四分之一的作品无法确定其作者与时代，如"四铭"、《劝学歌》、《丫鬟赋》、《秃指赋》等，但从风格上来看，多数为明代作品。

（二）文献价值

从版本价值上来说，该书为明末存世不多的通俗类书之一，刘天震曾指出："目前所知，明代娱乐性类书仅存六部：《国色天香》、《绣谷春容》、《万锦情林》、《燕居笔记》三种。"[①] 该类书最主要特点是"杂糅百家，谈文说艺，消遣时光，增广见闻"[②]。而随着国内外馆藏文献不断梳理，此类书籍也被陆续发现，如赤心子之《金谷奇芳》《闲居笔记》，胡文焕之《胡氏粹编》[③] 等，但总体数量不多。该书从书名到内容上对《国色天香》多有模仿，但亦有优长，如字迹清晰，版式简明，配有插图。比较二者所重篇章，可知《金谷奇芳》文本更加精良，并非抄袭前者[④]。此外，《金谷奇芳》成书虽晚于《国色天香》3年，但后者仅存万历二十五年重刊本，因此《金谷奇芳》为目前已知存世最早的俗体类书。《金谷奇芳》还保存了部分佚文，他书均未见，如《腊鸡诗》《咏娼老》《醉花阴（劝酒词）》《好事近（七夕词）》《少年游（春行即事词）》等。

考其文献来源，多数作品成类见于他书，如其三分之一以上作品《闲居笔记》和《绣谷春容》[⑤] 从顺序，至文本皆有雷同，但后两者所收录文章类型更多，说明它们或出自一个共同的底本，只是各书的侧重点不同。如《闲居笔记》首四篇文章为"四铭"，与《金谷奇芳》首四篇完全相同，文字也丝毫不差，行和吟类也完全相同，赋类、歌类、对联类也多数重合。《绣谷春

---

① 刘天震《明代通俗类书研究》第262页，齐鲁书社，2006年。
② 吴潇《晚明"杂志类"消闲文艺读物研究》第6页，上海师范大学硕士论文，2005年。
③ 向志柱《古代通俗类书与〈胡氏粹编〉》，载《古典文学知识》2008年4期。
④ 如较二者所录《菜铭》，可知《国色天香》讹误较多，如"官至公卿"作"宜至公卿"，"诚异刍豢"误作"谈异刍豢"，"真朴可扬"误作"真材可扬"，"饥馑徜徉"误作"饥时岁徜徉"。
⑤ 此两部书虽然出版时间晚于《金谷奇芳》，但是三者所用的底本相同，应为赤心子日常辑录而成。

容》主收艳情小说，兼收其他文体，《金谷奇芳》中上百首词多数与其小说中词序及内容相同，但加了标题。此外，有30余首诗摘自《明太祖文集》，近80首诗摘抄自《解学士文集》，有近30首词摘自《草堂诗余》①，近20首选自《花草稡编》等文集。最后，还有近四分之一的作品难晓出处。

赤心子之三书赋类目录对比表

书名	赋类目录	备注
《金谷奇芳》共32首	①美人赋 ②相思赋（二首） ③离别赋 ④怀思赋 ⑤采桑赋 ⑥落叶辞柯赋 ⑦梅花请名赋 ⑧落花赋 ⑩柳赋 ⑩荷花赋 ⑪麟赋 ⑫莺啭赋 ⑬憎蚊赋 ⑭病狗赋 ⑮白发赋 ⑯胡须赋 ⑰歪头赋 ⑱鬎疬赋 ⑲秃指赋 ⑳瞎子赋 ㉑毛里眼赋 ㉒唆讼赋 ㉓赌博赋 ㉔释惭赋 ㉕屏风赋 ㉖几赋 ㉗扇赋 ㉘逐贫赋 ㉙礼贫赋 ㉚丫鬟赋 ㉛昂藏赋	①②③④⑤⑥⑦⑧⑨⑩⑪⑫⑱㉕㉖为《绣谷春容》所无，共16首。①④⑧⑩㉑㉙㉚为《闲居笔记》所无，共7首。
《绣谷春容》共26首	①思慎赋 ②知止赋 ③知非赋 ④谦受益赋 ⑤释梦赋 ⑥昂藏赋 ⑦蠢子赋 ⑧逐贫赋 ⑨屈屈赋 ⑩释惭赋 ⑪唆颂赋 ⑫病狗赋 ⑬赌博赋 ⑭礼贫赋 ⑮憎苍蝇赋 ⑯憎蚊赋 ⑰白发赋 ⑱胡须赋 ⑲扇赋 ⑳歪头赋 ㉑秃指赋 ㉒瞎子赋 ㉓毛里眼赋 ㉔扇赋 ㉕丫鬟赋 ㉖顺风船赋	①②③④⑤⑦⑨⑮㉖为《金谷奇芳》所无，共9首。
《闲居笔记》共25首	①昂藏赋 ②释惭赋 ③逐贫赋 ④赌博赋 ⑤唆讼赋 ⑥相思赋（二首） ⑦落叶辞柯赋 ⑧梅花请名赋 ⑨歪头赋 ⑩鬎疬赋 ⑪离别赋 ⑫柳赋 ⑬麟赋 ⑭莺啭赋 ⑮憎蚊赋 ⑯白发赋 ⑰胡须赋 ⑱秃指赋 ⑲瞎子赋 ⑳扇赋 ㉑病狗赋 ㉒采桑赋 ㉓屏风赋 ㉔几赋	全部见于《金谷奇芳》

---

① 明毛晋曾说："宋元间词林选本，几屈百指，惟《草堂诗余》一编，飞驰几百年来……"见词苑英华本《草堂诗余》跋文。

值得注意的是，该书还随文配有插图 33 幅。书配插图由来已久，而明代则是插图书籍出版的最高潮，据曹之统计①，历代现存插图古籍有 4000 多种，明代就占大半，且晚明最为发达。《金谷奇芳》正处于这种大环境中，故难脱窠臼。该书插图从形式上看，每图占据半幅版面，顶部有四字题词以概括图义，如卷一各图分别题金谷奇芳、舜往于田、敏而好学等；从细节上看，人物景物线条清晰、浓淡相间，有一定的剖视感和立体感，同时人物的形态着装，背景的亭台楼阁、山石竹木都刻画细致，对于研究明代服饰、建筑特色有一定价值。插图与内容相互补充，相得益彰，如鲁迅所言："书籍的插图，原意是在装饰书籍，增加读者的兴趣的。但那力量，能补助文字之所不及。"②

（三）评释价值

该书最有特色之处，当为天头处赤心子随文释评，短者数字，长者百言。据统计，书中评语共约 240 条，涵盖了近 2/5 的篇章，以歌类、赋类、诗类评释最多。考其内容，大凡可分为六类：一是点明篇章或语句主旨，此类最多，如评《扇赋》"丰尔辞章，炼尔联偶。制扇之体，为扇之用，详悉靡遗。"评《与穿窬诗》"观文卿词，意不欲直拒之。且欲其教子孙不可为盗也。"二是注明选文目的，如注《唆讼赋》"录此以为教唆者戒。"注《赌博赋》"录此以为浮荡不务本者戒。"三是交代作者或作品背景，如注《乐学歌》"此王心斋作。"注《草书歌》"二歌俱解春雨笔。"注《减字木兰花》"以下觅莲集选。"注《长怨歌》"一妇病笃，久久不归，作此以寄。"注《下堂歌》"贞妇被谗，为夫弃逐，临别作此。"四是品评作品所用修辞，如评《今夕歌》"酷似风诗兴体。"评《相思赋》"四六雕龙，颇善体贴。"评《回文诗》四首"四诗按春夏秋冬四景，回文诗多忌牵强，四诗一字一句对合天然，佳作也。"五是释字词音义，如注《霜发歌》"金叵罗：'饮酒器也。'"注《劝孝歌》"告，音谷。"注《人月双圆诗》"射，叶亦。"注《桐叶题诗》"搦，音色。"最后还对某些异文进行注明，如注《寿星歌》"'未食'一作'未荐'，'白水'一作'白石'，'满自'一作'满任'。"等等。

这些评释大多言简意赅，能够简明浅切地把握作品主旨，并时有独到之见，有一定的文学鉴赏水平，亦可反映出明末底层士人的价值观和审美观。

---

① 曹之《明代图书编撰考略》，载《图书情报论坛》1999 年 3 期。
② 鲁迅《鲁迅全集第 4 卷·"连环图画"辩护》第 446 页，人民文学出版社，1981 年。

如其对《勤懒歌》中言道:"一懒如此,定贫贱空乏,一勤如此,定富贵盈余;人生世间,可勤而不可懒,此足为鉴。"教人需勤勿懒。在《憎蚊赋》中对"天地间惟人为贵,物为贱。是以人也,昼必有为以典学,夜必宴息以凝神。"一句指出"可作箴铭"。评《释惭赋》为"士立天地,立志既大,度量又宽。则天下何人非己,何己非人?孟夫子所谓贫贱不能移者也。"以强调士人应有远志。此外,书中收纳了大量的女性作品,并对贞洁烈女不吝赞美之词,一定程度上反映了明末女性地位有所提高,如评《金齿壁歌》"堪嗟一妇人,犹存烈士心。此亦乾坤有数女子。"评《上县尹诗》"较前上诗更为洒脱有趣,女中人杰也。"当然,作者科场失意,也会不时发出落魄书生之感怀,如在《未遇歌》中对"明月珠、夜光璧,暗里投人人不识。骐骥困盐车,鸾凤栖枳棘"一句评价道:"士生世间,遇不遇,时也,运也,命也。"评《惜花吟》"人生在世,终日茫茫。若不知足,竟何以哉?"但观全部评语,还是以劝世警世、修身养性等积极向上的格调为主。

(四)该书不足之处

该书作为明末城市化后普通市民的通俗读物,以追求销量为目的,故难免牺牲质量,因此从目录到正文讹误不少。目录上有:一是有目无文,如《落花赋》《礼贫赋》等目录有而正文无。二是有文无目,如"四铭"、《美人赋》《几赋》等正文有而目录无。三是整版目录遗漏,如《海清》《笔》《二女踏秋千》《蜘蛛结网》《中秋》等五篇正文在一叶而目录缺。四是目文不一,如目录为《胡笳十八拍全》,正文则为《胡茄十八折全》,目录为《惜别》,正文作《忆别》等;正文中有:一是字词上讹误不少,大量使用异体字、俗字,如留写作畱、解写作鲜、窗写作窓、适写作逪、往写作徃等,再如人才误作人大、等寿神仙误作等为神仙、陪伴误作倍伴、鼓掌作鼓腹掌、戎羯作戎强羯、别离作离别(与韵脚不和)等,还有前后词语的倒置;二是句子篇章有倒置、脱漏或羼入现象,如《常遇春追封开平王制》不仅没有目录,且混入了赋的部分。以上这些缺陷,一定程度上降低了整书的质量。

三、结　语

明中后期,中国商品经济逐渐繁荣,市民阶层空前发展,形成了丰富多彩的市井文化,而印刷术及造纸业的普及,使得百姓可以廉价地获取图书,且得益于教育的普及，江南普通市民亦多能识字，"后生小子无不读书，及二十无成，然后习为手艺。"①因此分类编纂、方便实用、雅俗共赏的俗体类书大行其道。随着明末战乱，百业凋敝，此类书籍的编纂出版也随之归于沉寂，并陆续失传，令人痛惜，如孙楷第所言："在民间刻书业繁盛之极的明代，此类读物的数量绝非上述屈屈数种，此等因在当时为通行之闲书，不受重视，故今所存者至少。"②值得欣慰的是，其中部分书籍在国内亡佚前已随着中日贸易船只漂洋过海，在日本得以保存至今，《金谷奇芳》正是该类书籍的代表，有其独特的研究价值。版本上，该书为目前存世最早的俗体类书，独藏于日本内阁文库，且该书中部分篇章未见于他书，具有一定的回归、整理和辑佚价值。内容上，该书随文附有赤心子的评释，除赏文释词之语外，多有劝善行义之言，一定程度上体现了明末底层文人审美观和价值观。文化影响上，该书受众主要为普通市民，因此所选作品既有高雅舒心、脍炙人口之作，亦有庸俗浅薄、夺人眼球之文，插图亦其特色之一，体现了明末普通市民的兴趣喜好所在。当然，作者为抢占市场，追求效益，四处抄录，鲜作校勘，故目录及正文夺讹脱衍之处不少，整体质量上并不甚高，这或许也是其在国内失传的一大原因。但是，该书作为明末俗体类书为数不多的存世作品之一，"民生日用，文学哲学，礼俗游艺，以及医卜星象等事，凡所以维系世道人心者，莫不有之"③，仍有较高的版本价值、思想价值和史料价值，故不揣浅陋，对此书体例、内容、特点略做剖析如上，希望能够进一步引起相关学者的关注研究。

（刘迎秋　山东大学儒学高等研究院博士；
刘宗棠　枣庄学院文学院副教授）

---

① （明）张岱《琅嬛文集》第49页卷一《夜航船序》，岳麓书社，1985年。
② 孙楷第《日本东京所见中国小说书目》第172页，上杂出版社，1953年。
③ 王重民《中国善本书提要"子部·类书类"》第383页，上海古籍出版社，1983年。

日本汉学家赤松弘《诗经述》的阐释特色

——以《国风》为中心*

杨胜男

摘 要：日本江户时代学者赤松弘的《诗经述》以《诗集传》为依据，在补充、申发朱熹诗学观点的同时，亦有所批判。他既尊奉朱学，在解《诗》体例、经文文本、文字训诂、手法分析、章句释义等方面承袭《诗集传》观点，又能摒弃朱熹"叶韵"说，提出了兴兼比附的手法，在诗旨解析上向《毛传》靠拢，具有汉宋兼采的特点。

关键词：《诗经述》 赤松弘 《诗集传》 朱熹

江户时代的《诗经》研究，在整个日本经学史中居于重要地位。此时解《诗》著作倍蓰于前，解《诗》风格及深度亦有所推拓，王晓平先生《日本诗经学史》第三章论之甚详①，足供参稽。笔者在研究域外汉籍时，发现江户时代学者赤松弘（1709—1767）所撰《诗经述》具有较高的学术价值，但尚未见学界有研究此书的论著，故不揣浅陋，以该书解读《国风》部分为核心，就其阐释《诗经》的特色略做揭示。

弘字大庚，又字毅甫，一号木瓜亭；另名丰泰，字有年，一字丰太，号电南。②日本早稻田大学藏其《诗经述》写本十一卷五册，半叶十一行，行十六字，边长22.5厘米×16.5厘米，有朱批。此本抄写年代不详，每册封面背面均有"门口仁12，叶440，卷9"印记，每册首页皆钤"早稻田大学图书"方形朱文章及"志瑞"圆形朱文章，第一册首页另钤"明治四十年九月

---

* 本文系国家重点文化工程"全球汉籍合璧工程"研究编之阶段性成果。
① 王晓平《日本诗经学史》第94—155页，学苑出版社，2009年。
② ［日］堤朝风《近代著述目录》（第四册）第14页，日本早稻田大学藏旧抄本。

五日购求"圆形朱文章一枚。

此写本并非《诗经》全本,《国风》阙《鄘》《邶》《卫》《郑》四部分,《小雅》全,《大雅》仅有《文王之什》十篇,无《颂》。第二册"国风齐一之八"上"诗经卷之三","三"字明显从"五"涂改而来,此后至卷九每卷卷首序号均有明显的改动痕迹。"文王之什"卷末有"《诗经述》大尾"五字,字体异于前抄书者,日语中"大尾"一词用在古书卷末,表示一套书的终卷。从原标卷帙与《诗经》相合来看,赤松弘撰写《诗经述》的原意应当是要通解《诗经》全书,卷首序号遭篡改,盖因后人所得写本册数不全而妄加改易。

一、《诗经述》是一部"朱书"

赤松弘尊奉朱熹学说,全书从书写体例到经文文本的选定、文义训诂,再到手法分析、诗旨阐释俱依《诗集传》展开,从这一角度分析,我们可视《诗经述》为"朱书"。但可贵的是,赤松弘并不盲从朱学,其书在合理吸收朱熹诗学的基础上,亦能有所批判,汉宋兼采,间下己意。此下两节将分别就《诗经述·国风》与朱熹《诗集传》的异同做出分析,借以呈现赤松弘的解诗特色与诗学立场。①

(一)直录《诗集传》

《诗经述》的经文皆以朱熹《诗集传》为底本,除此之外,《诗经述》还有很大一部分阐释性的内容也径录《诗集传》,其例甚多,不烦赘举。

赤松弘接纳了朱熹的"淫风""淫诗"说。如解《周南·汉广》云"有以变其淫乱之俗",《召南·行露》云"有以革其前日淫乱之俗",《陈风·东门之池》云"此刺时,故直赋淫者事,以见俗之可丑也"等等。

更加鲜明的是,赤松弘对朱熹区别于汉儒的新解也往往予以接受。如《周南·樛木》"南有樛木"之"南",《毛传》"南,南土也",《郑笺》"南土谓荆、扬之城"②,《诗集传》"南,南山也。"③ 赤松弘直取朱熹之说。再如

---

① 早稻田藏本《诗经述》无页码,故本文引述其文时,仅照录原文,不复标记页数。
② 毛亨撰,郑玄笺,陆德明音义《毛诗传笺》第10页,中华书局,2018年。本文所引《毛诗传笺》,皆以此本为据,下文不复标注页数。
③ 朱熹《诗集传》第5页,凤凰出版社,2007年。本文所引《诗集传》,皆以此本为据,下文不复标注页数。

《周南·螽斯》"薨薨兮",《毛传》:"薨薨,众多也。绳绳,戒慎也。"《诗集传》则曰:"薨薨,群飞声。绳绳,不绝貌。"赤松弘移录朱熹之说,而不采《毛传》之意。这均反映出赤松弘对朱熹新解的再三致意。

(二)增详朱说

赤松弘对朱熹的部分注解进行了增详,盖因朱熹注文力求简要,落实到具体的训诂、手法和义理的分析上,往往会有过分简略的情况,赤松弘旁采汉儒经说加以增补,详朱熹之未备。如《周南·关雎》之"寤寐",朱熹云:"或寤或寐,言无时也。"并未对"寤""寐"本身的字义进行阐释。《诗经述》以《毛传》释义增补之:"寤,觉;寐,寝也。"朱注之晦遂转而粲明。

再如《周南·樛木》首章,朱熹云:"兴也。……后妃能逮下而无嫉妒之心,故众妾乐其德而称愿之曰:南有樛木,则葛藟累之矣;乐只君子,则福履绥之矣。"赤松弘将朱熹的观点进一步细化,一是将手法分析与内容分析相结合:"言木枝下垂,故葛藟得累而蔓之,以兴后妃能以惠下逮众妾,而无嫉妒之心,则众妾上附事之也。"二是将篇首起兴的二句与本章后两句相结合,突出了二者的联系:"无嫉妒则其心和乐,故曰'乐只君子'也。其德如此,则能保安其福禄,而无所亡失,故曰'福履绥之'也。"三是点明诗旨:"此篇众妾感后妃之恩而赞叹之辞也。"赤松弘的上述申释,显然使朱熹解读《樛木》的题旨更明晰了。

(三)就朱说以演绎

《诗经述》还对《诗集传》进行了部分发挥,如《周南·卷耳》"嗟我怀人"之"怀",《诗集传》云:"思也。"《诗经述》作"思而不措也",增以"不措",盖因其对"礼"的强调。朱熹以此诗系后妃思念君子之作,迥异于《毛传》"思君子官贤人,置周之列位"(《郑笺》云:"周之列位,谓朝廷臣也。")之解。赤松弘在朱熹观点的基础上兼顾《传》《笺》,改解此章系后妃托言使臣之妻思念使臣之辞,"欲其君子爱养臣下,慰其劳苦而接以恩意",故特别点出"思而不措"之意,强调后妃"辅佐君子,称道下情"之行及为公无私、守礼崇德之质。

二、《诗经述》对朱熹诗学观点的突破

赤松弘传承朱熹诗学观点,但绝不拘泥,他意识到朱熹解诗亦有局限,

故亦有改正。

（一）训诂时不采朱熹注音，特标异体字

《诗经述》经文本于《诗集传》，但训音却不取朱熹之注，转以陆德明《经典释文》为准。《释文》在日本影响极大，赤松弘之音训参照该书不足为奇，如《召南·草虫》之"降"，《诗经述》从《释文》云："降，后江反。"不取朱熹"户江反，叶乎攻反"之说。究其原因，或因朱熹所采"叶韵"说，谬误不少。而赤松弘所处的江户时期，音韵学已较为成熟，"叶韵说"的弊端也已得到较科学的揭示。① 赤松弘信朱但并不盲从，训音时选择回到以往的权威注释中去，反映了他对朱熹诗学的反思。

赤松弘音训的同时，还特别标注了一些异体字，这主要也是受《经典释文》的影响，总体来看，《诗经述》仅就经文出注异文，参稽《释文》的同时，旁及《左传》等书，异体字出注情况有以下三类：

1. 凡朱熹所定经文与《释文》用字不同者皆出注。如《齐风·南山》之"艺"，赤松弘云："艺，鱼世反，本或作蓺。"这是与《释文》用字正好相反的情况，《释文》经文作"蓺"，释云："本或作艺。"② 类似情形，还有《周南·卷耳》之"兕"，《邶风·柏舟》之"鉴"，《唐风·羔裘》之"褎"等。

2. 朱熹所定经文与《释文》同，而《释文》有注者，部分出注。《周南·关雎》之"辗"，《释文》云"本亦作展"，《诗经述》亦云"本亦作展"。同类情况还有《召南·甘棠》之"说"，《秦风·驷驖》之"歇""骄"等。

3. 他书有引《诗》用《诗》而不同于朱本者。如《周南·樛木》之"只"，赤松弘云："《春秋传》作旨，注云：旨，美也。"盖系《左传》引《诗》之异文。"只""旨"通假，说详马瑞辰《毛诗传笺通释》卷二。③ 又如《召南·采蘋》的"滨"字，赤松弘云："滨，或作濒，同。"《宋书·何尚之传》云："尚之宅在南涧寺侧，故书云'南濒'，《毛诗》所谓'于以采

---

① 顾炎武（1613—1682）著《诗本音》，在陈第《毛诗古音考》的基础上考证《诗》无叶韵说，与赤松弘几乎同时的江永（1681—1762）、钱大昕（1728—1804）等学者在音理、声母等方面进一步推动了音韵学与训诂学的前进，使"叶韵说"的缺点进一步暴露。

② 陆德明《经典释文》第66页，中华书局，1983年。本文所引《经典释文》，皆以此本为据，下文不复标注页数。

③ 马瑞辰《毛诗传笺通释》第49—50页，中华书局，1989年。

蘋，南涧之濒'也。"①《释文》注《大雅·召旻》"不云自频"之"频"字，引张揖《字诂》云，"濒，今滨，则濒是古滨字"，则二字系古今字关系。《诗经述》中类似的情况尚有《召南·江有汜》之"汜"、《召南·何彼襛矣》之"襛"等，数量比前两类少。

赤松弘所收录的异体字，是对朱熹所定经文文本的简单补充，他们之间的差别多停留在文字写法的层面，读音和释义并无多大差别，即使是第三类中的古今字、通假字也不会影响到对义理的理解与阐发。

（二）手法分析上，强调兴兼比赋

赤松弘论赋比兴之意，直取朱熹之说，在此基础上，又提出"兴亦有兴感意，因物而兴感，言尽意有余，亦有兴托意，取譬引类，以其所感发而况之，故兴者，兼比与赋者也"（见《诗经述》序）。他扩大了朱熹关于"兴"的认识，增添了"兴感"的意思，又提出兴兼比赋，三种手法的结合，使得章句解释与连带出的诗旨分析具有了更大的包容性，这就让《诗经述》的诗学立场呈现出一种以朱学为本，又兼收并蓄的色彩。兹分四类加以介绍：

1. 由兴添比者，如《周南·桃夭》首章，《诗集传》仅言兴，《诗经述》增加了比："诗人因时物以起感，且以比其华色以言后妃之化，自家而国，男女以正，婚姻以时。"同类情况，亦可参阅《周南·兔罝》首章、《召南·殷其雷》首章等。

2. 由比添兴者，如《邶风·匏有苦叶》首章，朱熹以为比，《诗经述》由比添兴："匏，瓠也，可佩以渡水，故此以为兴济涉处也。"同类情况，亦可参阅《齐风·南山》首章，《唐风·有杕之杜》首章等。

3. 由兴添赋者，如《陈风·东门之池》首章，朱熹以为兴，《诗经述》增加赋："此刺时，故直赋淫者事，以见俗之可丑也。"

4. 由赋添兴者，如《葛覃》首章，朱熹作赋，《诗经述》增加兴："见葛生莺鸣而乐，女功之将作，兴感时物之辞也。"

必须指出的是，"兴兼比赋"观点的提出，并非只是对朱熹《诗集传》的补充，《诗经述》的手法判断，有截然不同于朱熹者。如《召南·行露》首章，《毛传》标兴，朱熹曰赋，赤松弘则以为比，云"以喻违礼而行必有污辱也"。再如《唐风·扬之水》"白石凿凿"句，朱熹以为比："言水缓弱而

---

① 沈约《宋书》第1736页，中华书局，1974年。

石巉岩,以比晋衰而沃盛。"认为此诗言晋人欲"从桓叔于曲沃,且自喜其见君子而无不乐也"。《诗经述》则认为是以水涤白石为起兴,称扬"桓叔之德政教鲜明,行于民上,除去民之疾恶,使沃国之民,皆得有礼义也"。二人虽是就同一历史事件解诗,但手法分析的不同,导致对诗歌的理解有了不同的导向性。同类情况,亦可参阅《陈风·墓门》《豳风·破斧》首章等。

(三)诗旨分析时,既参照朱熹观点,又联结《毛序》美刺之习

众所周知,朱熹力破《毛序》美刺之说,主张直抵诗之本义。赤松弘继承了朱熹追求诗歌本义的主张,但是他又部分恢复了《毛序》的"美刺"之说,这就使得他与朱熹在诗旨的判断上不尽相同。

1.《诗经述》解二南诗,不过分附会"文王"

朱熹在《诗集传序》中指出:"惟《周南》《召南》亲被文王之化以成德。"故为正风。具体到二南,《诗集传》处处强调文王之德化。反观《诗集述》对二南作品的解读,可以发现赤松弘在《关雎》《卷耳》《桃夭》《兔罝》《汉广》《汝坟》《麟之趾》《鹊巢》《采蘩》《草虫》《采蘋》《殷其雷》《野有死麇》《何彼襛矣》十四篇中,删去了朱熹推及文王的分析,仅于《甘棠》《行露》《羔羊》《驺虞》四篇予以保留。

如解《周南·关雎》"窈窕淑女,君子好逑",朱熹以"淑女"为文王之妃大姒,以"君子"为文王。而赤松弘仅云:"淑女,未嫁之称。"关于此篇诗旨,朱熹云:"周之文王,生有圣德,又得圣女姒氏以为之配。宫中之人,于其始至,见其有幽娴贞静之德,故作是诗。"赤松弘遵《毛序》,则云:"此篇泛言后妃之德也。"不以"淑女""君子"作具体的指代。再如《周南·汉广》首章,赤松弘将朱熹解诗的"文王之化"改为"周邦之化",从而将诗意安置在宏阔的周代文化背景中,而不再拘囿于文王之化的小世界中。

赤松弘亦推及文王的四篇,《诗序》言与文王有关的有三,《行露》小序下注云,"周之盛德,当文王与纣之时。"《羔羊》小序云:"召南之国,化文王之政。"《驺虞》小序:"天下纯被文王之化。"余一篇《甘棠》,系召伯姬奭听讼之事,而召伯为文王时人,《淮南子·泰族训》云"文王举太公望、召公奭而王"[①]。以上可以看出,赤松弘解二南诗主旨,多从《毛序》对朱熹"本于文王"的解诗内容进行了删汰。

---

① 何宁《淮南子集释》第1408页,中华书局,1998年。

2.《诗经述》解其他风诗,极言刺意,必有所指。

就变风而言,赤松弘一改朱熹大而化之的解诗态度,务必突出讽刺之意,且努力坐实诗歌的批判对象。

《齐风·还》,朱熹认为猎者"不自知其非也,则其俗之不美可见",没有具体解释"非"的含义,对猎者虽有批评,但并无讽刺之意。《诗经述》则云:"时君好田猎,从会兽而无厌,国人从之,遂风俗不知止息,诗人乃陈其事风刺之……士大夫聚说田事以为戏乐,而荒废职事,风俗之(不)美可见矣。"这就将批判的矛头对准了喜好田猎的统治阶级。再如《魏风·硕鼠》,朱熹仅就诗歌本义进行阐释,不过多地进行政治批评。而赤松弘云:"此刺重敛也,国人疾其君,比之硕鼠。"点明了导致民不聊生的是国君重敛的行为。其他如《唐风·蟋蟀》刺"僖公俭不中礼",《魏风·伐檀》之刺"贪鄙吝啬","以责魏君",《唐风·椒聊》刺晋昭侯不知防范曲沃,《采苓》刺献公好听谗言等,都在朱熹《诗集传》解诗的基础上,强化了刺的内容。

三、结　语

赤松弘的《诗经述》是一部富有学术价值的著作,它虽以宋代《诗经》学的典范注本《诗集传》为主要参考对象,但对于汉代《诗经》的相关成果亦并不偏废,较明显地呈现了融合汉学之名物训诂与宋学之义理微言的倾向。全书考订精深,且充溢着独立思考的精神,这具体表现在书中出现了多处富有原创性的解读,展现了赤松弘精深的汉学造诣。张伯伟曾概括"作为方法的汉文化圈"所有四个要素,其中第三点是"不只是揭示中国对周边国家、民族的文化传入,而是呈现汉文化圈在内外接触中的'受容'和'变容',强调不同地区人们的相互影响和相互建构"[①]。《诗经述》对《诗经》的"受容"与"变容",恰好印证了这一观察,这是《诗经述》作为个案,对东亚文化研究所提供的意义。

(杨胜男　山东大学儒学高等研究院　博士研究生)

---

① 张伯伟《东亚汉文学研究的方法与实践》第17页,中华书局,2017年。

·法国汉学研究·

法国汉学家儒莲《太上感应篇》法译本考析[*]

张 粲

摘 要：19世纪法国汉学家儒莲全译了《太上感应篇》的原文、注解以及原书所附的近五百则故事，不仅向欧洲传播了中国的道教文化，而且还介绍了中国社会的方方面面。这部译著从体量而言，卷帙浩繁；从质量而言，准确优美。译著表明儒莲对于道教的认识超越了早前的来华传教士和法国汉学鼻祖雷慕沙；在译本中，儒莲表现出对中国宗教的客观评价和尊重态度，在法国汉学发展的早期阶段则难能可贵。

关键词：法国汉学 儒莲《太上感应篇》道教

一、儒莲简介

儒莲（Stanislas Julien，1799—1873）是公认的19世纪法国乃至欧洲最杰出的汉学家之一。他从小便显示出过人的语言天赋，曾学习多种欧洲语言。后来又跟随法兰西学院（Collège de France）首任汉学教授雷慕沙（Abel Rémusat，1788—1832）学习汉语和满语。1833年，儒莲进入法兰西铭文和美文学院（Académie des Inscriptions et Belles-Lettres），1839年成为皇家图书馆的管理人，1859年成为法兰西学院的行政负责人。

1814年，法兰西学院开设了世界上首个汉学讲座，是为"西方经院式汉

---

[*] 本文系国家社会科学基金项目"道教典籍在法国的译介与传播研究"（16CZJ019）、"中央高校基本科研业务费专项资金"（西南交通大学"中国宗教研究"创新团队建设项目2682018WCX04）的阶段性研究成果。

学的开始"①。该讲座由雷慕沙任首位讲席教授。他开启了19世纪法国对中国宗教、哲学、语言、文学等多方面的研究,功劳卓著,但不幸于1832年英年早逝。儒莲作为雷慕沙的得意门生,继承了雷慕沙在法兰西学院的汉学教授席位。他发扬了其师所开辟的汉学研究,取得了十分显著的成就,获得了广泛的赞誉:19世纪英国著名汉学家理雅各(James Legge, 1815—1897)称赞他是"真正伟大的中文学者"②;中国晚清学者王韬(1828—1897)赞其为"通中西之学,今之硕儒名彦"③;20世纪法国汉学家戴密微(Paul Demiéville, 1894—1979)称之为"19世纪中叶欧洲汉学界无可争辩的大师"④。

儒莲的汉学成就斐然,翻译了大量的中国典籍,涉及中国文学、哲学、宗教等方面,如文学之《灰阑记》《赵氏孤儿》《西厢记》,儒家之《孟子》《三字经》《千字文》,道家和道教之《道德经》《太上感应篇》,佛教之《大慈恩寺三藏法师传》《大唐西域记》。此外,儒莲还翻译了中国工艺和农业方面的书籍,在此不予赘述。

二、儒莲对于《太上感应篇》的翻译与介绍

《太上感应篇》简称《感应篇》,流传极广,被誉为"古今第一善书"。其成书年代或为北宋初期,收入道教经书总集《道藏》。原文篇幅短小,约一千二百余字,借"太上"(即太上老君)之名劝人行善积德,又辅以注解逐句解释,再用民间故事作为劝诫应验的佐证。开篇以"祸福无门,唯人自召;善恶之报,如影随形"十六字为大纲,宣扬人若想长生多福必须行善积德,并列举了二十余条善行和一百余条恶行,最后以"诸恶莫做,众善奉行"的劝诫作结。该书虽被视为道教善书,但融合了较多的儒、佛思想,且通俗易懂,在旧时社会具有极大的影响,书中的许多内容至今仍有积极意义。据载,宋理宗曾御笔为《太上感应篇》的刊本题写"诸恶莫做,众善奉行",明朝皇宫中专门藏有宫廷刻印的《太上感应篇》,而清世祖顺治皇帝则曾为收录

---

① 何培忠《当代国外中国学研究》第165页,商务印书馆,2006年。
② 转引自俞森林《中国道教经籍在十九世纪英语世界的译介研究》第85页,巴蜀书社,2015年。
③ 海青编《中国近代思想家文库:王韬卷》第151页,中国人民大学出版社,2013年。
④ [法]保罗·戴密微著,秦时月译《法国汉学研究史概述》(中),载《中国文化研究》1994年春之卷。

《太上感应篇》的《劝善要言》作《御制劝善要言序》。

（一）儒莲翻译《太上感应篇》之缘由

在儒莲之前，法国已有两个《太上感应篇》的法语译本。1816年，儒莲的老师雷慕沙翻译了该书的第一个法语译本，也是第一个欧洲译本①。在这个译本中，雷慕沙翻译了《太上感应篇》原文、清世祖顺治皇帝为《劝善要言》所作的《御制劝善要言序》以及《太上感应篇》原刊印者序，并在注释（Notes）中翻译了《太上感应篇》原文所附的16则故事（原书故事共计400余则），初步解释了道教文化。1828年，德国人克拉普罗特（Julius Klaproth, 1783—1835）用法语翻译了满语本《太上感应篇》②。此人被称为"德国汉学家中研究道教的第一人"③，曾赴巴黎跟随雷慕沙学习汉语。该译本仅翻译了《太上感应篇》的原文，较之雷慕沙的法译本更加简短。

1835年，儒莲在伦敦亚洲学会（Société Asiatique de Londres）和东方翻译基金会（Oriental Translation Fund）的资助下完成了《太上感应篇》的法译本。该书分三部分：一、告读者（Avertissement）；二、《太上感应篇》原文及注解（Commentaire）和故事（Histoires）的法文翻译；三、附录（Appendice）。儒莲翻译此书的原因大约有二：

一是，受老师雷慕沙的直接影响。雷慕沙正式开启了法国翻译和研究道教典籍的序幕，其道教研究活动即始于翻译《太上感应篇》；但他仅译出了《太上感应篇》原文所附的400余则故事中的16则。儒莲在他的法译本中明确表示："这是非常令人遗憾的事④（vivement à regretter）……我在钦佩雷慕沙先生的工作的同时，又从不同的角度来思考汉学家的职责。我认为：在讨论那些博大高深的问题之前——这些问题仅能被少数人理解——极有必要翻译那些流传最广、最能帮助我们了解中国人的历史、宗教、习俗以及文

---

① Abel Rémusat, *Le livre des Récompenses et des Peines*, Paris：Imprimerie de Doublet, 1816. 关于雷慕沙所译的《太上感应篇》法译本，可参见张粲《法国汉学家雷慕沙〈太上感应篇〉法译本浅析》，载《汉学研究》2019年秋冬卷。

② Julius Klaproth, *Traité des Récompenses et des Peines, de Thaï-Chang, dans Chrestomathie Mandchou, ou Recueil de textes mandchou, destiné aux personnes qui veulent s'occuper de l'étude de cette langue*, Paris：Imprimerie Royale, 1828, pp. 211-221.

③ 陈耀庭《道教在海外》第201页，福建人民出版社，2000年。

④ 即指雷慕沙仅译出了《太上感应篇》原文的十六则故事。

学的著作。"① 在儒莲看来，《太上感应篇》正是这样的著作。

二是，儒莲认识到该书在道教中的重要性。他在"告读者"中指出，"道士们将此书冠以'太上'（即神圣的老子）之名，足以显示出他们对这部道教经典的无上尊崇"②，并且，在明穆宗和明神宗年间，道士们造作了大量经书收入《道藏》（Tao-tchang），但其中鲜有道经能够享有《太上感应篇》的权威和声望并得以如此频繁的反复刊印③。儒莲还介绍了《太上感应篇》的流传情况，指出虽然该书流传甚广，却极少有人将刊印此书作为商业活动进行牟利，这是因为宣传《太上感应篇》的行为本身既是道教徒必须履行的基本的宗教义务，也是一种积善积德的方式。因此，为刊印《太上感应篇》而自愿募捐的人群甚众，他们或捐资、捐纸，或出力从事刊印，这使得大量的《太上感应篇》被无偿散发给贫苦之人④。

（二）儒莲翻译《太上感应篇》所采用和参照的底本

儒莲直接使用过的《太上感应篇》中文底本由一位名叫弗朗索瓦·杜埃蒂尼（François Turrettini，1845—1908）的瑞士学者于1889年重新排版印出。此人曾于19世纪60年代后期赴巴黎师从儒莲学习汉学⑤，后返回瑞士，开办了一家印刷厂，印刷了某些中国和日本的书籍，其中包括1889年印刷的《太上感应篇》。杜埃蒂尼为之作序，并明确提到"我们请求儒莲先生允许我们将他珍藏的《太上感应篇》付印，并得到了他的慨然应允"⑥。根据他的描述，"儒莲所藏的版本是按照欧洲的样式装订的，但书中既无刊印日期和地点，亦无任何序言，仅有'太上感应篇'之名。我们还未见到第二个这样的版本。"⑦ 杜氏还特意说明，他在保留原本中汉字的垂直序列的同时，特意按照欧洲人的

---

① Stanislas Julien, *Le livre des Récompenses et des Peines*, Paris: Printed for the Oriental Translation Fund of Great Britain and Ireland, 1835, Avertissement, p. xiij.

② *Le livre des Récompenses et des Peines*, Avertissement, p. x.

③ *Le livre des Récompenses et des Peines*, Avertissement, p. viij.

④ *Le livre des Récompenses et des Peines*, Avertissement, p. ix.

⑤ 关于弗朗索瓦·杜埃蒂尼的生平事迹，可参考 Arthur de Claparède, *François Turrettini 1845-1908*, dans *Le Globe. Revue genevoise de géographie*, tome 48, 1909. pp. 33-39.

⑥ François Turrettini, *Le livre des Récompenses et des Peines, avec commentaire et légendes, ouvrage taoïste, texte chinois publié par François Turrettini*, Genève: H. Georg, Libraire-éditeur; Paris: Ernest Leroux; Londres: Trübner and Cº, 1889, Avertissement, p. ii.

⑦ *Le livre des Récompenses et des Peines*, Avertissement de François Turrettini, p. ii. 注释2。

阅读习惯将行文改为从左到右进行排版①。

除此之外，从儒莲《太上感应篇》法译本的"告读者"以及译文可知，儒莲至少参照了四个《太上感应篇》的版本：

一是，其师雷慕沙1816年翻译该书时所用的底本。儒莲在"告读者"中提到，其师雷慕沙曾藏有一个《太上感应篇》的罕见版本。该版本后为儒莲所得。儒莲认为这个版本是他所见的最好版本，于是决定将之全部译出②。这似乎说明儒莲和雷慕沙采用了同一个《太上感应篇》的中文底本。然而，雷慕沙的《太上感应篇》法译本中翻译了顺治皇帝的《御制劝善要言序》，而儒莲的译本对此却绝口未提。因此，两人所用版本是否相同，目前尚不能妄下定论，但儒莲参照了雷慕沙的版本当是无疑。

二是，清嘉庆二十五年（1821）刻本。儒莲在"告读者"中提到，他所藏的这个版本的末尾有142位出钱或出力刊印该书的虔诚人士的名字。他们或是为亡母顺利举行了葬礼，或为求父亲病愈，或为求子，等等③。

三是，《太上感应篇》满语本。在翻译"恚怒师傅"之"恚怒"一词时，儒莲在注释中提到，该词在满语本和汉语本中的含义具有细微差别，由此可见儒莲亦参照了满语本④。

四是，一部不完整的《感应篇图说》（*Kan-ing-p'ien-thou-choue*）⑤。自《太上感应篇》成书以来，注者甚众，注解多达数百种，影响较大的有《感应篇直讲》《感应篇汇编》《感应篇图说》。其中，《感应篇图说》最初由清人许鹤沙所作，后经他人增补发挥，加入注解、图画、诗词、证词，遂成鸿篇巨制，影响极大。笔者统计，儒莲的《太上感应篇》法译本中共有十四处原文的注解或故事采用了《感应篇图说》为底本⑥。

---

① *Le livre des Récompenses et des Peines*, Avertissement de François Turrettini, p. iii.
② *Le livre des Récompenses et des Peines*, Avertissement, p. iv.
③ *Le livre des Récompenses et des Peines*, Avertissement, pp. ix-x.
④ 见 *Le livre des Récompenses et des Peines*, p. 347 注释。
⑤ 儒莲对此有明确说明，见 Stanislas Julien, *Le livre des Récompenses et des Peines*, p. 128. 注释。
⑥ 涉及"所作必成""暗侮君亲""虐下取功""嫁祸卖恶""苛虐其下""妄逐朋党""以伪杂真""采取奸利""谩蓦愚人""跳食跳人""损子堕胎""又以灶火烧香""八节行刑""吉人语善……凶人语恶"的注解或故事，分别见于儒莲《太上感应篇》法译本第128、146、169、287、367、379、428、430、436、477、478、488、492、516页。儒莲采用《感应篇图说》为底本进行翻译时，皆以"Édition B""Édit. B"或"B"说明。

三、儒莲《太上感应篇》法译本对于老子和道教的介绍

在19世纪早期，法国对于道教的认识相当有限，且十分模糊。在《太上感应篇》法译本的"告读者"中，儒莲介绍了中国的宗教状况：

> 中国有三种主要的宗教：一是文人的宗教（la religion des Lettrés），即儒教（Jou-kiao），该教可追溯至生于公元前550年的孔子；二是佛的宗教（la religion de Fo）或佛教（le Bouddhisme），即释教（Chi-kiao），该教于公元65年前后由印度传入中国；三是道士的宗教（la religion des Tao-ssé），即道教（Tao-kiao），道士视老子为其教义的创始人。①

从这段文字判断，儒莲对于中国宗教状况的认识是颇为正确的。

（一）儒莲对于老子的介绍

关于老子的生平，历代存在不少传说，而后世的道士更是编撰了不少故事将老子神化，使之具有了浓厚的神秘色彩。关于老子的出生，儒莲引法国格鲁贤神父（Abbé Grosier，1743—1823）《中国通典》（Description générale de la Chine，1785）称："其母于一偏僻处突感天地之德而有孕，八十载后诞下老子。老子出生时已是满头白发，故名'老子'（l'enfant vieillard）。"② 虽然引用了这个传说，儒莲对于老子的介绍仍多基于历史，他称老子是"著名的哲学家"，生于周定王三年（即公元前604年），81岁时死于周景王二十一年（即公元前523年），而老子的信徒们则声称他骑上青牛升天了。

他还介绍了老子的作品是《道德经》，并将该书译为 Le Livre de la Raison et de la Vertu（《理性和道德之书》），称它"因其简洁、深邃，或者更确切地说是晦涩，而应被视为所有的中国文献中最难解之书"③。19世纪早期的法国，在儒莲《太上感应篇》法译本问世前，除雷慕沙写过两篇关于《道德

---

① Le livre des Récompenses et des Peines, Avertissement, p. v.
② Le livre des Récompenses et des Peines, Avertissement, p. v.
③ Le livre des Récompenses et des Peines, Avertissement, p. vj.

经》的论文①、翻译了四章《道德经》原文以外，并无更多的了解和研究。因此，儒莲再次引用了格鲁贤神父《中国通典》中对于老子思想的介绍：

> 老子的思想归结起来就是要让人抛弃激烈的欲望，克制强烈的激情，因为它们会破坏灵魂的安宁。老子认为圣人应当毫无痛苦、毫无悲伤地生活。为了让人拥有这种幸福的安宁状态，老子要求人们绝不回忆过往、禁止人们对未来进行虚妄且无用的追求。构想宏大的计划、为实现计划而焦躁不安、沉湎于野心或贪婪，这些在这位哲学家看来都是为其后代而不是为自己谋划。为了给他人提供幸福、为子孙牟利而牺牲自身的安宁喜乐，这种行为是荒谬的。至于我们自身的幸福，老子要求我们节制欲望和心力，因为他认为，倘若需要通过终日的艰辛奋斗和焦虑不安而得来某种幸福，那么，这丝毫不是幸福。②

《道德经》（通行本）的一个重要思想就是"无欲""无为"。如"常使民无知无欲"（第三章），"致虚极，守静笃"（第十六章），"见素抱朴，少私寡欲"（第十九章）。这都是要人坚守清净，不为外物所干扰，少有私心，降低欲望。因此儒莲所引的文字大致符合老子本义，基本代表了儒莲的认识，但文中表露的"只为己不为人"的思想却似乎更接近杨朱的主张。

（二）儒莲对于道教的介绍

介绍老子之后，儒莲继续引格鲁贤神父的《中国通典》介绍道教：

> 后来，这位哲学家的弟子们篡改了他留下的思想。他们意欲处于被动消极的状态（état passif）、拥有完美的灵魂，但却总是受到死亡忧惧的困扰。于是，他们宣称可以找到一种令人不死的仙药。很快，这种通过服食仙药而避免死亡的欲望便吸引了大批信众蜂拥而至，于是在汉武帝时（汉

---

① Abel Rémusat, *Mémoire sur la vie et les opinions de Lao-tseu, Philosophe chinois qui a professé les opinions communément attribuées à Pythagore, à Platon et à leurs disciples*, Paris: Imprimerie Royale, 1823; Abel Rémusat, *Sur la vie et les opinions de Lao-tseu, philosophe chinois du sixième siècle avant notre ère*, dans *Mélanges asiatiques*, Tome premier, Paris: Librairie Orientale de Dondey-Dupré Père et Fils, pp. 88-99.

② *Le livre des Récompenses et des Peines*, Avertissement, p. xij. 原文见 Abbé Grosier, *Description générale de la Chine, ou Tableau de l'état actuel de cet empire*, Paris: Imprimeur-Libraire de la Reine, p. 572.

朝第五位皇帝，公元 140 年①登基）便兴起了一个新的教派。达官贵人、富人，尤其是更具好奇心也更珍视生命的妇人们便热切地开始信奉道士的学说（la doctrine des Tao-ssé）。同时，巫术、招魂术、算命术在全国范围内迅速发展。另外，上行下效，皇帝们的带头行为也使得这个教派大大发展，一时间，宫廷里到处都是无计其数的被称为"天师"（Docteurs célestes）的人。②

这段文字较为准确地介绍了道教与老子的关系、道教对长生不死的追求以及汉武帝时期的神仙方术活动。《史记·孝武本纪》言汉武帝"尤敬鬼神之祀"、宠信李少君等术士并赏以财物求取仙药之事。然而，道教的正式形成却是在东汉时期，武帝时流行的神仙方术尚不是道教，且当时活跃在汉宫的术士亦尚无"天师"的称号。因此，上文对道教的表述不甚准确，这也反映了儒莲以及 18、19 世纪的法国人对于道教的认识仍然较为模糊。但可贵的是儒莲还指出了道教在中国以外的地区的发展情况："历汉至清，道教不仅在中国有所发展，而且扩展至中国周边的诸多地区。例如，道教在交趾支那（Cochinchine）、东京（Tonquin）和日本等地均传播甚广。"③

随后，儒莲还介绍了《太上感应篇》在道教中的地位以及流传情况（见上文）。儒莲以前，雷慕沙曾将《太上感应篇》定义为单纯的道教经书，并称该书的作者是宋朝人王湘。而儒莲虽依然将《太上感应篇》定义为道教经典，但他还注意到该书的某些训诫和警句乃从"四书"等儒家经典（livres canoniques）中摘取或模仿而成，并无确定的作者④。的确，《太上感应篇》中融合了某些儒、佛思想，因此儒莲的认识较之雷慕沙更为准确而全面。

四、儒莲《太上感应篇》法译本的意义和影响

儒莲的《太上感应篇》法译本意义重大，影响较为深远，主要体现在以

---

① 应为公元前 140 年。

② Stanislas Julien, *Le livre des Récompenses et des Peines*, Avertissement, pp. vij-viij. 原文见 *Description générale de la Chine, ou Tableau de l'état actuel de cet empire*, pp. 572-573. 儒莲的引文有几个词语稍有不同，但保留了原意。

③ *Le livre des Récompenses et des Peines*, Avertissement, p. viij.

④ *Le livre des Récompenses et des Peines*, Avertissement, p. x.

下几方面：

首先，虽然在儒莲之前，雷慕沙已经翻译了《太上感应篇》的原文和16则故事，向欧洲介绍了某些中国传统文化尤其是道教文化，德国人克拉普罗特也用法文翻译了该书的原文，但是，他们的译本不管从体量还是质量而言，都远不及儒莲译本。从译本的体量来看，雷慕沙的译本共计79页，克氏译本仅11页，而儒莲译本不仅翻译了《太上感应篇》的原文，还完整地译出了原书的注解和所附的故事共487则，整个译本共531页，如此规模的皇皇译著在欧洲汉学史上也是少见的。从译本的质量来看，由于儒莲充分参照了多个《太上感应篇》的版本，其中包括雷慕沙当年所用的底本、满语本、清嘉庆二十五年刻本以及《感应篇图说》，得以采撷各版本之精华并准确地理解原文，避免了望文生义的错误，加上儒莲的严谨作风，使得他的译本忠实而优美，明白晓畅而又不失典雅。儒莲的《太上感应篇》法译本不仅成为后世法国道教研究学者的案头必备之书，而且对欧洲其他国家的汉学产生了影响。例如，英国汉学家德庇时（John Francis Davis，1795—1890）在《中国概述》（Sketches of China，1841）一书中即对儒莲的《太上感应篇》译本进行了介绍，称《太上感应篇》为道教的主要经典之一，"并将其中的故事翻译成英文"[①]。因此，儒莲的《太上感应篇》法译本虽不是法国的第一个译本，但较之早前的译本，它却在法国乃至欧洲更加全面地介绍了《太上感应篇》的思想以及中国的道教文化。

其次，由于《太上感应篇》融合了儒释道三教的思想，而儒莲的译本忠实地传达了原书的内容，因此，该译本不仅向欧洲介绍了道教文化，还介绍了儒家和佛教的思想以及中国人的精神风貌。较之早前的汉学家，儒莲对道教有了新的认识：他在法国汉学史上第一次提到道经总集《道藏》以及"道教"的名称；他在翻译过程中解释了道教的教义，并解释了许多道教经典，如善书《阴骘文》《三官经》、类书《云笈七籤》，讲述了道教神仙或道教人物的传奇故事，如太上老君、北斗神君、司命灶神、梓潼帝君、玄元道君、上清真人、真武大帝、长春真人、鲍姑等，其中许多经典和神仙的名称均是第一次被介绍到欧洲[②]。对于儒家，儒莲的《太上感应篇》法译本中亦介绍

---

① 《中国道教经籍在十九世纪英语世界的译介研究》第119页。

② 美中不足的是，受时代条件所限，这些名称多用拉丁字母音译，并无汉语名称，这为读者的理解造成了一定的障碍。

了儒家经典《论语》《礼记》《春秋》《左传》《诗经》《书经》《大学》《中庸》等,往往还附有这些典籍的名言及其翻译,还解释了君臣父子、朋友夫妻以及师生之间的纲常伦理和礼义名教。对于佛教,儒莲的《太上感应篇》法译本提到《楞严经》《金刚经》等佛经,并解释了"三途""三界""劫""因果"等佛教思想。除此之外,该译本还涉及中国社会的方方面面,如王朝历史、等级观念、国家机构、科举制、官制、度量衡、币制、家庭秩序、岁时节令、历史掌故、坊间传说、民风民俗、古语古谚等,可谓洋洋大观,无所不包。这无疑大大有助于19世纪的欧洲认识和了解中国。

最后,儒莲的《太上感应篇》法译本显示出他对于中国宗教尤其是道教的理解和尊重。在儒莲之前,有不少欧洲传教士于中国的明清之际来华传教。他们颂扬儒家经典,却视佛道二教为偶像崇拜和迷信而加以贬斥和批判,体现出浓厚的传教功利色彩和宗教文化偏见。例如,意大利耶稣会士利玛窦(Matteo Ricci,1552—1610)认为道教是一种"伪"宗教①,并嘲笑道教经籍"叙说着各种胡言乱语"②;法国耶稣会士刘应(Claude Visdelou,1656—1737)则将佛道二教描述为"两种毒恶之源"及"令人生畏的祸患"③。至19世纪,作为法国经院汉学鼻祖的雷慕沙依然未能摆脱这种观念的窠臼。他沿袭了早前来华传教士对于道教的批判态度,并在他翻译的《太上感应篇》中指出:"在欧洲,道士仅仅以其编造的荒谬传说和迷信活动而为人所知。"④ 他还沿用了传教士著述中用来贬斥道士的词语,如"无知"(ignorance)、"招摇撞骗"(charlatanisme)、"诡计多端"(fourberie)等。此外,他还称《太上感应篇》所附的故事"几乎无一不体现了'思想的幼稚(puérilité des idées)'"⑤。而儒莲则不然。在整个翻译过程中,儒莲始终以一种客观而审慎的态度忠实地传达着原著的思想,亦几乎未曾使用含有主观偏见的贬斥之语。他认为《太上感应篇》是一部能够帮助欧洲人了解中国社

---

① 许明龙《欧洲十八世纪中国热》第63页,外语教学与研究出版社,2007年。

② [意]利玛窦、[比]金尼阁著,何高济、王遵仲、李申译《利玛窦中国札记》第110页,中华书局,2010年。

③ [法]谢和耐、戴密微等著,耿昇译《明清间耶稣会士入华与中西汇通》第429页,东方出版社,2011年。

④ *Le livre des Récompenses et des Peines*, Avertissement d'Abel Rémusat, p. 1.

⑤ *Le livre des Récompenses et des Peines*, Avertissement d'Abel Rémusat, p. 6.

会的著作，它"流传了数世纪，信众不计其数，书中的传说和故事代代相传，能以一种富有教益的方式帮助那些对道教仅有模糊认识的欧洲人更好地理解道教的教义和信仰"①。对于原书所附的劝人行善的故事，儒莲虽然"承认其中确有某些故事看似幼稚、有时甚至荒谬"，但是他并不像传教士和雷慕沙那样全盘否认甚至嘲笑它们的价值，而是加以重视并做出极高的评价："所有这些故事对于我们从中发现某种宗教信仰、风俗习惯或迷信思想均大有裨益"②，因此，儒莲将之完整译出，并称"倘若将它们省略不译，恐将遗漏人类精神史上的珍贵材料"③。儒莲对道教经典做出如此高的评价，这在法国汉学史上尚属首次。这种客观的态度使得儒莲与早前的传教士和雷慕沙形成了巨大的反差，也表现出他对异国文化的尊重，这在19世纪初期尚处于早期发展阶段的法国汉学而言更是难能可贵。

总之，不论从译文质量、译本规模，还是从译文所体现的儒莲对于中国道教文化的认识以及客观态度而言，儒莲的《太上感应篇》法译本均是对前人的极大超越。儒莲以严谨而客观的学术态度完成了这部煌煌译著，极大地促进了儒释道三教文化在法国乃至欧洲的传播，有助于加深欧洲对于中国社会的认识和了解，必将彪炳法国汉学史册。

（张粲　西南交通大学外国语学院讲师）

---

① *Le livre des Récompenses et des Peines*, Avertissement, p. xiv.
② *Le livre des Récompenses et des Peines*, Avertissement, p. xiv.
③ *Le livre des Récompenses et des Peines*, Avertissement, p. xiv.

顾赛芬《论语》法语译本出版沿革考证[*]

成 蕾

摘 要：顾赛芬翻译的《四书》堪称法语译本中的经典，其中《论语》译本更被认为是被研究最多的译本。本文在翔实的文献考证基础上，梳理自1895年以来顾赛芬的《论语》译本在法国出版状况，考证每个版本的具体特征，并在此基础上总结版本沿革的规律，从阐释、接受、变异多角度剖析版本演变背后的原因。

关键词：《论语》 顾赛芬 法译本 出版沿革

顾赛芬（Seraphin Couvreur，1835—1919）是19世纪法国著名汉学家，他将中国多部文学文化典籍翻译成法语和拉丁语，译本简洁，行文流畅。他的翻译严格忠于当时中国官方推崇的朱熹学派的诠注，对于注释他并不做进一步的阐释。他的译作十分严谨，很少带有个人的见解，为后人研究提供了比较客观的依据。

1895年，顾赛芬的《论语》拉丁文、法文双译本与《大学》《中庸》和《孟子》译本一起合于《四书》，在法国巴黎正式出版。这是顾赛芬《论语》译本的首次问世。时至21世纪，2005年、2009年、2011年巴黎分别出版了《论语》的法语朗读版音像资料，三个朗读版的文字底本均选用顾赛芬的经典译本。这个经典译本的法兰西之旅证明了经过1个多世纪的接受后，它已经进入了法国普通民众的生活和思想之中。法语读者已经不再将《论语》视为遥远的、深奥的、学术神坛之上的教条，而是已将它看作一种有着现实意义的人生哲学、处事方式、智者箴言。同时，《论语》法语译本在法国的出版史也反映出顾赛芬译本的接受度极高。100多年间，顾赛芬《论语》译本被多

---

[*] 国家社科基金青年项目：法语世界的孔子形象研究（项目编号：17CWW003）的阶段性成果。

次再版、重版，并以多种形式发行，各个版本自成特色。

一、置于《四书》合集中的出版

根据笔者的统计，顾赛芬翻译的《论语》是被出版次数最多的译本。此处先讨论《论语》置于《四书》合集中出版的情况。首次和第一次分别出版于1895年和1949年，均由当时位于巴黎第六区的CATHASIA出版社和巴黎美文出版社（Les Belles Lettres）联合出版。

1. 1895年版①

第一版书名为《四书：孔子和孟子所著，包含朱熹章句简评（中文），法语和拉丁语两种译文，和文学、专有名词词汇表》，由巴黎的Cathasia出版社出版。其中，《四书》的各篇名称采用音译，分别为：*Ta-hio*，*Tchong-young*，*Louen-yu*，*Meng-tseu*。原文现收藏在法国国家图书馆（Bibliothèque nationale de France）黎塞留分馆Richelieu的"手稿部"。全书分三册，先后按《大学》《中庸》《论语》《孟子》的顺序编辑。随后不久，这个版本于同一年在Ho-Kien fou出版社进行了胶片制作。

2. 1949年版②

1949年，同一个出版社第二次出版了这部译著，此次重新排版，全书分为两册，第一册包含《大学》《中庸》和《论语》，《孟子》被单列在第二册。这一次改版较上次有一些变化，其中最大的变化是封面上书名的译文：《大学》被翻译为 *La Grande Etude*；《中庸》被翻译为 *Invariable Milieu*；《论语》被翻译为 *Entretiens de Confucius et de ses disciples*；《孟子》被翻译为 *OEuvres de Meng Tzeu*。这一版对书名的意译跟之前一版的音译相比，效果非常不一样，它将中国经典文化的主题非常直观地展示给了法国读者。这一版依然在每本典籍中都编入了朱熹《四书章句》的评注，接下来便是将法语译本和拉丁语

---

① 版本信息如下：*Les Quatre livres（par Confucius et Mencius）avec un commentaire abrégé en chinois（de Tchou Hi），une double traduction en français et en latin et un vocabulaire des lettres et des noms propres*，traduit par Séraphin Couvreur, Paris：Cathasia, 1895.

② 版本信息如下：*Les Quatre livres（par Confucius et Mencius）avec un commentaire abrégé en chinois（de Tchou Hi），une double traduction en français et en latin et un vocabulaire des lettres et des noms propres*，traduit par Séraphin Couvreur, Paris：Cathasia, 1949.

译本对照排版。对《论语》原文的译文中,每一句前面都加上了阿拉伯数字编号,清晰明了。《章句》和典籍原文一样,都首先用汉字呈现原文,再韦氏拼音标注全句,最后是法语、拉丁语译本。页面排版中,奇数页页眉处有书名的意译,偶数页则显示的是音译书名。著作中附录有两个部分:1 页《中华帝王表》(Souverains de la Chine)和长达近 50 页、按照偏旁部首顺序编排的《专有名词词汇表》(Lettres et Mots propres)。著作和附录均展示了顾赛芬作为学识渊博的汉学家深厚的中国文化和中文文字功底。

3. 1956 年版

1956 年,顾赛芬的《四书》法语译本被"法国书商俱乐部"(Club des libraires de France)出版社重新出版,这一版的特别之处在于其中加入了法国著名汉学家沙畹(Édouard Chavannes,1865—1918)的研究文章作为前言。与之前相比,这个版本仅收录了法语译本,拉丁文译本被略去。目前,法国国家图书馆收藏了这个版本的微缩幻灯片。这应该是第一个不收录拉丁文译本的版本,此后在法国出版的版本中也都仅有法语译本了。

4. 1972 年版

1972 年,台北光启出版社(Kuangchi Press)出版了这个译本,法国国家图书馆黎塞留分馆手稿部收藏了此原版。

5. 1979 年版[①]

1979 年,巴黎的让·德·博诺出版社又出版了一个异常精美的法语译本。从整体的制作,包括封面、排版、插图等方面来看,这个版本应该是一个经典纪念版。封面便是凹凸有致的刻印在深棕底色上的刻版画,最上方从右到左写着"万世师表",正中孔子正襟危坐,他的众弟子分布在余下整个画面上。翻开封面,在扉页之前有一张孔子画像,画像上方从右到左写着"先圣别像"。这幅画里的孔子,已经跟中国出版物里的孔子基本相同了。

随后有一张公元前 722 到公元前 481 年的中国版图。这个版本中有较多精致清雅的蕴含了中国传统文化图案的插图和插页,开篇正文之前便有 3 页图文并茂的竹、梅、松图案,分别配文:*Le bambou fleurit une fois tous les cent ans*(竹子百年翠绿);*le prunus fleurit une fois par an*(梅花年年开);*le pin*

---

① 版本信息如下:*Les Quatre livres de Confucius*, traduction intégrale, notes et préface du R. P. Séraphin Couvreur, décoration originale de Ton-Hi, commenté par Tchou Hi, Paris: Chez Jean de Bonnot, 1979.

reste toujours vert（松树万年常青）。此处选取的竹、梅、松是中国文化中的典型意象，象征着人的高洁品质。虽然与《四书》内容并无直接关系，但图像传达出的精神意象与儒家思想中对"君子"品格的要求是一致的。正文中有多处页边也用这三种植物的图画作装饰，整部书从文字到插图都散发出浓浓的中国传统文化气息。

文字部分，这个版本保留了顾赛芬本人的《序言》，随后是出版人（L'éditeur）对孔子生平和作品的介绍（*La vie et l'œuvre de Confucius*）。序言作者开篇就大力颂扬孔子思想中体现出的对高尚道德的追求。作者从东西方信仰的不同，将欧洲的宗教信仰与孔子思想相比较，突出介绍了作为中国古代人民精神信仰的孔子思想的世俗化、道德化的一面。序言的主要篇幅用来介绍孔子生平、"四书"包含的主要文本以及其中的主要思想。在序言的最后，作者极力赞扬了顾赛芬作为译者的伟大贡献，认为他的译本是最好的译本之一，而且也是最忠实的翻译之一。序言作者将汉语跟西方语言做比较，向读者介绍了汉语的难度，甚至用了一个比喻："将汉语译成西方语言，就有点像我们企图将阿波利奈尔的诗翻译成散文一样！"（*traduire un texte chinois en langue occidentale, c'est un peu comme si l'on voulait transcrire en prose un poème d'Apollinaire!*）① 阿波利奈尔是法国 20 世纪初的著名诗人，创作了很多图案诗，所以一般认为不容易把握诗人的本意。出版人认为，汉语没有句法和语法，动词没有时态和变位，名词没有单复数之分，也就是说，字的形状是不变的，字的意思只能根据具体的上下文去做不同的理解，因此，阅读汉语的难度是很大的。儒家经典的理解就更难了，数百年来一代又一代的中国学者不断解读，试图找到孔子的本意，翻译成外语的难度就可想而知了。

译本的正文跟排版基本相同，只是仅保留了法语译文，略去了顾赛芬的拼音注音和拉丁语译文。《论语》中顾赛芬对章句的注释位置也与 CATHASIA 版本相同，紧随原文章句译文之后。

6. 2007 年版②

这是最新的一次顾赛芬《四书》译本的重版，也是 21 世纪以来唯一的

---

① *Les Quatre livres de Confucius*, traduction intégrale, notes et préface du R. P. Séraphin Couvreur, décoration originale de Ton-Hi, commenté par Tchou Hi, Paris：Chez Jean de Bonnot, 1979. préface PageⅧ.

② 版本信息如下：*Les fleurs de la pensée chinoise*, traduction de Séraphin Couvreur, introduction et notes complémentaires par Guy Rachet, Paris：Presses du Châtelet, 2007.

一次重版。书名译成中文为《中国思想之花》。出版人在书中注明，此次的重版选用了1972年台湾光启出版社的版本作为依据。光启社1972年的版本被收藏在法国国家图书馆黎塞留分馆，不再流通，之后光启社也未再版顾赛芬的译本，因此读者通过这个新版本也可以了解到光启社版本的大概状况。

除顾赛芬的译文作为正文以外，盖伊·利沙（Guy Rachet）补充了几个部分：引言（Introduction）、词汇表（Lexique）、历史编年表（Chronologie），并附上了他撰写这几个部分的参考书目（Bibliographie）。词汇表以人物姓名为线索，介绍书中出现的人物身份及主要思想。

引言部分尤为翔实。在近30页的内容中，作者首先介绍了孔子生平和儒家思想概况，随后分别介绍了"四书"的几部著作的主要内容。引言的最后一部分是长达4页、小标题为"朱熹的前言"（Préface de Tchou Hi），对之后出现在《大学》《中庸》译文之前的朱熹的评注做了整体介绍。

《论语》译文部分仅保留了顾赛芬对《论语》章句的译文，省略了顾赛芬的注释。译文之前有一页对《论语》简单的介绍，文中也有少量置于脚注中的注释，都是由盖伊·利沙所作。

二、《论语》独立出版

由于顾赛芬《四书》合集太厚且重，不便于流通，后来便有了拆分单独出版的版本。首先单独出版的便是《论语》。

1. 1959年版①

1959年，由杜巴尔彼耶（G. Dubarbier, 1882—1932）作序的顾赛芬《论语》译本问世。杜巴尔彼耶时任里昂文学院（Faculté des Lettres de Lyon）和巴黎高等汉学所教授（l'Institut des Hautes Études Chinoises de Paris）。

这是一篇与众不同的序言。不同于其他序言对孔子生平、孔子思想和著作内容的引入式介绍，这篇序言用浪漫主义式的笔调，描绘了亦人亦神的孔子的一生。首先，杜巴尔彼耶赋予了孔子的出生一种希腊神话般的色彩："一

---

① 版本信息如下：LOUEN YU：*Entretiens de Confucius avec ses disciples*, illustrations de CHOU LING, introduction et vie de Confucius par G. Dubarbier, Lyon：Éditions du Fleuve, 1959.

只预报福音的麒麟神兽出现在这个孩子家的花园里。孩子的口中吐出一块玉石，上面写着'一个纯洁的孩子出生在周即将衰亡之时，他将是无冕之王'。"① 接着他用史诗般的笔调向读者悠悠道来，讲述了孔子的一生，其中并无对其思想、著作等学术性的介绍，而仅是像描述传说中的人物一般，叙述了孔子的政治人生。

从序言的开篇也可以看出，比起哲学家，杜巴尔彼耶眼中的孔子更是一个有血有肉、心系天下、颇具人文情怀的圣人和精神领袖。在序言末尾，他评价道："从此，中国诞生了一位圣人，他是这个国家所有人的精神领袖。上至王公贵族，下至平民百姓，都遵循并学习他的哲学思想。大家用宗庙纪念这位为大家树立了楷模的智者。"② 正如他所描绘的孔子出生时吐出的玉石上所写，孔子成了一位无冕之王。他认为，孔子创立的这些非形而上的道德标准非常具有实践意义，这种哲学复兴了古代文化，中华民族随后因此受益深远。因此对孔子的崇尚永远不会停止。

这个版本非常精美，封面是硬质版，黑色，印着中文书法写成的"孔子论语"四个字。正文部分只收录了顾赛芬对《论语》的法语译本，文中有篇目划分，有篇目序号和篇目名称，但并未标注章句序号。

2. 1973 年版③

由顾赛芬翻译、杜巴尔彼耶作序的《论语》译本被出版了两次，第二次出版是在 1973 年，此次《论语》和《道德经》合成一辑，由巴黎近郊的布列耶夫尔（Brièvres）出版社出版。此版的编辑排版同样精美，与顾赛芬亲自作序的原版相比，这个版本的正文部分将译文章句末尾顾赛芬所做的注释用斜体字另列一段，这样很好地区别了章句原文和注释；而在顾赛芬作序的原版中，注释紧随原文的译文之后，仅用括号标注，且无字体区别。这样读者一目了然，展示效果很好。

---

① 参见 LOUEN YU: *Entretiens de Confucius avec ses disciples*, illustrations de CHOU LING, introduction et vie de Confucius par G. Dubarbier, Lyon: Éditions du Fleuve, 1959. préface, p. 10.

② LOUEN YU: *Entretiens de Confucius arecses disciples*, préface, p. 20.

③ 版本信息如下: *Confucius et LAO-TSEU*, texte impriméentretiens traduits par le R. P. Séraphin Couvreur et préfacés par G. Dubarbier, illustrés par Viet Ho. Tao tö king; pages de Lao-tseu, présentées par André Berry, illustrées par Viet Ho, Paris: Brièvres, 1973.

3. 1975 年版①

1975 年，巴黎美文出版社（Les Belles Lettres）授权达诺埃尔出版社（Denoël）出版了顾赛芬《论语》法译单行本。

在引言中，作者认为，孔子其人其声望虽然已在全世界范围内具有很高的知名度，但真正能理解孔子思想和作品的人却非常有限。作者认为，孔子是"政治家和道德家"，他的思想归根结底是一种道德、社会和政治教条，而并非西方人理解中的宗教思想。2500 年来，孔子的这些思想一直主导着中国、日本和整个东亚的"统治艺术"。尽管如今中国和日本有很多质疑孔子学说的声音，但作者认为，孔子对整个东亚社会的影响力并不会因此而减弱，更不会消逝，因为那些质疑者们可能都没有意识到，他们自己本身已经不可避免地成为孔子的传承者。孔子思想的"逻辑和简洁"性一直是东方国家政治、道德思想的根基与精髓。②

这部译著出版于 20 世纪 70 年代，结合到当时中国社会文化的状况，引言中对孔子历史和现实地位的肯定，无疑具有非常正面和积极的意义。

正文部分的法语译文照搬了 CATHASIA 版本的内容，但并未保留朱熹评论部分的翻译，同时，顾赛芬对章句的评论从正文中脱离出来，被放置在整部《论语》译文之后，专列一个"注释（notes）"部分。

4. 1997 年版③

1997 年的这个版本为巴黎一千零一夜出版社出版，已经是通行本的版式，跟法国口袋书系列相同，纸张更小。全书没有图案，只有文字。正文之前有不到两页的简短介绍，正文部分省略了朱熹评论、顾赛芬的注释，仅保留了对《论语》原文章句的译文。译文后有施穆尼（Muriel Baryosher-Chemouny）在顾赛芬注释的基础上对部分章句做的补充解释，条目并不多，共 13 页。

译文之前，出版人用简短篇幅介绍了孔子生平。在描述孔子出生时的情

---

① 版本信息如下：*Entretiens avec ses disciples*, traduit du chinois par Séraphin Couvreur, Paris：Denoël，1975.

② 笔者参见原文翻译，原文见：*Entretiens avec ses disciples*, traduit du chinois par Séraphin Couvreur, Paris；Denoël，1975. Introduction page I.

③ 版本信息如下：*Entretiens du maître avec ses disciples*, Confucius；trad. du chinois par Séraphin Couvreur, Paris：Éditions Mille et une nuits, 1997.

境时,讲述了希腊神话般的场景:麒麟显灵,预告了孔子将成为"无冕之王"。

因此,施穆尼所作的名为《无冕之王》(Le roi sans couronne)的文章,被收集在译文之后的后记中。作者开篇便如同神话预言中一样,将孔子置于无比崇高的圣人地位。他用法语中的一句谚语举例,证明孔子在西方社会中被渲染出的形象: À chaque époque, son Confucius. 这句话直接翻译成中文是"每个时代都有它的孔子",意思是说"每个时代都有那个时期的英雄、圣人"。这个谚语足见孔子在西方社会早已高居神坛。①

这篇文章以司马迁《史记·孔子世家》为蓝本,其主旨"无冕之王",其实就是中国历史中将孔子奉为"素王"的意思。《孔子世家》中说:

> 太史公曰:《诗》有之:"高山仰止,景行行止。"虽不能至,然心向往之。余读孔氏书,想见其为人。适鲁,观仲尼庙堂、车服、礼器,诸生以时习礼其家,余祇回留之不能去云。天下君王至于贤人众矣,当时则荣,没则已焉。孔子布衣,传十余世,学者宗之。自天子王侯,中国言六艺者折中于夫子,可谓至圣矣!

5. 2006年版②

2006年又诞生了一个制作印刷美轮美奂的版本,这也是最近的一个版本。这个版本封面正中是一个太极八卦图,印在黑底皮质封面上,显得庄严而神秘。书中并未标明出版社的名字,仅注明了由"圣母"(Notre Dame)印刷商印刷,此外还详细介绍了书中8幅精美插图的作者、纸张版式设计美工人员等信息。正文仅有译文,并无前言、后记,也无注释。译文部分也并未全文照搬顾赛芬的译文,而是设计成"箴言集"一类的版式,在扉页上便注明这本书只是"参照顾赛芬的译本(d'après la traduction de Séraphin Couvreur)",而并非是出版顾赛芬的译文。例如,每篇的篇名均被省略,仅呈现为"CHAPITRE PREMIER"(第一篇)一类的编号。作者想传达的是,这部作品

---

① 笔者译,原文参见: Entretiens du maître avec ses disciples, Confucius; trad. du chinois par Séraphin Couvreur, Paris: Éditions Mille et une nuits, 1997. p. 191.

② 版本信息如下: Les entretiens de Confucius, d'après la traduction de Séraphin Couvreur, Impression Notre Dame, 2006.

的文字部分参照了顾赛芬的译文,而作品本身是图文并茂的介绍《论语》的一部独立出版物。

这部书中的插图是全书的重要部分之一,不仅有 8 幅全页彩绘插图,而且每篇篇首都有一个代表着中国文化的小图案,如第一篇(《学而篇》)篇首有一个太极阴阳图。正文部分之后,有一页文字专门为 8 幅全页彩绘插图做说明。从说明可知,除第一幅插图是为孔子所做画像外,其他 7 幅都是对某一章句内容的图画描述。

三、译本沿革分析总结

顾赛芬的《四书》翻译忠实度高、严谨度精、学术性强,是一部经典的高质量译本,因此重版的版本基本上体现出很高的严谨性。第一,除 21 世纪少数《论语》通行本外,其他版本中的译文基本保留原版的全部内容。第二,排版美观,设计精美、布局合理。第三,内容丰富详细。译文正文之前一般会有孔子画像、春秋时代的地图、客观详细的孔子生平、孔子思想的介绍等;译文之后通常会有历史编年表、人物姓名表、词汇表等作为附录,供读者参考。

纵观顾赛芬译本在 100 多年间的出版状况,我们可以总结出以下几点特征:

第一,20 世纪中叶以后,仅有法语译本在法国出版,拉丁文译本仅在 19 世纪末至 20 世纪上半叶出版了几个版本。这与法国通行使用的语言状况密切相关,虽然法语起源于拉丁语,但从 16 世纪起,法兰西民族就开始为法语语言的纯净性做斗争,最初的一步便是让法语独立于拉丁语。随着长达三个多世纪的不断努力,在 20 世纪中叶时,拉丁语已经淡出人们日常使用的语言种类,仅在部分学业阶段作为选修语言进行学习。

第二,开始的几个版本几乎都是对最初版本的重印(照搬顾赛芬的译文、序言、排版),后来的版本从排版、序言、注释、评论等方面都发生了多样化的改变。

(1)排版中原文译文与注释之间位置的改变体现出中西经典诠释传统的不同。CATHASIA 出版的最初两个版本的排版方式都是以顾赛芬的手稿为标准的,顾赛芬的原稿完全采用了中国传统的诠释传统——即将诠释者的注解与原文放在一起，一句原文之后紧接着一句注解。例如在最初两版的"四书"合集中的《论语》里面，读者看到的首先是法语标题"论语"，接着是朱熹《四书章句》中对《论语》的一段注解汉语繁体字原文，接着是这段原文的拼音，最后是这段原文的法语和拉丁语对照译文。并且在译文末尾，顾赛芬通常会加入自己的注解，也就是将注解紧随译文之后。

而在 1975 年达诺埃尔出版社出版的《论语》单行本排版中，顾赛芬的注解被置于整篇译文之后，单列成名为"注释"（notes）的一个部分。这是很大的一个改变，意味着出版商对顾赛芬译本做了恢复西方解经传统的修改。在西方的传统中，诠释者对经典的注释，起初是独立于原文，被置于页面的侧方；后来演变成脚注，即置于页面的下方；再后来被置于整篇文章的最后，变成了尾注。中国当代的文章排版便是采用了西方的作注方式。

中西方诠释传统的区别，体现出诠释者主观意见的地位。而法国出版社对顾赛芬《论语》译文排版方式的改变，意味着法国对自身传统的坚持，认为对原文的翻译才应是译著的主体部分，译者的补充阐释应该被独立出来。

（2）CATHASIA 出版的《四书》中只有顾赛芬本人的序言，1956 年"法国书商俱乐部"（Club des libraires de France）出版社的版本中加入了法国著名汉学家沙畹的研究文章作为前言，这是第一次加入了译者本人以外的其他人的序言，此后的各个版本中都加入了不同学者的序言。这个改变从一个侧面证明了译本受关注程度发生的改变，同时，作序者的不同身份也反映了译本不同的关注群体。

（3）从出版《四书》到单独发行《论语》，体现出《论语》的普及程度越来越高。单行本《论语》最大的优势是便携性和价格低，它更为广泛地被发行，足以看出法国大众希望了解中国传统文化的愿望越来越强烈。

（4）从出版社来看，顾赛芬翻译的《四书》回到法国后的最初两个版本（1895 年和 1949 年）都是由 CATHASIA 和 Les Belles Lettres 出版。这两个出版社当时都以专门出版权威学术类作品闻名，直到今天，Les Belles Lettres 依然如故，每年出版多部全世界各国各文化的学术著作。但从《四书》的第三版开始，便有其他大众类出版社加入出版工作。

第三，随着版本的逐渐大众化和版面形式越来越丰富，书中出现了越来越多的文化形象变异。例如顾赛芬《论语》最新的版本——2006 年版，这个版本基本可以代表当代法国看待孔子、看待《论语》乃至儒家文化的一种视角。逐一观察这部作品中的图像和插画，我们可以观察到以下几个不妥之处。
（1）儒家和道家混淆不清。孔子在画像中身穿华服坐于椅子上，服饰上的襟带高高飘扬，头戴庄严如王冠的头冠，双手捧着太极阴阳图形的圆球。这幅画反映了画家心中的孔子形象，法国读者看起来应该觉得新奇，因为它与同时期其他法国出版物中的孔子形象不尽相同。但在中国读者看来，却不伦不类。孔子的衣着过于华丽，看上去像是一个个高高在上的王者。他手中捧着太极阴阳图，单看这张图的中国人的第一反应，大概都会认为他是道家的某个人物。再如第四幅插图，这幅插图是对《公冶长第十七》的展现，图画取名"乌龟"，这幅图的中心是围成一圈的八卦图。虽然八卦也是儒家五经《周易》的主要元素，但中国文化中更多地将它视为道家文化的概念。而在这部《论语》的插图中出现这些身份明显的文化符号，会造成误导读者的结果。
（2）儒家和佛教意象混淆。第 2 幅插图本是想反映季氏在泰山祭祀的画面。但画面中的形象让人一眼就感觉出典型的佛教中的图案和文化，对于不了解中国文化的法语读者，这幅插图也有很明显的误导性。

　　第四，与早期的版本相比，越晚的版本越简化，这体现出法国对《论语》的接受从学术层面到大众层面的转化。从上文对版本的详细介绍可以看出，20 世纪 70 年代以后顾赛芬《论语》译本的出版物明显比之前的出版物简化，其中经历了省略朱熹《章句》的译文、省略顾赛芬的注释直到甚至省略篇目名的过程。此外，文章开头提到的 3 个《论语》朗读版的发行，从中都可以看出，《论语》由最初被法国神父从遥远东方带回来搁在圣坛上的、法国大众无人问津的中国古代文化典籍，渐渐转变了身份，变成了法国大众愿意去了解的科普性读物。

（成蕾　四川大学文学与新闻学院博士研究生、
西南交通大学外国语学院讲师）

从"自然"到"自然哲学"

——法国汉学家贝特鲁奇的中国绘画研究

孙 敏

摘 要：20世纪初，法国汉学家贝特鲁奇先后出版三本远东艺术研究专著，名为"远东艺术"，但其研究重点在中国绘画。在研究中，他确立了一种中国绘画的哲学阐释模式，即将中国绘画还原到哲学语境中进行考察，融中国思想史与中国绘画史为一体，通过系统地梳理中国儒、道、释思想中的"自然"传统来揭示中国绘画形式语言背后的深层动因。其研究不仅深化了20世纪早期欧洲的中国绘画研究，推动中国绘画研究从艺术史领域进入汉学领域，而且奠定了法国汉学领域里中国绘画研究的基本模式。本文将以贝特鲁奇的研究语境为出发点，在共时与历时的坐标中，解读他的中国绘画研究模式与研究特色，探讨其汉学价值与当代意义。

关键词：法国汉学 贝特鲁奇 中国绘画 自然哲学

20世纪40年代，约翰·蒲伯（John A. Pope, 1906—1982）在《哈佛亚洲研究杂志》（*Harvard Journal of Asiatic Studies*）上发表了《汉学还是艺术史：中国艺术研究方法笔记》（*Sinology or Art History: Notes on Method in the Study of Chinese Art*）一文[1]，在北美的中国绘画研究领域引发汉学研究方法还是艺术史研究方法之争。原因在于当时盛行以沃尔夫林的风格学范式来研究中国绘画，但研究学者往往缺乏汉学方面的专业知识。高居翰（James Cahill）也曾撰文称："在40年代和50年代初，中国艺术史界便划分出壁垒对峙的两派：汉学家和艺术史家。……数年之后，越来越多的学者能够把西方艺术史

---

[1] John A. Pope, "Sinologyor Art History: Notes on Method in the Study of Chinese Art", *Harvard Journal of Asiatic Studies*, Vol. 10, N. 3/4, (1947), pp. 388-417.

的治学方式和阅读中国典籍的能力结合起来。"①

但在法国,则是完全不同的情况。法国的中国艺术研究自20世纪初起就确立了一种汉学研究模式:将汉学与艺术史研究相结合,兼顾艺术的视觉分析与哲学文化语境的阐释。其开创者当属20世纪初法国的中国艺术研究第一人贝特鲁奇(Raphaël Petrucci, 1872—1917)。1909—1912年间,贝特鲁奇先后出版三本远东艺术研究专著,包括《远东艺术》(L'art d'Extrême-Orient, 1909)、《远东艺术中的自然哲学》(La Philosophie de la nature dans l'art d'Extrême-Orient, 1910)和《中国画家研究》(Les Peintres chinois, étude critique, 1912)。他师从著名的汉学家沙畹(Edouard Chavannes, 1865—1918),接受过系统的汉学训练,可以说,他的研究是建立在扎实的汉学功底之上的。

在贝特鲁奇的研究中,以《远东艺术中的自然哲学》成就最高,影响也最为深远。② 他凭借该书获得了"法兰西学院奖"。沙畹指出:"该书以罕见的思想高度,揭示出中国的自然哲学如何在绘画中体现出来。"③ 他在该书中确立了一种中国绘画的哲学阐释模式,即将中国绘画还原到哲学语境中进行考察,融中国思想史与中国绘画史为一体,通过系统地梳理中国儒、道、释思想中的"自然"传统来揭示中国绘画形式语言背后的深层动因。其研究不仅深化了20世纪早期欧洲的中国绘画研究,推动中国绘画研究从艺术史领域进入汉学领域,而且奠定了法国汉学领域里中国绘画研究的基本模式。比如当代著名汉学家程抱一(François Cheng)的《虚与实:中国画语言》(Vide et Plein: le langage pictural chinois)和于连(François Jullien)的《大象无形》(La Grand Image n'a pas de forme, ou du non-objet par la peinture)都延续了贝特鲁奇的思路,从哲学的维度解读中国绘画。程抱一从"三元论"(阴、阳、中

---

① 见其为著作《中国名画集萃》中译本撰写的序言。朱雍译《中国名画集萃》第6页,四川美术出版社,1987年。

② 该书先后再版三次,1998年友丰出版社(You-Feng)再版时由程抱一(François Cheng)亲自作序。该书亦是治中国绘画史的学者或对中国绘画感兴趣的知识分子的重要参考书。如著名的英国汉学家阿瑟·韦利(Arthur Waley)在1923年撰写的著作《中国绘画研究导论》(An Introduction to The Study of Chinese Painting)里专门提及该书;法国作家克洛岱尔(Paul Claudel)、谢阁兰(Victor Segalen)在创作时也参考了该书。

③ 参见沙畹撰写的贝特鲁奇悼文,T'oung Pao, Vol XVII, 1916, p. 391.

空）的角度出发，以结构主义的方法阐释中国绘画。于连则直接将中国绘画视为道家思想的化身。

事实上，中国艺术一直是法国汉学研究的重要主题，产生过一系列重要成果，不少出自当代重要的汉学家笔下。①究其原因在于法国汉学进入学院式发展以来，对中国思想文化及中国人精神的研究兴趣。②因此，梳理法国的中国艺术研究不仅能深化我们对相关汉学家的认识，也有利于更好地把握法国汉学研究的全貌。本文将以贝特鲁奇的中国绘画研究作为切入点，以《远东艺术中的自然哲学》一书为研究重点，在共时与历时的坐标中，解读他的中国绘画研究模式与研究特色，探讨其汉学价值与当代意义，以期为梳理法国的中国艺术研究脉络做出一点贡献。

一、贝特鲁奇之前欧洲的中国绘画研究

应该说，在贝特鲁奇之前，欧洲已经出现了不少关于中国绘画的研究成果，主要包括威廉姆·安德森（William Anderson）的《大英博物馆中国与日本绘画藏品目录与描述》（Descriptive and Historical Catalogue of a Collection of Japanese and Chinese Painting in the British Museum，1886）、翟理斯（Herbert Giles）的《中国绘画史导论》（An introduction to the history of Chinese pictorial art，1905）、史蒂芬·布歇尔（Stephen Bushell）的《中国艺术》（Chinese Art，1908）、劳伦斯·比尼恩（Laurence Binyon）的《远东绘画：亚洲特别是中、日绘画史概述》（Painting in the Far-East: An Introduction to the history of Pictorial Art in Asia Especially China and Japan，1908）、《龙的飞腾：中日绘画实践与理论》（The Flight of the Dragon. An Essay on the Theory and Practice of Arts in China and Japan, based on original sources，1911）此外，还有德裔美国汉学家弗里德奇·夏斯（Friedrich Hirth）的《收藏家笔记片段》（Scraps from a collector's note book: being notes on some Chinese painters of the present dynasty,

---

① 除程抱一、于连外，还有西蒙·莱斯，他曾以原名李克曼（Pierre Ryckmans）发表《〈苦瓜和尚画语录〉译与评》（Les Propos sur la peinture du moine Citrouille-amère, traduction et commentaire）。

② 1814年，法兰西学院（Collège de France）开设"汉语与鞑靼-满语和文学讲座"；1843年，巴黎东方语言文化学院（Institut national des langues et civilization orientales）设立近代汉语讲席。这标志着法国汉学摆脱了"传教士汉学"的框架，成为一种专业化、学术化的研究学科。

with appendices on some old masters and art historians, 1905)①。

整体而言，这一批学者的研究主要还是在艺术史领域进行，着眼于对中国绘画做视觉上的描述与评价，但其研究立场逐渐发生变化。最初的学者从西方现代绘画语言出发，对中国绘画提出批评，比如威廉姆·安德森在分析中国绘画的视觉元素时就带有强烈的西方中心主义色彩。他指出"透过中国人自己画的画和部分佛教画，我们很容易体认到这种粗浅的透视。在风景画中，一些平行的线向飘忽不定的一点会聚，这一点放错了。……明暗有时没有，有时表现为一种奇特的阴影。他们用这种阴影来突出邻近事物，但是并没有表现出任何对现实的观察。阴影的投射往往是不存在的。而且，他们总是忽略镜子前或湖面上的反影……色彩和谐，但往往很随意。"② 到了比尼恩那里，他开始反思自身的西方立场，试图回到中国绘画的文化语境中去，对中国绘画做出更恰当的分析与评价。同时，他表现出由中国绘画进入中国人精神的研究旨趣，他在《龙的飞腾》的序言中提出了研究试图回答的一系列问题："画出这些画的人他们的想法是什么？他们想实现什么样的欲望与理想？他们想表达什么样的人与自然的观念？他们又如何认识艺术及其在生活中的功能？"③ 在对中国绘画人与自然关系的探究兴趣上，他与贝特鲁奇是一致的。不同在于，他的研究重点在人的精神，而贝特鲁奇则在自然哲学。

值得注意的是，研究学者中也不乏汉学家，如翟理斯。但他是从历史学的角度，依据中国历史的发展阶段来描述中国绘画的演进轨迹，勾勒出中国绘画的总体发展情况，缺乏对中国绘画的美学分析。贝特鲁奇的研究则较好地实现了汉学与艺术史的结合，既有对中国绘画哲学语境的解读，又有对中国绘画主题、技法等美学上的阐释。

1910年左右，法国有一些画评者沿袭传统的艺术史方法，在对中国绘画线条与色彩的直观体认基础之上，发现了中国绘画"重思想"的特点。如让-保罗·拉夫特（Jean-paul Lafitte）指出："对线条美的关注是显而易见的，画家们孜孜以求抓住运动的态势而非静止的形体。色彩是很少的，给人感觉

---

① 发表于 *T'oung Pao*, Vol. 6, No. 1, 1905, pp. 373-382.

② William Anderson, *Descriptive and Historical Catalogue of a Collection of Japanese and Chinese Painting in the British Museum*, London: Longman & co.; B. Quarich; Trubner & co., 1886. p. 491.

③ *The Flight of the Dragon, An Essay on the Theory and Practice of Arts in China and Japan, based on original sources*, London: John Marray, 1911, p. 7.

更像是上色图而非真正的绘画。……它也运用了线条与色彩,但不是为了从线条与色彩的组合中获得乐趣,而是为了表现某种思想或情感。"① 但是,他们基于对绘画"纯粹性"的强调,对这一特点提出了批评。贝特鲁奇则以其深厚的汉学知识,摆脱了对中国绘画浅层次的描述,深入到中国文化语境内部,对中国绘画"重思想"的特点做了深入的探究与阐释,从而实现了中国绘画研究的汉学转向。

二、贝特鲁奇的中国绘画研究语境与研究概况

在法国,19 世纪下半叶开始出现了专业的东亚艺术收藏家。其中最重要的就是巴黎两大东亚艺术博物馆"吉美博物馆"(le Musée Guimet)与"池布努奇博物馆"(le Musée du Cernuschi)的创始人埃米尔·吉美(Emile Guimet)和亨利·池布努奇(Henry Cernuschi)。他们先后从中国和日本带回一大批绘画藏品,并分别于 1910 年和 1912 年举办公开画展,两次画展的画作都多达 200 多幅。② 此外,1898 年法国远东学院(École Française d'Extrême-Orient)成立后,伯希和(Pelliot)曾专赴中国收集中国绘画。这部分画作后被卢浮宫收藏,于 1903 年 6 月 7 日展出。③

同时,法国开始出现专业的艺术图书馆,系统收集中国画学著作。1908—1912 年间,收藏家雅克·杜塞(Jacques Doucet)致力于建立一所艺术与建筑图书馆。主管中国艺术的勒内·让(René Jean)请沙畹帮助收集有关资料,其中包括 28 部中国画学著作,多为明清时期的绘画著录。可以说,中国绘画的收藏、展出与画学著作的收集构成了贝特鲁奇中国绘画研究的物质基础。

贝特鲁奇最初的兴趣在社会学领域,出版过《财产的自然起源:比较社

---

① Jean-Paul Lafitte, "La peinture chinoise au Musée Guimet", *La Nature*, No. 1932, 1910 年 6 月 4 日。

② 相关记载见 Tchang-Yin Tchou et J. Hackin, *La peinture chinoise au Musée Guimet*, Paris: Libraire Paul Geuthner, 1910; Edouurd Chavannes, Raphael Petrucci "La Peinture chinoise au Musée du Cernuschi", *Arts Asiatica*, Paris, Bruxelles, Van œst, tome I, 1914.

③ 相关记载见 Edouard Chavannes, "La Peinture chinoise au Musée du Louvre", *T'oung-pao*, Vol. 5, No. 3, 1904, pp. 310-331.

会学论文》(*Les origines naturelles de la propriété：Essai de sociologie compare*) 和《物种起源：动物世界的同类性与不可容性》(*Origine polyphyletique, homotypie et non comparabilité des sociétés animales*)，在研究中他尝试建立起比较社会学的方法与原则，在人与动物截然不同的领域内研究社会形式的普遍特征。他在1909年出版《十九世纪的自然感》(*Le sentiment de la nature au XIXe siècle*) 一书，在书中他提出将艺术视作"内在的、独立的文献资料"(un document propre, se suffisant à soi-même)，认为艺术足以"反映一个民族的情感或意识生活"(refléter toute la vie sentimentale ou consciente d'un peuple)。① 这种比较意识和对艺术本质的认识，尤其是对"自然感"的关注，延伸到中国绘画领域，直接影响了他基于自然哲学的中国绘画阐释体系的建构。

1890年，贝特鲁奇开始跟随沙畹学习中国艺术。沙畹本人的研究是建立在考古学基础之上的，强调文献的阅读及文献与文物的互证。这使得贝特鲁奇的中国绘画研究有别于一般的艺术史家，有着深厚的翻译学与文献学的基础。首先，他翻译了《芥子园画传》②，对中国绘画美学中的重要概念进行过系统的梳理，对中国绘画也形成了相对完整的认识。其次，在翻译时，他考证了《芥子园画传》的版本流传信息，比照、核对各版本。他的翻译底本为1887年的文新书局版本，前5篇与1679年初版核对，余下篇目与1782的版本核对。从中可以看出他的汉学治学态度与中文文献的阅读能力；再次，他参与整理了沙畹中国考古活动的文献③，并与沙畹一起编撰了1912年池尔努奇博物馆中国画展的目录。④ 他还曾受邀前往大英博物馆参与整理斯坦因

---

① 引自法国艺术史研究中心（Institut National d'Histoire de l'Art）在线词典《法国大革命至一战间艺术史家批评词典》(*Dictionnaire critique des historiens de l'art actifs en France de la Révolution à la Première Guerre mondiale*) 中 Eric Lefebvre 撰写的贝特鲁奇介绍。

② 一些翻译片段与评注于1912年在《通报》连载，见 "Le Kie tseu yuan houa tchouan", *T'oung Pao*, No. 13, pp. 43-96；155-204；313-350. 整本翻译与评注在贝特鲁奇过世后，由沙畹整理出版。见 *Kiai-tseu-yuan houa tchouan, Les enseignements de la peinture du jardin grand comme un grain de moutarde. Encyclopédie de la peinture chinoise.* Henri Laurens, Paris, 1918.

③ "Les documents de la mission Chavannes", *La revue de l'Université de Bruxelles*, 1910 (Avril-Mai), pp. 481-509.

④ "La Peinture chinoise au Musée du Cernuschi", *Arts Asiatica*, Paris, Bruxelles, Van œst, tome I, 1914.

(Aurel Stein)带回国的敦煌画作。①

除了序言里提及的三本专著及《芥子园画传》的翻译与评注外,他还有一些单篇论文,但其研究基本不出专著的范畴,因此不再一一列举。

他最初是在"远东艺术"这一框架下研究中国绘画的,强调远东艺术的整一性,即中、日绘画之间的亲缘关系。同时,我们也发现,在他的研究中中国绘画占的比重越来越大。《远东艺术》里,中国与日本各占一半篇幅。到了《远东艺术里的自然哲学》,全书12章,有10章专论中国。之后,则将中、日分而论之,着力研究中国绘画。另外,虽然他的书名为"艺术",但以绘画为主,只在论及艺术史演进时提及青铜器、雕塑等其他艺术形式。

从他的三本著作中,我们也可以发现其研究的演进轨迹。《远东艺术》还是在艺术史框架里研究中国绘画,以主题和技法分析为主,虽然提出了中国绘画中对自然的呈现,但是并未将之放置在哲学的语境之下加以讨论。到了《远东艺术中的自然哲学》,他在序言里直接提出"中国绘画史是一部思想史"。思想与绘画的关系不是延伸,而是交融。因此,"研究中国绘画,必须研究中国的思想"。②

该书有3章专论中国哲学,上古、儒、道为一章,佛教思想为一章,如此安排是为了强调中国思想的"原生性",即在佛教传入中国之前,中国已经形成了独特的思想体系。此外,还有一章讨论宋代哲学。在他看来,宋代是三家思想的融合期,同时也是中国艺术的黄金时期。哲学阐释之后描述中国艺术史的演进,以佛教思想的传入作为界限,分为前后两期。然后从视觉形式出发,研究中国哲学在中国绘画中的体现。

在他的研究中山水画占据绝对地位,在山水画的研究中,他又强调了"道家思想"的绝对影响。由此,贝特鲁奇奠定了一种以哲学观绘画,以道释山水画的阐释模式。他之后的《中国画家研究》与对《芥子园画传》的评注基本沿袭了该模式。这将是我们下一部分的研究重点。

---

① 他后来专门撰文介绍过斯坦因带回来的敦煌画,见"Les Peintures bouddhiques de Touen-Houang (Mission Stein)", *Annales du Musée Guimet*, Bibl. vulgar. XLI, 1916, pp. 115-140.

② *La philosophie de la nature dans l'art d'extrême-orient*, Paris, Henri Laurens, 1910, p. 4.

三、贝特鲁奇基于"自然哲学"的中国绘画阐释模式

(一) 由中国绘画中的"自然"到中国"自然哲学"的发现路径

贝特鲁奇从中国绘画的视觉元素出发,发现了"自然"的重要性:一是中国绘画中存在大量的"自然意象"(image du monde)。与西方绘画相比,风景与动物具有独立的位置与价值;二是自然意象的"非写实性"。他从"绘画与现实"的关系出发,发现中国绘画不是对现实的模仿,而是对事物外在形体的超越。究其原因在于中国绘画呈现的是对世界的想象(la vision du monde)。从艺术形式上,他发现了绘画语言的隐喻性,即绘画中的自然不是现实的风景,而是心灵的图式,这种图式虽随艺术家的个性而有所差异,但其本质是相同的:"中国的绘画作品试图展示宇宙的神奇意象,表达最深刻的情感,触摸沉思冥想中闪现的宇宙法则。"① 因此,他所探讨的绘画隐喻是一种哲学上的,而非政治、社会隐喻。那么,以何种方式来研究背后的哲学思想,如何在这一复杂的思想网络中找到一条主线,用以阐释它对中国绘画产生的深刻影响呢?他找到了"自然哲学"(la philosophie de la nature)。他认为,对自然的关注和探索贯穿于中国文化始终。正是基于这一自然哲学,所有的思想理念(儒、道、释)得以统一。而艺术又与建构于自然哲学之上的理想密切相关。这样,他为最初的观察找到了答案。他的研究思路就是从自然哲学入手,揭示自然哲学对中国艺术的影响,从而解释中国艺术"何以如此"。

他将中国思想的发展描述为树形结构,即上古思想之下,分出孔子的儒家思想与老子的道家思想两支,其后中国的思想都是从这两大枝干分出的枝叶。汉时传入中国的佛教与儒、道并列,在中国获得发展。因此,他把儒、道、佛视作中国绘画中自然哲学的三大来源,从中探讨自然哲学对中国绘画主题与技法的影响。其中,他又着重突出了道家思想的重要性,从"道"的角度阐释中国绘画的技法追求,将道家思想视作中国绘画美学的基础。在他看来,儒家思想确立了人在自然中的位置,并且在佛教传到中国之前,就已经表现出对万物的爱;道家思想阐释了世界的本质;佛教思想则传达出对万

---

① *La philosophie de la nature dans l'art d'extrême-orient*, p. 2.

物的爱和悲悯。这三种思想交织在一起,影响了中国绘画对自然的呈现。这种影响主要体现在两个方面:一是,中国绘画中的"自然感"(le sentiment de la nature),即绘画呈现出对"自然"的关注;二是,中国绘画中自然主题的特殊含义(即花鸟、山水呈现出特定的精神意蕴)。不过,他论述的焦点在"道家"思想对山水画的影响,对儒、佛思想与自然主题的关系着墨不多。

他特别指出,在中国,哲学思辨与艺术之间的结合毫不牵强。原因在于作为主体的画家来自文人阶层,同时是诗人和哲人。"这令他们建立起对自然富于思辨性的认知,也令他们将艺术视为哲学的一种表达方式。"[1]

于是,他在"自然哲学"这一概念的统摄下,详细考察了儒、释、道思想中的"自然传统",以及这一传统所建构起来的中国文化独特的"自然感",再以特殊的画家群体为中介,将哲学与艺术联系起来,将之运用到对中国绘画的美学阐释中去。

(二)自然哲学与中国思想"自然传统"的发现

"自然哲学"一词来自古希腊。在宇宙起源上,贝特鲁奇认为中国的"天"与古希腊的"混沌"(Chaos)有相通之处。但是古希腊的自然哲学慢慢发展为两个体系:一是赫西俄德《神谱》之后逐渐形成的"神的人格化"传统,对宇宙起源的认识让位于神的谱系,并以宗教形式确定下来;一是亚里士多德《物理学》之后逐渐形成的自然科学传统,即着眼于探索自然现象的科学原理。与之相比,中国由天地、阴阳、五行延伸而来的自然哲学虽然在儒、道思想中有不同的表现,但都在保留原始物质性的基础之上形成了对自然的神秘感知,即人与自然之间的一种感应关系。

在中国上古思想中,对自然现象的解释并未走向"拟人化"的道路。天地、阴阳,保留了不确定性与无限性的特征;"五行"来自对物质形式及天体运行之和谐的感知;"和谐",其抽象性来自早期星象学,神秘性则体现在音阶与音乐理论上。他同时指出,《易经》中的"数"是一种形而上学,数的不同组合可用于阐释万物形成的不同法则。"数"在保有原始物质性的同时又不失其神秘性。这样,整个上古的"自然哲学"虽然没有"神"的概念,也没有"宗教",但扩大了"神圣"的意义与价值,保留了人类早期所感受到的自然力量与崇高感。这一特征贯穿中国整个思想传统。也因此,贝特鲁奇

---

[1] *La philosophie de la nature dans l'art d'extrême-orient*, p. 113.

认为中国绘画中的"自然意象"具有一种"去神的神圣化"。

在贝特鲁奇看来，孔子的思想确立了人在天地中的位置，以理性、"和"的态度面对世界，表现出对天地万物的"仁爱"（la douceur et la miséricorde）。与佛教不同，孔子认为"仁爱"存于人心。因此，孔子所说的"仁爱"纯粹是道德的和无私的。同时，他指出孔子以自然之"德性"（Vertu）比附人之"德性"，这影响了中国绘画的题材选择，使得一些绘画意象具有特殊的道德意义。他重点分析了中国绘画中的"竹"：竹以其姿态庄重，形式朴实，举止高贵、端庄，作为智者的形象出现。[1]

至于佛教，贝特鲁奇认为佛教传入中国之前，人们将自然理解为"主宰人的力量"。佛教则把对万物的爱引进来。他将儒家的"爱"与佛教的"爱"进行对比分析，指出佛教的爱带着"痛苦和怜悯"：主宰世界的是命运不可抗拒的力量（la force indomptable），只有仁慈（la bonté）才能减轻生命的悲剧。与儒家的"道德"文化不同，佛教强调神秘的"法"。其中，"放生"是佛教徒常行的善事。在他们眼中一花一草一木都有生命，这就带来了新的对自然的态度。佛教徒的花鸟画，往往以最微不足道和不动声色的形式（infime et lointaine）来表现"被困"的形象，表现抗争与痛苦。其目的就是要透过痛苦和悲伤，最终达到无欲无求的状态。在三大思想体系中，他认为对中国绘画影响最大的当属道家思想。这与他对"道"的认识息息相关。他从拆字的角度将"道"拆为"走"与"首"，认为"道"即智慧的行走。因此，"道"揭示的是对世界本质的认识。他对"道"的理解承继了沙畹的观点，将之阐释为"在世界之上，又在世界之中实现的唯一法则。它既是超越的，又是内在其中的。……它显现于瞬息即逝的万物之中，使之成类，又借万物传递绝对理性之'影像'（reflet）。在自然之中，我们处处可感受到它闪现的光芒。……它是不停变化（devenir）的生命，因其变化，所以是相对的；因其永恒，又是绝对的。……变化不是一种徒劳的骚动，而是某种和谐法则的实现。"[2]

首先，他强调"道"是世间万物存在的一种法则，但我们对这一法则的认知是偶然的。原文使用了"影像"一词，意为时不时闪现。因此，我们只

---

[1] *La philosophie de la nature dans l'art d'extrême-orient*, p. 142.

[2] *La philosophie de la nature dans l'art d'extrême-orient*, p. 18.

能透过世间万物的演变来感受或认知"道"。其次,"道"无始无终,即对于时间而言,它是永恒的;"道"又是变化的、不确定的。即相对于空间而言,它是相对的、不确定的。时间和空间的和谐有序,就是"道"的呈现。不过文中所用表示变化一词"devenir"含有终点的意味,即朝向某种方向变化。贝特鲁奇试图以该词表明"道"的变化不是无序的,但部分消解了"道"的无限性。后来的汉学家更倾向于用 mutation 一词。

毫无疑问,这里贝特鲁奇将"道"视为"自然"的最高法,艺术就是对"道"的言说。这就解释了为何中国艺术中"自然"占据如此重要的地位,也为他确立道家思想对中国绘画的绝对影响奠定了理论基础。

贝特鲁奇将"山水"的含义与"龙虎"相应。他认为在中国的信仰中,"龙"代表"天","虎"代表"地",龙腾云(即水),虎啸林(即山)。"山水"即"天地"。画家试图在山水画中呈现天地之"道"的运动。因此,他认为山水画是中国绘画最高的艺术样式,是"道"之精神最精妙的表达。于是,他从自然哲学中选择了"道家"的自然哲学作为研究重点,又从中国绘画中选择了"山水画"作为研究重点,在当时开了以道家思想阐释山水画的先河,并首次从哲学的高度肯定了山水画的价值。

(三)道家思想与中国山水画

首先,贝特鲁奇以"道"释"气韵",直接从道家思想的角度来阐释"谢赫六法",并将之用于山水画的阐释。

他对"气韵"的翻译经历了一系列变化。在《远东艺术》中他译为"Le mouvement vivant de l'esprit"[1],到《远东艺术中的自然哲学》变为"La consonance de l'Esprit"[2],在翻译《芥子园画传》时又变为"La Révolution de l'Esprit"[3]。第一个明显的变化是 esprit 变为大写,这意味着改词具有特定的含义。他将之解释为"souffle"(气),并且将"气"的运行解释为"道"的运动。另一方面,我们看到从 mouvement 到 Révolution,表明他对"道"的认识发生了变化。"Révolution"与"Evolution"相对而生。"Evolution"是线性的运动,"Révolution"则是"Evolution"的倒转。他的翻译已经体现出"道"

---

[1] *l'Art d'Extrême-Orient*, Bruxelles, Librairie Lamertin, 1909, p. 18.

[2] *La philosophie de la nature dans l'art d'extrême-orient*, p. 89.

[3] *Kiai-tseu-yuan houa tchouan*, Les enseignements de la peinture du jardin grand comme un grain de moutarde. Encyclopédie de la peinture chinoise. Henri Laurens, Paris, 1918, p. 5.

的运动不是线性的。程抱一后来在研究中,明确将"道"的运动定义为"线性的"(沿着"变易"的走向)和"循环的"(朝向"不易"),并且指出"这些周期(它们完全不是无限的重复)由虚分离,同时遵循一种螺旋形的运动,它们也同样受到'不易'的吸引。"①

贝特鲁奇的翻译由"气"到"道",由"韵"到"运",强调"气韵"的本质就在于"道"的运行,从而将"气韵生动"这一中国重要的美学理念转换为道家思想的影响,确立了中国绘画美学中道家思想的主导地位,这与当时流行的以禅为中心来解释中国绘画的做法拉开了距离,更接近中国近现代学者的认识。②

其次,他从"道"的角度阐释中国绘画的"形意"关系。他认为中国绘画重"意"(Les Idées)不重"形",就在于中国画家对"道"的追求。在他那里,"意"与"道"相通。画家对自然的观察与技法的训练都是为了获取"召唤"的力量,从而自由地在画作中呈现"道"。基于此,在他笔下的画家常常离群隐居,在孤独中漫游,在茫茫的自然中体悟"道"。这种对画家的诗意想象后来贯穿法国的中国绘画研究始终,并且进一步强化了法国知识分子对"艺术中国"的想象。③ 值得注意的是,尽管他在阐释"道"之意义时,指出了"道"的变化性和相对性,但他在具体论述中国绘画对"道"的追寻时,往往将"形式与意义""表象与本质"并举。在法文语境中,L'Idée 与"绝对之理念"(或真理)相连,即在运动的、变化的状态之上分离出一种"不变的、超越的"的状态。这样,他仍然是站在西方典型的"二元论"立场上阐释中国绘画。也就在无形之中,弱化了"道"之"相对性",忽略了对中国绘画之"动"、之"韵律性"的阐释。于连则回到中国的"一元"思想,认为中国思想没有二分法,即便是成对出现的概念,如"阴阳""动静"等,也是相互关联,相互阐释的。与贝特鲁奇相比,他的认识无疑前进了一大步。

---

① [法]程抱一著,涂卫群译《中国诗画语言研究》第336页,江苏人民出版社,2006年。
② 如宗白华的"道尤表象于艺。灿烂的艺赋予道以形象和生命。道给予艺以深度和灵魂"。(《中国意境之诞生》,见《艺境》第13页,安徽教育出版社,2000年);傅抱石的"道与艺,既像是体用的相须,又像是形质的相成"。(《中国绘画思想之进展》,见《傅抱石美术全集》第229页,广西美术出版社,2008年)
③ 比如,程抱一在《中国画语言》中直接将画家的创作比作神圣的造物;法国当代作家尤瑟纳尔在《东方故事集·王佛得救记》中塑造了一个道家式的中国画家。

最后，贝特鲁奇强调了道家思想对山水画构图的影响：

（1）人消失在广袤的自然中。在山水画中，人几乎是不见的。这来自道家对人与自然关系的认识，人应该沉潜进自然，在自然之中悟道。值得注意的是，他随即指出道家"与佛教、儒家思想不同，道家接受世界本应如此，它在痛苦与混乱的世界中寻找美"。① 事实上，道家并不认为世界是痛苦和混乱的，这里他对道家的认识与对佛教的认识产生了混同。

（2）"虚"（Vide）的存在。"虚在那里，在充分展示出美学感动时，让我们进入，让我们填补空白。"② 在贝特鲁奇这里，"虚"还停留在对"画面"的感知上。程抱一则从哲学之"虚"出发，阐释绘画之"虚"，进一步提升了绘画"虚"的哲学意义。

（3）"山与雾"即"阴与阳"的对比。如阴阳激活宇宙的运动一样，山与雾激活起整个画面空间。

（4）山水画是"综合"（Synthèse）画，山水画画的不是片段的山水，而是宇宙的结构。山水画用概括性的结构表现宇宙的统一感（Unité）。Unité 一词在他那里非常重要，即"道生一"的"一"。他认为中国的山水画将山、水、云、雾等各种因素组合成一个整体，其目的就是为了追寻"道"。因此，山水画的构图最能体现"道"的原则，显示各种事物（山、水、石、云等）的有机联系与有序排列。需要注意的是，Synthèse 或 Synthétique 有其特定的历史、文化语境。19 世纪末，高更的绘画即被称为"综合主义"绘画（Peinture Synthétique）。意为绘画是一种抽象，是主题和思想、形式和色彩的综合。他们最终所追求的是主观情绪的自由表达，即"有我"。中国的山水画恰好是"无我"的。在这里，贝特鲁奇使用"综合"一词来阐释中国山水画，显然是站在西方现代绘画立场上看待中国绘画。

我们也能发现，他对中国山水画的阐释正与西方传统的观画方式相对。西方人习惯以现实的眼光来看待风景画，将之于现实的某处风景对应；习惯在风景画中寻找人，不习惯看空白之处。贝特鲁奇从中、西方绘画语言的差异出发，发现了中国山水画的独特性，并从道家思想的高度加以阐释，无疑进一步提升了当时对中国绘画，特别是中国山水画的认识。

---

① *La philosophie de la nature dans l'art d'extrême-orient*, p. 133.
② *La philosophie de la nature dans l'art d'extrême-orient*, p. 134.

四、贝特鲁奇研究的汉学价值与当代意义

贝特鲁奇的研究实现了艺术史向汉学的转变,他从哲学的高度来解读绘画,通过对绘画思想源头的追溯来建构中国绘画史,解释了当时仅从视觉艺术视角难以发现和解释的问题。同时,他以自身的研究回应了当时的一系列汉学热点问题,拓展了汉学研究的视域。

在建构中国艺术史时,他将中国艺术分为佛教传入中国之前和佛教传入中国之后,认为中国的艺术早在佛教传入之前,就在儒、道思想的影响下形成了自己独特的风格。这实际上反驳了当时欧洲艺术研究领域盛行的"中国艺术即佛教艺术"的做法。比如,比尼恩的《龙的飞腾》直接以"龙"作为中国绘画的象征。而龙画在当时主要放入"禅"的范畴来讨论。

更重要的是,贝特鲁奇在阐释中国哲学对中国绘画的影响时,将"道家思想"置于首要地位。这就将当时汉学领域里对道家思想的研究推进了一个层次。应该指出的是,在法国(直至今天)作为哲学思想的道家和作为宗教的道教是不加严格区分的,统归于"Taoïsme"之下。17世纪至18世纪的耶稣会士对"Taoïsme"的介绍主要是对道教的介绍。如通过个人的修炼达到长生不老,并在修炼中使自己产生奇异的功能等。① 这些耶稣会士将道教与巫术、民间迷信并置,视之为"异教",从而对道教采取贬抑的策略。直到1842年,法国才出现由汉学家儒莲(Julien Stanislas)翻译的完整的《道德经》法文译本。贝特鲁奇的研究突出了道家思想的哲学性,并且指出"道"显现于万物之中,但万物又是独立的。这无疑将"道"的思想与印度"梵我合一"(tat-tvam)的思想分开了。当时在法国一个流行的观点是道教起源于印度教,如戴遂良(Léon Wieger)在《道教》(Taoïsme)第一卷的序言中称:中国的道教源于印度婆罗门教(brahmanisme)的《奥义书》,"道"一词来自梵语的"梵"②,道教"万物归一"(tout est un)的思想是"梵我同一"思想的变体。③ 鲍狄埃(Guillaume Pauthier)在《论道教源流与传播》中也称:

---

① 更详细的论述参见张西平著《中国与欧洲早期宗教和哲学交流史》第319页,东方出版社,2001年。
② 梵语中"Tat"本义为"这个、那个",一般用来指称"梵"。
③ Léon Wieger, Taoïsme, Sien Hsien: Imprimrie de la Mission Catholigue, 1911.

"老子的思想源于印度。"① 贝特鲁奇强调道家思想源于中国上古的思想，就反驳了这一认识，肯定了道家思想的中国原生性。

贝特鲁奇的研究也确立了法国汉学领域中国绘画研究的逻辑范式，即将中国绘画与中国哲学结合起来，一方面强调中国哲学对中国绘画的影响，从哲学的角度阐释中国绘画；另一方面又以中国绘画作为研究中国哲学的载体，以绘画为切入点来探讨中国哲学。我们前面提到过的程抱一、西蒙·莱斯和于连的中国绘画研究基本都沿袭了这一模式。

此外，从贝特鲁奇的研究观其视野，我们可以发现他具有一种"全球的"视域和自觉的比较文化意识。他提出的"自然哲学"这一概念，既源于他对文艺复兴以来盛行的"自然科学"思维的批驳（自然哲学家某种程度上就是科学家的代名词），又源于他对19世纪以来文艺创作变革的关注。19世纪开始，自然逐渐在文艺创作中独立出来。如象征主义诗歌强调人与世界的"应和"，自然成为一个庞大的隐喻体系，为诗人的诗歌语言形式革新与彼岸世界的建构提供了丰富的资源；德国浪漫主义画家弗里德里希创作了一系列的风景画，而到了印象派画家那里，风景成为画家视觉探索与内心隐喻的重要载体。他在这一大的文化语境下，研究中国的"自然哲学"，显示出他对当下文化的关照和对自身传统的反思。

另一方面，他在《远东艺术中的自然哲学》里提出了三组概念，分别是"对自然的探索—人类中心主义""相对性—绝对性"以及"和谐—冲突"。前者为中国文化所有，后者则为西方文化所有。在研究中，他以他者之"有"观自我之"无"，反思了西方的认识方式，认为"西方放弃对自我的认识以达到对世界的认识，远东则通过对万物的认识来达到对自我的认识"② 并一再强调中国的"自然观"对于西方的意义。这样，他从艺术出发，发现了中国文明之于世界的意义，并试图借他者文化来实现对自我文化的超越与重构。在这一层面上，他的研究超越了一般的艺术研究，既深化了中国艺术研究的跨文化意义，为我们重新反思本土的艺术研究提供了重要的参考价值，又有助于我们在全球化语境下进一步思考西方汉学之于中国文明世界传播的意义。

（孙敏 文学博士，南京大学海外教育学院讲师）

---

① 引自姚达兑、陈晓君《雷慕莎、鲍狄埃和儒莲〈道德经〉法语译本及其译文特色比较》，载《国际汉学》2018年第2期。

② *La philosophie de la nature dans l'art d'extrême-orient*, p. 50.

《不同民族的道德与宗教传统史概述》
第六章：古代中国*

[法] 艾蒂安·皮维尔·德·瑟南古　著
柴庆友　刘成富　译

　　古代中国文化的特殊性为研究者提供了极有价值的参考。在所有仍在使用的语言中，只有中文还留有原始的构思。起初，这种语言就像是人民用于表达一切事物的自由创造，如今，人们只是互相抄写已被创造出来的文字。也许人们已不再有新的构思，所以才只能不断改革传承下来的文字。

　　然而，中国古老历史第一阶段的开端要比人类史前文明开始的时间要晚。这些移民部落艰难地在洪水依然没有完全退去且受水灾威胁的土地上生存下来。他们似乎也来自一块更丰饶的土地，在那里走出来的同样还有印度人与迦勒底人，神圣山峰的记忆依然保留在中国的传说中，它所处的位置应该距离今天依然受到印度人朝拜的那座西藏南部山峰不远。①

　　虽然中国早期的编年史不尽翔实，但在大禹和尧时代就有了文字、律法与教条体系，同时也出现了大量知识、艺术以及道德伦理诗文或诗歌。这些文明出现的时间要早于希伯来律法，更早于周武王的兄弟周公推广或整理宗法制的时间（宗法制符合当时的需要）。似乎，早在尧的时代，古代中国人就学会按照月亮的周期将一个月分为四个部分，每个部分的第七天是人们休息的日子。更难得的是，他们同样能把一年分为365天，四个季节。也就是说，他们早就走出了导致社会发展停滞的政治盲目。大禹认为，立法的首要考虑

---

　　*　应钱林森教授之邀，南京大学外国语学院法语系刘成富与在读博士研究生柴庆友共同承担《不同民族的道德与宗教传统历史概述》（法国勒关特杜雷出版社，1827年）迻译。此书系国内首次翻译，为钱林森教授主编的《走近中国》文化译丛徐斌《窗外的风景》书系之一种，将由中央编译出版。

　　①　有必要研究在昆仑山与长白山之间、珠穆朗玛峰（处于西藏与不丹之间）与比尔本贾尔岭（处于克什米尔西部）之间是否存在相似性。

因素应该是尽可能地提高身体健康水平、增强心智、维持正义、激励进步与善行。

中文最初并没有如今日般由多达 8.4 万个汉字组成，其实其中约 4 万个汉字产生于带有任意性的引入。但是，这门语言中依然存在本质的联系。伏羲创造的八卦以及由此引出的六十四卦，既代表了宇宙与人类精神的秩序，也代表了命运的法则。这些八卦的"爻"衍生了两百多个基本字，这些基本字又组成了 1200 到 1300 个原始文字。根据发音的不同，他们又将一部分词的词义扩充了 60 倍，已足够使用。东方文字的特点是简约，重视突出独创性而不太在意准确性。

口头语言中很难出现新的组合，就如同人们很难在一个过于统一的活动范围内获得新思想。然而，如果我们用现在的眼光来研究这个古老的民族，就会发现如今的中国人似乎已不太强调父权传统习俗。维持父权传统旨在保证国家统治的稳定，但是随着时代的变迁与礼崩乐坏的影响，这一传统已逐渐被削弱。如今人们居住的更加分散，家庭成员们也获得了更多的自由空间。这唯一的变化带来了众多的改变，但中国人却依然怀念过去的黄金年代。在那个年代，存在众多的繁文缛节，相对于高明的政治思想，人们更愿意关注道德风俗的规范与各个社会阶层的福祉。"广厦稀有，舞乐朴素，穷苦之人亦有所居所食，富有之人自食其力。邻里之间互助，父母和睦，兄弟相亲，鳏寡孤儿由公家赡养。王子的侍从不会被当作牛马，富人们需要展示自己的功绩。人们都崇尚道德，尊重老人，服从法律授予的权利。"

文人经常会在对社会的批判中追忆这种古代的秩序，历代皇帝也曾表达过对此的怀念。因为感觉不到恢复古老秩序的希望，老子决定西出函谷关传播智慧，但他的思想体系却最终成了神秘主义的追求。相较而言，孔子则更忠于自己的国家，他通过对古籍的修订，重新唤起了古代的仁爱思想。他用其智慧在《春秋》中撰写了历史，使这部经典成了《五经》中的最后一部。孔子之后，其孙孔伋，也称子思，不断整理他的遗作，继续发扬孔子对古代思想的热忱。另外，还有上百个学派曾试图解释《五经》，但是他们之间却很难达成一致。在此之后的很多年后，被称为"亚圣"的孟子接过了孔子思想的火把，其著作中透露着严厉，用语也较为复杂。孟子的思想中充斥着力量、才华与热情，其主要观点是突出贵族应该担负的责任。但是，随着世风日下，礼崩乐坏，强大的诸侯野心凸显，宫廷阴谋不断，篡逆之事接连不断。这种风气甚至影响了知识分子，他们或是放弃了对《五经》智慧的探索，转而研究更加实用的学问，或是用人们对鬼魂的恐惧代替了朴素的自然法则。

然而，《五经》依然被保留了下来。虽然存在一些迷信思想的干扰，但是古代中国历朝历代都对《五经》进行了妥善的保存与研究。相比世界的其他国家而言，古代中国更好地保留了独立于宗教之外的古老思想。在古代中国，仁爱的秩序、父母的权威、对祖先以及长者的尊重等一系列观念依然存在一定的效力，一方面是获得仁爱的奖赏，另一方面则是相应的惩戒威胁。在任何国家中，家庭中的父权都是最简单的社会阶级从属关系。每个人都会有老去的那一天，所以这种从属关系具有公平性，是对年长者的尊重。在很多国家，"道德的遗弃老人"是一种明确的概念。也就是说，人们将一些往往既可悲又可敬的老人遗弃。一方面，对这些老人的照顾只是在维持无意义的生命，另一方面，老人们也会认为自己是家人负担。柏拉图说①，那些正确对待父母或其他健在长辈的人会感觉自己拥有了最强神力的护佑，一定会得到众神的祝福。

在古代中国，存在众多对孝道的描写。可以说，孝道是最深入人心的道德观念。因为深知在此观念下蕴含着父亲对孩子的爱，所以人们就把这一观念引入到治国理念中来。作为一部伟大的经典《孝经》起到了补充政治的作用，并得到了极高的推崇。除了一些缺乏公平性的过分原则之外，这些孝顺与和谐的信条在家庭关系中的作用还是非常值得称赞的。"文人们说，当蛮夷入侵时，我们不需要派军队去镇压，只需用孝道感化他们……对孝道的坚守从未衰退：父亲的口中可以说出拒绝、威胁，甚至辱骂……但是牢记孝道的人绝不会指责父母的错误……对于一位父亲来说，哪怕是最微不足道的指责都是无比沉重的。"②

古代中国允许一夫多妻制。中国的南方地区属于热带，但它们最早并不臣服于中央政权。即使在这些地区，男女人数的比例也没有人们曾经认为的那样悬殊。拥有多个女人的现象或许是战争的结果，因为战胜者往往会杀死所有男性敌人，而将女人全部留下。这种行为在某些典籍中都有记载。其次，婚姻的永久性、奴隶制，以及热带地区性成熟期女性的放荡行为或许也促进

---

① （译者注）出自柏拉图《法篇》第十一卷，但并未完全引用原文。

② （译者注）可能是对《礼记·内则》中"不说，与其得罪于乡党州闾，宁孰谏。父母怒、不说，而挞之流血，不敢疾怨，起敬起孝"的引申。

了一夫多妻制。也许是为了效仿皇帝，一些富人往往也会拥有自己的后宫。某些基督徒也实行一夫多妻，比如非洲的刚果。有些则是实行一种非常混乱的婚姻制度，比如埃塞俄比亚。一些教会的历史学家承认，有些法兰克国王会娶3个，甚至4个妻子。①

值得注意的是，在自然法则下，男女两性人数的比例是远远不对称的。在欧洲，男性的出生比例略高。但是在赤道以及美洲地区女性的出生率却大大超过男性。由此看来，我们有理由相信，日本以及墨西哥也会出现相同的情况。造成女性出生率高的原因可能来自种族与气候两个方面。在中国，九个孩子中大约有四个为男孩，如果在全球范围内都达到这一比例的话，那么每个男人就不可能分到两个女人。但是，男女比例的不平衡会被战争与独身因素放大，这样一来，女人就绰绰有余了，世界上至少一半的男人都能有自己的后宫了。另一方面，奴隶制的废除在一定程度上放缓了一夫多妻泛滥。然而，即使所有地方都限制或废除了一夫多妻制，人们依然不能控制人口的暴增。在中国南方沿海地区与某些印度地区，人口数量已经达到超负荷水平，这些地区却都经历过奴隶制。

在欧洲，人们很难想象20个女人同时待在同一座后宫之中，人们甚至都不能相信穆斯林的4位合法妻子可以和平共处，这是因为东方人厌恶的两性混乱恰恰是欧洲两性间自由流动的条件。如果将一种习俗从它所属的道德体系中抽离出来，那么人们就不能得出准确的判断。无论是在亚洲还是在非洲，有合法地位的妻子与没有合法地位的妻子之间都存在着差异。中国的皇帝只会将最高地位授予一位女性。只有在皇后没有子嗣的情况下，妃嫔的儿子才有继承王位的机会。

古代中国女性都极其重视对家庭的照顾。安定的生活方式使她们顺应了古老的道德风俗，她们会得到丈夫的温柔关爱与呵护，会因为生育男孩而得到地位的提升。陌生人没有机会认识或了解这些家庭中的女人：在街道与店铺中，人们基本看不到她们的身影，因为不管对哪一个社会阶层来说，男人有意注视另一个女人都是一种罪恶的行为。这种带有性别依附性的习俗对双方来说都是一种奴役枷锁，这使生活缺少了来自这个国家风俗的本真乐趣。

---

① 在被禁止娶妻之前，教会首先禁止的是教士实行一夫多妻制。见牧师守则第769条，牧师是否多妻制（拉丁语）（同见：波特《教喻历史评述》25—26、1、4、5章节关于牧师婚姻的内容）。

在这个国家中,公众幸福是法律长久以来追求的首要目标,奴役行为只局限于对犯人的惩戒,正如被人们引以为傲的广大欧洲地区一样,古代中国管理牢狱的人也不是凶残的暴徒。然而,当谈论起古代中国女人裹小脚的习俗时,有些人认为这是为了防止女人们独自出走。如果某些文人看到带有此等言论的欧洲书籍,他们的反应或许只是为之一笑。实际上,在欧洲也有限制青年人甚至母亲身高的传统,大家认为这是对来自切尔克斯或新赫布里底某些野蛮传统的模仿。既然这样,我们又有什么权利去指责与之相比伤害较轻的裹小脚习俗呢?

当然,古代中国也存在值得人们谴责的地方。比如,宦官对国家管理的干预问题。除了古代中国以外,人们似乎很难再找到这样贯穿整个人类文明史的丑恶现象。但是,如果大家明白理性最终让位于本能的道理,那么也就不会太感到奇怪了。宦官的出现主要是为了保证皇族血脉的绝对纯洁。其他的男人不能与皇帝的女人一同居住在宫殿之中,这样一来,宦官们就逐渐成了国家事务的实际决策者。近些年来,随着对西方的学习,古代中国几乎摆脱了这种耻辱的现象。对革新的抵触必然会引起长久的弊端。当一系列重大事件与灾难性变革发生在这个古老帝国身上时,他们也只好实行一些务实的改革。道德风俗的败坏必然会引起一定的混乱。虽然人民大众的思想根深蒂固,但是中国的改革者们也在寻找矫正制度的方法,最终,清王朝终于截断了宦官在国家体制中的上升路径。

自然宗教的教义既深刻又宁静,但这却不足以为统治者带来立竿见影的有力支撑。所以,古代中国的历代帝王们纷纷疏远古老法则,转而推崇佛教,尤其是喇嘛教。但是,激进的文人团体也从未停止对宗教的抗争。[①] 虽然宗教没能战胜理性,但它至少催生了某种普世的宽容。当然,这种宽容有时也会被教派间的激烈斗争和政教关系的阴影所掩盖。在古代中国历史上,人们曾经多次因无法忍受寺院的贪婪而发起了灭佛运动。在经历了内战之后,基督教在日本荡然无存,古代中国政府也认为自己不可能独善其身。在一位古代中国皇帝的诏书中曾写道:所有的基督徒都非善类。我们现在也能在一些欧洲外省的学校门上写着,如果一个国家没有信仰,那么就不会有诚实的人,

---

① 正如其他地方一样,在中国,理性的人都信仰神。为了表达对其他人的尊敬与宽容,人们也顺理成章的创造出了形形色色的崇拜偶像。

偏见使皇帝们落得与小神甫一样的境遇。

或许我们只能在古代中国找到有关音乐与道德关系的古代记载。古时候，语言模糊得就如音乐一般，这就让人们可以把音乐当成一种通行的语言。古代中国人有关对数字与和谐力量的观念非常类似于毕达哥拉斯学派。孔子之前，音乐就已经是国家制度不可分割的一部分，孔子本人更是将音乐与诗歌都视为国家事务。在其他的艺术形式发展起来之前，音乐承载着对古老知识的传播作用。在古书《三坟》① 中存在一些仅由几个字组成的古老格言：这些格言不但与《易经》中的六十四相存在着联系，也与现实世界中的各种现象相呼应。三乘八再乘八得出一百九十二句话，数字哲学就包含其中。

东方音乐有着与欧洲音乐大相径庭的含义。在亚洲的文化环境中，北方的作曲者崇尚和谐文化，他们所作的曲子既没有矫揉造作也没有稀奇古怪。灵活多变的曲子往往都显得很肤浅。"古人们更偏好音律的和谐与八度音的张力，所以他们的曲子多是符合情感的单调音乐。"

俄耳甫斯教与毕达哥拉斯学派认为，音乐可以激发美德，使灵魂得到休息。在中国古代，人们也认为音乐具有相同的作用。

> 天下处在一种美妙的秩序之下，祝融氏创作了一种和谐的音乐，它能将和谐之声传到各处，触动人的心灵，平复人的欲望，使人的状态处于平衡，延长人的寿命，并让一切美德和谐共存。当音律与灵魂达成共鸣，内心的欲望得到压制，音乐的效果才会达到完美。此时，和谐之感会由内而外传遍全身。"礼"支配着我们的外在行为，而音乐却能让我们回到自己的内心。音乐可以压制内心的欲望，使人不去越过文明准则的界限。文明应被放在中心位置，但和谐却标志着完美的一致性。伏羲发明了一种三十六弦的古琴，用于让自己的内心回归正直与天理。黄帝认为伏羲琴发出的声音太过悲怆，所以就发明了一种二十五弦琴。他同时也创造了一种新的乐器——"埙"，从此之后，祭祀活动与乐器进入了快速发展期。那时民风纯朴，不需要太复杂的语言，孩子与部属们都很顺从，帝王与父亲都受到人们的尊敬。总之，这是一个绝无仅有的美好时代。

---

① （译者注）三坟，三皇之书，即伏羲、神农、黄帝之书，谓之《三坟》。

舜帝曾经对掌管音乐的长官说，我要你教授王子与公卿大臣之子音乐，这能让他们获得真诚、和蔼、宽容、感恩及严谨的品格。教会他们变得严肃而不苛刻，让他们知是非而不高傲。你要向他们讲解诗中思想以及融合在乐曲中的音律，让他们掌握乐器。①

《易经》是现存最古老的文学古籍。但是，在经历了古代中国早期几个朝代对其解释的修改之后，现在这本古籍中已经没有多少内容可以被明确解释了。随后，《易经》又经历了周公与孔子的注解与整理。在古代中国，《易经》被称作为五经之首，这大概是因为它是最难理解的一本古籍。人们认为这是一本包含天地万物规律的奇书，这也使它成了预言者和法术爱好者的必读手册。然而，孔子一直坚决反对占卜与巫术的泛滥，他曾说希望自己能在有生之年读懂《易经》。至于其他文人就更没有能力阐释《易经》了，虽然存在众多注释，但依然有许多内容是他们根本无法理解的。在这本书中，一定蕴藏着古代先人的道德思想，但在表面上看却如密码一般。因为《易经》是由古代的数字科学组成的，所以要解读它也必须采取相同的方法。毕达哥拉斯学派虽然没有说世界是由数字组成的，但他们却认为世界是按照数字的比例分布的。《易经》中似乎也没有包含关于改变或预知未来的内容，但却教会了我们不要惧怕未来，而是要在我们的能力范围之内尽可能地调整。

孔子并没有忽视《易经》中道德意义。在对《易经》的注释中他突出了关于"谦虚"的道德观。其他国家的古代先民也许也意识到了谦虚的重要性，但是这绝对是人类历史上首次对一个民族如此正式地提出谦虚的要求。两千三百多年之后的今天，孔子，这位谦虚的伟人变得无比闪耀，他从来没有想要得到荣耀，他的心中只有真诚的美德。即使在最低的社会阶层，也要保持谦虚的姿态。谦虚可以使人克服一切困难，因为这种道德是既真诚又符合理性。

在古代中国，"宽恕"是一个存在已久的道德概念。在波斯的文化中，在谈到"宽恕"概念，先贤们指出：如果一个人再三冒犯你，而且这个人是个恶人的话，那么他就属于阿里曼（黑暗之神）。你就可以不再爱他，甚至可以

---

① （译者注）此处出自《尚书·舜典》，但并未完全引用全文。《尚书·舜典》中的原文是："夔！命汝典乐，教胄子，直而温，宽而栗，刚而无虐，简而无傲。诗言志，歌永言，声依永，律和声。八音克谐，无相夺伦，神人以和。"

报复他。与之相反，孔子认为人们只能以德报怨，这是古代中国人的信条，他们认为仇恨不会带来幸福，仇恨他人就是不爱自己。① 我们还可以找到许多既深奥又细致的相关格言。比如：节制使快乐升华，清白使快乐单纯，善行使快乐增长，友谊使快乐长久。但是，做这一切的初衷一定要真正发自内心。

《尚书》是在五经中排名第三的经典，与《易经》相比，它更容易被人理解。在《尚书》② 中存在大量的道德说教，以下就是其中的部分段落：

> 幸福来自对天理的顺从，这一切都会被铭记在上帝的心中。③
>
> 年轻的王子啊，你不要以为坐在王座上就能远离危险，你要时刻保持警醒。不要忽视对人们的照顾，要了解他们的疾苦。不要远离贤臣。你要时刻关注人们的疾苦，不要怠慢他们，不要压制来自民间的意见。你不能抛弃穷苦之人，要效法尧帝的贤德。民心昭示着天意，治理天下的人应该注意民心向背。上天（天的主人、上天的统治者）是充满智慧的，完满的人应该努力向上天学习。④
>
> 舜的德行从未受到重大过失的玷污，他宁愿放过一个恶人，也绝不冤枉一位好人。如果要褒奖，就要让褒奖之恩延续子孙。如果要惩罚，就不能让儿子也受到父亲罪责的连累。⑤
>
> 难道向别人发号施令的人自己不应心怀敬畏吗？他应该心存天意，时刻留意百姓之福。世人皆是上天子民。百姓乃是社稷之本，百姓爱戴，社稷自然稳固，所以要爱护百姓。明智的君王总是能不断完善自己，他的真正才能体现在知道如何适应贤臣与臣民的心愿。当一个人喜欢向别

---

① 这些依然不能妨碍一些西方学者声称，他们有一种与众不同的道德观，谦虚与宽恕的道德都被包含在这种新的道德观中。希腊与罗马都曾谴责复仇而推崇谦虚，这些学者对此却一无所知，他们认为，那些异教作者只是宣扬一种充满蔑视与隐性仇恨的原谅，他们的所谓谦虚也只是为了隐藏内心的高傲。当然，如今这些已大不相同了。

② （译者注）作者在下文中引用的段落皆与《尚书》原文存在差别，故怀疑是对原文的引申。

③ 耶稣会伯爵曾发现中国人很早就开始崇拜唯一的神，中国人对这位神的崇拜超过耶稣。这让神学院与议会感到非常反感。（译者注）出自《尚书·大禹谟》。

④ （译者注）出自《尚书·康诰》。

⑤ 然而，从中国早期的朝代开始，我们就发现有两位皇帝曾经宣布，不执行他们命令的人将被严惩，包括犯罪者的孩子。另外，周武王在废黜商纣王时也批判了其将犯罪者家人一同入罪的做法。（译者注）出自《尚书·舜典》。

人求教时，他就会充满智慧。如果故步自封就会孤陋寡闻。要相信每个人都有值得学习的地方，突出善行，抛弃恶果。美德可以让一个国家变得强盛，反之，其荣光就会受到玷污。①

智者有着长远的眼光，有益的教诲在多年之后依然闪光。上天既会奖赏也会惩罚，人们可以消除来自外部的灾难，却不能抵抗来自内心欲望的引诱。幸福与厄运总是同时伴随着我们，但上天的恩惠只会赋予有美德的人。如果你的内心接受了谦逊，能长久保持一颗敬畏之心，那么你一定能得到升华。大臣应该帮助君主实践美德，此事有益于百姓。不用和睦与正直面对百姓之人既是万恶之源。大臣既可以创造和平也可以创造混乱。荣誉应授予智者，而不是作恶之人。权利不能交给那些只受欲望控制的人。②

身上体现中庸思想的君主，会为自己与他的臣民谋求五福：这是永恒的法则。如果君王身上体现了中庸之道③，那么他的臣民就不会有作恶之人、奸诈之徒，臣民们不会有邪淫之念。君王恪守中庸，有德才的人就会规范自己的行为，国家就会昌盛。不要冷落穷苦之人，也不要惧怕那些富有且有权势的人。上天让君王成为人间的表率，君王们应该尽自己所能去代表上天的美德。④

三种品德：一是刚正直率，二是以刚取胜，三是以柔取胜。中正和平就是正直；强不可亲就是刚克；和顺可亲就是柔克。应当抑制刚强不可亲近的人，推崇和顺可亲的人。如果人们不注意审视自己，最小的错误也会损坏最高尚的德行。我们的所有言语都应体现道（自然法则）。如果人们不被所见所闻干扰，一切事物都会处在自然规律之中。觊觎不该得到的东西就会失去本心，蔑视他人就会毁掉德行。如果你不重视智者的意见，就会使他人感觉沮丧。如果你藐视普通人，就会让自己失去前进的力量。不要反感能力有限的人，也不要苛求他人处处完美。⑤

年轻的君王啊，请时刻保持一颗敬畏之心。上天是让人畏惧的，但

---

① （译者注）出自《尚书·仲虺之诰》。
② （译者注）出自《尚书·周官》。
③ 中庸之道是这个伟大帝国最突出也是最具特色的道德信条。
④ （译者注）《尚书》之中没有与这段文字相似的内容。
⑤ （译者注）出自《尚书·洪范》。

上天也会善待正直之人。所以，正直之心能成就一位年轻的君主。流言蜚语更多的来自对国政的荒废与处理不当，而不是来自国事的困难。如果能公正的审视百姓的愿望，就能为百姓谋来安定与平安。像厌恶疾病那样，希望人们全部厌恶罪过。如果你爱护百姓，你的权利就会稳定。不是你君王本人惩罚罪人，这种权利不在你，也不按你的意思去行使。必须要惩罚那些不守国法的人，对那些最可恶罪人的惩罚是为了引导其他人，而不是让他们误入歧途。①

　　君王与领袖为了百姓而存在，所以君王应扶助穷人、孤儿和鳏寡。在人民面前应该平易、恭敬、谦虚。明智的君王会从劳作者身上学到智慧，对百姓愿望的了解会让他感到安心。如果有人向一位明君告发在背后说他坏话的人，明君不应感到愤怒，他只会想到改正自己。反之，就是忘记了宽恕中体现的伟大德行。抱怨之声依然会存在，但罪责却落到了君王的身上。②

　　真理会带来快乐与内心的平和。若要别人遵守道德，首先自己要以身作则。如果有战胜自己的勇气，就可以摆脱众多未来的烦恼。正直的大臣总会体恤不幸之人，因为他们知道民心会朝向为百姓谋福之人。上天是公正的，但是上天的恩德却会垂青那些心怀博爱之人。③

（译者：柴庆友　南京大学外国语学院法语系博士生；
刘成富　南京大学外国语学院法语系教授、博士生导师）

---

① （译者注）出自《尚书·康诰》。
② （译者注）《尚书》之中没有与这段文字相似的内容。
③ （译者注）《尚书》之中没有与这段文字相似的内容。

法国国家图书馆藏小说戏曲版本考述

陈恒新

摘 要：法国国家图书馆藏中国小说戏曲典籍文献价值，自民国以来，广受关注，郑振铎、王重民、刘修业诸先生都有论述，当代学者谭正璧、潘建国、崔蕴华等亦有专文论述。其中清抄本《环翠山房十五种曲》、明刊本《新刊京本全像插增田虎王庆忠义水浒传》、清刊本《富桂堂刊杂歌曲选》四十五种等稀见版本，具有极高的文献价值。

关键词：法国国家图书馆 小说版本 戏曲版本

郑振铎先生《巴黎国家图书馆中之中国小说与戏曲》总体介绍了法藏小说和戏曲的情况。刘修业《古本小说戏曲从考》对《醒世恒言》《拍案惊奇二集》《今古奇观》《觉世雅言》《幻中真》《吴江雪》《环翠山房十五种曲》等稀见小说戏曲做了介绍。刘修业看到了伯希和从中国带回法国的汉籍，这部分郑振铎没有涉及。郑振铎在文章的后面介绍了《西番宝蝶全本》和广东地区刊印的粤曲相关情况；刘蕊在《法国国家图书馆藏稀见广东俗曲版本述略》一文中做了进一步介绍，广东地区粤曲共计 84 种，其中富桂堂刊印 46 种。崔蕴华《欧洲图书馆藏清代俗曲珍本四种辑考》[①] 介绍了富桂堂印本《什锦解心智深卖酒》。潘建国《新见巴黎藏明刊〈新刻全像批评西游记〉考》考述了法藏明刊繁本《新刻全像批评西游记》，郑振铎和刘修业均没有涉及。此书具有较高的文献价值，"这一发现不仅丰富了《西游记》文本传播的版本链条，有益于《西游记》版本研究，尤其是李卓吾评本的学术研究，也

---

[*] 本文系 2019 年度山东省社会科学规划研究项目"法国国家图书馆藏汉籍的来源与稀见版本研究"（19DTQJ03）阶段性研究成果。

[①] 崔蕴华《欧洲图书馆藏清代俗曲珍本四种辑考》，载《戏曲与俗文学研究》2016 年第 1 辑。

促使研究者重新检讨闽斋堂刊本《新刻增补批评全像西游记》的底本问题"。①

在古籍影印方面，《古本小说集成》②影印出版了法国国家图书馆藏本中的一批稀见版本：《觉世雅言》八卷，阙卷第六至第八。明刊本《新刊京本全像插增田虎王庆忠义水浒传》残二卷，存卷第二十第二十一。清顺治刊本《幻中真集》十二回。清顺治刊本《情梦柝》七卷。清道光元年华轩斋刊本《新刻清风闸》四卷。清六宜堂刊本《续英烈传》五卷。清道光五年大经堂刊本《争春园全传》四十八回。清康熙中恒谦堂刊本《铁花仙史》二十六回。清乾隆中金阊书业堂刊本《说呼全传》十二卷。清嘉庆二十一年兆敬堂刊本《双凤奇缘》八卷。清嘉庆十九年稽古堂刊本《夏商合传》。嘉庆二十年忠恕堂刊本《听月楼》二十回。清嘉庆十二年永安堂刊本《第八才子书白圭志四集》十六回。清枕松堂刻本《两交婚》四卷。明天启中四知馆刊本《锺伯敬先生批评水浒传》一百卷。清嘉庆二十年福文堂刊本《新镌绣像后宋慈云太子逃难走国全传》八卷。清嘉庆十九年长庆堂刊本《后续大宋杨家将文武曲星包公狄青初传》十四卷。清康熙中刊本《新镌绣像百炼真海烈妇传》十二回。清嘉庆十四年刊本《希夷梦》四十卷。清刻本《醒风流奇传初集》二十回。清刻本《绣像忠烈全传》六十卷。

本文在前人研究基础上，对法国国家图书馆稀见小说戏曲版本考述如下：

（1）法国国家图书馆藏本《醒世恒言》四十卷四十篇，图与书衣已佚，刘修业判断此本为"崇祯时刻本"，由于此书书衣与插图已佚，"未能断定其为敬池，抑为敬溪所刻"③，考《古本小说丛刊》影印明天启七年金阊叶敬池刊本，持法国国家图书馆本对校，可知二者为同一版本。

谭正璧提到叶敬溪刻本"藏前大连满铁图书馆，都是四十篇足本，但后者已不见于今大连图书馆，不知何因"，并"疑心叶敬溪与叶敬池或为兄弟关系，而现在所存的叶敬溪本，乃是初版本，所以版本较精，而叶敬池本乃是重版本，所以不及初版本。这是我从这两种版本行款相同又都有图像推测得

---

① 潘建国《新见巴黎藏明刊〈新刻全像批评西游记〉考》，载《文学遗产》2014年第1期。
② 刘世德、陈庆浩、石昌渝同辑《古本小说集成》，中华书局影印本。
③ 刘修业《古本小说戏曲丛考》第47页，作家出版社，1986年。

来的。但因未见原书，不敢武断，仅能存疑。"① 孙楷第也曾提到，叶敬溪刊本和叶敬池刊本的关系，"明叶敬溪刊本。首天启丁卯陇西可一居士序。图及行款，悉同上本（指叶敬池刊本），封面右上仅存'绣像'二字。大连图书馆。"②

我们可以得出以下几点认识，首先叶敬溪刻本原藏满铁大连图书馆，现在不知去向；其次叶敬池刊本与叶敬溪刊本存在一定关联，谭正璧怀疑叶敬池刊本是叶敬溪刊本的重刻本。

不过据日本学者大塚秀南研究，叶敬溪刊本是叶敬池刊本的同版后印本，"另有叶敬溪本，叶敬池本之同版后印，原藏于南满洲铁道大连图书馆（大谷本），现失所在"。③

考明叶敬溪刻本（存卷21—24，28—40），现藏俄罗斯国家图书馆东方文献中心。上钤有"大谷光瑞④藏书"和"大连图书馆"藏书章。通过法国国家图书馆本和俄图本，卷25书影，可知二者为同一版本，说明叶敬池刊本、叶敬溪刊本为同版所刻。法国国家图书馆藏本，明显印刷质量较差，说明后印时板片磨损较为严重。

（2）《拍案惊奇二集》二十四卷，明刻本。框高20.2厘米，宽13.9厘米，半页9行20字，白口，四周单边，版心下镌页数间镌"尚友堂"。

刘修业认为"第一卷至第十卷，不但内容与凌辑《二刻拍案惊奇》相同，其行款亦与明尚友堂刊本相同"。谭正璧、谭寻著《古本稀见小说汇考》承袭其说⑤，例如，法国国家图书馆藏本卷二《江爱娘神护做夫人　顾提控圣恩超主政》与《拍案惊奇二刻》卷十五《韩侍郎婢作夫人　顾提控掾居郎署》，题名相似，二则故事同源，人物相同，但是故事情节却大相径庭。

（3）《今古奇观》。刘修业认为法国国家图书馆藏本为"明刻明印"，书前笑花主人序曰："皇明文治聿新，作者竞爽……""皇明"提行，说明此本为明本无疑。此书选自"三言二拍"，《二刻拍案惊奇》初刊于明崇祯五年，

---

① 谭正璧、谭寻《古本稀见小说汇考》第88页，上海古籍出版社，2012年。
② 《古本稀见小说汇考》第95页。
③ 石昌渝《中国古代小说总目》第450页，山西教育出版社，2004年。
④ 大谷光瑞（1876—1948），日本京都人，他曾在上海等地搜集古籍，并委托"满铁"大连图书馆代为保管，这就是"满铁"大连图书馆"大谷文库"的文献。
⑤ 《古本稀见小说汇考》第108页。

此书当刻于崇祯五年至十七年之间。上海图书馆藏明刻本《今古奇观》序中"皇明"亦提行，为明刻本。

其一，法国国家图书馆本框高20厘米，宽14厘米，半页10行20字，眉端镌评。上图本，框高21.1厘米，宽14.6厘米，11行23字，白口，四周单边，单黑鱼尾，开本比法国国家图书馆本大。眉端没有评语。

其二，法国国家图书馆本题"抱瓮老人订定"；上图本目录页下题"姑苏抱瓮老人辑，笑花主人阅"。

其三，法国国家图书馆本前有八十幅"月光型"[①]插图，半页一图，颇为精致，"为苏刻中之上乘者"；上图本为"长方形"插图，半页两图，分上下两栏，画风较为粗糙，例如第二回"两县令竞义婚孤女"附图，法国国家图书馆本画面中有四根烛台，而上图本仅有三根。法国国家图书馆本刻工更为精细。

法国国家图书馆本与上图本，内容相同，孰先孰后，尚难下定论。

（4）《觉世雅言》八卷，明末清初刻本。刘修业提到《觉世雅言》卷三"夸妙术丹客提金"与法藏明吴郡宝翰楼《今古奇观》卷三十九"不但行款相同，书眉上评语，亦均相同，则源出《今古奇观》"，认为"此书系编纂人任意择出几篇，用原书上版，仅将卷数挖改而已"。经比对二者书影，二者所用刻板相同，《觉世雅言》用其残版，挖改卷数，重印而已。此书并非"用原书上版"，而是直接用旧版重印。

另外，《觉世雅言》卷二"陈御史巧勘金钗钿"与《古小说》（喻世明言）卷二相同，与《今古奇观》卷二十四内容相同。卷四"杨八老越国奇逢"与《古今小说》卷十八内容相同。二者，所采版本相同。半页十行二十字，无行格，书中人名用竖线加以标识。

《觉世雅言》卷一"张淑儿巧智脱杨生"，有界栏行格，字体为瘦长的宋体字，笔锋硬朗，眉端偶镌评语。与明天启七年叶敬池刻本《醒世恒言》卷二十一为同版所刻。《觉世雅言》卷五"白玉娘忍苦成夫"与明叶敬池刻本《醒世恒言》卷十九为同版所刻。

---

① "月光型"版式是外方内圆、如镜取影的一种构图，是明代晚期在苏州等地新出现的样式，而后流行于各地。明末金阊叶敬池刊本《墨憨斋评点石点头》，率先推出"月光型"版式，画面虽小，却隽秀典雅，是对中国古代版画版式的一种创新。王海刚《明代书业广告研究》第106页，岳麓书社，2011年。

可以推知，此书广采《醒世恒言》《古今奇观》《古今小说》旧版重印而成。正如郑振铎所言"像这样的以各书的残卷，杂凑成书，随便题一书名者，在明清之交几乎成了一个风气。一则因为明末大乱之后，诸话本集的书版，已皆散失不全。坊贾偶得残版，便以为奇货可居，大可作伪以欺世。再者，各书的原本也大都传世甚鲜，使坊贾的作伪，不容易为世人所知道。"①

卷次	卷目	行格	圈点	来源
卷一	张淑儿巧智脱杨生	有	有圈点	《醒世恒言》卷二十一
卷二	陈御史巧勘金钗钿	无	有圈点，且对专有名词用竖线加以标识	《古今小说》卷二
卷三	夸妙术丹客提金	无	有圈点	《今古奇观》卷三十九
卷四	杨八老越国奇	无	有圈点	《古今小说》卷十八
卷五	白玉娘忍苦成夫	有	有圈点	《醒世恒言》卷十九

（5）法藏《新刻京本全像插增田虎王庆忠义水浒传》，残存卷二十、卷二十一半卷，"可信为现存的《水浒传》中最古的一个刻本。全书一页分为上下两截，上截占全页面积三分之一，是插图，下截占全页面积三分之二"②。卷二十作"新刊京本全像插增田虎王庆忠义水浒传"，卷二十一作"新刻京本全像插增田虎王庆忠义水浒全传"。

丹麦皇家图书馆（哥本哈根）藏《新刻京本全像插增田虎王庆忠义水浒传》残存卷十五至卷十九。每卷题名不同，卷十六作"京本全像插增田虎王庆忠义水浒全传"，卷十七作"新刊京本全像插增田虎王庆忠义水浒全传"，卷十八作"新刻京本全像插增田虎王庆忠义水浒全传"。法国国家图书馆本与哥本哈根本加"新刊"时，删去了"全传"的"全"。二者同属一个版本。

---

① 郑振铎《西谛书话》第140页，生活·读书·新知三联书店，2005年。
② 郑振铎《巴黎国家图书馆中之中国小说与戏曲》，载《中国文学研究》（下册）第405页，人民文学出版社，2000年。

德国斯图加特邦立瓦敦堡图书馆藏《京本全像插增田虎王庆忠义水浒全传》，残存卷二至卷七，卷首题名作"京本全像插增田虎王庆忠义水浒全传"，与丹麦皇家图书馆藏本卷十六题名相同。据德国学者魏汉茂研究，此本是"属于跟法国国立图书馆所藏一种简本《水浒传》深有关系的本子"[1]。

（6）嘉庆七年刻本《续聊斋志异》二十卷。书名页题"续聊斋志异/嘉庆七年镌/自怡草堂藏"，前有古越姬金麟序，次"目录"。卷端首行题"续聊斋志异卷一"。

录其卷一目录如下：长髯君长，劣先生，嗜孝经，玉兔奔，黑蚌中女子，医瘤，普刺史，呼天女，观主。经查石渠阁刻二十卷本《六合内外琐言》内容篇名与此书同。又考《六合内外琐言》和《琐蛣杂记》内容大致相同，说明法藏《续聊斋志异》与《六合内外琐言》为同一种书。

《琐蛣杂记》初刻本为十二卷，后有增订本二十卷，二十卷本，比十二卷本，在篇幅上增加了百分之四十左右，且分卷不同。石渠阁本《六合内外琐言》与二十卷本《琐蛣杂记》，内容大致相同，不过在卷目方面又做了很大调整，且增加了《积银瓮》一则，共一百六十五则。[2]

遍检国内各大图书馆，国家图书馆亦藏有《续聊斋志异》，共十八卷。二函十册，袖珍本。卷端题凝斋著。前有心远道人《续聊斋志异序》：

> 凝斋王君以孝廉名宰大邑、循声著江汉间，其处境与留仙异，然所著实与《聊斋》媲美，因即以《续聊斋志异》名请。

据此序，可考作者为王凝斋。经查，王凝斋著作中，并没有《续聊斋志异》。根据此书的内容，为志怪小说。恰巧王凝斋的著作《秋灯丛话》亦为志怪小说，且卷数相同。经查国图藏乾隆刻本《秋灯丛话》，二者内容相同。知此《续聊斋志异》即《秋灯丛话》。《秋灯丛话》未收此序。

宋永岳《亦复如是》，刊刻于嘉庆时期，道光十年改题名为《续聊斋志异》。道光初年有《聊斋志异拾遗》《聊斋志异遗稿》等续书。学界据此认

---

[1] 马幼垣《影印两种明代小说珍本序》，收入《水浒论衡》第19页，生活·读书·新知三联书店，2007年。

[2] 《〈琐蛣杂记〉与〈六合内外琐言〉叙考》，载潇相恺著《中国古代小说考论编》第434页，凤凰出版社，2010年。

为，道光年间《聊斋志异》才被确定为经典。① 法国国家图书馆藏本为乾隆间刻本，说明《聊斋志异》在乾隆时期已经受到高度重视。冯镇峦《读聊斋杂说》云："是书传后，效颦者纷如牛毛。……但说鬼说狐，侈陈怪异，笔墨既无可观，命意不解所谓。"此书成书于嘉庆二十三年，他所指的续书应是乾隆嘉庆间的志怪小说群。也足以证明《聊斋志异》的影响力。

《聊斋志异》在清代中后期广受欢迎，书商为了牟利因而冠上《续聊斋志异》等名号。

《柳崖外编》十六卷，徐昆撰，最早刊刻于乾隆五十七年，后改题为《续聊斋志异》或《真正后聊斋志异》。《益智录》清解鉴撰，原为十一卷，后经宋翘删订为八卷，并改题为《烟雨楼续聊斋志异》。《萤窗异草》，又题《续聊斋志异》《聊斋剩稿》。《三续聊斋志异》十二卷，清王韬撰，清末石点斋石印本。《续聊斋志异》八卷，清徐昆撰，清同治刊本。《聊斋补遗》，青城子撰，光绪十七年印本。《新聊斋》三编，西色草堂主人撰，宣统元年石印本。

《批点聊斋志异》十六卷，清刊本。书名页题"批点聊斋志异/淄川蒲留仙著/一经堂藏版"。前有嘉庆二十一年何守奇序，次乾隆三十三年余集序，次高珩序，次唐梦赉序，次乾隆丙戌赵起杲"牟言"，次"聊斋自志"，次"批点聊斋小传"，次"例言"，次"题词"，次"目录"。

卷端首行题"批点聊斋志异卷一"，次题"淄川蒲松龄留仙著，新城王士正贻上评，南海何守奇体正批点"。版心下镌"知不足斋原本"。

此书较为稀见，具有较高版本价值。孙大海《何守奇及其〈聊斋志异〉评点——以北大藏本〈批点聊斋志异〉为中心》论述此版本："清刻本《批点聊斋志异》，堪称目前研究何守奇评点的最佳版本。其中的何守奇序为首次发现，尤其具有重要意义。"

（7）稀见广东俗曲，刘蕊在《法国国家图书馆藏稀见广东俗曲版本述略》作了考述，本文不另做考述，仅列其书名如下：

《富桂堂刊杂歌曲选》四十五种：《南音胡生哭别》《南音槐阴分别》《鲁智深买酒新马头调解心（什锦解心智深买酒）》《新本郭子仪祝寿》《呆佬嫖舍（板眼呆咾打钉）》《大棚朱买臣分妻》《伯党追友》《打洞结拜（班本打洞结拜）》《新本七嫁才郎（解心七嫁才郎）》《新本奶妈自叹（上下二卷）》

---

① 谭帆、王冉冉、李军均《中国分体文学学史》第 455 页，山西教育出版社，2013 年。

《新本关伦卖妹（南音关伦卖妹）》《新本嘱别相如（（南音嘱别相如）》《和尚嫖舍（新本和尚嫖舍）》《南音访三元店》《卖疯解心》《新本洋烟十得解心（劝戒洋烟十得）》《伯党追友（班本散瓦岗）》《寒宫取笑（班本寒宫取笑）》《尤氏扇坟（班本庄子扇坟）》《新本今晚水大》《新本今晚水大》《大战长沙（班本义伏黄忠）（中）》《崔子弑齐君（班本崔子弑齐君）》《新本士九求药（南音士九求药）》《新清明柳（清明柳解心）》《周氏反嫁（南音周氏反嫁）》《新本痴蟹解心（解心痴金蟹）》《新本爷们看灯（板眼爷门看灯）》《新本多情雁（新本多情雁解心）》《新本多情笛解心》《新本多情笛解心》《斩杨波（班本马芳困城）》《方伦饯别（南音方伦饯别）》《摘锦解心吊秋喜（粤讴吊秋喜解心）》《八相七讚新有（七赞新有解心）》《新本海珠夜月解心（海珠夜月解心）》《新本祭李彦贵（南音生祭李彦贵）》《烂大鼓拜年（新本烂大鼓拜年）》《梁婆求媳（南音梁婆求媳）》《新本揔要快活（解心真正要快活）》《新本云英问病（上卷）》《蓝芳草探监》《新卖高底屐（亚奀歌卖高底屐）》《新本奶妈游白云私约（奶妈共契仔游白云）》《新本英台祭奠（南音英台祭奠）》共四十五种（二种重复），有残缺。

《广东杂歌曲汇编》三十九种：《拷打凤娇》《罗卜挑经》《凤娇写血书投水（凤娇写血书）》《凤娇进香》《碧容拜月（新本碧容拜月）》《谏走广西（五谏才郎）》《杨四郎叹五更》《蒙正赏月》《张生闹斋》《贤妻谏赌》《金生结契（金生拜契）》《亚烂卖鱼》《望夫山桃花夹竹（望夫山）》《马迪逼婚（马迪逼亲）》《蟠龙宝扇》《新本嘲哑妈（新嘲哑妈）》《河下温旧情（温旧情河下南音打水围）》《赌仔自叹》《新本断机教子（断机教子）》《起解李旦》《磨房相会》《桃花妹送药（桃花送药）》《桂枝写状》《陶府诉情》《十送英台》《禅房怨马头调包心（新禅房怨解心）》《遇吉别母》《执诗求合（新偷诗稿）》《新方孝孺草诏（方孝孺草召）》《观音十劝》《孙夫人投江》《姑嫂卖鱼》《新出解心内付十比贤娇》《新刻盆龙宝扇全本（上下二卷）》《新刻全本包心事对答（子弟新解包心对答全本）》《新本再续绣鞋记解心（绣鞋记解心）》《新雪梅买水（雪梅买水）》《昭君出塞（昭君和番）》《新文公遇雪（韩文公遇雪）》。

（陈恒新　山东理工大学文学院）

·德国汉学研究·

重构德国汉学叙事的新尝试

——对作为学术史的德国汉学史的几点认识

李雪涛

提　要：本文从全球史的视角对德国汉学史的重构提出了一些新的观点，认为德国汉学史的研究既是对以往知识论的梳理，同时也是对学者及时代精神（Zeitgeist）之间关系的探讨。作者认为，德国汉学研究史应当是一种所谓的纠缠的历史（Entangled History）。在其中，传统与现代、朝贡与公法、内华与外夷等等问题，全都纠缠在一起。特别是处于统一的德意志第二帝国、魏玛共和国时期的德国汉学研究，对应的是中国晚清至民国时期的中国学术转型期，德国汉学的发展与中国现代思想和学术的发端有着直接的关联。

关键词：德国汉学史　重构　全球史　学术史

一

德国汉学史随着德意志历史波谲云诡之变迁而经历了不同凡响的发展历程。20世纪初，首先受到殖民主义的影响，正在崛起的德意志汉学家承担着推广欧洲文化的使命，争先恐后为帝国的殖民扩张出谋划策，以不同的方式来推广欧洲的文化价值和生活方式。在纳粹暴政期间，他们中的许多人又助纣为虐，并为刽子手高唱赞歌。而部分与极权政府持不同政见之学者又被迫流亡到国外。二战以后的分裂，也使得东、西德双方汉学研究的路向寸木岑楼：东德汉学为了逃避政治的敏感，而长期处于孤立地位，其研究也明显受到中苏关系的影响。而20世纪六七十年代的西德学生运动，汉学家们曾为卑贱者鸣冤叫屈,这也促进了西德汉学对现当代中国的关注和研究方法的开放性。随着1990年两德的统一,双方的汉学得以重新接轨。可以毫不夸张地讲,20世纪德国汉学的发展史,实际上就是一幅百年来德国的政治和人文学科演变的缩影。汉学家们与德意志一同经历了痛苦与磨难,他们并非游离于时代精神之外的另类。跟其他学科的学者和知识分子一样,汉学家们对他的时代也有着强烈的共鸣。同时汉学家又不仅仅是时代精神的追随者,他们常常会利用他们有关中国的知识,参与到当时思想的主流之中去,中国知识甚至改变了时代的精神路径,成为那一时代最具冲击力的思想源泉之一。

2004年我从波恩回到北京之后,才开始系统研究德国汉学史。除了一些散见于各学术期刊的文章外,还出版了《日耳曼学术谱系中的汉学——德国汉学之研究》(外语教学与研究出版社,2008)以及《误解的对话——德国汉学家的中国记忆》(新星出版社,2014)两部专著。尽管我从一开始就从整体上规划我的学术研究,但由于常常以问题史为中心展开自己的研究,很难建构起一个所谓完整的体系。因此尽管结集出版的这两部书,也不具有一般通史的系统性、全面性。我迄今有关德国汉学史的研究也大都是趋于专精的个案研究,因为如果没有审慎地深入史料,对汉学家及其著作,乃至其所处的时代做透彻的研究,那么整体性的研究很难成立。一部真正的德国汉学史的通史性专著还假以时日。

二

章学诚(1738—1801)在强调目录学的重要性时指出:辨章学术,考镜源流。[①] 这一般也被认为是学术史的功用:通过对不同时代的学术进行考辨,对其源头进行考察甄别,历史地呈现其学术延续的脉络。我想这同样适合对德国汉学史的研究。而对德国汉学的学科史梳理,应当成为德国汉学研究史的重要内容,这涉及研究在历史上德国汉学的传承和发展、理论研究方面的突破等,从而呈现出各不相同的研究方法、视角以及丰富多样的治学风格。因此,德国汉学史的研究,是以德国汉学家对中国文化的研究为对象的"研

[①] 章学诚《校雠通义·自序》,见王重民通解《校雠通义通解》第1页,上海古籍出版社,1987年。

究之研究"。

我对波恩大学汉学系历史的研究，绝不仅仅是因为我曾在那边读过硕士和博士的缘故，更主要的是因为东方语言学院（Seminar für Orientalische Sprachen，SOS）于1959年在波恩大学重建，接续上了1887年出于实用目的在柏林建立的这所包括汉语在内的外国语言培训机构。其实德国汉学之成立，与培训外交译员有着极其密切的关联。早期培养出来的学生，其中很多后来都成了知名的汉学家，如福兰阁（Otto Franke，1863—1946）、孔舫之（Franz W. Kuhn，1884—1961）等巨擘都曾就读于这所学院。

在个案的研究中我曾选择了福兰阁和他的小儿子傅吾康（Wolfgang Franke，1912—2007）作为研究对象。福兰阁从公使馆译员做起，后来成了汉堡大学的教授。他是有意识地运用历史学的方式对中国历史进行全面系统建构的德国汉学家。其实以现代学科对传统中国知识进行重构和重组，这方面比较早的工作基本上都是由西方汉学家来尝试完成的。也正是在福兰阁主导德国汉学的时期，德国汉学研究的主题也呈现出了从传统的政治史、制度史转向社会史和经济史的趋向，从而使得很多社会科学的方法被运用到了汉学研究上。除了对汉学研究范式转换所做的贡献之外，福兰阁还耗尽积蓄购买了中国典籍，远渡重洋带回了汉堡，充实了汉堡大学汉学系的图书馆。今天在汉堡大学汉学系的图书馆，依然可以看到康有为（1858—1927）签名送给福兰阁的中文图书。为了不让自己的小儿子因服兵役而葬送自己的前程，福兰阁将刚刚从佛尔克（Alfred Forke，1867—1944）那里做完博士论文的傅吾康于1937年送到了北平。在中国生活了13年的傅吾康，迎娶了中国太太胡隽吟（1910—1988），这也使得他的文化身份变得复杂——与中国的关系不再是研究者与研究对象，而成了中国的亲戚。

实际上，真正的汉学知识建构的基础是翻译。早期中国文学的德译基本上是从法文、英文转译而来的，尽管这些作品本身的代表性不一定很强，译文的质量也不一定很高，却影响了德国文学自身的发展，甚至歌德（Johann Wolfgang Goethe，1749—1832）在此基础之上创立了"世界文学"（Weltliteratur）的观念。卫礼贤（Richard Wilhelm，1873—1930）对中国经典的翻译，更使得德国乃至欧洲思想界为之一振：布莱希特（Bertolt Brecht，1898—1956）在流亡途中每天所读的就是卫礼贤翻译的《老子》译本，雅斯贝尔斯（Karl Jaspers，1883—1969）的藏书中有卫礼贤的全部译本……这些方面我做过一系列的研究。从德国资源到中国的路径，我也曾做卫礼贤与周暹（即周叔弢，1891—1984）合作翻译康德（Immanuel Kant，1724—1804）的《人心能力论》（*Von der Macht des Gemüths durch den bloßen Vorsatz seiner krankhaften Gefühle Meister zu sein*）的个案研究。可以看出，卫礼贤真正架设了一座中德之间思想和交流的桥梁。

从时间上来看，德国汉学史从18世纪对中文、满文的图书收藏一直持续到今天。我的大部分研究都限定在1949年以前的德国汉学史。即便有些研究扩展到了20世纪末或21世纪初，其实也是对德国汉学传统研究的一种自然的延续。1956年龙榆生（1902—1966）写下了一首催人泪下的《浪淘沙》，遥寄十余年来杳无音讯的弟子霍福民（Alfred Hoffmann，1911—1997），而他们真正过从甚密的时代是20世纪40年代在南京的中央大学。顾彬十卷本德文版《中国文学史》（*Geschichte der chinesischen Literatur*）尽管是在21世纪才得以出版的，却是真正接续着德国汉学史传统的中国文学叙事。

从空间上来看，德国汉学除了发生在德国之外，也发生在中国，特别是20世纪30年代的中国。基于这一原因我也做过有关这一时期发生在北平的德国汉学与中国学术之间的一段互动史的研究。2018年9月我跟德国马克斯·韦伯基金会（Max Weber Stiftung）和法国远东学院（École française d'Extrême-Orient）共同在北外组织召开了"中国经历与汉学生成：旅居中国的西方学者（从19世纪晚期到20世纪上半叶）"（The China Experience and the Making of Sinology: Western Scholars Sojourning in China (from the late 19th century to 1949)）的国际研讨会。汉学成为一个学科或者说成为一个界线明晰的研究领域，其历史并非我们所认为的那么悠久。除去19世纪早期在法国和19世纪下半叶在英美等国的几个有限的教授席位外，事实上一直到20世纪初，在欧洲和北美的大学才开始普遍出现专门研究中国历史和社会的学术机构。尽管当时从欧洲或北美到中国的旅行困难重重，但在清朝的最后几十年和随后的民国早期，还是有许多西方人士到了中国，从事属于知识阶层的各类活动：学习、教学或者进行科学研究工作。一些国家还在中国创建了长期性的研究机构或者学校，实地研究中国的语言和文化，例如北京中法汉学研究所（Centre franco-chinois d'études sinologiques de Pékin，1940—1953）、中德学会（Deutschland-Institut，1931—1945），华文学校（College of Chinese Studies，1910—1945）等等。此外，也涌现出了第一批联合研究项目，如由斯文·赫定（Sven Hedin，1865—1952）和徐炳昶（字旭生，1888—1976）带队，于1927—1935年间深入中国西北地区进行系列科学考察的科考团队"中瑞西北科学考察团"（the Sino-Swedish Expedition，1927—1935）。在晚清、民国时期，受到西方大学模式的影响，中国现代意义上的大学开始成型，这为中国学术圈的繁荣提供了便利，同时也为中国和西方学者的交流对话创造了机遇。

从内容上来讲，德国汉学中有关汉语语言的研究是所有研究的基础。而曾经在莱比锡和柏林大学执教的甲柏连孜（Hans Conon Georg von der Gabelentz，1840—1893）扮演着很重要的角色。甲柏连孜一生从来没有到过中国，但他有关中国哲学和古代汉语的研究，后世却很难有能望其项背的。前些日子，我收到了甲柏连孜研究专家江沢建之助（Ezawa Kennosuke，1929—）老先生从柏林寄来纪念他90岁的《纪念影册》（*Festalbum für Kennosuke Ezawa zum* 90. *Geburtstag*. Berlin，2019），他在书中回顾了北外全球史研究院与东西语言与文化研究会（Ost-West-Gesellschaft für Sprach-und Kulturforschung）于2017年4月初共同举办的"作为汉学家和语言学家的甲柏连孜"的研讨会。举办研讨会的同时，我们在北外图书馆还举办了有关甲柏连孜生平的展览。除了图片、图书以及甲柏连孜的眼镜等展品外，当时我们还专门制作了一个真人大小的甲柏连孜硬纸板像——2.09米的高个子，不仅仅是他的学术研究，他本人在众人面前也是"鹤立鸡群"。

尽管自20世纪以来历史研究流派纷呈，但兰克（Leopold von Ranke，1795—1886）史学中对文献档案等一手史料的重视，依然是历史研究的根本。因此，对于这些汉学家及其著作的研究，我基本上是从他们的原始文献予以展开的。

三

我在研究德国汉学史时一向特别强调德国汉学研究的跨文化特征，以及德国汉学家与中国学者的互动。这些研究所使用的范畴和术语都取自学术史，但想要达到的目的是结合一手的文献档案，反映19—20世纪上半叶德国汉学研究与中国之间的互动关系，以及德国汉学的发生史。

德国汉学史的研究，是学术史的一部分，但并非仅仅属于中国学术史，而是属于中德，乃至中欧学术交流史的范畴。尽管德国汉学的研究对象是中国学术，但这些汉学家所使用的方法，所运用的范畴以及他们的学术规范都源自自己的文化传统。因此，德国汉学研究史理应是一种所谓的纠缠的历史（Entangled History）。其实对德国汉学史的研究，对于破除主流方法论中的民族主义局限性至关重要，简化的民族历史和欧洲中心主义观点对于这样的一种研究完全不适用。在一个永久性的交互过程中，所讨论的对象和对它的看法是相互构成的。一方面的发展可能是另一方面的发展的结果。① 英国历史学家克里斯托弗·贝利（Christopher Bayly，1945—2015）确定了一个具有其他力量的多中心世界体系，例如在世界范围内政治和文化相似结构的发展中，中国和伊斯兰帝国发挥了重要作用。② 因此，以往的认识，即知识的迁移仅仅是从欧洲流向非欧洲地区的观点，不断遭到挑战。

德国汉学肇始之时，中国依然是满族统治的时代，满汉问题本身就构成了复杂的时代背景，普鲁士王室图书馆的汉语和满语图书收藏，也说明这一点。其后的时代，又是一个西方和日本的现代学术思想不断涌入中国的时代。传统与现代、朝贡与公法、内华与外夷等问题，全都纠缠在一起。对于中国近现代学术史来讲，德国汉学史有着特殊的意义。特别是处于统一的德意志第二帝国、魏玛共和国的时期德国汉学研究，对应的是中国晚清至民国时期的中国学术转型期。也就是说，德国汉学的发展与中国现代思想和学术的发端有着直接的关联。

这种纠缠史不仅仅体现在德国和中国学术之间，同样体现在德国汉学与美国汉学之间，我也做过有关德国汉学与美国汉学之交涉的研究，以梳理两代德国学者对美国汉学的批判性认识。这也构成了另外一种形态的互动。

四

有时我参加博士生的开题或答辩的时候，会发现很多学生所做的研究并不是汉学史的研究，而是直接对汉学内容的评析。汉学史的研究所涉及的是学术史——亦即是对汉学学术本身所进行的反思与总结。就像是"形象学"

---

① Cf. Werner, Michael and Zimmermann, Bénédicte, "Vergleich, Transfer, Verflechtung. Der Ansatz der Histoire croisée und die Herausforderung des Transnationalen." In: *Geschichte und Gesellschaft* 28 (4), 2002, S. 607-636.

② Cf. Bayly, Sir Christopher Alan, *The birth of the modern world, 1780-1914: global connections and comparisons*. Malden MA: Blackwell Pub, 2004.

（Imagologie）在 20 世纪 80 年代所经历的研究方向的巨大改变一样，① 学术史和具体学科研究的区别也在于从知识论的内容——对象研究，转向研究者本身——主体研究。其实我们今天研究不同时代的德国汉学史，我们的兴趣并不一定在于某一时期的知识论本身，而是学者及时代精神（Zeitgeist）之间的关系。福兰阁的一系列汉学著作和文章，从其问题意识、选题到研究方法，无一不透露着德意志第二帝国时代的思想脉搏。学术史所要揭示的不仅仅是这些汉学家的理论框架，更重要的是其学术源流，历史文化的背景，以及当时这些学者在特定历史时期的情境和心态。因此，对这一时代汉学家及其学术成就的研究，早已超越了个人精神的基本内容，成为一个时代精神的重要组成部分。如果从一个历史时段来审视一位汉学家的话，那么他所取得的成就不仅有其内在理路，与其外在的政治社会状况也是密不可分的。从这个意义上来讲，德国汉学史与时代史、思想史、文化史是交织在一起的历史。

对德国历史上作为主体的著名汉学家的个案研究，特别是他们与时代的关系，这在中国有着自己的学术史传统。清朝初年黄宗羲（1610—1695）等学者撰有《明儒学案》（1676）和《宋元学案》（1879 年成书），《明儒学案》记载了明代的 210 位学者，分别列出了 17 个学案，依据时代次第展现了学者学术流派的传承关系；而《宋元学案》记载的宋元学者超过 2000 人，共分 87 个学案和 2 个学略。这其实就是对学者主体研究的学术史，只有学者的参与，才是"活"的历史，才能建构起一个个学派的源流及其学术谱系。

我曾经对甲柏连孜、卫礼贤、孔舫之、福兰阁、傅吾康、霍夫民、顾彬（Wolfgang Kubin, 1945—）等著名德国汉学家做过个案研究，从哲学文本的语文学阐释、翻译与阐释、德国汉学研究的范式转换、德-中学术互动以及不同专门史的研究角度和视角对以上的人物进行了剖析。这些个案的研究贯穿着从中国的视角对 19—20 世纪德国汉学学术变迁的历史思考，希望从中勾勒出一幅这两个世纪特别是 20 世纪上半叶德国汉学史的某一面向。这些德国汉学家的学术传承、研究方法以及与时代精神的关系，都是需要研究者以当今的问题意识来予以"重构"的。

---

① "注重'主体'可以说是当代形象学研究对传统所做的最重大变革，它意味着研究方向的根本转变：从原来研究被注视者一方，转而研究注视者一方。"孟华《比较文学形象学论文翻译、研究札记》，载孟华主编《比较文学形象学》第 6 页，北京大学出版社，2001 年。

德国汉学史在德国尽管不受重视，但其实也在不断被重构之中。1997年在柏林召开的"德国汉学协会"（Deutsche Vereinigung für Chinastudien, DVCS）第八届年会的主题便是德国汉学的历史。后来出版了由马汉茂（Helmut Martin, 1940—1999）教授和汉雅娜（Christiane Hammer, 1956—）合编的《德语中国学——其发展、历史、人物与前瞻》一书。[①] 传统并不一定更具有深刻的意义，德国汉学的历史也不例外。这便需要我们以今天的眼光和问题意识去跟它对话，以一种批判性的意识去重构这一段的德国汉学史。[②]

五

对百余年的德国汉学做学术史的梳理，其前提是重读他们曾经撰写过的各种学术经典。尽管很多汉学家的名著我在留学期间曾经读过，在书中往往还能看到我以前画过的地方和写在书上的批注，但今天读来依然让我产生很多崭新的想法。

从2004年开始研究德国汉学史，至今已经十余年了。当时跟今天的情况很不相同，很多的一手文献的资源库在那个年代并没有建成，网上可以找到的资源并不是很多。相比于十几年前，今天的研究环境产生了很大的变化：早期德国汉学的大量文献都已经被数字化了，并且可以通过各种方式很容易获得。因此，很多当时间接通过研究文献获得的资源，今天我都重又利用网上的资源验证了一番。例如我在早些年曾经提到过魏继晋（字善修，Florian Bahr, 1706—1771）于1748年在北京编写的一份《德-汉词汇表》，这部词汇表与其他多种乾隆年编纂的《华夷译语》（包括了42种71册的《华夷译语》）已作为《故宫博物院藏乾隆年编华夷译语》（共18卷，故宫出版社，

---

① Helmut Martin und Christiane Hammer（Hrsg.）：*Chinawissenschaften-deutschsprachige Entwicklungen, Geschichte, Personen, Perspektiven,* Hamburg 1999. 此书中文版《德国汉学：历史、发展、人物与视角》（马汉茂等主编，李雪涛等译）已由大象出版社于2005年12月出版。此书和《中国之匙》《为中国着谜》都是1996—1999年由北威州科学部（Wissenschaftsministerium NRW）赞助的由马汉茂教授主持的"德语区汉学史"项目。

② 相关的论述，详见李雪涛《代序·"误解的对话"——试论汉学研究的阐释学意义》之"九、汉学学术史及'重构'"，载李雪涛著《误解的对话——德国汉学家的中国记忆》第29—37页，新星出版社，2014年。

2017年）出版,《额哷马尼雅语》为其中第16卷。2019年11月8—9日我在北外召开的"四百年来的全球汉语研究——第二届近代东西语言接触研究学术会议（2019）"中,其中一个议题就是讨论"华夷译语"（丁种本）的。

对于大部分德国汉学家来讲,他们会在某一学科或多个学科之中进行有关中国的学术研究,这一般属于学科的内容,而今天我们对德国汉学所取得的成就以及汉学家作为主体的人的研究,这才是作为关系史、交流史、学术史的德国汉学史。20世纪以来,传统史学的许多学术框架都在随着问题意识的改变而改弦易张,从关注局部或民族国家转向关注全球,而这正契合了德国汉学史的转变。我想,我以往的德国汉学史研究至少体现了以下几个特点：1. 跨文化的视野。因为德国汉学的研究主体是德国学者,而他们研究的对象又是中国乃至东亚,因此德国汉学家们已经具备了跨文化的视野。从我自身的知识构成来讲,也很难归于某一种文化传统,因此打破国家的界限,进而实现跨民族、跨文化等的历史研究观照是一种必然。2. 整体观。将中国乃至东亚的文化历史置于更加广阔的相互关系的情境中来理解和考察,确保不因由于关注细枝末节而错失对历史的整体观察。3. 互动观。将德国汉学研究史置于中德乃至亚欧的动态交往的网络体系中加以理解。4. 解构西方中心主义论。正是在对中国历史的建构中,德国历史学家渐渐开始从思想观念、研究视角、历史叙述等层面反思进而解构西方中心论。面对高度发达的中华文明,包括莱布尼茨（Gottfried Wilhelm Leibniz,1646—1716）在内的德国哲学家都不断地思考如何摆脱狭隘的地方主义,并由此出发超越各种地方中心论的思想。5. 跨学科的方法的运用。德国汉学从一开始就不局限于某一领域,今天对它的历史梳理,也必然是在历史学、语文学、人类学、自然科学等其他学科的理论和方法的参与下进行的,这同时也体现了这一研究的活力和多样性。

2018年我将多年来翻译的一些与德国汉学史、德国东亚研究史相关的文章结集出版,取名《东亚研究与全球建构——德语东亚文化史的几个研究路径》,[①] 便是希冀能够从全球史的角度对德国汉学史做一个全新的检讨。也希望读者能通过我的"重构",体会到我对德国汉学史的新认识。

（李雪涛　北京外国语大学教授、博士生导师）

---

① 李雪涛编《东亚研究与全球建构——德语东亚文化史的几个研究路径》,华东师范大学出版社,2018年。

论卫礼贤的中国、中国人和中国文化观

黄 涛

摘 要：卫礼贤是19世纪90年代由德国新教传教组织同善会派往中国的传教士，在华20多年潜心研究中国传统文化，对中国、中国人和中国文化具有独特而深刻的认识，成为蜚声欧美学术界的汉学家，"伟大的德意志中国人"，在中国文化研究和中西文化交流方面产生过重要的历史影响。

关键词：卫礼贤 中国 中国人 中国文化

在中国近代史上，西方基督教传教士是十分引人瞩目的特殊社会群体，他们往往充当了帝国主义侵华帮凶的角色，但其中也有一些传教士却热心做着沟通中西文化、促进中外交流、发展人类文明的神圣事业。被誉为"伟大的德意志中国人"[①]的德国传教士卫礼贤，是中国人民的真诚朋友，是推动中德乃至中西文化交流的重要人物，至今仍得到中西人民的尊敬与缅怀。在卫礼贤57年的生活道路中，有20多个年头是在异国他乡的中国度过的。如此经历，使他从一位正直友善的传教士，变成一位敬业有成的教育家和中学西播的汉学家，更是一位"中国在西方的精神使者"[②]，中德友好关系的文化缔造者之一。也正是这样，卫礼贤大大地区别于传统意义上的来华传教士，他对中国、中国人和中国文化的审读独具特色，不仅具有高度的理论思辨性，也具有强烈的时代现实性。本文拟对卫礼贤的中国、中国人和中国文化观做初步探讨，以期揭示卫礼贤在中西文化发展史上的重要地位和现实意义。

---

① 杨武能《卫礼贤——伟大的德意志中国人》，《人民日报》1990年2月22日，第7版。
② 杨武能《卫礼贤与中国文化在西方的传播》，载张良春主编《国外中国学研究》（第一辑）第157页，漓江出版社，1991年。

一

卫礼贤，原名理查德·威廉（Richard Wilhelm，1873—1930），来华后自取中国名卫礼贤，字希圣，亦称尉礼贤。他出身于德国斯图加特一个劳动阶级家庭，9岁丧父，在祖母、母亲和姐姐的爱抚下成长，自此养成了女性般慈和温厚的天性。斯图加特中学毕业后，先后在爱巴赫路易高等学校、图宾根大学和斯提夫特神学院学习，主研神学，更表现出对哲学、文学、美术、音乐等多方面的兴趣与禀赋。1895年从神学院毕业后在武敦堡任耶稣新教会（即魏玛教会）当牧师。在这里，卫礼贤遇到了自己初入社会时的精神导师、后成为其岳父的人道主义者克里斯托弗·布鲁姆哈特牧师。正是在这位牧师的劝导和鼓励下，卫礼贤得以踏入中国，从此改变了一生的发展道路。

1884年，德意志和瑞士两国基督教会在德国魏玛成立了新传教机构同善会（Alle meiner FvangeIisch-Peotestantischer Missionverein），其宗旨是派遣具有大学文化程度的传教士"在非基督教国家宣传基督教文化与宗教"，以介绍西方文化为主。1898年德国殖民主义者强占了山东青岛，并开始推行所谓德"宣抚工作"。同善会配合德国政府的意志，登报征募愿意到华传教士。卫礼贤在岳父支持下欣然应征，考试中选，于是远涉重洋，来到青岛。始料未及的是，这一次踏上中国土地一留就是22年！虽在1921年返国，又于次年再度来华。1924年底回到德国后便在莱茵河畔的法兰克福大学创建了德国第一所中国学院，自任院长，以此为基地，在德国乃至整个欧洲弘扬中国文化，产生了深刻的影响。6年后（1930年3月1日），卫礼贤病逝于图宾根。

初到青岛，卫礼贤面临着一个与西方迥然不同的文化传统与文化氛围。这种语言、文字、风俗、习惯极为陌生的社会环境，使他无法开展传教工作。但这并没有妨碍他对这片新土地的浓厚兴趣和由衷的爱慕。相反，他决心下功夫了解和研究中国社会与中国文化。卫礼贤一边学习中国语言文字，一边兴办学校礼贤书院，借此北上大同、北京，南下苏杭、上海等地，攀崂山，登泰山，观长江，看黄河，上长城，饱览中国大好河山。此外，他还经常往来于胶州湾地区附近的一些州县。所到之处，他都注意观察、研究，孜孜不倦地学习汉语言文学和中国历史与文化。据礼贤书院的教师臧某介绍："卫君最好学，手不停挥，目不停览，虽炎夏不避，危坐译读晏如也，是故精通华语及文义。"① 很快，卫礼贤便学会了汉语言文字的基本知识，适应了新社会环境中的生活与交往，而且在长期认真研读中国古典文化经籍和在与晚清新旧学者的切磋交流中，成为一名自学成才的大汉学家。

在这样的心境下，卫礼贤有了对中国的新认识。"巨野教案"后，德国强迫清政府签订《胶澳租借条约》，诱发了列强瓜分中国的狂潮，中华民族面临着空前严重的危机。卫礼贤列身于德国侵华需要的传教士队伍之中来到青岛的，自然带有为德国大资产阶级民族与政治目的服务的"圣职"，可是他是一位高度失职的传教士，不仅没有充当侵华的文化急先锋，也没有热心过他的同善会传教工作，而是痴迷于中国美好的山川和悠久的古代文明。这种痴迷集中体现在卫礼贤所主张的非暴力宗教意识上。首先，卫礼贤主张传教士的传教动机和教徒的入教动机均须端正。他认为某些传教士以其通晓汉语能够与中国人联系和打交道的条件，来为某些工业巨头和大资本商建立商业与经贸联系，是极不正当的，而且抱着报复心及其种种不正当目的的入会教徒和以为拥有特权会使教会变得伟大起来的传教士，绝对不能给中国人和传教士带来和平。其次，卫礼贤主张教会工作必须与中国国情相适应。他认为在中国以儒家思想为主要内涵的传统文化的影响源远流长，根深蒂固，使用强力方式让中国人接受新宗教而放弃传统文化很容易引发冲突，这是以往传教工作难有成效的主要原因。何况，在中国传播福音教义的条件还不成熟，应该先从办学和行医等文化工作开始，逐步为传播基督教义创造条件。② 最后，卫礼贤更不赞成使用武力来维持教会工作。他认为宗教纯为不可遏抑之仁爱之表现耳，传教士只能以自己的实际行动来树立民众威望，赢得尊敬，而绝不应该依靠武力和压制来横行霸道。因此他之所以投身耶稣教到中国来当牧师，并不是为了要劝说多少中国人入教受洗，而是想为中国人切实尽力。事实也是如此，卫礼贤在华20多年，传教成绩几乎等于零，他不曾给任何一个中国人施行洗礼。

正是在坚持非暴力宗教意识的思想基础上，具有正义和公道之心的卫礼贤在现实生活中还以实际行动表现出与西方帝国主义分子截然不同的态度，尤其反对德国的侵华行为。1897年德国以"巨野教案"为借口强租了山东胶

---

① 王世雄《在青岛成名的德国大汉学家卫礼贤》，载《青岛师专学报》1990年第2期。
② 赵振玟《中德关系史文丛》第62页，中国建设出版社，1987年。

州湾后，加紧掠夺中国的资源财富。因传教士与筑路开矿诸事不断遭到兰山、日照、即墨、高密等地民众的反抗。卫礼贤到青岛不久，适逢德军又派遣所谓的讨伐部队前往高密镇压抗德斗争，"当军队到达高密县的一个村，一进村便威胁性地对其开火，受到惊吓的妇女和儿童们仓皇地向村外逃跑。德国侵略者看到这些妇女穿着红裤子，如同义和团员们的穿着一样，于是便开枪向她们扫射。"卫礼贤得悉后非常震惊，认为"此事纯系双方的误解——德国人尚不了解中国农民对祖先的崇敬心理，粗暴地施用了武力"，并且不顾别人的劝阻，亲自跑到现场，试图"努力调解误会"。① 然而，高密民众不屈服于德军的暴行，继续组织抗德行动，德驻青岛部队准备再次赴高密镇压。卫礼贤闻讯后，一方面尽很大努力说服德军先推迟出发时间，一方面赶去见当地的中国官员，说明事情的原委，解释发生冲突的严重后果。由于卫礼贤的周旋，一场即将发生的流血惨案避免了。事后，他又将该地区所有村庄的代表召集到一起，以他个人名义向村首们担保说，今后将尽自己的努力，不使这类事情再次发生。卫礼贤的义举得到了当地老百姓的拥护，也受到了清政府的赏封，成为一位洋道台和胶东地区有名的"卫大人"。

卫礼贤十分憎恨包括德国在内的西方侵略势力依靠武力强权取胜的强盗逻辑，更反对教会以暴力胁迫偌大的自由的中国受制于远来海外之国，认为这并不能带来世界的和平与发展。在卫礼贤的心目中，中国是世界上最美丽的国度，是他终生不能忘却的第二故乡。1924年底卫礼贤返回德国筹办中国学院之际，还致信友人叙述自己归国前登泰山观日出的心情："从南天门上来，我们置身于一片浓重的雾霭之中。不一会儿，云线一开，太阳升起之际，刹那间云层、平原、山峦尽收眼底。啊！中国真美啊！这里有多少东西，使人流连不舍。"② 从内心发出了对中国的留恋之情。1926年卫礼贤的巨著《中国心灵》出版，在该书的序和导言里，他再次表达了自己对第二故乡中国的热爱和对中国精神的理解，"我非常幸运，在中国度过了自己一生中的25年。我爱上了这个国家和它的人民，就如每个长期生活在那儿的人一样。而这过去的25年，正好特别重要，因为在这25年中，新与旧碰在了一起。我还来

---

① Richard Wilhelm, *The Soul of China*, New York: Harcourt, Brace & co., 1928, p. 31.
② 郑天星《传教士与中学西渐——以德国汉学家卫礼贤为中心》，载《宗教学研究》1997年第2期。

得及见到似乎已经存在了几千年的旧中国，经历了它的崩溃，目睹了新生活从废墟中茁壮成长。不过新与旧之间仍然有着某种亲缘联系：这就是中国精神，它虽然发展了，但并未失去其平和宁静，并且希望永远也不失去""中国今天处在一系列将决定人类前途的世界性事变的中心。在太平洋东岸正发生的事情，其结果将对世界局势起决定性影响。因为有4亿人口的中国已经进入一个新的发展状态。"①

二

19世纪是天主教和新教大兴海外传教的时期，到1900年天主教在华的欧洲神父达到886名，而新教的在华传教士到1905年上升到3445名。但事如愿违，如此众多的传教士并未在华取得自己满意的传教效果，反而引起了中国人民"最大的恐惧和仇恨"，②致使反基督教的冲突连绵不断。

1899年5月年仅26岁的卫礼贤来到了德帝国主义在华大本营青岛后，首先对上述的传教结果进行深入的反省。在《中国心灵》（Die Seele Chinas 或译为《中国精神》《中华之魂》）一书中，卫礼贤回忆说，刚到青岛时，他就有了一些"带有根本意义的发现，这些发现所揭示的道理是如此的简单，但能发现它们的欧洲人却如此之少，叫你不能不感到惊异"，其中的一个根本性的发现就是"中国人乃是世界上最友善、最诚实、最可爱的人民！"这正是卫礼贤的中国人观。

晚清政府在鸦片战争中败北后，中国在国际社会上的地位一落千丈。一般的欧洲人都对中国人抱着蔑视乃至敌对的态度，都认为黄皮肤的中国人既懒惰又贪婪、既自私又残忍。特别是那些挣扎在社会最底层的人力车夫，在来华的帝国主义分子眼中，更是可以任意驱赶、侮辱、戏弄和谩骂、殴打的对象。可是，卫礼贤却发现，这些被称为"苦力"的中国劳动者也是人，也有着自己的喜怒哀乐，也眷爱着自己的父母妻儿，并且正是为了自己的父母妻儿，他们忍辱负重，自我牺牲；只是在奴役压迫他们的欧洲人面前才显得麻木不仁。通过对中国社会与文化的考察及与一些中国人的交谊，卫礼贤很

---

① 《卫礼贤与中国文化在西方的传播》，载张良春主编《国外中国学研究》（第一辑）第164页。
② [美]费正清、刘广京编《剑桥中国晚清史》（上）第599页，中国社会科学出版社，1993年。

快就发现了一条"打开通往中国人心灵的道路":"你只需要人道地对待他们,而不是想从他们身上捞取什么好处,要么榨取他们的钱财,要么剥削他们的劳动,或者令他们更加感到难堪,去劝他们放弃他们的信仰,为了获取永生而皈依某种外来宗教,只要你不这样做,那么你会发现,中国人乃是世界上最友善、最诚实、最可爱的人民。"① 从这个发现出发,卫礼贤进一步认识到在中国压根儿就不存在需要他去感化或惩戒的异教徒。因此,在华20多年间,卫礼贤作为传教士却没有给任何一个中国人行洗礼,自己反倒变成了踏实的孔教徒,这是他本人和同善会始料未及的。中国著名的新儒家张君劢(1887—1968)曾撰《世界公民卫礼贤》一文纪念他,说:"卫礼贤来到中国时是一名神学家和传教士,他离开中国时却成为孔子的信徒……他曾对我说,令他感到欣慰的是,作为一介传教士,在中国他没有发展一个教徒。"②

与同时期来华的绝大多数传教士迥然不同的是,卫礼贤表现出难能可贵的正直与公道。他认为,传教士来华,首先得了解中国社会与文化,最终目的是为了了解中国人,了解中国人的生存环境、生活状况、宗教倾向等方面,为使中国人皈依基督教服务。如果使用包括暴力在内的种种非正义的手段传教,只会加剧中国人民对教会、对外国人的仇恨,"当纷争四起、坚船利炮开始出现、强取豪夺不断的时候,中国人越来越受到外国人和他们的帮凶的压迫。难道胶州湾不是以几个外交人员被强盗所杀为由,被强盗夺走的吗?难道想把中国像切西瓜一样分掉的会谈停止过吗?"③ 基于对中国人民的科学认识,卫礼贤对当时震惊世界的义和团运动做了认真深入的研究。他公允地评价它,既肯定义和团运动爆发的必然性和正义性,又批评了它盲目排外的局限性。首先他为义和团正名:"义和团这个词被外国人错译为 Boxer(拳击者),这便使不明真相的人们误以为它仅仅是一个施用暴力的集团。事实上这个名称应被译为:Union for the protection of the public peace(保卫公共和平的团体)。"从表面上看似乎是语言方面的学术分歧,而实际上表明了"义和团运动远远不止是拳击式的暴力进攻,更重要的含义乃是为和平自卫。"④ "确

---

① 《卫礼贤与中国文化在西方的传播》,张良春主编《国外中国学研究》(第一辑)第151页。
② Richard Wilhelm, Dic Seele Chinas, Berlin: Reimar Hobbing, 1926.
③ Richard Wilhelm, *The Soul of China*, New York, 1928, p. 26.
④ 《中德关系史文丛》第46页。

确实实可以说，义和团运动的基础乃是真正的民族精神的振奋。"① 其次，他分析义和团盲目排外的民族心理，"中国人痛恨那些将自己的自由之邦变为受制于他们的入侵者们，出于报复心理，他们便视所有的外国人为仇敌，甚至到了从肉体上加害于外国人的地步"，同时，又强烈抨击了八国联军的暴行，"义和团运动是基于一种真实的民族主义的狂热。当仇恨和残忍的冲动一起释放出来时，残酷是无法避免的……如果和（第一次）世界大战相比，义和团时期也不过是小巫见大巫……得胜的各国联军似乎是为了显示所谓'文明国家'的粗鲁和残忍而来的，而且这种粗鲁和残忍一点儿也不比外国人谴责的中国人差"②。所有这些认识，在深受人道主义和社会民主主义思想熏陶的卫礼贤已不稀罕，它代表了卫礼贤同情和支持中国人民的基本立场，对当时西方普遍蔑视和压迫中国人的社会情绪而言，却是一种难能可贵的精神境界。

另一方面，卫礼贤在理解、同情和支持中国人民争取民族解放和社会进步事业的同时，还努力地为中国人服务。初到青岛，卫礼贤便以一个正直的办学者和一个友善的求学者的姿态出现在中国人面前，其后的20余年间，他在办教育、办医院方面卓有成效，远超其本职传教工作。1899年卫礼贤向德驻青岛总督府提议开办一所师范学堂，为蒙养学堂培养师资，得到赞许，是年就在胶州街寓所创办了德文学堂，招收谭玉峰等数名中国学生亲自授课。由同善会委托筹办的礼贤书院于1901年6月20日正式开学，卫礼贤自任监督，聘请周鸣九为总教习，襄理校务。学校经费概由同善会负担，并于武定路设立医院1所，定名为同善医院，给学生和市民免费治疗疾病。礼贤书院学制7年，其中初级部3年，高级部4年。起初招收学生30名，分5个班，任教的是3名欧籍教师和5名华籍教师，华籍教师都是进士或举人出身。礼贤书院的教学计划是在巩固汉语和足够的德语知识的基础上，看重在算术和地理方面的培养学生，在商业技术方面则使学生在簿记、尺牍、算账、几何制图以及基础数学等方面获得更多的实际知识，在科学方面则使学生在自然科学和人文科学方面能够入门。到1903年礼贤书院招收的学生达60余人，已经成为当时胶澳及山东一所颇具特色的学校，加上"有教无类，一视同仁""中学为体，西学为用"的教育方针和严谨的学风，遂名声风传。1905年卫

---

① 《卫礼贤——伟大的德意志中国人》，《人民日报》1990年2月22日，第7版。
② ［德］卫礼贤著，王宇浩等译《中国心灵》第15页，国际文化出版公司，1998年。

礼贤再受同善会委托创办一所女子学校，用他夫人名字命名该校为美懿书院（1910年改称淑范女学校），它是山东较早的女子新式学校。由于办学的不断成功，卫礼贤得到了清政府的肯定和奖励，1906年清政府授予他四品顶戴。在礼贤书院期间，卫礼贤还在书院内做了两件大事：1913年他创办了尊孔文社，联系了一批饱学之士，与之切磋学术；1914年出资建造礼贤书院东院藏书楼一幢，楼的正面为一可容纳200人的礼堂，后面为一楼一底的藏书室，藏书达3万余册，是青岛最早的近代图书馆。在办学的同时，卫礼贤还在青岛成立福柏医院和福柏病房，在东镇和高密设立两个门诊部。卫礼贤在教课同时还参加门诊医疗事务，为当地民众所称道。

1924年底回到德国的卫礼贤在法兰克福大学创办中国书院，借以密切中西文化交流和中德人民友谊的活动之外，还从理论上深入研究中国人的性格和形象。卫礼贤晚年所著的《中国人的经济心理》，试图从经济角度来分析中国人的性格。他认为，中国人的精神性格是中国经济秩序的结果，最适合于中国的经济环境。这些精神性格的主要特征，长处有知足性、勤勉性、熟练性，短处则有传统的保守主义和极端的固执性。具体说来，中国农民没有个人的自我意识，是一个集合的类型，而不是抽象的个人；他们对土地的热爱和保守的观念是封锁性家族经济形态的结果，它意味着一种最高的调和状态，在这种调和状态遭到人为以外的因素破坏的时候，中国农民就会表现出忍耐性，而忍耐性在意识到个人力量的弱小后可能会转变为宿命论，也可能和与经济相互依存的感情联系到一起而导致团体感情。中国手工业工人同时具有忍耐性和熟练性，而且与农民一样有着对劳动的本能爱好性。中国商人的经济心理除了具有赌博般的敏锐感觉外，还有一种贪图侥幸的倾向，因此，他们有进行大规模贸易的技巧，在商业活动中有坚强性和注重信用的性格。当然，卫礼贤对中国人性格的看法或许有不尽科学的方面，但他试图从经济心理的角度说明中国人的性格形象，开辟了中国人研究领域新的理论道路。①

三

卫礼贤长达25年之久的旅华时间，正是古老的神州大地上风云变幻迅

---

① 刘天路《德国传教士尉礼贤的中国观》，载《中国海洋大学学报》（社科版）2003年第4期。

速、新旧斗争激烈的历史时期。卫礼贤亲历目睹了义和团运动掀起、八国联军侵华、辛亥革命胜利、袁世凯复辟、北洋军阀混战、新文化运动、五四运动以及在此前后展开的中西文化大论争。可以讲,历史为他提供了一个观察和了解中国社会和中华民族的千载难逢的机会。在华期间,通过对中国社会经济、传统文化的考察,卫礼贤对"中国生活全体之和谐精神"十分叹服,决心要"研究此种精神之起源"。[①] 因此对中国传统文化产生了浓厚的兴趣,并在曾任京师大学堂总监督劳乃宣、自号汉滨读易者的辜鸿铭和维新大师康有为等一批中国大学者的帮助下勤勉翻译中国古代经典。卫礼贤翻译成德文的中国经典有《论语》《孟子》《大学》《中庸》《礼记》《道德经》《列子》《庄子》《墨子》《易经》《吕氏春秋》等。这些译著的译文质量较高,成为中国经典德译本的权威版本,迄今仍在不断再版发行。此外,他还翻译出版了《西游记》《三国演义》《三言两拍》《聊斋》《搜神记》《封神演义》《列国志》的部分章节,发表载入其所编辑的《中国民间童话》《中国学》杂志。除了译著外,卫礼贤还撰写多部专著,如《实用中国常识》《中国心灵》《中国文明简史》《中国的经济心理》《中国哲学史纲》《老子与道教》《中国文化史》等等。1922年他为深入研究中国文化再次来到中国,任德国驻华使馆顾问并兼任北京大学教授,得以结识蔡元培、梁启超、胡适、罗振玉、王国维等中国学者。1924年返德任法兰克福大学中国文学及文化讲座教授,并且创办了中国学院,为中德思想文化交流做出了重大贡献,在德国乃至欧洲享有盛名。

卫礼贤的译著宏富,有力地推动了中国文化在德国等西方国家的传播,为欧洲人打开了一个新的、放射着异彩的精神世界。他的代表作《中国心灵》(1926)、《中国文化史》(1928)一出版就被译成了英文和法文,在其他欧美国家也富有影响。尤其是《中国心灵》,1980年在联邦德国再版,仍然受到人们的重视。《中国心灵》是卫礼贤评介中国历史文化的纪实性巨著,全书共20章,400多页,内容涉及中国的地理、民俗、政治、文化、艺术、教育、哲学、宗教以及社会变迁,是一位外国学者为中国自义和团运动以来的历史巨变提供的难得旁证,其间还穿插着对事件、人物的回忆品评,渗透着他本人的思想情感,体现着他对中国文化的理解与崇敬。

---

① 《卫礼贤行述》。

首先,卫礼贤高度评价了中国古代文化的繁荣。在《中国心灵》第 20 章《东方与西方》中,他集中阐述了自己对中国文化的认识。他认为中国古老文化的繁荣有赖两种形态:南方形态和北方形态。这两种形态相互充实,创造了一个无尽延绵的和谐体。中国文化的北方形态产生于黄河流域,属于大陆形态,其理论代表为孔子学说。孔子学说包括两大方面,一个方面是关于两极力量最终和谐的思想,一个方面是关于人性和文化相互和谐的思想,"这些就是孔子永恒地注入中国文化的基本思想。……不管中国多么经常地陷入造反和混乱,但遵守法律秩序的人不断地出现,他们应用和谐的永恒之法一次次地恢复了和平。中国常常被比作一个由其内部控制的骰子,它可能坠落,但无论它落到哪一面,它总是能再次得到稳定和平衡"。① 与注重人的社会秩序的北方形态相对,中国文化的南方形态是以老子思想为代表,主张从人与自然的关系上去理解人,"对老子来说,人仅仅是自然的一部分,任何违反自然和控制自然的东西都是错误的。人唯一的拯救就是回归自然""中国的道教,尽管有许多神秘莫测的东西,但比印度的思想形式更为和谐。它以善良的微笑看待自然生命,承认它存在的权利。它以自身的意义支持了自己,并使自身高尚化。它的目的不是对于自然的替代和反对自然,而是对天地的宽忍和结合,是对日月的希冀,是试图通过与宇宙力量的统一给予个人生命以永恒的努力。"② 虽然把中国文化划分为两种形态,但他又认为,中国文化,无论北方还是南方形态,都包含着崇尚自然的倾向,它揭示了一个本质上趋向和谐的理想以及在宇宙组织和社会组织上的理性态度,"中国文化就其本身来说,是由这两种因素构成的,试图把任何一种有影响的思想看作起源于北方或者南方都已经是不可能的了。南方的思想并不反对北方的思想,北方的思想包容吸收着南方思想的观点"③。

接着,卫礼贤鲜明指出,"中国文化智慧可以裨益今世"④。他认为中国进入现代社会对于整个人类的发展都具有积极的意义,中国古老文化中集聚着可以被未来直接吸收消化的力量,中国古老传统的精神中有着可以解决现代社会的所有问题的因素。这些东西正是欧洲国家现在所需要的,也是古

---

① 《中国心灵》第 357 页。
② 《中国心灵》第 357—358 页。
③ 《中国心灵》第 358 页。
④ 《中德关系史文丛》第 234 页。

老的中国所能够给予的,"在这个意义上说,中国的智慧可以救治和拯救近代的欧洲……古老的中国哲学和智慧具有儿童一样的力量。历史悠久的中国民族没有任何奴性,却有着儿童所特有的天真精神。这种天真精神既非无知也非幼稚,而是能够深入到生命之泉涌起的生命最深之处的成人的天真精神。……中国人的生活形式并不是死气沉沉的存在,而是平和的实实在在的真实。它的影响不是有意识造成的,而是某种自然进程,因而具有一种发自本能的平静和自若,这使得其影响格外地强大。人的视野不是局限于带有随意性的个人的微小自我,而是深入到更为广阔的人类范畴之中。中国人似乎是按照命运的韵律生存着的,这使他们像君主一样在生活中破浪而行。……此外,有成就的个人有耐心不去追求直接的行动和外部的成功,而是试图在一个长时间里去培育进化的种子和演练具有创造性建设的魔法"[1]。

最后,卫礼贤坚信东西文化的融合"实未来世界所应趋之目的"[2]。卫礼贤认为,中国社会虽暂落后于西方,但面临的种种困难"皆可由中国旧日之智术德教中寻得解决之法",中国文化越是成为欧洲的福音,中国人本身就越是注重自己的过去所创造的那些美德并且努力回归这些美德。东西方文化在长期的交流中发生的精神作用和相互改变是不可避免的,这个过程已经开始了,"它是一个新时代的诞生"[3],"中国的年轻一代已经接受了一个艰巨的任务,就是客观地审视自身的和外国的优秀的和有益的因素,将之融合到一个新文化的合体之中"[4]。诚然,卫礼贤并不止于做一位"中国福音"的信仰者和传播者,也不主张以东方的精神文化去取代西方已经开始走向没落的传统精神文化,而是追求更高的理想,即通过中西文化的交流、渗透、融汇,造成人类共同的世界新文化。对于中西文化,卫礼贤不仅看到了它们之间的相同点,也看到了相异之处,而且认为相异的两方并不彼此排斥,而是相辅相成、相得益彰的,所以他形象地把中西文化的关系比喻为人的身躯的左右两半,"在当今现存的所有文化中,西方文化和中华文化各代表一种具有强大生命力的类型。它们各自都在深刻的意义上独立不倚,都从自己独特的方面深入到了共同人性的本源。因此它们特别适合于相互影响,相互提高,相互促

---

[1] 《中国心灵》第363页。
[2] 《中德关系史文丛》第236页。
[3] 《中德关系史文丛》第235页。
[4] 《中国心灵》第370页。

进","(它们)就作为相依为命的兄弟相会在一起"。① 所以,卫礼贤满怀激情地预示:"人类的新文化将传遍全球。它不像过去的各别文化那样,由生活的有机地联系着的各组成部分合成,而将以过去的各别文化的碎块为组成部分,形成一种更高层次的文化。"②

  总之,卫礼贤的汉学著述和其中有关于中西文化的观点,既凸现了中国文化对世界文明发展的重要贡献,又表达了自己对于人类文化和人类命运的深情关注,不仅具有高度的理论思辨性,而且具有深刻的现实意义。卫礼贤毕生致力于中西文化交流的努力,就在于要造就人类的共同新文化,实现人类精神的"伟大的和谐"。正是如此,卫礼贤不仅是融中西精神于一身的"伟大的德意志中国人",更是心怀天下、功不可没的"世界公民"!

(黄涛 江西师范大学瑶湖校区历史文化与旅游学院副教授,博士)

---

① 《中国心灵》第370页。
② 《卫礼贤与中国文化在西方的传播》,载张良春主编《国外中国学研究》(第一辑)第171页。

20世纪上半叶德语中国文学史的历史书写
——以"四大名著"为中心*

张 欣

摘 要：20世纪初德国汉学进入专业化发展阶段以来，以汉学家为主体的文学爱好者借撰写文学史为契机，从西方文化立场及审美观念出发，以"他者"的视角对中国文学作品进行跨文化解读。本文选取6本20世纪上半叶德语中国文学史中有关"四大名著"的介绍文字，梳理出德国汉学界认识中国古典文学的发展脉络及与中国学者的交流互动，展现海外汉学在东西方知识迁移中所扮演的角色。海外汉学家对文学经典的"去脉络化"与"再脉络化"有助于开阔国内文学研究者的学术视野，跨文化交流中起着举足轻重的作用。

关键词：四大名著 文学史 历史书写 海外传播 德国

2019年5月，习近平总书记在亚洲文明对话大会开幕式上的主旨演讲中提出：文明因多样而交流，因交流而互鉴，因互鉴而发展。海外汉学研究自出现以来，一直致力于推动中华文化与世界文明的交流互鉴。其中，用外语撰写的中国文学史作为海外汉学研究的一部分，体现的是海外汉学家对中国文学作品的跨文化理解和诠释，可视为他们与中国文本、中国文化之间的对话①。中国文学作品在其中的排序及所占比重也间接反映了汉学界对纯文学的重视程度。20世纪上半叶，德国汉学家撰写中国文学史的热情从未中断，作

---

* 本文为北京第二外国语学院教育部国别和区域备案研究中心研究项目"奥地利汉学家李夏德对中奥文化交流的贡献"的阶段性成果（项目编号：545008/011）。本研究受到首都对外文化贸易与文化交流协同创新中心及教育部国别和区域研究中心备案名单——北京第二外国语学院奥地利研究中心资助。

① 李雪涛《误解的对话——德国汉学家的中国记忆》第4页，新星出版社，2014年。

为中国古典文学精华的"四大名著"也频频出现在其中。这种关注随时代发展，从简单的内容梗概和时代背景介绍到具体的作品分析、文学流派介绍，从相对独立的学术研究到与中国学者密切互动，体现了不同编者的审美趣味，也折射出文学观念在东西方之间的知识迁移轨迹。

一、文学史成果概览与编写范式

1909 年，福兰阁（Otto Franke，1863—1946）获得汉堡殖民学院汉学系教授讲席，这标志着德国汉学从东方学中独立出来，开始进入专业化发展阶段。在 18 世纪以来欧洲国别体文学史的影响下，汉学家和文学研究者贡献了一批大部头的中国、东亚乃至世界文学通史类著作。第二次世界大战结束前的中国文学史代表作有葛禄博（Wilhelm Grube，又译作顾路柏、格罗贝等，1855—1908）的《中国文学史》（*Geschichte der chinesischen Literatur*）[1]、叶乃度（Eduard Erkes，1891—1958）的《中国文学》（*Chinesische Literatur*）[2]、卫礼贤（Richard Wilhelm，1873—1930）的《中国文学》（*Die chinesische Literatur*）[3] 及三部世界文学史的中国部分，成果虽不多但分量重，如葛禄博的《中国文学史》被认为"代表着当时德国汉学的研究水平"[4]，对后世的中国文学研究产生重要影响。

（一）成果概览

1902 年，汉学家兼满学家葛禄博出版了《东方文学史分述》（*Die Litteraturen des Ostens in Einzeldarstellungen*）的第八卷《中国文学史》，采用广义文学概念，以朝代为经，文体为纬，将从诸子百家到清末的中国文学作品分为十章，进行介绍。这部文学史与同时期英国汉学家翟理斯（Herbert Allen Giles，1845—1935）的《中国文学史》（*A History of Chinese Literature*）[5] 的写作风格相似，以译介加评论为主，不吝笔墨，大段引用作者自己的译文或法语转译

---

[1] Wilhelm Grube, *Geschichte der chinesischen Literatur*, Leipzig: C. F. Amelangs Verlag, 1902.

[2] Eduard Erkes, *Chinesische Literatur*, Breslau: Ferdinand Hirt Verlag, 1922.

[3] Richard Wilhelm, *Die chinesische Literatur*, Wildpark-Potsdam: Akademische Verlagsgesellschaft Athenaion M. B. H., 1926.

[4] 张国刚《德国的汉学研究》第 26 页，中华书局，1994 年。

[5] Herbert A. Giles, *A History of Chinese Literature*, London: William Heinemann, 1901.

成德语的文字；在内容取舍上也体现了鲜明的个人风格：不受主流学术观点影响。对自己不熟悉或认为不重要的内容一笔带过，甚至忽略不提，详细介绍自己认为重要的故事情节，以便于读者理解。

同年，文学史专家鲍姆格特纳（Alexander Baumgartner，1841—1910）所著的《世界文学史》（Geschichte der Weltliteratur）第二卷《印度及东亚史》（Die Literaturen Indiens und Ostasiens）① 问世。这本书非常受欢迎，笔者拿到的 1925 年版已是第 4 版。它的创新点在于以文体和类型，而非朝代作为划分章节的依据，每章前会就某种文体做概述，提纲挈领。

德国诗人、文学评论家卡尔·布瑟（Carl Busse，1872—1918）于 1910 年出版的《世界文学史》（Geschichte der Weltliteratur）② 也深受德国普通读者欢迎，多次再版。在"欧洲中心论"一统天下的时代，布瑟非常罕见地远东文学和中国文学列为第一部分和第一章，在开篇引用了歌德的话"我们懂得欣赏东方的文学风格，我们承认他们最大的优点。——但应该将它们与自己相比较，在自己的圈子里尊重它们，不过应该同时忘记还有希腊人和罗马人"③，体现出对东方文学的尊重。这本文学史的编写体例也是年代和文体相结合，依次概述诸子百家、诗歌、小说、戏剧等，没有细分章节，也没有详细介绍每部作品，重点放在诸子百家上，小说只有非常简短的一小段文字。它的吸引人之处在于配有多幅展现中国历史文化的插图，如孔子画像、戏服、书从印刷到出售的过程图等。

同时期另一部受欢迎的《外语世界文学史》（Geschichte der fremdsprachigen Weltliteratur）④ 与布瑟的文学史体例相似，在最后一章以很简短的篇幅介绍中国和日本文学。其中对中国小说的介绍尚不足一页，更像是一张书单。巧合的是，作者保罗·维格勒（Paul Wiegler，1878—1949）论及的几乎所有小说，包括唯一提到名字的现代中文作品——茅盾的《子夜》都被列入了专门翻译

---

① Alexander Baumgartner, *Geschichte der Weltliteratur. Band 2: Die Literaturen Indiens und Ostasiens*, Freiburg im Breslau: Herder, 1902.

② Carl Busse, *Geschichte der Weltliteratur*, Bielefeld und Leipzig: Verlag von Verhagen & Klarsing, 1910.

③ *Geschichte der Weltliteratu*, S. 1.

④ Paul Wiegler, *Geschichte der fremdsprachigen Weltliteratur*, 4. Auf., Berlin: Ullstein, 1926.

中国古典小说的德国汉学家库恩（Franz Kuhn）的翻译清单。①

汉学家叶乃度基于自己的学术兴趣，在《中国文学》一书中呈现出非常明显的轻文学、重哲学的倾向，对明代小说的描述尚不足一页，却着重介绍了王阳明的哲学思想。这本书图文并茂，采用了莱比锡民俗博物馆的 16 幅插图，包括石鼓文、佛经等，非常重视中国文字形式的演变与语言的特点。

1922 年，一生致力于中德文化传播的卫礼贤出版了《中国文学》一书，书中体现出借鉴中国史料及学术成果、以文学传播文化的文化交流意识。据范劲考证，卫礼贤这本文学史中关于小说的内容很多是从胡适在法兰克福的演讲稿《中国的小说》吸纳而来。② 他用专门的一节来介绍叙事文学，首先论述了章回小说与说书艺术的联系，解释了"回"的含义，并将"且听下回分解"翻译为德语，这是之前学者很少涉及的问题。他对明清小说的介绍以评述性文字为主，具有一定深度。

（二）作者的知识储备与信息来源

从这些文学史的参考书目可以看出，无论是否是汉学出身，文学史作者都参考了同时期英、法汉学家，如英国传教士伟烈亚力（Alexander Wylie，1815—1887）、法国汉学家巴赞（Antoine Pierre Louis Bazin，1799—1863）等人的中国文学史著作和译文，并积极利用德国所藏中国典籍中的插图为著作增色。虽然论述的内容有深有浅，但不局限于浅显的内容梗概，大多有作者本人的评价。不同之处在于，非汉学出身的作者大多将别人的译文和评价翻译、整合成德语，作为论述的基础，对德国汉学家的著述重视程度不够。特别值得一提的是，卫礼贤已经开始吸纳中国学术界最新的研究成果。在 20 世纪 20—40 年代，中德学者交流互动频繁的背景下，加上卫礼贤本人热爱中国文化，又在中国生活多年，这是非常自然的。他本人不仅提倡中国文化和欧洲文化是平等的，还将这一理念付诸实践，在法兰克福创立中国研究所，强调汉学研究必须与中国学人合作。③ 但卫礼贤只是参考并译介了中国人的成果，他的问题意识和研究方法仍然是西方的。

---

① 张欣《库恩及其〈水浒传〉德语译本研究：翻译、传播与接受》第 42 页，中国传媒大学出版社，2017 年。

② 范劲《二十世纪二三十年代德国汉学对胡适的接受》，载《文艺理论研究》2006 年第 5 期。

③ ［德］罗梅君著，张传泉译《卫礼贤的中国学术网络和汉学研究——从殖民特权到平等地位》，载《德国研究》2015 年第 3 期。

(三) 历史书写特点

这一时期的中国文学史书写呈现出以下几个特点：

第一，使用广义文学概念。德语中的"Literatur"（20世纪初的正字法写作"Litteratur"）既可指"文学"，也可指"文献"。德国东方学家与汉学家绍特（Wilhelm Schott, 1802—1889）在德语世界第一部中国文学史《中国文学述稿》（*Entwurf einer Beschreibung der chinesischen Literatur*）[①] 中取了"文献"之意，泛指一切文字作品。文中亦有"Schöne Litteratur"一节，用来指代"纯文学"，以示区别。20世纪上半叶的几部文学史也延续了这一做法，均将诸子百家著作，乃至明代王阳明的哲学思想纳入研究范畴，此时所谓的"文学史"实际上是"思想史"或"文化史"。早期的几位作者都表现出了明显的轻视纯文学，推崇哲学的倾向，直到卫礼贤之后才有所改善。

第二，采用史传式编写模式。这一时期的中国文学史书写遵循传统的模式，即以朝代分期或文体为划分章节的依据，列举经典作家及其代表作，从作者个人和作品的社会历史与文化背景切入，对作品进行史传点评式的点评。由于汉学处于初创时期，大众对中国文学缺乏了解，所以作者多以浅显的译介为主，就中国文学历史及文化从宏观上进行"百科全书式"的罗列介绍。介绍同一历史时期的作品时并非按照时间排序，而是有意识地按文体，先长篇，后中短篇，先历史后世/人情小说的顺序。

第三，立足于西方语境。这一点主要体现在选材贴近西方读者口味和套用西方文学概念，解释中国现象上。中国文学早期的海外传播中存在明显的本土评价与域外传播不对等现象，即在中国国内被认为文学价值并不高的作品反而在欧洲受到追捧，从文中几本德语的中国文学史里都能发现这个问题。作者们花费大量笔墨译介较早传入欧洲，有多个译本的二流作品《玉娇梨》《好逑传》《平山冷燕》，却对文学和文化价值更高的《红楼梦》着墨甚少。鲍姆格特纳提到了代表民俗小说的《平鬼传》，葛禄博专门推介了自己翻译的《白蛇传》《封神演义》；葛禄博用"流浪汉小说"来为《水浒传》归类，布瑟没有一味拘泥于汉学界形成的定论，而是带着明显的"他者"视角，来审

[①] Wilhelm Schott, *Entwurf einer beschreibung der chinesischen litteratur. Eine in der königl. Preuß. Akademie der wissenschaften am 7. februar 1850 gelesene abhandlung*, Berlin: Ferd. Dümmler's Verlagsbuchhandlung, 1854. 此处书名写法沿用当时使用的旧正字法。

视中国文学,如他对中国文学没有西方文学意义上的史诗感到奇怪,还发现小说和戏剧因与儒家思想不相容而受到排斥,只能在民间发展。①

二、德语中国文学史中的"四大名著"

作为文学的重要组成部分,小说反映了一定历史时期的政治经济、社会生活状况、人们的思想面貌以及一定的社会风俗习惯等,这种文学形式在不同国家之间进行传播是文学、文化交流的必然。②"四大名著"是中国古典小说的精华,分别代表了历史演义小说、神魔小说、英雄传奇小说和世情小说等不同类型。它们作为跨文化传播的桥梁,为不同文化的人提供了相互了解、认可、接纳的机会。"四大名著"在德语世界的传播呈现出翻译与文学史书写并行的特点。它们相继于19—20世纪传入德语国家,由最初由法语、英语、拉丁语等转译而来的片段,到中文译出的节译本,直至全译本,也同时出现在德国汉、满学家克拉普罗特(Julius Klaproth,1783—1835)编纂的《柏林皇家图书馆中文、满文书籍索引》(*Verzeichniß der chinesischen und mandshuischen Bücher und Handschriften der Königlichen Bibliothek zu Berlin*)③、绍特的《中国文学述稿》等图书馆书目提要或文学史的雏形中。这四部作品中《三国演义》与《水浒传》传入时间较早,文学史作者也对它们进行了较为详细的介绍;《红楼梦》虽传入时间晚,但后来者居上,逐渐受到文学史作者的高度认可;《西游记》则受客观条件所限,不仅传入时间较晚,在文学史中留下的痕迹也不多。

(一)对"四大名著"整体的描述

"四大名著"的前身是明代"四大奇书"。据现有文献,清康熙己未年间醉耕堂本《三国演义》以"四大奇书第一种"之目刊行,其中署名李渔的《古本三国志序》首次将《三国演义》《水浒传》《西游记》《金瓶梅》并称

---

① 《库恩及其〈水浒传〉德语译本研究:翻译、传播与接受》第42页。

② 江慧敏《中国小说在英国的翻译传播与影响》,载《北京第二外国语学院学报》2014年第6期。

③ Julius Klaproth, *Verzeichniß der chinesischen und mandshuischen Bücher und Handschriften der Königlichen Bibliothek zu Berlin*, Paris:in der Königlichen Druckerei, 1822. 原书中文标题为《御书房满汉书广录》。

为"四大奇书"。① 而"四大名著"的提法是在 20 世纪八九十年代固定下来的，所以在 20 世纪上半叶的德国，汉学家们并没有"四大名著"的概念，只可能知道"四大奇书"或金圣叹提出的"六才子书"。但纵观六部文学史，没有任何一部把四大名著介绍全，也没有出现"四大奇书""六才子书"的概念，更没有建立起这几部作品的整体意识，都是按时间顺序或类型，分别描述。反观同时期被专业汉学家排斥的库恩曾在《水浒传》《金瓶梅》的"译后记"中多次提到金圣叹和"四大奇书"，足见专业汉学界与偏重翻译实践的汉学家之间的不同认知。

（二）对每部作品的描述

因已有专文论述德语文学史中的《红楼梦》和《水浒传》，故本部分将重点放在《三国演义》和《西游记》上，略谈其他两部。

1.《三国演义》

几位作者都提到了《三国演义》，认为《三国演义》在时间和文学史意义上都是中国的第一部长篇小说，将它放在小说开篇进行介绍。他们在《三国演义》的历史背景和历史小说定位上达成一致。

葛禄博从西方文学样式出发，将《三国演义》定性为民族英雄史诗（nationales Heldenepos），盛赞它在中国的地位"相当于《伊利亚特》在希腊"②，并在没有译本的情况下用大篇幅详细介绍了故事梗概和历史背景。

鲍姆格特纳的观点与葛禄博类似，肯定了《三国演义》的历史文献价值。他专门提到曹操"不仅是市民革命的领袖，也是迷信法力的代言人，将冒险与小说的历史元素连接起来"③。

布瑟虽没有分别介绍每部作品，但他用《三国演义》来举例说明中国小说的长度惊人。而且他对《三国演义》的德语名字与之前的文学史并不相同，这一翻译被维格勒沿用。

叶乃度只用了一小段文字来概括明清小说发展概括，其中最早介绍的是《三国演义》，所占篇幅也最长。他对《三国演义》的看法与其他文学史无异，只是特别提到了《三国演义》是对《三国志》的扩写。

---

① 罗书华《四大奇书经典演变与名实变迁》，载《河北学刊》2018 年第 1 期。
② *Geschichte der chinesischen Literatur*, S. 406.
③ *Geschichte der Weltliteratur. Band 2: Die Literaturen Indiens und Ostasien*, S. 529.

六部文学史中对小说介绍最详细的卫礼贤版对《三国演义》一笔带过，可能是因为前人已经反复提到当时研究《三国演义》的结论，在没有新成果的前提下不想重复。

2.《水浒传》

除叶乃度外，其他作者均提到了《水浒传》，但对《水浒传》的定位并不相同。

葛禄博在介绍完《三国演义》后对《水浒传》做了介绍和评析，称其中"某些诙谐的情节让人联想到我们古老的流浪汉小说"①，并推翻了当时海外汉学家普遍坚持的作者为罗贯中的说法，首次强调了施耐庵的著作权。

鲍姆格特纳书中关于《水浒传》的信息明显比葛禄博的描述丰富，评价也更高，高度肯定了它反映社会现实的历史意义和对白生动，情节扣人心弦的文学特点。奇怪的是，鲍姆格特纳对《水浒传》的定位是"中国第一部滑稽小说"（der erste komische Roman）②，却没有解释原因，让人费解。

维格勒对《水浒传》的介绍非常简略，仅提到《水浒传》的名字，认为它属于"民间故事"和"强盗小说"③。

卫礼贤对《水浒传》的介绍尤为详细，第一个提出了《水浒传》经说书艺人集体创作到由一文人托名"施耐庵"定稿的成书过程，但他更看重《水浒传》的历史背景，而非文学价值。需要指出的是，卫礼贤将《水浒传》的题目误译为"淮河的结拜兄弟的故事"（die Geschichte der Eidbriider vom Flusse Huai），可能是受到《宋史》的影响。《宋史》将梁山起义军的头目宋江称为"淮南盗"，因其祖籍在淮安府淮河南岸而得名，而且还有"淮南盗宋江等犯淮阳军"的文字记载。由于卫礼贤是汉学界的权威人物，这一译名被之后的几位中国文学史作者沿用。④

3.《红楼梦》

除鲍姆格特纳外，其他几部文学史都提到了《红楼梦》。葛禄博是第一个评价《红楼梦》的德国人，⑤ 但以篇幅太长为借口，对它着墨不多，只是肯

---

① *Geschichte der chinesischen Literatur*, S. 418.
② *Geschichte der Weltliteratur. Band 2: Die Literaturen Indiens und Ostasien*, S. 530.
③ *Geschichte der fremdsprachigen Weltliteratur*, S. 580.
④ 《库恩及其〈水浒传〉德语译本研究：翻译、传播与接受》第43页。
⑤ 姜其煌《欧美红学》第107页，大象出版社，2006年。

定它是中国最高雅的小说之一，对成书年代的记载也有错误。维格勒解释了《红楼梦》名字的含义，纠正了成书年代的错误，并将其列入风俗小说。叶乃度将《红楼梦》和《金瓶梅》并列为世情小说的代表，并从比较文学的角度指出《红楼梦》与西方小说有一定相似之处，但没有进一步解释。

以上介绍都是从文学角度来评价《红楼梦》，直到在卫礼贤的文学史中，《红楼梦》才第一次作为传播中国文化的载体出现在德国人面前。① 卫礼贤用《红楼梦》类比德语区著名的自传体成长小说《绿衣亨利》（Der Grüne Heinrich）②，还吸收了新红学的最新观点，提到了八十回之后的情节，肯定了高鹗的续作者身份。卫礼贤及其他学者用比较文学的方法与视角对比中德文学作品及人物的传统一直延续下来，例如奥地利汉学家李夏德（Richard Trappl）曾从英雄与学识的角度比较贾宝玉与浮士德的形象。③

4.《西游记》

几本文学史里只有卫礼贤提到《西游记》。这也是笔者所见20世纪德语的中国文学史中第一次出现《西游记》的身影。卫礼贤先介绍了《西游记》的作者和成书过程，后概括了它的主题和主要情节。现将卫礼贤的介绍文字全文翻译如下：

这部小说今天的形式是一个人类从现象世界中得到救赎的寓言，因此与朝圣有着某种有一定差异的相似之处。首先，在不受约束的猴子孙悟空身上体现了人性：躁动，时刻不满，一直抗争，最终要反抗玉皇大帝的权威。所有的神灵都对这个泰坦式的反叛人物束手无策。只有老子④知道如何用神奇的圆环⑤套在他身上，制服他。当猴子安静时，它轻轻地贴在头上，但如果他想要反抗，圆环就会缩紧，使他痛苦。⑥ 最终猴

---

① 姚军玲《20世纪德国文学史中的〈红楼梦〉》，载《红楼梦学刊》2011年第3期。
② Gottfried Keller, *Der Grüne Heinrich*, Braunschweig: Druck und Verlag von Friedrich von Friedrich Vieweg und Sohn, 1854-1855.
③ Trappl Richard, "The Hero and his knowledge: A Comparative Approach to Jia Baoyu and Faust", "第6届国际〈红楼梦〉学术研讨会"论文，马来西亚吉隆坡，2008年。
④ 译注：指太上老君。
⑤ 译注：指紧箍。
⑥ 译注：此句后有脚注：这个情节可以让人联想到豪夫童话里年轻的英国人和他的领带的故事。

子无论怎样使出浑身解数，仍无法逃出佛陀的手心，被他降服，皈依我佛。猴子现在去寻求真正的信仰，并在朝圣途中遇到了和尚玄奘。他击败了代表了人类动物性一面的猪八戒。他们和一只象征着人类消极面，类似于乌龟的动物一起陪着和尚上路。他们要经历重重险阻。最危险的是穿过只能容下一叶小舟的野渡，这对于除了孙悟空之外的所有人来说似乎太危险了。终于通往天界的船来了，它没有底。玄奘上船时掉进了水里，不过被救了起来。他们渡到一半时，看到一具尸体漂在水中。玄奘知道，这就是他在尘世中的肉身。大家都祝贺他得到救赎。船靠岸时，船夫消失了，而他们到了目的地。①

传教士出身的卫礼贤挪用西方的宗教观念，将《西游记》的主题定为救赎与朝圣之旅，用古希腊神话中反抗父亲天神乌拉诺斯统治的泰坦来比喻反叛的孙悟空。这样的处理虽然与原先的语境有一定程度的背离，但便于西方读者理解。这段话中他犯了两个错误，一是把给孙悟空戴上紧箍的如来佛错记成了老子（即太上老君），二是把最后一难中驮玄奘师徒过河的乌龟误当作他们西天取经的同伴。

值得一提的是，卫礼贤不仅在文学史中介绍了《西游记》的故事梗概，还较早地译介了它的故事片段。他在1914年首版的《中国民间童话》（Chinesische Märchen）② 一书里编入了四个来自《西游记》的故事。③ 他将《西游记》的题目翻译为《前往西方的朝圣之旅》（Pilgerfahrt nach Westen），这个译名后来被原东德译者赫茨费尔德（Johanna Herzfeldt）在稍加改动后采用，于1962年推出了《西游记》的首个从中文翻译的德语编译本。④

《西游记》的译本出现得晚，也没有引起德语学者的足够重视。《西游记》原文深奥的佛教、道教思想和拗口晦涩的语言或许是导致翻译与传播工作困难的主要原因，由瑞士汉学家林小发（Eva Lüdi Kong）耗时17年时间才完成《西游记》德语全译本⑤可见翻译难度之大。而这个全译本的推出也在

---

① *Die chinesische Literatur*, S. 182.
② Richard Wilhelm, *Chinesische Märchen*. Jena：Diederichs, 1914.
③ 何俊《〈西游记〉在德语世界的译介和传播》，载《中华文化海外传播研究》2018年第1期。
④ Johanna Hertzfeldt (übers.), *Die Pilgerfahrt nach dem Westen*, Rudolstadt：Greifenverlag, 1962.
⑤ Eva Lüdi Kong (übers.), *Die Reise in den Westen*, Stuttgart：Reclam, 2016.

德语国家掀起了一阵中国文化狂潮，普通读者反响良好，译本在短时间内多次加印。受译本的影响，假以时日，汉学界应该也会推出相关的研究成果。

三、结　语

英国诗人艾略特（T. S. Eliot）曾说："中国是一面镜子，但是一面不透明的镜子，你永远看不到中国，只能看到西方自身。"① 德国汉学家和文学史专家在撰写中国文学史时，依据编撰目的和审美取向，通过"去脉络化"（de-contextualization）与"再脉络化"（re-contextualization）② 的转换过程，将原生于中国的文学概念与文化观念移植到西方世界，"放置在自己文化发展的脉络（context）之中，成为构成自己的文化乃至政治主体性的材料"③，在不同的语境与文化氛围中赋予其新的含义，从而使文学文本获得新的生命。他们对中国古典文学作品的文学价值和影响所做出的一系列判断基于自己的文化立场，将对异质文化的分析看作"他山之石"，丰富理解自己的视角。同理，对他们的研究进行再认识，关注他们的方法论、问题意识和思想来源，对为中国文学"走出去"提供理论指导，更好地促进以文学为媒介的中德文化交流具有重要意义。

（张欣　博士，北京第二外国语学院欧洲学院德语讲师）

---

①　吴悦旗《德国历史发展中的中国形象变迁》，载《语文学刊·外语教育教学》2015年第10期。

②　黄俊杰《从中日比较思想史的视野论经典诠释的"脉络性转换"问题》，载《台大历史学报》2004年第34期。

③　李雪涛《汉学与阐释学——"异端的权利"与汉学研究的"去脉络化"和"再脉络化"》，载《中华读书报》2013年5月8日。

·俄罗斯汉学研究·

《荀子》在俄罗斯的流传[*]

李明滨

荀子，名况，当时人尊称为"荀卿"。因"荀"与"孙"古音相通，故亦称"孙卿"。战国后期赵国（今山西省南部）人，生卒年月难于确考，其活动年代约为赵惠王元年（公元前 298 年）至赵悼襄王七年（公元前 238 年）大约 60 年间；到过齐、秦、赵、楚等国。50 岁时游学于齐国稷下（今山东淄博），曾三次任祭酒。楚相春申君黄歇曾两次举任他为兰陵（今山东苍山县兰陵镇）县令。后失官居家，专心著书立说，终老于兰陵。门生中著名者有李斯、韩非。荀子系孔子、孟子之后最著名的儒家学者。司马迁《史记》中为其立有列传（《孟子荀卿列传》）。

《荀子》一书，既是先秦重要的哲学著作，也是重要的古代散文集。全书32 篇，均为独立的专题论文，每篇有题，为各篇内容的概括。其中《大略》《宥坐》等最后 6 篇，疑为门人弟子所记。

作为哲学著作，《荀子》含有广博、丰富的思想内容。在哲学思想上，《天论》表明荀子具有先秦朴素的唯物主义世界观，提出自然界是不以人的精神为转移的客观存在。"天行有常，不为尧存，不为桀亡"，"天不为人之恶寒也辍冬，地不为人之恶辽远也辍广"。因而人应该不违背自然规律，"制天命而用之"，"应时而使之"，即顺应自然，同时发挥人的主观能动性，对自然加以利用，使之为人类服务。这是一种积极的唯物主义哲学观。

在社会政治思想上，《仲尼》《儒效》《王制》《王霸》等一系列篇章表达

---

* 注：本文原为大中华文库《荀子》（中俄对照版，2015 年）一书的"前言"，鉴于该书的主要对象是双方的读者，文章理应注重两方面，讲析内容要义和在俄流传概况。此次单独发表则对两位俄文译者以外的注家和研究者相应加注，内容也略有增改。

了治国、理政、和谐社会的理想。《仲尼》以齐桓公不计私怨,任用管仲改善国政而称霸一方的事例,阐明施"王道"而非"霸道"之理。荀子以《强国》论述治国之道,不局限于拥有强大的主宰一切的权利,还应"隆礼尊贤""重法爱民",才能使国家得以强盛。此举即《王制》主张的"举贤使能"。亦即《王霸》所称:"论德使能而官施之者;圣王之道也,儒者之谨守也。"

而"强国"的策略,必须有"富国"和善用人才的一系列措施。在《富国》《君道》《臣道》《致士》诸篇就深入、细微分析这些道理和原则。荀子认为,"富国"应有一系列的经济思想和实行的措施,就如"明分使群""赏罚分明""节用裕民""开源节流""强本抑末"等等具体政策。

关于道德修养和人生行止,《修身》《不苟》《荣辱》《劝学》诸篇中,荀子认为,无论君主或仕人,均应该注意道德修养。那是关系个人命运和国家兴亡的大问题。《修身》指明:"故人无礼则不生,事无礼则不成,国无礼则不宁。"是故,人应遵礼法,重师法教化。只要努力奋斗,就能达到尊贵和荣耀,否则便会卑贱和耻辱。此即荀子的《荣辱》观。

《劝学》篇进一步讲析如何修身向善,其要旨在于勤学自勉。其中含有荀子教育思想的系统论述。先述"青,取之于蓝,而青于蓝",形象地比喻学习无止境,且可以后来居上的道理。次述"蓬生麻中,不扶自直",以形象比喻客观环境、周围条件之影响尤其重要。终述主观努力决定了成败,而学习的精神恰在于"锲而不舍","用心专一也"。

至此,荀子已阐明了哲学、经济、政治、道德修养等各方面的思想和理论。其余如《礼论》表明社会关系和人生伦理观,《议兵》为强国之军事论,《乐论》为音乐理论,而《赋》《成相》篇就已是文学作品了。总之,《荀子》一书所含内容是极其丰富的。

作为哲学著作,本书还有"先秦哲学思想论争史料库"这样重要的功用,这是战国后期其他古代思想家的论著所不及的。《非十二子》和《解蔽》等篇正是对战国诸子思想有力的概括和评析。其所论是否公允,历来学者尽管见仁见智,但均不免引起敬意,尤其对道、儒、墨、法等六家十二子——它嚣、魏牟、陈仲、史鳅、墨翟、宋钘、慎到、田骈、惠施、邓析、子思、孟轲等人理论的概括和分析批判,不但对"十二子"一一"非"之,而且用《解蔽》篇进一步阐述了诸子百家的思想和理论之偏颇。指出诸子各有所"蔽"。"墨子蔽于用而不知文，宋子蔽于欲而不知得，慎子蔽于法而不知贤，申子蔽于势而不知知，惠子蔽于辞而不知实，庄子蔽于天而不知人。"总之，在本篇中荀子有独特的立论："凡人之患，蔽于一曲，而暗于大理。"指明人的认知和思想都不免"蔽于一曲"，因而应力避偏执和片面性。荀子甚至以《性恶》篇而与孟子的"性善论"相背，他认为人性是恶的，应该在后天的实践中"化恶"趋善。由于《荀子》一书对战国后期先秦诸子论著和思想的概括，包括对百家论著所反映的先秦社会政治状态的描述，使得本书无疑成了中国古代文化思想的史料库。尤其《天论》和《解蔽》各有一段相对集中的评论战国诸子的言辞，在学术史上更显得可贵。

作为古代重要的散文集，《荀子》一书无疑是古代文学的优秀作品。其思想深邃，文辞优美。往往立论严谨，论辩激越，言词生动，说理清晰，令人折服。其艺术性极强，具有强立论，擅分辩，广征引和多样修辞等诸多特色。

荀子作文往往立论明确，目标集中，如正面的论题"天论""正名""王制""议兵"等把论证的目标立为问题，使人一目了然。同样，有的反证论题立为文题如"非十二子""性恶""解蔽"，也令人震撼。荀子擅长说理和辩驳。正面的论题，必从一议开端，经过分析、比较、综合，演发下去，造成气势，再归为结论，使人顿感论据充实，言语可信，如《天论》。而反驳的议题，必先列举对手的错误，逐点逐层分析批判，点出纠偏之道，然后做出正确的结论，令人信服，如《解蔽》《性恶》。

荀子作文善于广征博引，事例和理据，或来自历史名人故事，或出自典籍，或引据民间俗语，也有来自社会和天然现象的比喻。《劝学》篇凡千余字使用了六十余比喻，比喻套比喻，论析生动而鲜明。像"不积跬步，无以至千里，不积小流，无以至江海"，已经成了激励人克勤克俭，努力向上，坚韧不拔获取成绩的千古名言。除了比喻，像对偶、排比、重叠、设问、反讽，甚至使用诗词歌赋等多种文体和修辞手法，其语言表达手段之丰富，实是古代散文家之仅见。

《荀子》一书自汉代刘向初次整理之后，重要的注本有唐代杨倞《荀子注》、清代王先谦《荀子集解》，近人有梁启雄《荀子简释》（1956）等。

俄国人知晓荀子的名字还是比较早的。先后任喀山大学和圣彼得堡大学教授的汉学家瓦·巴·瓦西里耶夫（Василий Павлович Васильев, 1818—1900）①，从1851年开始讲授"中国文学"课，在介绍儒家诸子的作品时提及荀子，在其后来于1880年出版的著作《中国文学史纲要》里就能查到以下的文字："哲学家荀子（荀况，生于孟子身后50年），虽然接近于儒家，却说人之性恶……"②

然而荀子的作品译成俄文，却迟至100年之后的20世纪50年代。1955年第一期《哲学问题》（Вопрос Философии）杂志首次发表杨兴顺（Ян Хиншун, 1904—1989）③译成俄文的《〈荀子〉摘选》（Фрагменты из сочинений Сюнь-цзы）。随后有费奥克蒂斯托夫译出的《荀子》三篇：《劝学》《天论》和《乐论》。前一篇发表于1958年《东方文艺》（Восточный альманах）第2卷，后两篇发表于1960年《东方文艺》第3卷。同时还有1959年出版的施泰因（В. М. Штейн, 1890—1904）④专著《管子·研究与翻译》（Штейн В. М. Гуан-цзы. Исследование и перевод）也选有《荀子》的若干片段译文。在60年代又有季塔连科⑤（Титаренко М. Л., 1934—2016）编选于莫斯科1969年出版的《世界哲学文选》（Антология мировой философии）选择了《荀子》的若干篇。历数译者翻译篇数最多的当属费奥克蒂斯托夫。他在1973年译出《荀子》9篇，选材重在反映荀子的哲学观与社会政治思想观。随后，又在1976年增译至11篇，全数作为"附录"置于费氏的专著《荀子的哲学观与社会政治观·研究与翻译》书后。至此费译除前边提到的3篇外，新译的为《修身》《非十二子》《王制》《富国》《礼论》《解蔽》《正名》《性恶》。值得注意的是，费氏这部专著在2005年又增订再版，所译《荀子》再增加一篇，即《不苟》，合计费氏生前所译《荀子》总数为12篇。

---

① 中文名王西里，曾随东正教使团居住北京10年，回国后开讲系统中国文学史，日后当选为汉学与东方学的首位科学院院士。

② В. П. Васильев, Очерк истории китайской литературы, стр. 114, Санкт-Петербург, 1880.

③ 杨兴顺，出生于浙江宁波，早年赴俄，1933年毕业于社会科学教师共产主义大学，1948年和1968年先后获得副博士和博士学位，苏联科学院哲学研究所研究员。已入俄籍。其女杨蕴华后来回国，在中央编译局工作，获高级职称编审。

④ 施泰因，1915年毕业于彼得堡大学法律系。为研究《管子》专家，彼得格勒大学教授、科学院东方研究所研究员。1926—1927年曾来华任中国国民政府财政部顾问。

⑤ 季塔连科，科学院院士、科学院远东所所长，中国哲学史专家，晚年主编大型《中国精神院文化大典》六卷本（2006—2010）。

此外，在 2000 年有当代女汉学家佐格拉芙（И. Т. Зограф）译出《荀子》2 篇，即《王制》和《礼论》，收入《儒学经典》（Классическое конфуцианство）第二卷《孟子》（2002 年版）一书中。其译文注重从语文学角度做考量，佐氏系古文专家，一生致力于古汉语研究，译有古文经典多种，译文水平为世所公认。

此次出版本书《荀子》中俄文对照本时，费译 12 篇照录，其余 20 篇多数出自佐氏手笔。可以说，这是迄今首次出现的《荀子》（全数 32 篇）俄文全译本。

俄国汉学家中，对荀子有研究的迟至 20 世纪 40 年代末才出现。最先是阿波隆·彼得罗夫（1907—1949）[①] 在《中国哲学纲要》（Петров А. А. Очерк философии Китая，1940）书中论述荀子对中国唯物主义思想发展所起的作用。但是在俄国研究荀子思想的先行者应属于杨兴顺。他不仅率先翻译了《荀子》若干篇，而且发表一系列文章论荀子的世界观，有《中国哲学史略》（Из истории китайской философии，1956）、《论古代中国唯物主义与唯心主义的斗争》（О борьбе материализма и идеализма в Древнем Китае，1967）、《荀子文选》（1954）。尤其是他的博士论文《古代中国的唯物主义思想》（Материалистическая мысль в Древнем Китае，1967）中辟有专章论析荀子的哲学观。另有具科夫[②]（1929—？）在其专著《中国社会政治思想与哲学思想的发端》（Быков Ф. С. Зарождение общественно-политической и философской мысли в Китае，1965）用了相当的篇幅论述荀子的观点。此外，在施泰因的专著《管子·研究与翻译》（1959）、佩列洛莫夫[③]（1928—2018，中文名嵇辽拉）的《商君书·译、注并序》（Книга правителя области Шан (Шан цзюнь шу，1998）和列·瓦西里耶夫[④]（1930—？）的《中国的迷信、

[①] 阿波隆·彼得罗夫，1930 年毕业于彼得格勒大学史语系，1936 年获副博士学位，在列大任教，后入外交部，1945—1947 年任苏联驻华大使。

[②] 具科夫，1953 年毕业于莫斯科大学哲学系，1957—1958 年来北京大学进修，1966—1967 年、1980—1986 年来苏联驻华使馆工作。科学院东方学研究所研究员。

[③] 佩列洛莫夫，1951 年毕业于莫斯科东方学院，1954 年和 1970 年先后获副博士和博士学位，科学院远东研究所研究员、俄国孔子基金会主席，著有《孔子：生平、学说、命运》，翻译《论语》《商君书》等。

[④] 列·瓦西里耶夫，1953 年毕业于莫斯科大学，研究中国古代史，1974 年获博士学位、科学院东方学研究所研究员，著有《东方国家宗教文化传统》等。

宗教和传统》（*Культы, религии, традиции в Китае*，1970）等著作中也都或多或少涉及荀子社会政治观的某些方面。然而全面、系统地研究荀子，并且为此花去毕生精力的唯有本书译者费奥克蒂斯托夫（1930—2005）一人。

维·费·费奥克蒂斯托夫（Виталий федорович Феоктистов，1930—2005）系哲学史家，1954年毕业于莫斯科东方学院汉学科，1960年代奉派赵马里共和国从事外交工作。1968年起在俄罗斯科学院远东研究所任职。期间自1972年起任意识形态研究室主任，自1992年任东亚精神文明研究中心副主任。费氏长期从事《荀子》研究，于1972年以论文《荀子（公元前3世纪人）的哲学观和社会政治观》通过答辩获得副博士学位。曾在莫斯科大学哲学系中国哲学专业任教。后于1994年与俄罗斯国立人文大学哲学系合作创办中国哲学专修班并终身兼任教职，为外国哲学史教研室讲授中国哲学史共同课和多门专题课。

另一位译者伊·吉·佐格拉芙 [Ирина Тиграновна Зограф（Бабиева），1931—？] 为语文学博士，俄罗斯科学院东方文献研究所（位于圣彼得堡）主任研究员。她的学术阅历颇为丰富，1954年毕业于彼得格勒大学东方系，1962年和1980年先后获得副博士和博士学位。长期研究汉语，是宋、元及明初中古汉语"白话"的专家，对中古和近代的"文言"也有精深的研究。她对文言与白话的相互影响、近代文言与古代汉语的关系，即文言的起源古汉语的关系都有研究。著作成果丰硕，发表著述近百种，其中有17部为专著。主要译作如话本集《十五贯》（1962）、《京本通俗小说》（1995）。她和费氏各有所长，两人合译，互相配合，相得益彰。为世人贡献了一部佳译。

费氏的翻译体现有长期研究原著的功底。他曾于1954—1958年来华，担任国务院外国专家局苏联专家翻译组组长，经人介绍来到北京大学哲学系，拜中国古代哲学史家梁启雄（1900—1965）[①] 教授为师，研读中国古代哲学。费氏算起来还是我的北大老同学呢，不过不同系，我是1953年入的俄文系。我们从见面相熟到相知则是80年代后的事，我们总是亲切地称呼他"老费"。那时他和佩列洛莫夫等一批汉学家热心于参加我国的传统文化学术会议，发言激烈，很有影响，尤其在90年代北京举行的两次国际儒学学术会议。1999年10月的那一次会上宣布：费氏被聘任为"国际儒学联合会"顾问，佩氏则

---

① 著名改良运动革命家梁启超之胞弟。

当选为理事（佩氏还是俄罗斯孔子基金会理事长）。

总的看来，本书俄译者传承了苏联时代汉学宗师阿列克谢耶夫院士（В. М. Алексеев，1881—1951）所开创的俄国汉学学派的优良传统，实现了三项"两个并举"：翻译与研究并举、学科综合研究与专题研究并举；科学院研究与学校教育并举。由此决定了此译本有三大特色：

（一）选材精到，论析中肯。费氏翻译的选项有明确的目的，而且是以调研为基础的。他认定，为了研究中国古代哲学史，荀子在俄译界又是个缺项。反过来，研究也进一步阐明翻译成果的内涵与价值，直至确定作者荀子的学术地位和历史作用。是故他发表的专著从初版到末版都标明内容既是专著又有译作。1976 年初版为《荀子的哲学观和社会政治观·研究与翻译》（Философские и общественно-политические взгляды Сюнь-цзы. Исследование и перевод）设三章分别就荀子生活的时代背景与个人生平、荀子的哲学观、荀子的社会政治观三个方面做分析。并选入荀子论文 11 篇，其所据资料均系荀子论文及历代学者的所有注解，以及国外东西方国家研究者的文与论。

2005 年增订末版书名为《荀子哲学论文集·研究、翻译·一个汉学家的思考》（Философские трактаты Сюнь-цзы. Исследование. Перевод. Размышления китаеведа）依旧含有专论和译作两部分。专论仍设 3 章，译文增到 12 篇。资料已有所扩充，并做进一步论析。对荀子思想的要旨、内涵和学术地位有了精要和高度概括的结论：

> 古代中国百科全书式的思想家荀子（公元前 313—238 年）论断曰："人之性恶，其善者伪也。"他的著作是公元前 4 世纪至 3 世纪中国哲学思想和政治思想系统论述的光辉篇章，反映了本体论、认识论和伦理学问题。①

同样，另一位译者佐氏也是有了研究之后，才翻译出成果：《儒家经典·

---

① "Человек по своей природе зол, его добродетельность порождается практической деятельностью"-утверждал древнекитайский мыслитель-энциклопедист Сюнь-цзы（313-238 г. г. до н. э.）. Его трактаты-блестящая систематизация философской и политической мысли Китая IV-III вв. до н. э., где нашли отражение проблемы онтологии, эпистемологии и этики.

第二卷·孟子荀子》（选编、翻译并注释，2000 年）①。

两位译者所作的序、注解和注释之精华均收录在这本译作中，从而构成其一大特色。

（二）译文准确，文辞优美，兼具哲学论文和普通散文风格。费氏从学科综合研究出发，旨在通晓中国古代哲学和哲学史，但又注重以荀子为典型个案。据他自述，在中国导师梁启雄的辅导下，单是研读古文《荀子》全书，就用了大半年工夫，包括本文及注家论述。学会了借助辞书研读古文的精义和吸取历代注家的解释等一整套"训诂学"本领。由此得出结论：翻译古书《荀子》，必须依据文言文本，不可依据现代人的白话文"译本"，以避免释义的误差。另一结论为：《荀子》既是哲学论著又是古代一般通行的散文作品。因而翻译字词概念必须兼顾两层含义。如"君子"一词，他先列出汉字拼音"Цзюнь-цзы"，再做了长长的注解，认为可作两层解义，一解从儒学观点，属于行为谨守礼、义、孝、诚等规范的"大人"，而与"小人"相对。而且在古代中国属于是有地位的上层人，而与"下人"相对。但如若按另一解：从普通人概念，则属于"高尚的人"，义近墨家和法家的观点。是故费氏在这里译为"совершенный человек"。总之，译者既注意尽量找出俄文与中文的"等值词"，以忠实于原意，又着力于传达荀子的优美文辞和犀利的文风。难怪俄国汉学同行们称赞这本经典译文达到了文本的准确性和可读性高度完美结合，看不出是译作，而酷似一部俄国的文学作品。试以《劝学》篇的一段文字为例：

Я пробовал целый день размышлять, но не получил и того, что дало бы даже кратковременное учение. Я пробовал глядеть вдаль, поднявшись на цыпочки, но не увидел того простора, который видно с высоты. Когда стоишь на высоком месте и зовешь кого-либо рукой, рука не становится от этого длиннее, однако ее видно издалека. Если крикнуть по направлению ветра, голос не станет от этого сильнее, однако слушающий слышит его очень отчетливо. Если ехать в повозке, запряженной лошадьми, ноги не станут от этого быстрее, однако можно переплывать большие и малые реки.

---

① Классическое конфуцианство, т. 2. Мэн-цзы, Сюнь-цзы. Пер; Ст; Коттент. И. Т. Зограф. СПб.

При рождении совершенный человек не отличается от других. ［Он отличается от остальных тем, что］умеет опираться на вещи.（吾尝终日而思矣，不如须臾之所学也；吾尝跂而望矣，不如登高之博见也。登高而招，臂非加长也，而见者远；顺风而呼，声非加疾也，而闻者彰。假舆马者，非利足也，而致千里；假舟楫者，非能水也，而绝江河。君子生非异也，善假于物也。）

像这样的俄译文，不但贴近原著，简捷朴素，而且读起来朗朗上口，似有特别留意的押韵，具有俄文的韵味！

（三）疑难译点，提供备案，以待斟酌，日臻完善。费氏的学术生涯逾50年，虽然一向致力于科学院方式的研究，但从70年代中期（1974年）起就在莫斯科大学、莫斯科人文大学兼任教职，既教学生如何研读古文经典，包括《荀子》，也传授本人研究中国古代思想和哲学史之心得，近30年的教学实践，有益于验证其研究成果，也促进科研工作的深化。更重要的是造成他面对古代圣贤敬畏和忠实，面对学生严谨和负责的品性。科学院研究和学校教育并举的传统使他在经典面前谦虚谨慎，不敢有丝毫懈怠。凡有难点，或疑惑而未及甚解之点，总要多出备案，以供反复思考。像《劝学》这篇文题，初译"Убеждаю учиться"①，出现动词第一人称的方式，表示作者的主观意愿，至诚至敬，已符合作者意愿了，因为荀子在文中一再明白宣示"我"如何如何（"吾尝终日而思……""吾尝跂而望矣……"）但是通读全文，又感悟这里讲的是劝人们求学上进、修身养性以臻于完人的普遍道理，具有广泛宣告的意义，因此似应译成"наставления к учебе"。两种译法孰优？译者未敢匆促定夺。便将两者并列存阅，于是随后发表于各选本中的译作，文题已成为两者并列：Убеждаю учиться/Наставления к учебе。须知这不是学力粗浅者的优柔寡断，而是出自谦虚严谨的学风。然而经过时间的检验，此次收入这本译作时，已最终定案，选用后一种译法为文题了：Наставления к учебе。

又如《不苟》篇，本来原著的含义和文字就比较深奥。费氏将文题初译为"Не пренебрегать ритуалом"，况且已传之许久。问题在于加了"ритуал"（礼法），把"пренебрегать"（轻视）的对象具体化，不如原文所指的对象物

---

① 见《东方文艺》1958年第2卷。

项颇多,似应为泛指,才符合一篇说理的文章,所以此次本书定稿,已更改文题为"Ничего напрасного"。简洁明了,抽象化了,也更符合原意。

像这样字斟句酌的例子,并不少见。还有其他的手法,如加字句处使用括号,意在留有余地,以借读者思考。例句:"君子非生异也,善于假物也。"译文成:"При рождении совершенный человек не отличается от других. [Он отличается от остальных тем, что] умеет опираться на вещи." 此处问题在于中俄两种文字的差别。加句更符合俄文语法和语言的逻辑。但又恐怕不符合中国古文(包括荀子本人)用语简洁的习惯,所以加括号并存,使两者都方便。

我们庆幸有这部佳译,在鸣谢两位译者的时候,还应该知道费氏身后协助整理文稿的有他的远东所同仁雅基莫娃(Е. В. Якимова)和他的得意门生,俄罗斯国立人文大学哲学系的教师斯塔罗斯京娜(А. Б. Старостина)。顺此一并致意。

(李明滨　北京大学教授、俄罗斯学研究所所长)

瓦西里耶夫的中国历史研究*

赵春梅

摘　要：瓦西里·帕夫洛维奇·瓦西里耶夫是19世纪俄罗斯汉学的集大成者，他在中国历史、地理、宗教、哲学、语言、文学等众多领域的译介与研究，为20世纪俄罗斯汉学专业化发展奠定了坚实的基础。在其研究成果中，中国历史研究不但成就卓著，而且具有一定的开创性，形成了自己的研究特色：（1）扎根于高校教学，学术成果是多年教学实践的结晶，教学与研究相长；（2）学术研究以中文原典为依据，中文文献翔实，专著中往往附有大量译文，研究为主，翻译为辅；（3）注重史料的考证与辨伪，主张历史研究必须对史料进行批判检验，去伪存真。瓦西里耶夫的开创性的研究成就，代表了当时俄国汉学在中国历史研究领域的最高成就，极大地丰富了俄国中国史料的内容，拓宽并深化了历史资料的应用范畴，在一定程度上提高并深化了人类认识、研究、应用历史信息的水平，并在一定程度上改进了俄国中国历史研究的现状，使俄国的中国历史研究具有了近代历史科学的某些特征。

关键词：瓦西里耶夫　中国历史研究　研究特点

瓦西里耶夫（В. П. Васильев，1818—1900）是19世纪下半叶俄国伟大的汉学家，他随第十二届东正教使团来到中国，在京驻留十年，回国后先后在喀山大学和圣彼得堡大学任教，一生成就斐然：他是俄国历史上第一位从事汉学研究的教授[①]，俄国汉学界第一篇博士论文的著者，俄国第一位汉学家院士，缔造了俄国汉学发展史上第一个学派。瓦西里耶夫被蔡鸿生先生赞为

---

* 本研究获得天津市人文社科重点研究基地南开大学区域国别研究中心的资助。

① Васильев Л. С., Корифей русского китаеведения, История и культуры Китая, Москва, Наука, 1974, стр. 8.

"讲学著书,满门桃李,开宗立派,罗曼诺夫王朝末年一颗光彩夺目的学术明星"①。他以渊博的学识、浩繁的著述、坚忍的性格、执着的追求,以及强烈的批判精神,在中国历史、地理、宗教、哲学、语言、文学等众多领域的译介与研究中,为20世纪俄罗斯汉学的专业化发展奠定了坚实的基础。对汉学在俄国高等教育中的发展壮大、俄罗斯汉学人才的培养,以及汉学传统在俄国的传承与专业化发展,均做出了卓越的贡献。

在中国历史研究方面,瓦西里耶夫成就卓著。专著以《十至十三世纪中亚东部的历史和古迹》《元明两朝关于满族人的资料》和《中国文献史》为代表。《十至十三世纪中亚东部的历史和古迹》于1857年出版,前有引言,后附译文和结语。"正文"部分共七章,阐述了契丹和女真两个民族的历史发展脉络,是记录中国契丹、女真和蒙古族历史的珍贵资料。1859年出版的《元明两朝关于满族人的资料》是瓦西里耶夫的博士论文,也是俄国汉学史上第一篇博士论文②,阐释元明时期在官修史书和私人修撰的史书中所记录的满族人的资料。至于《中国文献史》,则应归入文献学研究范畴,内容是梳理、考证中国语言文字、哲学、宗教、科技、历史、地理、法律,以及农、兵、医学和文学方面的典籍文献。除专著外,瓦西里耶夫公开发表的译作有《大清初期对蒙古人的安抚》《满洲志》《宁古塔纪略》《军机大臣马思哈出巡北部边疆日记》,以及魏源的《圣武记》和松筠的《绥服纪略》的节译。综上所述,瓦西里耶夫有关中国历史的著述大都是围绕中国北部的契丹、女真、蒙古等少数民族的历史展开,其中,作为满族主要组成部分的女真族的历史,以及与满族关系密切的蒙古族的历史占有绝对比重。另外,瓦西里耶夫大量实事评论性质的文章,绝大多数也是针对清王朝的内政、外交与社会现实的评价与看法。

在中国历史研究方面,瓦西里耶夫既继承了前人的研究传统,又进行了创新。与前辈和同时代人的研究相比,既存在共性,又极具特色。在共性方面,主要表现出以下两个方面:

(1) 在内容方面,主要以中国边疆史研究为主。他的著述、译作主要阐

---

① 蔡鸿生《俄罗斯馆纪事》第80—81页,广东人民出版社,1994年。

② Смолин Г. Я., Васильев В. П. и преподавание истории Дальнего Востока в Петербургском университете во втором половине XIX в., История и культура Китая, Наука, 1974, стр. 72.

述中国东北部地区的契丹族、女真族与满族的历史发展与沿革。众所周知，在瓦西里耶夫前，俄国汉学奠基人比丘林有关中国历史的研究主要以边疆史为主，他的《魏藏图识》《西藏志》《西藏青海史》《蒙古纪事》等作品，便是对藏、蒙等中国边疆少数民族历史发展的研究。此后，列昂季耶夫和罗索欣根据《八旗通治》，合译了《满洲民族和军队的产生及状况的详述》；戈尔斯基的文章《满洲王朝的发祥和最初情况》，从历史渊源、地理位置、生活习俗、生产方式、神话传说、行政划分、军事等方面，论述了从1616年清太祖自封为"汗"至1643年太宗驾崩30多年间满洲的发展状况。综上所述，不难发现，在研究内容上，瓦西里耶夫继承了前人的传统。不同之处在于，与前人相比，瓦西里耶夫改变了过去以翻译为主的研究方式，不再囿于满洲源流问题的考察，而是在中国历史发展的框架内，将研究重点放在了介绍10至17世纪上半叶清朝建立前满族的历史和文化，包括政治、经济、军事、民族、宗教、民俗、民族关系等诸多方面，以及19世纪下半叶，在东西方碰撞中处于劣势的清政府的时局与社会现实。另外，必须强调指出，瓦西里耶夫的专著《中国文献史》一书，已经突破中国北部边疆史研究范畴，应归入中国文献学研究，这也是他对俄国汉学深入发展做出的突出贡献。总之，瓦西里耶夫的研究成果，既是俄国汉学史上中国北部边疆史研究的一个重要环节，也代表了当时俄国在中国历史研究领域的最高成就。

（2）在范畴上，涵盖历史与地理两个学科。纵观瓦西里耶夫之前的俄国汉学发展史，不难发现，无论是比丘林，还是其他前辈学者，在对中国历史进行阐释时，均将地理方面的内容纳入其中。瓦西里耶夫的研究同样具有该特点。如果说，《满洲志》和《宁古塔纪略》除了涉及疆域区划、城池古迹等纯粹地理学的内容外，还包含有大量风土民情、驻军布防、户籍赋税等非地理学内容的话，那么节译自清代齐召南编撰的《水道提纲》的文章《汇入阿穆尔河的各大河流概述》，翻译自西藏地理学家敏珠尔的《西藏地理》，以及根据《内大臣马思哈出师塞北纪程》翻译的《军机大臣马思哈出巡北部边疆日记》等，则是纯粹的地理学著述。换言之，瓦西里耶夫继承了前人的研究传统，将译介中国古代地理典籍，介绍中国地理状况，视为准确阐释中国历史的一个重要方面，对此他这样解释道：

> 为了让读者进一步关注对中国的研究，了解《盛京通志》《宁古塔纪

略》等地理方面的资料是必要的和有益的;为了对满洲历史能有一个全面地了解,争取今后连续刊发一些类似的文章。我们认为,要想达到历史资料准确无误又通俗易懂,首先必须研究地理,先是当代地理,后是古代地理。只是凭借现在的地名、河流名、山川名去找寻古代遗址,甚至探寻官方史料中尚无记载的部族踪迹,绝对不是明智之举。①

追根溯源,在历史研究中,瓦西里耶夫对地理因素的重视:一方面,是受历史学科本身发展的影响,众所周知,直到19世纪末20世纪初,地理学学科才开始真正形成,在此之前,地理学一直作为历史学的一部分,被囊括在史学研究范畴内;另一方面,是受中国史籍的影响,俄罗斯学者斯莫林曾说过:"在中国,自古以来就有将地理著作列入史籍的传统。"② 如,《满洲源流考》,便是采用历史与地理并重的阐述方式,该书成书后,甚至也是作为史部地理类被收入《四库全书》和《清史稿·艺文字》中,书中涵盖了大量地理方面的内容。再如,作为瓦西里耶夫历史研究重要原典的宋代宇文懋昭撰写的《大金国志》,明代宋濂等人撰写的《元史》,以及清代脱脱等撰写的《辽史》等著作,均包含了大量有关城池、山脉、河流等纯地理学的内容。

无论如何,作为19世纪俄国汉学研究的集大成者,瓦西里耶夫的中国历史研究不但成就卓著,而且具有一定的开创性,独具特色,主要表现在以下几个方面:

(1) 瓦西里耶夫的研究扎根于高校教学,他是兼具教师与学者身份的典型代表,学术成就是多年教学实践的结晶,教学与研究相长。在专著《中国文献史》一书中,瓦西里耶夫曾明确指出了自己研究成果的源头,他说:"本书的内容并非来自其他欧洲学者的著述,而是本人著作的浓缩,以及授课笔记。这些讲义资料绝大多数是中文书籍;本书中所谈及的作品,我几乎每本都亲阅过。"③ 据史料记载,19世纪下半叶,在喀山大学和圣彼得堡大学任教

---

① Васильев В. П. Записки о Нингуте, Записки имп. Русского географического общества по общей географии [ЗИРГО], 1857, T. XII., стр. 79.

② Васильев В. П. и преподавание истории Дальнего Востока в Петербургском университете во втором половине XIX в., История и культура Китая.

③ [俄] 瓦西里·帕夫洛维奇·瓦西里耶夫著,赵春梅译《中国文献史》第3页,大象出版社,2014年。

期间，为了教学需要，他开设课程、编纂教材。当时，彼得堡大学的中国历史教学状况非常落后，东方系师资力量极度匮乏，教材严重缺乏，还没有使用中国史籍，专业化水平较低。担任圣彼得堡大学东方系系主任期间，瓦西里耶夫着力发展教学，在以下两个方面取得了突破：1）进一步扩大和完善了中国历史课的授课内容，开设"19 世纪中叶中国的行政区划""公元前 12 世纪之前的中国古代史"，以及"从东周、西周至清代中国历朝史"和"中国史籍"等课程，介绍中国北部的鲜卑、契丹、女真、蒙古等少数民族的历史发展脉络。2）制定专门的中国历史课程教学大纲①，编写并出版教材。1866年，《汉语文选第一册注释》问世，后又接连出版了《中国地理概述》《中国古代地理区划》《西藏地理》等。

  瓦西里耶夫在高校教学、教材编撰、学术研究方面自成体系的实践活动，获得了学术界高度评价，有学者指出："瓦西里耶夫已经出版的有关中国历史和地理方面的著作，只不过是他内容详尽的讲座和笔记的片段。"② 实际上，《元明两朝关于满洲人的资料》就是在 1855—1858 年教学笔记的基础上著作完成的。事实证明，瓦西里耶夫在中国北部边疆史研究方面的代表性作品，无论是《元明两朝关于满族人的资料》，还是《十至十三世纪中亚东部的历史和古迹》，以及其他作品，都是应高校教学的需要而诞生的，具有高校教学实践与学术研究紧密结合、相辅相成的特点。尤其是，作为"俄国第一个开设专门的中国及其邻国历史课程的学者"③，在俄国汉学界中国历史研究的专业化发展方面，瓦西里耶夫功不可没。"从 19 世纪末期开始，作为汉学综合研究领域之一的俄国中国历史研究，已经表现出从哲学、国情学中分化出来，成为一门独立学科的趋势，……瓦西里耶夫不但是俄国东方学综合发展阶段的典型代表，而且他清醒地认识到，在俄国，东方学专业化的重要前提是中国历史研究的专业化。"④

  关于这一问题，俄罗斯学者斯莫林的诠释更加明确，他说："在圣彼得堡

---

① 该大纲一直沿用了几十年——作者注。

② Григорьев В. В., Императорский Санкт-Петербургский университет в течение первых пятидесяти лет его существования. Историческая записка, СПб., 1870, стр. 274.

③ Васильев В. П. и преподавание истории Дальнего Востока в Петербургском университете во втором половине XIX в., История и культура Китая.

④ Васильев В. П. и преподавание истории Дальнего Востока в Петербургском университете во втором половине XIX в., История и культура Китая.

大学编写远东历史和地理教材的工作，使瓦西里耶夫有机会对该领域进行更加广泛、系统的研究。他在19世纪出版的大部分学术著作，以及保存下来的手稿，无疑都源于高校教学工作的需要。"①

（2）学术研究以中文原典为依据，中文文献翔实，专著中往往附有大量译文，研究为主，翻译为辅。瓦西里耶夫极其重视中文原典，在《中国文献史资料》一书的"历史典籍"一栏，共列有中国史籍108种②。其中，不但包括《史记》《三国志》《资治通鉴》《五代十国志》《唐书》《隋书》等诸多名篇，而且《蒙古源流》《满洲源流考》等专题性著述也在其内，甚至还包括一些名不见经传的作品，如《各贤烈女氏姓谱》《历代帝王年表》《黑龙江纪事外记》，等等。另外，在每种书籍汉俄对照的书名下，均配有词条，介绍典籍内容和作者情况。专著《中国文献史纲要》更是对中国各领域典籍进行了详细的梳理与考证，瓦西里耶夫对中文原典的重视可见一斑。以《十至十三世纪中亚东部的历史和古迹》和《元明两朝关于满族人的资料》两部历史学专著为例，其研究就建立在《辽史》《大金国志》《蒙鞑备录》《契丹国志》《宁古塔纪略》《圣武记》《盛京通志》《满洲源流考》等中国北部边疆史料的基础上。而且，《元明两朝关于满族人的资料》一书，本身就带有史料汇编和史料考释的性质。换言之，翔实丰富的中文文献基础是瓦西里耶夫中国历史研究著述的一个重要特色，正如有学者总结说："在完整翻译原始文献资料的基础上得出结论，是瓦氏与我国当代一些学者的区别所在。"③

在瓦西里耶夫的专著中，大都附有中文史料的译文，如《十至十三世纪中亚东部的历史和古迹》，在"正文"之后，附加了三部分译文："关于契丹人的资料""关于金人的资料"和"关于蒙古人的资料"。在"关于契丹人的资料"中，列入了脱脱等撰写《辽史》和叶隆礼撰写的《契丹国志》中的部分内容，其中，除第一个小标题"历史"出自《辽史》第六十三卷中的"世表"外，其他18个小标题均取自《契丹国志》中的"民族起源""国家与风

---

① Васильев В. П. и преподавание истории Дальнего Востока в Петербургском университете во втором половине XIX в., История и культура Китая.

② Васильев В. П., Материалы по истории китайской литературы, Лекции, читанные заслуженным проф. СПб-ского университета В. П. Васильевым, СПб., 1888, стр. 240-299.

③ Гончаров С. Н., Цзинь чжи в переводе В. П. Васильева, ——Общество и государство в Китае, Двадцать вторая научная конференция, Часть 3, Тезисы и доклады, Москва, 1991, стр. 188.

俗""部落""部落统一""军制"和"官制"等内容;在"关于金人的资料"中,第一个小标题"简评民族的起源与国家的强大"是瓦西里耶夫自己撰写的综合性评述,其他14个小标题均依次译自宇文懋昭《大金国志》第三十九卷、第三十六卷和第三十四卷的部分内容;在"关于蒙古人的资料"中,译文选自孟珙的《蒙鞑备录》,共17小节,包括"立国""鞑主始起""国号年号""太子诸王""诸将功臣"等内容。

此外,瓦西里耶夫还援引《契丹国志》《大金国志》《辽史》《辽东志》《圣京通志》《五代史集注》,以及俄国汉学家比丘林的《成吉思汗王朝前四汗史》《公元前2282年至公元1227年间西藏青海史》《古代中亚民族史》等书籍,做注释、引文185条。

必须指出,瓦西里耶夫的译作分为两类:一类是逐字逐句的精准翻译,如《宁古塔纪略》;另一类在一定程度上具有再创性特点,如《满洲志》,译文只有30页,译自《盛京通志》的部分章节,且不是按照原文逐字逐句的对译,文中的介绍、评论、图表、注释等等,是作者做了大量的筛选、整理、归纳工作后的成果。

(3)注重实证与辨伪,坚持历史研究必须对史料进行批判检验、去伪存真的学术研究原则。瓦西里耶夫的研究成果,涉及历史学的众多领域,如铭刻学、外交关系、古钱币学、年代学、系谱学、计量学、地理学,甚至外交关系等。而且不仅局限于书面文献,作者还考证了大量中国古代实物,如农用工具、古代铭刻、书信、祭祀的佛堂,以及中国同其他民族和邻国交往的实物等。在阐述满族的发展状况时,瓦西里耶夫甚至考察了清政府主持编写的《满洲源流考》,以及明朝时官方编写的一些史书,他还利用自己会蒙古语、满语的语言优势,追溯到一些蒙古文书籍和辽东将领的传记、奏折,等等。

瓦西里耶夫将考证和检验中国文献资料、去伪存真视为自己在整个中国历史研究中必须遵循的原则,用他的话说:"为了对某一历史事件拥有一个完整的概念,弄清事件的真相,必须全身心地投入到工作中去,对所有记录这一事件的史学著作进行筛选阅读,用批评的态度对待中国历史,不断提出问题。"① 在《中国文献史》一书中,关于中国文献和汉字的古代性问题,瓦西

---

① Васильев В. П. Сведения о маньчжурах во времена династий Юань и Мин, СПб., 1863, стр. 15.

里耶夫不惜笔墨,考证了《诗经》编撰者、版本、注释者,以及《考工记》《书经》《春秋》等典籍的成书年代与存留情况,痛斥伏生传《书经》的传说,对于杜撰史料的行为,他进行了言辞抨击,写道:"进步的人们,逐渐被科学武装起来的人们(由艺术开始——著者注),人类社会的先师,他们贬低并毁掉了自己的声誉和贡献,却阻碍发展,并因自己的信仰而毁掉整个中国,在他们看来,仿佛古代的一切都完美无瑕,而他们的先师孔子就是古代的阐释者。但这只是注释者们的过错,错不在孔子,而在他的弟子们身上……"①

瓦西里耶夫注重实证与辨伪的研究方法,源头有二:一是本国"怀疑"学派,二是欧洲史学理论的影响。

众所周知,19世纪30年代初,在俄国史学研究中,诞生了一个新的派别——"怀疑"学派,代表人物是莫斯科大学教授卡奇诺夫斯基,他在一系列的论文中成功地证明了俄国编年史提供的许多材料纯属无稽之谈,因此号召批判地研究编年史。而我们之所以认为,瓦西里耶夫在对中国历史进行阐述时采用的批评性研究方法与"怀疑"学派相接近,是因为二者均将批判的矛头指向了编年史资料,均是通过考证史料的作者、成书时间等来辨别其真伪性。

在中国历史研究中,瓦西里耶夫对中国史籍真伪的怀疑、资料的考证,试图还中国历史一个真实面目的研究意图,明显带有兰克学派史学主张的印迹。虽然瓦西里耶夫不是专门从事历史研究的学者,但他所生活的被称作"历史的世纪"的19世纪,西方史学已经发展到一个相对成熟的阶段。众所周知,俄国史学在开端之初就受到德国史学思想的深刻影响。据史料记载,18世纪,包括拜耶尔、缪勒、施洛塞尔在内的著名德国学者或者应邀来俄国讲学,或者自动投效俄国。他们不仅把德国的史学理论带到了俄国,而且把史学思想根植在了俄国的土地上。19世纪末,兰克学派在西方史学界享有空前盛誉的是,这一派别极为推崇"科学方法"和"客观主义",主张"要对原始资料进行精详地考证与批判。通过考察资料来源,也包括考察原始材料作者的心理和动机,辨别材料真伪,估价材料的可靠程度和可用范围"。②

瓦西里耶夫对中国史籍的批评性研究,标志着他的史学思想已经具有近

---

① 《中国文献史》第24页。
② 徐浩、侯建新《当代西方史学流派》第32页,中国人民大学出版社,1996年。

代社会科学的某些特征,追本溯源的治学方法无疑具有很大的进步意义,是他为俄国汉学界中国历史研究做出的开创性贡献之一。不过,与此同时,我们必须看到,由于对原典史料的考证、批判需要花费巨额工作量,致使许多后世年轻学者望而却步,就连他的一些学生甚至也背弃了他的研究方法,其中,格奥尔吉耶夫斯基是最具代表性的一个,苏联著名汉学家列·瓦西里耶夫院士曾对此明确表示:"他(指格奥尔吉耶夫斯基——作者注)的一系列关于中国历史和中国文化进行研究的著述,甚至一些漏洞百出的汇编性作品,舍弃了瓦西里耶夫的研究方法……他对中国历史上一些至关重要的、被曲解的事件不做认真考证分析,轻易接受那些并不真实的说法……"[①] 这段话既是对格奥尔吉耶夫斯基的批评,也是对瓦西里耶夫坚持考证、去伪存真研究方法的肯定,更是对俄国汉学界的警醒。

综上所述,瓦西里耶夫的开创性的研究成就,极大地丰富了俄国中国史料的内容,拓宽并深化了历史资料的应用范畴,在一定程度上提高并深化了人类认识、研究、应用历史信息的水平,在一定程度上改进了俄国中国历史研究的现状,加速俄国的中国历史研究从17、18世纪以编写教材、编著词典、翻译史籍为主,向以中文史料为基础对中国历史进行阐述与分析的批评性研究方法的转变,使俄国的中国历史研究具有了近代历史科学的某些特征。

(赵春梅 历史学博士,南开大学外国语学院俄语系副教授)

---

① Корифей русскоого китаеведения, История и культуры Китая.

道家研究

——俄罗斯1917年之前的汉学发展*

[俄] 阿·列·梅申斯基 著　张海鹰 译

摘　要：本文分析了俄罗斯汉学家和评论家对《道德经》和《庄子》论著研究感兴趣的因素，其主要目的是论证道家哲学的保守和软弱，以证明道教对欧洲和俄罗斯的基督教文明是危险的。比丘林（汉学家）视老子为道德哲学家；格拉诺夫斯基（"西方主义"的代表）试图在老子学说中发现黑格尔派的唯心主义；霍米亚科夫（著名的"斯拉夫主义者"）写了老子哲学的反动性质；瓦西里耶夫（作为实证主义者）指出中国图书传统缺乏科学性；格奥尔吉耶夫斯基（内在哲学的追随者）将《道德经》的道阐释为世界物质、世界力量和世界理性；索洛维约夫（哲学家）认为道是"绝对的存在潜能"，而老子是极端保守主义的体现；巴利蒙特（著名的象征主义诗人兼翻译家）将老子学说写成吠檀多的一种类比，结果道与婆罗门和梵再结合的路径相似；高尔基指责老子是一个极端的反动者，用他的话说，老子是"东方政治和经济生活黑暗混乱"的代言人。文中还列举了由牧师、作家、学者和译者提供的方法和看法，概述了1917年之前俄罗斯出版的道家文献。

关键词：道家　《道德经》《庄子》　俄罗斯汉学史料研究

俄罗斯革命前的道家研究可以分为两个时期：1873年之前；1873—1917年。

笔者之所以选择1873年作为分界，是因为这一年瓦西里耶夫教授（1886

---

* 发表于俄罗斯期刊《乌拉尔东方学：国际专辑》2018年第7期，俄罗斯乌拉尔联邦大学出版。

年，瓦西里耶夫当选为院士）出版了《东方宗教：儒释道》①一书，俄罗斯道家的学术研究就是从这本书开始的。此前读者们只能读到只言片语的老子学说，瓦西里耶夫首次在俄罗斯国内将道家作为科学分析的对象。

接下来是关注道家的一些作家，格奥尔吉耶夫斯基、托尔斯泰、索洛维约夫等，他们每个人在某种程度上都有赖于瓦西里耶夫的这本书。因此，我们认为从19世纪初到1873年是俄罗斯十月革命前道家研究的初始时期，而1873年至1917年是繁荣时期。

在俄罗斯道家研究的最初阶段，俄罗斯人感兴趣的只是作为宗教的道教。学习道教的既有俄罗斯东正教牧师，也有俄罗斯学者。东正教牧师是不得不学习道教，因为根据俄中恰克图条约（1727），只有俄罗斯神职人员能进入北京，他们名义上代表的是东正教（但被禁止传教），但事实上他们代表的是俄罗斯科学界。斯佩兰斯基伯爵曾亲自编写了一份文件，题为《科学院为受命前往中国传教的年轻旅行者制定的指南和问题概要》，其中写道：牧师应该研究佛教和道教，翻译"阐述这些宗教教规的书籍，以及准备必要的反对意见"②。《指南和问题概要》是针对第十届俄罗斯驻华传教团（1820—1830）的成员，不过道教经文甚至更早就吸引了旅居中国的俄罗斯人。

在早期道家的两部主要古代文献《道德经》和《庄子》中，俄罗斯人最初只对第一部感兴趣。自1842年起，《道德经》和老子在革命前的俄罗斯文学中曾被多次提及。至于庄子的名字和《庄子》，早在1785年曾出版过一本书《公开的不忠贞》③，这本书的开头收录了庄子的传记。④

下一部提到庄子的出版物在1873年才出现，这就是瓦西里耶夫教授的书。⑤因此，下面直到分析瓦西里耶夫本人的观点之前，谈到道家时，笔者指的都只是《道德经》。

大概，俄罗斯第一位道家阐释者是尼基塔·雅科夫列维奇·比丘林

---

① ［俄］瓦西里耶夫《东方宗教：儒释道》，载《人民教育部杂志》，1873年4月，第239—310页；［俄］瓦西里耶夫《东方宗教：儒释道》，载《人民教育部杂志》，1873年5月，第29—107页；［俄］瓦西里耶夫《东方宗教：儒释道》，载《人民教育部杂志》，1873年6月，第260—293页。
② ［俄］斯卡奇科夫《俄罗斯汉学历史概况》第128页，莫斯科：科学出版社，1977年。
③ 这是一本中国小说集，收编了《命运的波折》（法译本）中的三部中篇，译者已无从考证。
④ ［俄］斯卡奇科夫《中国图书编目》第44页，莫斯科：东方文学编辑部，1960年。
⑤ 《东方宗教：儒释道》，载《人民教育部杂志》，1873年4月。

（Никита Яковлевич Бичурин，1777—1853），俄罗斯史学中汉学方向的奠基人，他的研究成果主要集中在 1828—1848 年。① 比丘林感兴趣的首先是：道家是什么——是宗教还是哲学？他认为，老子被视为道教的创始人，名不符实；老子学说是"有关人道德方面的哲学观"，而不是宗教；老子的"道德观"与孔子的吻合，但与后者不同，老子为"保持天赋美德的纯洁免受伤害"认为履行社会义务不是人生所必要的，人应该"离群索居"；创立道教的老子的追随者"偏离了老子的思维方式"。② 在比丘林关于"天赋美德"和宗教偏离"道德哲学"的话中听得到 18 世纪启蒙哲学，甚至笛卡尔主义的声音。

19 世纪上半叶，俄罗斯知识分子对德国古典哲学非常着迷，起初是康德的先验唯心主义，而后是谢林的思想，之后是黑格尔主义。似乎，俄罗斯对道家最初的阐释之一就在这次着迷的过程中，"道"被阐释为"非个人世界的绝对观念"或"世界的理想原则"，这是波尔菲里·叶夫多基莫维奇·基里洛夫（Порфирий Евдокимович Кирилов，1801—1864）——第十一届北京传教团（1830—1840）医生的阐释。基里洛夫是老子学说的精研者，但他的活动资料都是间接的，没有找到他的手稿，他也没有出版物。第十一届传教团（实际）负责人切斯诺伊关于基里洛夫的学术活动呈报保留了下来："基里洛夫先生最喜欢研究的是老子哲学，他似乎准备将其置于毕达哥拉斯和柏拉图，甚至康德和谢林之上。"③

1870 年，鸿篇巨制《古代和近代世界宗教史和秘密社团史》的匿名作者针对道家写道："老子学说这个堪比基督教圣经的伟大准则是我从已故的基里洛夫的话中记录下来的，连同道家学说的许多其他细节。"这本书的匿名作者还写道：道是世界的理想原则。④ 在这些不确定的依据上可以假设基里洛夫认为道家是唯心主义哲学。

在 19 世纪的前三分之一阶段，实证主义渗透到俄罗斯。我们谈论这个是

---

① 事实上，根据科布泽夫的论证，在 19 世纪 40 年代汉学家和僧侣西韦洛夫（修士大司祭丹尼尔）翻译过《道德经》，但只有手稿。见 http：//www. synologia. ru/a/%D0%94%D0%B0%D0%BE_%D0%B4%D1%8D_%D1%86%D0%B7%D0%B8%D0%BD 访问日期：2017 年 1 月 24 日。

② ［俄］米哈伊洛夫、尤尔凯维奇《比丘林》，俄罗斯科学院远东研究所，季塔连科主编《中国哲学：百科词典》第 25 页，莫斯科：思想，1994 年。

③ 《俄罗斯汉学历史概况》第 145 页。

④ 《俄罗斯汉学历史概况》第 145 页。

因为我们要研究一下世界观异常复杂的季莫费·尼古拉耶维奇·格拉诺夫斯基（Тимофей Николаевич Грановский，1813—1855）的著述。在格拉诺夫斯基的世界观中，既有西方思想，也有有机论［对人与自然不可分割的认识，自然的重于机械的，本能的重于"脑力的"（思辨的），民族的重于任何外来引进的］。在一些文献中可以看到奥古斯特·孔德的实证主义和黑格尔对格拉诺夫斯基的世界观的矛盾影响。①

俄罗斯历史学家、莫斯科大学教授格拉诺夫斯基的著述为我们提供了俄罗斯对道家进行唯心主义阐释的最初证明。他清楚地写道：老子"显然很熟悉印度教徒的思辨，宣扬仁慈博爱，蔑视尘世的功名福禄，并呼吁每个人去过有别世俗的生活。他认为永恒理性（道）是所有存在的源泉"②。格拉诺夫斯基本人断定无限的理性是无止境的、进步的历史发展的基本原则。③

"永恒（绝对）理性"与黑格尔的绝对唯心主义体系完全一致，同时，又与实证主义学说丝毫不矛盾。例如，孔德为实证主义者留下了上帝的问题（或"永恒理性"的问题）有待解决。

从格拉诺夫斯基的上述引文中可以看出：使他感兴趣的是老子的道德哲学问题以及印度可能对道家有影响。或许，这些问题来自西方汉学，很可能来自法国汉学。

俄罗斯汉学一般受法国汉学的影响，例如，1842年，在第11期《祖国之子》杂志上发表了一篇关于老子的匿名文章，匿名者将《道德经》从朱利安的法语译本翻译成俄语。④ 从一些评论来看，此人能读懂汉语，在文中阐述了老子学说与"印度宗教"（印度教）相似的看法。⑤

19世纪30年代中期，霍米亚科夫和吉列耶夫斯基的斯拉夫主义走到精神生活的最前沿，他们呼吁研究"老思想"，即以祖先发展起来的社会生活的理性基础来巩固"新思想"。19世纪40年代，霍米亚科夫致力于寻找俄罗斯人

---

① ［俄］什库里诺夫《19世纪俄罗斯的实证主义》第103—105页，莫斯科：莫斯科大学出版社，1980年；《季莫费·尼古拉耶维奇·格拉诺夫斯基》第16—19、61—62、84—87页等。
② ［俄］格拉诺夫斯基《文集》（第四版）第609页，莫斯科：马蒙托夫印刷协会，1900年。
③ ［俄］卡缅斯基《季莫费·尼古拉耶维奇·格拉诺夫斯基》第86页，莫斯科：思想，1988年。
④ ［法］儒莲《老子：〈道德经〉方法和虚构》（法译本）第357页，巴黎：皇家印刷厂，1842年。
⑤ 《老子及其学说》，《祖国之子》第28页，1842年，No. 11。

民历史发展的"生命法则",并在"信仰"中找到了它。①

阿列克谢·斯捷潘诺维奇·霍米亚科夫（Алексей Степанович Хомяков,1804—1860）是在对中国文化进行特殊的哲学文化分析的框架下描述道家的。正如谢尔比年科指出的那样,尽管 19 世纪 40—50 年代的俄罗斯,中国文化很少成为专门分析的对象,但霍米亚科夫在《世界史札记》中对其进行了系统研究。霍米亚科夫批判性地评价了德国理性主义（首先是黑格尔的理性主义）对历史发展的解释,他认为从根本上被剥夺了文化、地理或种族中心的历史生活是黑格尔的历史模式和普遍接受的史学方案的替代品。

根据霍米亚科夫的看法,历史关系是由两极原则——"伊朗原则"与"库希特原则"②之间的斗争维系的。这两种"原则"在现实文化领域和象征文化领域都不同程度地发挥着影响。不同民族要么是在"伊朗"的标志下发展自己的文化,将精神自由视为其文化象征,要么是在"库希特原则"的标志下,以物质需求占主导为文化象征,但并不否定精神,只是否定其表现出来的自由。正如谢尔比年科所写,在霍米亚科夫的历史哲学中,历史的"伊朗原则"与"库希特原则"之间的界限是有条件的。因此,中国文化的起源霍米亚科夫解释得模棱两可:"库希特原则"在中国文化中起着决定性的作用,但中国文化类型完全是自然主义的,倾向于传统习俗和形式主义。同时,霍米亚科夫在中国传统中发现了古"伊朗原则"的痕迹,他将据称存在于中国的一神论以及中国文化的极端伦理主义归因于"伊朗"特征。中国文化的合成性被评价为稳定性和抗拒所有外部影响的原因。他认为中国对基督教（霍米亚科夫将基督教视为"伊朗意识"的最高类型）传教不敏感的主要原因是一个人关于崇高的道德价值的所有概念（至少在其外在表现和对待他人的态度上）已经成为中国思想家合成哲学的一部分。③

---

① [俄]《19 世纪上半叶的俄罗斯哲学:文选》第 259 页,文章和注解索引由叶梅利亚诺娃编写,斯维尔德洛夫斯克:乌拉尔大学出版社,1987 年。

② "伊朗原则"和"库希特原则"是霍米亚科夫引入哲学的两个术语,其出发点是任何时代固有的思维基础都是信仰,而信仰（意志范畴）的基础是自由（我想要）和须要（我应该）。伊朗宗教（霍米亚科夫将古伊朗、犹太教和基督教归为此类）基于道德自由的概念,而在库希特宗教（湿婆教、佛教、拜火教、古希腊罗马的多神教等）中须要、束缚的精神至上。

③ [俄]谢尔比年科《霍米亚科夫》,俄罗斯科学院远东研究所季塔连科主编《中国哲学:百科词典》第 371—372 页,莫斯科:思想,1994 年。

按照霍米亚科夫的观点，一神论是中国传统所固有的，而老子学说正是这种古代一神论的合理化。"……中国崇拜一个原则和一切存在的源泉，霍米亚科夫写到，天（Tiang）① 或天堂这个词（作为与俗世力量平衡的力量），在老子（Lao Tseu）② 出现之前或崇拜纯理性（道）之前，对古代中国人的内心信念表达得不够清楚。天的含义取决于所有假定行为的道德方向、俗世的一贯屈从、人类高尚工作的神圣性，尤其取决于天向道过渡是否容易，'道'更像是对天这一老概念，而不是对新概念的解释。"③

我们看到，在谈到老子学说时，霍米亚科夫在寻找一些问题的答案：

——什么是"道"？——纯理性。
——"道"是一个新概念还是对老概念的解释？——对老概念的解释。
——这样好吗？（"道"实质上是一个老概念？）——好，因为它说明"伊朗原则"在中国文化中的存在。对中国来说，并不是一切都丧失了，——还有机会受到自由精神的庇护。此外，如果老子专注于"道"，专注于祖先开发的某些"老概念"，那么他的思想与霍米亚科夫不谋而合。

霍米亚科夫将老子作为守旧者，这在伟大的俄罗斯哲学家索洛维约夫的著述中找到了独特反映，关于这一点稍后再讲。

19世纪60年代，实证主义和唯物主义在俄罗斯知识分子中很受欢迎。在这方面，我们很有兴趣分析一下杰出的俄罗斯汉学家瓦西里·巴甫洛维奇·瓦西里耶夫（Василий Павлович Васильев，1818—1900）的世界观很有意思。在他的著述中，听得出明显的实证主义腔调。例如，众所周知，孔德认为科学和理性是生命的最高权威，因此，"实证性""科学性"的方针便是规范的、有权威的，便是"积极思考者"的道德准则。我们在瓦西里耶夫的著述中发现了类似的东西，当时他写道：在道德庇佑下的科学正变为空谈，

---

① Tiang 是汉字天的传统法语音译。显然，霍米亚科夫是根据朱利安的法译本研究老子。
② Lao Tseu 是老子名字的传统法语音译。霍米亚科夫再次遵循朱利安翻译的《道德经》法译本。
③ ［俄］霍米亚科夫《世界史札记》（第1部）第156页，莫斯科：巴赫梅杰夫印刷厂，1871年。

"道德被推向前台，会贬低知识、袒护无知，因此变成不道德……造成的主要麻烦就是没有智慧、没有知识、没有科学"①。这些论点来自欧洲与中国的比较，而且不利于中国。

瓦西里耶夫经常受批评的一句话，"俄罗斯启迪东方的使命不是空洞的表达"似乎也具有实证主义背景。俄罗斯应该启迪东方，因为"实证"科学在俄罗斯发展得更好。此外，瓦西里耶夫认为，实证科学会在东方发展起来，甚至将超越西方的实证科学，到时候"东方将成为启迪的引擎"。②

"启迪"这个术语的使用是孔德学说的特征，这说明17世纪的启蒙思想与"实证哲学"的传承关系。

瓦西里耶夫在俄罗斯科学史上第一次指出道家研究在历史发展中的重要性，并将道家分为"道家哲学"和"道教宗教"，道教宗教被视为道家哲学的堕落。③ 这种将道家分成两个阶段的划分符合我们对瓦西里耶夫实证主义世界观的假设。道家发展阶段的名称（道家哲学和道教宗教）与孔德关于人类精神发展的三阶段学说（神学阶段、形而上学阶段和实证阶段）相似，只是顺序相反。道家似乎在倒退，没有机会进入实证阶段，瓦西里耶夫由此得出"启迪东方"这一观点。

瓦西里耶夫详细介绍了老子学说，但并没有对"道"做出任何解释，只是将其翻译成"道路"。同样，瓦西里耶夫简单地把"名"翻译成"名字"，把"玄"翻译成"黑暗的"。④

在介绍庄子学说时，瓦西里耶夫并没有提到什么对于庄子才是世界的起源，而只是指出《庄子》明显的反儒家倾向。我们认为，这表明瓦西里耶夫对抽象哲学范畴（如"物质""精神""绝对"）的敌意，实证主义者否认这些术语具有"积极"的科学内容。众所周知，实证主义者的座右铭是：无论唯物主义还是唯心主义都不能反对实证主义。

瓦西里耶夫认为缺乏科学⑤以及缺乏"实证"思维者典型的"朝气"是

---

① 《东方宗教：儒释道》，载《人民教育部杂志》，1873年4月。
② 《东方宗教：儒释道》，载《人民教育部杂志》，1873年4月。
③ ［俄］托尔奇诺夫《道教：历史和宗教描述经验》第9页，圣彼得堡：安德烈耶夫及其子孙，1993年。
④ 《东方宗教：儒释道》，载《人民教育部杂志》，1873年5月。
⑤ 就缺乏伽利略·伽利雷在欧洲建立的定量自然科学而言。

中国哲学的一大劣势，这一劣势也是道家所固有的。"西方民众"中没有人会成为老子的崇拜者，因为在老子的观点中，"没有在西方为原则而战，甚至不惜鲜血和生命的那种蓬勃的精神活力和精神力量"。①

如果我们考虑到 19 世纪在欧洲和俄罗斯史学中对中国文化评价的总趋势，就可以更好地理解瓦西里耶夫的立场。当时欧洲中心主义的研究方法占据主导地位：西方文明的道路是世界历史的主导方向，而对于所有其他文化传统，被认可的只有历史功绩。

中国文化传统在欧洲中心主义面前尤其不利，正是欧洲中心主义立场使黑格尔将中国排除在"世界历史的边界"之外，使赫尔德将千年中国文化描述为"原地踏步"，这些想法在欧洲和俄罗斯的大众意识层面得到了折射。中国异域情调的时尚浪潮（"中国风"，来自法语 chinoiserie）与大众对中国社会生活和文化生活历史极端负面的看法奇妙地掺杂在一起，使中国在西方大众意识中成为停滞、落后和民族主义的惯常象征。在 19 世纪的俄罗斯，自由主义评论家多使用"中国化"和"中国主义"这些表达来描述表现出保守主义迹象的文化现象或社会现象，② 例如，别林斯基指责果戈理为"中国化"辩护。③ 在法语中"chinoiseries administratives"至今仍表示"公务的繁文缛节"。

瓦西里耶夫的同时代人也注意到了他的欧洲中心主义立场。

早在 1935 年，瓦西里耶夫的欧洲中心主义立场就受到新一代苏联汉学家阿波罗·亚历山德罗维奇·彼得罗夫（Аполлон Александрович Петров，1907—1949）的尖锐批评，他直接将其与阶级立场联系起来，"这位俄罗斯学者成为俄罗斯资本主义旗帜的强有力旗手……"④ 当然，这是无稽之谈。瓦西里耶夫的欧洲中心主义多半是由于他的实证主义和唯科学主义，即坚信（自然）科学无所不能。

瓦西里耶夫的主要研究对象是佛教，但在道教领域也做了很多工作。正如前面指出的那样，瓦西里耶夫将道家分为道家哲学和道教宗教，并将后者

---

① 《东方宗教：儒释道》，载《人民教育部杂志》，1873 年 4 月。
② ［俄］谢尔比年科《索洛维约夫：西方、东方与俄罗斯》第 154 页，高等学校教材，莫斯科：科学，1994 年。
③ ［俄］别林斯基《致果戈理的一封信》第 11 页，莫斯科：国立文学出版社，1956 年。
④ ［俄］彼得罗夫《俄罗斯资产阶级汉学中的中国哲学：批评图书概论》，载《东方图书编目》（第 7 期），莫斯科—彼得格勒，1935 年。

视为道家哲学的堕落。瓦西里耶夫首次将庄子的哲学观引入俄罗斯学界,他详细讲述了早期道家与儒家的关系,提出从佛教徒或者甚至从近东引入老子哲学观点的可能性问题,以及庄子先于老子的问题。① 瓦西里耶夫的文风轻松而诙谐,他在书中引用了大量《道德经》和《庄子》的片段,其译文直接从汉语翻译而来,十分精彩。

瓦西里耶夫没有建立学派,但其著作引起了公众的广泛共鸣。汉学家们以前研究、现在还在研究它们,此外,如托尔斯泰和高尔基等作家也研究过它们。

另一位著名的俄罗斯汉学家谢尔盖·米哈伊洛维奇·格奥尔吉耶夫斯基(Сергей Михайлович Георгиевский, 1851—1893)则反对欧洲中心主义。关于格奥尔吉耶夫斯基的哲学观一般知之甚少,他泰然自若地引用实证主义者向来不用的"世界物质""世界精神"这类范畴。格奥尔吉耶夫斯基是如何解释"道"的范畴的呢?"作为原始物质和原始思想,'道'对于自然物体可见的多样性来说是一个先例……'道'既是世界物质,也是世界力量,还是世界理性。"② 7年后,格奥尔吉耶夫斯基对道家哲学直接进行了唯物主义阐释,他指出:物质是在没有唯心主义原则干预下遵循其内在规律发展的,"中国人认为世界不是创造出来的,而是自我形成的……"③ 格奥尔吉耶夫斯基在引用《道德经》中的一个例子时,将"道"解释为自然法则:"当(人)不再追随'道'(自然法则)时,就出现了美德……"④

在对儒家伦理规范与"渗透了斯多葛派的老子学说"进行比较时,格奥尔吉耶夫斯基明显赞成第一种。假如道家的哲学体系在中国占了上风,那么它早就体验到衰败的古代文明的命运了。⑤

格奥尔吉耶夫斯基的立场和他对儒学的热情可以描述为"中国中心主义"。伟大的俄罗斯哲学家索洛维约夫1890年曾针对格奥尔吉耶夫斯基写道:

---

① 《东方宗教:儒释道》,载《人民教育部杂志》,1873年4月。
② [俄]格奥尔吉耶夫斯基《中国历史先期》第299—300页,圣彼得堡:格里果里耶夫印书馆,1885年。
③ [俄]格奥尔吉耶夫斯基《中国人的神话观和神话》第1页,圣彼得堡:斯科罗霍多夫印刷厂,1892年。
④ 《中国人的神话观和神话》第112页。
⑤ [俄]米哈伊洛夫,尤尔凯维奇《格奥尔吉耶夫斯基》,《中国哲学:百科词典》第64页。

"痴迷于理想,即便是中国人的理想,是这位现代学者的一个美好而罕见的特征。"①

1877年,托尔斯泰开始了持续多年的对老子学说的研究工作。这个题目很宽泛,笔者就此专门写了一篇论文。②

在我们研究弗拉基米尔·谢尔盖耶维奇·索洛维约夫(Владимир Сергеевич Соловьев,1853—1900)对老子学说的阐释之前,有必要对他对待东方的态度说几句。正如谢尔比年科公正指出的那样,在索洛维约夫的历史哲学中,亚洲大陆的非基督教宗教传统是与基督教世界对立的。

1890年索洛维约夫出版了两部著作《中国与欧洲》和《日本》,其中反映了他对未来欧洲与东南亚之间将进行角逐的预测。

对于索洛维约夫来说,欧洲中心主义并不陌生。索洛维约夫赋予基督教的西方和俄罗斯以决定性的作用,并认为中国顽固地抵制欧洲和基督教的影响,是一种异己的危险力量。在《中国与欧洲》一书中索洛维约夫试图揭示两种文化传统疏远的根源,中国文化的封闭性对他而言是一种消极特征,因为他捍卫的是认知、生活和历史中大同③的理想。

索洛维约夫的思想一直基于一个出发点:在社会和个人生活中起决定性作用的当属精神因素。因此,他在宗教和哲学中找寻中国"排他性"的原因,并认为正是这些原因定义着民族意识,或者用索洛维约夫的话说,定义着"中国理想"的特质。④

索洛维约夫通过分析中国礼仪实践的各个方面(祖先崇拜、婚礼、祭祀性质等)、中国两大宗教哲学体系(道家和儒家)的特点,得出一个结论:"中国理想"的精髓是"过去无条件地凌驾于现在之上"。这种精神宗旨,根据索洛维约夫的说法,在老子,这位"最伟大的黄种人哲学家"的学说中得

---

① [俄]索洛维约夫《中国与欧洲》,载《索洛维约夫文集》(第6卷)第97页,布鲁塞尔:《与上帝生活》出版社,1966年。
② [俄]梅申斯基《列夫·托尔斯泰和老子》,《中国社会和国家》(第XLV卷,第1册)第656—672页,莫斯科:俄罗斯科学院东方学研究所,2015年。俄罗斯科学院东方学研究所学刊,中国部分,第17期。
③ 这里指包罗万象的存在的内部有机统一,是一个专门的哲学术语,表示精神与肉体的统一、神与人的统一、物质与观念的统一、全基督教派的统一等意思。
④ 《索洛维约夫:西方、东方与俄罗斯》第152、155—156页。

到了最合情合理的发展。

  作为一个思辨的哲学家，老子找寻的是绝对原则，作为一个真正的中国人，他找寻的方向只有过去，——因此，他找寻的是一个无条件的过去，一个优先于现有一切的过去……这种对所有真实的、确定的存在的绝对偏重是一种纯粹的可能性或存在不确定的潜能，其本身等同于不存在。老子把现有一切的空无力量称为"道"，最接近的解释就是道路。所以一切都来自不存在，而且一切都归于不存在，它是现有一切的共同道路……现有一切的第一个无条件原则本身并没有任何积极的定义，它是不可言说的或无法言说的。作为存在的纯粹潜能或现有一切必经的道路，"道"是万事万物的共同母亲和一位"神秘女性"。①

  在上述片段中我们最感兴趣的是对"道"的阐释。我们看到，"道"是"无条件的过去""绝对的假设""存在的不确定潜能""不存在""不可言说"和"无法言说"。在另一个地方我们读到："……唯一的、无条件的自然潜能就是'道'"。"道"还有一个简短定义："道"是"一切的绝对无差别，或处于纯粹潜能状态的普遍存在原则，没有表现出来，也没有发挥作用。"②

  索洛维约夫对"道"最简单、最传统的论断就是"不可言说""无法言说"和"不确定"，更有趣的是"无条件的过去""绝对的假设""存在不确定的潜能"和"不存在"。索洛维约夫是如何使用它们的呢？在指出老子"只赋予过去所有权利"并从根本上否定人类的现在和未来之后，他写道：

  但是老子自己并没有实现道德经的要求，因为这是根本无法实现的……如果人已经脱离了原始单纯的状态，这是因为一些自然原因，而这些自然原因不可能只因蒙昧主义布道就消除，要求人放弃文明重返野蛮——这无异于要求橡木做回橡子。③

---

① 《中国与欧洲》，载《索洛维约夫文集》（第6卷）第118、119页。
② 《中国与欧洲》，载《索洛维约夫文集》（第6卷）第108、140页。
③ 《中国与欧洲》，载《索洛维约夫文集》（第6卷）第122页。

索洛维约夫反对"过去凌驾于现在"与他反对斯拉夫派的论点相似（试比较索洛维约夫的硕士论文）。斯拉夫主义"从实践的角度来看……代表了一种无法实现的要求，即回到早已经经历过的过去"。① 从某种意义上说，老子作为一个思想家与斯拉夫主义者（霍米亚科夫和基列耶夫斯基）一致。老子思想的实践结论是"否定生命、知识和进步"②，换句话说，当索洛维约夫将"道"这个范畴加上限定语"过去"，他就试图强调老子的极端保守主义。

让我们再看一下"存在—不存在"（бытие-небытие）这个范畴，索洛维约夫也用它们来解释"道"。现在有充分理由质疑这些范畴是否可以应用于中国古典哲学，③ 其实原文中使用的是"有—无"这个范畴，科布泽夫把它们译为"наличие-отсутствие"（"有—没有"），但在朱利安的法语译本中是"l'être et le non-être"（"存在—不存在"），④ 索洛维约夫也许参考法语译本将它们用到了自己的文章中。在西欧传统中，从巴门尼德到海德格尔，"存在"这一范畴使用最为广泛。黑格尔和马克思如何使用"存在"这个范畴，索洛维约夫应该非常清楚，当然，他也应该很清楚"存在"这一范畴在读者那里引发怎样的联想，很显然，这些联想对中国文献而言十分不妥。

最后，索洛维约夫为了解释"道"使用了"潜能"这一范畴。在亚里士多德那里，事物的潜能（ἠνέργεια）或纯粹可能性是物质，这种潜能的实现是形式。⑤ 在索洛维约夫的解释中老子的"道"是无条件的自然潜能，这种潜能的实现是"阳的主动力"和"阴的被动力"，这是完全合乎逻辑的。结果，索洛维约夫将"道"解释为某种物质基质、无法言说"由何构成"的第一物质。⑥

顺便说说"道"的"不可言说"和"不确定性"。"道"在索洛维约夫的解释中，就像亚里士多德的第一物质，原则上无法用决定存在真实状态的任何范畴确定。"道"，就像第一物质一样，只是存在的先决条件。"道"，虽然

---

① 《索洛维约夫：西方、东方与俄罗斯》第 84 页。
② 《中国与欧洲》，载《索洛维约夫文集》（第 6 卷）第 122 页。
③ ［俄］А. И. 科布泽夫《中国古典哲学中的象征和数字学说》第 218—226 页，莫斯科：《东方文学》公司出版社，1994 年。
④ 《老：〈道德经〉方法和虚构》（法译本）第 6 页，附中文原本和斯坦尼斯拉斯·朱利安的评论。
⑤ ［古希腊］亚里士多德《亚里士多德》（四卷文集·第 1 卷）第 224 页，莫斯科：思想，1975 年。
⑥ 《中国与欧洲》，载《索洛维约夫文集》（第 6 卷）第 108 页。

像第一物质,是所有存在的基础,但"道"不能等同于存在,甚至不能被视为具体存在的简单组成部分。

根据亚里士多德的说法,第一物质最简单的确定性是"四种元素":火、空气、水和土。根据老子的说法(在索洛维约夫的解释中),"道"最简单的确定性是阴和阳。也许,索洛维约夫通过与亚里士多德的第一物质类比来解释"道",但他在自己的文章中并没有使用"物质"这个词,或许是为了避免与17—19世纪的唯物主义有不良联想?

因此,索洛维约夫对"道"的阐释显然决定于三个因素:(1)"道"是中国人保守主义的精神表达,是索洛维约夫所谴责的(谴责对"过去"的痴迷);(2)为了表征"道"使用了术语"存在-不存在",取自朱利安的法语译本;(3)索洛维约夫在道中看到了与亚里士多德的第一物质的相似之处。

除了"道"这个范畴,索洛维约夫还关注到"无为"这个范畴("le non agir",朱利安是这样翻译这个术语的),索洛维约夫就从法语翻译成"无作为"(бездействие)。

1893年,在俄罗斯杂志《哲学和心理学问题》上开始发表马苏塔罗·柯尼希(或丹尼尔·彼得罗维奇·柯尼希)① 的俄语论文《老子的哲学》。② 此后,1894年,发表了由柯尼希完成的第一本《道德经》俄语全译本。③ 显然,柯尼希的工作应该被视为俄罗斯国家历史和哲学思想的财富,哪怕仅仅因为《老子的哲学》由俄文著就。我们说明这一点是因为某些苏联汉学家,如杨兴顺,论及俄罗斯道家翻译者和阐释者时并没有提及柯尼希。

柯尼希认为老子的哲学是唯心主义,他写道:"对他(老子)而言,所有物质的和具体的都只是存在的看似一面;世界在变化这一点就清楚地证明存在着不变的、永恒的和拥抱整个存在的东西。这种不变的、永恒的和拥抱整

---

① 马苏塔罗(丹尼尔·彼得罗维奇)·柯尼希(1862—1940),生于日本,毕业于东京俄罗斯传教团宗教学校,然后是基辅神学院和莫斯科大学,主修哲学和心理学。在受到托尔斯泰影响后,放弃东正教信仰。在托尔斯泰主编下于1909年和1913年(已经在托尔斯泰去世后)出版了柯尼希完成的《道德经》俄译本。[希夫曼,1960年,第284—289页;《中国哲学》第348页,1994年]。

② [俄]柯尼希《老子的哲学》,《哲学和心理学问题》,1893年,No. 3 (18);[俄]柯尼希《老子的哲学(终篇)》,《哲学和心理学问题》,1894年,No. 3 (23)。

③ [俄]柯尼希《老子的〈道德经〉》(汉俄译本),《哲学和心理学问题》,1894年,No. 3 (23)。

个存在的东西，根据老子的说法，就是'道'。"① 柯尼希同时指出：这让人想起赫拉克利特、爱利亚派和柏拉图的学说，欧洲中心主义在东方作者的身上是多么奇妙的体现啊！

柯尼希写道："如果'道'是绝对的本质，那么它应该是唯一的，除此别无其他……'道'是最纯粹的精神，具有内在统一且不可分割。"② 似乎柯尼希在很大程度上展示了他对柏拉图和黑格尔、而不是中国古典哲学的认识。柯尼希写道：老子"无法满足于对世界的具体解释，他认为有一个只对我们的理性开放的更高世界。老子认为可见的存在是有限的，当然，因此并非永恒的；如果它不是永恒的，那么应该有一个原则；如果它有一个原则，那么它就会受到破坏，但只有当不可破坏存在时才会想到破坏；只有当无限存在时才会想到有限"。③ 试比较柏拉图的《费德罗篇》："每个灵魂都是不朽的。毕竟，永动的都是不死的。在一个将运动传递给另一个人而且另一个人也运动起来的人那里，如果这种运动被中断，则意味着生命也被中断。"④ 似乎柯尼希的论点包含了更多的柏拉图主义，甚至笛卡尔主义，而不是道家。"老子坚定地认为一个人生来就有'道'的思想"，"绝对的'道'不可能是借助于他物的存在，它应取决于自身而存在。假如它不是独立发展起来的存在，那么它就不是绝对的存在。"⑤ 这不由地让人想到自因（causa sui）和斯宾诺莎的实体（自身原因）学说。道家材料究竟有多少反映了这一点？

根据老子的说法（在柯尼希的诠释中）万物的"创造者"也是"道"。柯尼希写道：在欧洲哲学中最接近"道"的类比是阿那克萨戈拉的"理性"，"因此，老子所形成的形而上学体系是关于唯一神祇的连贯而完整的学说，类似于希腊哲学在其鼎盛时期所崛起的学说。但老子的优势在于，他是一个人，凭借个人智慧的力量发展了一个希腊哲学通过集体努力并在历史成长中才取得的学说"⑥。柯尼希所受的欧洲式教育，起初依从于东正教，而后是托尔斯

---

① 《老子的哲学》，载《哲学和心理学问题》第 27 页，1893 年，No. 3（18）。
② 《老子的〈道德经〉》（汉俄译本），载《哲学和心理学问题》，1894 年，No. 3（23）。
③ 《老子的〈道德经〉》（汉俄译本），载《哲学和心理学问题》，1894 年，No. 3（23）。
④ ［古希腊］柏拉图《柏拉图》，《柏拉图文集》（4 卷·第 2 卷）第 154 页，莫斯科：思想，1993 年。
⑤ 《老子的哲学》（终篇），载《哲学和心理学问题》，1894 年，No. 3（23）。
⑥ 《老子的〈道德经〉》（汉俄译本），载《哲学和心理学问题》，1894 年，No. 3（23）。

泰主义，既击败了中国原版的《道德经》，也击败了其中文和日文的注释材料。柯尼希的译本直到1950年一直是唯一的《道德经》俄文全译本，而且非常具有权威性。例如，1965年，一位权威的宗教学者托卡列夫就使用了柯尼希的译本。①

1908年，俄罗斯象征主义诗人康斯坦丁·德米特里耶维奇·巴利蒙特（Константин Дмитриевич Бальмонт，1867—1942）出版了他的《道德经》译本。巴利蒙特是一个通晓多种语言的人，翻译了很多作品。据信，巴利蒙特也学过中文，能够将当时已有的法语、英语和德语译本与中文原本进行校对，并能够独立翻译中文。②

巴利蒙特的译本与我们之前所见截然不同，他将自己的译本冠名为《老子：〈道与魔之书〉》。

似乎巴利蒙特并不拘泥于文本，而是试图实现象征主义诗歌的目标。"如何更准确地定义象征主义诗歌？这是两个内容（隐含的抽象与显见的优美）有机而非强制融合的诗歌，融合得那样轻柔自然，就像夏天的早晨河水与阳光和谐相融一样。不过，尽管具有某些象征主义作品的隐含意义，但其直接具体的内容总是自成结局，且在象征主义诗歌中具有独立的存在，富有色彩。"③ 似乎巴利蒙特在翻译《道德经》时就想要达到这样的效果。

在译本中巴利蒙特对《道德经》进行了缩减。81章中只翻译了14章：1、2、4—8、17、18、24、47、46、40、25（章节顺序由巴利蒙特本人做了改变）。译文用无韵诗歌写成，道被解释为"道路"，《道德经》的其他范畴在译本中没有提及。

在巴利蒙特的译本中某种"世界的"与"个人的"形成鲜明对比。"感性的世界是被肢解的"，"表现出来的"只是"部分的世界"，其背后是超感

---

① ［俄］托卡列夫《世界民族史上的宗教》（第2版，修订）第276—277页，莫斯科：政治书籍出版社，1965年。
② ［俄］奥尔洛夫，巴利蒙特《生活和诗篇》，载《巴利蒙特诗集》第9—10页，彼得格勒，1962年；［俄］邦加德-莱温《巴利蒙特创作中的印度文化》，载《马鸣，佛陀生活/马鸣，戏剧/迦梨陀娑；巴利蒙特译本；前言、序言、论文集》第6页，莫斯科：文艺，1990年；［俄］阿扎多夫斯基、季亚科诺娃《巴利蒙特和日本》第6页，莫斯科：科学，1991年。
③ ［俄］巴利蒙特《杂诗：诗集（诗歌和散文选编）》第328页，雅罗斯拉夫尔：上伏尔加图书出版社，1990年。

性的、未被肢解的世界。① 《道德经》的"人物"——"圣贤"（圣人）消失了，取而代之出现了某种无个性的"完美之物"。

总之有一种印象：老子在巴利蒙特那里是一个神秘主义者，这个神秘主义者指出每个人的灵魂与世界的统一灵魂不可分离，指出现象世界的虚幻性，并呼吁与世界之上的绝对精神融合。

在这里我们听得到布拉瓦茨卡娅神智学的回声，巴利蒙特于1897年读过她的书《沉默的声音》②。众所周知，巴利蒙特发现了象征主义与一些印度宗教和哲学概念之间的相似之处，③ 在这里又多了一个类比：象征主义—道家。

巴利蒙特挑选的段落包含对"道路"（"道"）的描述。该描述总体上很像布拉瓦茨卡娅书中与自我合一的"道路"（尽管众所周知，布拉瓦茨卡娅也不是自己想出所有这些东西的）。在布拉瓦茨卡娅的书中，当她写到中国佛教时也使用了术语"道"。④

在巴利蒙特的译本和布拉瓦茨卡娅的书中能遇到一些相似片段。例如，巴利蒙特有："宇宙就像一层面纱"；布拉瓦茨卡娅有：客观世界是"幻觉的黑色面纱""麻纱"。⑤ 巴利蒙特有："理性光顾——行为的盲目就消失了"；布拉瓦茨卡娅有："理智是现实伟大的杀手"等等。⑥

巴利蒙特可能认为《道德经》的含义接近于所有指示绝对精神并描述其必由之路的宗教象征的玄旨。⑦

《道与魔之书》（巴利蒙特如此翻译了《道德经》的书名）是通向绝对精神的众多道路之一。这一假设还有一个事实可以佐证：巴利蒙特大量翻译（或转述）了埃及、墨西哥、波斯等国的宗教颂文。

巴利蒙特是一个非常有名的翻译家，其《道德经》的翻译工作甚至在他

---

① ［俄］巴利蒙特《远古的召唤：古代赞美诗、歌曲和构思》，圣彼得堡《众神》（第2版）第135—136页，1908年。
② ［俄］布拉瓦茨卡娅《沉默的声音》第32页，佩利坎先生出版社，1991年（翻印1912年）。
③ 《巴利蒙特创作中的印度文化》，载《马鸣，佛陀生活/马鸣，戏剧/迦梨陀娑；巴利蒙特译本；前言、序言、论文集》。
④ 《沉默的声音》第53页。
⑤ 《远古的召唤：古代赞美诗、歌曲和构思》第137页；《沉默的声音》第20、49页，注释9。
⑥ 《远古的召唤：古代赞美诗、歌曲和构思》第138页；《沉默的声音》第18页。
⑦ 试比较：《沉默的声音》第52页、注释44。

20 世纪 20 年代移民期间仍在继续。

如果回到欧洲中心主义在俄罗斯文化界的影响这个主题上，必须说一说阿列克谢·马克西莫维奇·高尔基（Алексей Максимович Горький, 1868—1936）对待老子学说的态度。1915 年，他开始抨击"中国风"：

> 中国人老子教诲道："我唯一害怕的东西是积极有为，所有的人都应该消极无为。世界上最有益的东西是消极无为，当所有的人都消极无为时，世上将完全安宁。"这就是西方与东方不可调和的矛盾。正是东方思想出于悲观的这个特点成为亚洲国家政治停滞的主要原因之一，东方政治和经济生活的黑暗混乱也都是由于这种个性压制、个性恐吓、对理性力量和意志力的不信任。几千年来，东方人曾是而且一直以来大多时候仍是"不属于这个世界的人"。当然，东方也以自己的方式有所作为，但其作为是受奴役的，是由必然的残酷力量引发的，——东方人不会享受工作过程，不懂诗歌浪漫，不谙行动激情。①

正如我们所见，对东方和东方人的评价是非常糟糕的。高尔基 1915 年针对索洛维约夫思想和托尔斯泰体系的评述也是如此：老子的思想特点是中国政治和经济停滞的原因，而不是进步的原因。

但令人无法理解的是高尔基上述《道德经》的引文从何而来。

正如笔者所确定的，第一句"我唯一害怕的东西是积极有为"是第 53 章的片段译文；第二句"所有的人都应该消极无为"是第 63 章的片段译文；第三句"世界上最有益的东西是消极无为"是第 43 章的片段译文；而第四句，最后一句，"当所有的人都消极无为时，世上将完全安宁"则是第 57 章的片段译文。当然，译文都很片面。

笔者未曾见过俄罗斯汉学文献中还有这样的片段组合。可以说，这样的选用者无法避免带有倾向性、丧失语境地挑选引文。不过，老子哲学阐释者中很少有人不使用这种方法。

高尔基未必能阅读中文原文，他可能使用的是《道德经》欧洲语言的一

---

① ［俄］高尔基《两种灵魂》，载《高尔基 1905—1916 年文选》（第 2 版）第 176 页，彼得格勒：《帆》，1918 年。

个译本。但在这种情况下,有必要好好对照一下如此有倾向性的选用片段。

因此,老子对于高尔基来说就是"东方政治和经济生活黑暗混乱"的代言人。

在俄罗斯革命前对早期道家哲学的阐释全景中,如果不提年轻的瓦西里·米哈伊洛维奇·阿列克谢耶夫(Василий Михайлович Алексеев,1881—1951)的著述,将是不完整的。然而,到目前为止,已有数百篇文章是写他的,因此我们希望就他本人单独写一篇文章。

[阿列克谢·列昂尼多维奇·梅申斯基(Алексей Леонидович Мышинский,中文名:朱志成) 哲学副博士,俄罗斯,叶卡捷琳堡,乌拉尔联邦大学社会政治学院东方学教研室副教授;

译者:张海鹰 历史学博士,吉林大学公共外语教育学院俄语教研室讲师]

查瓦茨卡娅《中国古代绘画美学问题》的学术特色与价值

魏 刚

摘 要：俄罗斯著名汉学家叶·查瓦茨卡娅所著《中国古代绘画美学问题》一书，对于重新审视当下中国学界关于中国古代绘画美学的研究具有较高的学术价值。在书写策略上体现为：纵横一体的架构与前后相续的照应、"哲学基础—艺术创作—美学内涵"的书写模式、一以贯之的中西互观、以"点"带"面"的深层拓展；在研究方法上体现为：文献学与文艺学的高度结合、善于基础处理以提升理论高度、注重特殊文化现象、以"西"释"中"的阐述回归；在学术效应上表现为：经过作家作品艺术化表现的哲学理念才能称之为美学思想、应具备广而精的学术基础、应具有充分的前期准备、需秉持文艺一体的认知、立足于研究对象本身所处的且先天的文化场域。

关键词：《中国古代绘画美学问题》 书写策略 研究方法 学术效应

20世纪是俄罗斯汉学史上最为辉煌的一个时期。相比而言，就连一向不为汉学家所重视的中国绘画研究也在此时期的俄罗斯获得了高速发展，不仅出现众多偏重于艺术形式层面的研究，还出现一些上升至理论乃至美学研究的著作。这其中，就以汉学家叶·查瓦茨卡娅（简称"查氏"）的《中国古代绘画美学问题》（简称"《问题》"）一书最具代表。该书问世于1975年，不仅是著者本人的代表作，而且也是俄罗斯乃至世界汉学的重要著作。对于一本具有如此意义的著作，虽然早在1987年就由陈训明翻译进入中国，但却尚未获得中国学界的太多关注，仅有程英姿《查瓦茨卡娅与中国绘画美学》一文[①]、

---

① 李学勤主编《国际汉学漫步》（下册）第521—572页，河北教育出版社，1996年。

李明滨百余字的介绍①,以及近年来庄桂成的《俄罗斯文论里的中国画论关键词》一文②,前两家仅属于介绍性文章,后者亦仅就查氏阐释中国画论关键词的三种模式进行论述。所以,国内关于这部名著的学术特色及价值的关注依旧有待提升。因此,本文以陈训明译本为原始文献,主要从全书的书写模式、体现出的特色研究方法以及具有的学术效应三方面展开,为中国学界能更好地认识、评价、学习此著略陈管见。

一

就俄罗斯汉学史而言,叶·查瓦茨卡娅确实是苏联时代较为著名而且是较具代表性的专注于中国绘画美学研究的汉学家之一。据初步统计,她至少有150余篇论文以及8部专著,而且60年代时期她曾在北京大学进修,随宗白华先生研究中国画史。可见她对于中国绘画美学研究确实具有较高的造诣。每一部著作之所以能成为名著,其最基本、最直接的表现之一就是书写策略上的特色。而查氏《问题》一书,之所以能享誉世界就是因为这种特色性极其鲜明。具体而言,主要可总结为四个方面:

第一,纵横一体的架构与前后相续的照应。从形式而言,《问题》一书最突出的特点之一就是一、二、三编的架构③。一编以时代为序,勾勒出中国古代绘画美学思想的发展演变,即为"纵",主要阐述中国绘画创作原则以及决定这些原则的哲学层面和文艺层面的宏观因素的历时演变。二编,主要选取一些与绘画创作密切相关的问题分别进行阐述,如传统哲学与绘画的关系、绘画形态学及其与书法的关系等。与第一编相对应,这就是明显的"横"。纵横一体,从而成为本书的基本框架。最重要的是,查氏还另立第三编,从多个角度将中国绘画与西方绘画进行比较,以西方绘画美学来进一步衬托中国绘画美学的特色所在,实现对前二编的补充,从而形成一个较为科学的框架。因为,就实际而言,纵横一体的学术架构在中国本土学术著作中并不少见,

---

① 李明滨《中国文化在俄罗斯》第183—184页,中国国际广播出版社,2012年。

② 庄桂成《俄罗斯文论里的中国画论关键词——以查瓦茨卡娅的〈中国古代绘画美学问题〉为中心》,载《学术界》2017年第6期。

③ 原书有第四编,但主要为中国哲学家和美学理论家的若干重要文章的摘录,是文献汇编,不具有太大理论价值。

查瓦茨卡娅《中国古代绘画美学问题》的学术特色与价值

但能再有"中西比较"这一编的在当时环境中却几乎不曾出现,而这种似更能展现视角的广泛性。当然,如果说纵横一体的架构是属于形式上的,那具体阐述中对接受或影响层面的考察,则应属于隐性书写。查氏研究的是整个中国古代的绘画美学,所以更多采用历时性的文本书写。但她并没有只机械或简单地停留于某一时段,而是能够进行相应的接受或影响上的考察。这类例子甚多,兹举一例,如论述唐代朱景玄的品第批评,她就认为:"四至六世纪提出的品评绘画艺术成就的范畴在唐代成了许多艺术理论家注意的中心问题,并从此分成了绘画美学的一个特殊部分"①,这其中,既以"许多"二字指出了唐代绘画批评的主流,也将其源头溯至魏晋,甚至从历史角度关注到品第批评是中国绘画美学史发展中一个经久不衰的主题。如此,这种前后相应的阐述,其实也就体现出了研究的一种全面性,因为补充了本体研究。而这种阐述方式,在中国本土特别是以"史"为题的著作中则往往较为少见,因为他们多是传统地或机械地停留于对研究对象本身的直接性论述。

第二,"哲学基础—艺术创作—美学内涵"的书写模式。正如查氏在本书《自序》中开篇所说,"本书探讨的,主要是那些形成中国绘画独特美学现象的原则"②,这"原则",换言之,也就是作家作品所体现出的美学思想。所以,《问题》一书其实也就是对中国绘画所体现的美学思想的研究。一般而言,中国本土关于绘画美学思想研究的著作,大多体现出一些共同特点,如对作家作品所体现的美学思想进行单刀直入的解析与总结,或者将美学思想作为绝对的研究对象而鲜少与具体作品相联系,等等。对此,自然没必要进行过多评判。但若与《问题》一书相联系,就可发现查氏的书写颇具特色。这种特色,可总结为"哲学基础—艺术创作—美学内涵"的模式。

具体地看,这个模式的思路是:对每一代或相关作家的绘画美学思想的解析,查氏都首先会从哲学思想方面进行开篇式的总结,总结出与这一代或这一个作家绘画美学最具直接关系的哲学理念,然后将这些哲学理念与具体的作家作品进行联合分析,展现出这些哲学理念在作品中的显现轨迹,最终再从一个更深的层次对这些经过作品实际显现后的哲学理念进行总结,从而

---

① [俄] 叶·查瓦茨卡娅著,陈训明译《中国古代绘画美学问题》第88页,湖南美术出版社,1987年。

② 《中国古代绘画美学问题》第1页。

成了最终的美学思想。至于这个模式的文本形态,可说是完美地呈现于《问题》一书的"第一编"中,如第四章《宋代绘画美学》。其第一节是"绘画美学的哲学基础",第二节是"宋代的绘画",第三节才是"绘画美学"。在第一节中,查氏概述了所谓"新儒学"的基本哲学主张,并以一种"预示性"的叙述语态将"理学"的基本内容与宋代绘画美学联系起来,如其所言,"新儒学的本体论在很大程度上决定宋代绘画美学的术语"①,但究竟有着如何深刻的联系,查氏并未急于揭示,而是在"第二节"中转而描述宋代绘画发展的具体情况,最终在"第三节"中将宋代源于"理学",但切实经过具体作品表现,并在有关画学著作中体现的美学思想给总结出来。至于其他几个历史时期的绘画美学的阐述,亦是采用了这种模式,从而以巨大的篇幅成了较为显目的一种书写特色。

第三,一以贯之的中、西互观。或因查氏既熟悉西方尤其是欧洲地区关于中国的研究,也是一位对中国文化较为熟悉的学者,所以,她就采用"中、西互观"的研究方法。通览全书,可说这种书写策略在其中俯拾皆是、贯穿始终,恰好契合了她的初衷之一:"从欧洲人欣赏艺术的观点出发来确定中国绘画的特点。"②换言之,这就是借助欧洲人看待绘画的审美态度,来与中国古人鉴赏绘画做出对比,实际上也就是中西比较。但这种比较,并非单一的对于作家作品求同存异的比较,而是一种针对相同或相似审美对象的评价的比较。这一方面,突出地表现在第三编《若干分类比较》中,特别是关于西方一些绘画大家与中国禅宗画联系的比较,重点勾勒了凡·高、达·芬奇、马蒂斯、波菊泥、毕加索等人作品中这样那样与中国古代画作相似的表现。如此,不仅比较了大量画家,而且其所比较的点或视角乃至得出的结论,就今天而言都是较为新颖的,如认为:"禅宗花卉画的特点十分鲜明地表现在波菊尼的作品中,后者的画幅充满了暗示和余意无穷之感,又如大师徐熙的画作。"③毋庸置疑,这所谓的"暗示感""余意无穷之感",就是对审美对象产生的审美感受,能将之与徐熙联系起来,这或是当下中国本土学者也难以想到的思路。

---

① 《中国古代绘画美学问题》第 95 页。
② 《中国古代绘画美学问题》第 2 页。
③ 《中国古代绘画美学问题》第 269 页。

查瓦茨卡娅《中国古代绘画美学问题》的学术特色与价值

　　以上一方面，如果可说是查氏关于中西绘画美学直接的、微观的比较的话，那么还可总结出另外一种与此相并行的"互观"方式，即：在具体论述中更多的是中、西彼此的补充性论证，这与前一类完全不同；如其借用中世纪欧洲绘画的特点来阐释南宗画与北宗画的区别："由于北派画不包含有别于中世纪欧洲绘画的特质，它的独特性就只处于欧洲人感到神秘莫解的异国情调的水平上"，而"南派禅宗则是另一码事"①。如此，也就是以欧洲绘画风格反衬北派绘画，并进一步凸显南派画的独特性。其实，这并非是严格意义上的比较，而只是查氏在实际论述过程中的补充性论证。所以，正是由于这两种类型的"中、西互观"的书写方式并行全书，才使得查氏的研究更具比较性，从而加深了关于中国绘画美学特点的理解。当然，不可否认的是，查氏能做到如此，而中国本土学者却鲜少能做到，是先天的知识结构或者客观学术环境的不同所导致的。这种情况，放在与查氏同时的时代或许说得过去，但落实到越来越全球化的新时期，这种研究思路就颇具借鉴价值。

　　第四，以"点"带"面"的深层拓展。作为"历史"类著作，著者几乎不可能对研究对象进行全方位的论述，唯一的办法就是选取关键点，从而达到以"点"展现"面"的广度。这一般都是一部优秀著作的特征之一，而这在《问题》一书中表现得尤为突出。综览全书，查氏善于抓住每种理念的关键词或者说范畴，将其单独拎出来，然后进行细致入微的解析。随着解析的深入，也就将这个关键词所联系的更为广阔的涉及面给展现出来。书中众多范畴名目，自不必赘举。但，实可以查氏对画之"道"的阐述来管窥这种模式。为了能够解释清楚她所认为的画之"道"的内涵，她首先罗列各哲学流派关于"道"的理解：在孔、孟的认知里，"道"是一种美的理想；道家则把"道"理解为一种脱离实际的范畴，使它与第一性的客观现实、与生活的本质以及古希腊哲学中的"逻各斯"（普遍规律）混为一谈；在新儒学家那里，"道"就是"理"，作为决定任何一种事物本质的原则；在王阳明那里，人忘怀一切使得世界精神进入自身，便是反映了"道"；朱熹那里，"道"在客观现实的形体出现之前即已存在，是"形而上者"②。然后，得出结论："上述关于道这个哲学范畴的主要哲学见解都对中国绘画的美学观念产生过影

---

① 《中国古代绘画美学问题》第 189 页。
② 《中国古代绘画美学问题》第 142—146 页。

响",而且"几乎在每个画题中都能发现这个含义十分广泛的关键词的某种特点"①。如此,从流派理解阐述到具体绘画意象对"道"之形态的不同呈现,完成了一个由点及面、由哲学原点至美学形态的扩展。

通过上述四点,可以看出,查氏在撰写《问题》一书或者说在实际研究中国绘画美学时,是具有清晰的书写策略与科学的内部逻辑,从体例上就体现出诸多的值得本土研究者学习与借鉴的特色。但实际上,《问题》尚有诸多属于局部或细微的特点所在,值得细加品味。

二

《问题》一书作为一部学术名著,除具有较具特色的书写策略外,同时也反映出查氏本人研究中国绘画美学的一些独特的方法。既集中体现了查氏本人的研究能力,也同时在一定程度上彰显了本书的方法论意义。具体而言,可归纳为以下三点:

第一,文献学与文艺学的高度结合。一般而言,因为受到先天文化习得的影响,汉学家虽然能对中国古代典籍有所了解,但整体水平会低于本土学者。而这样的现实困境,在《问题》一书似并未体现,相反,从其中对中国画学及有关哲学文献的熟悉程度与利用效率来看,查氏实具有深厚的文献学功底,且这种文献意识贯穿始终。如在第一编"绪论"部分,将"探讨中国绘画美学现象的文献"分为:哲学论著、专门的绘画专著以及有关绘画问题的诗论和诗作三类,并能分析"有关中国绘画美学的文章体裁多种多样"的原因:时代风尚与当时特别流行的文学风格的影响、绘画论著类型对文章体裁的制约②。如此,在"绪论"部分就能体现出强烈的文献意识,更别说书中具体论述对常见文献的精彩分析和对不常见文献的有效利用。

当然,查氏如此熟悉中国绘画美学的文献,其目的并不是在进行单纯的文献研究,而是在占有大量文献的基础上进行充分的美学思想的解读与提炼,从而实现文献学与文艺学的高度结合。比如,她在将《历代名画记》原本十章的题目与俞剑华注释后的合并归类相对比后,认为后者"虽然完全正确,

---

① 《中国古代绘画美学问题》第146页。
② 《中国古代绘画美学问题》第11—12页。

但是未免有些机械",从而揭示出"当时绘画理论的问题范围划分得并不那么严格",张彦远的划分是"跟一些最重要的美学问题——艺术性的标准有关"①,如此,通过具体篇目的比较,就捕捉到了唐代当时对于绘画艺术性的评价标准的问题。又如,关于元代绘画美学文献,查氏以《画鉴》和《图绘宝鉴》为"两种最重要的论著",但不同于一般的是,查氏在这里抓住了"鉴"这个字,认为题名"鉴""反映出作者耽溺于禅宗哲学"②;另外,黄公望关于山水画和王绎关于人物画的论著都叫作"诀",查氏认为这同样"表现出禅宗思想的影响"③。此二例,所体现的言外之意就是,"鉴""诀"之名的应用就反映出四位画论家的绘画美学思想受到了禅宗哲学的影响,或者说捕捉到了他们绘画美学思想的主导方向。如此,仅通过文献题名就能判断出著者的绘画美学思想,不得不说是查氏精于将文献学与文艺学结合起来进行实际研究。

第二,善于基础处理以提升理论高度。与本土著作相对比,《问题》一书选取材料时总会着眼于较为普通或对于中国学者来说是"司空见惯"而不屑使用的材料,从而以这些基础性处理使得整部著作的学术水平得以拔高。具体来看,可总结出三个方面:

(1)善于应用文字学方法。顾名思义,就是指查氏在书中展现出了通过文字研究来提炼绘画美学思想的方法。如对"道"的解析。她首先提出"道"与绘画美学的关系,后进一步认为:"阐明它的字形结构显然是十分重要的",所以,接下来她就对"道"字的结构及其含义、属性进行了一系列阐述④,可谓极尽文字学研究之能事。但不管怎么解释"道"字,查氏都是奔着与绘画有联系的方向去的。

(2)注重作家生活逸事。作家的轶事最能展现其本人原始性的创作形态或审美理念,所以,查氏在素材的选择中就颇为注重这一类素材,并能从中提炼出有关绘画美学理念。如阐述文同的创作形态时,她就以文同为掌握草书的韵律而观蛇相斗的逸事为例,提炼出"画家首先应当研究自己的技艺,然后在其中注入自己的精神力量"⑤的观点,这既是查氏本人对文同这一逸事

---

① 《中国古代绘画美学问题》第85页。
② 《中国古代绘画美学问题》第113页。
③ 《中国古代绘画美学问题》第113页。
④ 《中国古代绘画美学问题》第141—147页。
⑤ 《中国古代绘画美学问题》第109页。

的体会，同时也是这逸事其中蕴含的文同本人的创作思想。查氏之所以注重作家逸事，其原因乃在于她认为这其中体现着"生活美学"，这种美学形态影响及作品也就无形中体现出了绘画美学。

（3）注重特殊文化现象。因为主张从文化背景来分析绘画美学，所以查氏对一些传统中国独特的并能与绘画美学发生联系的文化现象就较为关注，如：数字含义与绘画美学的关系，她首先认为"山水画是极其抽象的数的本质的体现"，并继而解析出画幅上、中、下三部分意象多少的具体情况："上面即天的一部分按奇数来安排，最常用的数是三和五；画幅下面即地的一部分用偶数来实现，多用四和六；中间的人的世界充满了天地的复杂数量关系。"① 如此，从画面构成的数量关系来捕捉画面呈现的审美意识，确实较具特色。而且，她还认为这些数量关系的安排并不是绝对的，而是画家侧重于选取有利于表现空间结构的数量来安排，这一定程度上把握到了数量与绘画美学的根本关系②。综合可见，查氏极其注重一些较为基础的素材，进行不简单的分析，善于以敏锐的审美视角从中提取绘画美学的内容，从而实现理论高度的提升。

第三，以"西"释"中"的阐述回归。从前文可看出，《问题》一书是一部高度重视中、西方绘画美学比较的著作。但审视其中具体的文本语境，查氏每一次进行的比较，其最终目的都是为了能更好地展示出中国绘画美学的独特魅力，概言之，也就是以"西"释"中"的研究方法。至于这种方法在《问题》中的具体表现，则可总结为两种情况：（1）善于吸取汉学研究成果；（2）有意无意地中西比较。

（1）善于吸收汉学成果。根据查氏论述目的，又可以区分为研究性引用与论证性引用两类。前者，是说查氏对引用的汉学成果进行了研究，从而表达出自己相应的观点。这一类，可谓特色内容之一。其中最具代表性的一例，就是关于"气韵生动"的解释。查氏共列举了近21种欧洲汉学家的译法和解说③，而且是"觉得比较成功的译法"。这一方面可说明查氏为读者展示了欧洲汉学界研究"气韵生动"的强大学术氛围，另一方面也说明她对于21种译

---

① 《中国古代绘画美学问题》第205—206页。
② 《中国古代绘画美学问题》第206页。
③ 这21种译法，文繁不录，见《中国古代绘画美学问题》第148—149页。

法并非是单纯引用,而是"广搜薄取"。更为可贵的是,她能进一步"截断众流",如认为:"(索别尔)对谢赫第一法所做的解释最为准确","彼得鲁契对第一法的翻译最具特色"①,等等,这些实可体现出她对此已经进行了深入研究,然后再以这种研究来进一步阐释"气韵生动",从而形成属于自己的看法。所以,就意义而言,这种集中阐释的方法,不仅体现了查氏具有广泛的学术视野,也体现出她对于研究现状具有深刻把握的严谨学风,甚至为读者和中国学者提供了学习和了解的路径。至于论证性引用,则是如同一般文章的观点引用。相比而言,这一类在整体数量上比前一类更为庞大。但属于一般引用,所以在特色性上稍显不足。不过,查氏在全书中还引用了除以上21位的另外30位汉学家的有关看法,其中,既涉及关于中国绘画本体的研究,也有涉及哲学思潮或文化内涵的研究。因此,大量引用汉学家观点无疑在一定程度上展现了欧洲学界与此有关的汉学现状,这对于认识欧洲汉学极具参考价值。

(2)有意无意地中西比较,这是前文所述"中、西互观"书写策略下的一种具体体现,所以,以研究中国绘画美学为目的的中、西绘画美学的比较也同样在全书中普遍出现。但根据其本人的学术意识,这一类比较实具有两种表现,一种是刻意比较,另一种是中、西之间相同或相似情况的对比性阐述。前一种,可以说在"代结论"的"若干分类比较"的内容中获得了完美呈现。从所述内容的丰富性的程度来看,实为一篇优秀的中、西绘画风格比较研究的文章。后一种,多是查氏在研究中有意或无意的感受到中、西文化发展的相似处。其中,既有哲学内涵的相似性对比,如关于言、语关系,她以西方的唯名论、实在论来分别比附中国的道家、儒家②,这无疑有助于进一步理解儒、道两家的玄之又玄的论说。其中,也同样未曾缺少关于中、西绘画美学风格的比附,如其认为:丁皋《写真秘诀》一书中对于人物画像面部"垂直的三个部分"的划分"十分接近文艺复兴初期画家们所遵循的结构比例"③。可以看出,这两种比附性的比较实具有一种"合观"的论述思维。但不管怎样,查氏的最终目的是在论述中国绘画美学的独特表现,所以这种

---

① 《中国古代绘画美学问题》第148—149页。
② 《中国古代绘画美学问题》第216页。
③ 《中国古代绘画美学问题》第234页。

"互观"的真实目的是"以西观中"。

三

就学术研究的习得而言,诸如书写策略、研究方法等一类偏于形式层面的研究能被后学者容易掌握,而属于思想层面的东西则需要一定的接受过程才能展现其现实意义。所以,《问题》一书所展现的查氏研究中国绘画美学所体现的学术思想或意识,同样需要单独总结出来,可总结出以下五点:

第一,经过作家作品艺术化表现的哲学理念才能称之为美学思想。这一点,是蕴含于"哲学基础—艺术创作—美学内涵"的书写模式中的。相比而言,应是查氏较具创新意义的一种学术思想。因为,通过对这种书写模式的深入思考,可进一步揣测出:在查氏的认知里,哲学与美学并不是一回事,只有经过实际作品以艺术方式显现的哲学理念才是真正的美学思想。所以,她对每一时期绘画美学的阐述,都是先述主流哲学思潮、次述绘画发展、最后述绘画美学思想。这最终解析出来的美学思想,是经过绘画作品表现出来的哲学思想。如此,就跟传统中将美学思想更多等同于哲学思想的认知模式完全不同。绘画美学思想自然只能是绘画或作家本身以艺术的方式显现出来的,那些早先存在的哲学理念,只能是美学思想发生的一个基础或影响因子。而且,经过艺术的创作后,这种早先的哲学理念很可能会发生相应的变异,如查氏就认为:"宋代哲学最主要的范畴是'常'与'理'",但"苏轼在将这两个范畴用于美学领域时重新思考了它们的含义"①。这样,无疑是一种更为符合艺术规律的阐释路径,因为她没有脱离"艺术"这个基点。

第二,研究中国绘画美学应具备广而精的学术基础。这主要体现于:《问题》一书让人倍感查氏对中国古代文化都有着较为广泛的了解,且这了解中又存在某种专一性的深入把握。所谓广泛的了解,是指小到连本土学者都难以掌握的文字学领域的研究,大到每一历史时期主流哲学思潮的把握。至于广泛性中的专一性,则是说查氏在具备对古代中国广泛了解的基础上,又选择性地重点了解了一些自己感兴趣的内容。总体而言,查氏对中国以儒释道三教为主的哲学思潮都有广泛了解,但其中一定程度上又深入于禅道哲学尤

---

① 《中国古代绘画美学问题》第110页。

查瓦茨卡娅《中国古代绘画美学问题》的学术特色与价值

其是道家哲学。这一方面体现为：书中随处可见关于研究对象的哲学流派归属偏向于道家的阐释；另一方面则表现为：对道家哲学中一些重要命题与绘画美学的关系进行了深刻的解析，如《"无为"范畴的美学涵义》一节，就将"无为"范畴作为绘画美学范畴。从绘画美学范畴研究史来看，这是较为少见又具新意的做法。所以，查氏之所以能对中国绘画美学进行独具特色的研究，乃在于其对中国古代文化有着广博而精微的了解。相应地，从学术效应来看，这应当也是她表现出的想要深入研究中国绘画美学就必须具备的一种学术素养。

第三，研究中国绘画美学应具有充分的前期准备。据具体论述可看出，查氏针对所要研究的中国绘画美学的方方面面着实进行了充分的前期准备。这种前期准备的功夫，从对每一历史阶段绘画美学文献的掌握和汉学界研究现状的充分了解就可看出。但相比而言，能从文献层面体现出查氏充分的前期准备的，不仅仅是对每一时期主流性绘画美学文献的广泛了解，还在于能对一些不入主流的文献进行使用。如唐代绘画美学文献，一般都集中于使用《历代名画记》《唐朝名画录》等，但查氏除此之外还能关注一些大诗人的题画诗，并认为这些作品"开始占了绘画美学文献的一个重要部分"①；对于题画诗特别是纯粹诗人所作的题画诗，时至今日的中国学界都未能获得充分利用，而作为外国人的查氏能较早关注并使用，可见其对中国绘画美学文献实具有一种敏锐的把握力。另外，查氏为能很好地研究中国绘画美学，亦曾对汉学界的研究情况进行了充分把握，这从前述有关中、西比较或互观的基本表现中就可看出。而且，更具特色的是，除此类研究现状的掌握外，查氏还能关注到中国绘画的域外影响，如其认为："北宗（画）早就为欧洲所知晓"，"而南宗（画）则对日本艺术产生了强烈的影响"②，就学科属性来看，这种域外影响也应属于汉学内容。由此，不得不说查氏具有较为广阔的学术视野。所以，从以上两方面来看，查氏的研究所展现的一种学术效应或许是：研究中国古代绘画美学若欲有所特色或建树，研究者本人就须具有充分的前期准备。

第四，研究中国绘画美学需秉持文艺一体的认知。关于文学与绘画，中

---

① 《中国古代绘画美学问题》第89页。
② 《中国古代绘画美学问题》第188页。

国古代的文艺发展并不存在严格的现代意义上的学科区分,甚至各种文艺形式之间是相互影响发展的,这一点明确体现在查氏有关论述中。虽然是研究中国绘画的美学,但她并未忽视绘画与文学尤其是诗歌之间的关系。主要可区分为两个层面:一为作为发展背景的文学美学与绘画美学的关系,二为绘画与文学在艺术形式上直接存在的关系。对于前者,可如关于魏晋绘画美学的阐述,查氏以为当时佛教思想的发展影响了诗人和画家,"诗人和画家开始被这一学说所吸引";而且,诗、书、画"相当漫长而又艰巨的形成和发展阶段","不仅"极其可信地记录在这三个大师(陶渊明、王羲之、顾恺之)的作品之中",同样也表现在"当时的思想家钟嵘和刘勰的诗学问题著作中"①,凡此,足以说明查氏是在以文学美学作为当时绘画美学发展的背景,而且更注重两者间的相似状态,这正符合张少康的看法:"必须把文学批评的研究和艺术批评的研究紧密地结合起来,考察他们之间的相互影响和发展演变。"② 至于第二层面,尤其体现在《图形与语言》一节。在这节开篇,查氏就提出考察绘画与文学的关系主要是从两个方面:"首先,从认识论方面来思考图形与语言,也就是阐明这两种因素的本体论哲学的共通性;然后,语言与图形的认识性,分析它们的审美功能及其互为补充、互相融合的道路"③,换言之,也就是她认为中国古典绘画与文学在哲学诉求上存在相通,在审美表达上不仅相通甚至相互影响,最终走向一致。而且,联系到查氏的研究在时间上远早于张少康的研究,以及国内关于文学与图像关系的研究也只是近几年才兴起的情况,不得不承认她的研究具有较高的创新性与前沿性。

第五,立足于研究对象本身所处的且先天的文化场域。查氏在实际的阐述中引用了大量西方学界的看法。或许正在于此,使得一些学者认为她的研究落入了套用西方理论的模式,如最早介绍此书的程英姿就持这种看法:"作者以西方文化为主体,以中国绘画为客体的特有的'西体中用'式思维来考察中国绘画。"④ 事实上,查氏的文化立场正是与这种看法是相反的,是以中国文化为主体、以西方文化为客体,采用"以西观中"的研究思路。这一方面表现为查氏通过具体的文字展现出了一种较为熟悉中国传统文化的研究者

---

① 《中国古代绘画美学问题》第 51—52 页。
② 张少康《文心与书画乐论》第 133 页,北京大学出版社,2006 年。
③ 《中国古代绘画美学问题》第 212 页。
④ 《国际汉学漫步》(下)第 571 页。

形象，其中对中国绘画特征及哲学内涵的把握在中国学界也可以说是具有较高水平的。另一方面，即便书中引用了大量西方理论，也实际上并非是单纯地套用，而是寻找到了中国文艺与这种西方理念内涵的相似性。兹举一例。如论及中国画家关于人物画脸部的比例安排时，她就认为："十四世纪理论家王绎提出的脸部划分法就与丢勒的肖像画理论有许多共同之处；霍加斯在《美的分析》一书中论证的比例则与沈芥舟的观念相吻合。"[①] 这里，虽然出现了丢、霍二人的理论，单从字面就可看出，查氏是首先关注到了他们与王、沈两家理论的相通之处，之后才进行征引，以求对后者的理论进行更透彻的阐述。所以，从研究的文化立场来看，查氏具体的论述并未脱离中国绘画美学所固有的文化场域。

结　语

综上所述，可以看出，从一个较为宏观的层面来说，查氏的研究对于反思当下中国学界关于古典绘画美学的研究实具有较高的学术效应。而且，这种效应不仅体现为研究的模式、思路、方法等技术层面的改进，甚至直接有助于反思一系列纯以西方艺术美学观念来嫁接中国古典绘画的研究。但尽管如此，并不意味着《问题》一书乃至其所代表的查氏本人的研究就臻于至善。

若以批判视角来观照，《问题》一书所反映的查氏的研究同样在一定程度上存在局限。这种局限性，可以从形式特征与具体内容两层面来透视。就前者而言，查氏的研究给人一种零碎、简单、忽略主流、详略失当的学术观感。零碎之感，或在于过于追求文献材料的占有率而缺乏应有的精炼；简单之感，或在于具体论述不够深入；忽略主流之感，或在于忽视了一些应有的绘画大家，如元代画家几乎只字未提王蒙；详略失当之感，或在于未能对一些绘画美学突出发展的历史时期进行更多阐述，如明、清两代，查氏仅分别以两节内容就完成。至于第二个层面，则主要是指具体内容的阐述上存在一定局限性，表现为重要内容阐述不够透彻或缺乏足够的说服力。前一种情况，可如《图形与语言》一节中，查氏欲要阐明绘画与文学两者本体论哲学的共同性，以及两者审美功能互补、融合的表现，但前部分过度注重庄子的语言哲学、

---

① 《中国古代绘画美学问题》第206页。

后半部分过度注重题跋文字与画面的简单联系,而导致这两种最需要也最重要的内容没有阐述清楚。后一种情况,可如宋代《绘画美学》一节,查氏认为北宋时期就已经出现山水画的南、北两派之分,北派由郭若虚提出,南派则是李成和韩拙为代表;对此,事实上,山水画史中真正的南、北派之分是在晚明董其昌才提出,且关于李成画风,正如王克文先生所论更大程度上是属于"北派"[①]的。查氏这种说法,不免有待斟酌。所以,查氏对中国古代绘画美学所进行的研究同样也存在一定的局限。

当然,查氏的这些局限是有先天的原因,即:查氏所处的文化场域并非是中国文化。正如表现主义画家蒙克所言:"一件艺术品只能来自于人的内心。"[②] 著名导演德莱叶也说:"艺术呈现人的内心世界,而非对外在生活的简单重复。"[③] 所以,艺术是人内心的反映。而这"人"作为艺术反映的主体是具有文化属性的,其所信仰或熏陶她的文化不同,所反映出的艺术认识就自然不同。查氏首先是一位外国学者,然后又研究中国艺术,这就限定她的研究在根本上就不能完美或者说不能更像一部中国本土著作。但综合而言,若从"西为中用"的学术价值来看,查氏的研究终究瑕不掩瑜,值得当代中国绘画美学研究者积极学习。

(魏刚 西南交通大学人文学院助理研究员)

---

① 王克文《山水画师承、画系与南北分宗》,《朵云》编辑部主编《董其昌研究文集》第126页,上海书画出版社,1998年。

② (美)列维等《艺术教育批评的必要性》第76—77页,王柯平译,四川人民出版社,1998年。

③ 转自(美)大卫·波德莱尔《德莱叶的电影》第36页,柳青译,吉林出版集团,2012年,。

·美国汉学(中国学)研究·

中国的哲学何以是世界的哲学
——重思芬格莱特[*]

张慕良

摘　要：芬格莱特在《即凡而圣》一书中以《论语》中所强调的"礼"概念为考察对象，发现了在孔子思想中作为外在之"礼"与内在之"仁"的统一性关系，即——通过礼仪的形式，作为神圣性的终极关怀维度能够在凡俗的世界中为人"类"所呈现。这一中国特色的关于形而上学建构的内在超越之路恰为当前世界哲学发展所面临的时代问题提供可以借鉴的文化资源。正因如此，中国的哲学乃是世界哲学文化中的宝贵财富。芬格莱特所发现并提出的思考中国哲学之路，亦应该被继承与深化。

关键词：芬格莱特　礼　仁　即凡而圣

美国著名哲学家、汉学家赫伯特·芬格莱特①（Herbert Fingarette，1921—2018）在20世纪70年代初曾出版过一部小书《孔子：即凡而圣》（*Confucius-the Secular as Sacred*），这部书在西方学术界关于中国思想的研究领域产生了重要的影响。2005年，彭国翔、张华将此书译为中文，此后一段时期内这部著作亦被汉语研究界所广泛重视，出现了多篇有关芬格莱特思想及《论语》文本英译等不同角度的研究性文章，其中亦多有谈及芬格莱特所思对于中国哲学研究的启发。但若从整个学术界当前的主要研究趋势来看，

---

*　基金项目：国家社会科学基金重点项目"《大学》解释史研究"（16AZX008）；吉林大学科学前沿与交叉学科创新项目"蕺山学与湛学关系研究"；吉林大学横向项目"儒家思想的中庸智慧"。
①　芬格莱特于2018年11月2日凌晨去世，享年97岁。谨以此文纪念芬格莱特先生。

被芬格莱特所提出且应该被关注的最核心的形而上学问题，并没有得到理应的继续思考，甚至可以说恰恰是在背道而驰。对形上维度的忽视而专注于未经概念范畴反思的文本内容之分析比较的潮流所导致的将是中国思想与哲学世界的"脱轨"而走向一种"自说自话"，这是应该引起哲学理论研究工作者注意的。鉴于此，笔者将借《即凡而圣》一书，对芬格莱特先生所言孔子关于形上关怀的洞见加以阐释，并对中国古代思想进行哲学性思考与研究应做的合理致思方式谈谈自己的一点想法，同时亦借此文表达对芬格莱特先生的纪念。

首先，笔者认为，对于芬格莱特的这部著作，不能仅仅是作为西方对《论语》文本的一种新的解读尝试，或芬格莱特仅仅针对其前在西方文化背景下翻译中国典籍之失的一种纠偏，而应该聚焦于其所发现的在孔子思想中具有深邃及重要意义的哲学性思考维度。按芬格莱特所言，通过阅读《论语》，使他发现的是孔子思想中所具有的"人性"（man's humanity）视域。芬格莱特此处用"人性"一词是要强调，要消除以"观察人类的方式"（a way of seeing man）来理解孔子以及儒家思想，因为那不是孔子本人"所认为重要的东西"，亦不是孔子"所提出的问题"。芬格莱特所指，实乃是欲读者发现孔子思想中关于"如何理解人"的思考并把"如何为人"作为理解哲学元问题的出发点的哲学立场。这样的哲学立场所体现出的正是中国古代哲学思想的独特魅力，而这样的思考形而上学问题的方式亦正可为当前世界哲学发展所面临的时代问题提供可借鉴的文化资源，正因为如此，"孔子所告诉我们的，不是在别处正在被言说着的东西，而是正需要被言说的东西。"[①]

一、"人之为人"之所在——"礼"与"仁"

在全书的《序言》中，芬格莱特首先对其前研究者解读中国经典的方式进行了说明。芬格莱特指出，最初作为中国典籍翻译者大多具有传教士身份

---

① [美] 芬格莱特著，彭国翔、张华译《即凡而圣·序言》第1页，江苏人民出版社，2005年。因此书已被译成为中文，故为方便汉语读者参考，本文以下注解页码以中文译文为标准。笔者认为有必要附以英文原文以有助于理解原作者观点但译本中并未标出处，笔者将附以"（）"加英文形式在正文中标出而不另作文字说明；笔者认为个人理解与译者有不同之处，笔者将作重新翻译，并在脚注中以英文原书页码标注并附以中译本页码。此两点读者可自行对照英、中文本以做参考。

以及基督教的文化背景并把这样的意识强加于对于儒家思想的解读中,这是被我们所熟知的对于中国思想的误解。但除此之外,晚近的译作虽在表明上消除了基督教文化背景,但其思想中潜在的欧洲思想观念或以欧洲人所理解与"熟知"的佛教思想为中介对儒家思想的理解,亦是另一种方式的误读。芬格莱特认为,这些解读方式的问题在于,"它们都赞成人类的个人主义和主观主义的观点。这就是崇尚个人的心性、内在的生命和个体的实在;这是它们理解人的本质的着眼点,它贯穿在佛教和欧洲思想的主流进程中"。[①] 这种潜在的不自觉的方式,芬格莱特用"'主观-心理'(subjective-psychologistic)的解读方式"为概括,这是一种"观察人类的方式",而"不是孔子的方式"。简单来讲,以观察模式为出发点并对以崇尚个人的实在性为确证"真"的思考模式,是一种狭隘人学形态下的人类中心主义,这一思考方式是在西方近代随着上帝的人化过程而被不断强化(其引发的后果是"人"的狂妄,以及所谓"人道主义"的泛滥,在西方,黑格尔、海德格尔都曾对这种思想有过批判),而在近现代受到西方思潮之影响,亦是被当前中国人未加以反思性思考而不自觉的所接受的。以这种方式对孔子思想的解读,所导致的是孔子思想中具有神圣性维度的内容被消解,其"言""行"遂只剩下了可以作为价值评判之"对象";这样解读方式下的孔子,亦只成了"平常而偏狭的道德说教者"。而芬格莱特所要做的工作,便是欲重新发掘与展现孔子思想中的哲学性洞见,即"孔子所洞察到的神奇力量,更为准确地说,那正是人类美德的精华或本质体现。经由这种神奇力量,最终我们也就能够达到最高的境界,看到孔子视为中心命脉的人类生存的神圣性"。[②]

这种被芬格莱特称为"神奇的力量",在孔子处即是"礼"。"礼"这一概念在整部书中被芬格莱特反复强调。但应该进一步注意的是,芬格莱特不是只要单方面强调"礼"之教化,而是因为外在之"礼"与内在之"仁"是直接相关联的。芬格莱特引用《论语》中的两段文字为说明:

> 己欲立而立人,己欲达而达人。能近取譬,可谓仁之方也已。——《雍也》

---

① 《即凡而圣·序言》第 2 页。
② 《即凡而圣》第 1 页。

克己复礼为仁。——《颜渊》

芬格莱特对此总结,"哪里有由'礼'所规定的具体形式来表达的相互的诚信和尊重,哪里就有'仁之方'"。① 所以,"仁"与"礼"是同一事情的两个方面。而应该如何理解所谓的两方面关系呢?芬格莱特借《论语》中"仁者不忧"来说明。首先,孔子所讲之"忧"并不是人的主观的状态、情绪与情感,② 而是"一个人卷入一种客观上不安、忧虑的境地并对之回应的状况",或言,"忧"是对"道"而不是对"事"而言(君子忧道不忧贫)。那么,如何"不忧"?芬格莱特讲,"不忧也就是以某种方式进行回应的人的状态,这种方式被很好地整合进一种客观上安定和有组织的情境之中。这种状态是什么?显然,我们描述的这种状况,对孔子来说,就是一个'克己复礼'的人的状态。"③ 所以,"只有随着'礼'的发展,'仁'才会有相应的发展;'仁'也就是在'礼'中塑造自我"。④

芬格莱特接下来讲:"'礼'强调那种公开的行为,……这种行为可以分析成片段,也就是一系列的步骤……因此,施行礼仪就有一种方法,但'仁'却不像这样。"⑤ 他举例说:

> 一个人决定要向某人表示问候,并且这样做了。这种问候(greeting)便是"礼":在特定的情景中,我们可以看到一系列连续的明显的动作——手臂的复杂而有序的动作、中规中矩的话语表达,以及一系列行为的协调运作,这些行为可以被分析为通过时空而延伸的动作和语言因素。然而,问候那个人的决定(deciding),却无须理解成另一种"内在的"行为、"心理"的行为,这种行为有必要分析成包括心理行为的若干步骤。但"决定"并没有内在的方式或方法。某人只是这么决定了。

---

① 《即凡而圣》第37页。
② 芬格莱特用较多篇幅的文字来向读者澄明,不能以一种主观的、心理学的维度来理解"忧",进一步,"仁"便不是一个指涉"内在"自我的心理学概念。(参见《即凡而圣》第38—42页)
③ 《即凡而圣》第41页。
④ 《即凡而圣》第42页。
⑤ 《即凡而圣》第43页。

芬格莱特在这里着重强调这种"决定"的非"内在的""心理"的特征，实欲人理解"礼"—"仁"关系的这种"直接"呈显性。我们也可假设，若芬格莱特先生有同样的兴趣阅读并研究宋明理学思想的话，应该会发现这样的"礼""仁"关系在宋明理学家那里有更为直接的表述，即——"知行合一"，① 王阳明讲："明明德者，立其天地万物一体之体也。亲民者，达其天地万物一体之用也。故明明德必在于亲民，而亲民乃所以明其明德也。"② 明明德必在于亲民，亲民之行即为明明德之知的唯一且最切近之方，而落实于现实中每个人的"是而是焉，非而非焉"，"随感随应，变动不居，而亦莫不自有天然之中"的"致良知"之中。在《即凡而圣》一书中，芬格莱特所讲，"一个人可以将这种情形向自己描绘成为决定行为的神奇或玄妙特征的证据，这种行为没有时空中的步骤而只是当下'发生'的——这就是孔子意欲所为的"，③ 即是表达此意。所以，"'仁'其实就是一个人决定遵从'礼'，至于如何成为仁者，并没有一步一步地分析：只要他真正有志于'仁'，瞧！——'仁'就来了。"④ 这里，芬格莱特所释"仁"作为内，要引导读者明白的是，"仁"在这样一种"志于仁"的公共性之"礼"中不是个人之"仁"，而是作为最大的"类"的共同属性之"仁"，他讲到，"显示他根据与他一道在礼仪活动的其他人的参与来将所有那些人视为和他自己一样具有终极平等的尊严，那么，这一行为就可以被视作'仁'。"⑤

二、儒家礼仪的特征

在明确芬格莱特反复强调"礼"之重要性的原因，即作为外在之"礼"与内在之"仁"是一体之两面，且"礼"的"作用"是作为"仁"之最真实切近之呈现这一前提下，我们再来分析芬格莱特所发现的中国儒家思想中"礼"之特征。

---

① 借芬格莱特所欲传达的观点在此顺提一句，"知行合一"在现代研究语境中，在很大的程度上亦以"主观-心理"的方式被解读，这是需要引起注意并反思的。
② （明）王阳明《大学问》，《王阳明全集》（下）第968页，上海古籍出版社，2006年。
③ 《即凡而圣》第44页。
④ 《即凡而圣》第44页。
⑤ 《即凡而圣》第47页。

在芬格莱特用英文翻译"礼"一词时,他所用为"holy ritual""sacred ceremony"。与通常的译法如 ceremonies、propriety 等①相比较,芬格莱特在这里"必"要用"holy""sacred"加以修饰,所要强调的即是礼仪中的神圣性因素。这种神圣性表现在,"只有当其原始冲动受到'礼'的形塑时,人们才成为真正意义上的人。"② 这里需要注意的是,芬格莱特所讲"真正意义上的人",我们可以理解为是对"人之所以为人"之所在,即在本性意义上对人这样一个"类"存在的特殊属性的规定。所以,作为对"人"之性的思考是要有意识地区别于对于所谓"生存本性"的思考,对"人"性的思考要本于"类分"这一必须前提,因此人性之逻辑是必要高于生存本性之逻辑的。在这一前提下思考的合理的"人之为人"的"真实"呈现,正是在于由"仁义"③而行的"礼乐"中之人。所以,"礼"不是对人之外在约束与强加,而恰恰是人之本然。因此,这种礼仪应该是"自发的",而不是"机械的"或"自动的","它'自然而然地'发生。其间蕴含着生命,因而参与礼仪活动的人是严肃而真诚的。……美观而有效的礼仪要求行为者个体的'临在'(presence)与所学礼仪技巧的融合无间。这种理想的融合,便是作为神圣礼仪的真正的'礼'",④"临在",即人在"礼"中"在",而在这正确的生活和自发的礼仪表现中,"那种尊重就可以得到充分表达。"⑤ 由此可见,神圣的礼仪欲将我们引向的是对于更为内在的形上维度的思考,在礼仪中,"精神不再是一种受到礼仪影响的外在存在;恰恰是在礼仪之中,精神得以生动表

---

① 如:陈荣捷(Wing-tsit Chan)译为 ceremonies, propriety(参见:Wing-tsit Chan, *A Source Book in Chinese Philosophy*, Chapter 2: The Humanism of Confucius, Princeton: Princeton University Press, 1969, pp. 14-48);亚瑟·韦利(Arthur Waley)译为 Ritual 等。并且,亚瑟韦利认为,《论语》中并不关注于礼仪的形式,无论是针对家庭内或公众的礼仪,而更关注的是关于礼仪的道德性原理。(参见:Arthur Waley, *The Analects of Confucius*, London: George Allen & Unwin LTD, 1938, pp. 54-55)芬格莱特在书中并没有针对这一观点做出评价,但从芬氏书中的内容可以读出,他对韦利的这一看法应是不赞同的。

② 《即凡而圣》第 6 页。

③ 参见《孟子·离娄下》:"舜明于庶物,察于人伦,由仁义行,非行仁义也。"孟子借此言舜(其人)正是由于能够本于仁义之本性而行,所以能够"成就"其为舜(谥号)。

④ 《即凡而圣》第 7 页。

⑤ 《即凡而圣》第 8 页。

现并获得了它的最大灵性。"①

在第二章"一以贯之之道"（A Way Without a Crossroads）中，芬格莱特借"选择""责任"等这种在西方人分析问题时所常引的思考标准及模式为比照（这种思考模式亦被大多当下中国人所未经反思的接受下来），来解释并说明对于孔子思想以及《论语》文本的解中的一种"误读"（按芬格莱特的观点，西方所讲"选择"以及与其相联系的"责任""罪过""惩罚"等是具有功利主义特征的思考模式）。笔者在这里进一步强调，这种强加的解读模式的实质，乃是一种"单边主义"的文化态度下强加于他文化的"暴力"，并且这种"暴力"之存在在很大程度上乃为当下人的在其中而不自知。

芬格莱特以《论语》中在西方人的思维模式下，看似最能体现着必须如何作以选择之事为例来说明，孔子思想中并没有发生过关于"选择"的问题。《子路》章中讲：

> 叶公语孔子曰："吾党有直躬者，其父攘羊，而子证之。"孔子曰："吾党之直者异于是。父为子隐，子为父隐，直在其中矣。"

芬格莱特认为，在上述文字中所记述的情形，必然会涉及关于道德准则的内在冲突而必然要面临着选择的问题。即，我们于要尊重法律与保护父母之间这种"公德"与"私德"二者之间的冲突中给出自己的选择，而在这种需要做出选择的必然性之中，"存在者悲剧、责任、罪恶和忏悔的种子"。这一系列的概念范畴所组成的对于道德行为的理解的复合体（complex）是被西方所熟知的，但孔子的处理方式却不是这样的，"这件事中没有任何关于（选择后）如何决定的问题"，"孔子仅以沉稳老练（tactfully）的态度告诉（叶公）他本人对这个问题（'直'）的看法，即（父子之相隐）乃是合于'礼'。"②

芬格莱特认为，在这件对于"西方人"能够明显看出是使人陷入困惑的选择中的事例中，孔子却"什么也没看到"，或讲其答语中无任何涉及有关人

---

① 《即凡而圣》第13页。
② Herbert Fingarette, *Confucius-the Secular as Sacred*, New York: Harper Torchbooks, 1972, p. 23. 中译本见《即凡而圣》第21页。

的内在道德冲突的回答，对于这样一位大思想家的合理解释只能是，"他的兴趣、理念和关怀，简言之，他全部的道德和思想取向，是另外一种不同的方向"。① 芬格莱特对此解释道：

> 任何被认为需要通过选择来解决的事情，同样可以被转化并替代，而以孔子所做的工作来解决。孔子所做的工作即是：对于礼仪规定中之不同做出分类，并发现那条真正符合的"大道"（true Path）以及探求并指引人通向这条大道（true Path）的人人可行之途径（an apparent path），这是一项艰巨的工作，因为其结果很可能只是像欲清理灌木丛却余留满地荆棘那样一无所获。我们需要有一种无法诉诸语言的认可，坚信此道之存在，此道乃是放之宇宙内皆准的不易且自明（self-consistent, self-authenticating）之道。②

简言之，孔子所思，是在当时所面临的"礼崩乐坏"的社会现实中，在本于对礼乐典章制度之"内在性"的反思维度下为"人之为人"的存在合理性寻找最高的支点，这就是上文所提到的"仁"。人只有在礼乐的教育下才能够成"仁"，此乃是真正且唯一之人人可行之"道"。这条道路即是建立于血亲关系之上的合理之"礼"，而形上之"大道"的呈现即在于"礼"之域中。这是孔子处其时之"知其不可而为之"的大思想家的责任担当，亦是其完全超越任何"私人性"与"功利性"的伟大之所在。所以，"行道之人使寓于道之中的恢宏的精神尊严和力量在他的身上得到了具体的表现。一个行道而不是悖道的人，他的行为是如此'自然'和'和顺'，而远远不是被迫而为。这样的人过着一种具有人格尊严和精神圆满的生活，并与他人互相尊重，和谐共处，同时也允许他人过上这样的美好生活"。③ 孔子所探寻出的，乃是"人类"的共同之道。同时，上面一段文字的说明也暗示出了孔子"删定六经"的意义之所在。孔子所作并不是对于历史的出于己见之篡改，其所行在某种意义上乃是为整个人类文明史作了最大的"选择"与承担，因此孔子才

---

① 《即凡而圣》第21页。
② *Confucius-the Secular as Sacred*, p. 24. 中译本《即凡而圣》第21页。
③ 《即凡而圣》第31页。

会有言:"知我者,其惟《春秋》乎!罪我者,其惟《春秋》乎!"

三、临在于"凡俗"中的"神圣"

在上述两部分中,我们分别说明了礼仁关系的内外统一的整体性特征以及礼作为成"仁"之方法因此而实现人"类"之超越可能的神圣性维度。而这样的"礼"—"仁"关系带给我们的是对儒家建立形而上学之知合理维度的思考。儒家自其创立之日起便有对于语言把握形上之知的拒斥,而将建立合理形上之知的维度落实于人的真实生存境遇中,而人之所以为人,就是要在"礼仪"中被塑造。这正如《孟子》中所言,"口之于味也,目之于色也,耳之于声也,鼻之于臭也,四肢之于安逸也,性也,有命焉,君子不谓性也。仁之于父子也,义之于君臣也,礼之于宾主也,知之于贤者也,圣人之于天道也,命也,有性焉,君子不谓命也","人之为人"只能是在于"性命"之间的辩证统一性关系之中来呈现。所以,"礼仪"这一存在于世俗世界中的日常之行便具有了其内在的"神圣性"维度,而这正是孔子思想的高明之处。"孔子最真实的洞见之一,恰恰正是认为人性可以通过礼的意象来理解和把握。他看到,正是善于学习传统的礼仪实践才把人和动物以及无生物区别开来"。[①]

当我们对比于西方传统哲学的发展过程,不难发现其主流形态,是以一种知识统摄感受性的方式为主的思维模式,这样的思维模式中所建立的形而上学因其背后的理性特征而呈现为语言逻辑的清晰性,这虽有助于我们对于形上之知的把握,但因其对于知识及其背后逻辑的强调而忽略了作为人之存在的真实之感而走向以知代存在的片面性(当前哲学思潮中的所谓拒斥形而上学实质即是对知识形态的形而上学的否定,而非形而上本身)。现代西方的一些思想家是认识到这一问题的,所以在其进行哲学致思活动的时候,有一种自然转向"生活世界"的倾向,并把如何理解人的"生活世界"作为如何理解哲学问题的关键之所在,如海德格尔、伽达默尔、舍勒等,都曾对这一问题做了不同角度的思考。在这一哲学维度的转向及思考之下,我们便可以清晰地看到孔子所留给我们这个时代的文化财富。芬格莱特在其解读孔子思

---

① 《即凡而圣》第55页。

想时，所发现并强调的正是孔子对于"真实的人"的"生活世界"的理解，"孔子不仅关心公共关系，而且关心人的尊严，关心一种建立在美好、崇高和神圣意义上的文化，这种文化是人之存在的独特维度。文化的统一就是人性的完美，而不是以人的形式强加于绵羊身上的那种秩序"，[①] 芬格莱特的这段话告诉我们，孔子所发现并指引出的乃是最真实的人的生活及其世界，即"人伦之常"，"我们生命的意义既超越于、也体现在现实人生日复一日的人伦日用之中"，[②] "克己复礼不是一种屈服"，"而是人类精神的胜利。"[③]

由此，我们看到，芬格莱特在《即凡而圣》一书中所提供出并欲唤起的，乃是通过对于孔子思想的研究而指向一种哲学思维方式的变革，这是芬格莱特所发现的孔子思想的洞见，用他自己的话可以概括为，"它（孔子的远见）揭示了人性的神圣和神奇的一面，这一面存在于人类的社群之中，而社群又根植于人类所继承的生活方式之中。"[④]

当前的中国哲学研究存在着以下两种思潮：第一，以既有的中国哲学研究范式为前提来整合新的文化资源，其具体表现为专注于一些在中国古代思想史中并非占绝对重要位置思想家文化资源的整理研究，或以对新资源发现与借助数位人文为依托而欲继承"经学"训诂考据方式为走向的研究。此方向当有其历史学、文献学等意义，但其对于哲学义理研究而言，最突出的问题在于缺少对于作为前在的概念范畴之考察，即没有去追问既定概念范畴框架的合理性与否，其结果所带来的是对被研究对象思想的肢解，亦无法承担时代所要求的思想开新任务之可能。第二，以未经反思的西方哲学问题意识以及概念范畴框架为导向的东西方比较哲学研究，其实质即是在不自觉的先在价值观念占有下对中国古代哲学文化的程式化填充。例如，对中国古代有无"自由"问题的讨论，对"良知""知行合一"等概念的知性分析等。总结以上两种思潮，我们可以讲，因其缺少对于"哲学何以为哲学"的元问题的思考，而必然导致的是或将中国哲学变成一种"西方哲学"在中国，或只剩盲目而无理性思辨的"复古"与"迷信"。这将势必演变成"中国"自为"中国的"，"哲学"自为"哲学"，所谓"中国哲学"遂变成为自说自话的一

---

① 《即凡而圣》第57页。
② 《即凡而圣》第58页。
③ 《即凡而圣》第66页。
④ 《即凡而圣》第61页。

套话语系统，而与"哲学"研究无相干的尴尬处境。而在以上我们通过对《即凡而圣》内容的叙说中，我们发现，芬格莱特先生是极力于从哲学问题维度出发来思考并研究孔子思想的，而其所发现的正是孔子思想当中能够给予当代哲学研究发展所需要的有益资源。孔子以及儒家思想所提供的，正是本于"生命"性维度的把握形上之知的视角，这一思考维度恰恰能够对于当代哲学研究所面临的问题特别是形而上学研究走入的"困境"给予启发与借鉴。因此，这样的思考维度应该是作为哲学研究尤其是中国哲学研究工作者予以重视并延之继续思考的方向，并在孔子所提供的新的视域中思考新的哲学概念范畴框架的构建。这亦是中国哲学被认为是成熟于过去的未来哲学的价值所在。诚如芬格莱特所言：

> 对于西方有关人的哲学研究的最新进展，我有一些了解，并从中得到了启发。我发现，《论语》里的睿见卓识，在精神实质上接近于这种西方哲学最新发展的一些最显著的特征。就此而言，孔子是迄今为止"超越于我们时代的"思想家，这是数个世纪以来他在相当程度上受到西方世界忽视的一个重要原因。然而，今天我们能够把孔子的思想与西方思想的某种新成分相提并论，从中受益，是因为他在此提出问题的方式，使得西方人置身于一个全新的视域。[①]

（张慕良　哲学博士，吉林大学哲学社会学院讲师）

---

① 《即凡而圣·序言》第1页。

芮乐伟·韩森与尼雅、楼兰出土文物和文书研究[*]

陈 畾

摘 要：尼雅和楼兰皆位于塔里木盆地，是扼丝绸之路南道咽喉的古代城市。19 世纪末 20 世纪初的丝绸之路考古取得了重大成就，尼雅遗址、楼兰遗址出土了大量文物和文书。美国汉学家芮乐伟·韩森作为美国丝绸之路研究的中坚力量，聚焦尼雅、楼兰出土的文物和文书，分析揭示了汉晋时期这两个丝路重镇的日常生活。

关键词：芮乐伟·韩森 美国汉学 丝绸之路 历史文献 文书 尼雅 楼兰

丝绸之路是中西方政治、经济、文化交流的重要纽带，希腊-罗马文明、阿拉伯-波斯文明、印度文明和中华文明在此交流碰撞，为世界文明的发展做出了重大贡献。这条跨越中国多个地区和欧洲多个国家的贸易之路因其在世界文明交流互鉴中的重要作用一直得到中外研究者的青睐，研究深度和广度不断开掘。耶鲁大学历史系教授芮乐伟·韩森（Valerie Hansen）长期关注丝绸之路研究，她对丝路重要遗址尼雅、楼兰出土文物和文书的研究，聚焦考古材料，透视了汉晋时期这两个丝路重镇的日常生活。韩森关于尼雅、楼兰出土文物和文书的讨论主要见于其专著《丝绸之路新史》（*The Silk Road：A*

---

[*] 本成果受教育部人文社科研究青年项目"唐代丝绸之路上的外来绘画研究"资助（项目批准号：19YJCZH012），北京语言大学院级项目资助（中央高校基本科研业务费专项资金），项目编号为 20YJ150001。

New History)① 的第一章"楼兰：中亚的十字路口"和论文《一个丝绸之路社会的宗教生活：3世纪至4世纪的尼雅》(Religious Life in a Silk Road Community: Niya During the Third and Fourth Centuries)②、《钱币及其他形式的货币在丝绸之路贸易中的位置》(The Place of Coins and their Alternatives in the Silk Road Trade)③。考古材料揭示的尼雅、楼兰的历史包容万象，涉及了人口、军事、贸易、语言文字、宗教等方面。

一、中亚的十字路口：尼雅与楼兰

19世纪末20世纪初的丝绸之路考古，出土了为世界瞩目的成果。随着中外探险家陆续到中国西部考察，古精绝国重现人间，楼兰古城再见天日。尼雅遗址和楼兰遗址出土了大量文物和汉文、佉卢文及其他语言写成的文书，为研究汉晋时期的丝路文明提供了大量一手考古材料。

尼雅最先以精绝之名见于《汉书》，《汉书·西域传》载：

> 精绝国，王治精绝城，去长安八千八百二十里。户四百八十，口三千三百六十，胜兵五百人。精绝都尉、左右将、译长各一人。北至都护治所二千七百二十三里，南至戎卢国四日行，地厄狭，西通扜弥四百六十里。④

---

① Valerie Hansen, *The Silk Road: A New History*, Oxford University Press, 2012. 这本书2016年以 *The Silk Road: A New History with Documents* 为名由牛津大学出版社出版英文版。该书中国台湾译本为芮乐伟·韩森著，黄庭硕、李志鸿、吴国圣译《丝路新史：一个已经逝去但曾经兼容并蓄的世界》，台北：麦田出版公司，2015年。该书中译本为［美］芮乐伟·韩森著，张湛译《丝绸之路新史》，北京联合出版公司，2015年。

② Valerie Hansen, "Religious Life in a Silk Road Community: Niya During the Third and Fourth Centuries", in John Lagerwey ed., *Chinese Religion and Society: The Transformation of a Field*, Hong Kong: Chinese University Press, 2004, pp. 279-315.

③ Valerie Hansen, "The Place of Coins and their Alternatives in the Silk Road Trade", 载上海博物馆编《丝绸之路古国钱币暨丝路文化国际学术研讨会论文集》，上海书画出版社，2011年。这篇论文的中文版由王锦萍翻译，同样收入《丝绸之路古国钱币暨丝路文化国际学术研讨会论文集》。

④（东汉）班固撰《汉书》第2588页，中华书局，1962年。

这是一个仅有几千人的西域小国，地形狭长，但地理位置却很重要，从精绝国南行可至戎卢国，西行可至扞弥国。精绝在东汉初被鄯善纳入版图，又在公元5世纪吐谷浑人占领鄯善时遭到战乱。年岁更替，到唐代玄奘从印度取经返回，途经此地，尼雅已经成了被流沙环绕，环境恶劣的"尼壤城"①了。《大唐西域记》载：

> 媲摩川东入沙碛，行二百余里，至尼壤城，周三四里，在大泽中。泽地热湿，难以履涉，芦草荒茂，无复途径，唯趣城路仅得通行，故往来者莫不由此城焉，而瞿萨旦那以为东境之关防也。②

玄奘沿着唯一的道路趣城路艰难行进，尼壤城外黄沙漫漫，热风肆虐，沙漠吞噬过不少生命：

> 沙则流漫，聚散随风，人行无迹，遂多迷路。四远茫茫，莫知所指，是以往来者聚遗骸以记之。乏水草，多热风，风起则人畜昏迷，因以成病。时闻歌啸，或闻号哭，视听之间，恍然不知所至，是以屡有丧亡。③

此后尼雅消失在历史文献的记载中，也许被黄沙吞没，也许被战火毁坏，也许被人为遗弃，长眠于大漠之中，直到1901年被英籍匈牙利探险家奥莱尔·斯坦因（Aurel Stein）偶然发现，重现人间。1931年斯坦因在尼雅考古发现的汉文木简，上面用隶书书写"汉精绝王承书从……"，这是尼雅正是古精绝国的实物证据。

楼兰之名始见于《史记》，汉文帝前元四年（公元前176），冒顿单于写信给汉文帝炫耀右贤王西征的成果：击灭月氏、平定了楼兰、乌孙、呼揭及它们周边的26个国家。楼兰当时臣属于匈奴。张骞出使月氏回返后，向汉武帝讲述了西域各国的情况，谈到楼兰时说"楼兰、姑师邑有城郭，临盐泽"④，寥寥数语，仅提到楼兰是靠近罗布泊的一个小国，有城郭护卫。《汉

---

① 尼壤是佉卢文与回鹘文的音译，尼雅是现代维吾尔语。
② （唐）玄奘撰，章巽校点《大唐西域记》第304页，上海人民出版社，1977年。
③ 《大唐西域记》第305页。
④ （西汉）司马迁撰《史记》第3159—3160页，中华书局，1982年。

书·西域传》对楼兰的记载较为详细：

>鄯善国，本名楼兰，王治扞泥城，去阳关千六百里，去长安六千一百里。户千五百七十，口万四千一百，胜兵二千九百十二人。辅国侯、却胡侯、鄯善都尉、击车师都尉、左右且渠、击车师君各一人，译长二人。西北去都护治所千七百八十五里，至山国千三百六十五里，西北至车师千八百九十里。地沙卤，少田，寄田仰谷旁国。国出玉，多葭苇、柽柳、胡桐、白草。民随畜牧逐水草，有驴马，多橐它，能作兵，与婼羌同。①

鄯善国本名楼兰，有1万多人，也是个西域小国，国都叫作扞泥城。从鄯善可至山国（在鄯善北部），向西北行可到车师，鄯善正当白龙道，西通且末国。鄯善的盐卤地不生谷物，只能依靠他国种田获取谷物，但出产玉石，有芦苇、柽柳、胡桐、白草等植物。鄯善国人也属游牧民族，善战，养驴、马和骆驼。

张骞通西域后，楼兰的交通枢纽地位愈加突出，是往来使者商旅的必经之地。汉朝与匈奴争夺西域控制权，双方都欲降服楼兰。《汉书·西域传》中详述了楼兰在汉朝与匈奴之间的周旋。

汉武帝不断派使者出使西域，一年能派出十多批使团，汉朝命令楼兰派人给这些使者补充水和粮食。楼兰需要派人背负沉重的水和食物，到沙漠中为使团提供补给。次数一多，楼兰不堪重负，以致杀害汉使，并作为匈奴的耳目给匈奴通风报信，让匈奴袭击汉使。元封三年（公元前108年），赵破奴将军率领数万大军攻打同样臣服于匈奴的姑师。赵破奴率领轻骑七百人攻楼兰，俘获楼兰王，汉朝收服楼兰并攻陷姑师，威震乌孙、大宛。汉朝设立的亭障到达了玉门关。匈奴听闻楼兰臣服于汉朝，派兵攻打楼兰。楼兰作为一个小国，为了表示中立的态度，只得送一个儿子到汉朝当质子，一个儿子到匈奴当质子。贰师将军攻打大宛时，匈奴有意拦截，又畏惧汉军兵力强盛，就派轻骑到楼兰不让后边的汉使通过。当时任文在玉门关屯兵，抓到的俘虏吐露了这一情况。汉武帝就让任文把楼兰王抓到汉宫责问。楼兰王表示小国

---

① 《汉书》第2585—2686页。

在两个大国之间，只有两属才能得到安全。请汉武帝让楼兰人民迁到汉朝境内居住。汉武帝肯定楼兰王的直爽，送他回国，也让楼兰侦查匈奴的动静。至此匈奴不再信任楼兰。

楼兰王死后，楼兰派人请汉朝的质子回国继承王位。但楼兰派到汉朝的质子因犯错受宫刑不能继承王位。汉朝答复说质子很受天子喜爱，让楼兰另立新王，楼兰立新王后又分派质子到汉朝和匈奴。新王又死了，先知道此事的匈奴把质子放回楼兰继承王位。汉朝让新楼兰王去朝见汉武帝，新楼兰王听取了后妻的意见，担心和前两个入汉朝的质子一样一去不回，推辞说后年再见天子。楼兰国地处西域边陲，靠近汉朝，正当白龙堆，缺乏水草，经常为大漠旅人派向导，送水送粮，又多次被汉朝官吏兵卒抢劫，吸取教训，认为与汉朝往来没有好处。又被匈奴反间，几次截杀汉朝使臣。楼兰王的弟弟尉屠耆投降汉朝，告知了这些情况。

汉昭帝元凤四年（公元前77年），傅介子杀楼兰王，汉朝立楼兰王的弟弟尉屠耆为王，改国名为鄯善。朝廷还给尉屠耆刻了印章，赐了宫女为妻，配备了车骑物资送他回国。在尉屠耆的建议下，汉昭帝派兵在伊循屯田，此后又设立都尉以保障鄯善的安全。愈加繁荣的鄯善成为东西方文明的交汇之地，盛极一时，后来绿洲缩减，水源紧张，鄯善的生存环境也不断恶化。东晋高僧法显西行求法途经鄯善，《佛国记》中描述鄯善周围的沙漠："沙河中多有恶鬼、热风，遇则皆死，无一全者。上无飞鸟，下无走兽，遍望极目，欲求度处，则莫知所拟，唯以死人枯骨为标帜耳。"① 法显在沙漠中走了17天来到鄯善："其地崎岖薄瘠，俗人衣服粗与汉地同，但以毡褐为异。其国王奉法，可有四千余僧，悉小乘学，诸国俗人及沙门尽行天竺法，但有精粗。"② 点明鄯善信仰佛教。公元445年，北魏攻占鄯善，公元448年封韩拔为鄯善王，正式在鄯善设置郡县。齐武帝永明十年（492）南齐使者江景玄出使丁零，路过鄯善、于阗。当时鄯善已经被丁零所破，人民散尽，一幅凄惨景象，但此处何时彻底沦为废墟不得而知。1900年，瑞典探险家斯文·赫定（Sven Hedin）探险时偶然发现了楼兰古城，这座失落的城市又重回人们的视线。

---

① （东晋）法显撰，章巽校注《法显传校注》第6页，中华书局，2008年。
② 《法显传校注》第6页。

根据中文史料可见尼雅、楼兰的繁荣得益于汉代丝绸之路的开拓和中外文化交流的推进。在尼雅、楼兰出土了"延年益寿大宜子孙"锦缎、印有中国龙、丰饶角女神图案的棉织物、有希腊元素的羊皮袄、犍陀罗风格的木制品等,彰显着当时的东西方物质交流,这些文物的时期多为公元2世纪到公元4世纪。此外,楼兰出土了55份佉卢文书和700多份汉文文书,尼雅出土了约100份汉文文书和1000多份佉卢文书,这些出土文书的时期多为公元3世纪到公元4世纪。出土文物和文书的时期对应的是中国历史上的汉晋时期,既能为已有的历史文献材料提供实物证据,又能为文献所不载的丝绸之路上的文化交流补充新的材料,意义重大,反映了丝绸之路上的中外文化交流及文化融合。韩森的研究正是基于这些材料,描绘了丝绸之路上一般人的生活图景。

二、各种族民族之人结成的多元社会:尼雅、楼兰的人口

究竟有哪些人生活在汉晋时期的尼雅和楼兰呢?韩森重点提到了"当地人、中国人以及一群从今阿富汗、巴基斯坦的犍陀罗地区迁来的移民"①,这三个最重要的群体之间的文化接触让东西方文化在这片土地上相遇,碰撞交流,演进变化,促进了文明的共同繁荣。

在被张骞发现以前,在尼雅、楼兰生活的人就是当地人。韩森谈道:

> 极端的干燥令尼雅、楼兰保存了大概一百具古代居民的干尸。在楼兰,斯坦因发现的一具尸体有"浅色头发",而另一具则有"红胡子"。他和赫定都觉得这些干尸既不像汉人也不像印度人。后来发掘者在这一地区又发现了保存状况惊人完好的干尸。这些尸体有很多高加索人的体貌特征:白皮肤、黄头发、身高近一米八。和中亚其他地方一样,楼兰王国的原住民很有可能最初来自伊朗高原。②

---

① [美]芮乐伟·韩森著,张湛译《丝绸之路新史》第25页,北京联合出版公司,2015年。张湛的译文使用"健陀罗",本文依通行说法改为犍陀罗。
② 《丝绸之路新史》第47—48页。

1979年，楼兰遗址发掘出商周时期的墓葬，墓中之人具有白种人的体质特征，头骨与北欧人头骨相近，证明了至少从商周时期开始，楼兰就有白人在此居住活动。

尼雅、楼兰是当时的西北小国，和中原的交往自西汉时才有文字记载。作为丝绸之路上的必经之地，汉朝和匈奴曾数次争夺楼兰的控制权，楼兰王试图和双方都维持友好关系，收效甚微。据《汉书》载，公元前77年傅介子杀楼兰王，改国名为鄯善，汉朝开始驻军屯田。韩森提到的"中国人"，指的是汉人，包括曾驻扎此处的中国军队以及其他因为各种原因来到尼雅、楼兰的非军事汉人。

此外尼雅、楼兰还有来自犍陀罗地区的移民。犍陀罗是曾经雄踞南亚次大陆的国家，核心区域包括今天的巴基斯坦和阿富汗。公元2世纪中叶后，犍陀罗贵霜王朝内乱频繁，若干民众向东迁徙，涌入塔里木盆地。"这些移民似乎已经以每批不到一百人的规模一批一批抵达这里。"① 可能是因为数量有限，"他们似乎从来没有试图征服过当地人或者推翻楼兰王，而是与当地人同化了"②，他们得到了地方官吏分发的土地、房屋及种子，也有部分成为奴隶。他们与当地人通婚、担任当地人的书吏，并带来了自己的文字佉卢文和佛教。

这些移民的身份涉及月氏的迁移问题，中外学者看法不一，部分学者认为这些移民正是曾从甘肃西迁到中亚的月氏人，在公元2世纪末的民族大迁徙中回到了自己的原始故乡。③ 史书记载了月氏的迁移过程④，月氏本来是活动于敦煌、祁连之间的游牧民族，一度武力强盛，被匈奴击败后西迁，在巴克特利亚北方的妫水北建立王庭定居，还有一部分月氏人不愿离开，亡命南山，和羌人融合，为小月氏。

韩森对月氏的迁移问题也给出了自己的答案。她谈道：

> 关于在尼雅讲犍陀罗语的人是来自巴基斯坦和阿富汗的这个结论，显然与中文正史的记载相抵触。因为正史中讲月氏人原本居住在甘肃敦

---

① 《丝绸之路新史》第32页。
② 《丝绸之路新史》第32页。
③ 方豪，林梅村，莫任南，黄靖，白鸟库吉，藤田丰八，桑原骘藏，Jhon Brough，François Thieey，Graig G. R. Benjamin 等学者都有相关论述。
④ 详见《史记·大宛列传》《汉书·西域传》《后汉书·西域传》。

煌附近，公元前175年因为匈奴兴起才不得不离开家园向西迁徙。按照正史的说法，大月氏是公元23年创立贵霜王朝的五个游牧部落之一。有理由怀疑正史中月氏人从甘肃西迁的记载。因为该事件发生后过了好几代，正史才开始编纂。其编纂者记录了很多关于胡人的传说和故事，而且总是把中国某地说成是某种胡人的发源地。这些胡人包括匈奴人、日本人，甚至传说中世界最西端的大秦人。最后，也是最有说服力的理由是，没有任何考古材料证实这次迁徙。

最合理也是最简单的解释是：公元前二三世纪很多游牧民族进行了长途迁徙。不能指望三个世纪之后的人能精确记载这些迁徙。虽然史料给月氏人安排了一个中国故乡，我们能确定的只是月氏人在公元前138年活跃于巴克特利亚（阿姆河和兴都库什山之间的地区，其首府是巴尔赫），因为张骞在此处见到了他们。任何关于他们之前迁徙的说法都只是推测。①

韩森认为，第一，月氏从甘肃西迁发生于公元前2世纪，仅载于几代后编纂的中文正史，时效性和真实性值得怀疑。第二，从中文正史的整体编纂来看，编纂者记录很多关于胡人的传说，并总把中国某地说为某种胡人的发源地，这些传说的可靠性和准确性有待商榷。第三，月氏西迁的事实如果存在，应当有相应的考古材料可以证实，但至今未见相关材料。因此这些公元2世纪末来到塔里木盆地的移民很有可能并不是正史中所载的曾从甘肃迁往中亚的月氏人。

三、驻军屯田：尼雅、楼兰的军事

斯坦因在楼兰地区发现过211枚公元前86年到公元前1年的五铢钱和一堆没用过的箭镞，是汉朝付给兵卒的军饷和军事物资，验证了汉朝曾在此驻军的记载。楼兰出土的汉文文书和佉卢文书显示，公元3世纪末4世纪初楼兰驻有中国军队。从西汉开始，在西域地区驻扎的兵卒不仅要准备打仗，还要种地供给军需。根据出土的汉文文书，韩森补充了一些曹魏西晋时期尼雅、

---

① 《丝绸之路新史》第40—41页。

楼兰地区驻军屯田的情况，中国军队带来了灌溉技术和铁器：

> 中国士兵用牛、马等牲口犁田种地，作物包括小麦、大麦和小米。种地的不只有中国人，中国军队也招募当地人。屯田的士兵同时还带来了农业技术，特别值得注意的是灌溉技术。他们尝试用牛拉犁，使用新型的铁铲和镰刀，这是铁器首次在这一地区的使用。①

尼雅出土的汉文文书表明了汉朝也曾在尼雅设有军事哨所。斯坦因的雇工在尼雅14号房的客厅中发掘出11枚两面有汉字的木简，其中8枚尚可识读。韩森分析道：

> 有一枚正面写道："臣承德叩头谨以玫瑰再拜致问"，反面则写着接受者"大王"。这些木简表明，在公元一世纪初，一位汉朝顾问曾经来过或者住在精绝王庭，让当地统治者学会了在礼物上附上木简。14号室出土的三根木简上使用了篡位者王莽（公元8—23年在位）的特殊语言。……14号室垃圾堆出土的其他汉语文书提到了使节："大宛王使坐次左大月氏。"②

在尼雅还发现过一些公元3世纪的过所和两件讲述如何处理没有过所的人的木简，综合以上文书，韩森总结了尼雅和楼兰的军事情况："这些小国的统治者是基本独立的，只是当地有中国军队驻扎，偶尔有顾问或者使者来访。"③

四、尼雅、楼兰的丝路贸易

丝路要道上的尼雅和楼兰，理应是商品的集散地，贸易活动频繁，但韩森却推测汉晋时期尼雅、楼兰的大规模长途商业贸易可能很少。

从贸易主体来看，丝路贸易的主体有当地人、中国官吏、士兵、商人、

---

① 《丝绸之路新史》第52—53页。
② 《丝绸之路新史》第45—46页。
③ 《丝绸之路新史》第47页。

使节等,"屯田收获的粮食不够时,中国官吏会用钱币和彩绢从当地人手里购买余粮"①,也有很多文书记载了士兵和当地人之间的交易,士兵用获得的薪酬来购买当地物品,楼兰出土的有关商人的汉文文书只有1份,33号竹简"年代为330年,记载粟特人付给当地官员一万石(一石大约合20升)某种物品(该词残损,最有可能是粮食)以及两百文钱"②"该文书显示有粟特商人对军事将领服务"③。还有1份文书说"……入三百一十九匹(量词'匹'表明这次交易涉及马),今为住人买绨四千三百廿六匹"④,孟凡人和段晴认为交易的一方"住人"是商人,这个说法有争议⑤。有关商人的尼雅文书也只有1份,35号佉卢文书载:"目前没有汉商,因此绢债没法计算。等汉商到了再算。有纠纷就在寡人王庭解决。"⑥ 公元3世纪到公元4世纪时,楼兰和于阗有使节往来,尼雅位于楼兰和于阗之间,"当国王或王后出行,或者有人代表他们出行时,他们会使用金币或者银币来向当地居民购买他们所需的物品"⑦。从交易的商品来看,"楼兰的贸易无一例外是整体的驻军或个体的士兵用粮、钱、绢从当地人手中买粮、马、衣服和鞋"⑧"居住在尼雅绿洲的居民经常用动物、毛毯和谷物来交易马、骆驼和牛等家畜以及奴隶"⑨,尼雅的"当地军民用各种农产品和本地产的手工制品来付账"⑩,1份关于抢劫的文书中提到"七串珍珠(mutilate)、一面铜镜、一件彩绢衣物(lastuga)以及一个耳饰(sudi)被抢"⑪,珍珠可能来自遥远的斯里兰卡。从货币形式来看,

---

① 《丝绸之路新史》第53页。
② 《丝绸之路新史》第53页。
③ 《丝绸之路新史》第54页。
④ 侯灿、杨代欣《楼兰汉文简纸文书集成》第99页,天地出版社,1999年。
⑤ 日本学者伊藤敏雄认为"住人"是戍堡中长住的汉人。伊藤敏雄「魏晋期楼蘭屯戍における水利開発と——農業活動魏晋期楼蘭の基礎の整理(三)」、『歴史研究』1991年第28期。
⑥ 《丝绸之路新史》第62页。
⑦ [美]芮乐伟·韩森撰,王锦萍译《钱币及其他形式的货币在丝绸之路贸易中的位置》,载上海博物馆编《丝绸之路古国钱币暨丝路文化国际学术研讨会论文集》,上海书画出版社,2012年。
⑧ 《丝绸之路新史》第54页。
⑨ 《钱币及其他形式的货币在丝绸之路贸易中的位置》,载《丝绸之路古国钱币暨丝路文化国际学术研讨会论文集》。
⑩ 《丝绸之路新史》第60页。
⑪ 《丝绸之路新史》第63页。

多种交易媒介并存，楼兰、尼雅出土了圆形方孔的五铢钱、于阗的汉佉二体钱、贵霜的斯塔特币等钱币，但韩森认为，钱币的使用相当有限，在楼兰，钱、绢、粮三种主要货币形式并行，"个体的士兵被付以钱币作为薪酬，他们用这些钱来购买物品，通常为衣物。当缺乏钱币的时候，谷物和织物则代替钱币作为钱来使用"①"汉人士兵用丝和谷物进行的少量和大宗交易并存，而只有驻军才使用钱币"②，尼雅的"当地人和外来者的支付方式相当不同：当地居民用谷物和布匹作为支付手段或进行实物交换，而王室家族成员、使节、中国商人（？），以及一些逃难者则使用金币、银钱，其他形式的金银、丝织品以及如镜子和耳饰等银和青铜制品进行消费"③。从贸易的规模来看，丝路贸易多为发生在个体之间的小额贸易，如"有个中国人用两枚斯塔特金币和两枚德拉赫马银币从苏毗人手里买来一名奴隶"④。大规模贸易的相关记载非常少见，楼兰出土的33号文书载粟特商人付给当地官员一万石某种物品和200文钱，楼兰出土的235号文书载"有人付了319头牲畜，换得4326匹彩绢"⑤。

通过韩森的分析，可以得知汉晋时期尼雅、楼兰的丝路贸易情况和固有印象中的大相径庭，特别是公元3世纪到公元4世纪之间丝路贸易在这一地区少之又少：丝路贸易虽然有汉族商人和粟特商人的参与，但商人的数量不多，文书中并未提及旨在牟利的贸易活动，更为商业化的经济活动尚未成型；钱币的主要来源是支付给士兵的军饷而不是与其他地区的贸易活动；交易的场景多为官吏士兵和当地人交换自己需要的生活物资，物物交易比钱物交易更受当地人欢迎；大额贸易不多，交易的商品大多是本地自然经济的产出，远途而来的稀有商品的相关记载几乎未见。

---

① 《钱币及其他形式的货币在丝绸之路贸易中的位置》，载《丝绸之路古国钱币暨丝路文化国际学术研讨会论文集》。
② 《钱币及其他形式的货币在丝绸之路贸易中的位置》，载《丝绸之路古国钱币暨丝路文化国际学术研讨会论文集》。
③ 《钱币及其他形式的货币在丝绸之路贸易中的位置》，载《丝绸之路古国钱币暨丝路文化国际学术研讨会论文集》。
④ 《丝绸之路新史》第61页。
⑤ 《丝绸之路新史》第53页。

五、尼雅、楼兰的语言文字

尼雅、楼兰是多元文化交融之地，这一点也从语言文字上体现出来。尼雅、楼兰发现了汉文文书、佉卢文书等。来到尼雅、楼兰并在此生活的汉人带来了汉字。大量汉文文书记载了民间贸易，前文已经详叙。佉卢文是书写犍陀罗语的文字。当地人使用的语言则和汉语、犍陀罗语完全不一样，托马斯·布娄（Thomas Burrow）认为可能与吐火罗语有联系[1]，林梅村补充道："塔里木盆地发现的佉卢文的语言不是单纯的犍陀罗语，它混杂有许多土著方言因素，这些土语因素类似于吐火罗语。显然，犍陀罗语言传入塔里木盆地之前，楼兰人说的是一种吐火罗语方言。"[2] 韩森表示，据统计，"佉卢文书中大约有1000个人名和150个来自尼雅当地方言的借词"[3]"似乎在移民到来之前，当地居民有自己的语言，但是没有文字，因此才接纳了佉卢文"[4]。通过对佉卢文书的考察，韩森还发现了一个有趣的现象，"从统治者和书吏的名字可以看出，很多书吏是犍陀罗人，而统治者一直是当地人"[5]，来自拥有更发达技术的犍陀罗的移民并未推翻尼雅当地统治者，因此"难民从北印度分批迁入且每批不到一百人的推测还是比较合理的"[6]。

移民还带来了制作佉卢文书的方法，有一种"双层方木板"文书，"像一个浅抽屉，上层木板插到下层长方形木板中间的槽里，上下两块用绳子捆住，再用泥封上"[7]，韩森用"东西方相会于佉卢文书"[8]来描述一份双层方木板文书，这份文书"左边印章上是汉字；右边印章上是西方人样貌的头像，很

---

[1] Thomas Burrow, "Tokharian Elements in the Kharṣṭhī Documents from Chinese Turkestan", *Journal of the Royal Asiatic Society of Great Britain & Ireland*, 1935, pp. 666-675. Thomas Burrow, *The Language of the Kharṣṭhī Documents from Chinese Turkestan*, Cambridge, 1937, pp. vii-ix.

[2] 林梅村《开拓丝绸之路的先驱——吐火罗人》，载《文物》1989年第1期。

[3] 《丝绸之路新史》第55页。

[4] 《丝绸之路新史》第55页。

[5] 《丝绸之路新史》第55页。

[6] 《丝绸之路新史》第56页。

[7] 《丝绸之路新史》第57页。

[8] 《丝绸之路新史》第58页。

可能是希腊罗马的某神，这种图像常见于犍陀罗印章"①。还有一种用来写王命或者政令的"楔形木板"文书，"由两块相同大小的木板组成，18 至 38 厘米长，3 至 6 厘米宽，叠在一起用绳子捆好，用泥封好再盖印。印的图案是希腊众神，比如雅典娜、厄洛斯或者赫拉克勒斯。……木板的外侧写着听令人，里面则是王命的内容"②。当地最高长官 cozbo 根据楼兰王的命令，审理裁决地方纠纷。

尼雅还出土过 4 件非犍陀罗语文书，"其语言是一种混合梵语，即古典梵语文法词汇与其较通俗形式的混合"③，内容与佛教相关。

六、随移民而来的佛教

韩森谈到，从犍陀罗而来的移民是"第一批进入西域的佛教徒"④，很多人有佛教名字。如果按照佛教戒律，这些沙门要守色戒，但一部分人娶妻生子，和家人一起生活。鲁斯塔姆发现的 24 号房，有 1 个大厅和 9 间房，韩森推测此处是佛教徒集会的主要场所，在此发现了 4 件混合梵语文书，包括"用来背教理的音节表、梵文大史诗《摩诃婆罗多》的一个片段、一份列出了僧人戒律的波罗提木叉（pratimoksha）文书"⑤，还有一个写着勤洗佛像的人可以得到的好处的长木板。

1 封佉卢文信札中提到了"大乘"一词，开头是 tusuca 官颂扬大 cozbo 官 Shamasena "阐明大乘"。韩森补充道：

"阐明大乘"这个词组至少曾在另外两处碑铭中出现过。一处在安德悦，时代为三世纪中叶，内容是赞颂鄯善国王。另一处是阿富汗巴米扬的四世纪写本，内容是对迦腻色伽继承人胡维什卡（Huvishka）的赞颂。使用这一短语并不能揭示大乘信仰如何影响尼雅当地的佛教活动。从现

---

① 《丝绸之路新史》第 58 页。
② 《丝绸之路新史》第 57 页。
③ 《丝绸之路新史》第 65 页。
④ 《丝绸之路新史》第 25 页。
⑤ 《丝绸之路新史》第 65 页。

存材料也看不出尼雅佛教属于哪一部派。①

东晋法显的传记中提到楼兰信仰小乘佛教，但缺乏具体的叙述。无论是从出土文书还是历史文献，都很难看出尼雅、楼兰地区佛教部派的具体情况，这一问题尚未明确，有待深入研究。

在尼雅遗址的中心有一座高7米的方形佛塔遗址，房间内的物品已被洗劫一空。5号房附近的方形佛塔周围过道的墙上画着单独的佛像。

尼雅和楼兰之间的米兰发现过圆形佛塔，年代晚于尼雅，米兰三号遗址中发现"16幅有翼天使的画像，这些天使有着西方人的面部特征"②。这些佛塔周围走廊中的壁画已经连成了故事，如M5残留的壁画，"画中佛陀是名年轻王子，正骑马离开父亲的宫殿"③。从壁画中很明显可以看出来自西方的影响，壁画中下半部分有有翼天使和波浪形的花环，大概借自罗马艺术。

显然，移民把他们的宗教信仰带到了楼兰和尼雅，佛教徒们有自己的集会和仪式，但不能确定他们属于哪个部派，佛画艺术似乎从单独的佛像画逐渐发展为连续的故事画。

七、结　语

诚如韩森的自述："正如同丝路绿洲的统治者们欢迎不同宗教的信仰者来自己的王国定居并供奉各自的神明一样，现代学者们自由地分享着自己对丝路文物和文书的解读。"④ 韩森在利用中、英、法、德、日、俄6种语言的丝绸之路前沿研究成果的基础上，结合考古文物、文书和历史文献，把丝绸之路研究放在世界文化交流的场域中，展示了真实的丝路生活。

（陈畾　北京语言大学中华文化研究院/首都国际文化研究基地）

---

① 《丝绸之路新史》第65—66页。
② 《丝绸之路新史》第67页。
③ 《丝绸之路新史》第67页。
④ 《丝绸之路新史》中文版序言第2页。

康达维赋学研究中的扬雄形象建构*

贾文霞

摘 要：西雅图华盛顿大学康达维教授被海内外赋学界誉为"当代西方汉学之巨擘，辞赋研究之宗师"，扬雄研究是其辞赋研究的起点和重镇。通过剖析《剧秦美新》，康达维为扬雄其人定性，澄清"雄为莽大夫"的历史污点。论述扬雄在赋论和赋作上的双维创新，给予其"比肩司马相如"的赋史地位。研究方法上，受新批评理论影响湛深，"张力、悖论、隐喻、讽刺"等重要修辞概念展露无遗。反思部分指出康达维的研究在方法、可信度以及深度等三点上存在不足，但终究瑕不掩瑜。

关键词：康达维 赋学研究 扬雄 形象 反思

康达维（David R. Knechtges）是美国西雅图华盛顿大学亚洲语言文学系教授，曾受教于海陶玮（James Robert Hightower）和卫德明（Hellmut Wilhelm）。他的赋学研究，在西方呈一枝独秀之势，被海内外赋学界誉为"当代西方汉学之巨擘，辞赋研究之宗师"。普林斯顿大学中国古典文学教授、东亚研究系主任柯马丁（Martin Kern）说："西方的赋学研究几乎完全可以用一个名字来概括，即'康达维'。在西方，康达维乃是赋学甚至整个汉代文学研究的执牛耳者。"① 扬雄研究是其辞赋研究的起点和重镇。

本文主要通过抽绎康达维博士论文及后出专著《扬雄、赋与汉代修辞》和论文集《康达维自选集：汉代宫廷文学与文化之探微》中与扬雄相关的篇

---

* 2017年国家社科基金重大项目"辞赋艺术文献整理与研究"（项目编号：17ZDA249）的阶段性成果。

① ［德］柯马丁著，何剑叶译《学术领域的界定——北美中国早期文学（先秦两汉）研究概况》，载张海惠主编《北美中国学：研究概述与文献资源》第570—600页，中华书局，2010年。

目,勾勒出康达维建构的扬雄形象。其专著《扬雄、赋与汉代修辞》,系统研究了汉赋的性质、定义、源流以及扬雄的生平、英译了扬雄的辞赋作品、阐述了其辞赋理论,并附有《汉书·扬雄传》的译文。该书于1976年由剑桥大学出版社出版,是海内外第一部对扬雄及其辞赋进行详细、系统研究的专论。直至今日,对国内赋学界的扬雄研究仍有发蒙意义。论文集中的重要篇目,如《掀开酱瓿:对扬雄〈剧秦美新〉的文学剖析》①以及《扬雄〈羽猎赋〉的叙事、描写与修辞》新见频出,同为康达维扬雄研究的精华部分。

一、一种定性:扬雄其人

康达维《掀开酱瓿:对扬雄〈剧秦美新〉的文学剖析》一文开端明义,指出:"我们在文学史上有时可以找到一些诗人的作品受到很低的评价。但这些评价并非以客观的文学标准,而是通过一些与作品完全没有关联的因素来评判,如'品格不佳'或'行为不当'。在中国文学史上,汉代著名赋家扬雄或许就是一个最著名的例子。他的文学声誉,因为文学以外的因素而遭受玷污。"②为扬雄之遭遇鸣不平,对中国的文论体系也有所指摘。

纵观中国文论史,贬损扬雄者大有人在。东汉初的史学家班彪言:"雄、歆褒美伪新,误后惑众,不当垂之后代。"③北齐颜之推认为扬雄"德败美新"。④南宋朱熹称:"王莽为安汉公时,雄作《法言》,已称其美,比于伊尹、周公。及莽篡汉,窃帝号,雄遂臣之,以耆老久次转为大夫。又放相如《封禅文》,献《剧秦美新》以媚莽意,得校书天禄阁上。"⑤此外朱熹还在《资治通鉴纲目》天凤五年下大书"莽大夫扬雄死"。这对扬雄可谓致命一

---

① 康达维认为:"《剧秦美新》不应该被归入王莽时期所盛行的'符命'一类,严格来说,它是一种'特别的上书'有些段落看起来和'赋'非常接近。"因此,本文将《掀开酱瓿:对扬雄〈剧秦美新〉的文学剖析》作为康达维研究扬雄赋学作品的文章。

② [美]康达维著,苏瑞隆译《掀开酱瓿:对扬雄〈剧秦美新〉的文学剖析》,载《康达维自选集:汉代宫廷文学与文化之探微》第98—99页,上海译文出版社,2013年。

③ (唐)刘知几著,(清)浦起龙释《史通通释》第338页,上海古籍出版社,1978年。

④ 王利器《颜氏家训集解》(增补本)第237页,中华书局,2002年。

⑤ (宋)朱熹著,蒋立甫校点《楚辞集注》附录《楚辞后语·反离骚》第235页,上海古籍出版社,2001年。

击,此后历史上对扬雄的评价一落千丈。清朱彝尊曰:"王莽将篡汉,恭俭以下士。雄之淡泊自守,若无荣利动其中,其初盖欲悦莽之心,及久未见用,躁不能禁,为《剧秦美新》之文以献媚。"① 也有少数为扬雄辩解者,如洪迈"世儒或以《剧秦美新》贬之;是不然,此雄不得已而作也。夫诵述新莽之德,止能美于暴秦,其深意固可知矣。序所言配五帝冠三王,开辟以来未之闻,直以戏莽耳。使雄善为谀佞,撰符命,称功德,以邀爵位,当与国师公同列,岂固穷如是哉?"② 此外明代郫县简绍芳和焦竑试图从否定《剧秦美新》著作者的角度为扬雄洗白。许结师一语道破中国文论体系下对个人文学成就的评价绕不开道德品质这一特色:"关于扬雄的评价问题,在文学史上产生了一个奇异的现象:持贬抑态度者,每以《美新》发难,持褒扬态度者,每回避《美新》,甚至怀疑其著作权的归属。③"

康达维申述应将作品和人品截然分开之后,通过对《汉书》等历史文献的梳理,再现了扬雄被卷入"符命事件"的始末,得出"扬雄既不是王莽的支持者,也不属于反对派。他只是藏书阁中的一个无辜的学者,恰好指导过一名供认参与这起政治阴谋的学生,以致受到牵累"的结论。④ 康达维判定扬雄非王莽支持者后,运用"细读"的文学阐释方法,重新发掘《剧秦美新》的主题,并肯定了其文学价值。他细读的第一步是将全文译成英文,并附注释,说明译者对文本语言、象征、修辞、音韵等因素的解读。接着对其进行文学阐释,他将新批评派代表人物美国文论家燕卜荪(William Empson)提倡的用"关键词"寻找诗歌主题的方法移植到《剧秦美新》这一"特别的上书"中。燕卜荪是新批评派的代表人物之一,他在名著《复杂词的结构》(*The Structure Of Complex Words*)中说:"要想探究作品中意思的结构是怎样建构起来的,很自然要把长诗中的'关键词'挑出来,利用关键词可以看到这个机制在运作;在此关键词就是这首诗的主题。"⑤ 运用这一方法,康达维

---

① (清)朱彝尊《曝书亭集》卷第五十九第916页,《四部丛刊》上海涵芬楼藏原刊本。
② (宋)洪迈《容斋随笔》第168页,上海古籍出版社,1978年。
③ 许结《剧秦美新非谀文辨》,载《学术月刊》1985年第6期。
④ 《掀开酱瓿:对扬雄〈剧秦美新〉的文学剖析》,载《康达维自选集:汉代宫廷文学与文化之探微》第103页。
⑤ William Empson, *The Structure of Complex Words*, Cambridge: Harvard University Press, 1989, p. 84.

发现文中反复使用的关键词是"典"字。他认为"典"在《剧秦美新》一文中"似乎代表了一种古代的规范,联结着过去,也是对当前社会的一种指引"。后又指出"文章的主题并非秦朝罪大恶极,或新朝特别具备美德,或王莽的成就值得赞颂。当然,所有这些论点都得到了论证,但是相对于扬雄对古典主义的拥护而言,这些论点就显得次要了。在扬雄看来,古代经典('典')是所有道德准则的体现。也就是说,在夸张、夸大和颂扬性的词句背后,是扬雄对理想典范的隐喻,其中包含着古代的典范('典'),是指导个人言行和贤明君王的准则"①。文章至此,康达维已掀开扬雄身上的"酱瓿",阐释《剧秦美新》的主题思想,"谀文"等论点自然不攻自破。

二、双维创新:赋论、赋作

自古以来,否定扬雄之人的两大标靶即"其人失节,其文模拟"。如"蜀有司马相如,作赋甚宏丽温雅,雄心壮之,每作赋,常拟之以为式",②明确指出扬雄模拟司马相如。又如"雄实好古而乐道,其意欲求文章成名于后世,以为经莫大于《易》,故作《太玄》;传莫大于《论语》,作《法言》;史篇莫善于《仓颉》,作《训纂》;箴莫善于《虞箴》,作《州箴》;赋莫深于《离骚》,反而广之;辞莫丽于相如,作四赋;皆斟酌其本,相与依仿而驰骋云",③更是将扬雄的重要作品都含括进"模拟"之套,且塑造了一个端正严肃,直视模拟为成就名山事业的必要阶梯者的形象。许结师陈述学界扬雄研究主流论点时指出:"扬雄在汉代文学中的地位,国内外学者持论略同,认为扬雄乃复古主义的模拟大师,其文学思想属儒家正统思想范畴,对后世文学的影响是保守的、消极的。"④至于清程廷祚"子云之《长杨》《羽猎》,家法乎《上林》而有迅发之气……大抵汉人之赋,首长卿而翼子云,至是而赋家之能事毕矣",⑤指出扬雄对司马相如有继承,更有发展,且确立扬雄在赋史

---

① 《掀开酱瓿:对扬雄〈剧秦美新〉的文学剖析》,载《康达维自选集:汉代宫廷文学与文化之探微》第115、117页。
② (汉)班固著,(唐)颜师古注《汉书》第3515页,中华书局,1964年。
③ 《汉书》第3583页。
④ 许结《汉代文学思想史》第192页,人民文学出版社,2010年。
⑤ 郭绍虞主编《中国历代文论选》第111页,中华书局,1962年。

上的重要地位之中的之见实属难得。

针对多数指责扬雄模拟无创新的观点，康达维指出："扬雄的意义就在于他的理论和实践，他在汉赋史上显然占有重要的位置。但是如果不理解汉赋的性质和发展过程，就无法理解他的重要性。"① 因此他梳理了汉赋发展史，解说了扬雄之前，《楚辞》、荀子《赋篇》、《战国策》，枚乘、司马相如、王褒等人的赋作在内容和形式上的特点，将扬雄赋置于赋体文学发展史中作整体的考虑，将"模拟"视为有意识地继承传统，使扬雄成为赋体发展史上不可或缺的关键一环。康达维进一步亮出自己的论点："扬雄生活在汉末。当时赋的书写惯例已经完全确立。在整个西汉时期逐渐显现的惯例在扬雄赋中清晰可辨。扬雄是最具传统意识的赋家，他有意识地坚守着这种文类传统。"② 最终他认定"在很多方面扬雄和司马相如在汉赋的发展中同样重要"，③ 体察到扬雄一直以来被司马相如遮盖的光芒，将扬雄的赋史地位定性为"比肩司马相如"。

阐述扬雄赋论创新时，康达维梳理了中国早期文学理论中经常使用的"文"和"质"两个概念，并指出它们大致相当于西方所说的"形式"和"内容"。进而指出"扬雄是孔子之后第一个发展了文质理论的哲学家"④。康达维列举了《太玄·文首》《太玄·玄莹》《法言·吾子》《法言·问神》中论述文质关系的文字：

> 尽管理想状态是文质相称，首先文是从属于质的。文是质的自然反映，而非人为创造。华美精巧的语言和行为导致晦涩难解。因此，质必须发挥适当的作用，同时它必须是规范的和坚持一些原则和界限的。⑤

此外，他还提出在著作《太玄》和《法言》中，已可见扬雄赋论的端倪：

---

① David R. Knechtges, *The Han Rhapsody, A Study of the Fu of Yang Hsiun* (53B. C. -A. D. 18), Cambridge: Cambridge University Press, 1976, p. 5.
② *The Han Rhapsody, A Study of the Fu of Yang Hsiun* (53B. C. -A. D. 18), pp. 1-2.
③ *The Han Rhapsody, A Study of the Fu of Yang Hsiun* (53B. C. -A. D. 18), p. 1.
④ *The Han Rhapsody, A Study of the Fu of Yang Hsiun* (53B. C. -A. D. 18), p. 90.
⑤ *The Han Rhapsody, A Study of the Fu of Yang Hsiun* (53B. C. -A. D. 18), p. 93.

扬雄在其《太玄》中就孔子关于这二者的理论作了细致的延伸，并且联系到了文学理论中。他借用道家的自然观念，指出太过华丽的文字不自然。在《法言》中，扬雄的语言观念非常现代化，他认为语言的象征力量可以表达终极的现实，这个观点也直接影响了扬雄对赋的认识。①

继而，康达维引《法言·吾子》篇扬雄论赋：

> 或问："吾子少而好赋？"曰："然。童子雕虫篆刻。"俄而，曰："壮夫不为也。"或曰："赋可以讽乎？"曰："讽乎。讽则已，不已，吾恐不免于劝也。"

对于这段赋论，他给出了精辟的见解：

> 尽管扬雄对赋明显轻视，但他的话提供指导性的信息。这里可以看出两种对诗歌的看法：其一，诗歌是教化的工具，主要用于劝说；其二，诗歌是一个审美的对象，主要关注对语言富有艺术性的运用。扬雄看起来倾向于前一种观点。正是因为赋需要大量铺陈的语言掩饰真正的批评，扬雄在晚年放弃了赋的创作。②

康达维客观提取了扬雄赋论中传达的信息，包括赋既是"教化工具"，也是"审美对象"。接着他用西方文论中的术语"劝说性修辞"和"修饰性修辞"来说明赋的教化作用和语言的艺术性，并认为"赋是修饰性修辞和劝说性修辞的结合"：

> 作为汉代的代表赋家之一，扬雄很好地认识到赋中运用的两种修辞，即劝说的修辞和藻饰的修辞中所存在的矛盾：一种是用来教育和指引；而另一种则试图取悦和娱乐。扬雄相信赋的作用应当和诗一样，用来影

---

① The Han Rhapsody, A Study of the Fu of Yang Hsiun (53B. C. -A. D. 18), p. 90.
② The Han Rhapsody, A Study of the Fu of Yang Hsiun (53B. C. -A. D. 18), p. 96.

响人们的行为。他反对当时以过度使用语言增饰为特征的骋辞传统。即使他在《校猎赋》和《长杨赋》用高超的技巧使用了这些修辞方法,扬雄最后的结论是这种文体是传达道德教诲的无用工具。①

他从修辞学的角度对扬雄赋论做了解读,认为扬雄强调的是"劝说性修辞",主张赋应该和诗一样起到道德教化的作用。扬雄赋论是其文质理论的延伸,在文与质的关系中,他强调文从属于质;在赋论中,他反对语言增饰为特征的骋辞传统,认为赋要起到道德教化的作用,指导和影响人们的行为,实际上是对"质"的强调,反对过度文饰阻碍质的传达。

康达维指出扬雄相较司马相如的独到之处:"除了写诗外,扬雄还是第一个把自己的赋论运用到创作中的诗人,司马相如可能从来没有这样做过。"② 由此,他阐述了扬雄赋作上的创新,并认为这种创新主要表现在其赋风的前后变化和自我超越上:

> 在扬雄的赋中我们可以体会到他进行道德讽谏的尝试。在一些赋作中他做得比其他人更成功,但是他用这种文体进行劝诫的意图总是很明显。扬雄也在不断地变化,后期的作品和前期的不太一样。他在风格和主题上的这种变化,可以作为部分证据来反驳一种观点,即扬雄缺乏创造性的想象力,只是在模仿他的前辈。③

这种变化和自我超越的具体表现就是《解嘲》和《逐贫赋》的创作:

> 扬雄在否定赋为一种有效的讽谏工具之后,并没有全然停止创作。事实上,当他说出"童子雕虫篆刻,壮夫不为也"的著名论断之后,他短期内创作了两篇著名的赋,这就是《解嘲》和《逐贫赋》。④

紧接着,他直接指出:

---

① *The Han Rhapsody, A Study of the Fu of Yang Hsiun*(53B. C. -A. D. 18), p. 95.
② *The Han Rhapsody, A Study of the Fu of Yang Hsiun*(53B. C. -A. D. 18), p. 2.
③ *The Han Rhapsody, A Study of the Fu of Yang Hsiun*(53B. C. -A. D. 18), p. 2.
④ *The Han Rhapsody, A Study of the Fu of Yang Hsiun*(53B. C. -A. D. 18), p. 97.

在所有归名于扬雄的作品中（如果著作权属于扬雄的话），《逐贫赋》是完美阐释其"诗人之赋"理念的一个作品。①

继而分析论证道：

《逐贫赋》和扬雄以前赋作最大的不同之处在于，它完全采用《诗经》四言体的形式，尤以其中的"颂"诗为标本，几乎可以看出扬雄试图写作"颂"诗范式的努力。对于赋体来说，它的言辞过于简单直白了，但这丝毫也没有妨碍作者意旨的传达。恰恰相反，《逐贫赋》具有赋体的根本特征，它也是围绕一场辩论……但是与大多数赋中的辩论不同的是，它没有隐藏的批评或者隐晦的劝说。论点直接、鲜明，结论也不模棱两可。……我们无法确定这篇作品的写作时间，但我的猜测是这是诗人扬雄后期的作品，是他表面声称放弃赋的创作之后的作品。②

康达维根据《逐贫赋》简单直白的语言特色，鲜明直接的论点等判定该作属于扬雄晚期的作品，也即隶属于"诗人之赋"。

最后，他概述道：

在理论上，也许甚至在实践中，扬雄寻求赋体的改革。扬雄的早期作品，如《甘泉赋》《校猎赋》试图在藻饰的伪装之下表达批评的意义，显然他将这些作品看作是失败的。在《长杨赋》中，我们可以看到扬雄使用的结构和技巧使我们回想到战国时代的劝说，尽管其论点仍然置于伪装之下而未直陈。然后，他的兴趣转向哲学，扬雄拒绝骋辞的赋作而更青睐更直接、少语言修饰、语言未遮蔽道德信息传达的风格。《解嘲》中虽然有历史事例的广泛列举和其他旧的修辞技巧的运用，但它不仅更直接，且是扬雄第一篇表达个人思想的赋作。《逐贫赋》，即使非扬雄所作（我相信是扬雄所作），试图将扬雄的新理论付诸实践：直接、简单的

---

① The Han Rhapsody, A Study of the Fu of Yang Hsiun (53B. C. -A. D. 18), p. 104.
② The Han Rhapsody, A Study of the Fu of Yang Hsiun (53B. C. -A. D. 18), p. 107.

用词、个人的表达、有教诲性，值得受到关注。①

从《甘泉赋》《校猎赋》到《解嘲》《逐贫赋》，扬雄实现了从"在藻饰的伪装之下表达批评的意义"到"直接简单表达"的转变。这是实践上由"诗人之赋"到"辞人之赋"转变，与其理论的变革深相符契。由此康达维得出"扬雄是第一个信奉他自己赋论的赋家"的结论。②康达维之后，20世纪80年代，中国大陆的学者逐渐意识到扬雄赋作中包含的创新成分。如许结师"扬雄创作的广泛模拟，含有'广其资，亦得以参其变'的深层意义。综观扬雄文学，无不含有'模拟——反思'的过程。"③康达维研究的启发性意义不可漠视。

三、四个西方文论关键词

新批评（New Criticism）是20世纪20年代肇始于英国，在美国逐渐繁荣起来的文学理论，20世纪中叶成为主导美国文坛和批评界的主流。到20世纪60年代康达维上大学时，该理论已然式微，但它仍是文学理论课的重要内容，仍具有影响，康达维自然也成为受新批评思潮滋养的学者。新批评理论的核心要义是"作品是文学活动的本质与目的，作品应该成为文学研究的核心，文学批评应以作品为本体，反对把作品视为作家与读者的中介"；④"评论一首诗，可以不管它是谁写的，以及有关他创作该诗的种种情形，读者应当径自进入诗里，因为一首诗即一个独立自足的天地"。⑤

为扬雄其人定性时，康达维主要采用了这一理论方法。在《掀开酱瓿》一文中他阐述道："确定文学表达的最好方法就是篇章的细读（close reading），尤其留意语言的张力、模糊性以及潜藏的悖论。因此我主张用这个方法来考察《剧秦美新》。"⑥这里的"细读法"和"张力"等概念就是新批

---

① The Han Rhapsody, A Study of the Fu of Yang Hsiun（53B. C.-A. D. 18），pp. 107-108.
② The Han Rhapsody, A Study of the Fu of Yang Hsiun（53B. C.-A. D. 18），p. 2.
③ 许结《论扬雄与东汉文学思潮》，载《中国社会科学》1988年第1期。
④ 赵一凡等编《西方文论关键词》第683页，外语教学与研究出版社，2006年。
⑤ 《西方文论关键词》第683页。
⑥ 《掀开酱瓿：对扬雄〈剧秦美新〉的文学剖析》，载《康达维自选集：汉代宫廷文学与文化之探微》第104页。

评文论的基本特征。"细读的主要特点是'确立文本的主体性',强调文本内部的语义和结构对意义形成所具有的重要价值,而不主张引入作者生平、心理、社会、历史和意识形态等因素来帮助解读文本。从根本上说,它是一种以内部研究为特点的'文本批评'"。① 这与康达维的观点"我的基本看法是,一部文艺作品是一个独立、自足的个体,应该从内在的文学价值去欣赏它,而非其他一些外在的因素,如作者的性格、社会和政治背景,甚至写作动机等"② 不谋而合。

康达维从叙事性、描写性、修辞性三个层面讨论扬雄《羽猎赋》,其中修辞层面的探讨最富有启发意义。文章阐释了"劝说性修辞"和"修饰性修辞",并指出"赋是修饰性修辞和劝说性修辞的结合,要完全分清这二者并不容易"。"扬雄所关心的是劝说性修辞,正是由于他不喜欢修饰性修辞导致他最后彻底舍弃赋的创作。"③ 这里的修辞,采用的是亚里士多德的定义,亚里士多德认为修辞是"在任何给定的情况下运用已有劝说手段的能力。"④ "劝说性修辞"和"修饰性修辞"采用的是诺思罗普·弗莱的定义:

> 修辞学从一开头就指两件东西而言:修饰性的话语和劝说性的话语。这两件事从心理学上来讲,似乎是互相对立的,因为修饰的愿望从本质上讲是无利害关系的,而力图说服人的愿望本质上恰恰相反。实际上,修饰性修辞与文学本身是密不可分的……劝说性修辞则是一种应用文学,也即用文学来加强论证的力量。修饰性修辞只是静态地作用于其听众,开导他们去赞赏这种修辞本身的美或妙趣;而劝说性修辞则力图动态地把听众引导到行动的方向。前者是表达感情,后者是操纵感情。⑤

---

① 《西方文论关键词》第630页,2006年。
② 《掀开酱瓿:对扬雄〈剧秦美新〉的文学剖析》,载《康达维自选集:汉代宫廷文学与文化之探微》第98—99页。
③ 《掀开酱瓿:对扬雄〈剧秦美新〉的文学剖析》,载《康达维自选集:汉代宫廷文学与文化之探微》第90页。
④ 从莱庭、徐鲁亚《西方修辞学》第22—23页,上海外语教育出版社,2007年。
⑤ [加]诺思罗普·弗莱著,陈慧、袁宪军、吴伟仁译《批评的解剖》第356页,百花文艺出版社,2006年。

康达维认为"扬雄紧紧遵循着劝说性修辞的传统",并详细分析了劝说性修辞在《羽猎赋》中的表现:一、以虚构人物之间的辩论开头;二、使用过溢的赞美;三、在结尾处描绘一个想象的符合儒家道德理想的统治者的形象来表达批评;四、建构对立面之间的冲突。这些不同的表现方式各有其功能:虚构人物的辩论使听者产生能从不同角度做出选择的印象;过溢的赞美实际上是一种反讽,也是我们通常所说的"以颂为讽";对理想帝王形象的描绘表达了批评的主旨,使读者对自身的行为进行自省,并做出作者推崇的选择。其中,前三种是汉赋中经常出现的内容,康达维的解读使我们从修辞学的角度认识到赋家构思成文的深层原因。

研究扬雄赋作时,康达维将赋中出现的张力、悖论、隐喻、讽刺等新批评文论的基本特征都归于"修辞"。他首先阐述了由矛盾形成的"张力":

> 扬雄在赋中所作的,是建构对立面之间的冲突:节俭对奢华,简单对华丽,疏怠对勤劳。这些矛盾的张力在开篇简短的辩论中就被创造出来,并一直持续到作品的终结。这一修辞技巧的效果,是给读者造成一种印象,即在不同的行为之间做出选择。因此,赋中有大量篇幅用于详细描述皇帝的狩猎活动,这么做并非为了歌颂这些活动,或者表现作者高超的文学技艺,虽然这些因素在一定程度上确实存在;这么做是为了描绘出一个终日沉迷于玩乐,完全忽略国家与民生的皇帝的形象。①

康达维指出作者将成帝与古代圣贤君主的形象进行类比,让成帝在沉迷玩乐和节俭勤政的行为中做出选择,达到委婉劝谏的目的,这种类比即有意讽刺,"讽刺"在新批评的术语中也译为"反讽",指语言结构的字面意思与实际意思不同或相反。他还给出了另一运用反讽手法的例子:

> 《羽猎赋》"群公常伯杨朱、墨翟之徒,喟然称曰:'崇哉乎德,虽有唐、虞、大夏、成周之隆,何以侈兹!太古之观东岳,禅梁基,舍此世也,其谁与哉!'上犹谦让而未俞也,方将上猎三灵之流,下决醴泉

---

① 《掀开酱瓿:对扬雄〈剧秦美新〉的文学剖析》,载《康达维自选集:汉代宫廷文学与文化之探微》第95页。

之滋。"

康达维认为皇帝对颂词的拒绝具有讽刺性,隐含的看法是"一个把全部时间耗费在狩猎上的皇帝不配称为圣王,当然也不配进行封禅祭祀。"①

康达维根据《甘泉赋》写作背景"又是时赵昭仪方大幸,每上甘泉,常法从,在属车间豹尾中。故雄聊盛言车骑之众,参丽之驾,非所以感动天地,逆釐三神。又言'屏玉女,却宓妃',以微戒齐肃之事。"② 分析了扬雄借助"宓妃""玉女"传达的讽谏内容:

> 扬雄对这一主题的运用与求女无关。君王不是求女失败,而是自己拒绝了女神。扬雄在此插入了训诫成分,对迷人女神的拒绝标志着君王对浮华行为的放弃……两位道德败坏、变化无常的女神是对赵昭仪和其姐的委婉批评,扬雄可能是希望汉成帝放弃这两位美人。③

解读《剧秦美新》时,康达维关注着词语的内涵意义,具体操作时他解读了文中出现的隐喻和意象。认为"浑浮汹涌,川流海渟,云动风偃,雾集云散,诞弥八坼,上陈天庭"一段是"用复杂的隐喻来形容新朝吸引的大量祥瑞";"京师沈潜,甸内匦洽,侯卫厉揭,要荒濯沐"中"湿润的意象"是用来"形容王莽的道德影响好像'灌溉者',越靠近京城,百姓获得的水分也越多"。④ 康达维也充分注意到其中潜藏的悖论,指出这是"对事实的歪曲、凭空想象的隐喻、夸张的语句",并认为这是"典型的颂词风格",是赋中常用的表达方式。

在分析《羽猎赋》"鞭洛水之宓妃,饷屈原与彭胥"一句时,康达维言:

> 宓妃可能代表的是淫荡和腐化,或者更具体一些,她代表的是奢华

---

① 《揭开酱瓿:对扬雄〈剧秦美新〉的文学剖析》,载《康达维自选集:汉代宫廷文学与文化之探微》第 95 页。
② 《汉书》第 3535 页。
③ *The Han Rhapsody, A Study of the Fu of Yang Hsiun* (53 B. C. -A. D. 18), pp. 107-108.
④ 《揭开酱瓿:对扬雄〈剧秦美新〉的文学剖析》,载《康达维自选集:汉代宫廷文学与文化之探微》第 113 页。

的壮观如眼前的狩猎。事实上，在扬雄的赋作中，宓妃似乎是一个惯用的象征。如《甘泉赋》中，她被当成过度放纵的象征。……《羽猎赋》中对宓妃的鞭打，似乎代表了对享乐活动的否定。赋中的三名勇士皆是为了解救君主免于万劫不复，而以死殉国的士大夫。在整首赋的语境中，他们代表统治者重新回归为造福万民的好君王。①

四、三点反思

康达维是第一位对扬雄及其赋作进行深入研究的西方学者，并将国外学者尤其是日本学者铃木虎雄和中岛千秋的研究成果介绍到中国，打破了同一时期中国大陆扬雄研究的沉寂状态。他以"他者"和"异域"的视角，摒除历史偏见，对扬雄及其作品的评价始终坚持"文学本位"，从探讨文学内部发展规律出发，拒绝以"品行"等外部因素来评价扬雄作品，因而得出公允和具有前瞻性的结论。此外，他从赋体文学发展史的宏阔视角对扬雄赋论及其赋作进行定位，是科学的和具有突破性的。但研究也存在以下几点不足，主要表现在研究方法、研究深度、研究可信度等方面。

研究方法上，将西方理论直接套用到中国古代士大夫的评价体系中，存在水土不服之嫌疑。中国古代对士人的评价一向与其道德行径相联系，《诗经·大雅》："上帝临汝，无二尔心。"②，强调对"上帝"的忠贞不贰，而这里的"上帝"显然是指至高无上的君王。《左传》有"三不朽"之说，但"立德"排在第一位："太上有立德，其次有立功，其次有立言。虽久不废，此之谓三不朽。"③ 司马光将忠信置于才智之上，"为臣不忠，虽复才智之多，治行之优，不足贵矣。何则？大节已亏故也。"④ 钱谦益因身仕两朝被列入清

---

① 《掀开酱瓿：对扬雄〈剧秦美新〉的文学剖析》，载《康达维自选集：汉代宫廷文学与文化之探微》第87—88页。
② （宋）朱熹《诗集传》第178页，中华书局，1958年。
③ （明）钱谷《吴都文粹续集》第1385册第322页，台北：台湾商务印书馆影印文渊阁《四库全书》本，1982年。
④ （宋）司马光《资治通鉴》卷第二百九十一第5773页，《四部丛刊》景上海涵芬楼藏宋刊本。

史列传的《贰臣传》，乾隆皇帝下令销毁他的书籍，并作诗讽刺他"两姓事君王，进退都失据"。甚至艺术鉴赏也要强调作家的道德行径，以至于德国学者雷德侯（Lothar Ledderose）总结中国儒学传统时说："儒教认为个人和社会须遵循的伦理规范超越于艺术之上，这种观点贯穿于中国艺术史和艺术理论。"①

研究深度上，注意到扬雄晚年从"辞人之赋"到"诗人之赋"的转变，却只把这种转变归因于其创作指导思想的变化，未能探析深层原因。马积高先生分析了扬雄赋风前后变化的历史社会原因，"他（扬雄）这种观点的形成，显然与西汉元成以后，儒学益占支配地位有关；而其更深的根源，则是由于随着西汉帝国的衰落，士大夫既失去了司马相如那种'包括宇宙'的气魄，也失去了屈原司马迁那种敢于直言的精神。"② 显然马先生将扬雄赋作衰落之势的深层原因根植汉元成之后的历史现实，更具历史厚重感，也更具有说服力。与之相似的，许结师"'西汉文章雄浑雅健，其气长故也'（惠洪《冷斋夜话》语），在很大程度上正是其强国之音下浑茫飞动之才情的宣泄。至西汉后期，文学情感的表现随着大文化的解体似乎又回归到汉初……即如刘向、扬雄这样才起纵横的作家，其文学才情也远不及盛汉风采，他们因文学情感的淡化而产生的对文学自身的困惑，以及由此困惑而产生的痛苦，唯一的宣泄途径是转入深层的哲理的思考。"③ 同样将扬雄赋风的转变包笼于西汉社会历史文化因素的变更，有高屋建瓴之效。

研究可信度上，将一些真伪存疑的作品直接引用，却未加考辨。此类作品主要包括《太玄》和《逐贫赋》，康达维引用前者证明扬雄的语言观，并将后者看作是"扬雄'诗人之赋'理念的完美诠释"。王青《扬雄评传》"倾向于认为《太玄赋》为伪作"。④ 其因一方面是该赋长久以来未见引用，另一方面是此赋与扬雄的基本思想相龃龉。笔者将原因概括为以下两点，一是赋中有大量的游仙内容，津津乐道于出世远游，而扬雄是明确反对成仙的；二是对儒家经典及圣人之道极为推崇的扬雄却在此赋中一反常态，对儒家思想流露出鄙夷之情，酷肖老庄之徒攻击儒家的口吻。同样地，该书从引用频次、

---

① ［德］雷德侯著、许亚民译《米芾于中国书法的古典传统》第49页，中国美术学院出版社，2008年。

② 马积高《历代辞赋研究史料概述》第61页，中华书局，2001年。

③ 《汉代文学思想史》第178页。

④ 王青《扬雄评传》第272页，南京大学出版社，2000年。

押韵、仿作等三个方面指出"此文《初学记》《艺文类聚》《太平御览》各引一次，整文最早也出于《古文苑》。……此赋从押韵情况来看，似乎不是西汉的韵部。如'家'，在西汉读如'姑'，曹大家至今还应读如曹大姑。但在《逐贫赋》中，却是'遐、加、砂、家'通押，这更接近于唐朝的用韵习惯。另外，扬雄所用的几乎所有文体（如赞、连珠、箴、铭、颂、诔等）至东汉魏晋南北朝之间不断有人模仿，而像《逐贫赋》这样风格十分独特、手法十分新奇的作品数百年间无一人效仿，一直到唐朝以后才有人再次使用这种奇特的拟人手法。"[①] 最终得出"真伪皆无显据"的结论。

（贾文霞　南京大学文学院博士生）

---

① 《扬雄评传》第 274 页。

·拉美汉学研究·

拉丁美洲当代诗人与李白的互文性研究[*]

李翠蓉

摘　要：作为唐诗艺术高峰的李白诗歌，炳耀千古，举世倾服。李白的海外译介研究主要集中在欧美领域，甚少涉猎到拉丁美洲。事实上，跨越时空的当代拉丁美洲诗人与李白之间也有着深深的"交流"。拉丁美洲现代主义诗歌之父尼加拉瓜诗人达里奥声言是李白的化身，哥伦比亚诗人巴伦西亚与诺贝尔文学奖获得者墨西哥诗人帕斯是李白诗作最重要的西语译者，而兼通诗画的墨西哥诗人塔布拉达则是李白形象的最佳绘者，通过这种交流，诗人的诗学思想和诗歌生命力得以在拉美文化语境中扩展与延伸。

关键词：李白　达里奥　巴伦西亚　帕斯　塔布拉达

1894年，尼加拉瓜诗人鲁文·达里奥（Rubén Darío，1867—1916）身处阿根廷，在蒂克雷饭店写下了名篇《神游》（*Divagación*）[①]，两年后被收入《世俗的圣歌》（*Prosas profanas*）。神游之处由"希腊""法兰西""弗罗伦萨""德国"与"西班牙"，再到"中国""日本"与"印度"，最后回到"加勒比"。描绘旖旎风光时，也着墨于各地的诗人：李太白（Li Tai-pe）是《神游》中唯一一位东方诗人，比肩阿纳克里翁、魏尔兰、博卡丘与歌德。达里奥描绘中国的"丝绸""锦缎""黄金""琉璃宝塔"与"罕见的金莲"；赞美中国公主的美貌，"你的容颜胜过月宫的婵娟"；希望她用李太白的语言

---

[*] 本文系国家社科基金青年项目"中国古典文学在西班牙语世界的传播研究"（编号：17CZW038）阶段性成果。

[①] 鲁文·达里奥著，赵振江译《鲁文·达里奥诗选》第123—124页，河北教育出版社，2003年。

来表达对自己的爱恋,"请用中文表达对我的爱恋,用李太白的响亮的语言";而他本人也会像"诗仙"一般用诗歌来回应她,"我将像那些阐述命运的诗仙,吟诗作赋在你的唇边"。

一、从中国的"诗仙"到拉丁美洲的"诗圣"

1867 年,汉诗法译集《白玉诗书》(*Le Livre de Jade*)出版,译者是法国帕纳斯派女诗人朱迪特·戈蒂耶(Judith Gautier,1845—1917),诗集于 1902 年再版,增加 39 首诗歌,其中李白诗歌选译最多,为 19 首。戈蒂耶因不太通晓中文,往往只略其义,重新书写,她所译诗歌多呈现想象性与自由度大的特点。她将李白的《玉阶怨》如此翻译:

> 玉石的台阶因洒满露珠而闪闪发光,长夜漫漫,皇后拾阶而上,任由沙罗和黄袍的拖裙在无数露珠中慢慢浸湿,她在炫目的亭台口驻足,水晶珠帘瀑布般地垂下,帘下本可以看到太阳。但当珠帘叮咚清脆的声音平息后,忧郁迷离的皇后透过珠帘看到了亮晃晃的秋月。①

戈蒂耶并未体会《玉阶怨》中所描绘的深闺女子夜里等候无果之后所产生的怨"情",而将重点放在了对夜"景"的描绘:"玉石""露珠""沙罗""黄袍""水晶珠帘"与"秋月"等。然而,这些异国情调的浪漫符号却正好对应了当时法国乃至整个西方对中国文化的神秘设想。拉丁美洲的"诗圣"达里奥便是通过《白玉诗书》"结识"了中国的"诗仙"。19 世纪末期,达里奥辗转巴黎,不曾错过《白玉诗书》,在《神游》中他点明道:"戈蒂耶拜倒在中国公主面前。"达里奥追求开拓新路、超越前人,他的欢乐与悲哀,狂热与颓唐,理想与绝望,崇高与放纵,都在诗歌创新与发展中凝成了美的永恒。这就是人们将这位生活中的凡夫俗子尊为"诗圣"的根本原因之所在。

达里奥是拉美现代主义诗歌最重要的代表,他的诗集《蓝》(*Azul*,1888)的问世标志着这个运动的形成;当他于 1916 年逝世后,现代主义便逐

---

① 董斌孜孜《诗仙远游法兰西——李白诗歌在法国的译介与接受》,载《贵州社会科学》2011 年第 11 期。

渐为先锋派所取代。现代主义诗歌主观色彩强烈、逃避社会现实、夸大个人自由。与独立战争时期朝气蓬勃、积极乐观的浪漫主义相比,现代主义诗人面对无法改变的现实,便力图在诗歌创作上追求构思的新奇、用词的典雅与韵律的和谐。达里奥曾经声言:"你们将在我的诗歌中看到公主、皇帝、皇宫轶事、遥远国度的风景甚至想象的风景,你们还想看到什么?我憎恨我生活的时代……"①"异国"与"过去"是现代主义诗人的"避风港",而遥远的中国、生活在中国古代的诗人无疑是他们创作诗歌的最佳题材。现代主义代表诗集《蓝》中有一篇《中国女皇之死》,诗中的"中国女皇"实乃一尊精美绝伦的瓷器,达里奥充分运用自己的想象,以华丽的笔墨描绘她:

  亚洲艺人有双什么样的手,竟能塑出一个如此迷人的人儿?她头发紧挽在一起,脸上带着神秘的表情,天仙般神奇的双眼低垂着,露出斯芬克斯的微笑,挺秀的脖颈下那圆润的双肩上,披着一件秀龙的丝绸薄衫,这一切都给这尊洁白无瑕、蜡一般光滑的瓷像平添了魅力。中国女皇!②

  如果说,在新航路被打通之后,中国瓷器在西方并不少见,那么中国女皇的形象确实需要诗人发挥想象。当时西方对中国文化的想象大抵如此:穿着中国丝绸,品着中国茶,使着中国香料,用着中国团扇,想象着中国宫廷中的公主与皇帝的形象,幻想着中国诗人的佳篇。而作为中国诗歌巅峰代表的李白,机缘巧合地成了达里奥笔下众多中国元素之一。然李白同"中国女皇"不同,他不仅仅是西方追寻的东方异域元素,他的诗风与达里奥的诗风之间因帕纳斯诗派有着更深的渊源。戈蒂耶的父亲是法国著名诗人特奥菲尔·戈蒂耶(Theophile Gautier,1811—1872),唯美主义诗派帕纳斯诗派"为艺术而艺术"主张的首倡者,帕纳斯诗派主张描写古代的、异国的题材,将诗歌与社会现实分离。戈蒂耶深受帕纳斯诗派审美意趣的影响,《白玉诗书》中所选诗歌多为山水诗,如李白的《渌水曲》《江上吟》《采莲曲》《陌上赠

---

① Darío Rubén, *Páginas escogidas*, Madrid: Cátedra, 1988, p. 43.
② 赵振江、腾威《中外文学交流史——中国-西班牙语国家卷》第207页,山东教育出版社,2015年。

美人》等等。诗歌中诗人姿态高雅、远离世俗与人群，漫步于云雾蒸腾的山水之间。与世俗生活的隔离、与大自然的亲近，正是李白诗歌与帕纳斯派之间不谋而合的共同追求。

而拉美现代主义诗歌深受法国帕纳斯诗派的影响，其中一个特征便体现在倾向于回归自然，寻找最为原始的自然，而这种倾向则可以理解为"一种艺术愿望：寻找过滤社会与道德偏见的自由视角，以此视角来表现生活的愿望"①。从达里奥诗集《蓝》的题目就可管窥一二："蓝"既是天空的颜色，亦是大海的颜色，换言之，"蓝"是自然的颜色。李白诗歌主题有几个特别常见的主题：自由、自然、友情、醉酒等。各个主题之间并非相互独立，而是息息相关。因为追逐自由，注定流浪，途中结识朋友，自然也对饮成欢，却又因为流浪定要跟朋友别离；因为前行，所以逃避过往、逃避自我；因为逃避带来不安全感，需要寻求庇护，而青山绿水则是仙风道骨的青莲居士最为向往的庇佑之所。正如当代西班牙汉学家哈维尔·马丁·里奥斯（Javier Martín Ríos）所言："自然是最本质的，通过自然，诗人藏匿于雾里、林中、水涧，感悟天地交汇，追逐永恒不朽与虚无。"② 因此，中国"诗仙"与拉丁美洲"诗圣"的创作拥有一个共同的旨趣：回归自然。

二、李白的拉美译者：诗人巴伦西亚与帕斯

除了《白玉诗书》，另一部法译汉诗集《玉笛》（*Le flûte de jade*，1920）对西语世界影响也很大，不少西译唐诗均源于此集。《玉笛》收入汉诗170首，李白41首，译者为法国著名的东方学家弗朗兹·图桑（Franz Toussaint，1879—1955）。他译过大量的阿拉伯语、波斯语、梵语与日语作品，但汉语译作仅《玉笛》一部。李白以古汉语写成的韵文，在图桑笔下变成法语散文。汉诗法译散文化主要由汉字的特殊性决定。西班牙诗人拉斐尔·阿尔贝蒂（Rafael Alberti，1902—1999）就曾详细分析汉字对诗歌的决定性作用：单音节汉字便于押韵（韵脚灵活），有助于保持形美（汉字数等于音节数）；汉语

---

① Sellés, Carmen Luna, "'Érase una vez...' en el modernismo hispanoamericano", en*Hesperia: Anuario de filología hispánica* 4, 2001, p. 55.

② Martín Ríos, Javier, *El silencio de la luna-Introducción a la poesía china de la dinastía Tang*. Barcelona, Azul Editorial, 2003, p. 95.

不同声调赋予诗歌抑扬顿挫的音美；汉字书写方式（书法）又能增加诗歌形美，让书法与诗歌两门艺术互相辉映①。在很大程度上，汉字赋予李白诗歌的这种"音美韵美形美"均无法再用逻辑性强、直白的、解释性的罗曼语来再现。那么，将汉诗译成罗曼语时，应该散文化抑或给它"框上"目的语的诗歌美学呢？哥伦比亚诗人巴伦西亚西译李白诗歌时给我们带来了启示。

现代主义诗人吉列尔莫·巴伦西亚（Guillermo Valencia，1873—1943）客居巴黎时结识达里奥，受其影响，着手翻译汉诗，以《玉笛》为蓝本，于1929年出版《神州集——东方诗歌》（*Catay-Poemas Orientales*），98首汉诗与5首阿拉伯语诗歌，李白26首，如《赠汪伦》《乌夜啼》《月下独酌》等。巴伦西亚是译介李白诗歌的第一位西语诗人，与达里奥相比，巴伦西亚对汉诗的认识已经更进一步，在序言中，作者认为短小、精练乃中国古典诗歌最为突出的特点，"中国人写诗犹如在屏风上作画，在长衫上刺绣：清新、刻意、朴实、典雅"②。他总结汉诗三个特点：重复的主题及意象、含蓄内敛的表达与自然而连贯的情景结合。《玉笛》中，图桑"解释"汉诗，将汉诗韵文散文化，以散文化的汉诗为源文本，巴伦西亚试图在西语译文中"再创作"，将其"译成"西语诗歌。以《乌夜啼》为例分析诗人的翻译特色，译文如下：

> Los cuervos
> El rayo del crepúsculo moroso
>   dora el polvo sutil que capta el viento
>   en los bastiones fúnebres del foso
>   que escucha la ciudad.
> Es el momento
>   en que giran los cuervos sobre el árbol
>   do pasarán la noche. Su graznido
>   a una mujer que borda en la ventana
>   --la esposa de un guerrero--
>   vuela medroso a sacudir su oído.

---

① Alberti, Rafael y León, María Teresa, *Poesía china*, Madrid, Visor Libros, 2003, pp. 8-9.
② Valencia Guillermo, *Obras completas poéticas*, Madrid: Aguilar, 1955, p. 254.

Ella alza la cabeza y mira al foso,
y piensa con despecho
que él acaso no vuelva, como tanto
ausente amigo; y al mirar el lecho
deja correr el llanto.①

乌鸦
缓缓降临的黄昏
细腻的尘埃飘荡在金黄色的暮光中
笼罩着城墙边凄惨的驻防堡垒
凝听着这座城市。
就在这时
乌鸦在树上盘桓
准备在此过夜
它们一阵阵惊恐的叫声
惊起了一位在窗前织锦的女人
她是一位战士的妻子
她抬起头望向城边
伤心地想到
他难道如远去的朋友再也不回来了
她望向床边
失声痛哭。②

  巴伦西亚非常注重诗歌的韵律与节奏，译文似一首两段的、11音节与7音节交错、押韵的西班牙语现代主义诗歌，"唯理主义的语言呈现'逻辑-句法'强化的特点，现代主义摒弃这种语言，转而创造了另外一种'抒情-音乐'性很强的语言，它注重诗句的押韵与意象的创造"③。巴伦西亚这首《乌夜啼》的译文便在很大程度上体现了现代主义诗歌的这种审美意趣。诗人试

---

① Valencia Guillermo, *Catay-Poemas orientales*, Bogotá: Camacho Rolden, 1929, p. 55.
② 作者自译。
③ Zheng Shujiu, Chang Shiru, *Antología de la literatura hispanoamericana*, Beijing: Foreign Language Teaching and Research Press, 1997, p. 208.

图在西语中"再创造"原诗的意境,但他并未真正理解汉诗的意境,更多时候是按照西语诗歌的习惯来营造,译文的第一段意境优美,但译文与原诗已相差甚远。虽然诗人知晓汉诗"寓情于景"的特点,但未能在译诗中再现,原诗中"乌鸦归"与"远人未归"遥相辉映。因诗人未体会乌鸦—秦川女—远人之间的微妙关系,才有了"乌鸦叫声惊起秦川女"的误译。

巴伦西亚在阅读法译汉诗并将其译成西语的过程中,对李白诗歌美学有了初步了解,试图再现,但因其不晓汉字,不通汉文化;且原文本法译汉诗忠实度较低;同时受现代主义诗歌美学的影响,他笔下的李白诗歌译文更多地属于创译文本。因为,译介李白诗歌的原因主要在于作为诗人的他需要另外一种诗,"西方诗人需要另外一种诗,一种可供比较、可供借鉴的诗歌形式,一段可供比较的创作经验"①。巴伦西亚从李白诗歌的字里行间去借鉴东方意象、去模仿雅致的景色描绘、并感受虚幻的意境。简言之,巴伦西亚实现了从"李白"到"李白诗歌"的跨越。他笔下的"李白诗歌"充满拉丁美洲现代主义诗歌色彩,而帕斯笔下的"李白诗歌"则更加接近原诗意境。

1990年,诺贝尔文学奖的获得者墨西哥诗人奥克塔维奥·帕斯(Octavio Paz, 1914—1998)曾亲临日本,后来又以外交官的身份出使印度达6年之久,对东方文化兴趣浓厚。拉美文化常年受到欧洲中心主义的压制,拉美知识分子在寻找自我身份的过程中,多数为多元文化的支持者,帕斯就是其中之一。基于近距离的了解与对多元文化的支持,"帕斯坚信东方文化并非异域的、低等的文化,相反,它与西方文化平行、且相互补充,对于理解整个人类思想不可或缺"②。尽管诗人并未来过中国,但他对中国古典文学,尤其是庄子与唐诗宋词兴趣浓厚,曾将"庄周梦蝶"的典故与王维的《酬张少府》镶嵌于自己的诗篇中:

蝴蝶在汽车间飞舞。
玛丽·何塞对我说:
一定是庄子从纽约经过。

---

① 蒋向艳《唐诗在法国的译介和研究》第57页,学苑出版社,2016年。
② Botton Beja, Flora, "Octavio Paz y la poesía china: las trampas de la traducción", en *Estudios de Asia y África* 2, 2011, p. 269.

> 但是蝴蝶不知道自己是梦想成为庄子的蝴蝶，
> 还是梦想成为蝴蝶的庄子。
> 蝴蝶毫不迟疑，直飞而去。
> 要问成和败遵循什么样的标杆？
> 打鱼人的歌声飘荡在静止的岸前；
> 王维酬张少府在他水中的毛庵。
> 然而我却不愿做个知识居士在圣安赫尔或科约阿坎。①

帕斯非常欣赏庄子的哲理："亲近自然、打破常规、存在相对性、梦想与现实的融合与反对集权。"② 1968 年，帕斯为抗议本国政府镇压学生运动而辞去印度大使职务，但不似王维般心灰意冷，寄情于清风明月、秀水幽篁，他"不愿做个知识居士"。帕斯对于中国哲理的思考，对中国士大夫心境的体会，均为其深刻理解李白诗歌做好铺垫。1973 年，帕斯翻译出版《译事与乐事》（*Versiones y diversiones*），选译部分汉诗，如李白的《下江陵》《独坐敬亭山》与《夜宿峰顶寺》等。因为坚信东方文化与西方文化相互补充，诗人追求向西方展示真实的东方文化，努力再现真实的"李白诗歌"。他尽量使得原诗与译诗的诗句数目相等、注意韵律、再现对仗。帕斯特别重视对仗，点明对仗不仅是汉诗的精髓，也体现诗人的世界观，甚至是汉文化美学的根基。

帕斯注意到汉诗"同时性"（simultaneismo）的特点，空间的"同时性"能够让汉诗同时呈现事物的多面；时间的"同时性"则可让汉诗呈现事物不同时间内的状态。正式基于对"同时性"这个特点的把握，帕斯采用"行间翻译法"（traducción interlineal）来翻译汉诗。汉语结构缺乏连接成分，古汉语尤其如此。但将汉诗译成句法逻辑严密的西语，便需添加不同的连接词。所谓的"行间翻译法"则指尽可能地减少译文中的连接词，让读者更多地去想象原诗的意境。除了"行间翻译法"，帕斯还有一门独特的翻译方法，即"音韵检验法"（transcripción fonética）。他听着原诗的朗诵，来修改自己的译

---

① 赵振江、腾威《中外文学交流史——中国-西班牙语国家卷》第 216—217 页，山东教育出版社，2015 年。

② "Octavio Paz y la poesía china: las trampas de la traducción".

诗，尽量使两者在音律上更加接近。以李白的《夜宿峰顶寺》为例，来印证帕斯的翻译美学，帕斯的译文如下：

>La cumbre, el monasterio.
>Ya es noche. Alzo la mano y toco a las estrellas.
>Hablo en voz baja: temo.
>Que se despierte el cielo.①
>山顶，寺庙。
>夜晚，举手扪星辰。
>我低语，担心。
>惊醒天空。②

帕斯注重韵律、尽量实现对仗、减少连接词以突现诗歌"意象叠加"的特点。与巴伦西亚对李白的译介相比，帕斯为西语读者呈现了一个更加真实的"李白"。帕斯对李白诗歌的理解基于他对中国文学整体的了解与熟识，20世纪80年代末，拉美文学翻译家江志方有幸到帕斯家里对其进行访问，他悉数向江先生展示了英文版的《李白诗选》《杜甫诗选》《苏东坡诗选》《王维诗选》与《韩愈诗文选》以及法文版的《红楼梦》与《水浒传》等书，每本书都认真研读，细心做好笔记。无怪乎江先生都忍不住要将帕斯定义为"西出阳关"的"故人"。

三、塔布拉达笔下"斗酒诗百篇"的李白

墨西哥诗人何塞·胡安·塔布拉达（José Juan Tablada，1871—1945）创作大量表意诗，将绘画与诗歌两门艺术、视与听两种感官欣赏完美结合，真可谓"诗中有画，画中有诗"。幼年的塔布拉达就表现出绘画的禀赋，本来父亲打算存钱供他去欧洲学习绘画，但早逝的父亲未能践行他的诺言，塔布拉达更多的是靠自学成才，然而在1905年，他师从西班牙画家安东尼奥·法布

---

① Paz, Octavio, *Versiones y diversiones*, Madrid: editorial Galaxia Gutenberg, 2000, p. 553.
② 作者自译。

雷斯（Antonio Fábres），尽管塔布拉达并不如他的其他同门一般，开展各种画展，但终其一生，从未停止过绘画。画家的身份对他后来的表意诗创作奠定基础。

除此之外，同达里奥、巴伦西亚一样，塔布拉达深受法国艺术影响（他曾以外交官身份出使法国）。19世纪末20世纪初，西方诗歌艺术表现形式遭遇危机，以法国为代表的欧洲急切地向东方"借鉴"，大批西方诗人受到东方诗歌的影响，而深受法国文化影响的拉美诗人自然浸润其中，塔布拉达自己也声称受到这种影响，并强调自己的诗歌创作与东方诗歌的直接联系。诗人曾作为外交官出使日本与印度，对日本的俳句（haiku）甚为欣赏，后发表模仿日本俳句之作《一天……合成诗》（*Un día... Poemas sintéticos*，1919），对日本文化的兴趣引导他对中国文化、中国艺术也产生了兴趣，为后来创作诗歌《李白》埋下伏笔。

西方评论界认为，塔布拉达的诗歌创作前期主要受现代主义诗歌美学的影响，后期则主要是先锋主义。但诗人自己对此种"贴标签、分门派"的做法显然不屑一顾，他标榜自己"无门无派"，"立体主义、创造主义、想象主义、神秘主义……，我只信一个主义：我主义（我自己）"[1]。这个"我主义"在一定程度上否定了批评家的工作——划分文学流派、分析每个流派的不同内涵，因此"激怒"了批评家。他们"伺机"反击诗人，1919年2月，塔布拉达发表他的第一部表意诗集《图画世界》（*El Universal Ilustrado*），批评家们便"逮住"了这次机会，一致认为其表意诗创作的灵感来源于法国诗人纪尧姆·阿波利奈尔（Guillaume Apollinaire，1880—1918）。这对一直追求独辟蹊径的塔布拉达而言，甚至算得上一种"侮辱"，他迅速反击，进而捍卫自己表意诗的原创性，称其影响源于遥远的东方，而非眼前的西方。

然执着的批评家并不因此让步，转而研究塔布拉达诗歌的东方影响，很快，他们便发现，尽管诗人曾经身处日本3个月，但他连自己的日语名字都无法正确书写，更不用谈阅读日语原著了，换言之，他所受的东方影响并非直接的，也是通过其他欧洲语言，主要是法语，间接接触，换言之，他所接受的东方影响亦是加入了法国艺术的这面"滤镜"的，也是西方视角中的东

---

[1] Tablada, José Juan, *Obras IV: Diario (1900-1944)*, Ed. Guillermo Sheridan. México: UNAM, 1922, p. 168.

方影响。塔布拉达却并未就此"屈服",继而创作了诗集《〈李白〉与其他诗歌》(*Li Po y otros poemas*,1920),诗集中第一首诗歌是《李白》,为了突出自己诗歌创作的东方来源,他将其置于首要位置,并将其作为题目。也就是说,塔布拉达在捍卫自己诗歌原创性的"荆棘道路"上,与李白"相识",他为西方读者描绘了一个"斗酒诗百篇"的中国诗人的形象,李白也成了他最坚实的"后盾"。

塔布拉达对李白、李白诗歌的了解主要源于两本书:《中国文学史》与《中国歌辞》。英国汉学家哈波特·翟理斯(Herbert Giles,1845—1935)于1901年完成《中国文学史》(*History of Chinese Literature*),作为《世界文学简史丛书》之一出版。论及唐代诗歌,翟理斯重点介绍了李白、杜甫、白居易等诗人的生平、创作情况及他们的作品。1918年,美国翻译家詹姆士·威特沃(James Whithall)出版《中国歌辞:白玉诗书——自朱蒂斯·戈蒂耶法译本转译》(*Chinese Lyrics From The Book Of Jade, Translated From The French Of Judith Gautier*),选译多篇李白诗作,塔布拉达在此基础上创作了《李白》。《中国歌辞》因是《白玉诗书》的转译文本,其参考价值不高。但由汉学家翟理斯所写《中国文学史》却价值非凡,翟理斯在中国生活了26年,精通汉语,对中国古典文学深有见地:"他认为唐诗的繁荣其本质原因是汉语言本身的发展到此时已经完善、成熟到了足以最大程度上承载诗性的优美与丰盈的阶段。"① 他笔下的译文重现了原作的精神内涵。塔布拉达在翟理斯精准的译文的基础上,创作了诗歌《李白》,并在文间再现了《月下独酌》这首诗歌。

诗歌内容的主体是李白的生平、李白的诗作与《月下独酌》这首诗歌的创译。李白醉酒之后步伐蜿蜒、继而跌倒、被唐太宗召见、杨贵妃为他磨墨、醉意浓烈地执笔写诗、凝望湖中之月、为抱月而溺亡、中国对诗仙的祭奠,李白的生平尽数在塔布拉达的笔下铺展开来;明月、玉杯、大鹏等李白诗歌中的意象也在诗歌《李白》中得到再现;"花间一壶酒,独酌无相亲。举杯邀明月,对影成三人"等千古绝句也以卡斯蒂利亚语呈现在西语读者面前。作为诗集中第一首表意诗,塔布拉达在诗中创作了许多"图象",开篇诗歌行文便以汉字"李"为形状,后文汉字繁写形式"壽"字嵌于其中;除此之外,诗歌行文还构成其他图像:诗人醉酒后蜿蜒的步伐、诗人醉酒跌倒的样子、

---

① 江岚《唐诗西传史论——以唐诗在英美的传播为中心》第50页,学苑出版社,2009年。

女人的面孔、唱歌的小鸟、中国塔、玉扇、玉杯、圆月、满月等,诗与画交汇。《李白》不仅为读者带来视觉上的享受,亦是一首"有声诗歌",画面与声音交融在一起,飒飒响的竹林、如吟诗般歌唱的夜莺、闪闪发亮的萤火虫、跌倒的诗人、"发表演讲"的蟾蜍、发出"嘲讽般"笑声的蟋蟀、李白作诗时如"化茧成蝶"般的展开、河岸上捕鱼的鸬鹚等等。

《李白》的最后一部分是对诗歌《月下独酌》的创译,虽然从英语转译,但此文本尚算得上"达意","诗人月下独酌"的形象跃然纸上。事实上,在李白诗歌西译史上,《月下独酌》可谓最重要的代表之一,诗仙与月、与酒的关系最易引起西语译者的注意。"月"为李白诗歌之个性,"月"高洁的气质象征诗人个体生命的清冷忧思,描绘其飘逸潇洒的生命轨迹,透射诗人深广的宇宙意识。李白诗歌中的"月"是穿越时空的意象:"今人不见古时月,今月曾经照古人",与短暂的个体生命相比较,"月"穿越时间地悬挂在昨夜、今夜与明夜。明月也是穿越空间的意象,不管诗人身在何处,他所思念的人或地方所能望见的明月当是同一轮,故有"举头望明月,低头思故乡"。

李白酒诗虽与西方尼采酒神精神不同源,但其宗旨却相似,表达一种"天放"(庄子语《马蹄》),放下生命的沉重,放下心灵的负担(文明、理性及伦理等"礼"给予的负担)。西语中有一个单词"éxtasis"(心醉神迷),指一个人处于对真实世界无感,完全沉浸在自己所幻想的情思中的一种状态,"处于迷醉状态,诗人更易同宇宙交流,在所有的文化中,酒精与毒品总是充当可见之物与不可见之思之间的桥梁"[1]。李白通过饮酒来实现"斗酒诗百篇",处于迷醉状态的李白忘却一切理性的束缚,追求到一种天然的和谐,是个人与自然之间的和谐、是诗与情之间的和谐。塔布拉达以李白的生平与诗歌为基础创作了诗歌《李白》,李白"斗酒诗百篇"的形象仍然在诗中得到精致的描绘。20世纪初期,中国国门被打开,西学风潮以压倒性的优势扑面而来之时,在遥远的西方,拉美诗人为突出自己诗歌的原创性,借鉴中国诗人李白的创作,仍然是文化交流相互性的最佳体现。

(李翠蓉 北京外国语大学文学博士,副教授)

---

[1] Martín Ríos, Javier, *El silencio de la luna-Introducción a la poesía china de la dinastía Tang.* 2003, p. 98.

·波兰汉学研究·

初论并论所宣称的"中华三段论"（上）[*]

[波兰] 雅努什·赫梅莱夫斯基（Janusz Chmielewski） 著
钱 爽 译

本文是一篇致力于中华逻辑各个方面更为全面之研究的简短且初步的报告，我本想用法语发表。由于最后的加工和对内容相当广泛的法语文本进行出版会需要一些时间——尽管该成果迄今为止似乎还相当新颖，加之在中华哲学与逻辑领域工作的学者们估计会从其中发现某些兴趣点——因此我想在我研究的完整版本出版之前，用英文发表一个简短的记述，这是很有用的。出于一些技术原因，最终证明把本文分成若干部分是有必要的。目前发表的第一部分是对我的研究的前三章提出的总结——主要处理的是《公孙龙子》。对处理有关命题演算（the calculus of propositions）、函数演算（the calculus of functions）等问题的章节做出的总结——正如它们在早期中华思想家的推理中所体现出来的那样——将陆续在本"年刊"（Rocznik）的后续问题中出现。

一、初 论

迄今为止产出的有关中华逻辑的著作和论文可以简单地用一种相当消极的方式来描述，也即从某种意义上说，迄今为止所有从事这一领域的中西学者都没有使用现代符号逻辑［数理逻辑（mathematical logic）、逻辑斯蒂（logistic）[①]］作

---

[*] 本文是"Notes on Early Chinese Logic（I）", *Rocznik Orientalistyczny*, XXVI: 1, 1962, pp. 7-21 之节译。

[①]【译注】或音译"逻辑斯谛"。logistic 希腊文作 λογιστική、拉丁文作 *logistikē*，意为"计算的艺术"，研究数的计算，是古希腊人的一门学科。另一个与之易混淆的学科就是 arithmetic，希腊文作 άριθμητική、拉丁文作 *arithmētikē*，意为"数论"，研究抽象的数的理论。这两门学科的区分一直持续到西元 15 世纪后期，最后用 arithmetic 统一了这两门学科，形成了一门既包括"数论"也包括"计算的艺术"在内的学科。现代以来，logistic 也作为"数理逻辑"（mathematical logic）的同义词，故其亦可译为"数理逻辑"。

为他们研究的工具；相反，他们全都坚持传统的逻辑观念，这很难超越三段论论式（以其传统形式，而非真正亚里士多德的形式），或者坚持某种"哲学逻辑"。结果，与有关古代形式逻辑史的研究工作——诸如在过去的几十年里已经完成的关于希腊、中世纪欧洲以及某种程度上关于印度的诸研究工作——相比，迄今为止出版的有关早期中华逻辑的著作和论文并未切中要害。它们主要有（并且在某些情况下唯有）语文学的重要意义；另一方面，涉及从至今盛行的术语的严格意义上来说的中华形式逻辑的诸陈述大多都是不准确的，或者是有误导性的。我所知道的唯一例外（关于方法的），是由亨里克·格雷涅夫斯基（Henryk Greniewski）和奥尔格尔德·沃伊塔谢维奇（Olgierd Wojtasiewicz）所做的《从中华逻辑史说开去》(*From the History of Chinese Logic*) 这篇短文①，其中《公孙龙子》章二（"白马论"）的一部分是根据集合代数（the algebra of sets）来进行诠释的。然而，这是把现代方法（数学的而非逻辑的）应用到早期中华逻辑问题上去的夸张一例。两位作者似乎受到了汉斯·赖欣巴哈（Hans Reichenbach）"理性重建"（rational reconstruction）② 理念的影响太多［或者是鲁道夫·卡尔纳普（Rudolf Carnap）的"理性重构"（rationale Nachkonstruktion）③］，并且我不相信他们高度精致的分析——这对于那些没有数理逻辑方面专业训练的人来说几乎是不可读的，可以被看作对早期中华逻辑史的一种贡献，而更多的是像一篇完全剥夺了任何语文学背景的论文一样。

---

① 波兹南（Poznań）《逻辑学研究》(*Studia Logica*) 1956 年第 4 卷。

② 【译注】赖欣巴哈曾表示"科学分析不是针对实际思维过程，而是针对知识的理性重建"（沈铭贤、王淼洋《科学哲学导论》，上海：上海教育出版社，2000 年，第 105 页）。

③ 【译注】卡尔纳普于 1928 年出版《世界的逻辑构造》(*Der logische Aufbau der Welt/The Logical Structure of the World*)，旨在提出一个关于对象或概念的认识论的逻辑系统，提出一个"构造系统"。他把自我心理经验和性质概念作为最低层次的概念，用重新定义的方法，在这些最低层次之上构造出物理对象，由此又构造出他人心理对象，最后构造出社会科学的对象，这样把一切知识领域的对象或概念都从某种基本对象或基本概念中构造出来了；反过来，一切知识领域关于旧概念或对象命题都是通过分析被还原到作为系统基础的基本概念或基本对象的命题，由此构造统一科学的知识体系。卡氏称之为"理性重构"。也就是说，卡氏力图把一切的科学概念和知识通过逻辑的分析还原为一些基本对象或基本概念，通过这些基本对象或基本概念来重构整个知识体系。换言之，整个知识体系的建构只有在还原为基本对象或基本概念之后才得以可能。把整个知识体系还原为几种基本对象或基本概念，用它们就能说明一切的科学概念和知识。

我坚信在处理早期中华逻辑上我们不得不只对付那些基本的形式问题,因而这些基本的形式问题也应该用现代逻辑的基本术语来加以表述。这当然不意味着正在讨论中的这些基本问题容易被发现,也不意味着处理它们是一件容易的事。实际的实践表明,尽管它们很简单(或者也许是因为它们很简单),它们却很难以适当的方式挑选出来或处理之。值得特别强调的是,谈到的这些形式问题确实出现在早期中华思想家的实际推理中,而不是出现在中华逻辑理论中,就目前而言文本允许我们做出这样的判断,而中华逻辑理论几乎是不存在的(除了《公孙龙子》和《墨子》一书的"墨辩"诸章之外)。

我给我自己设定的任务也许可以按以下说法加以简述:不遗漏语文学背景和历史背景(我认为这一直是汉学研究的必要前提条件),我提议挑选出一些出现在早期中华哲学家中或多或少的推理的典型形式(不管它们是否已经被别人诠释过);从基本的符号逻辑(symbolic logic)角度并据此来定义它们;找出潜藏在它们背后的一般逻辑规律和观念;以及,尽可能地把它们同西洋古代逻辑理论进行比较。当然,这就预设了笔者和读者都要在数理逻辑、逻辑记号以及比如在波亨斯基(I. M. Bocheński)所做的《古代形式逻辑》[①] 这部杰出的著作中呈现出来的古代西洋逻辑史的知识等方面有一些初级训练(有鉴于此,有许多好教材是可用的)。没有任何这种训练的读者在处理接下来的分析时会稍微有一点儿棘手;不过我坚信,不仅每一位对中华逻辑特别感兴趣的汉学者,就连每一个在中华哲学领域工作的人,一般而言都应该必然地要接受数理逻辑分析方法的初级训练。最后,我想向已故的波兰学者谢尔(S. Schayer)于大约 30 年前发表的关于印度逻辑的先驱性论文[②]致谢,我蒙此文之恩。在我研究中华逻辑的过程中,我一直有意向想遵循一条类似于谢氏在印度逻辑研究中首次开辟出来的道路。

二、论所宣称的"中华三段论"

中华三段论的问题首先是由章炳麟于大约 50 年前提出的,在胡适对章氏

[①] *Ancient Formal Logic*, Amsterdam, 1951.

[②] 《关于印度逻辑的研究》,波兰语版题为 *Z badań nad logiką indyjską*, 德语版题为 *Studien zur indischen Logik*, 刊于《波兰科学与文学院国际通讯》"语文学类—历史与哲学类"(*Bulletin International de l'Académie Polonaise des Sciences et des Lettres*, Classe de Philologie-Classe d'Histoire et de Philosophie)1932 年第 4—6 号,第 98—102 页;以及同上,1933 年第 1—6 号,第 90—96 页。

的理论进行批判之后它几乎被人所遗忘。最近以来它又被顾保鹄的 *Deux sophists chinois-Houei Che et Kong-souen Long*① 一书②再次提起。不像章炳麟对《墨经》进行思索推敲,顾氏相信他在《公孙龙子》一书中发现了"一些非常清晰且非常严格的三段论"(quelques syllogisms très clairs et très stricts)。李约瑟(Joseph Needham)正是参考了顾氏之说才表示"当然,三段论的推理在中国古籍中也常常有含蓄的表示;例如,在《公孙龙子》中,其形式就很完备"③。我认为这两位著者都弄错了。

顾氏三段论中头一个最具代表性的例子就取自《公孙龙子》一书的"白马论"一章(末尾)。中文文本读作[句(6)中由我所补充的加括号的文字是因明显可省略而从原文本中省略掉的]:

(1) 马者无去取于色
(2) 故黄黑皆所以应
(3) 白马者有去取于色
(4) 黄黑马皆所以色去
(5) 故唯白马独可以应耳
(6) 无去[取于色]者非有去[取于色]也
(7) 故曰白马非马

顾氏遗漏了第(2)、(4)、(5)和(6)句,把这几句视为"解释性要素"(explanatory elements),他拣取了第(1)、(3)和(7)句,于是便获得了一个由三个构件组成的整体,他用法语给出了对这一整体的两种逻辑上不同的诠释,并且他相信该整体是"一个严格的亚里士多德式三段论"④。这个结论是错谬的,不止出于一个原因。首先,亚里士多德式三段论(the Aristo-

---

① 《两位中华辩者:惠施与公孙龙》,巴黎,1953 年。
② 另参见该书第 125—128 页。
③ "Syllogistic reasoning is of course not infrequently implicit in ancient Chinese texts; the form is complete, for instance, in the *Kungsun Lung Tzu*", *Science and Civilisation in China*, vol. II, Cambridge 1956, p. 200.【译注】该中译文取自 [英] 李约瑟《中国科学技术史——第二卷:科学思想史》第 222 页,王铃协助,科学出版社、上海古籍出版社,1990 年。
④ A strictly Aristotelian syllogism, p. 126.

telian syllogism）在指称诸特定类关系的两个命题之乘积和指称另外一个类关系的第三个命题之间有一种蕴涵的形式；由此可得在亚式三段论中只有整个蕴涵的有效性被断言了，而不是其组成的诸命题之真值。因此，亚式三段论是，比如 $MaP \cdot SaM \supset SaP$①，与传统的第一格 AAA 式：$MaP$；$SaM$；∴ SaP② 截然不同。在亚式的三段论形式和传统的三段论形式之间有一个特定的对应关系，但是却没有同一性（identity），并且从逻辑的观点来看差异是相当大的。顾氏所宣称的三段论充其量可以称得上是传统型的。其次，从亚式三段论（以及整个三段论）的构成命题关注的是类关系［class relations。包含（inclusion）、交集（intersection）或排斥（exclusion）］这样一个事实看来，只有在一个简单的指代（suppositione/supposition）③ 中的普通词项（common terms）才允许用来代表中项（M）、大项（P）和小项（S），而故事迫不得已假定"马的概念"（the concept of horse）和"白马的概念"（the concept of white horse）就是在形式上指代（in suppositione formali）的普通词项［或曰

---

① 【译注】即"（所有中项都是大项）·（所有小项都是中项）⊃（所有小项都是大项）"。

② 【译注】即"所有中项都是大项；所有小项都是中项；所以，所有小项都是大项"。

③ 【译注】指代理论是西洋中世纪哲学家在逻辑研究方面取得的巨大而独特的成就，指代理论创立的目的是使人们认识到如何在命题中准确地使用语词，从而避免歧义、谬误和诡辩。从语词本身拉看，英文"supposition"表示指代，源于拉丁语的"suppositio"，意即替代。"suppositio"的词根是"sup-pono"，意即把某物放在某物之下，有取代、替代之意。后来英文、德文都沿用了这个词。若从最基本的意义上来理解的话，指代是语词处于一个命题中才具有的性质，是指语词与其所指对象之间的一种关系。

所谓"是语词处于一个命题中才具有的性质"，即指的是命题中范畴词的性质。当一个范畴词处于命题中的时候，它具有指代的性质；而当一个词项不处于命题中时，它就不具有指代的性质。词项有两种性质：指代和意谓（signincation）。这两者是不同的，一个能够表示某个东西的词项的指代和意谓的区别也是显然的：首先，词项的意谓是没有条件要求的。只要一个词项出现，它就能够意谓某个东西。换言之，无论词项在一个命题中使用，还是作单独使用，都有意谓的作用。但指代则不然，一个词项能否指代某物，取决于这个词项是否处于一个命题的语境中。如果一个词项处于一个命题中，那么它就可以指代某物；如果它单独使用，那么它就不具有指代作用。其次，词项本身意谓的东西是相同的，意谓只有一种形式。一个词项意谓的东西是什么，不需要在命题中来加以讨论；但是词项指代的东西是不同的，指代有许多种形式。当谈论一个词项指代的东西是什么的时候，必须考虑到这个词项所处的命题语境，因为相同的词项在不同的命题中指代的东西是完全不同的。再次，意谓是先于指代的，指代是处于命题中的一个词项的意谓。词项的意谓最初通过人们的约定俗成而产生，词项用来指代某物的时候它已经意谓着某个东西了。一个词项本身应该先有一位，人们才能用它来进行语言表达。可以说，仅仅一个词项就有了意谓，但一个词项和这个词项的意谓这两者的结合才有了指代。

"共相"（universals）]；这不是亚式的。再次，第（6）句的省略是相当随意的。在本案例中它本身是显而易见的（或者更好的说法是：冗赘的。在下文分析的另一个例子中，相对应的句子将证明是非冗赘的），中华思想者显然清楚地认为它是一个前提，而不认为它是一个"解释性要素"。在排除了是实际解释性语句的第（2）、（4）和（5）句后，我们得到了一个由四个命题组成的推理形式，正是由于这一事实，该推理形式并不是三段论式的。另外，即便我们尽可能紧跟着顾氏走，我们还是会在把他的三构件推理（1）、（3）和（7）硬塞进传统三段论框架中遭遇到严重的困难（遑论亚式三段论）。顾氏像他那样坚持公孙龙推理的三段论特征，依旧不能冒昧表明所宣称的三段论之模式——而且我想可以猜得出他在这方面做出保留的原因所在。他给出的两个法语版本中的第一个版本并不是三段论式的，因为它不包括中项（middle term）在其中：在第一个命题 [被视作"大前提"（major premise）] 中我们有 M'[①]（非 M[②]），在第二个命题 ["小前提"（minor premise）] 中有 M；因此，在顾氏第一种诠释中的整个推理看起来就像 PaM'；SaM；$\therefore SeP$[③] 这不与任何传统三段论之模式相对应。只有在转变 PaM' 为 PeM[④] 时我们才得到一个第二格 EAE 式 [此时作为大项和小项的是"全称命题"（universals）]。另一方面，顾氏给出的同一个推理的第二个版本（"更清楚的版本"）只能被视作一个第二格 AEE 式：PaM；SeM；$\therefore SeP$[⑤]。顾氏想必在同一个推理的逻辑诠释中意识到了这种分歧，这大概是他宁愿放弃对正在讨论中的推理进行更加详细的"三段论式"分析的原因所在。也正是这种分歧，就其本身来说，清楚地揭示了"三段论式"立场在所讨论的推理中的任意性和不足性。我认为我们最好以与三段论（无论是亚式的还是传统的）毫不相干的方式来分析公孙龙的推理，而不是强制性地把它硬塞进一个三段论法的形式中去。

略去第（2）、（4）和（5）这三个解释性语句，我们便获得了一个由四个命题组成的复杂推理，即（该翻译有意偏离了正常的英语用法）：

---

① 【译注】M' 即 "$_x$中项"。
② 【译注】M 即 "中项"。
③ 【译注】即 "所有大项都是$_x$中项；所有小项都是中项；所以，所有小项都不是大项"。
④ 【译注】即 "所有小项都不是中项"。
⑤ 【译注】即 "所有大项都是中项；所有小项都不是中项；所以，所有小项都不是大项"。

(1) 马没有拒斥-择取颜色（的属性）；
(3) 白马有拒斥-择取颜色（的属性）；
(6) 没有拒斥-择取颜色（的属性）者不是有拒斥-择取颜色（的属性）者；
(7) ……白马不是马。

在我心目中，这最好可以视作有关类（classes）① 的推理，所以应该诠释如下 [A 和 B 分别代表"'马'类"和"'白马'类"；函数 Φ 代表"有拒斥-择取颜色（的属性）"；"'"是否定符号——在涉及函数 Φ 的本案例中：Φ' 意即非 Φ，也即"没有拒斥-择取颜色（的属性）"；$X \cdot Y = 0$ 这一公式意即类 X 和类 Y 的乘积是一个空类（empty class），也即它表明类 X 和类 Y 的排斥；"$\neq$"是非同一性（non-identity）的符号]：

(1) $\Phi' A$
(3) ΦB
(6) $(\hat{X}) \Phi' X \cdot (\hat{X}) \Phi X = 0$
(7) $A \neq B$

如上文所诠释的，命题（6）和（7）需要一些附加说明。让我们从（7）开始。我们有充分的语文学证据证明公孙龙坚信"白马非马"（White horse is not horse② ）这一陈述的有效性，而且不认为它只是一个悖论。这就意味着（7）只可被视作表示"马"类与"白马"类的非同一性③——正像 $A \neq B$ 这一公式所表明的那样。悖论产生于"非"这个否定系词的歧义，它更常用于否定类包含（class inclusion）并相当于 $\not\subset$④。那些抨击公孙龙的结论的人必定是把它误认为是 $*A \not\subset B$，即"白马不是马"（A white horse is not a horse，就

---

① 【译注】在逻辑学概念中，"类"是指具有相同属性的对象的汇集，类与其分子之间的关系是一般与个别的关系。与"类"容易混淆的另一个概念是"集合体"（collective），它是指由若干个体聚合而成的群体（整体），集合体与个体之间的关系是整体与部分的关系。

② 【译注】据本文作者，意即"白马不是马"。

③ 我同意 A. C. Graham, *Kung-sun Lung's Essay on Meanings and Things* （"Journal of Oriental Studies" II, 2, University of Hong Kong, 1955, pp. 282-301）中他有关中华哲学特别是《公孙龙子》一书中所宣称的"共相"（universals）问题的批评——尽管我与他本人对"指"的诠释的看法并不一致（另参见下文）。

④ 【译注】读作"不包含于"。

像这一短语经常用英语迻译一样）①。回到命题（6），我们首先须注意（$\hat{X}$）ΦX 这个相当复杂的符号在我们的标记法中代表所有满足命题函数 Φ 的类的类；分别地，（$\hat{X}$）$\Phi'X$ 则代表所有满足函数非 Φ 的类的类。有鉴于在命题（7）中否定系词"非"被用来否定同一性（identity）（$\neq$）这样一个事实，人们可能会想以同样的方式来迻译命题（6）：（$\hat{X}$）$\Phi'X \neq$（$\hat{X}$）ΦX——然而这是不够的。在本案例中，（诸类的）类（$\hat{X}$）ΦX 和类（$\hat{X}$）$\Phi'X$ 显然是互补的类，它们互相排斥，因而我们必须表示出（$\hat{X}$）$\Phi'X \cdot$（$\hat{X}$）$\Phi X = 0$——就像在我的分析中已经做了的那样。后一个公式仅仅意味着：没有这样一个既满足 $\Phi'X$ 又满足 ΦX 的类 X，并且这确实是 $A \neq B$ 这一结论的必要条件。另一方面，正如已经说过的，所讨论的前提（6）由于所涉及的（诸类的）类具有明显互补性的特征而恰好是冗赘的，这就必然暗示了它们不仅有非同一性，而且它们还有排斥。从前面的分析也能看出"非"在命题（7）和（6）中有不同的功能：在命题（7）中它只否定同一性，而在命题（6）中它在表达类排斥（class exclusion）的意义上更强一些。

并不需要去强调上文分析的公孙龙推理的有效性。潜藏在该推理背后的通式似乎是属于（类的）同一性理论（theory of identity）的一个公式。它可以以其最简单的形式给出，如下：$\sum_{\Phi}(\Phi'A \cdot \Phi B) \supset (A \neq B)$，也即"如果对于一个函数 Φ 我们有 A 的非 Φ 和 B 的 Φ，那么类 A 和类 B 就是不同的"。固然该公式缺乏雅致，因为非 Φ 出现在 Φ 之前——$\sum_{\Phi}(\Phi A \cdot \Phi'B) \supset (A \neq B)$ 会更雅致一些——但是这不影响其有效性。更重要的是，就我所知，这样一个公式尚未在那些似乎对同一性而非同一性的诸条件和诸结果感兴趣——不像中华哲学家——的早期西洋思想者中被发现。关于这一点，为了与西洋着手处理相似问题的方法相比较，值得回想一下圣托马斯·阿奎那（St. Thomas Aquinas）给出的对同一性的定义："凡相同者都有这样的情形，即凡用来称述其中一物者，也可用来称述其他物。"② 把这个

---

① 事实上，否定类包含（$A \not\subset B$）并不必然涉及类排斥（class exclusion）（$A \cdot B = 0$），并且 $A \not\subset B$ 只意味着"至少类 A 的某个（些）个体不是类 B 的"。不过，我认为在解释公孙龙的结论悖论性方面的本案例中，是足以假定"非"的 $\not\subset$ 值的。关于对"否定系词"（negative copula）诸功能更全面的枚举，另参见下文。

② 【译注】"Quaecumque sunt idem, ita se habent, quod quidquid praedicatur de uno, praedicatur et de alio", in *Summa Theologica*, Vol. I, Quæstio 40, Articulus 1, arg. 3. 该中译文选自中华道明会、碧岳学社联合出版《神学大全》，第一册：论天主一体三位（第一集·第一题至第四十三题）第 574 页，2008 年。

定义应用到类上,并把它引入数理逻辑标记法的形式中去,我们便得到了:$(A = B) \equiv \prod_{\Phi}(\Phi A \supset \Phi B)$。还需要补充的是,在亚里士多德的《论题篇》(*On Topics*)中也发现了一个与圣托马斯的公式相似的公式①。如上文已经加以重构了的公孙龙的公式当然由圣托马斯的公式所暗示了,并且很容易借助初等变换从后者得到;似乎依然从来没有任何早期西洋思想者明确地陈述过它。

侧重于对不同的类所具有的非同一性的强调似乎是公孙龙理论最特有的特征之一了。而且,也许看上去很奇怪的,就是中华思想者漠视类包含,甚至于似乎完全忽视了这种类关系。从逻辑的观点来看,当真正发生类包含的时候(就像在"白马"和"马"这样的情形中),陈述类包含当然要比如中华思想者所做的坚持各个类的非同一性更重要。公孙龙对类包含的忽视可能就是张东荪在他改进胡适对"白马非马"这一问题的图解法时所想到的:胡适的诠释牵涉到类包含,而张氏所提出的诠释无疑变成了类交集②。的确,就我所能见到的,公孙龙在其理论中(以及其实际推理中)所考虑到的只是非同一性(而不是同一性),即类的排斥和类的交集(exclusion and intersection of classes);后者③也在"白马论"一章的另一个场合中被明确表述出来了:"白马者白与马也。"④ 总之,公孙龙的类理论出奇地有限且不完整,但在限制范围内,中华思想者出于某种原因强加给公孙龙本人,说他是连贯一致的,而且他的推理是正确的。刚才所说的局限性对于理解下面加以分析的另一个例子很重要,我们后面也会看到它对于"指物论"一章的诠释同样重要。

[雅努什·赫梅莱夫斯基(Janusz Chmielewski,1916—1998)波兰汉学者,曾任波兰华沙大学东方研究所教授;

译者:钱爽 比利时根特大学汉学博士研究生、荷兰莱顿大学哲学博士研究生]

---

① 见 I. M. Bocheński,前引书,p. 67,No. 11. 42;亦另参见有关亚氏同一性理论的整篇文段,同上。
② 张东荪《公孙龙的辩学》,载《燕京学报》1949 年第 37 期,特别是第 45—46 页。
③ 【译注】即"类的交集"。
④ 【译注】据本文作者,意即"白马是白和马"。

· 葡萄牙汉学研究 ·

葡萄牙汉学的萌芽

张敏芬

摘　要：葡萄牙人是15世纪欧亚大陆航线发现后第一批浮海东来的欧洲人，是发现和探索遥远东方文明古国的先锋冒险者，更是东方异国奇境风土人情的最早记述者和传播者之一。从16世纪初葡萄牙商人、外交使者、教士、旅行家、冒险者等踏上中国伊始，富于冒险和猎奇心理的葡萄牙人就没停止过观察和研究中国这个"他者"，并根据自己的所见所闻、理解体验和亲身经历不断记述着各自眼中有关中国的地理、行政组织结构、风俗礼仪等中华文化。可以说，这些早期旅行者关于中国的先驱报道为日后葡萄牙汉学的创立打下了基础，促使葡萄牙汉学的萌芽和发展。

关键词：葡萄牙　汉学　萌芽

葡萄牙人是15世纪欧亚大陆航线发现后第一批浮海东来的欧洲人，是发现和探索遥远东方文明古国的先锋冒险者，更是东方异国奇境风土人情积极的记述者和传播者。虽然"汉学"和"汉学家"的概念在19世纪才正式形成，然而美国学者栢里安（Liam Matthew Brockey）在探讨汉学的起源时，认为16世纪初到达明帝国海岸的葡萄牙与西班牙旅行者和传教士是近代第一批研究中国的欧洲人。他们早在公认的欧洲汉学出现之前就致力于描述中国，并将这些信息传递给欧洲读者。① 因此，葡萄牙可以说是近代西方汉学研究的

---

① ［美］Liam Matthew Brockey, "The first China hands: The forgotten Iberian origins of sinology", in *Western Visions of the Far East in a Transpacific Age*, 1522-1657, (ed.) Christina H. Lee, Aldershot: Ashgate Publishing Ltd., 2012, p. 71.

先驱国之一。但是，葡萄牙学者 Antonio Aresta 认为："虽然葡萄牙是欧洲第一个与中国建立商业及外交关系的国家，但是在葡萄牙文化中，汉学却是最容易被遗忘的一部分。"① 然而，葡萄牙人是 15 世纪航海大发现的发起者，是欧亚新航路开辟者，更是最早记述中国地理、历史、风俗习惯等中国文化的欧洲人之一。事实上，从 16 世纪初葡萄牙商人、外交使者、教士、旅行家、冒险者等踏上中国伊始，富于冒险和猎奇心理的葡萄牙人就没有停止过观察和研究遥远中国这个"他者"，并根据自己的所见所闻、理解体验和亲身经历不断记述着他们各自视野中有关中国的地理、行政组织结构、风俗礼仪等中华文化。

柏里安认为，葡萄牙的早期汉学主要分为三个阶段。第一阶段大致从 1520 年至 1570 年，主要关注明帝国的地理位置和范围。② 这一阶段有包括外交使者、商人、士兵、教士等大批各种身份的葡萄牙旅行者随着商船来到中国，主要是在广东、福建等南部沿海逗留。这些先行者在进行各自活动的同时，也被迥然不同的东方文明中国的奇风异俗所吸引，激发了他们探索这个异国世界的兴趣。他们收集了关于中国的各类第一手资料记录下来并成功地传递到欧洲。他们不懂中国语言文字，更谈不上对中国历史、文化和思想有所研究，但他们对中国地理状况和风俗民情的先驱报道成功传入欧洲世界，为西方学术界熟知，不仅为欧洲世界塑造了早期的中国形象，也为早期葡萄牙汉学的形成奠定了重要的基础，促使了汉学研究在葡萄牙的萌芽，也为日后西方汉学的形成奠定了一定的基础。

一、葡萄牙人探寻东方

葡萄牙人自 15 世纪末、16 世纪初新航路开辟到达亚洲后就开始对东方各国进行大规模的系统探索。他们和中国人的第一次接触是在 1509 年，当时葡萄牙国王曼努埃尔一世派到东方打探中国情报的船长洛佩斯·德·塞戈拉（Lopes de Sequeira）在马六甲邂逅几艘中国商船，双方在船上进行了第一次

---

① [葡] Antonio Aresta, "Os estudo sínicos no panorama da história da educação em Portugal", in *Administração*, No. 38, vol. X, 1997-4, p. 1045.

② [美] Liam Matthew Brockey, "The first China hands: The forgotten Iberian origins of sinology", p. 72.

友好对话，但是船长此行并未能获得葡王所要的全部信息，遂于1510年返回葡萄牙。1511年7月，葡萄牙驻印度第二任总督阿丰索·德·阿尔布戈尔格（Afonso de Albuquerque）成功征服了马六甲，并和那里的中国商人建立了友好关系。他留在马六甲努力收集有关天朝帝国的所有信息，并派若尔泽·阿瓦雷尔（Jorge Álvares）率领船队去探寻中国。面对友好的葡萄牙人，马六甲的中国商人表示愿意把船只借给葡萄牙船队。1513年，中国商船带着若尔泽·阿瓦雷尔代表团到达广东珠江三角洲的屯门（Tamão）岛，但是当地中国官员只允许他们在那里进行贸易，不允许他们在岛上居住，因此，他们卖完商品后必须返回马六甲。若尔泽·阿瓦雷尔在离开屯门时，在岛上竖了一块刻有葡萄牙国徽标志五个盾的石碑以纪念葡萄牙人第一次踏上中国土地。此后，纷至沓来的葡萄牙人探险者到那里搜索了关于珠江三角洲港口、岛屿的地理情况，特别注意收集在那里开展贸易的情报。越来越多的葡萄牙船队或以贸易目的或以外交目的来到屯门岛。亲临其境的葡萄牙先锋旅行者在那里收集了有关中国的第一手资料，《马可·波罗游记》中的所描绘的遥远亚洲富庶帝国渐渐不再模糊神秘，"面对中国开始形成了一个辽阔强大的王国形象，她生产的珍贵商品激起欧洲旅行家们的好奇和贪欲"①。传说中的地大物博、文明昌盛、物产丰富的东方古国同样引起了葡萄牙王室的极大的兴趣，来自马六甲的情报使国王曼努埃尔一世对中国的兴趣越来越强烈。出于外交和贸易的目的，1515年，国王曼努埃尔一世决定派一个官方使团到北京。1517年，由多默·皮列士（Tomé Pires）带领的葡萄牙第一个官方使团在大船长费尔南·佩雷斯·德·安德拉德（Fernão Peres de Andrade）率领的船队的护送下到达屯门港。经过数年的周折后，皮列士使团终于获准北上。然而，由于中葡两国地域相差遥远、语言不通、文化背景截然不同，交往意图更是有着天壤之别等原因，皮列士使团以失败告终，葡萄牙人被驱逐出境，从此中葡两国的外交联系完全断绝整整三十年之久，直到1554年两国才恢复正常贸易，但此后仍有一些冒险家，主要是商人，在中国广东、福建和浙江沿海进行贸易活动。这些早期到中国的旅行者在进行自己个人活动的同时，近距离地接触了对他们来说充满神秘色彩的中国文明和东方文化，他们或零散、

---

① ［葡］洛瑞罗《十六和十七世纪伊比利亚文学视野里的中国景观文献选编序言》，载《文化杂志》1997年第31期。

或系统地搜集有关中国的情报信息,留下了关于中国风俗人情的极为珍贵的记录,并成功地将这些信息传到了遥远的欧洲世界。

二、16 世纪葡萄牙人中国游记

第一个描述东方和中国的葡萄牙人是多默·皮列士(Tomé Pires)。皮列士大约 1468 年出生于一个医药世家,父亲是葡王若奥二世(1481—1495)的药剂师。1490 年,当唐·阿丰索王子成婚时,时年大约 22 或 23 岁的皮列士被挑选为王位继承人的药剂师,可惜王子英年早逝,1491 年王子去世后皮列士就离开了宫廷。① 1511 年他被派往东方,在马六甲等东南亚地区逗留期间,这位勤勉好奇、善于观察、勇于探索的药剂师根据自己所见所闻写了一本关于印度、马六甲和中国等东方国家的巨著《东方志》(Suma Oriental)。虽然他不是贵族家庭出身,但他为人谨慎,具有出色的才能,因此 1515 年被当时的印度总督罗波·苏亚雷斯·阿贝尔加利亚(Lopo Soares Albergaria)选为第一个葡萄牙赴华使团的团长。

《东方志》是一部详细介绍从非洲东海岸到印度、日本、中国等亚洲诸国的地理、历史、经济、政治、物产、风俗民情等的珍贵历史地理文献。在这部关于东方诸国的概述中,皮列士介绍了中国沿海城市、国王的产生和生活、行政治理机构、中央集权政治制度、贸易状况、东南亚诸国的朝贡制度、风土人情等信息,着重突出中国的富庶物博。这位葡萄牙药剂师写这部东方各国著述时,并未到过中国,而是搜集了当地人传说中的中国消息。"根据这里的东方国家所说,中国的土地和人民,被描述得伟大、富庶、美丽和壮观。"② 但是他显然并未相信这些传言,因为他说用这些话来谈葡萄牙比谈中国更容易令人信以为真,字里行间表现出强烈的欧洲优越感。

皮列士首先介绍了中国人的服饰、饮食等习俗。他说中国人和葡萄牙人一样,是白人,穿的衣服也和葡萄牙人一样的"袍子",只是更宽大。他对中国人的外貌进行了非常有趣的描述。他认为中国男人"更像德国人,他们有

---

① [葡] 亚马多·高德胜著,李飞译《欧洲第一个赴华使节》第 119 页,澳门:澳门文化学会,1990 年。

② [葡] 多默·皮列士著,何高济译《东方志》第 96 页,江苏教育出版社,2005 年。

三十或四十根胡子",对中国女人,他则表现出欣赏的态度,说她们像西班牙人,但打扮比塞尔维亚女人强。"她们穿带褶的裙子,系腰带……她们的长发在头顶上卷得很优美,用金针把发别紧,有条件的人在四周饰以宝石,并在头顶、耳上和脖子上佩戴金首饰。她们用大量铅粉涂面,在它上面搽胭脂。"虽然他说"中国肯定是一个重要、良好并且十分富有的国家",但是不止一次表现出对中国人的蔑视,认为中华民族是个"软弱的民族,没有什么了不起"。① 他说中国人害怕爪哇人和马来人的到来,因为这些人"一艘船就能打败二十艘中国船,因为百姓是软弱的"。他还听说,"马六甲政府不用多大兵力就能把它置于我们的统治之下,因为其百姓非常软弱,容易被征服"。他说根据马六甲重要人物的消息,"印度政府用10艘攻占马六甲的船,能够沿海攻占全中国"②。这种藐视明中国、轻视中国人的态度也许是造成他后来带领的第一个赴华使团失败的重要原因之一。他认为在中国,无论男人和女人都喜欢喝酒,特别注意到中国人有别于欧洲人的吃饭方式:"用两根棍子吃饭,左手把陶瓷碗放近嘴边,用两根筷子吸进去。"③ 这或许是西方人首次提到筷子,第一次风趣地描述了中国人有别于欧洲人的吃饭方式。同样一份大约成书于1516年左右的著作《东方纪要》也提到中国人吃饭"不用手碰食物,而是用银或木制的筷子。他们用左手把盘子端到嘴边,用筷子向嘴里送饭,吃得很快"。④

16世纪的中国对欧洲社会来说还是一个轮廓模糊而又神话般存在的国度,因此早期到东方的旅行者都会积极把搜集到的地理知识进行介绍。关于中国的首都,西方人从马可·波罗笔下知道名为"汗八里"。"国王居住的城叫汗八里(Cambara)",但是皮列士首次提到该城叫"北京(Peqim)"。他说北京人口众多,还有拥有无数马匹的贵人。皮列士还介绍了中国沿海的一些城市,如海南,"那里产珍珠",特别描述了当时的贸易中心广州。"广州是全中国无论陆路还是海路大批商品装卸之地。"他对广州的地理位置还是比较模

---

① 《东方志》第96页。
② 《东方志》第98—99页。
③ 《东方志》第96页。
④ [葡]杜亚尔特·巴尔博扎著,杨平译《东方纪事》,载《十六和十七世纪伊比利亚文学视野里的中国景观文献选编》第22页。

糊,只说"在一条大河的河口"①。中国物产的丰富给皮列士留下了深刻的印象。如他听说中国是"一个有大量漂亮马匹和骡子的大国"②。他具体讲述了从中国出口的主要商品:大量白色的生丝、各种大小、形状不一的珠子、粉状和囊状的麝香、樟脑、明矾、各种器皿、箱子、瓷器等。从他在《东方志》的描述中,可知他显然了解明代中国的外交政策,他知道中国只允许有朝贡关系的藩属国的使臣才可以进出中国。"这些国王每5年或每10年派出他们的使臣,持有中国国王的特许证,并且每个都命令使臣携带他们国家好的礼物,据认为那是中国所需要的。"他还具体介绍了东南亚国王进献的礼品是胡椒、白檀香、上等宽布、沉香木、宝石等,"携带这些礼品,使臣们可以进出中国"。③

他貌似对中国国王很感兴趣,介绍了国王的产生,但是因为是道听途说,他传递的有些信息是错误的,比如他说:"中国国王不是由儿子和侄儿继承王位,而是由全国会议选举产生。"④ 中国古代自西周时期就确立了皇位嫡长子继承制,此后各朝均沿用这一制度,虽然历史上因种种原因出现很多非嫡长子夺取皇位的事例。无独有偶,和他同时代的葡萄牙最伟大的诗人卡蒙斯(Camões)也认为中国国王不是王子继承制,而是众人推举德才兼备的君子担任。"……国王并非天生的亲王,更不是父位子袭世代传递,他们推举一位仁义的君子,以勇敢智慧德高望重著名。"⑤ 他还提到使臣要见皇帝很难,即使被接见了,也见不到皇帝本人,因为他不转过身来面对使臣,因此,"献礼的使臣把礼物都留下,离去时丝毫看不见国王的面孔或一部分"。他还简单提到广州海陆官员的任命。"海道是首要人物之一,是这个城的将官;……还有另一支海军的将官,差不多和陆军将官一样大。"⑥ 他说这些官员由国王任命,不能长期任职,每年都会有所变动。

皮列士的《东方志》的出版为他赢得了"东方通"的美誉。"《东方志》

---

① 《东方志》第98页。
② 《东方志》第96页。
③ 《东方志》第97页。
④ 《东方志》第97页。
⑤ [葡] 路易斯·德·卡蒙斯著,张维民译《卢济塔尼亚人之歌》第452页,中国文联出版公司,1995年。
⑥ 《东方志》第98页。

除了是最早由葡人撰写的广泛的东方纪事外,还是头一个欧洲人对马来西亚的记述,情节详尽,涉及许多方面,一两个世纪后都未被超越。"① 尽管皮列士的描述为道听途说,存在一些谬误,但是也为当时西方人提供了一些有用的资讯,开启了葡萄牙人研究中国政治和社会文化的先河。

继皮列士之后对中国消息进行报道的是克里斯多弗·维埃拉（Cristovão Vieira）。他是1515年由皮列士率领的第一个葡政府赴华使团成员。皮列士使团到北京后并没有达到目的,反而所有成员于1521年9月被押解到广州并被关进监狱。② 使团成员维埃拉在广州监狱期间,写了一封关于中国现状的长信,并成功传到欧洲。与皮列士的道听途说不同,维埃拉是16世纪第一个在中国生活过,并根据亲身经历和亲眼所见描写中国社会现状的葡萄牙人。他的长信除了详细介绍葡萄牙第一个赴华使团的成员构成、在华经历、在狱中经受的种种折磨外,还提供了比皮列士详细得多的关于明帝国的地理信息,准确地介绍"中国的土地分为15省,北京和南京是全国的首府"。他在广州逗留的时间特别长,因此详细介绍了广东省,和皮列士一样,或许是受其影响,维埃拉也认为征服中国不是一件难事,他说广东省是"世界上最容易征服的东西和土地"。他说广东省是"中国较好的省",广州的商品贸易非常发达,是中国的贸易中心,"全国的商品都来这里售卖"。信中除了介绍中国的地理、社会经济组织、商业信息、人民的日常生活、中国的监狱和司法制度等,也简单提到了中国人的学位和文官制度。他是第一个注意到中国不是由贵族,而是由文人进行国家管理的欧洲人。在维埃拉眼中,中国的官员都是由文人担任的；这些文人通过考试取得学位,从低职位做起,逐渐升到高职位。③ 维埃拉关于中国的信息到达葡萄牙后,马上成为葡萄牙史学家巴洛斯（João de Barros）编写《亚洲十年》的珍贵资料。

受物质利益的驱使,最早到达中国南部沿海探险财富的葡萄牙人中有不少是商人。他们在从事贸易活动的同时,留下了很多关于中国,特别是南部沿海的地理和贸易资讯,同时也为后来耶稣会传教团在中国开展传教活动提供了极为珍贵的信息。

---

① 《东方志》第5页。
② 《欧洲第一个赴华使节》第19页。
③ ［葡］Cristóvão Vieira: *Cartas dos Cativos de Cantão: Cristóvão Vieira e Vasco Calvo* (1524?), Introdução leitura e notas de Rui Manuel Loureiro, Instituto Cultural de Macau, 1992, p. 43.

一份于1548年写给方济各·沙勿略（Francisco Xavier，1506—1552）的《中国报道》①介绍了中国的教育、学校和宗教信仰等问题。东方耶稣会传教团创始人之一沙勿略神父带领耶稣会士们于1542年到达印度果阿，一直试图在东方传教，寻求建立耶稣会使团的基地。在历经印度、马六甲、日本等东亚国家后，他注意到中华文明对东南亚国家的强大影响力，特别是在日本，因此，他开始有目的地收集有关中国的各类信息，包括向在中国沿海活动的葡萄牙商人获取情报。他急于了解神秘的中国的详细情况，特别是他们的国情、教育、宗教信仰、对外国人的态度等问题。因此，虽然这篇报道出自商人之笔，但因是应耶稣会沙勿略神父的请求而写，所以更加关注非物质方面的信息，主要讲述中国人的教育制度、中国文字、信仰、外国人在中国的情况等与耶稣会传教有关的情报。文章每段的开头均为"关于阁下问……"这样的句式，因此这可能是沙勿略神父起草的一份调查表，然后那里的商人搜索了情报回答他的内容。文章开篇的第一个问题就是"关于阁下询问在中国土地上是否有基督徒，是否有像我们一样戴十字架、是否有教堂"。接着又提到"关于阁下询问在中国皇帝所在的地方或其他地方是否会非难哪些身着教士服，到世界各地传播我们天主的信仰的博学的外国人"。此外，该报道还关注中国的学校教育、学习内容、文人的地位、官员的选拔、其他信仰、外国人在中国的生活情况、中国男人是否纳妾等问题②，这一切都表明调查员具有强烈的传教意图，急于了解在中国传教的可能性。当该商人告诉调查员在中国如果会"讲中文的话，那到哪里都会很安全，就没有什么可害怕的"，他还说在中国所有的文字记载均为中文。③得此信息后，沙勿略神父就制定了到中国传教教士必须学习汉语口语和书写的重要传教策略。另外，该商人还告诉

---

① 关于此篇文章的作者有争议。历史学家热奥格·舒哈梅尔（Georg Schurhammer）认为这篇作品是阿丰索·仁蒂尔（Afonso Gentil）撰写。（参阅《十六和十七世纪伊比利亚文学视野里的中国景观文献选编》第35页。）里斯本大学文学院教授路易斯·菲利普·巴雷托（Luis Filipe Barreto）根据最新资料证明这篇文章出自费尔南·门德斯·平托（Fernão Mendes Pinto）。（参阅 *Fernão Mendes Irmão Noviço*, in *Vir bonus peritissimus aeque：estudos de homenagem a Arnaldo do Espírito Santo*, coord. by Maria Cristina de Castro-Maia de Souza Pimentel & Paulo Farmhouse Alberto, Lisboa：Centro de Estudos Clássicos, 2013.

② ［葡］Raffaella d'Intino, *Enformação das Cousas da China-Textos do Século XVI*, Lisboa：Imprensa Nacional-Casa da Moeda, 1989, pp. 59-61.

③ *Enformação das Cousas da China-Textos do Século XVI*, p. 59.

神父,"在中国,除了文人,没有其他贵族,知识越渊博的人越受到国人和国王的尊重"。① 这些信息也为沙勿略神父制定在中国进行"精英传教策略"打下了基础。

沙勿略神父的继任者巴莱多神父 (Melchior Nunes Barreto 1519—1571)② 继续执行他的传教策略,注意向在中国沿海活动的商人等搜集有关中国的情报。从一位在中国监狱待了6年的葡萄牙人那里,他获得了很多有用的消息。③ 一篇写于1554年,题为《一位在中国被囚禁了6年的绅士告诉马六甲学院巴莱多神父关于中国习俗和法律一些事情的信息》④ 的文章里,除了介绍中国的地理、城市建设、赞美中国城市道路的良好规划、婚礼、节日等礼仪风俗、服饰、物产等。与皮列士观点一致,这位情报员认为中国人害怕外族入侵,因此修建坚固的城墙以抵挡外来民族的侵略,提到了1550年鞑靼人入侵北京之战。此外,城市治安良好,晚上均有人巡逻。文章还以很大篇幅描述中国的官员选拔和任命、待遇和考察制度等。和葡使者埃维拉一样,他也注意到官员必须由德才兼备的文人担任,"所有管理省市的官员,以及命令权或尊荣的授予均不是因为其拥有名誉或出身贵族,而是因为他的学识,并且品德高尚"。他高度赞扬中国官员选拔的仅凭德才的公平制度,强调在中国绝不允许"卖官"。不过他仅知道中国官员由文人担任,并不知道官员的选拔方式是通过科举考试。他认为只要一个人德才兼备就有可能被国王任以官职。⑤ 他注意到了明代官员任职的回避制度,"为了能够对所有人一视同仁,凡为官员不得在本籍或其亲属所在地为官"。⑥ 对官员的行政监察,该情报员做了较为详细的记述,他说皇帝任命特别巡视官一年两次到各城市巡视考察地方官员"是否正确行使职权、是否公正无私、有无欺凌百姓,一经发现,即被罢官或被其他人取代"。这些官员在中国地位尊贵,"在每个城市,皇帝都命令在一天街上建造豪华住宅供来当地巡视的官员居住"。这些巡视官不仅

---

① *Enformação das Cousas da China-Textos do Século XVI*, p. 60.
② 巴莱多神父于1551年9月到达印度果阿,1553年10月被任命为副省会长。
③ *Enformação das Cousas da China-Textos do Século XVI*, pp. 63-76.
④ 这篇提供给耶稣会巴莱多神父的报道也有学者推测来自《远游记》的作者平托。参阅 *Enformação das Cousas da China-Textos do Século XVI*, p. 65.
⑤ *Enformação das Cousas da China-Textos do Século XVI*, p. 65.
⑥ *Enformação das Cousas da China-Textos do Século XVI*, p. 69.

考察监督官员，还肩负着检查城墙是否损坏并命令修缮破旧城墙的任务。① 他注意到地方官员的任期为三年，除了接受巡视官的监察，还必须每月以书面方式向皇帝呈交工作报告，如有不实，将被处于死刑。除了地方官员，作者特别提到了"阁老（vlãos）"，他说："国王的国会里有8位非常有学问且行事谨慎的官员处理国家的所有事务"，这是欧洲人第一次提到"阁老"这个官职。他介绍阁老的选拔同样是基于学识而不是因为其名誉地位等因素。② 另外，这位情报员还根据亲身经历介绍了监狱状况和司法制度。

这位情报员特别搜集了中国人宗教信仰情况。不过他分不清清真寺和佛教寺庙，只说中国这些寺庙均富丽堂皇，黄金雕像，寺庙外墙也是金黄的。寺庙设施和墙壁均精雕细琢，金碧辉煌。他说："他们的教堂是庙（incaõ），神父是和尚（coxão）。他们不吃肉也不吃鱼，只吃蔬菜和水果，要斋戒几天，他们不能娶妻……"他还提到中国人一般每月初一和十五去寺庙拜佛的习俗。③

16世纪中期，出现了许多由亲临中国的葡萄牙商人撰写的关于中国的记述、信札、地图等。葡萄牙商人阿马罗·佩雷拉（Amaro Pereira）1549年搭乘葡萄牙富有的船主迪奥戈·佩雷拉（Diogo Pereira）的商船从暹罗到中国南部沿海进行贸易活动。但是当他们的商船到马六甲的时候，和中国舰队发生了激烈的冲突，中国政府以葡萄牙人进行海盗行径为名扣留了商船。阿马罗和他同伴被抓至福建，后被押送到广西并被关进当地监狱。阿马罗在监狱长达14年，在此期间，他写了一篇《中国消息》，除了记录中国商船的奥秘外，和其他曾在中国南部沿海活动的商人一样，阿马罗也提供了有关中国的地理信息，描述了中国的行政区域划分、中国官员和皇帝以及他在监狱的悲惨遭遇。或许由于亲历监狱残酷的际遇，这个商人的笔调和他同时代的葡萄牙人决然不同，他没有像他的同胞那样赞美中国物博地广、悠久的文明、良好的政治结构和社会制度，而是大力渲染明帝国官员的腐败、贪婪、对民众的压榨以及官场的黑暗。他认为虽然官员是通过考试选拔出来的知识分子，但是他们极为贪婪腐败，"一旦获得职位就充分利用职权剥削百姓，因为他们

---

① *Enformação das Cousas da China-Textos do Século XVI*, p. 68.
② *Enformação das Cousas da China-Textos do Século XVI*, p. 73.
③ *Enformação das Cousas da China-Textos do Século XVI*, p. 74.

以前也是这样被暴虐过。"① 因此,"这个俘虏说在世界上任何一个地方传播基督教均能结果,而在这块土地上不行,因为他们作恶多端"②。

和阿马罗同船到中国还有身兼军人和商人身份的加里奥特·佩雷拉（Galiote Pereira）。加里奥特出身贵族,他的身份一方面为军人,为葡萄牙王室打仗；另一方面为商人,做个人生意。他1549年被抓捕关押在广西监狱。经过三年半的监禁生活后,加里奥特在一些中国人的帮助下逃了出来。在他获得自由之后,他写了一篇关于中国的报道,题为《我所知道的中国》。③ 加里奥特的作品被译成其他文字,以手抄本的形式在欧洲得到广泛传播,他的报道的历史价值很快得到历史学家加斯帕尔·德·克鲁兹（Gaspar da Cruz）的承认并成为他的著作《中国概述》的数据源之一。加里奥特书写的原稿遗失,果阿神学院学生的抄件现在保存在意大利罗马档案馆④,葡萄牙里斯本阿儒达图书馆也保存有一份副本⑤,标题是《在中国囚禁的葡萄牙人所了解的关于中国的一些情况,一切属实,摘自加里奥特·佩雷拉所写的一份报道,这位贵族是一个非常值得信赖的人,他曾在那里被囚禁数年,的确看到了这一切》。

与他的同胞阿马罗的记述相反,艰苦的牢狱生活并没有降低加里奥特对中国事物的兴趣,也没有激起他对明政府的仇恨,相反,他的撰述公开赞扬中国,中国国土辽阔、国家繁荣富强、城市规划合理、基础设施完善、政府管理有效、官僚机构公正、司法制度严明等。他首先介绍了明代中国十三省,注意到中国地广人多,土地肥沃,物产丰富。提到饮食习惯,这个葡萄牙报道者认为中国人是世界上最大的吃货,什么都吃,特别提到中国人喜欢吃猪肉,也吃鸡肉、牛肉、狗肉、青蛙以及像癞蛤蟆、蛇、老鼠等脏东西。他对中国城市之漂亮、道路之干净整洁赞赏有加。加里奥特在中国囚禁数年,对中国的司法制度和官员的印象颇深。加里奥特注意到中国有许多享有很高的

---

① *Enformação das Cousas da China-Textos do Século XVI*, p. 92.
② *Enformação das Cousas da China-Textos do Século XVI*, p. 95.
③ [葡] 路伊. 马努埃尔. 洛瑞罗《我知道的中国》前言（Rui Manuel Loureiro：Introdução na *Alguma Cousas Sabidas da China*, Comissão Nacional para as Comemorações dos Descobrimentos Portugueses, Lisboa, 1992, pp. 7-10.
④ Archivum Romanum Societatis Iesu, Japonica-Sinica, 123, fls. 214r-226r.
⑤ Biblioteca de Ajuda, Jesuíta na Ásia, cod. 49. IV. 50, fls. 388-399.

社会地位，生活优越舒适的"老爷"，而这些"老爷"居然是通过考试选拔出来的。加里奥特是第一个介绍中国文官如何考试的葡萄牙人，虽然他误认为官员是通过口试选拔出来的。加里奥特关于中国科举考试制度的描述虽然不够完整具体，但他对中国文化，特别是中国文官选拔制度向欧洲的传播起了极为重要的作用。他得出结论，中国的"一切都进行得井井有条，简直可以说它是世界上治理得最好的国家"。可以说，加里奥特的报道开启了欧洲人对明代中国偏理想化的记述。此后关于中国的著作，除了宗教信仰话题外，中国基本都被描述为一个文明理想国度，堪称世界上政治、经济、文化的典范。

中国话题同样成为一些历史学家和人文学家热议的话题。德·热罗尼莫·奥索里奥（D. Jerónimo Osório）是16世纪葡萄牙著名的人文学家。他在国外长时间的学习和旅行回到葡萄牙之后，于1542年被任命为席尔维斯的主教，他可能根据耶稣会驻科英布拉的神父们提供的信息，写了一部题为《光荣之歌》的著作。该著作于1549年在科英布拉出版，其中有一段关于中国社会的描述，虽然篇幅不长，但充分表达了这位人文学家对明代中国高度文明社会的仰慕和赞美之情。他说根据那些和中国人有过接触的葡萄牙人的消息，中国"在城市的雄伟方面，在建筑物的华丽方面，在生活水平和文明程度方面，或在对各种艺术的浓厚兴趣方面，在如今的世界上很难找到某个民族能同中华民族匹比"。这位人文学家还提到中国的活字印刷比欧洲早了好几个世纪。他说，根据他得到的消息，中国人十分重视教育，如果不把最高权力交给那个被证明具有管理一切能力的、有文化的人，那将被视为非法。他高度赞扬中国在授予官职时只重视个人学识，而不考虑其家庭背景和财富的公平的政治制度。他准确地记述了中国的官员是通过刻苦学习和各级考试挑选出来的。尽管这位葡萄牙人文学家未能描述中国各级考试是如何进行，但他是第一个介绍科举考试是分级进行的欧洲人。他说，当某个人认为自己有学问的时候，就到指定的考官那里接受考核，如果通过了考试，就会得到一个管理小范围的官职；但如果他想得到更多的荣誉和更高的职位，他就必须参加另一个困难得多的考试。所以他得出结论，在中国，假若想得到高职位，就必须花更多的岁月来学习，然后一级一级地去应考。不过奥索里奥同时指出，也有很多通过各级考试的人未能到达高位，事实的确如此。虽然这位人文学家认为中国人不了解基督教，"崇尚的是一种充满错误和迷信的学问"，但他认为中国人仍然值得赞扬和钦佩，"因为他们把最高权力交给了那些被认为其智慧出类拔萃的人"①。

历史学家费尔南·洛佩斯·德·卡斯塔内达（Fernão Lopes de Castanheda）于 1528 年到印度，在那里居住了近十年时间。洛佩斯·德·卡斯塔内达根据自己在东方的游历撰写了于 1551 年至 1554 年间大型著作《葡萄牙人发现和征服印度史》，其中 1553 年在科英布拉出版的第四卷内容涉及中国的情况。卡斯塔内达首先赞美中国地域广袤，物产丰富，人民生活富足。他提到中国信仰的佛教，描写了和尚生活和富丽堂皇的庙宇。他说从中国的精细物品中，可以看出中国人"无论在文科方面还是在机械方面都具有独到的聪明才智，在那里不乏制造各种手工杰作的能工巧匠"。卡斯塔内达对中国文明高度赞扬，因为国家政务均由"三位叫阁老的大文人主持……他们都是被许多善良人所认同的年长者，无论学识上还是良知上，他们担任此职无可非议"。他谈到中国的行政结构和政权机制，强调中国的官员都必须是善良的人。他特别描写了广州城，赞美那里美丽的风景、人民丰衣足食、城市建筑华美，他还说，"那里既没有瘟疫，也没有战争和饥荒"。② 这显然与事实不符。

若昂·德·巴洛斯（João de Barros）是 16 世纪葡萄牙著名的文学家和历史学家。1533 年，他被葡萄牙王室派往海外，被任命为几内亚暨印度事务府总监，因此他可以接触到所有来自东方各国的信息。这些资料成为他重要著作《亚洲十年》最主要的信息来源。《亚洲十年》共四卷，描述了亚洲各国的地理历史，风俗民情等。在第三卷书中，巴洛斯对明代中国社会和风俗民情做了具体描述，包括中国的地理情况、城市规划、长城、瓷器、丝绸、饮茶习惯、饮食习惯和筷子的使用等。这位历史学家对中国印象颇佳，认为中国"土地物产丰富，辽阔广大"，对中国物质之富足表示仰慕。因为参阅了皮列士使团成员埃维拉的报道，巴洛斯详细重复了中国的行政区划以及治理那些省市的官员，如"都堂""总兵"等。同时他也提到官员监察制度、赏罚

---

① [葡] D. Jerónimo Osório, *Tratado da Glória*, org. A. Guimarães Pinto, Lisboa：Imprensa Nacional-Casa da Moeda, 2005, p. 140.

② [葡] CASTANHEDA, Fernão Lopes, *História do Descobrimento e Conquista da Índia pelos Portugueses*, Livro IV, 3ª edição, p. 423.

制度和任官回避制度等，他对明帝国严明的官僚制度和皇帝治国有方表示钦佩。和其他同时代葡萄牙人一样，贸易中心广州是巴洛斯详细描述的城市，除了认为广州是个美丽的城市，他还说广州人做生意很内行，"有他们的致富之方"，在做生意方面是精明的生意人；在战争中也非常善于用计谋。在这位历史学家的眼中虽然中国是一个异教徒治理的国家，但是中国拥有高度的文明，具有良好的祭祀仪式、学习自然科学和伦理科学的国家学院、学位的授予典礼、防范贪污腐败的措施、比欧洲人更早的印刷术以及精妙的各种工艺技术等，因此他认为"这个世俗国家的一切皆可与希腊和拉丁媲美"①。他还说中华文明还影响着与它接壤的国家，这些国家还保留中国人的部分宗教和自然科学知识。学者吴孟雪等认为："在欧洲学术文化史上，最早具有欧洲汉学萌芽状态的著作，是公元16世纪时代葡萄牙研究亚洲史的最优秀的学者乔安·巴洛斯所著的《每十年史》三卷本（第四卷未完成）中的《第三十年史》。"②

16世纪葡萄牙最优秀的汉学作品当属圣多明我会修士加斯帕尔·德·克鲁兹的《中国概述》。克鲁兹于1548年作为多明我教团成员前往亚洲传教布道，1556年抵达中国。他利用在广州短暂逗留期间，仔细观察广州的城市风貌、风俗民情、社会生活、文化教育和政治制度，结交仕人，拜见官员，并接触了一些在中国有亲身经历的葡萄牙人，包括得到"一个曾在内地受囚禁的贵族的札记"（指加里奥特·佩雷拉的《我知道的中国》）。他根据在广州的亲身经历和一些葡萄牙人提供的资讯，特别是加里奥特的报道，写了一篇关于中国风土人情的长篇专著《中国概述》。该专著于1570年在埃武拉（Évora）出版，这是在欧洲印刷出版的第一部讲述明代中国情况的著作，恰如作者在该书前言里就明确表明整部撰述都是记录中国，其文化和历史价值毋庸置疑。该著作在欧洲出版后，很快被多个历史学家参考和引用。西班牙历史学家门多萨表明他撰写《大中国史》时参阅了克鲁兹的作品。

开篇伊始，克鲁兹就表明了他的写作意图和对中国的赞美之情。"中国在人口众多、幅员辽阔、治理有序和财富充足方面大大超过所有其他人，这里不是指黄金和宝石等珍宝方面，而主要指用于人类需要的财富、物资和钱财。

---

① [葡] João de Barros, *Década Terceira*, Lisboa: Livraria Sam Carlos, 1973, Liv. 2, Cap. 7.
② 吴孟雪、曾丽雅《明代欧洲汉学史》第16页，东方出版社，2000年。

因为这些人有许多值得一提的东西，所以我才决定，在力所能及的范围内，根据我的亲眼所见，根据从一个被俘后到过内地的贵族写的记事上读到的，还根据从值得信赖的人那里听到的，对那里的事情做个全面的报道。"① 除了记录他在中国的经历，克鲁兹详尽地描述了中国的地理情况、行政划分和管理、城市建设、官僚体制和选拔任职、司法制度，此外，也提及中国的日常风俗习惯、信仰、文字和音乐等，他是第一个记录鉴赏中国音乐和戏剧的欧洲人。尽管克鲁兹认为中国人远离基督信仰，生活在"对真理的无知"之中，但在他的眼中，大明帝国仍然是一个国王治理有方、政府工作高效，官员执法公正的理想国度，表现出对中国事物的无限仰慕，对中国的高度文明深表赞扬和崇拜。在他的笔下，中国人热情友好、勤劳手巧，能工巧匠很多，不过和尚被鄙视，"因为人们认为他们堕落，游手好闲"②。他盛赞中国的土地利用充分合理、各种物品都非常丰富、农耕和航行优于欧洲。中国城市布局完美、建筑雅致雄伟、基础建设质量优良、官员选拔公正、政府管理高效，社会稳定安宁，"所以许多年来中国政权稳固、局势平稳，没有发生内战"③。如同时代葡萄牙人报道的一样，克鲁兹也描述了明政府高度的中央集权制，官员均由皇帝任命，采取官员任职回避制度、每月呈交工作报告制度等。官员必须接受监督检查以了解他们是否忠于职守，如有疏忽就会受到严厉惩处。参照加里奥特的说法，克鲁兹也称官员为"老爷"。这些老爷地位尊贵，是通过考试选拔出来的，不过他错误地以为选拔方式仅为口试。本地法官每年皇帝定期派巡视官去考察和监督地方官员是否忠于职守。他首次提到"阉人"，注意到他们大权在握，因为各官职经由他们推荐给国王，且只有他们能进入宫廷。他对中国的语言文字也有所研究，注意到中国使用的不是字母文字，而是图形文字；书写方式不是横写，而是从上到下；全国文字一致，但是语言不同，因此说话互不相通。虽然他在记述中多次盛赞中国"治理有方、国泰民安、繁荣富强"，但他认为这一切都是上帝所赐，"表明上帝给予一个不知道上帝的国王以天生的宽厚仁慈……可见上帝也宠爱这片土地……"④。

---

① CRUZ, Frei Gaspar da, *Tratado em que se Contam Muito por Extenso as Cousas da China*, Macau: Museu Marítimo de Macau & Instituto de Promoção do Comércio e do Investimento de Macau, 1996, pp. 12-13.

② *Tratado em que se Contam Muito por Extenso as Cousas da China*, p. 65.

③ *Tratado em que se Contam Muito por Extenso as Cousas da China*, p. 62.

④ *Tratado em que se Contam Muito por Extenso as Cousas da China*, p. 143.

16世纪还有一部享誉当时欧洲世界的著作是费尔南·门德斯·平托（Fernão Mendes Pinto）的《远游记》。这位葡萄牙作家和旅行家出生于1514年前后，经历充满传奇色彩。他于1537年乘船前往印度，此后在东方各国游历了21年。根据他描述的颠沛流离的亚洲游历生涯中，可以看出他可谓经历丰富、险象繁生，"曾13次被俘，16次被卖"。他自称曾当过士兵，海盗，做过贸易，担任过使节和传教士，也曾遭遇海难和被卖沦为奴隶。他于1558年返回葡萄牙，开始致力于撰写他在东方各国漂泊伶仃的传奇经历。他的大型著作《远游记》手稿于1576年完成。《远游记》中有近三分之一的篇幅是关于中国的描述，据说是关于他1540—1550年前后多次在中国沿海地区的游历。在平托的笔下，中国是一个物产丰富、贸易繁荣、社会稳定、人民安居乐业、司法公正、教育公平的理想国度。这部大型冒险奇遇记面世后名声大噪，引起了公众的高度关注，尽管质疑声不断，但还是给作者赢得了很大的声誉，平托被公认为是东方学者。无论是作者的传奇经历，还是遥远东方的奇风异俗均令欧洲世界耳目一新，这部亦真亦假、虚实结合的东方奇遇记很快被翻译成法语、西班牙语等多国语言得到广泛传播。

三、余　论

16世纪葡萄牙早期旅行者对中国积极而又热情的描述涵盖了中国社会的方方面面。地理、城市风貌、人种、外貌、服饰、饮食、婚葬礼仪、风俗习惯、教育、官制、宗教等皆在他们的视野里。尽管他们的报道具有极大的局限性，吸引他们眼球更多的依然是马可波罗笔下的东方丝国的奇珍异物。他们带着对物质财富的觊觎和对异国情调的猎奇心理观察中国，因此笔墨最多的也是这个广袤古国丰富的自然物产和迷人的异国风俗习惯等。他们虽然不像后来的耶稣会士那样系统学习过中国语言文化，但是比起之前的马可波罗时代之游记，他们已经能够较为正确地记录中国的地理位置、行政区划等，如克鲁兹还详细描述了中国及其邻邦的地理关系，虽然他错误地多次提到中国和德国相邻。此外，他们也正确记载了早期中国的对外关系和对外贸易政策。中国宏伟的长城、印刷术等代表中华文明的先进事物首次由这些旅行者进入欧洲人的视野。他们中一些报道者能够敏锐地注意到中国与西方世界不同的社会风貌，生动有趣地描述与西方迥异的"筷子文化""饮茶风俗""妇女缠足""男人纳妾"等现象。他们对中国社会安定、国泰民安、国王治理有方表示赞赏和仰慕,都热衷于介绍和研究中国的中央集权政治制度、文官制度、教育制度、考试制度等。克鲁兹还注意到中国各地方言的存在,简略介绍了中国的语言文字、书写方式等。尽管他们这些信息都不够详细准确,缺乏专业性和系统性,更谈不上建构起关于中国文明论述的整体框架,但是他们关于中国明代社会文化的描述内容丰富多元、其中也简单涉及了宗教信仰等思想文化和文官选拔等制度文化。这些介绍虽然有不实之处,但仍然彰显了他们在传播中国文化和中西文化交流中所做的贡献,特别是克鲁兹的专著对中国的各个方面都做了完整的介绍,为葡萄牙汉学,乃至欧洲汉学研究奠定了一个良好的基础。

总之,葡萄牙早期旅行者的多元化全方位的报道不仅扩大和加深了西方世界对中国的认识,客观上促使了汉学研究在葡萄牙的萌芽,对日后欧洲汉学的形成和发展起了一定的奠基作用。另外,他们在记述中都不由自主地以西方文化为参照对象,对中国事物和欧洲事物进行研究比较,开启了中西文化间的首次多维度对话,因此在一定程度上也开创了中外比较文化的研究先河。

(张敏芬 上海外国语大学葡萄牙语副教授,历史学博士)

·意大利汉学研究·

中意文化交流史重要人物方济各会士叶尊孝[*]

杨慧玲

摘 要： 意大利籍方济各会士叶尊孝因偶然机会来中国传教。他入华后广为游历且在汉语语言和文化方面颇有造诣，编写了两部手稿汉拉词典，在世界上影响极为深远。叶尊孝后作为陕西首任宗座代牧，在传教史上也是举足轻重的人物。然而，中国学界对叶尊孝的研究却并不多。本文根据最新中西原始文献，准确地勾勒叶尊孝的生平，利用梵蒂冈图书馆藏叶尊孝编著的《天主教要注略》分析他对于中国礼仪的立场和观点，同时剖析他编著的《汉字西译》的价值和影响。这是国内首次利用中西原始文献，较为全面深入地评介叶尊孝及其在中西文化交流史上的地位。

关键词： 叶尊孝 《天主教要注略》《汉字西译》

中国基督教史中，来华耶稣会士留下了深深的印记，其著作收入《四库全书》者有之，在中国官至一品者有之，教务颇丰者有之，来华耶稣会士的传记也最为详尽。稍晚入华的方济各会士和多明我会士中，不乏才华出众者，然而在中国基督教史中多默默无闻，即便有记录，只言片语难以成篇。来华意大利籍方济各会士叶尊孝（Basilio Brollo，1648—1704）的《汉字西译》传世百余年不衰，迄今仍是世界上被收藏最多、被翻译语种最多的手稿汉拉词典。作为首任陕西宗座代牧，他的《天主教要注略》藏于梵蒂冈图书馆，[①] 他写给教宗的

---

[*] 国家社科基金重大项目"梵蒂冈藏明清之际天主教文献研究"（项目编号：14ZDB116）阶段性成果。

[①] 见梵蒂冈图书馆文献 Borg. cin. 369. vol. 1；Borg. cin. 349. vol. 1；R. G. Oriente. III. 285 (int07) 等稿抄本。

中国教务报告仍在梵蒂冈秘密档案馆中被珍藏。叶尊孝的著述和书信报告被尘封三个多世纪之后，随着中国学者对国外档案馆文献的发掘和研究的深入，叶尊孝其人其事从历史舞台深处重又回到我们的视野当中，经过数百年时光的涤荡，曾经埋没的名字重归历史的光环。

一、叶尊孝其人①

叶尊孝于公历 1648 年 3 月 25 日出生于意大利威尼斯东北 Gemona 小城，后进入 Gorisia 市的耶稣会大学研习人文学。叶尊孝极有天赋，学业精进，严格自律，立志要尽其所能遵从上帝的教导和训诫生活，18 岁时被接纳为方济各会士。叶尊孝严格遵循苦修的宗教原则，在哲学和神学方面继续发展。由于他出色的表现，1671 年被擢升为神父，同时被任命为修道院的哲学和神学教师。

当伊大仁（Bernardinus della Chiesa，1644—1721）② 带领 4 名往中国的意

---

① 叶尊孝作为意大利籍方济各会传教士，在 P. Georgius Mensaert O. F. M.，P. Fortunato Margiotti 和 Sixto Rosso O. F. M. 等共同主编的《在华方济各会士（第六卷）》（Sinica Franciscana VI, Romae, 1961）中有拉丁文的叶尊孝传记。叶尊孝在意大利文的学术著作中有被提及。英语世界最早对叶尊孝进行专题研究的是 1943 年 9 月 Fr. Bernward Willeke 的未刊文章《中国的传教士和陕西第一任主教叶尊孝》（Fr. Basilio Brollo，O. F. M.，Missionary in China and First Bishop of Shensi）一文，接着美国方济各会系统的圣文德大学 1944 年 Edmund Fox 汇集整理的叶尊孝生平资料书目，两年后他在此基础上撰写了英文硕士论文《方济各会叶尊孝神父：中国传教士及陕西首任宗座代牧》（Father Basilio Brollo，O. F. M.，Missionary and first Vicar Apostolic of Shensi，China），近年来对叶尊孝传教进行较为深入的专题研究是 2009 年意大利教宗安东尼奥大学神学系 Simonetta Palmonari 的意大利文博士论文《与中国文化的对话者叶尊孝神父》（Padre Basilio Brollo da Gemona in dialogo con la cultura cinese），西方学者以往的研究中更多利用的是西文档案文献，并没有利用到叶尊孝的中文著作《天主教要注略》。中文关于叶尊孝研究见杨慧玲对叶尊孝的汉拉词典的系列研究（杨慧玲《汉字西译》考述，载《中国典籍与文化》2011 年第 2 期；杨慧玲《19 世纪汉英词典传统》第二章的有关内容，商务印书馆，2012 年）。有关叶尊孝在华传教的研究，王雪专著《基督教与陕西》（中国社会科学出版社，2007 年）和西北大学冯建萍的硕士论文《陕西天主教方济各会传教活动研究（1695—1949）》（2009）都有段落提及叶尊孝在陕西传教的情况，但是对叶尊孝传教活动的中文研究成果并未充分利用西文和中文档案，关于叶尊孝的生平和陕西开教的文字不多，在细节上存在一些和西文文献冲突的地方。

② 有关伊大仁的传记，参方豪《中国天主教史人物传》第 484—485 页，宗教文化出版社，2007 年。

中意文化交流史重要人物方济各会士叶尊孝

大利籍方济各会士逗留威尼斯，筹划赴中国旅程期间，邂逅了叶尊孝。叶尊孝遂萌发了到中国传教的热切愿望，当传教团的一名方济各会士因故退出后，伊大仁准许叶尊孝赴华传教的申请。1680 年 32 岁的叶尊孝与修道院的弟兄和家人道了永别，10 月 18 日从威尼斯乘船前往中国。旅途之艰险难以尽数。路过暹罗时，宗座代牧方济各（François Pallu Mgr. MEP., 1626—1684）[①] 先行前往中国，阻止其余人前往中国，令他们驻留当地协助暹罗教区的事务。意大利方济各会士除两人留在暹罗协助当地教务，1684 年 7 月，伊大仁携叶尊孝、余宜阁（Francisco de Nicolai）到达澳门，靠贿赂官员在 8 月 27 日得以进入广州。[②] 叶尊孝在广州期间，和西班牙籍的方济各会和多明我会的传教士一起生活传教。

第一任宗座代牧方济各于 1684 年 10 月 29 日去世，随后伊大仁被任命为浙江、湖广、贵州、四川省的宗座代牧，法国遣使会的阎当（Charles Maigrot, 1652—1730）被任命为福建、江西、广西、广东、云南的宗座代牧。作为伊大仁得力助手的叶尊孝，被伊大仁任命为总主教，陪伴伊大仁或受差遣巡游各个教区，以伊大仁的名义向教宗和传信部汇报中国教区的情况。1686 年 4 月 20 日至 10 月 20 日，叶尊孝与同伴游遍了江西省和福建省。1688 年 10 月，叶尊孝在传信部的授意下，前往南京传教，途中他在武昌传教并且到上海地区巡游传教。叶尊孝与伊大仁一起向教宗和传信部汇报了阎当对各在华修会之间造成的分裂和矛盾，叶尊孝和伊大仁于 1690 年 5 月返回广州。据教会史记载，叶尊孝入华五年共施洗了 600 余中国教徒。1692 年康熙帝下达容教令，伊大仁和叶尊孝随即离开广州，1692 年 11 月 29 日抵达南京，以西班牙方济各会名义和资金购地建圣约翰堂，叶尊孝负责南京圣约翰堂事务的管理。

由于在华天主教修会之间的分歧和矛盾，1697 年年底，叶尊孝受到排挤。次年又疾病缠身，恰逢黎玉范在南京停留 10 个月，在黎玉范的悉心照顾下叶

[①] 学界常用名"陆方济"，但经陈开华神父考证，墓志铭上用中文名为"方济各"，1658 年方济各被教宗亚历山大七世（Alexandre VII, 1599-1667）任命为中国西南五省及东京（安南）的宗座代牧。1659 年，他与另一位交趾宗座代牧一起创办了巴黎外方传教会。见陈开华《巴黎外方传教会创始人陆方济》，载《中国天主教》2013 年第 3 期。

[②] 在此参考了《在华方济各会士》（*Sinica Franciscana VI*，1961）叶尊孝传记第 789—797 页拉丁文文献中记录的入华时间及在华传教活动。感谢北京外国语大学李慧、成都电子科技大学胡文婷协助翻译解读拉丁文文献。

尊孝身体逐渐康复。1699年3月底，康熙南巡在南京接见在华传教士，叶尊孝也受到了康熙帝的隆重接待。1699年5月，叶尊孝已得知自己将担任陕西主教的消息，直到1700年叶尊孝正式收到陕西宗座代牧的任命后，① 才动身前往陕西。1692年至1700年在南京相对安定的生活，是叶尊孝编纂汉拉词典和多次修订汉拉词典的黄金时期。1700年叶尊孝离开南京，途经山东、北京、山西等教区赴任，在停留北京期间，叶尊孝给教宗去信强调在华法国耶稣会士脱离葡萄牙保教权保持独立的重要性。1701年5月2日到达陕西，由于叶尊孝极为敬业，在所辖教区内巡游调研摸底，过于奔波操劳，1704年农历七月十六在陕西去世。②

叶尊孝入华共20年，他的中文造诣相当高，因此传教方面颇有收获，经他施洗入教的中国教徒数量相当多。但是在这20年间，他在中国游历经费以及传教经费都相当困窘，获得传信部以及教区提供的经费都非常少。此外，他折中处理中国礼仪的态度并不受"礼仪之争"中矛盾重重的在华各天主教修会的待见。叶尊孝入华后，一直竭力辅佐宗座代牧伊大仁主教，与和善但缺乏见解的伊大仁相比，叶尊孝经常为之出谋划策，并向教宗和传信部汇报情况，最后也是为在华传教事业而献身。

二、叶尊孝在中国礼仪之争中的立场——
以《天主教要注略》为镜

叶尊孝来到中国的主要目的是为了传播天主教，而他来中国时与中国首任宗座代牧方济各先后抵达中国。方济各来华的目的，是罗马教宗继1622年

---

① 教宗对叶尊孝的任命书下达时间为1696年，但是，远在中国的叶尊孝并未得知此消息。直至1700年，叶尊孝在南京得知任命后，随即动身赴任。中国传教史对于叶尊孝及方济各会在陕西1696年开教的时间有误。

② 教会史资料对于叶尊孝去世时间，互相矛盾，有1703年7月16日之说（P. Gaudentius：*Der Protestantismus und die Franziskaner*, Germany 1882, p. 269），有1703年8月13日之说（Henry Cordier：*The Catholic Encyclopedia*, USA, 1908, p. 675a），也有1704年7月16日之说（Noel Gubbels, OFM：Trois Siecles d'Apostolat du Catholic an Hukwang depuis les origines 1587 jusqu'a a 1870, *Franciscan Press Wuchang*, 1934, pp. 42-43）。国内外学界目前采纳最多的是叶尊孝于1704年在陕西去世，7月或者8月应该是农历和阳历的月份区别，因此，叶尊孝去世时间更可能为1704年农历七月十六日。

创建代表罗马天主教最高核心、向异教徒国家和地区传播天主教的机构——传信部（Propaganda Fide），排挤西班牙和葡萄牙保教权而直接将远东传教控制权置于罗马教廷之手的又一举措。1650 年，罗马教廷采用了宗座代牧制，其意图是对抗葡萄牙保教权，"建立一个凌驾于所有在华传教的宗教修会之上的神职组织，来代表和传达教廷的意愿"。① 在这种背景下，罗马教廷设立中国宗座代牧区，1659 年 9 月 9 日，教宗任命方济各为东京教区宗座代牧以及中国云南、贵州、湖广、四川、广西和老挝的宗座代牧。1680 年，传信部将中国和交趾的教务分开，方济各为福建宗座代牧，兼管浙、赣、粤、桂、蜀、滇、黔和湖广等地，后晋升为中国教务总理。中国的教务已经由葡萄牙保教权庇护下的在华耶稣会士拓展了一个世纪，方济各来华后要求各天主教传教士宣誓效忠，而此时教宗并不给海外传教士提供财政支持，这在以往向葡萄牙国王宣誓效忠并获得葡萄牙国王资助的在华传教士中引起了很大波动，方济各受到了部分在华耶稣会士的抵制，郁郁不得志而终。1696 年传信部缩小了南京、北京、澳门主教区的范围，另设福建、陕西等 9 个宗座代牧区。

叶尊孝是中国第二任宗座代牧伊大仁的得力助手，还是首个陕西宗座代牧，他也是罗马教廷极为信任的重要人物。叶尊孝在华期间，"中国礼仪之争"正是山雨欲来的敏感时期。叶尊孝对待中国礼仪问题的立场和看法，还没有人利用梵蒂冈秘密档案馆中的叶尊孝给教宗的书信和报告发掘其立场，国际教会学者认为作为传信部派出的宗座代牧，叶尊孝应该是持反对中国礼仪的立场的。这个重要的问题，其实可以从梵蒂冈图书馆藏叶尊孝的中文著作《天主教要注略》中求解一二。这部中文著作的封面并未注明时间，但是根据教会记载，② 应该是在 1700 年前后伊大仁和阎当两个宗座代牧共同组织在华传教士讨论关于中国宗教礼仪问题时，叶尊孝写作了这本书，一方面对中国教徒进行劝诫和引导，另一方面也以此督促在华传教士们放弃偏见，履行天主教神父的职责。

---

① 转引郭丽娜、陈静《论巴黎外方传教会对天主教中国本土化的影响》，载《宗教学研究》2006 年第 4 期。原文载 G. GOYAU：*Histoire générale comparée des Mission*. Paris：Desclée, 1940.
② 关于这场讨论，见《在华方济各会士》(*Sinica Franciscana VI*, 1961) 叶尊孝传记第 795—797 页记录。

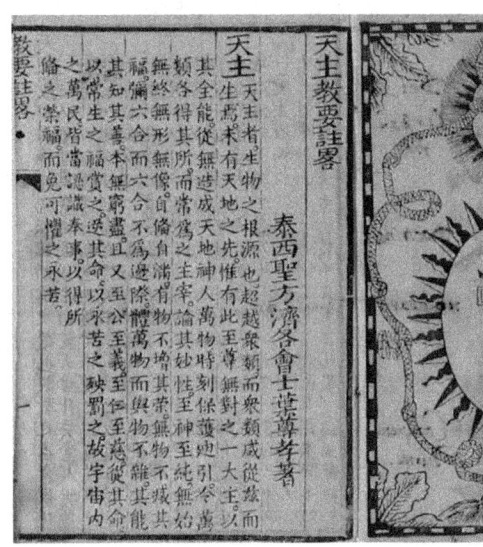

梵蒂冈图书馆藏署名为"泰西圣方济各会士叶尊孝著"的《天主教要注略》三种都是木刻本，没有时间和地点，也没有请中国文人代为作序。《天主教要注略》大部分内容是从天主教教理书中翻译过来的，一小部分内容是叶尊孝特意为中国天主教徒撰写的简略注解，直观地体现了叶尊孝对基督教以及中国礼仪的立场和观点，这也是当前对叶尊孝传教研究最为薄弱的一点。值得注意的是，扉页上的耶稣会标识，内容上也对耶稣会教理书有褒扬。①

在关于中国礼仪的三个问题上，对造物主的称名方面，叶尊孝在《天主教要注略》一书中只使用了"天主"，避免了在中国文化语境下内涵丰富的"天"或者"上帝"。在引入天主教特有的词汇时，叶尊孝采用了音译加意译相结合的方法，例如"耶稣者。译言救世也。基利斯督者。译言教主也。万王之王也"。这样的例子比比皆是，"亚孟。此二字乃西音。有证已实意之意。凡求后念亚孟。译言吾愿吾望。必如前所求也"。提到圣母之名时，"玛利亚：圣母名号。译言海星也。引人行世海之路。而直向天堂永福之岸也。满被额

---

① 关于入华耶稣会士、多名我会、方济各会、奥古斯丁会的中文天主教教理书的研究，见杨慧玲待刊文章《梵蒂冈图书馆藏明清时期天主教教理类文献》一文。

辣济亚者。额辣济亚者。天主圣宠也"。这些译名与当时耶稣会使用的中译名一致,然而,叶尊孝对天主教中译名采取的音译加意译的方式,也使得外来译名更易被中国教民所理解。

中国儒家的人伦观念深入中国人的思想观念,基督教的圣父圣子之间的关系是中国人难以理解的方面之一。叶尊孝的阐释颇为圆融。"所谓父子者。非如人世夫妇而生子也。乃如人明想自己而内即生自己之像也。但人所生之像。非活而不能存。亦真非人也。天主所生之像。是活而常存。亦真是天主。与父同体同能同知同善。其为万民之主。此天主父所生之子。降生后名。曰耶稣基利斯督。耶稣者。译言救世也。基利斯督者。译言教主也。万王之王也。"叶尊孝开篇名义,首先声明圣父与圣子并非人伦的父子关系,而是圣父所生与自己完全同身体同样能力的"像",因此,爱圣父天主爱耶稣基利斯督都是同一天主。通过叶尊孝的阐述,更加强调了圣父圣子非同凡人,也使得中国教民爱戴天主和降生到人间的耶稣基利斯督,维护了基督教唯一神崇拜的信仰。

关于祭祖祭孔的问题,叶尊孝并没有在书中明确表达自己的态度,然而,在字句之间,隐含着他的立场。例如在十诫中的第一诫敬天主的条目下,关于礼敬天主的问题,叶尊孝区分了敬天主之礼与敬其他人之礼。"然天主唯一。故不论何神何人。何物何佛。断不可认之为主。不可以敬主之礼崇奉之。但天主之下。天神圣人。既为天主所爱。恭敬之。如下民恭敬朝廷所爱大臣。不为犯诫也。若论邪神仙佛等。彼既不认天主。或命人认己为主。敬拜之。信其邪道。妄望其佑。即违此诫。另有算命起课相面风水等术。乱人正道。惑人之心。不笃信望爱一天主者。皆违此诫也。"叶尊孝如此阐释,为孔子以及其他儒家圣人留下了空间,只要中国教徒不以敬天主之礼对待,为天主所爱的天神圣人,都可以恭敬,而且不算犯诫命。对于佛、道两教的众佛和众神仙,叶尊孝则毫不留情,认为佛、道两教不认识天主,人们对他们的敬拜如同对于天主,因此,这些都是邪道,有违天主教只信奉唯一天主的诫命。

在第四诫孝敬父母的条目下,叶尊孝解释说:"父母有不等者。有生身父母。治身父母。授业父母。及管灵魂之父母谓之神父。皆当孝敬。然孝敬之道。不但在心口。而必须守法听命。生身父母之所需。子该竭力供给。不然。犯此诫也。父母不尽其道。不教子为善。不指于真福之路。亦犯此诫。"叶尊孝没有提及去世的祖先,只是将孝敬的对象"父母"细分为四种类型,神父也是应该孝敬的父母之一。孝敬父母的方式在于"守法听命""竭力供给"。同时,作为父母者,如果没有教子为善,也算是犯了不孝敬父母的诫命。中国礼仪之争中,黎玉范是持反对祭祖祭孔的传教士,也是向教宗发起"礼仪之争"裁决的领袖人物,他和叶尊孝在南京期间建立了深厚的情谊。黎玉范著《圣教孝亲解》中对于中国孝道有鲜明的观点:[①] 他引用《礼记》等中国典籍的内容,强调孝敬父母是孝敬生者,对于死者的祭礼,唯有天主才能享用。与叶尊孝暧昧的态度相比,黎玉范在中文著作中反对祭祖祭孔的立场以及论述都非常鲜明。从叶尊孝的中文著述《天主教要注略》来看,叶尊孝对于在华耶稣会士的做法并无攻击之语,他回避中国礼仪之争中最为激烈的祭祖祭孔的问题。他对于孝敬之礼的解说非常理性,合乎情理,对儒家独开一面,排斥佛教道教,这样的做法也与入华耶稣会士相合。

结合叶尊孝入华后,当中国宗座代牧方济各在中国强硬执行传信部决议,要求在华各会教士向教宗宣誓效忠,而以往来华欧洲传教士都是向葡萄牙国王宣誓效忠并在葡保教权的庇护和王室的财政支持下从事传教活动,葡萄牙国王为对抗教宗,已明确表示如果传教士向教宗宣誓,将中断其供给。在这种极为混乱的情况下,叶尊孝支持伊大仁给教宗写信,请求废除宣誓效忠、保全中国教务的主张得到了教宗准许。叶尊孝到陕西赴任时,西安的教务原来由耶稣会管控,他为了更好地拓展教务,退至三原县和泾阳县鲁桥镇开创教务,避免与省会城市西安的耶稣会士发生冲突,也不介入原耶稣会管理的教区事务,谨慎处理与当地耶稣会士的关系。叶尊孝温和圆融的处世之道,与他的《天主教要注略》同出一辙。这也是他能够在陕西教区与耶稣会士共同协力处理教务的根源所在。叶尊孝对待中国礼仪问题的立场,是叶尊孝在华传教活动需要重视和考量的重要内容。

---

① 黎玉范的《圣教孝亲解》全文见杨慧玲《梵蒂冈图书馆藏明清中西文化交流史重要文献——对梵蒂冈图书馆藏稿本 Borg. Cin. N. 503 初步研究》,载《史学史研究》2016 年第 2 期(总第 162 期)。对黎玉范在中国礼仪之争中的思想分析,见杨慧玲论文《"中国礼仪之争"中反对"祭祖"思想新探——解析黎玉范〈圣教孝亲解〉之中西文化"融合"与"冲突"》,载《基督宗教研究》2019 年第 25 辑。

三、叶尊孝《汉字西译》的价值与影响

《汉字西译》是叶尊孝在中国编写的两部汉拉词典中第一部分的词典名，后来成为叶尊孝汉拉词典的代名词，是18世纪在世界范围内流传最广、传抄最多的手稿汉拉词典。第一部汉拉词典约在1694年完成，冠以中文名《汉字西译》；第二部汉拉词典约在1700年前后完成。叶尊孝编纂汉拉词典的目的很明确，此前以葡萄牙语和西班牙语为词目编写的欧汉词典，如罗明坚、利玛窦的葡汉词典，万济国的西汉词典，如果使用者不精通葡萄牙语或者西班牙语就无法利用这些词典。因此，叶尊孝选择了欧洲最为通用的学术语言——拉丁语编写了汉拉词典。叶尊孝编写两部汉拉词典的原因是，第一部是按照汉字字形检索的汉拉词典，采用了中国字典的排序方法，释义部分也参考了中国字典等诸多优点，可以有效解决阅读中遇到汉字的问题；第二部是根据汉字读音检索汉字字形和意义的汉拉词典，这样编排的汉拉词典可以解决外国传教士与中国人交谈时只知音不知字的难题。

 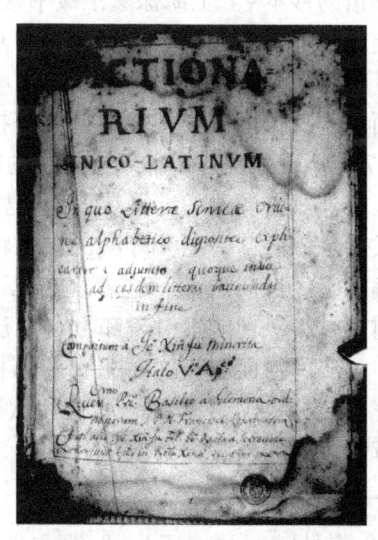

叶尊孝完成两部汉拉词典，在当时的入华传教士中引起了较大反响。一

位 1700 年入华、曾同叶尊孝短期共事过的方济各会士康和子（Father Carlo Horatii da Castorano，1673—1758）使用了汉拉词典后，坦言"我一到中国（1700）就通读了几部词典……当我读完叶尊孝神父的词典，和其他几部比较时，我意识到他的词典更为完善、更加学术。我认为叶尊孝神父堪当永恒的褒奖。他的词典应当被出版"。① 据方济各会史记载，叶尊孝还著有一部汉语语法，然而，这部汉语语法书是否存在难以证实。

目前叶尊孝汉拉词典是世界上抄本数量最多、被翻译语种最多的汉外手稿词典，其中意大利有 4 部标注了确切时间、作者名的叶尊孝汉拉词典抄本，上海徐家汇藏书楼也有 1 部有时间没有作者的《汉字西译》（索书号 M30—2388），比较这几个不同时期的抄本，可以看出叶尊孝手稿词典的基本演变过程。

第一个时期的叶尊孝汉拉词典代表作是佛罗伦萨图书馆所藏的两部分别编写于 1694 和约在 1698—1700 年汉拉手稿词典，这两个手稿本扉页上标注的时间都在叶尊孝去世之前；第二个时期的代表作是 1726—1734 年间为了出版叶尊孝汉拉手稿词典，改编后的成熟抄本，即 Lincei Corsini 档案馆和梵蒂冈图书馆的抄本②。上海徐家汇藏书楼的《汉字西译》是 1723 年完成的，在时间上虽然早于意大利藏的 1726—1734 年间的抄本，但是，从注音、释义、例证等内容来判断，上海徐家汇的藏本《汉字西译》是从叶尊孝的汉拉词典衍生而来的汉拉词典。这种类型的汉拉词典在世界各地也有很多藏本，徐家汇的 1723 年藏本是这一种编排类型的所见最早的有抄写年代的藏本。③

汉外双语词典的编纂从 16 世纪传教士学习汉语收集自编的外汉双语词汇表式的手稿萌芽，至叶尊孝的汉拉词典已经取得了重大突破，手稿汉外词典的编纂已经走向成熟，这表现在以下两个方面：第一，封面设计、词典序言等前页材料，功能索引表和百科性质的附录等后页材料正式被收入了汉外词典，词典的封面和正文每一页的结构布局都是经过精心设计的。第二，检索系统中充分将汉语字典的形检和欧洲词典的音检两种检索系统有效地结合。叶尊孝之前的外汉词典或汉外词典多采用字母排序法，这种编排法是入华基

---

① 转引 Edmund Fox，*Father Basilio Brollo，O. F. M.，Missionary and first Vicar Apostolic of Shensi, China*，1946 年硕士论文 41 页。

② 梵蒂冈图书馆抄本的完成时间约在 1726—1733 年，在此取上限。

③ 感谢徐家汇藏书楼王仁芳、徐锦华馆员为笔者借阅此文献时提供的帮助。

督教传教士对汉外双语词典编纂做出的一大贡献，汉外词典中使用注音字母排序法始于利玛窦等人，叶尊孝设计了部首与注音检索总表，将汉字的音检和形检两大系统有效地进行了结合，这一重大创新奠基了现代汉外双语词典的检索方式。迄今，汉语辞书编纂仍在沿用这种方式的检索编排系统，只是对注音方案以及部首编排方案作了更为细致的调整。

叶尊孝汉拉词典在微观结构方面，质量较前人手稿汉外词典有了很大提高。叶尊孝以汉字作为词目单位，而不是采用汉语字、词、短语混编的词目单位，这在汉外词典编纂史上亦是极大的挑战。叶尊孝之所以能够编纂出这样一部汉拉词典，在于他参考并借鉴了权威中文辞书，[①]将此前"口语典"时代的汉欧双语词典的释义和译义水平提高到了一个新的阶段。叶尊孝汉拉词典主要参考了梅膺祚的《字汇》，《字汇》中的同义互训部分被叶尊孝收入1694年版词典的同义词部分，两部汉拉词典的释义项也基本摘自《字汇》。由于《字汇》对每一个汉字作了非常详尽、有时是古今雅俗兼收的解释，叶尊孝从中选取意义时，多数情况下能够选择最重要、最基本的意义，偶尔也存在不得其要的情况。相比而言，叶尊孝的汉拉词典的释义比以往传教士编写的汉外词典释义更加精准，这是汉外词典质量的根本所在。美中不足的是，缺乏汉字形式的例证在叶尊孝的两部汉拉词典中最大的缺憾。[②]

手稿汉外词典发展至叶尊孝时期已相当成熟，叶尊孝的汉拉词典也成为手稿汉外词典史上最大的一支词典谱系。自18世纪二三十年代就酝酿筹备的出版叶尊孝汉拉词典的计划始终未能实现，然而，修订后预备出版的叶尊孝手稿汉拉词典得到了更多人的认可，成为18世纪最广泛使用和被人传抄的一部手稿汉语词典。叶尊孝的汉拉词典各抄本是迄今世界各国档案馆、图书馆

---

① 1698—1700年版《汉字西译》f. 489上列出了10部中文辞书：A. 字汇；B. 增补字汇；C. 正字通；D. 品字笺；E. 篇海或海篇；F. 撮要；G. 诗韵公订；g. 字类补；K. 古文字考；L. 词赋奇书。

② 叶尊孝汉拉词典规模巨大，然而因为没有汉字形式的例证，拉丁字母转写汉字的难度相当大。迄今，国际上对叶尊孝词典的研究成果也只有杨慧玲在英语世界国际核心期刊《历史语言学》(*Historiographia Linguistica* 41: 2/3) 上发表的文章 The Making of the First Chinese-English Dictionary：Robert Morrison's *Dictionary of the Chinese Language in Three Parts* (1815-1823) 中有一节专门论及叶尊孝的《汉字西译》对马礼逊划时代的汉英词典的影响。文章中收入了部分转写并还原成汉语的随机抽样的拉丁文释义和例证。

中收藏最多的手稿汉外词典。不仅如此，他的汉拉词典的拉丁文还被译成了西班牙文、法文、英文等欧洲语言，甚至有相当多的内容已经被收入了出版的汉外词典中。[①]

结　语

明清之际的中西文化交流是相当深入和广泛的一次交流，充当此次文化交流桥梁的主要是来华基督教传教士中的双语精英。他们中的佼佼者都是在欧洲接受过良好的教育，清中期严厉禁教之前的相当长的时间内，他们来华都可以较为自由地在中国各地游走，和中国各个阶层的交往和接触，有更优越地学习中国语言和文化的机会，为了向中国各个阶层的人传教，对于中西文化宗教的异同也有更深刻的体会。叶尊孝在中国共生活了20年，距今已隔了3个世纪。以史为鉴，以时间为检验的尺度，叶尊孝这个被当代人所忽略的重要人物的研究才刚刚开始，他在中国的经历折射出基督教传入中国后对更好地融入中国文化与社会的探索，中国基督教史的研究可以为当代基督教本土化的探索提供成功的经验和失败的教训。

（杨慧玲　北京外国语大学国际中国文化研究院研究员）

[①] 参杨慧玲《19世纪汉英词典传统》第二章"天主教手稿汉外词典的代表作：叶尊孝的《汉字西译》"第72—95页，商务印书馆，2012年。

·日本汉学（中国学）研究·

西学的介入与日本汉学的变局

——从《日本汉学史》谈到日本汉学史*

张 真

摘 要：与西方汉学相比，日本汉学具有历史悠久、影响深远等显著特点。随着近代以来西学的不断传入，日本现代学术制度逐步形成，西方学术体系和学术制度取代传统汉学成为日本学术的范式。现代学术制度下的日本汉学对同时期的中国学术影响较大，因此中国学人很早就注意对日本汉学的再研究，并积极向国内学界推介。与中国学者对日本汉学史的研究相比，日本本土学者更早一步。就目力所及，牧野谦次郎自20世纪20年代起在早稻田大学的讲义——《日本汉学史》是最早、最为系统而全面的一部日本汉学史。

关键词：日本汉学史 西学介入 汉学变局 牧野谦次郎

众所周知，日本文化深受中华文化之影响，那么，这种影响究竟起于何时呢？宽泛而言，应从中日之间的人员往来开始，特别是中国人移民日本开始；严格而言，则应从汉籍传入日本开始。大化改新以后，汉籍大规模传入日本，日本传统汉学逐渐形成，此后直到明治维新为止，汉文化一直在日本占据上层和主流地位。到了江户末期，随着日本和与西方的联系逐渐增多，西学逐渐取代汉学成为日本学术的主流。日本汉学从19世纪中叶开始近半世纪间显现出明显的衰微，其在日本的再兴，要等到近代学术形式后的19世纪末20世纪初。

---

* 本文系国家社科基金冷门"绝学"和国别史等研究专项项目"日本丝路学文献整理与研究"（项目批准号：19VJX104）的阶段性成果。

一、西学的传入与日本近代学术体系的转变

江户时代的日本社会是一个相对封闭保守的社会,长期以来只与中国、荷兰保持通商,其受到的所谓外国文化的影响,主要是中国文化;其学术体系虽也包括"兰学",但其影响是极为有限的。近代以来西学的大规模传入,彻底改变了这种格局,西方学术体系和学术制度取代传统汉学成为日本学术的范式。

近代学术转型以前,日本的学术体系可图示如下:

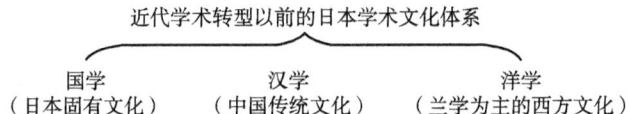

三者之中,汉学处于主导地位。从 19 世纪末到 20 世纪中叶,日本汉学研究者完成了从传统汉学老大家到现代学者的转型。随着新式大学成为培养学术人才的主要机构,大学分科教育也使得原先涵盖一切中国学问的汉学,开始分化为文学、史学、哲学等专门学科。随着近代学术转型的进一步深入,学科、专业间的分化越发细化,最后甚至出现有些学者只做专书研究的趋势。

近代学术转型以后的日本学术文化体系可图示如下:

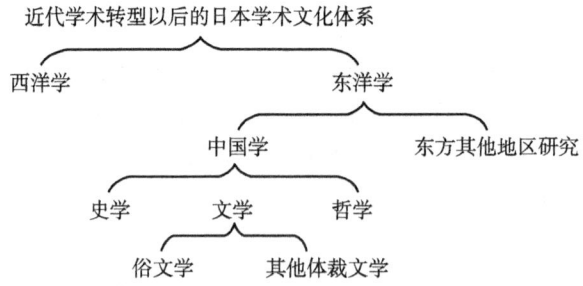

以"文学"的概念为例,近代以前日本的文学观念来自中国,而古代中

国的"文学"的概念大体与"文章学"相同,日本在长期与中国的文化交流中无形地接受了这种文学观念,直到明治中前期都是如此①。末松谦澄于明治十五年(1882)出版的《中国古文学略史》,是日本第一部以"中国文学史"为题的专书,但其内容则完全是先秦诸子,连诗词歌赋都排除在外,遑论小说、戏曲。该书本是末松谦澄留学英国时演讲的讲稿,其体例虽也仿照西方学术概念中的"文学史",但内容中的"文学"无疑是东方的,准确地说,更像是一部先秦学术史,而非真正的中国文学史。而早两年出版的俄国瓦西里耶夫的《中国文学史》,虽然也是以介绍先秦诸子为主,却以相当的篇幅介绍了中国古代小说、戏曲。由此可见,同一时期的东西方学者对"文学"的理解之不同。

一位身处西方的日本留学人员对文学认识尚且如此,可以想见当时东方以及日本国内的情况又会是如何。据一位明治时代的学者回忆,明治中期以前的情况大体是这样的:

> 在不是汉文就不认为是文学的时代,所有的戏作者的作品一概受到贬斥。而当时的社会对西方的所谓文学,又几乎一无所知。②

在这种情况下,本属下流作品、为士人所不齿的中国小说戏曲,又如何能成为严肃的学术研究对象?这首先就要提高小说、戏曲的社会地位,但这种提高首先并不是在中国、由中国人自己先意识到的,而是由日本人首先将原本在西方就已经具有颇高社会地位的小说、戏剧观念引到东方。而这场文学观念进口运动的发起者就是坪内逍遥:

> 阐明西方文学为何物,对世人进行启蒙的,就是坪内君的《小说神髓》。书中阐述的道理,现在当然已是尽人皆知的了,但在当时,却的确是回答时代要求之作。小说之所以受到重视,说它是发端于这部著作的

---

① 关于中国和日本的"文学"概念的变迁,可参看铃木贞美著,王成译《文学的概念》第41—100页,中央编译出版社,2011年。

② 市岛谦吉《明治文学初期之回忆》,译文据刘振瀛《小说神髓·译本序》第12页,上海译文出版社,2010年。

问世,也绝非过言。①

坪内逍遥的学生大村弘毅将"小说革新""演剧革新"与"教育革新"并列为坪内一生的三大业绩,而这三大业绩中,通俗文学占了其中两项②。而受坪内逍遥的影响而从事文学创作、并在中国俗文学研究领域取得重要业绩的幸田露伴则将坪内氏的意义作为更为具体的说明:

> 此前的近松、马琴等人以惩恶主义、俚俗教育为文学之第一条件,而逍遥却不然。其立足于西洋文学论、美学论,其在当时之反响绝不会小。彼时尚无今日之文学概念,更无人将文学作为终生之事业,文学不过是余兴、余技罢了。(中略)自《小说神髓》出,文学逐渐成为专门爱好者之话题,更有人因受其影响而爱好文学,逐渐产生文学意识。毋庸置疑,全赖逍遥之功,无人可以否认他是最初使"文学"拨云见天者。③

二、日本汉学的复兴与近代学术制度的形成

明治十六年(1883),日本自明治维新以来的欧化主义达到极端化。物极必反。极端的欧化主义刺激了日本国粹主义的复苏,汉学由此复兴;另一方面,日本近代学术制度在西方学术持续影响下逐渐形成,为汉学研究提供了制度保障,此外,图书馆、学术团体、期刊等也为这一领域的研究起到了推动作用。日本汉学迎来了前所未有的变化。

(一) 日本近代汉学的复兴

明治维新以来,日本效仿西方制度进行改革,综合国力逐步上升,民族自信心随之高涨,积极谋求修改不平等条约。明治十年(1877),西南战

---

① 市岛谦吉《明治文学初期之回忆》,译文据刘振瀛《小说神髓·译本序》。
② 大村弘毅《坪内逍遥》,吉川弘文馆1958年。按,本文所引日文资料,除注明所据译本外,均出拙译。
③ 幸田露伴《明治二十年前后的二文星》(《明治二十年前後の二文星》),《早稻田文学》第232号,1925年6月。

争结束后，自由民权论在日本兴起，其中也包括一些过激言论，于是，作为对欧化主义反拨的国粹主义开始抬头。日本开始意识到要改变此前西洋式的认知方式和功利性的教育方式，代之以东洋式的道德教育，神宫皇学馆、皇典讲习所、曹洞宗大学林、真宗大学寮等一批包括日本国学、佛学等东方传统文化在内的教育机构纷纷设立。汉学方面也毫不逊色，除在东京大学①设立古典讲习科外，斯文会等汉学会，二松学舍等汉学塾一时也隆兴起来。

然而，随着明治十五年（1882）伊藤博文内阁成立，以明治十六年（1883）鹿鸣馆的修建为标志，日本的欧化主义达到极端化。森有礼出任文部大臣，积极主张"废除国语、采用西语"的理论，此外，更有人提倡改良人种论，"欲以高加索人种改换大和民族"②，汉学随之衰微。明治十九年（1886），西村茂树发表《日本道德论》，提倡以皇室为中心的国民道德，成为国粹主义的先驱。到明治二十年（1887）以后，日本的民族主义和国粹主义开始全面抬头，一场保存国粹的运动在全国范围内展开，日本进入所谓的国粹主义时代，政教社、大八洲会、日本弘道会、日本国教大道社等国粹主义团体纷纷出世。

就在进步与保守、欧化与国粹之间的思想混乱之时，《帝国宪法》于明治二十二年（1889）颁布，由此奠定了基本国体；《教育敕语》也于次年颁布，规定了基本教育方针③。由此，日本在政治和教育两方面确立了国粹主义的基调，作为日本传统文化不可分割的一部分，汉学由此复兴。

---

① 东京大学校名屡有变迁：明治十年（1877），定名东京大学；明治十九年（1886），更名帝国大学；明治三十年（1897），因在京都又设一所帝国大学，故更名东京帝国大学；二战后，昭和二十二年（1947），正式定名东京大学。故本文统称"东京大学""京都大学"亦同。

② 近代日本思想研究会著，李民等译《近代日本思想史》（第2卷）第5—6页，商务印书馆，1992年。

③ 《教育敕语》的核心内容是强调传统伦理道德在教育乃至天皇制国体中的极端重要性。1891年6月，文部省又规定了小学校庆祝日、大祭日仪式规章，将原来只是限于宫中仪式及只要求华族和官员参加的一些祝祭日等，一并要求在各学校举行，由校长以下教职员、学生以及市町村的官吏、学生家长和当地居民参加。在仪式中要举行礼拜天皇像，山呼陛下万岁，由校长捧读《教育至敕语》，并作"涵养忠君爱国之气"的训话。

日本明治时代欧化、国粹主义消长形势可图示如下：

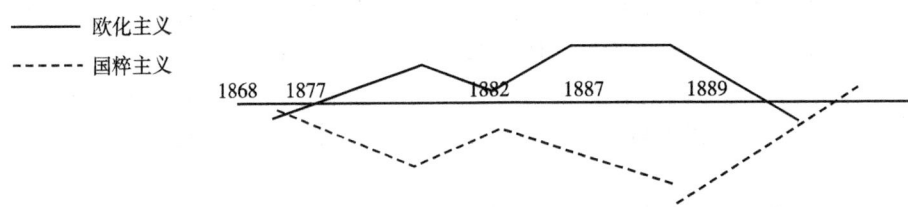

随着国粹主义的复苏，民族意识逐渐加强，日本知识阶层对世界的认识逐渐清晰，要求打破"西洋"一统天下、建构"西洋""东洋"① 二元体系的呼声日益强烈，反映到学术领域，就要求构建与"西洋学"相对的"东洋学"。他们常将两者相比较，追本溯源，如果说西洋学的源头在希腊、罗马，那么，东洋学的源头就在中国。这在末松谦澄的《中国古文学略史》中说得非常清楚：

> 中国古文学之于东洋文学之必要，犹希腊拉丁学之于西洋文学，以之足极文化之渊源也。②

前文已述及，末松谦澄这部《中国古文学略史》实际上的是一部先秦学术史，因此，他虽然用的是"文学"一词，但实际指的是整个学术，即先秦学术是东洋学术的源头。要探讨东洋学，首先就要阐明先秦学术，就像研究西洋学，必要追溯到希腊、罗马一样。这种认识并非个别的，而是普遍的，比如藤田丰八《先秦文学》出版前的广告也宣称：

> 先秦汉文化之于东洋，比之古希腊文化之于西洋可也，其以璀璨陆离之光彩射人眼，风流余韵，至今不绝。③

---

① 日文"东洋"与中文"东洋"词义有别，中文"东洋"一般指日本，而日文"东洋"则以日本、中国为主，包括西亚、北非在内的广大地区。两者词义差别的也体现了当时中日两国不同的世界观。
② 末松谦澄《中国古文学略史》第1页，文学社，1882年。
③ 载笹川临风《中国小说戏曲小史》后附《新著月刊》，东华堂，1897年。

如果说甲午战争以前，日本知识界还只是将东洋与西洋并列，更多是用中国学术与西洋学术相抗衡的话，那么，随着甲午战争后日本"民族自信心"的空前高涨，他们开始将有意突出日本和日本人在东洋学体系中的地位，认为当时之世，唯有日本才能成为东洋的代表，以东洋学盟主自居。他们宣称：

> 西欧自有西欧之文明，东亚岂无东亚之文明？十九世纪末期，实此东西二文明相抵冲之时也。将此东亚文明之光彩大力宣扬于宇内，以抗衡西洋文明，乃东洋人民之天职也。①

在这样一个对膜拜西洋的反拨、而对东洋学术思想大力宣扬的国粹主义复兴时代，日本社会重新掀起了一股"汉学热"。当时老汉学出身的东京大学教授皆有用汉文撰写的著述或遗稿②，用汉文作序跋、作汉诗更成为一时之时尚，"高等学校（预科生）自不用说，中学生作汉诗也是极为普遍的事"③。

（二）日本近代大学的设立与学术制度的形成

以在日本的中国文学研究为例，19世纪末20世纪初涌现出来了一大批专业的新汉学者，这些新汉学者大都撰写过中国文学史或中国小说史、中国戏曲史，并在高等学府讲授中国文学，掀起了日本中国文学研究的热潮。这些新汉学者有一个共同的学术背景，即都出自东京大学这一日本近代学术大本营。毫不夸张地说，离开了东京大学，近代日本汉学就无从谈起。

东京大学的诞生，不仅开启了日本近代学术制度的范式，也成为日本近代汉学家的渊薮。但现代大学制度源于西方，东京大学完全是在西方学术的冲击下催生的。明治政府迁都东京，以儒学和国学为主的昌平学校为中心，将洋学为主的开成学校、西洋医学为主的医学校并入，于明治二年（1869）成立"大学校"，并于明治十年（1877）正式定名为东京大学，明治十九年（1886）改制成为当时日本唯一的一所帝国大学。东京大学与江户时代的昌平校有本质不同。虽然东京大学在成立之初，就设立了和汉文学科，但传统汉

---

① 藤田丰八等《东亚说林》第2号，1894年12月9日。
② 东京帝国大学编《东京帝国大学学术大观·总说篇、文学部篇》第276页，东京帝国大学出版部，1942年。
③ 东方学会编《追忆前辈学者》（第2册）第121页，刀水书房，2000年。

学的主导地位已经被否定，取而代之是各种新学科并存的局面，汉学只是各学科中的一科。

明治三十年（1897），日本政府又在京都设立第二所帝国大学——京都大学。京都大学文科大学①于明治三十九年（1906）正式设立，明治四十一年（1908）开设文学科，曾是东京大学毕业生的狩野直喜成为文学科中国语中国文学讲座教授②。京都大学的举动对东京大学的刺激是相当明显的，东京大学文科大学不得不做出相应的改革以应对挑战：将原先哲学、国文学、汉学、史学、英文学等九学科整合为文、史、哲三学科，下设十九个讲座，汉学科分为"中国哲学"和"中国文学"两个讲座，史学科内也单设"东洋史学"讲座③。至此，在科系和专业的设置上，东京大学完成了从原先的"汉学"到现在的"中国学"的转变。

明治三十二年（1899），森槐南开始在东京大学讲授中国小说、戏曲等俗文学，成为在日本帝国大学讲授中国俗文学的第一人。继森槐南之后在东京大学主讲中国俗文学的是他的学生盐谷温。明治三十九年（1906）10月至明治四十五年（1912）8月，盐谷温作为东京大学"中国文学讲座"预备教授，被派往德国、中国留学。需要指出的是，在盐谷温留学期间，东京大学虽然已经有了"中国文学讲座"，但事实上并未和"中国哲学讲座"分开，讲座教授由研究中国哲学的星野恒（1901年7月至1917年9月）兼任。星野恒认为的"文学"仍是传统的经史诗文，他对盐谷温出身于汉学世家却去研究俗文学表示不解和愤慨，曾亲口指责盐谷温。直到大正六年（1917）星野恒去世后，"中国文学讲座"才由盐谷温和治中国哲学的宇野哲人两位助教授分担④，自然地分化为"中国文学"和"中国哲学"两个讲座。

盐谷温那部广为人知的《中国文学概论讲话》也是在大正六年（1917）

---

① 东京大学最初实行学部制，后改用分科大学制，后又改用学部制，而京都大学成立较晚，最初即是分科大学制，后亦改用学部制，本文为尊重史实起见，按照不同时期，分别使用"文科大学"和"文学部"。

② 日本的大学最初沿用西方大学的讲座制，某个讲座即相当于一级学科，一个讲座只设一位讲座教授。"中国语中国文学讲座教授"，即相当于中国语言文学一级学科负责人，且是该学科唯一的教授。

③ 《东京帝国大学学术大观·总说篇、文学部篇》第187—188页。

④ 《东京帝国大学学术大观·总说篇、文学部篇》第275页。

夏季演讲讲稿的基础上修订而成的，因此，可将1917年视为中国俗文学被纳入日本最高学府的"正统"学术体系的起始之年。结合早稻田大学、京都大学的情况，可以说中国俗文学学科作为一门现代学科已经在日本得以确立，并得到了现代学术制度的保障。此后，不仅没有人再把小说、戏曲作为不齿的小道，相反，到第三代汉学家吉川幸次郎读大学时（20世纪20年代），"日本的中国文学研究是小说、戏曲的全盛时代，那时候大体的风气是，谁都不会把诗文作为研究对象，要研究的话必须是研究作为新领域的戏曲小说。"①

（三）日本汉学研究的研究载体

随着近代学术制度的形成与西方技术的传入，日本近代报刊业和出版业也逐渐发展并繁荣起来。报刊、出版物不仅成为近代化社会生活不可或缺的组成部分，其对日本的汉学研究"也起到了较为积极的催生作用，为研究者们发表学术意见及相互交流提供了新的空间和平台，并改变了学人传统的著述撰写、刊行及传播方式"②。

19世纪80年代以来，日本就已经出现了很多汉诗文杂志③，尽管这些杂志大多是发表诗文作品，但却成为以后专门学术杂志的先声。进入19世纪90年代以后，专门性学术杂志开始出现，其中有不少成为汉学研究的重要阵地，其中创刊时间较早、影响较大的是《早稻田文学》。今日的《早稻田文学》以纯粹的文学刊物闻名，但在明治二十四年（1891）10月创刊之初却非文学杂志，而是半月刊的文学科讲义，并受到当时的舆论高度评价④。直到1894年9月，《早稻田文学》才增设创作栏，到了明治二十九（1896）年1月开始的第二期第一号开始，才改以创作为主⑤，逐渐变成了文学杂志。这主要是因

---

① 《追忆前辈学者》（第2册）第127页。

② 苗怀明《近代学术文化的转型与中国古代文学学科的生成》，韩国《中国学报》第61辑，2010年6月。

③ 可参见李庆《日本汉学史》（第1部）第190—191页，上海外语教育出版社，2002年。

④ 《早稻田文学小史》，《早稻田文学》第3期第9号，1898年6月。《早稻田文学》曾多次停复刊，本文所论之《早稻田文学》指第一次《早稻田文学》，即1891年10月之第一号至1898年10月之第七年号外，期间亦曾两停两复，故此细分为第一期（1891年10月20日至1895年12月20日）、第二期（1896年1月5日至1897年9月1日）、第三期（1897年10月3日至1898年9月3日、10月8日号外）。由于本文所引资料多出自第一期，故只注明"第某号"，如非第一期，则注明"第某期第某号"。

⑤ 《早稻田文学小史》，《早稻田文学》第3期第9号，1898年6月。

为新成立的早稻田大学出版部承担了专门出版讲义的任务。

《早稻田文学》创刊第一号上有《发行宗旨》，明确指出该刊之宗旨：

> 《早稻田文学》为文学之圆满，第一方便乃是和、汉、洋三文学之调和，故不问东西古今，选拔文学之精粹而释义评注之，以供三文学参照之便。（中略）又周密精确记载文学史、文学者传记等项。①

第一号的讲义中就包括了和、汉、洋三文学的内容，其中各国俗文学的内容占了绝对优势。森槐南和他的学生们在《早稻田文学》上发表了不少著述，这些在当时都属开山之作。20世纪90年代重要的汉学杂志还有《中国文学》《中国学》《帝国文学》《江湖文学》《城南评论》《文章世界》等。特别是《中国文学》和《中国学》，发行时间虽然不长，但在汉学研究上有相当重要的地位。如儿岛献吉郎于明治二十四年（1891）在《中国文学》上发表《中国文学史》，虽然只发表了先秦部分即停刊，但这是目前所见日本第一部（篇）使用"中国文学史"题名的著述，这一命名方式被后来的学者沿用，影响及于今日。《中国学》也一样，不仅刊载了儿岛献吉郎的《文学小史》，还发表了森槐南的《小说史》《戏曲史》，是最早的中国小说戏曲分体专史。

当然，这一时段的杂志还存在内容相对杂芜、体例不够完善、发行时间不长等缺点，进入20世纪后，则进一步专业化、规范化、稳定化。如京都学派创办的《艺文》《中国学》等刊物，不仅是专门的学术杂志，而且办刊持续稳定，影响较大。此外，如《斯文》《书志学》《东亚研究》《满蒙》《文字同盟》《东洋》《东洋学报》《中国文学月报》《中国文学》《汉学会杂志》《东方学报》等杂志，都是以汉学研究为主的专门性刊物。

报纸方面。《大阪朝日新闻》在早期的中国俗文学研究上扮演了较为重要的角色，发表过不少中国俗文学研究著述。如狩野直喜的《关于中国小说〈红楼梦〉》《关于〈琵琶行〉题材的中国戏曲》，铃木虎雄的《蒋士铨〈冬青树传奇〉》等，西村天囚翻译的《琵琶记》也最先是在该报上连载。但总体而言，随着专业学术杂志的纷纷问世，报纸作为学术成果载体的功能基本上被取代了。

---

① 早稻田大学编《稿本早稻田大学百年史》（第一卷下）第478页，早稻田大学出版部，1974年。

随着近代出版业的发展，除单篇论文形式外，系统的学术专著也开始出版，成为学人展现学术成果另一种重要形式。近代日本的汉学研究专著不少最先是以讲义形式出现，这种传统的形成首先要归功于早稻田大学。在出版部成立之前，《早稻田文学》杂志曾一度扮演过讲义的角色。随着办学规模的扩大，校外教育逐渐纳入早稻田大学的常规发展中来，同时也为了在校生可以更为自由地学习第二专业，校方决定设立出版部，专门出版各科讲义①。

出版部成立后，讲义的形式由过去在期刊连载改为以单行出版为主，这种改变不单单是形式上的，更是内容上的。单行本使得讲义的篇幅大为增加，少则一二百页，多则三四百页，许多单行本讲义往往就是一部完整的教材或专著。以中国文学为例，早稻田大学出版的讲义，既有中国文学通史，也有像《中国近世文学史》《中国戏曲小说文钞释》这样以俗文学为主的专门讲义。"从此后早稻田大学出版部出版了多部《中国文学史》来看，可知早稻田大学认为文学专业者具备中国文学史知识是十分必要的"②。

此外，富山房、博文馆、东华堂、日本图书株式会社等出版社都在19世纪末20世纪初出版过不少中国文学史专著。如富山房出版古城贞吉的《中国文学史》、儿岛献吉郎的《中国大文学史》《中国文学史纲》；博文馆出版笹川临风的《中国文学史》；东华堂出版笹川临风的《中国小说戏曲小史》、藤田丰八的《先秦文学》；日本图书株式会社出版藤田丰八等人的《中国文学大纲》。进入20世纪后，出版业取得长足发展，以专著形式呈现研究成果更为普遍，大日本雄辩会（讲谈社前身）、弘文堂书房、文求堂书房、创元社、弘道馆、汲古书院、すずみ书房等出版社都出版过重要的中国俗文学研究专著。

（四）日本藏书机构与汉学文献的收藏

学术研究离不开基本文献，人文学科尤其如此。随着西学的传入带来的社会制度的变迁，公共图书馆逐渐成为学术研究所需文献的重要收藏形式。近代以来日本汉学研究的长足发展，与日本各大图书馆藏有大量的稀见汉文献密不可分，以小说戏曲为例，胡适在给孙楷第《日本东京所见中国小说书目》一书所作的序中不无感慨地说：

---

① 早稻田大学编《稿本早稻田大学百年史》（第二卷上）第62—63页，早稻田大学出版部，1977年。
② 三浦叶《明治时代的汉学》第309页，汲古书院，1998年。

我们可以说，如果没有日本做了中国旧小说的桃花源，如果不是靠日本保存了这许多的旧刻小说，我们决不能真正明了中国短篇与长篇小说的发达演变史。①

这里说的是小说的情况，戏曲方面，"日本藏有从中国传来的戏曲刊本，数量不算很多，但含有中国今日已经散佚的珍稀本"②。正因为日本藏数量多、价值高的中国俗文学文献，不仅使近一个世纪以来的中国学者前赴后继东渡访书，也为日本的中国俗文学提供了坚实的文献基础。

日本的汉学文献收藏形式主要有两类，一是公共图书馆收藏，一是私人收藏。公共图书馆收藏又可分为公立和私立两类。

公立图书馆的汉文献以内阁文库（今日本国家公文书馆第一部）、宫内省图书寮（今宫内厅书陵部）、国会图书馆、东京都立图书馆、大阪府立图书馆、神户市立图书馆等为最。私立图书馆以东洋文库、静嘉堂文库、日光山轮王寺天海藏为最，其次为成篑堂文库、无穷会图书馆、大仓集古馆等。此外，日本各大高等学府也藏有不少汉学文献，其中公立大学以东京大学、京都大学为最，其次为名古屋大学、东北大学、大阪大学、九州大学、山口大学、东京外国语大学等；私立大学以早稻田大学、天理图书馆（与天理大学共用）为最，其次为大谷大学、庆应义塾大学、拓殖大学、大东文化大学、立命馆大学、龙谷大学等③。

私人收藏当以长泽规矩也最富，他曾前后七度来华访书、搜书，所藏中国俗文学文献之多为学界所熟知，其藏书现存于东京大学双红堂文库。与双红堂文库相似，其他藏书较富有的学者，如盐谷温、狩野直喜、神田喜一郎、青木正儿、石崎又造、森槐南、古城贞吉、奥野信太郎、宫原民平等，他们的藏书后来都以各种形式归于上述几所大学，成为这些大学中国俗文学文献

---

① 胡适《日本东京所见中国小说书目提要·序》，《胡适古典文学研究论集》第1272页，上海古籍出版社，1988年。
② 田仲一成《日本所藏中国戏曲文献研究·序》，高等教育出版社，2011年。
③ 关于日本各大藏书机构所藏中国俗文学文献的具体情况，参看孙楷第《日本东京所见中国小说书目》，人民文学出版社，1958年；严绍璗《日本藏汉籍珍本追踪纪实》，上海古籍出版社，2005年；黄仕忠《日本所藏中国戏曲文献研究》，高等教育出版社，2011年；苗怀明《二十世纪中国小说文献学述略》，中华书局，2009年；苗怀明《二十世纪戏曲文献学述略》，中华书局，2005年等。

收藏的重要来源。

公共图书馆之于学者的意义毋庸多言，这里仅举一例。后来以中国戏曲研究闻名、并成为日据时期台北帝国大学东洋文学第一任讲座教授的久保天随，虽然早在东京大学就读期间就已闻名于文坛，但大学毕业后，由于没有固定教职，缺乏研究资料，竟然过了将近 20 年的卖文生涯，直到大正五年（1916）供职于大礼记录编纂委员会，才有机会开始学术生涯。该会附设于内阁文库，故久保天随得以在公务之余，广泛阅览文库藏书。此后，他就任宫内省图书寮编修官，又得到饱览该馆图书馆的良机。他的学术代表作、博士论文《西厢记研究》的主要部分就是在此期间完成的。试想，如果没有这样的学术资源，久保天随能否完成博士论文、能否在台北帝国大学开宗立派、能否在近代日本中国俗文学研究史上的留下浓墨重彩的一笔，都会成为疑问。

作为久保天随的反例，可以举笹川临风。他在 19 世纪最后几年连续发表大量的中国俗文学研究著述，但于明治三十四年（1901）离开东京、到地方任中学校长后，"求一见中国小说不可得，此项之研究无奈作罢，其后便与之绝缘矣"①。

（五）研究团体、师承谱系构成的汉学研究学术群体

随着汉学复兴，日本再次掀起了一股汉诗文创作的热潮，文人墨客们为了切磋交流，不仅创办了许多杂志期刊，还组成汉诗文社团，这些也成为后来专门的学术研究团体的先声②。到 19 世纪末 20 世纪初，随着近代学术研究逐步兴起，这些汉诗文的主持者或参与者的身份也开始发生变化，其中有不少是兼有学者和作家双重身份的"两栖型"汉学家。他们一方面以汉诗闻名、领袖诗坛，一方面以汉学研究成一代之宗师。

仍以中国文学研究为例。由于森槐南的特殊魅力，不少学生因他的影响而走上中国俗文学研究的学术之路，形成了一个以森槐南为中心的中国俗文学研究谱系，可以说，东京专门学校明治二十三年（1890）以后、东京大学明治三十二年（1899）以后的毕业生中从事中国俗文学研究的，其师承关系都可以追溯到森槐南。继森槐南之后在东京大学主讲中国俗文学的是盐谷温，在他主持东京大学中国文学讲座的二三十年间，培养了一大批后学，东京大

---

① 笹川临风《琵琶记物语·例言》，博多成象堂，1939 年。
② 可参见李庆《日本汉学史》（第 1 部）第 191—195 页，上海外语教育出版社，2002 年。

学中国文学讲座的历任教授、助教授、讲师皆出盐谷之门。东京大学中国文学科师生在日常教学之外,还经常利用东洋史谈话会、中国哲文学学生会、汉学会等东京大学校内的学术团体为平台,展开主题演讲、座谈会等多种方式的学术交流,主讲者既有盐谷温这样的讲座教授,也有该专业的普通学生,营造了师生互动、课内外互动的良好氛围。

再看京都方面。京都大学文科大学设立不久,中国哲学、东洋史学、中国文学三个专业的师生便联合校外同好者,成立中国学会。这是一个综合性的东洋学研究机构,每年定期举行一次大会,在京都学派的学术活动中曾发挥过重要的平台作用①。和盐谷温一样,狩野直喜也在长达二十余年的教学生涯中培养了众多的后学。除仓石武四郎曾先后受教于盐谷温和狩野直喜、后又兼任东京、京都两大学教授外,在中国小说戏曲研究领域饶有成就、堪称一代之领袖的还有青木正儿和吉川幸次郎,他们分别是狩野直喜早期和晚年的得意门生,后来都继承了乃师的衣钵,相继出任京都大学讲座教授,成为京都学派的支柱。

以上所述不过是中国文学研究方面,这在日本近代汉学中只是重要的一部分,而不是全部。随着西方哲学观念及东西国际形势的突变,中国哲学、边疆史地等研究也成为日本汉学研究的重头戏,如岛田重礼、井上哲次郎、那珂通世、服部宇之吉、内藤湖南、根本通明、宇野哲人、津田左右吉、高濑武次郎、小岛祐马、武内义雄、白鸟库吉、大谷光瑞、桑原骘藏、羽田亨、小川琢治、新城新藏、藤田丰八、滨田耕作、鸟居龙藏、石滨纯太郎、石田干之助、神田喜一郎等,都在各自的领域内取得令世人瞩目的业绩,并培养了一大批后学,成为日本汉学各系统里的一代宗师,今天日本汉学研究者的师承谱系大多可以追溯到他们。本文限于篇幅,不能一一展开,姑俟后日。

三、日本汉学史的研究史

甲午战败以后,清末掀起了一股"以日本为师"的热潮,不仅派出了大量的留日学生②,聘请了为数甚多的日本教习,就连京师大学堂也是仿造日本

---

① 京都帝国大学文学部编《京都帝国大学文学部三十周年史》第34—35页,1935年。
② 清末留日学生虽众,似未有以研究日本汉学为专业者,亦未闻有相关译介。参见实藤惠秀著、谭汝谦等译《中国人留学日本史》,北京大学出版社,2012年。

的大学而建,其总教习也是日本人服部宇之吉,由此可见日本对清末文教事业影响之一斑。除了模仿,当然也译介了不少日本的研究成果。对日文原著的译介虽然最为直观,但毕竟多是某一学者的某一部著作,既无法了解该学者的全部成果,更无法鸟瞰整个日本汉学界的成果,因此,有关日本汉学通论通史性著作就显得尤为重要。

较早研究日本汉学的通论性著作是1936年出版的王古鲁著《最近日人研究中国学术之一斑》。王古鲁具备完成这一工作的条件:他19岁赴日本留学,后毕业于东京高等师范学校研究科,"语言文字,尽通症结"①,1931年以后翻译了大量与日本汉学相关的著作②,其论文除了有关小说戏曲外,几乎全部和日本有关③。由这样一位留日多年、精通日语、又对日本汉学持续关注与研究的学者所著,该书的深度与广度是可想而知的。该书所据资料多为第一手材料,可靠性较强,尤其是书中所引用的有关中国俗文学的课程表、讲座讲演题目、学生毕业论文题目等,极具参考价值。该书出版后,当时有一则书评是这样评价的:

> 我们对于此书当然不能说是已经将日人研究中国学术及中国问题的活动情形,搜罗完备,不过就目前而论,此书确是一册另辟一个园地的巨著。④

然而,就是这样一部巨著,却是由作者自印,且至今未整理再版。而同类著作的再面世,要等到近半个世纪后的1982年黄福庆发表的《近代日本在华文化及社会事业之研究》⑤,但该书的"参考书目"却没有列王古鲁的任何

---

① 吴梅《中国近世戏曲史·序》第4页,中华书局,2010年。
② 如《中国近世戏曲史》(青木正儿著)、《甲午战前日本挑战史》(田保桥洁著)、《塞外史地论文译丛》(白鸟库吉著)、《西人研究中国学术之沿革》(田中萃一郎著)、《六国表订误及其商榷》(武内义雄著)、《目录学概说》(服部宇之吉著)等。
③ 如《最近日本各帝大研究中国学术之概况》《日本之中文图书》《中日关系的将来:从日人研究中国问题的趋势来观察》《白鸟库吉及其著作》《东洋文库的全貌》等
④ 刘百闵《〈最近日本研究中国学术之一斑〉书评》,载《日本评论》1937年第3期。
⑤ 黄福庆《近代日本在华文化及社会事业之研究》,台湾《"中央"研究院近代史研究所专刊》(45),1982年11月。

一种论著，亦可知王著湮没已久，知之者不多。黄著侧重于日本在中国的活动，而王著侧重于日本本土的活动，除庚款部分有些相同以外，两书正好可以互为补充。

1949 年后的前 30 年，由于特殊的历史环境，对国外学界最近成果的了解也较为有限，因此这一时期大陆学界似未有专门介绍日本汉学方面的通论通史性的著作。改革开放以后，1980 年出版的严绍璗编著的《日本的中国学家》一书给学界打开了一扇窗户。该书共收入有关学者 1105 人，辑入他们的著作 10345 种，并详列其字号、籍贯、学家、师承、学历、游历、职历等，所收绝大部分是当时尚活动于学界的学者，但活动于第二次世界大战以前的汉学家如狩野直喜、盐谷温等人则未收入。严绍璗《日本的中国学家》出版后，又开始编撰《日藏汉籍善本书录》《1900—1990 年日本中国学论著目录》等两部资料性著作，在此基础上，又于 1991 年推出了一部《日本中国学史》[1]，这应是 1949 年以来出版的第一部具有史的系统的日本汉学史专著，其意义不言自明[2]。该书煌煌 46 万言，俯瞰日本汉学全局，涵盖古代日本的"汉学"和近代日本的"中国学"[3]，其中对近代日本中国学的形成及其学术流派进行了较为详细的介绍。

到新的世纪之交，随着国际学术交流的空前展开，海外汉学逐渐成为学界注目的一个新领域，并呈现了持续升温的态势。进入 21 世纪以来，各种汉学期刊、汉学史相继问世，其中与日本汉学史有关的，先是何寅、许光华主编的《国外汉学史》。该书结构宏大，从古代到近代，从日本到欧美，无所不至。日本汉学只是其中一个组成部分，有上编第一章第二节"日本对中国文化的认识和受容"、第四章"日本江户时代的汉学研究"、中编第八章"明治大正时代的日本汉学"，下编第八章"昭和时代日本的中国学"。但正因本书将日本汉学置于整个世界汉学体系中，东西汉学相参照，可以了解日本汉学在世界汉学发展史上的位置、特点与不足，相比于这时期出版的较多的国别

---

[1] 严绍璗《日本中国学史》第 1 卷，江西人民出版社，1991 年。著者在《前言》中多次言及该书是"100 余万字的多卷本"，但未见其他卷本问世。2009 年学苑出版社将其再版，作为"列国汉学史书系"之一，并更名为《日本中国学史稿》，章节有所调整，篇幅增至 60 万字。

[2] 莫东寅曾著有《汉学发达史》一书，文化出版社，1949 年，但此书多以日人石田干之助的《欧人之中国研究》为主，参用了张星烺的《中西交通史料汇编》，并非日本汉学史。

[3] 关于"汉学"和"中国学"的含义及其异同，参看该书前言。

汉学史而言，这或许是本书特有的意义。

目前为止最为详细、系统的日本汉学史，当是李庆所著的五卷本《日本汉学史》，总字数达 300 万字。章培恒认为，该书的出版对"中国的文史研究者实在是一项福音"，并说：

> 这部大著在当前——也许还包括以后的一段较长时期——都是我们在这方面的唯一一部翔实的书籍。而且，他在日本任教二十余年，《日本汉学史》是长时期研究的积累，具有相当强的可信性，绝无疏漏之失和无根之言。（中略）此书对日本的汉学发展——特别是从明治维新直到现代的汉学研究——做了深入的探讨，其搜罗范围之广，对研究对象考察的细致，及其授受渊源的明辨，论断的审慎，都显示了前无古人的、令人惊叹的成就。①

该书体大思精，分为起源和确立（1868—1918）、成熟和迷途（1919—1945）、转折和发展（1945—1971）、新的繁盛（1972—1988）、变迁和展望（1989—）等五部。每部在介绍主要学者前，都对整个国际和日本的社会环境、国际汉学情况、中日学者交流等做一个交代，尽可能地将这一时期学者的活动还原到历史语境中去。在学者列传部分，不仅列有重要学者的传记，还对其主要著作进行介绍和评述，并在文末指出其师承、交游等情况，这样就很有利于读者去查找除该学者本人以外的其他资料，也可以由此看出整个日本汉学家极重家学师承的传统，且学者间常互为姻亲，往往有一家族或一师门数代薪火相传者。

四、牧野谦次郎及其《日本汉学史》

与中国学者对日本汉学史的研究相比，日本本土学者更早一步。就笔者目力所及，牧野谦次郎的《日本汉学史》是最早、最为系统而全面的一部日本汉学史。

牧野谦次郎（1863—1937），字君益，号藻洲、宁静斋、爱古田舍主人，

---

① 章培恒《日本汉学史·序》，上海人民出版社，2010 年。

生于高松藩（今香川县），日本汉学家。牧野谦次郎自幼受过良好的教学熏陶，祖父牧野默庵是江户高松藩邸教授，父亲牧野松村为高松藩校教授。明治十年（1877）起，牧野谦次郎在泊园书院从其姑父藤泽南岳求学近一年。明治二十六年（1893），牧野谦次郎执笔于国华社，明治三十年（1897）创办《曙光》杂志，明治三十四年（1901）任《日本新闻》周报主笔，"藻洲"之号，名动四方。明治三十九年（1906）与松平康国共同创办《中国》杂志。虽然《曙光》《中国》不久皆废刊，但他从大正十三年（1924）起直至去世，东洋文化学会机关杂志《东洋文化》每一期都有他的作品，是横亘百数十回的有关经籍讲释的连载。

牧野谦次郎在明治末年的"日本南北正闰问题"及大正年间的"宫中某重大事件"等争论上，力正彝伦道德，以其汉学修养，成为平沼骐一郎男爵的顾问。牧野谦次郎又得大隈重信之知遇，成为"早稻田汉学"的中心人物，历任早稻田大学文学部、高等师范部教授，昭和四年（1929）起，任早稻田大学高等师范部部长，直至去世。此外，还任斯文会常议员、东洋文化学会理事、大东文化协会理事。大东文化学院的创立也与他有关，并担任首任教务长等职。

牧野氏谥"文毅"，以其学问之渊雅与识见之卓越，而有恭敬、谦让的君子之美誉，著述有《日本汉学史》《庄子国字解》《墨子国字解》《讲经新义》及续编、《维新传疑史话》及文集五册等，其主编的《先哲译著汉籍国字解全书》是战前的畅销书。其子牧野巽（1905—1974），即《日本汉学史》序作者，系中国家族研究专家、东京大学教授、社会学先驱。

牧野谦次郎的《日本汉学史》是他从20世纪20年代起在早稻田大学讲义。因学年之不同，讲义或侧重于江户以前，或侧重于江户时代，又或侧重于明治时代，但该讲义以概览上古至近世为宗旨，是一部由古至今、首尾连贯的完整的日本汉学史。牧野谦次郎每到学年之末，都会把讲义誊写版油印出来，且考虑将这讲义稿整理成正式教材出版。他在生命的最后一二年间，招请原早稻田大学毕业生、时任其助手的三浦叶，为其口述江户或明治汉学史的部分内容做笔记，与同样毕业于早稻田大学并经营书店的拔井哲夫约定出版本书。因此，本书的编纂工作是由牧野谦次郎本人开其端绪的，但遗憾的是这个夙愿在他生前始终没有实现。

牧野谦次郎去世以后，有关本书的材料，除他每年为授课所准备的讲义及誊写油印版外，仅有前述三浦叶的笔记及其他片段资料。因此，本书得以整理出版，主要是得力于三浦叶①。三浦叶以为乃师的《日本汉学史》只讲述到明治中前期，故他又另著《明治时代的汉学》（汲古书院，1998年）、《明治汉文学史》（汲古书院，1998年）两书以补续之，基本上涵盖了日本近代汉学转型期的各方面情况，特别是《明治时代的汉学》，尤其侧重于近代学术转型与汉学研究的关系。

最后，说明一下本书的翻译和注释情况。由于近代以来日文书面语体有较大的变化，不同语体体现不同的时代风貌，为保留原貌，译文亦据原文语体译出。该讲义用古朴典雅的文言写成，译文亦用浅易文言，但其间又有不少从西方引进来的新词语，夹在文言句式里；加之该讲义来源复杂，语体亦颇多样，大体而言，叙事以文言，议论以白话，译文为尊重原著起见，时或文白杂用，有不协调之感，尚祈读者诸君见宥。原著中作者以日本人的语气所用的词语，如我朝、我国、我邦等，则酌情改动。原著中的纪时，全用日本年号，为方便阅读，译文在保留年号的同时，以括号夹注公元纪年。牧野巽的序文和三浦叶的例言则用白话写成，译文也用白话。

本书作者原有的注释、按语等，皆在正文中以括号形式夹注，而页下注均为译者所加。译者注原则上不对原著的观点作评价，仅对日本方面的词语和概念作背景知识性的补充，或对原著中某些问题稍做考证。译者注的初衷是为了更好地展现原著的思想内涵，但由于译者水平有限，或有漏注、误注之处，尚请大方不吝教正为幸。翻译过多部日本汉学著作的隋树森先生曾说："我们对于日本的研究，比起日本研究中国的成绩来实在差得太远了。文学如此，别的方面也是一样。"② 这话虽是70多年前说的，但今天听来仍有敲警钟的意味。

（张真　温州大学人文学院副教授）

---

①　三浦叶，生于明治四十四年（1911），昭和八年（1933）毕业于早稻田大学，后又在日本大学、无穷会东洋文化研究所研究科深造。先后任早稻田大学教授牧野谦次郎助手、东洋文化学会委员、《东洋文化》编辑、就实女子大学教授、无穷会理事、西大寺文化资料馆馆长等。除整理《日本汉学史》外，还著有《明治时代的汉学》《明治汉文学史》《近世汉文杂考》《近世备前汉学史》《备前的汉学》《冈山的汉学》《西大寺今昔物语》《木莲舍漫笔》等。

②　盐谷温著，隋树森译《元曲概说·译者序》，商务印书馆，1947年。

沟口雄三中国学思想方法论的悖论*

朱 捷

摘 要：明治150年来日本社会思想观念建构的背后始终受到来自西方"近代思维"的巨大影响。沟口中国学思想方法论主要针对的正是这一长久以来被视作不证自明的关于"近代"的"逻辑前提"与"思维框架"。但是，跳出源自西欧的"近代"来反观"就是东亚自身"的近代是否可行，或者说应该如何来创造沟口所倡导的这种可能性。沟口中国学的方法论具有解放思想的一面，但其可行性却值得商榷。

关键词：沟口雄三 中国学 思想方法论

一

1989年，东京大学出版社出版了日本中国思想史学者沟口雄三（1932—2010）极具批判性的著作《作为方法的中国》（『方法としてび中国』）。该书是阐释沟口中国研究思想方法论的代表性著作，也是沟口基于长时间段的观察视角，或者说至少是在把握了近300年历史之变动发展的基础上，厘清中国思想史的演变脉络以后，正式向根植于日本的"近代中国"传统历史叙述发难之作。沟口以"中国"为媒介，将批判矛头直指明治以降的所谓"主流"的日本人文学术界乃至近代日本社会自身。

明治维新已降日本知识构建体系的主要参考对象即是传统意义上的"西

---

* 本文为江苏省社会科学基金项目"泰州学派与战后日本的中国思想史研究"（19WWC005）；南京邮电大学科研启动基金"思想史中的中国与日本"（NYY219014）；2019年度高校哲社科一般项目"泰州学派与岛田虔次的中国研究"（2019SJA0101）的阶段性研究成果。

方近代",在源自西方"近代思维"的理路内思考、发展、探索并构建自身的"近代"。例如在史学领域,作为近代日本中国研究领域的奠基人,内藤湖南(1866—1934)对日本乃至世界中国历史研究的贡献很大。但内藤提出的"唐宋变革论",其背后的理论依据却是西方史学理论。内藤明确地将唐代视为中国"中古"时期的结束,将宋代作为中国"近世"的开端。正如葛兆光(1950—)指出:

> 用了"中古"和"近世",背后就(1)引出一个大的历史参照系统,就是西方作为东方历史的唯一参照组,(2)也扯出了历史研究的大理论,就是历史的演进是否有普遍性和同一性,……①

对上述"参照组""普遍性""同一性"的任何思考都无法脱离"近代思维"的束缚,或曰在"近代思维"中思考"近代"。当然,内藤学术当中也存在着一条在中国独特的历史进程当中发现中国的治学脉络。但两条思考路径是互相交错的,"近代思维"也始终作为一个潜在的指标影响着内藤的中国研究。

同样,"在'二战'以后有关文史方面的日本学术界,最有影响的丸山真男(1914—1996)"②于1952年出版的《日本政治思想史研究》(『日本政治思想史研究』)也属于上述范畴。对于该书在理论上的独特之处可以概括为:

> 整个论述中始终贯穿一个昭然若揭的研究动机或者说预设的前提,那就是要于日本"近代化"以前的近世思想里,寻找在未受西欧近代影响的条件下作为"无意识的结果"而自然发生的日本"近代思维"。③

正如赵京华(1957—)所言:

> 这样一种借鉴了卡尔·曼海姆的知识社会学和马克思·韦伯的社会学理论而建立起来的思想史叙述,显而易见,是以源于西欧的"近代主义"为不证自明的前提和价值基准,并且对应着中世纪的"社会=国家

---

① 葛兆光《思想史研究课题讲录续编》第18页,生活·读书·新知三联书店,2012年。
② 《思想史研究课题讲录续编》第99页。
③ 赵京华《日本后现代与知识左翼》第141页,生活·读书·新知三联书店,2017年。

制度观"与近代市民的"社会＝国家制度观"之间相互对立的"世界史课题",目的是在本民族的思想资源中确认自发的"近代性"思想萌芽。①

因为"一般认为它(此书)的影响所及甚至规定了战后日本思想史研究的方法论框架。"② 因此不难想象,在战后日本社会民主主义思想得到恢复,学术界重新肯定近代主义价值的潮流背景之下,上述丸山思想史叙述所持有的巨大理论影响力。

实际上,当回溯明治 150 年来日本社会思想观念的形成及发展脉络之时,我们就会发现其观念建构的背后始终受到来自西方"近代思维"的巨大影响。人文学科领域各种宏大叙事背后的思想方法论均与近代欧洲的理性观念,特别是黑格尔(Georg Wilhelm Friedrich Hegel,1770—1831)"历史哲学"的思维架构密切相关。沟口中国研究的主要目的正是致力于对根植于日本的西方话语进行体系彻底、全面的清算,而清算的途径、或者说通道则是"中国"。

二

沟口在《作为方法的中国》中对一直以来被视作不证自明的关于"近代"的"逻辑前提"与"思维框架"发难。与之互为表里的是反省与解构"近代性""近代主义"本身,以及以这一"近代"为核心所形成的明治以后整套日本的知识体系,甚至可以说是近代日本社会本身。

沟口在《作为方法的中国》当中,将非实体的"中国"作为一种"方法",倡导以多元化、相对化的研究立场对历史展开的独特性进行探究,意图即在打破日本学界以往受西方近代思维影响的思维惯性。早些时候的竹内好(1908—1977)可以说是上述思想的革命先驱,沟口对竹内的思想是有所借鉴和继承的。当然,这并不意味着沟口对竹内予以全面的肯定。但沟口将其思想方法论的影响力进一步扩大了确是不争的事实。

在这一意义上来说,沟口所提出的"作为方法的中国"对日本的中国研

---

① 《日本后现代与知识左翼》第 141—142 页。
② 《日本后现代与知识左翼》第 141 页。

究来说，掀起了后竹内时代的又一波解放运动。即便沟口显得形单影只，但毋庸置疑，其尖锐的批判对审视近代日本社会，推动日本知识界的自我反思，尤其是对日本中国研究视角的转换，以及日本的中国研究在新时期的建设与发展均具有重要的价值与意义。也正因如此，葛兆光评价沟口的中国研究"无论在日本的中国学研究领域还是日本的日本学研究领域，都产生了很大的冲击"①。

在笔者看来，要求解放偏见、解除思维惯性、摆脱压迫性解读历史的"近代主义"话语叙述，将"中国"作为一种批判"近代"的方法与视角是沟口中国学的积极一面。正如"解放"后的所谓"近代"，沟口认为应该与纵向的历史"基体"相联系，因为：

> （"近代"）渗透的发生，是由于接受渗透的一方存在着某种接受的基体，而这种基体的样态在各国各民族里绝不会是一样的，也就是说，各国各民族对近代的接受状态绝非是相同的。换言之，各国各民族在欧洲的近代入侵以前，理所当然地各自拥有着自己固有的历史进程。②

显然，与上述对历史独特性诉求相对应的是西方"世界史"的普遍。沟口思想方法论、认知论的提出对被构建的国家、民族来说亦具有"解放"的意义，并且在一定程度上能够催生各国、各民族的"主体性"。

三

但另一方面，在构建层面，能否从根本上摒除"偏见"，按照沟口中国学原理性（为后两者服务的原理性）、客观性、相对性（比如：从亚洲出发思考）的要求去展开研究。换言之，跳出源自西欧的"近代"来反观"就是我们自身"的近代是否可行，或者说应该如何来创造这种可能性。

岸本美绪（1952—）在谈及战后日本东洋史学的研究时曾说：

---

① 《思想史研究课题讲录续编》第104页。
② 沟口雄三『中国の衝撃』第246頁、東京大学出版会、2004年。

或许可以说，战后日本的东洋史学研究总是以对"西洋的视野"的某种反叛为原动力展开的。诸如"亚洲社会停滞论"的批判、"世界史基本法则"的批判、"东方主义"的批判等等。但是，能够取代"西洋视野"的、积极的、甚至完全摆脱西洋先入观的"从亚洲出发的视角"是否真的能够存在呢？①

需要说明的是，上述评论正是岸本为沟口主编的七卷套丛书《从亚洲思考》（『アジアから考える』）而写作的。不难看出，岸本对"完全摆脱西洋先入观"的"从亚洲出发的视角"是持保留态度的。换言之，对于以西洋文明为核心的"西洋先入观"在亚洲的接受情况而言，在岸本看来或许是无法抹除的，也是无须完全切断其联系的。因为它早已成为亚洲自身历史构成的组成部分，甚至它也是使亚洲自身相对化（譬如将以"朝贡秩序"为核心的东亚世界相对化）的一条路径。

岸本对丛书特征之一的"多事争论"进行过如下评述："如果说'多事争论'才是进步的本源的话——或者这样的想法本身即是西洋式的想法——以欧洲中心主义这一既成的假想敌为媒介来确保的共同场域……"② 换言之，"西洋"难以被清除。

即便是沟口在阐释自身历史研究意图之时，所提及的"动力的历史"③（历史发展的动力）等概念也援用自西方。事实上，之于沟口，基于无可避免的需求，在其话语论述中对"西方文明"（广义层面）产生着某种程度的依赖。正如沟口在谈到民主、自由时所言：

> 譬如民主、自由等一切具有普遍性的东西，是需要通过各国的独自性来实现的个别各样的普遍性，在这层意义上来说，一般近代名义上的

---

① 岸本美绪『風俗と時代観—明清史論集1』第276頁、研文選書、2012年。
② 『風俗と時代観—明清史論集1』第276頁。
③ 沟口在阐释自身历史研究意图时曾说："我不能满足于按照王朝更替的顺序罗列变化的历史风貌，那是因为我坚信中国历史中不仅仅充满了诱人的景致，也具有着使这些景得以成为景致的'历史的动力'，换言之，中国的历史也同样是'动力的历史'。我的这个信念逐渐转换为对中国历史研究中偏见的不满，从而铸造了我本人历史研究的意图。"参考：『中国の衝撃』第215頁。

普遍性应该是个别的（而非普遍的存在）。①

显然，沟口的目的在于批判"一般近代之名下的普遍"。但论述话语最基本的构成成分"民主""自由"（即便仅仅是文字）即是由西方传来。换言之，脱离西方，何来"民主""自由"之表述，又何来"民主""自由"之概念。

纵然可以说，在中国思想的传统脉络内，儒学在明代的代言"阳明学"有着上述思想的萌芽，但那毕竟最后没有"开花结果"，或曰"挫折"。即便在沟口看来在中国革命、社会主义革命中得到了继承，那终究只是反向的顺藤摸瓜，以"意图"寻求、发现历史。沟口自身亦使用"自由""民主"之"普遍西方"概念即是极好的证明。

因此，只能说，以黑格尔"历史哲学"等叙述为典型的西方"近代性文明"作为沟口的无意识前提是客观存在的。即便沟口从一开始便拒绝通过"西方"这一滤镜来审视世界，并在学理层面逐渐通过用彻底的"内部"视角加以批判与反驳昔日欧洲的透视法②。甚至到晚年，沟口尽量避免使用"中国的近代"乃至"近代"的提法③。

---

① 溝口雄三「中国思想史における近代・前近代・近世」、『中国哲学研究』、1993年第五号。
② "透视法"为沟口在《关于近代中国像的重新探讨》一文中批判研究中国近代的各种立场与方法时所用。具体可参考：溝口雄三『方法としての中国』、東京大学出版会。
③ 沟口在2004年出版的《中国的冲击》一书的《代跋》部分写道："我在本书中是尽量避免使用'近代'这一说法的。"对于其理由，沟口接着解释："现在一般所谓的'近代'，是以文艺复兴、宗教革命、市民革命和产业革命这四点为内容的欧洲的概念，所以，如果剔除这四点而谈论'中国的近代'的话，那它就很自然地被视为近代的疑似形态或者特殊形态，其结果是中国的近代便会用以指称被欧洲的近代包含并渗透了的特殊而疑似的部分了。也就是说，鸦片战争以后，为欧洲渗透了的中国的疑似性近代化过程正是被视为世界史中的'中国的近代'。一提到近代俨然存在一个为人所默认而又牢固的前提，即它是资本主义的时代，是率先实现资本主义的欧洲向世界扩张的时代。而且，由于这一资本主义被认为具有上述配套的四项内容，所以，一种诡辩或误解便流行了——资本主义的全球化被直接认为就是这四项内容的世界史意义的普遍性。也就是说，资本主义等于这四点组合，以至于在这一等号公式之外，再去想象其他类型的近代被认为是不现实的了。"参考：溝口雄三『中国の衝撃』、東京大学出版会、2004年。

四

事实上,作为上述各种学理作业"反面"的西方,通过被"无视"这一主动行为过程反而被再次以无自觉的形式影响了沟口的思维。沟口的文明观念是一个随着自身主体研究的推进而逐渐去"文明"的"批判"过程。而这一"去"的过程的彻底性是无法衡量、更是无法保证的。

人是历史的产物,历史塑造人物,借用奥崎裕司(1935—)的话来说:"人是在历史状况中成长的,因此只能在其中坚忍存活。外在的状况经常是压倒性的。但无论是顺从或是反抗,历史状况的影响是压倒性的(存在)。"① 沟口也曾做过如下的阐释:

> 日本人无论怎样都离不开日本的历史构造,因此日本人并不自由,不能跟随西洋崇拜、中国崇拜,但另一方面,又喜好西欧的市民主义、个人主义,还喜欢中国人的共同意识,上述这些乍一看上去相互矛盾的心情中衍生出来的是对待历史的相对主义以及对待文化价值的多元观念……②

因此,尽管沟口勉力摆脱"欧洲是绝对的"这一认知前提,但可以明确的是,他无法摆脱周遭的历史以及历史所带来的负重。甚至在某些时候,可以说,"近代"就代表了他们自身。

所以,要求彻底摒弃所谓的"近代思维"来建构的"亚洲""中国",即便是沟口所使用的话语成分、思想资源最终也并没有脱离西方近代文明论及其衍生出来的种种文明思潮。或许有人会说笔者对沟口吹毛求疵,但对于沟口对自身的要求而言,这样的吹毛求疵似乎是必要的。即便在笔者看来,沟口无须也无法避免借用这一能够让"相对化"更彻底的认识论、方法论资源。

譬如,沟口将带有"方法中国"理念的中国史建构过程比作是设计并建造一座殿堂。那么,在其看来,这一殿堂的"设计图和素材都必须是它自家

---

① 奥崎裕司『中国史から世界史へ 谷川道雄論』第9頁、汲古選書、1999年。
② 「中国思想史における近代・前近代・近世」、『中国哲学研究』、1993年第五号。

的东西"①,"要选择中国制造的素材,制造中国制造的设计图"②。而按照上述要求进行工程创建的唯一方式,在沟口看来:"深入到中国历史中去。归根到底,只此一途。"③

"深入到中国历史中去"、作为"局中人"的沟口,势必会在一定程度上失去从历史全局、整体来把握"中国"的可能性。并且,这一行为与沟口尖锐批判的西方并无二致。曾经西方被诟病的理由之一即为没有从外部的视野来观察自己,将自己囚禁在由自己一手创造的"近代"经验的"精密"仪器当中。故而产生"夜郎自大""先进—落后"二元论等现象。

当然,值得一提的是,西方经过福柯(Michel Foucalt,1926—1984)、德里达(Jacques Derrida,1930—2004)等学者对整个西方文明体系的解构、"考古",已经有了一定程度的反思。当今的知识生产也已不再将工业革命以来的启蒙理性奉若神明,包括曾经使世人确信不疑的真理、进步、科学,乃至建立在线性时间观念基础之上的近代性叙述。

在笔者看来,人文学术的研究,在尽量减少以往带有囊括性框架支配基础之上的"内外兼修"才有可能真正达到所谓的"相对化"与"客观化"。这或许也正是沟口思想史方法论留给我们的宝贵财富。最后,需要补充的是,沟口也并非是一个排斥外部视角的学者。只要当我们能够意识到沟口所面对的是一种强大到"普遍"的日本西方中心主义情怀之时,便能够理解,他尖锐到偏激的批判或是无奈之举,或是必经之路。

(朱捷 南京邮电大学日语系讲师,文学博士)

---

① 『中国の衝撃』第258頁。
② 『中国の衝撃』第259頁。
③ 『中国の衝撃』第259頁。

江芸阁形象在近代日本的变迁*

唐　权

摘　要：19世纪前期赴日的中国商人中，江芸阁是在汉诗文领域最活跃的人物。关于其人的文业以及在日期间的活动内容，除了一些断片的记录见于日本方面的文献，今天已经所知甚少。本文作为江芸阁系列研究之一，主要内容为梳理近代日本学术话语中针对江芸阁的相关研究和评论。这一作业的目的，一方面在于弄清日本学者的问题意识以及在研究取向上的特色，同时也在于明确目前江芸阁研究中的问题所在，为今后进一步的深入研究打好基础。论文首先概观江芸阁所属的清代官商/额商（民商，以下称额商）群体，指出该商人群体中不乏文雅之士，而且这些人在文艺方面十分活跃，在当时江户文坛也获得了相当的声誉。但是到了明治中期以后，由于民族主义风潮的兴起，以及对江户文人的迷思，日本知识人对江芸阁的评价发生分歧。本文着重分析了百余年间出现的三种研究取向：一是战前的江户文艺研究者如森田思轩等人对江芸阁的攻击和酷评，二是长崎学基于乡土史和文人趣味的角度对江芸阁的正面介绍，三是近年来蔡毅、德田武等汉诗文研究者对江芸阁的重新定位。在总结前人研究的基础上，最后我将指出江芸阁研究中还有待澄清的问题所在。

关键词：江芸阁　江户文艺　长崎学　研究取向

---

* 本文为上海市哲学社会科学规划一般课题"18世纪后期至19世纪前期赴日清人的文艺创作研究"（编号2015BWY007）成果的一部分。

江芸阁形象在近代日本的变迁

一

> 琼浦掀翻芸阁句，江都横绝米庵书。江芸阁
> 蒹葭倚玉虽深愧，海外得知荣有余。米庵

这一首七言绝句，乃是清代时中日两国文人的合作[①]。第一、二句的作者是苏州人江芸阁（1772—1837[②]），他以自己的诗句在长崎受欢迎的程度，来比拟米庵的书法在江户的绝大人气。米庵即市河三亥（字孔阳，号米庵，1779—1858），被后世称为幕末三笔之一的唐样书法大家。后两句为米庵本人的联句，用词虽极谦抑，然不难读出字里行间的喜悦之情。这是发生在1830年代初期的一幕，米庵是彼时许多渴望与江芸阁订文字交的日本文人中的一人。

在中日文化交流史上，1810—1830的20年间堪称属于江芸阁的时代。此人一生多次东渡，其本业虽在经商（具体地说是为清朝官府采办铜觔），但雅擅诗文、书法，且精通音律，由此竟得以在当时的日本文坛上一世风靡。有"日本李白"之称的诗人梁川星岩（1789—1858）在与芸阁唱酬时，甚至还留下"第一才人第一诗"这样的溢美之词[③]。

一般而言，近代以前中国人在日本社会得享盛名者大致为两种人，如非佛门中的高僧大德，即为学殖深厚的文人士大夫。江芸阁厕身商贾，却能以诗文鸣世，甚至引领一时之风骚，其成就在同时代赴日的中国人中实无人可比肩。更何况他以长崎为施展身手的舞台，其所参与的种种文艺活动，既包含着不同于文人士大夫和佛教僧侣的鲜明特色，又带有浓厚的跨文化交流色彩。用今天的话来说，他不但是一个介于商人和文人之间的人物，更是一个

[①] 市河三喜「長崎と米庵及び寬斎」、『武藤教授在職三十年記念論文集』（長崎高等商業学校研究館年報 商業と経済）第18年第1册、1937年。

[②] 关于江芸阁的生平及生卒年，我将另文考证。日本学者德田武认为他与赖山阳同岁，即出生于1781年。

[③] 梁川星巖《读江芸阁品花新咏戏题八首》之三云："冶叶娟条遍受知，春風争绕笔尖吹。名花拜赐应解笑，第一才人第一诗"。『西征集』（『星巖集』乙集）卷二、江戸：千鐘房、1841年。

自由地游走在近代来临前夜已趋于烂熟的江南文化和江户文化之间的境界人（marginal man）。从理解近世中日间的文化交涉乃至整个东亚文化史的角度而言，其人的生涯及文业实有值得关注之必要。

本项研究的主题，即是通过对现存文献记录的彻底调查，深入江芸阁的世界以一探究竟。在中国，江芸阁虽说几乎已被遗忘，但在日本，自近代以来断断续续出现过不少涉及他的议论和研究。因此作为本项研究的第一步，我将在本文中回顾和整理近代以来日本学者的相关言说，以明了问题之所在。

二

江芸阁活跃的时代为清代中期，在日本为江户后期。以年号来说，中国为嘉庆、道光，日本则为文化、文政和天保。众所周知，这一时期清日两国间的交流，依然被限制在互市贸易体制的框架之内。具体而言，德川幕府在其成立初期即禁止日本人出海，但同时开放长崎一港，允许清朝商人赴该地从事商品交易。与之相应，清朝方面自康熙二十三年（1684）起开放海禁，允许中国人赴日经商。此后经过若干迂回曲折，18世纪60年代前后最终形成一套类似于广东十三行的贸易垄断制度，官府将对日贸易的特权授予一家办铜官商及十二家额商。由此，一个以江浙一带的出身者为主体、有半官方色彩的商人群体登上对日交流的舞台，并在此后的近一个世纪中呈一枝独秀之势。直到1860年代初太平天国占领苏州以后，这一群体才告瓦解屏散①。

江芸阁不必说正是上述商人群体中的一人。从『割符留帳』等日本文献可知，他曾分别以船主、副船主和财副的身份赴日②。这些职务在当时的对日交易中，皆是掌管具体事务的责任人。简言之，江是作为对日贸易的专门家登上清日交流舞台的。

与在广东十三行中从事对欧美诸国贸易的商人相比，江芸阁所属的赴日船主群体有一个显著特色，就是他们当中不乏风雅之士。这些人或是擅长书

---

① 有关清代对日贸易中的官商和额商的综合性论述，可参见以下二文。刘序枫「清日貿易の洋銅商について　乾隆―咸豊期の官商・民商を中心に」、『九州大学東洋史論集』15、1986年。华立《清代洋铜贸易中的额商集团》，载《明清论丛》第十一辑。

② 大庭脩编『唐船進港回棹録・島原本唐人風説書・割符留帳』第8—17頁、京都：同朋社、1974年。

画，或是精于音乐，或能吟诗作文，因此在商品交易之外，亦能看到他们频繁活动的身影。对于这群富有文艺教养的人物，江户时代的日本人一般用"来舶清人"或"清客"来称呼他们，以区别于水手仆役等一般"唐人"。

来舶清人中以擅长文艺而留名至今者大约有数十名。就诗文领域而言，与江芸阁活跃在同一时期但名声稍逊者，还有邹静岩、张秋琴、钱位吉、朱柳桥、陆吟香、周安泉、刘云台、金琴江、颜远山等人，在当时的文献中，可以看到他们留下的题词、评论、序跋以及笔谈等各类记录。时代稍前一些的人物，还可以举出沈燮庵和孟涵九。沈燮庵作为学者于享保年间受幕府招聘赴日，留下不少诗文；孟涵九则活跃于天明至文化年间，以精通和文、善于和歌闻名。另外，如果把擅长书法者也计入的话，那么还可以举出胡兆新、陆品三和钱少虎等人。

上述诸人再加上活跃于绘画领域的沈南𬞟及其门下，以及方西园和号称"来舶四大家"的伊孚九、费汉源、张秋谷、江稼圃，还有因传播清乐而知名的林德建、沈萍香等人，共同构成了清代中期我国参与对日文化交流的主体。遗憾的是，这些清客们虽然曾在日本扬名并有作品传世，但在当时的国内却都不过是无名之辈，因此其中大部分人的来历和事迹，早已随时间的流逝而湮灭。

来舶清人这一群体之所以在后世名声不显，一个客观的理由当然在于文献记录之匮乏。中国方面留下的记录极少，而从日本文献中则无法确认诸如家族背景、生卒年月、婚姻状况以及科举功名等基本个人信息。大多数情况下，甚至连他们完整的姓名字号都难以判断。关于江芸阁所使用过的各种名字之间的关系，后世的日本学者众说纷纭，或云"江芸阁字大楣，号印亭，一号十二瑶台使者"，或云"江氏名辛夷，字芸阁，号大楣"，或云"（江芸阁）名大楣，字辛夷，号芸阁"等等，各种说法皆来自主观猜测而莫衷一是，迄今尚无定论①。

---

① ［日］木梨爱吉『頼山陽全傳』上卷第459頁、広島：頼山陽先生遺蹟顕彰会、1931年。古賀十二郎『長崎画史彙伝』第533頁、長崎：大正堂書店，1983年。大庭脩『日中交流史話 江戸時代の日中関係を読む』第293頁、大阪：燃焼社、2003年。

三

近世以来赴日的知名人物如黄檗高僧隐元（1592—1673）、木庵（1611—1684）等人、以及士大夫出身的朱舜水（1600—1682）、陈元赟（1587—1671）等人，皆是生前即得大名、死后亦享尊荣。与这些属于智识阶层的精英人物相比，商贾出身的江芸阁生前虽然风光无限，身后却颇为寂寥。各中缘由，我认为还与近代以来日本学者对来舶清人的整体评价有关。因为自明治中期以后，日本学者对这一群体颇多消极评价，或者说给予的是几近谩骂的酷评也不为过。江芸阁作为其中的代表人物，尤其成为攻击的标靶。

最早的发难者是森田思轩（1861—1897）。思轩以翻译英语文学作品著称，同时也是号称有"山阳癖"的江户文艺研究者。山阳即赖襄（字子成，号山阳，1780—1831），为江户后期住在京都的文人。思轩视赖山阳为日本的丁尼生（Alfred Tennyson，1809—1892），是为日本精神代言的"国民诗人"。不过，在山阳的事迹中，有一桩事却令思轩极为不满。文政元年（1818）山阳西游，到达长崎后为了见到江芸阁，在当地苦候九十日而江不至，无奈之下遂登青楼招芸阁爱妓袖笑侑酒，留下"屋乌爱及君休怪，脂粉缘成翰墨缘"的诗句后怅然东归。此事经过田能村竹田（1777—1835）的渲染，在当时成为一段文人才之间惺惺相惜的佳话①。对于这则脍炙人口的旧事，思轩曾发过如下议论。

> 当时出入长崎的中国商人之中，稍解文字者不过江芸阁朱柳桥等数人，而江尤为著名。盖其人出入长崎最久，所狎之妓名袖笑者宛如其外妾。吾曾于星岩、盘溪等诸家文集中读到江诗，与今日上海报纸上登载的凡秀才、凡举人之诗作相比，未见出色多少；后又读到他与我国文人之间的笔谈，知其人颇善察言观色，以忽而倨傲、忽而卑恭之态度来遣词用句，其浅俗之处，恰与吾辈走在上海或天津的大街上所遇到的凡书

---

① 竹田在其随笔集『卜夜快语』中云："山阳在崎，候江芸阁九十日而不至。将还，馆主人曰，芸阁与圆山街妓袖咲相亲狎，请召袖咲劝酒，则芸阁情状可纤悉也。即如其言，作诗及书，附袖咲转芸阁"。载大分县教育厅管理部文化课编『田能村竹田资料集 著述篇』第322页，大分：大分县教育委员会、1992年。

生无异。如果放在今日，江芸阁不过是个无名无声的凡商人而已……然而彼时的汉学者们对于江芸阁却是趋之若鹜，若与江谈一席话，或是得到一篇唱和的诗作，皆认为是非常之荣耀。文化文政年间的诸家与清朝乾隆嘉庆诸家相比，若论天才，则有过之而无不及；若论学殖，亦毫不逊色。江芸阁不过一区区贩海商人，在彼国能否进士及第尚不可知。而我国人却都甘拜下风，甚至还向他问文求益，这岂非是一幅绝妙的滑稽图欤。恰如明治初年的洋学者因稀罕洋人，竟然对水手和擦鞋者之流都恭敬对待一样，那些稀罕中国人的汉学者对于贩海商人也曾敬待有加。（中略）在希望与江芸阁笔谈的人当中，赖山阳亦是其中之一。若二人果真笔谈，山阳是否能看破芸阁的真价而加以蔑视，固然已无法知晓，然阅其《忆江辛夷》《寄怀江辛夷》诸作，其盼望笔谈之意再清楚不过。不幸的是，或者说幸运的是，那一年江本当来长崎但却没有来。①

思轩这段文字的主旨，如文中"凡书生""凡商人"等称呼所示，在于抨击江芸阁之浪得虚名。作者在贬低江芸阁的同时，还痛烈讥刺江户文人的中国崇拜情结，并认为江之所以能在日本曝得大名，乃是拜当时日本的社会风气所赐。思轩作为文明开化期的明治人，曾在庆应义塾——以鼓吹与亚洲"恶友"断绝关系的脱亚论而知名的福泽谕吉为该校创始人——学习过英文，接受西洋文明的熏陶。他后来又于1880年代中期作为新闻记者访问中国，目睹过晚清社会的残败景象。因此不难想象他对中国持有负面印象。另外值得一提的是，思轩这篇文章作于甲午战争期间，文中处处流露出鄙视清人的情绪，或许还有时局或战争宣传的影响。无论如何，由于这篇论文的横空出世，在江户文艺研究的世界里江芸阁的名声遂坠落于地下，不复从前的荣光了。

思轩之后，继续展开批判的还有春山育次郎（1866—1930）。春山精汉学，尤以女流汉诗人原采苹（1798—1859）的传记研究而知名。采苹于文政六七年间（1823—1824）随父亲原古处游长崎，在此期间曾与江芸阁有一面之缘。春山在其名著『江采蘋伝 日本唯一の閨秀詩人』中谈及这段旧事时云：

---

① 森田思軒「賴山陽論に就て」，『賴山陽及其時代』第163—164頁，東京：民友社、1898年。

德川幕府初期，恰逢明朝灭亡而爱新觉罗氏兴起，交通往来之禁令，尚不及彼此后来之严密。因此文艺之士，往往借助商舶来我朝。直至万治·宽文年间，此种风潮依然不曾消退。明朝遗民朱舜水及陈元赟，为世人所周知。又如清初大儒朱竹垞，亦曾东游且暂居长崎。不过至中世之后则事态全变，盖因来航长崎的中国人，悉为无学文盲之寻常商贾也。

然而彼时我国多数国民心中尚有一弊害，即深深尊崇中国为上国。如有人从江户出发至品川，则云离圣人之国又近了一里而欣喜。又如有人被问到，如果孔子为大将、孟子为副将率军来攻我国则当如何应对？该人不能即答而狼狈不堪。在当时的时势下，从诸方游长崎之文人墨客，见到此类风俗之中国人，咸以诗文唱和及交换笔谈为一生之欣幸，如获得对方只言词组之推赏，更是窃喜以为荣耀。

于是彼国之无学文盲大小掌柜之辈，居然摆出一副诗客大人的傲人面孔，洋洋自得地参与到赠答应酬之中。文化文政年间久居长崎的江芸阁，其名字散见于我国第一流杰出文豪之著作，盖为其中之最显著者。

（中略）

江芸阁夙有名声，此时因归国一时不在长崎。不过好在他当年十一月来航，市中遂有人代劳介绍，于是来到柳筥池馆与采苹会面。与陆品三相比，芸阁不过是稍通诗文而已，本无缘由与采苹唱和竞诗，结束会面之后，唯有与陆品三一道咋舌惊叹采苹的才学，逢人便称扬也。

妇女子凭学问诗文与中国人应酬，是长崎开辟以来的罕事。陆与江自谓不敌，频放惊叹之声加以称扬，这令女秀才的声誉在市中愈加籍甚。而传闻则不但更夸张，说是采苹以闺秀之身令清客丢盔弃甲，而且还很快就从长崎向四方流布。①

关于原采苹在长崎以及与陆品三、江芸阁见面的经过，春山的描述十分详细。他在这里没有明示所据史料为何，但当有所本。按照春山的看法，江、原二人实际上没有做诗文唱和，但前者的褒扬则令后者名声远播。如果这是

---

① 春山育次郎著、德田武增订『增訂江采蘋伝 日本唯一の闺秀詩人』（江户風雅別集）第80—81頁，東京：コプレス、2013年。春山此书的内容最初在《读卖新闻》上连载，时间为1912年10月—1913年3月。

事实，那么采蘋的态度颇有恩将仇报的嫌疑。因为在她这一时期的诗作中，只有一首涉及与清人交流，其中有"诗锋笔阵寥无竞，辫发髡头椎少文"之句，鄙视清客的态度可以说极为露骨。当然，诗中的"辫发髡头"是否就是隐射江芸阁并不清楚，或许单指陆品三（此人为医生，善书法）的可能性也存在。但春山却性急地把这四个字与江芸阁联系到一起①。

另外，春山在写上述文字时，参考过思轩的前述评论是无疑的。因为除了观点上的类同，他所列举的有关江户汉学者盲目崇拜中国的两个极端例子——因向西搬家而沾沾自喜和不知如何应对假想中来自中国的侵略——实际上也不过是把『賴山陽及其時代』一书中德富苏峰（1863—1957）的评语略加敷衍而已②。与思轩相比，春山的看法更加过激和尖锐化，因为在他笔下江芸阁已经不是稍解文字的"凡商人"，而是更被贬低为"无学文盲大小掌柜之辈"。这一变化的背后，大约可以看作"辫发髡头"云云的诗句带来的影响。

按照思轩、春山等人的理解，江芸阁等人既然是贾客，那么他必然就是俗物，其文艺活动自然就是附庸风雅的僭越行为。今天来看这些一个世纪前的话语，我们自不难指出其中以出身论英雄的偏见。此外，他们把江户汉学者一股脑都看成是中国文化的盲目崇拜者这一点，现在看来其实也不过是一种迷思，其中有太多的凭空想象成分。

与江芸阁有过交游的日本文人中，如米庵、山阳等人皆是彼时文坛重镇，后世的名声更是如日中天。因此，攻击江芸阁的言辞便包含了一个危险，即会波及这些杰出人物。战前的研究者中，以研究梁川星岩而知名的伊藤信（1887—1957）首先意识到这一点，因此他批评思轩等人的观点太过"苛酷"。在他的眼中，江芸阁的形象并非一无是处。『梁川星巖翁』一书中有如下评论：

（江芸阁）讲诗文虽无学者之态度，然作为风流一才子则自有定论。

---

① 此诗题为《崎阳书感奉伯民氏》，全诗内容如下：华夏词章素有闻，舟船勿谓济河焚。诗锋笔阵寥无竞。辫发髡头椎少文。绿眼胡归秋月晓，红衣炮破海天云。琼江蕞尔弹丸地，满目山河独绝群。『增訂江采蘋伝　日本唯一の閨秀詩人』第 82 頁。

② "苏峰生曰，甚至徂徕亦以东夷物茂卿自谓。如某儒者自江户赴品川，辄喜曰离圣人之国又近一步。此皆当时的风习不足怪之"。『賴山陽及其時代』第 165 頁。

假设果真如思轩所云，则星严怎么可能不会看破呢。如果不知芸阁的本来面目就去唱和求教的话，则么星岩也就不足论矣。山阳虽然没有见到江芸阁，然观《忆江辛夷》《寄怀江辛夷》诸作，可知其人曾玩味过江的诗文，同时还有深深仰慕之处。思轩的议论虽甚痛快，但却间接地诬蔑了前贤。①

化政年间游历过长崎的汉诗人不在少数，星岩也是其中之一。与赖山阳、原采苹不同的是，他在长崎期间不但见到了江芸阁，二人之间还有过极为浓密的交往。记录长崎之行的诗集《西征集》是令星岩确立诗坛大家地位的名作，该书收录与江芸阁相关的唱和诗作，竟然有17首之多，堪称江户诗人第一。因为二人相交甚厚，且星岩对江芸阁的倾倒是确凿无疑的事实，如果否定江芸阁作为文人的存在意义，那么星岩汉诗的文学价值无疑也将大打折扣。伊藤信作为星岩的同乡后辈，又以彰显乡土先贤为己任。因此不难理解，他对于思轩等人的酷评无论如何是不能容忍的。

虽然江芸阁从伊藤那里得到褒扬，但这种评价只限于诗文创作。伊藤对于江的盖棺论定，最终依然选择了负面的词藻。他继续写道：

> 然则江芸阁不过一游冶郎耳。长崎乃是烟花窟，山阳因为自己的不检点，令广濑淡窗吟出"琼浦风光能惹醉，氍毹席暖炙肥牛。辫发之人宁足惜，翠娥一笑为回头"这样的诗句，受到几多嫌疑。如果星岩赴长崎之时乃是单身的话，难免不保会在花围粉阵中被擒拿，再次上演其青年时代的失败。幸好他有精神上的伉俪日夜伺候于身边，于是诗禅道人俨然如老僧，粉黛臭气遂不能沾染其衣。②

引文中的诗禅道人即星岩。他年轻时游学江户，曾因流连青楼而被人追债，狼狈逃回家乡后才改过自新。他游历长崎时的一个特别之处，是带上了妻子张红兰，因此在花街柳巷盛极一时的长崎，却没有留下什么绯闻。或许是为了突出星岩的立身谨严，伊藤在这里把矛头指向江芸阁诗酒风流的做派，

---

① 伊藤信『梁川星巌翁 附紅蘭女史』第107页，岐阜：梁川星巌翁遺徳顕彰会、1925年。
② 『梁川星巌翁 附紅蘭女史』第107页。

同时连赖山阳也一并成为批判对象。

概言之，汉诗文作为近代日本人教养的一部分，在战前曾十分兴盛，相关论述亦极多。江芸阁因为与江户汉诗文界中的一些代表人物有文字缘，所以常常受到论者的附带关注。除了以上提到的诸人，其他如木梨爱吉在《赖山阳全传》（1931年）中，对于山阳与芸阁之间的诗文交流也有相当多的介绍。就研究取向而言，战前的汉学家在中日对立的时代背景之下，一方面被民族主义的情绪所左右，同时又盯着江芸阁的商人身份，因此在评价他时往往倾向于使用负面表现。不过有点反讽的是，江芸阁曾经在日本文坛上掀起过巨大波澜这一事实，也正是在这些负面的评论中首先得以昭示。

二战以后的汉文学研究领域中，来舶清人很长时期里处于边缘化的存在，并不受日本研究者重视。中山真一郎在其巨著『頼山陽とその時代』（赖山阳和他的时代）中，竟然完全没有花费笔墨叙述山阳与来舶清人的交流，"江芸阁"三字也仅仅作为定语出现过一次①。与此同时，战前的声音虽然已经微弱但并未完全消失，偶尔还在发出余响。如福岛理子在其介绍江户女诗人的著作中，曾这样介绍过江芸阁：

  江芸阁，名大楣，字辛夷，芸阁乃是其号。姑苏（今江苏省吴县）人，作为商人曾屡屡在长崎逗留，爱上过花月楼的艺伎袖笑。文化十年（一八一三）市河宽斋曾与其笔谈，文政元年（一八一八）西游中的赖山阳曾希望与其交往，梁川星岩于文政七年（一八二四）到长崎与他唱酬等等，与我国许多文人都有过交流。不过此人远谈不上是一流文学者，在来日贸易的商人中间，不过是个有几分文学素养的人物而已。但在当时，日本文人们皆憧憬着与来自诗文本家的人交换诗作，他们那种沈醉在喜悦之中的样子，我们今天看来颇有些滑稽。只有原采苹一个人以清人为对手，留下清客不足取的豪言壮语后离开。②

福岛对江芸阁的评论，尽管在文字表达上已柔和了许多，但明显沿袭了思轩、春山一派的观点。她虽然也提到星岩，却无视伊藤信对江芸阁才学的

---

① 中山真一郎『頼山陽とその時代』上册第80頁，東京：中央公論社、1976年。
② 福島理子『江戸漢詩選 女流』第49—50頁，東京：岩波書店、1995年。

认可，反而去赞赏原采苹的豪语。采苹游长崎时不过花信年华，与江芸阁又仅一面之交。她在诗中对清客的贬低，在我看来，更多的是年少气盛的冲动。把她的诗作视为快举，而把同时期文坛巨擘们与江芸阁的交游视为"滑稽"，这种见识要是伊藤信死后有知，定会大摇其头吧。

四

以上概观了近代以来日本汉文学者针对江芸阁的若干论述。这些论述则主要发表于战前，其影响则波及至20世纪末。其中的共通之处，是倾向于从负面来评价江芸阁的文化活动。值得注意的是，这种看法虽然流行，但在近代日本的学术话语中并非是唯一的声音，因为在汉文学研究之外的"长崎学"这一领域里，我们可以看到完全不同的江芸阁形象。

长崎学如其名称所示，是关于长崎这座城市的历史及文化的学问。其特色有二，一是其中主要的研究者并非学界专业人士，而是生于斯长于斯、热爱本地文化的民间人士，所以带有浓厚的乡土史色彩。但在研究取向上，则偏好从接受外来文化的角度来考证长崎的风土文化及人物，从而又使长崎学异于一般的乡土史研究，有浓厚的文化交流史色彩。所谓外来文化主要是指洋学，即西欧先进国家的学艺和技术，但在有关长崎文艺的研究中则涉及来舶清人，江芸阁在其中自然不会被冷落。

第一部值得关注的著作，我认为是西琴石（1836—1913）的『長崎古今書畫學藝博覽』（1919年）。琴石名道仙，作为报人曾发行过《长崎自由新闻》，同时也是精于国学的文化人。他的这部著作完成于明治十三年（1880），书中列举与长崎有文化渊源的人物并简要介绍其事迹，而明清时期赴长崎的中国人占据了77席之多，江芸阁在其中被称为"清人诗书家"[①]。从这个称呼可以看出，近代长崎文坛依然延续着江户时代以来对江的评价。顺带一提，琴石的这部著作出版于大正年间，其时思轩、春山等人的江芸阁批判已广布世间久矣。

长崎学的确立者一般认为是古贺十二郎（1879—1954）。古贺家世居长崎，祖上为仕于筑前黑田藩的专属商人。十二郎毕业于东京外国语学校，通

---

① 西琴石『長崎古今書畫學藝博覽』第31頁、東京：風俗絵卷図書刊行会、1919年。

数门外语，毕业后回到家乡，终身以市井学者的身份从事研究。他留下的著作相当多，其中『長崎市史風俗篇』最有名，曾被评价为代表大正时代学术成就的杰作。除了风俗史，古贺的学术关心还涵盖洋学史、语学史及艺术史等领域，他的著作中言及江芸阁的主要是以下两部，即『長崎画史彙伝』和『丸山遊女と唐红毛人』。

『長崎画史彙伝』成书于1934年，古贺去世卅年后的1983年才上梓。这是一部关于近世以来活跃在长崎的画家们的传记性著作，作者在博收各类传记文献的同时，也加入其本人的见闻和分析。书中设《来舶诸家》一章，列举明清时期赴长崎的善画者共四十六名。

浅野长祚（号楳堂，1816—1880）是著名的书画鉴赏家，他虽认可芸阁的画技，却又称其为"若辈"，颇含鄙视之意。浅野家的家格为旗本，属于武士上层，而且楳堂本人又曾担任过幕府高官，因此他看不起商人出身的江芸阁自在情理之中。值得注意的是古贺在引用楳堂的文字时，并不介意其中的贬义而径直引出"画亦不拙"的结论。事实上江芸阁的传世画作极少，把他列入画家群体可以说十分勉强。由于江稼圃（芸阁堂兄）在长崎南画发展史上地位显要，江芸阁在这里可以说是占了乃兄的光。无论如何，古贺把江芸阁作为长崎文化的恩人来看待，这一点是无疑的。

古贺的另外一部著作『丸山遊女と唐红毛人』亦为遗著，刊于1969年。是书内容浩瀚，博搜中文、日文及西文的各类文献，其中有很大篇幅言及丸山游女与唐人的关系。书中虽然有不少篇幅提到唐人的"乱暴狼藉"与"好色淫荡"，但同时也详细描述"唐人对丸山游女之爱情"，指出"唐船主、财副及其他有身份的唐人，大都是从心里宠爱丸山游女。当他们最终要离开长崎的时候，其惜别之情真乃深切而美丽者"。古贺为证明这一点，举出唐人与游女关系的实例凡三十二例，其中江芸阁一人独占两例。例如关于江与袖咲的关系，古贺是这样描述的：

> 唐馆内江芸阁的房间称为"碧琳琅"，里面挂着芸阁自书的楹联，其文云："溪云竹屋平生愿，明月清风太古心。"在此寓馆里，芸阁和袖咲一起度过了快乐的时光。
>
> 江芸阁善于吹笛，而游女袖咲则善于抚筝。月白风清之夜，二人常常合奏。《星岩乙集》卷二有诗云："金风吹酒桂花香。月逗楼心引兴长。

最忆水晶帘押底。搊筝摭笛韵悠扬。"这首诗所吟咏的，正是秋夜里赏月之时，芸阁吹笛袖咲弹筝的景象。

袖咲此时二十八岁，作为游女已过花期。然其姿容未衰，恰如将谢之牡丹美丽动人。对于残光期的袖咲，星岩还有诗云："残红剩紫逐风埃。命薄余云真可哀。唯此一枝春好在。尽留颜色待君来。新咏中诸妓比来多落籍。所存唯袖笑耳。"

在《星岩乙集》卷二第七页，芸阁有自注云："少年时喜演剧唱歌。又有妓红儿。相思不得致死。"与妓女红儿的悲恋故事，铭刻于芸阁的心灵深处。美少年江郎的青春时代，如绘如梦。①

星岩《西征集》中关于江芸阁的诗作内容丰富，这里无法深入讨论。简言之，虽然美浓的汉学者伊藤信从这些诗中看到了一个"游冶郎"江芸阁，但长崎学的泰斗读出的却是一个多才多艺且多情的"美少年江郎"。前者拘泥于思轩、春山等人的言说，终于未敢多越雷池；后者则完全是自由奔放，针对汉文学者流的论调大唱反调。这其中的区别，一是来自古贺自身。同样出身于官商世家，同样具有风流倜傥的文人气质，古贺与江芸阁之间有着更多的共鸣。古贺逝后被称为"华奢风流之人"，他与艺妓爱八的故事甚至还被搬上银幕（《長崎ぶらぶら節》，2000 年）。另外不能忽视的一点，则是养育古贺的长崎风土。作为距离大陆最近的港口城市，长崎深受大陆文化浸润，该地居民对待中国人的态度，远较其他地方亲近和友好。如长崎方言中甚至还有一个词"阿茶桑"（acha-san），是专门针对清人的爱称②。概观古贺的全部著作，不难发现他投向来舶清人的眼光既充满温情，笔底亦多爱惜之念。如果考虑到这些著作大多执笔于中日交恶的战前战中期，其不随时流的态度令人起敬。

古贺周边与长崎学相关的人物中，如增田廉吉、武藤长藏也都分别发表过关于江芸阁的逸闻或逸诗的论考③。另外渡边库辅虽未留下正式文字，然检

---

① 古賀十二郎『丸山遊女と唐紅毛人』前篇第 667—668 頁，長崎：長崎文献社、1968 年。
② 原田伴彦『長崎 歷史の旅への招待』第 76 頁，東京：中央公論社，1964 年。
③ 増田廉吉「長崎に於ける頼山陽と江芸閣」、長崎史談会編『長崎談叢』第 8 輯第 31—41 頁，1931 年。武藤長藏「江芸閣及びヅーフの楽翁公五十の賀詞」、『対外交通史論』第 44—45 頁，東京：東洋経済新報社、1943 年。

其笔记,可知他也曾精心收集整理江户文献中的来舶清人史料(『來舶清人史料』抄本,长崎历史文化博物馆藏)。这些人中武藤是古贺好友,增田与渡边则是古贺的弟子辈。他们的研究崇尚实证,且多少都带了些文人趣味,对江芸阁的评价当然亦十分正面。这些共同之处或者可说是古贺熏陶的结果吧。

五

近代以来日本学者针对来舶清人及江芸阁的言说,如果说汉文学研究和长崎学研究分别代表了两种不同的取向,那么从21世纪前后开始,则出现了新的第三种研究取向。江芸阁不但重新受到文学研究者的关注,同时其在江户文艺史上的地位开始被重新评价。

新研究诞生的契机,是新史料的出现。20世纪末,江芸阁手书的信函和诗稿共50余纸,在消失多年后被重新发现。旅日学者蔡毅在解读其中与赖山阳相关内容的基础上,发表了论文《长崎清客与江户汉诗 新发现的江芸阁、沈萍香书简初探》。此文一方面展示江、赖二人之间的密切关系,另一方面则勾勒出山阳的诗集《日本乐府》西传大陆的过程,强调清客在其中所发挥的重要作用。蔡氏指出,赖山阳有强烈的"自国意识"和与清朝一流文人在诗文上一较高低的雄心。他内心虽看不起江芸阁等来舶清人,但却利用后者的穿针引线,向大陆文坛发出自己的声音。蔡氏的考察可以说推翻了自森田思轩以来的流行观点,即把江户文人同江芸阁交往的原因单纯归结为前者盲目崇拜中国文化的情结。同时,蔡氏对于来舶清人的评价也脱离了旧时汉学者的常套,指出他们"并非仅为商贾之徒,其中一些人具有相当的文化素养"[1]。

蔡氏论文发表后,江户文学者德田武发表了「江芸阁と日本文人交流年表」(『近世日中文人交流史の研究』第八章)。在日本学界研究来舶清人的谱系上,这是第一篇以江芸阁为专门考察对象的研究。如书名所示,德田氏把来舶清人定位为与日本文人对等交往的"文人"。至于对江芸阁的评价,德田氏则指出他是近世以来赴日清客中在文艺方面最活跃的人物,认为其影响

---

[1] 蔡毅《长崎清客与江户汉诗 新发现的江芸阁、沈萍香书简初探》,载《日本汉诗论稿》(域外汉籍研究丛书)第253页,中华书局,2007年。

之大，足以与朱舜水、陈元赟比肩。在此认识的基础上，作者不计事情大小，一一列举了江芸阁从1814年至1833年的约二十年间"与本邦文人何时会面、作过怎样的诗文应酬、又对谁的诗文施以过怎样的批评。换言之，也就是他与本邦文人交流的全貌"。年谱中登场的日本文人凡二十人，其中除了山阳、星岩等名人之外，有些文人或是僧侣在今天已经属于被遗忘的人物，如川北温山、铃木椿亭、雪象公鲜等。这些人与江芸阁唱酬交往的史实，很多是作者从浩瀚的江户文献中一点点钩沉出来的。就考证之精细与内容之充实程度而言，这篇年表可以说居于迄今为止江芸阁研究的顶点①。

近年来日本学者的著述中言及江芸阁者，值得一提的还有大庭修、中野三敏与中尾友香梨等人的研究。大庭氏是江户时代唐船持渡书研究的开拓者和权威，为了考证静冈市浅间神社藏《大象图》上江芸阁的题词，他利用『割符留帐』的记载专门统计了江往来日本的具体时间和次数。中野氏是从雅俗混合的视角来研究江户文学的大家，在插花家龟龄轩斗远（1778—?）的传记研究中，他发掘出传主与江芸阁交往的诸多证据。中尾氏是音乐史领域的专门家，她在『江户文人与明清乐』一书中言及江芸阁在清朝流行乐曲东传过程中的作用。三氏的研究对于江芸阁在汉诗文领域之外的活动情形，可以说分别从不同视角作了富有成果的探索②。

概言之，进入21世纪以后，围绕江芸阁的研究可以说进入一个新阶段。贬损性的评价已经完全成为过去的遗物，同时由于新资料的出现和研究视野的扩大，研究者们在吸收长崎学研究成果的基础上，开始从更多的角度关注江芸阁。而江在日期间的活动轨迹，也因此开始变得一点点清晰起来。

与日本相比，国内学界对于江芸阁的关心既晚，成果亦寥寥。就我所知只有易惠莉在论文《长崎贸易中的中国商人与日本汉学者》中借助『山阳诗抄』『瓊浦笔记』等江户时期的文献，介绍过江芸阁与赖山阳、大槻磐溪等日本汉学者之间的唱酬和笔谈③。易氏的学术关心在于明清时期的商人文化，并

---

① 德田武「江芸閣と日本文人交流年表」、『近世日中文人交流史の研究』第262—325頁、東京：研文出版、2004年。

② 大庭脩〈静岡浅間神社藏「大象図」考証〉、『日中交流史話 江戸時代の日中関係を読む』第264—300頁。中野三敏「亀齢惑溺」、『江戸狂者伝』第439—493頁、東京：中央公論社、2007年。中尾友香梨『江戸文人と明清楽』第142頁、東京：汲古書院、2010年。

③ 易惠莉《长崎贸易中的中国商人与日本汉学者》，载《档案与史学》，2000年6月。

特别关注中国社会向近代转型过程中商人所起的作用。她的这篇论文可以说是国内学者关心江芸阁的滥觞。

此外，近些年来由于国内的收藏热，"来舶清人"的书画作品也开始受到关注。回流的作品中也包括数件江芸阁的书法条幅。在我寓目过的几种拍卖会图录中，江的名字均被错误地写作"蕓阁"，可知其知名度在国内收藏界里还很低。顺带一提，"芸"字乃是正字，并非日文汉字或是简体字。

回顾百年来林林总总、毁誉参半的言说，我想有一点是明确的，那就是我们对江芸阁的了解实际上依然很少。首先，他的身世之谜还未解开。我们不知道他出生在一个什么样的家庭？受过怎样的教育？又是如何加入官商/额商群体，成为一名赴日经商者的？其次，关于江芸阁在长崎期间的文化活动，德田氏的研究尽管提供了许多有益的信息，但因为年表的制作并未基于全面的文献调查，有不少明显的遗漏，所以尚不能说它反映了江芸阁在日活动的全貌。更重要的一点是，江芸阁作为诗人和书家，身后留下了相当多的文字记录，包括汉诗、序跋、题词、笔谈、书简、评语等，分散于江户时代文献的海洋之中。他的作品到底有多少？内容上又有何特色？整理和解读这些记录不必说是一项烦琐费时的作业，迄今尚无人着手。最后，江芸阁赴长崎经商的时间，前后长达 20 年。在此期间除了在日本文坛上的活跃，还有他作为商人的活动，他与日本妓女之间的种种故事，以及他在长崎与西洋文物的接触等，也都是有趣且值得深入探讨的课题。这些经历不但带着他个人的独特烙印，同时在整个清代中国人的日本体验中，无疑也属于内容最丰富和最有价值的部分。

在近世中日文化交流史上，曾经存在过一个以来舶清人为主角、连接江南和日本的文艺世界。在这个世界里，江芸阁以其六面八臂的活跃而成为其中的主角。在今后的中日文化交流史研究中，如何去呈现这一段历史的真实场景，将是研究者面临的新挑战。

（唐权　华东师范大学外语学院副教授）

策彦周良《谦斋南游集》版本考论

陈 茜

摘　要：《谦斋南游集》是日本五山汉文学的后期代表策彦周良的汉诗集，记录其出使中国的经历。目前发现有 12 种版本，其中写本 9 种，刊本 3 种，除天龙寺慈济院本去向不明外，其余各本以官书本甲系统、官书本乙系统、妙智院本系统、两册本系统、宫川本系统 5 个版本系列流传于世。若重新刊刻时，当以妙智院本为底本，主要参校官书本与《入明记》。该诗集在日本不仅被历代汉学家收藏阅读或编承，而且在各时期东亚外交中发挥重要作用。

关键词：策彦周良　《谦斋南游集》　版本系统　历史作用

日本五山汉文学的后期代表策彦周良（1501—1579）是室町时期天龙寺塔头妙智院三世住持，明嘉靖十八年（1539）被任命为"勘合贸易"的副使出使中国，嘉靖二十六年（1547）又被任命为正使再度出使中国，在中日文化交流史上留下浓墨重彩的一笔。在华期间，策彦与中国士大夫诗酒唱酬，游览名山大川，创作大量诗篇，《谦斋南游集》[①] 即是其记录在华经历的汉诗集。该诗集编者不详，从个别诗作内容与策彦周良经历不符等方面判断当是后人所编。关于此诗集的版本，目前只有日本学者有过零星涉及，比如牧田谛亮曾提到富冈铁斋藏本，上村观光在《五山文学全集》中只简单著录策彦周良有入明时所作《南游集》，俞慰慈在《五山文学的研究》中著录天龙寺藏写本《南游集》。此外，日本《国书总目录》一书中有较为详细的

---

① 由于版本原因，诗集名称有多种，为研究与行文方便，笔者采用天龙寺妙智院本名称"谦斋南游集"，且作为比照对象，与其他本进行内容比对，便于分类系统。引文全部使用现代简体字。

记载①，但此书成书较早，历经战火，《谦斋南游集》收藏状况已发生了改变，比如天龙寺慈济院本②已不知所踪。因此，据笔者所见，关于《谦斋南游集》的版本，学界尚无系统、全面的梳理与研究。

对《谦斋南游集》版本的梳理，不仅有助于整理策彦周良的文学成果，进一步研究其在日本汉文学史上的地位与贡献，而且能够明晰中日文化交流的具体情形，管窥日本中世时期中国文化对日本的影响。因此本文拟将调查所见《谦斋南游集》版本略做叙录与整理，不足之处，敬请方家指正。

经笔者调查搜集，现发现《谦斋南游集》版本有 12 种，其中写本 9 种，分别是天龙寺妙智院本《谦斋南游集》（以下简称"妙智院本"）、东京大学史料编纂所誊写本《谦斋南游集》（以下简称"东大本"）、宫内厅书陵部本《谦斋南渡集》（以下简称"宫书本甲"）、宫内厅书陵部本《南渡集》（以下简称"宫书本乙"）、国立国会图书馆鹗轩文库本《南渡集》（以下简称"国会本"）、静嘉堂文库本《策彦南渡集》（以下简称"静嘉堂本"）、富冈铁斋藏本《谦斋南渡集》（以下简称"富冈本"）、两册本《谦斋南渡集》（以下简称"两册本"）、天龙寺慈济院本；刊本 3 种，分别是写刻本《南游稿》（以下简称"宫川本"）、收于《会余录》中的《谦斋南游集摘录》（以下简称"会余本"）、收于牧田谛亮《策彦入明记之研究》（上）中的《谦斋南游集》（以下简称"牧田本"）。宫川本与其他各本相异较大而自成一派，其余各本名称与内容大体相近。这 11 种本子以五个系统流传于世，笔者暂且将其命名为：①宫书本甲系统，属此系统有宫书本甲、富冈本等；②宫书本乙系统，属此系统有宫书本乙、静嘉堂本、国会本等；③妙智院本系统，属此系统有妙智院本、东大本、会余本、牧田本等；④两册本系统，此系统现只发现此一种；⑤宫川本系统，此系统现只发现宫川本。根据各版本系统成立的大致时间顺序分述如下：

---

① 《国书总目录》（第三卷）第 679 页，岩波书店，1965 年。原文：一册。别南渡集、南游集、策彦南渡集、谦斋南渡集、谦斋南游集、策彦禅师南渡集。类汉诗、纪行。著策彦周良。写国会鹗轩、静嘉、宫书（二部）、东大史料（天龙寺妙智院藏本写）、天龙寺慈济院。活策彦入明记之研究上（牧田谛亮、昭和三）。

② 笔者曾向天龙寺慈济院致电询问，对方回复该院现无此书。因此现在此版本去向不明。

一、宫书本甲系统

此系统共收录104题，118首汉诗，与妙智院本相较，少《和韵呈张大人执事下》《和靖读书台》《副使竺裔游天童》《薛兰室先生有诗》《赐筵宴之翌日伴送官李大人作川八见寓贺忱》《千人坐石》《林和靖庙》第二首及《初渡之时于洋中赋一绝》，《漂母祠》与《淮阴侯祠》两首诗的顺序与妙智院本相反。卷首题"谦斋南渡集"，下并行有注记"渡唐行年四十一再渡五十二岁"。

1. 宫内厅书陵部本《谦斋南渡集》

封面题"谦斋南渡集"，扉页题"谦斋南渡集 全"，卷首有"天爵堂图书记"朱方印，卷末有"君美"朱方印，可知此本是新井白石的旧藏，那么该本至迟成书于江户时代初期。共18页，有多处脱字、讹误，盖原据已残，或抄者手误。诗句的欠阙如《东坡书院》一诗"案头旧物今空在，□□□□□□"，《金山寺》一诗"捆载□□□□□"等。

该本中有两处朱笔批点，值得关注：

（1）《张子房庙》一诗，"真是留侯定汉储，功在圯桥一卷书"，方框部分是朱笔补入，"一卷书"后有两行红色小字，竖写：

"明治壬午於宫内六角堂讀之以朱字

補之　宫岛栗香"

宫岛栗香即宫岛诚一郎，明治壬午即明治十五年（1882），宫岛时值担任宫内省御用挂一职，得以有机会接触此书。宫岛也能接触到宫书本乙《南渡集》，那么其补遗的底本是什么呢？

宫书本乙的此句诗是"真<u>个</u>留侯定汉储""功在<u>圯</u>桥一卷书"，其余各写本皆是如此，由此来看，宫岛并未以任何写本为底本进行补遗。宫岛擅长诗文，常与中国驻日公使馆员何如璋、黄遵宪、黎庶昌等诗歌唱酬，汉学修养很高，此当是其在阅读时采取理校法与本校法。

（2）《楚项羽庙》一诗，"祠司休扫庙前草"，朱笔补入"祠"。此处与他本、入明记均有异，可见校改者也是采取理校法与本校法。因未留下改校者信息，无法判断是否是同一人。除此之外，文章还有多处类似朱笔批点。

2. 富冈铁斋藏本《谦斋南渡集》

封面题为"策彦南渡集"。扉页有两页，第一页已和封面粘在一起，从纸的背面来看,其上题"策彦南游集全";第二页扉页左上墨书"谦斋南渡集全",右下角有"画禅盦"朱方印,"画禅盦"是明治大正时期儒学者富冈铁斋(1837—1924)的藏书印,那么,此书至迟成书于富冈铁斋生活时代。诗集正文共19页,此本汉字讹误较多,或一字中多笔,或一字中少笔,或形近字混淆,同时阙字、句、诗等多处出现,不是善本。

富冈本与宫书本甲在形近字的讹误与阙文、字句方面略同,祖本盖同。但彼此间互不为底本,因宫书本甲有富冈本阙文,如《四月二十三日于上林苑赐宴》中策彦周良一诗,富冈本作"□□天恩与海深",宫书本甲作"今日天恩与海深";《游月湖之次,诣会泉大人,谢昨日袖诗来,辄和前韵以二篇》一诗,富冈本作"欲纟佳篇愧客程",宫书本甲作"欲续佳篇愧客程"等。

富冈本也有宫书本甲的阙文,如《补陀洛寺》一诗,宫书本甲作"何攸是匪大悲□",富冈本作"何攸是匪大悲洲";《东坡先生祠堂》一诗,宫书本甲作"身后文章乡岁行",富冈本作"身后文章千载行"。由此来看,两本属同一系统,相同的阙文与讹误是承讹袭谬,其余是由于抄写者的不同,产生出新的讹误与阙文。

二、宫书本乙系统

此系统共收录106题,121首汉诗,与妙智院本相较,缺少《和韵呈张大人执事下》《副使竺裔游天童》《薛兰室先生有诗》《赐筵宴之翌日伴送官李大人作川八见寓贺忱》及《初渡之时于洋中赋一绝》,妙智院本的《老子庙》诗题在此系统中作"孝子庙"。系统各本卷首题"策彦禅师南渡集",下有并排两行小字注记:右写"初渡三十九岁",左写"再渡四十七岁";卷末都有落款"天龙仲长老寄赠前后二本"。

3. 宫内厅书陵部本《南渡集》

共23页,封面题为"南渡集 策彦",右侧贴"新井本"标签。首页右下角有"天爵堂图书记"朱方印,卷末有"君美"朱方印,可知此书也是新井白石的旧藏,那么此本至迟成书于江户时代初期。

从落款"天龙仲长老寄赠前后二本"来看,该本是天龙寺仲长老寄赠给新井白石的。与新井白石(1657—1725)生活在同时期,天龙寺确有一位仲长老—中山玄仲。中山玄仲(1659—1717)是天龙寺第二〇九世,天龙寺塔头妙智院第七世，其法系图如下：

| 妙智院第三世 | 妙智院第四世 | 妙智院第五世 | 妙智院第六世 | 妙智院第七世 |

策彦周良——三章令彰——補仲等修——蘭室玄森——中山玄中

中山玄中于元禄十年（1697）被授予硕学料①，元禄十一（1698）年至元禄十三年（1700）、正德二年（1712）至正德四年（1714）先后两次受命对马以酊庵轮番，担任对州修文职②。新井白石元禄六年（1693）由木下顺庵推荐至甲府藩主德川家，担任将军的侍讲。宝永六年（1710），新井白石作为将军家臣被编为幕臣，主导幕府政权，实施"正德之治"改革。享保元年（1716）第八代将军德川吉宗就位后失势下台，隐退。查阅《新井白石日记》（《大日本古记录》第2，岩波书店，1952年）元禄九年至十四年、正德元年至享保二年的记录，未发现与中山玄中相关记载，也未有借阅策彦周良著作的记录。而中山玄中相关的史料非常缺乏③，只能从同时代的其他记录中发现蛛丝马迹。

僧侣受领硕学料、拜命朝鲜修文职后，首先要赴京都所司代拜谢，之后要专门赴江户拜见将军、老中以谢恩。在《五山硕学并朝鲜修文职次目》④ 中记录了这一情况。

建仁寺永源庵云壑永集一项：

（一七〇五） 　　　　　　（智悦）　　　　（性堪）

宝永二年乙酉六月九日、与天龙关中东堂・月心西堂同时学禄拜领、并朝鲜修文职蒙公命、同年参府、十月朔日、登城、十帖一卷献上、於御白书

---

① 德川家康为鼓励僧侣勤勉学问，为学问渊博的僧侣发放奖励，即硕学料。后发展为硕学僧接受硕学料的同时被任命对州修文职，赴任对马以酊庵，处理对朝外交事务，任期两年。以酊庵轮番共有126番，其中再住者31名，三住者4名，共89名。新旧轮番交替在5月。

② 主要负责对朝外交文书的拟定，当有朝鲜使节来访时，指挥道中接待、与通信使一行诗歌唱和、赠答，引导护送通信使到江户拜见将军，而后一同返回。在中山玄中任期内，都未有朝鲜通信使来访。

③ 据笔者所见，中山玄中相关的专门研究仅有四篇论文：（1）泉澄一《天竜第二九世・中山玄中和尚について——対馬以酊庵輪番時代を中心にして》，《ヒストリア》1973年第63号，第79—89页。（2）泉澄一《天竜寺第二百〇九世・中山玄中和尚について（関西大学文学部史学科創設25周年記念）》，《史泉》1975年第50号，第234—244页。（3）泉澄一《近世初頭の堺商人・平野屋道夏とその一族》，《日本歴史》1973年第301号，第85—99页。（4）泉澄一《天竜寺塔頭・宝徳院について——その建立と再興》，《史泉》1973年第47号，第39—50页。

④ 田中健夫《前近代の国際交流と外交文書》第156—157页，吉川弘文館，2007年。

院独礼、同月五日、於柳之间御老中御暇被仰渡、时服四领拜领

建仁寺云壑永集和尚在宝永二年（1705）六月拜领硕学料并受命朝鲜修文职，同年十月登江户城，作为谢礼献上十帖一卷，拜见将军与老中。可见此时有以书籍作为谢礼的风习。

中山玄中第二次受命朝鲜修文职还有其特殊的背景。其再任的前年即正德元年（1711），为庆祝第六代将军德川家宣的就任，朝鲜派信使来贺。此时作为将军御用人的新井白石以信使接待给幕府财政带来巨大负担为由，改革简化了信使接待制度。朝鲜政府对此不满，并处置了此次的朝鲜信使。此事还使其与对马藩儒雨森芳洲产生嫌隙。在此背景下第二年，中山玄中赴任对马以酊庵轮番，处理对朝事务。但在其任期内，并未发生外交困难之事。

由此看来，二人产生交集当在中山玄中第二次受命朝鲜修文职期间，虽未有文献明确记载中山玄中第二次受命朝鲜修文职后登城拜谢，但从与其相隔七年的宝永二年的拜谢习惯来看，中山玄中很可能也献上贵重书籍以示谢恩，以缓和赴任前的紧张的关系。妙智院的寺宝当是策彦周良留下的史料。宫内厅书陵部现藏原属新井白石的策彦周良史料中还有一本与该本装订、字迹完全一致的《策彦入唐杂录》，由此来看，中山玄中当是进献了此二本，则落款中的"前后二本"之意即可明了。

4. 国立国会图书馆鹗轩文库本《南渡集》

国立国会图书馆鹗轩文库是东京大学教授土肥鹗轩（1866—1931）的旧藏。共23页，封面题"南渡集"，卷末落款笔迹与宫书本乙如出一辙，但从字面来看，宫书本乙作　　　，此本作　　　，此本字面较弱，由此可断定

该本是宫书本乙的影写本。

5. 静嘉堂文库本《策彦南渡集》

共 22 页，封面题"策彦南渡集 完"，该抄本从卷首至卷末落款笔迹相同。该本有两处虫蛀的摹写值得关注，一处是"[图]"，宫书本乙作"[图]"，国会本作"[图]"，此处来看，国会本更加接近宫书本乙；另一处为"[图]"，宫书本乙作"[图]"，国会本作"[图]"，由此可见静嘉堂本抄写的底本应是宫书本乙，抄写年代晚于国会本。国会本与静嘉堂本皆无虫蛀，两本抄写年代应较近。

三、妙智院本系统

该系统共收录111题，126首，在所有系统中收诗数量最多。

6. 天龙寺妙智院本《谦斋南游集》

该本共23页，第一页单独列出 5 首汉诗（以下简称"妙智5首"），这5 首汉诗为《和韵呈张大人执事下》《和靖读书台》《副使竺裔游天童》《薛兰室先生有诗》《赐筵宴之翌日伴送官李大人作川八见寓贺忱》，第二页有题"谦斋南渡集"，该本卷末左下角有小字"除空楮廿二帐"，从第二页即"谦斋南渡集"页开始至此页确有 22 页。另外第一页笔迹与第二页"谦斋南渡集"后的笔迹相异，故第一页当为后来所加，诗集最初名称为"谦斋南渡集"，后经加笔、重新装订，命名为"谦斋南游集"。第二页"谦斋南渡集"

题下有一行小注"渡唐行年四十一 再渡五十二岁",右加纸订正"三十九岁再渡四十七岁",而且从该本诗句用字判断,当是先抄写的宫书本甲系统,后以宫书本乙系统补之,故成书时间晚于宫本书甲与宫本书乙。

此本是否策彦的手稿本,当另作探讨。对照已确定是策彦自笔本的妙智院所藏史料《初渡集》,因个别汉字不像出自策彦之手,策彦字体遒劲有力,妙智院本字面绵软。此本当是策彦后人抄录补充而成。但因出自妙智院,其可信度与参考价值不容忽视。

7. 东京大学史料编纂所誊写本《谦斋南游集》

东大本是妙智院本的誊写本,完全保留妙智院本的原貌,誊写于明治二十一(1887)年,最后一页有落款,分三行:

"右谦斋南游集

山城国葛野郡嵯峨天龙寺塔头妙智院藏本明治

十九年九月采访同廿一年写了"

8. 亚细亚协会和刻本《会余录》第九集

《会余录》第九集初刻于明治二十三年(1890)由亚细亚协会出版,后于昭和五十二年(1977)由开明书院再版。《会余录》第九集专开一期辑录策彦周良的作品。其中辑录的《谦斋南游集抄录》共5页半,节选汉诗23题、26首。节选汉诗多为描写从宁波至北京沿路的历史文化景点,如西湖四贤堂、林和靖庙、东坡先生祠堂、邵伯庙、张子房庙、淮阴侯祠、楚项羽庙、歌风台等;淡化佛教色彩,只收录《补陀洛寺》一诗,与中国人唱和的诗也只收录3首。由此看来其选择标准是着意展现中国地理风情与人文风貌。

该本与东大本有两处地方高度一致,一首是《楚项羽庙》,另一首是《淮阴侯祠》。在所有版本中只有东大本与该本将"淮阴侯"误作"准阴侯",这当不是偶然,该本是以东大本为底本进行了选择刊刻。

9. 牧田谛亮翻刻本《谦斋南游集》

该书初刊于1955年,复收录于2016年刊行的《牧田谛亮著作集》第五卷。该本是《谦斋南游集》的首次完整翻刻,为后世研究奠定重要基础,是目前学界使用最多的版本。该本以妙智院本为底本。诗集名称取"谦斋南游集",舍掉妙智院本第二页上的题目"谦斋南渡集"与注记及其订正、旁注。此本与妙智院本不同的是:妙智5首被放在《洋中始见大唐之山》与《补陀洛寺》两诗之间。

该本添加了句点，使用现在常用字，最大限度地保留了妙智院本的原貌，但对个别异体字未加详考导致辨识错误，也有个别诗句的讹误。该本前后两版的刊刻也略有差异。

四、两册本系统

10. 两册本《谦斋南渡集》

上册封面题"谦斋南渡集"，卷首题"谦斋南渡集"，下有一行小注"渡唐行年三十九岁再渡四十七岁"。上册收录诗作107题，141首，下册封面题"谦斋南渡集附录"，卷首题"策彦和尚附录"，收录诗作24首、文章8篇，主要是策彦周良入明关系史料。当是抄写者在抄写《谦斋南渡集》时，顺带抄写了策彦周良入明关系史料，附录于诗集之后，于是有了上下两册。严格来说，上册才是《谦斋南渡集》。从该书藏书印来看，此本至迟成书于江户时代末期。

上册与妙智院本重合的汉诗有120首，与妙智院本相较，少《和韵呈张大人执事下》《和靖读书台》《副使竺裔游天童》《薛兰室先生有诗》《赐筵宴之翌日伴送官李大人作川八见寓贺忱》《六亭》，《初渡之时于洋中赋一绝》一诗只有"回首西南是白云，摩睫东北近乡枌。棹夫莫倦"，后另起一行有"后句字泯"四字，当是底本有阙，抄写时特意记下此四字。该版本其余内容如下：

两册本《谦斋南渡集》附录①内容

上册	下册
钱 龟阜策彦老人游大明国	大明世宗皇帝赐御诗
（汉诗20首）	（汉诗1首）
送古川上人游大明	皇帝赐御和
（汉诗1首）	（汉诗1首）

---

① 为便于行文，将上册与妙智院本重合内容除去，两册的其余内容统称为附录。

上册	下册
	四月廿三日于上林苑赐宴（汉诗5首）
	上林苑会帝赐御和（汉诗1首）
	赠怡斋禅师衣锦荣归序
	赠怡斋禅师衣锦荣归赋
	明人送行诗①（汉诗10首）
	赠日本使释周良等越还国 有引
	谦斋记
	赠专使谦斋老师归日域图序
	怡斋策彦禅师像赞
	丰存叔即和云②（汉诗1首）
	城西联句序
	赠送 临川策彦叟正使周老大人归国诗（汉诗1首）
	送副使策彦耆宿归国诗序（汉诗4首）

该本在多首诗句上与宫书本甲系统一致，个别诗句参照宫书本乙系统，《楚项羽庙》一诗参照了《入明记》。

---

① 题目笔者拟，原文没有诗题。
② 原文没有诗题，从内容来看是《谦斋南游集》中《丰存叔即和云》一诗。

五、宫川本系统

11. 写刻本《南游稿》

《南游稿》是日本国学家宫川道达（？—1701）所编，刊行于元禄六年（1693），为写刻本。共9页半，凡56首汉诗，其中35题、38首汉诗也见于他本，未见于他本的汉诗有《重阳前一日赏菊花》《宁波知府曹大人以丧事谢府事聊赠此诗助哀叙别》《小春二十五日奉菅神》《十一月七日初雪自夜彻明船中作》《彭城阻雨》《汉高祠》《歌风台》《瑠璃井》《太白楼二绝》《二月初六见红梅才开》《送魏提举归休于粉乡》《四月初四赏芍药》《送策彦老人大明行》《送策彦西堂赴大明行》《寄全仲山》。

该本对诗题作了概括处理，使其更加简洁。多数诗句与入明记高度一致，而与其余各本不同，如《赓宁波府竹所大人（后略）》一诗，宫川本与入明记皆作"愧我<u>旅程无一物</u>"，其余各本作"愧我<u>胸襟无一字</u>"等。但个别诗句与入明记又有所出入，如《古岩大人有令子，顷丧其母，赠一偈以助其哀云》一诗，宫川本作"<u>二十四年四大床</u>"，入明记作"<u>二十余年四大床</u>"，其余各本作"<u>五十余年四大床</u>"。

六、余　　论

（一）传承关系

总的来说，该诗集最早流行的是宫书本甲系统，后由仲长老抄写出宫书本乙系统，妙智院本系统在流传过程中逐渐吸收以上两种系统形成现在的本子，两册本系统主要吸收宫书本甲系统，并参照了宫书本乙系统、入明记等史料。宫川本系统是宫川道达所编，添加了其他本子未收录的汉诗，丰富补充了《谦斋南游集》的内容。宫川本系统参照了入明记，部分诗句又不见于任何本，当是作者手订修改或另有其他系统的存在。版本系统传承关系如下图：

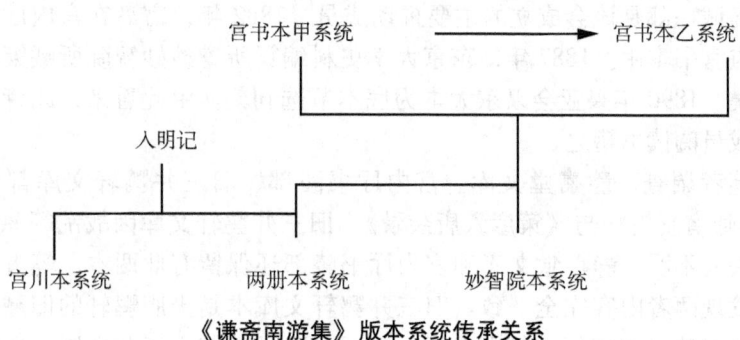

《谦斋南游集》版本系统传承关系

从收诗数量而言，妙智院本系统最多，宫书本甲系统、宫书本乙系统与两册本系统其次，宫川本系统再次之。从语句的差别而言，宫川本系统与入明记高度一致，正确率最高，宫书本乙系统、妙智院本系统其次，在这两个系统中，宫书本乙与妙智院本同出自妙智院，且在各自系统中成立时间较早，故文献价值最高；两册本系统再次之，宫书本甲系统与入明记完全不同，正确率最次。各系统在流传时，由于后人的抄写使得系统内各本的诗句又有所变化。因此在重新刊刻《谦斋南游集》时，应以妙智院本为底本，主要参校宫书本乙与入明记，完善诗集内容，订正诗句讹误。

（二）广泛传承的原因

现阶段虽只发现了12种版本，但已有5个系统，时间由室町时期延续到昭和时期，究竟是出于何种原因使后人在传抄刊刻与重新编纂上表现出极大的热情？纵观各本成立的大致时间，可以看出在两个时段呈现高峰。第一个高峰是江户时代新井白石辅佐德川家宣与德川家继时，因出于处理对朝事务的需要，参考了策彦周良的诗文集。第二个高峰是明治时期兴亚会的活动期间。1880年日本兴亚会成立，打着联合中日韩，振兴东亚的口号，实则为实现日本在东亚的统领与扩张，由此开办汉语学校，培养汉语人才，以便向中国派遣搜集情报的通讯员。《会余录》是兴亚会的官方刊物，集中反映兴亚会的会旨，主要着眼于亚洲国际关系史料，正如其书序言所述："本会余录专用汉文辑录亚细亚各国古今逸事遗闻、民情风俗及诗文杂说，随时上梓颁布，会员之外出售，公世以广见闻。"兴亚会在当时的日本社会影响巨大，其成员包括皇亲贵族、现退役军人、社会财阀等。

宫岛诚一郎是该会成立的主要推动成员，1882 年，宫岛在宫内厅书陵部细读批点宫书本甲。1887 年，东京大学史料编纂所誊抄妙智院所藏策彦周良的诗文集。1890 年兴亚会以东大本为底本节选刊刻。由此看来，此诗集成为兴亚会成员阅读书籍之一。

据笔者调查，静嘉堂文库、宫内厅书陵部、旧三井鹗轩文库都保存有《策彦禅师南渡集》与《策彦入唐杂录》。旧三井鹗轩文库因战乱等原因，该两本现去向不明。静嘉堂文库和宫内厅书陵部还保留有此两本，笔者进行比对后，发现两者内容完全一致。旧三井鹗轩文库本是土肥鹗轩的旧藏，因其夫人出自三井财阀家族，其去世后，其部分藏书被转入三井文库，也就是旧三井鹗轩文库。土肥鹗轩是东京大学教授，三井财阀家族也有成员加入兴亚会，而且静嘉堂文库创始人岩崎弥之助也是兴亚会成员之一，在此背景下可以推测静嘉堂本与国会本是兴亚会成员以宫内厅书陵部所藏天龙寺仲长老赠给新井白石的两本为底本配套抄写的。富冈铁斋作为上流知识分子阶层，应该知道兴亚会，从其活动时间来看，富冈本想必受此影响。

以上看来，该诗集广泛流传一方面由于被用作汉诗创作学习材料，被日本汉学修养极高的学者收藏阅读或改编，反映出其较高的文学价值；另一方面，从《会余录》编选特点也可看出，由于其特殊的题材与内容，历来在东亚文化交流中受到重视，借其了解中国的风土人情。五山汉文学研究者北村泽吉曾从此方面对该诗集表示肯定："《南游集》题材好，故稍稍值得诵读。"[①] 因此梳理考究《谦斋南游集》版本，在重新校对刊刻、探究其历史作用、研究东亚文化交流等方面，具有重要的现实意义和学术价值。

（陈茜　南开大学外国语学院博士生）

---

① 北山泽吉《五山文学史稿》，富山房，1941 年，第 798—799 页。中文笔者译。

"章断注连"考

——《倭名类聚抄》中《颜氏家训》的影响及传承

莫文沁

摘　要："章断注连"这一四字成语，我国的代表性辞书《辞源》和《汉语大词典》均未收入，可日本平安时代中期编撰的汉和辞书《倭名类聚抄》（约934年）中收入了这一成语，并把这一出自《颜氏家训·风操》的词汇，从汉和对照的角度释义为《日本书纪》中的天照大御神磐户神话中的"端出之绳"。对此，我国的《颜氏家训》注释家予以否定。其实不然，"章断注连"这一源自中国道教信仰的仪式传入日本后，《倭名类聚抄》首次把其与"端出之绳"加以联系并固有化在日本传承信仰仪式中，使这一仪式名称在日本平安时代以后，以"注连主"独掌的"切断注连法式"而历代传承了下来。可以说，《倭名类聚抄》所引用的《颜氏家训》中的"章断注连"这一语料，不仅成为中日道教文化交流影响的珍贵史料，还可弥补中国语言词汇史研究及辞书编撰中对"章断注连"这一四字成语无人问津，以及现当代学者对与其相关联的"端出之绳"释义不到位的缺憾。

关键词：《颜氏家训》　章断注连　《倭名类聚抄》　端出之绳　日本本土化

《颜氏家训》在日本奈良时代（710—784）吉备真备著《私教类聚》（约768年写成）这一"以子孙为对象的道德教训书"[①] 中被作为金玉良言反复引证。平安时代（794—1185）源顺编纂的汉和辞典《倭名类聚抄》（约934年成书）中，收入《颜氏家训》词汇9条。江户时代（1603—1867）先是有日语训读的和刻本《颜氏家训》（1662年刊行），接着有《官板颜氏家训》

---

① 桃裕行『上代学制の研究』第397頁、東京：吉川弘文館、1983年。

（1832年刊行）。本文从日本中国学的视角，对《倭名类聚抄》所引用的《颜氏家训》中的"章断注连"这一语料在日本的传播影响及日本本土化进行探讨，以求教于大方。

一、"注连"之《倭名类聚抄》同《辞源》《汉语大词典》收录比较

王利器先生在《颜氏家训集解》（增补本·上）"章断注连"条目中注解道：

《倭名类聚钞》引作"注连章断"，又引《日本纪私记》云："端出之绳。"刘盼遂曰："周岜明《汉译古事记·神代卷》第二十九节之'布刀玉命急忙将注连挂在后面'一语自注云：'注连系采用《颜氏家训》语。亦作标绳，用稻草左绚，约间隔八寸，散垂稻草七，次五，次三根，故又写作左绳，又名七五三绳，用作禁出入的标当，挂在神社入口；今正月人家门户亦犹用之，盖以辟不祥也。'盼遂案：以稻草之标绳为注连，当有所出，姑志以俟知者。"器案：《古事记》上云："即布刀玉命，以尻久米绳，控度其御后方。白言从此以内，不得还入。"次田润注云："尻久米绳者，《书纪》有'端出之绳'，乃尻笼绳之义，即今之注连绳。"日本此种辟不祥之端出之绳，虽名曰注连，恐与颜氏所说者，亦鼠腊名璞之比耳。寻《道藏·洞玄部·表奏类》"岜"字一号，《赤松子章历》卷一目有《断亡人复连章》……《新亡洒宅逐注却杀章》。其卷四"岜"字四号载《断亡人复连章》云："具法位上言，臣谨按仙科，今据某云：'即日叩头列状，素以胎生下官子孙，千载幸遇，得奉大道，诚实欣慰；某信向违科，致有灾厄。某今月某日，染病困重，梦想纷纭，所向非善；寻求算术云，亡某为祸，更相复连，致令此病，连绵不止。恐死亡不绝，注复不断，阖家惶怖，恐不生全。'即日词情恳切，向臣求乞生理；辄为拜章一通，上闻天曹。……臣为某上请天官断绝亡人复连章一通，上诣太上曹治。"据此，则章断注连者，谓上章以求断绝亡人之殃注复连也。《太平广记》三二 引《幽明录》："……少时，三人悉见患，更相注连，凶祸不已。"注连之义，与颜氏所说正同。持以较日本之所谓注连，其事各别。《抱朴子·内篇·仙药》："……垂死，或云：'不及活

流弃之，后子孙转相注易。'"注易即注连也。《释名·释疾病》："注病，一人死，一人复得，气相灌注也。"注病即今之传染病。①

王利器先生的注解，在中国语文史上首次从语源及语义上解开了"章断注连"词汇之谜。其实，周作人（1885—1967）早在20世纪30年代就尝试解释"章断注连"一词：

> "章断注连"，卢本无注，查日本源顺在承平年中（九三一至七年）所编《倭名类聚抄》，调度部十四祭祀具七十下云注连，引云注连章断，注云师说注连之黎久倍奈波，章断之度太智。案之黎久倍奈波日本古书写作端出之绳，《和汉三才图会》（原汉文）十九云："神前及门户引张之，以辟不洁，其绳用稻藁，每八寸许而出本端，数七五三茎，左绚之，故名。"之度太智者意云断后，此语少见，今大抵训为注连同谊。此种草绳古时或以圈围地域，遮止侵入，今在宗教仪式上尚保存其意义，悬于神社以防亵渎，新年施诸人家入口，则以辟邪鬼也。《家训》意谓送鬼出门，悬绳于外，阻其复返，大旨已可明白，至于章断注连字义如何解释，则尚未能确说耳。②

周作人对"章断注连"的解释仅是以《倭名类聚抄》和寺岛良安编著《和汉三才图会》（1712年成书）为依据，"意谓送鬼出门，悬绳于外，阻其复返"，恰是王利器先生所批评的"亦鼠腊名璞之比耳"。尽管周作人明言"至于章断注连字义如何解释，则尚未能确说耳"，但周氏把"章断注连"作为一个四字词汇加以解释，却是受到源顺《倭名类聚抄》中"注连章断"四字词汇的影响而在中国语文史上属首次。

《倭名类聚抄》是一部汉和辞书，约成书于日本平安时代中期承平四年（934），现存有二十卷本和十卷本两种③。原文"注连"条目写道："颜氏家

---

① 王利器《颜氏家训集解》（增补本·上）第121—123页，中华书局，2013年。
② 周作人「顏氏家訓」、『周作人随筆抄』第95—96頁、東京：文求堂、1939年。
③ 本文所依据的《倭名类聚抄》文本：（一）广岛大学中央図書館所蔵、元和三年（1617）「羅浮散人」『題倭名鈔』二十卷本、萬治二（1659）己亥九月吉辰中村長兵衛刊。（二）狩谷棭斎（1775—1835）『箋注倭名類聚抄』十卷本、印刷局蔵版、明治十六年（1883）出版。

训云、注连章断、师说、注连之利久倍奈波章断之度太智日本纪私记云、端出之绳读与注连同。"① 这里需要说明的是，源顺在《倭名类聚抄》中把《颜氏家训·风操》中的"章断注连"引作"注连章断"，是从日语训读的语序而非笔误。

日本现存最古的和刻本《颜氏家训》日语训读为："丧出之日　門前然レ火ニ　戶外列レ灰ヲシテ　被送二家鬼一ヲ　章斷ニ注連一スヲ"②。

可以看出，江户时代的和刻本《颜氏家训》中把"章断注连"训读为"注連を章断す"，是继承了平安时代《颜氏家训》训读的传统。这一点可从《倭名类聚抄》"注连"词条中"注连章断"的记述得以肯定。

与"注连"这一条目相关联，《倭名类聚抄》"门燎"条目中也引用了《颜氏家训·风操》中的语例："周礼云、丧设门燎力吊反、俗云门火颜氏家训云、丧出之日、门前燃火。"③

王利器先生批评《倭名类聚抄》"注连"条目中引日本正史《日本书纪》中"端出之绳"典故释义"恐与颜氏所说者，亦鼠腊名璞之比耳"，值得商榷。

首先需要厘正的是，日本平安时代中期的和歌诗人、汉学家源顺（911—983）编纂的日本第一部汉和辞典《倭名类聚抄》，是中日文化交流、日本文化和文学受中国文化和文学影响的结晶，为我们研究汉籍在古代日本的传布提供了珍贵的第一手资料，更是我们研究汉语词汇发展史及汉和词汇翻译史不可或缺的宝贵文献。

如上所述，《倭名类聚抄》"注连"词条释义时，援引日本正史《日本书纪》神话中的"端出之绳"典故，而在"门燎"词条释义时，以《周礼》云"丧设门燎"为本，再援引《颜氏家训·风操》中"丧出之日、门前燃火"句

---

① 广島大学中央図书館所蔵、『倭名類聚抄』（二十卷本）卷十三第七頁、萬治二（1659）己亥九月吉辰中村長兵衛刊。附言：十卷本原文相同。

② （北齐）颜之推撰，李均洋等主编《和刻〈颜氏家训〉》[广岛大学中央图书馆藏宽文二年（1662）和刻本《颜氏家训》] 第35页，香港：中国古文献出版社，2018年。这段文字原文无句读，用日语标记为："丧出る日、門前に火を然（燃）し、戶外に灰を列ね、家鬼を被送し、注連を章断す。"

③ 『倭名類聚抄』（二十卷本）卷十四第十八頁。附言：十卷本原文相同。

而释义。就是说，作为一部汉和对译辞书，源顺首先遡其词源，力求准确无差。

试比较10世纪成书的《倭名类聚抄》和今人所编《辞源》《汉语大词典》的"注连""门燎"词条。

《辞源》（第三版）中无"注连"和"门燎"词条。

《汉语大词典》"注连"条目释义为"连属，接连不断"。词源为"南朝宋刘义庆《幽明录》：'少时，三人悉见患，更相注连，凶祸不已。'"[①] 继之引用北齐颜之推《颜氏家训·风操》中的"章断注连"前后句。

《汉语大词典》"门燎"条目释义为"古代竖立于宫门、庙门外的火炬。[②]"词源同《倭名类聚抄》，均遡《周礼·天官·阍人》中的"门燎"为本。不同的是，《倭名类聚抄》继之又引《颜氏家训·风操》中的"丧出之日、门前燃火"句，而《汉语大词典》无。可以看出，约10世纪成书的《倭名类聚抄》在"章断注连"这一四字词汇及"门燎"的词源界说上，做到了准确无误；而且，《倭名类聚抄》比中国的代表性辞书《汉语大词典》和《辞源》更重视《颜氏家训》在中国语文史上的承前启后作用。

二、作为南北朝新词的"章断注连"及在日本正史《日本书纪》中与之相对应的"端出之绳"的语言文化意义

《倭名类聚抄》之所以重视《颜氏家训·风操》中的"章断注连"词例，乃与日本正史《日本书纪》[日本养老四年（720）成书]中的天照大神盘户神话相关联。

天照大神盘户神话梗概为：天照大御神的弟神素戈鸣尊"神性雄健""暴恶"，从御地沧海之原闯入姊神天照大神的御地高天原时，"溟渤以之鼓荡，山岳为之鸣响"，"为行也甚无状"——毁天照大御神之天田，在新宫新尝祭的供品旁便溺，剥天斑驹皮而投入斋服殿，使正在织天衣的天照大御神受惊而"以梭伤身"，担惊受怕的天照大御神躲入天石窟，紧闭石门。于是，"六合之内常暗"，天下漆黑一片。八十万神集于天安河边，商讨如何使天照大御

---

① 汉语大词典编辑委员会等编纂《汉语大词典》（第5册）第1096页，汉语大词典出版社，2001年。

② 《汉语大词典》（第12册）第17页。

神走出天石窟，以恢复天下光照，使昼夜有别。于是，让常世之长鸣鸟长鸣，让手力雄神站立天石窟石门一侧，移来天香山五百棵真坂树，在枝上挂上八尺镜等，让文艺女神天钿女命装扮得花枝招展，又歌又舞。天照大御神闻之心想，我居石窟，天下"必为长夜"，为何天钿女命如此快乐呢？"乃以御手细开磐户（石门）窥之，时手力雄神则奉承天照大神之手引而奉出。于是中臣神·忌部神则界以端出之绳绳、亦云、左绳端出。此云斯梨俱梅儺波。"①

《日本书纪》正文中的"端出之绳"及原注"斯梨俱梅儺波"，即《倭名类聚抄》"注连"词条中尊称的"师说"："之利久倍奈波。"实际上，日本正史《日本书纪》正文中的"端出之绳"记载以及日本首部汉和辞书《倭名类聚抄》注音和解释，具有上承"章断注连"之起源，下启"章断注连"之日本化的重要文献价值。因为"章断注连"这一道教仪式，后来在中国本土中断遗失了。从这个意义上说，日本史料具有珍贵的填补"章断注连"断层的文献功能。下面就此展开论述。

1."章断注连""端出之绳"与道教信仰

《日本书纪》中的原注"斯梨俱梅儺波"为万叶假名，日语发音为"しりくめなわ"，"语义虽为表示占有的绳，但不剪绳端而捻成的绳②"。《倭名类聚抄》"注连"的万叶假名表记为"之利久倍奈波"，日语发音为"しりくべなわ"，语义同"しりくめなめ③"。

更为值得注意的是，《倭名类聚抄》"注连"词条中把"章断"日语训读（翻译）为"之度太智"④。这一万叶假名表记古语，在后代的祭祀法式中固有化为"切断注连法式"。

的确，《日本书纪》中并未出现"注连"这一汉语词汇，但何以源顺（911—983）编撰的《倭名类聚抄》中，把颜之推（531—590？）撰《颜氏家训·风操》中的"章断注连"等同于日本正史《日本书纪》神代卷中神圣的

---

① 参照小岛宪之等校注·訳『日本書紀』①第74—78頁、東京：小学館、1994年。
② 『日本書紀』①第78頁頭注四。
③ 参照日本代表性辞书之一《大辞泉》"［注連縄］しりくべなわ"词条。松村明監修、小学館『大辞泉』編集部編集『大辞泉』（増補·新装版）第1356頁、東京：小学館、1998年。
④ 《大辞泉》中把《倭名类聚抄》中"之度太智"这一万叶假名古语，用现代日语表记为"章断ち（しとだち）"，意思是为了防止死灵返回家中，出棺后在正门外围圈"注连绳（しめなわ）"。参照『大辞泉』（増補·新装版）第1201頁。

天照大御神盤户神话中的"端出之绳"呢？

首先，我们要从注释学上为源顺编撰的《倭名类聚抄》正名。就《颜氏家训》而言，其"成书以后，历代刻本很多，但直至清代乾隆年间（1736—1795），始有赵曦明为之作注①"。也就是说，源顺 10 世纪编撰《倭名类聚抄》中有关《颜氏家训》的词条时，没有中国方面可以参照的注释文献，于是，就以日本文献为之作注。从这个意义上说，《倭名类聚抄》可谓是第一次为《颜氏家训》中的相关词条作注的古代汉和辞书，具有一定的开创性意义。

如前所述，王利器先生考证指出，"注连"这一词汇当源自南朝宋刘义庆（403—444）《幽明录》，还指出葛洪（283—364）《抱朴子·内篇·仙药》中有"不及活流弃之，后子孙转相注易"句，"注易"即《幽明录》后出之"注连也"。

《三国志·魏书》（3 世纪末成书）《倭人传》记载："其行来渡海诣中国，恒使一人……名之为持衰。若行者吉善，共顾其生口财物；若有疾病，遭暴害，便欲杀之，谓其持衰不谨。"②

联系王利器先生所说道教"上章以求断绝亡人之殃注复连"这一习俗，与《三国志·倭人传》中所记述日本古代"欲杀""疾病"行者之习俗相比较，耐人寻味。

唐代道世（？—683）著《法苑珠林》[唐总章元年（668）成书]是一部集释道儒典籍为一体的大成之作，其中卷八十七神卫部第三中写道："四天上遣神，名弥栗头三摩陀（汉言善调），主注连。"③

由此可知，到了唐朝，"注连"这一词语的语义仍与南北朝时的《幽明录》和《颜氏家训》中的"注病""传染"之本义相同，汉译佛典中的"三十六部神王""诸善神"之一的"弥栗头三摩陀"是"主注连"（掌管注连即解除"注病""传染"等灾难）的善神。

日本学者多田一臣指出日本平安时代早期奈良右京药师寺僧人景戒编撰的佛教说话集《日本灵异记》[全 3 卷、弘仁 13 年（822）成书]，在文本内容和表现手法上受到《法苑珠林》等中国典籍的影响④。但我们要说的是，

---

① （北齐）颜之推著，庄辉明等译注《颜氏家训·前言》第 8 页，上海古籍出版社，2016 年。
② （晋）陈寿撰，（宋）裴松之注《三国志》（第三册）第 855 页，中华书局，1982 年。
③ （唐）释道世撰，周叔迦等校注《法苑珠林校注》（第六册）第 2506 页，中华书局，2003 年。
④ 多田一臣「日本霊異記」、渡邊静夫編集『日本大百科全書』(18) 第 92 頁、東京：小学館、1994 年。

"主注连"善神这一佛教信仰,连同道教的"三十六类[①]"和"三十六天[②]"信仰等一起,在唐代已传入了日本。《魏书》卷一百一十四释老志记载:

> 泰常八年十月戊戌,有牧土上师李谱文来临嵩岳,云:老君之玄孙,昔居代郡桑乾,以汉武之世得道,为牧土宫主,领治三十六土人鬼之政。……遣弟子宣教,云嵩岳所统广汉平土方万里,以授谦之。……上师李君手笔有数篇,其余,皆正真书曹赵道覆所书。古文鸟迹,篆隶杂体,辞义约辩,婉而成章。大自与世礼相准,择贤推德,信者为先,勤者次之。又言二仪之间有三十六天,中有三十六宫,宫有一主。[③]

从这段记载可知,早在北魏泰常八年(423),道教"三十六天"和"三十六宫"信仰中,就有了相应的"主"的类似于《法苑珠林》中所称谓的"主注连"善神。

正史《魏书》释老志中的这一道教信仰,为近年的考古发现及相关研究所证实。

> 大陆考古学界开展的"道教考古",其中特别是张勋燎长期地注视解注器和天师道的关系。他用丰富的考古资料和道教鲜活的源流,填补了东汉时期很大的历史空白。通过追根求源从而明确了解注器和天道师这一结构是"何时"/"如何"成为民族性文化心理基础,充分证明这一结构所存在的意义。即汉代人在繁杂的丧礼中,既接受帝国体制由国家权力所实行的儒家体制,又接受了仪式专家根据民俗而设计的仪式。这一社会反应,决不仅是庶民阶层,也包括有金钱营造墓室的官僚阶层。这里所反映的重要的问题是,官僚阶层也好,庶民阶层也好,都同样难免有非正常死亡所带来的恐怖。从而证明通常所说的在庶民间开始"盲信"解除术是不正确的。……总之,东汉时代已经明确化的注鬼学说·解除术,是为了解决非正常死亡而产生的生命危机感而问世的。

---

① 参见中国道教协会等编《道教大辞典》第97页,华夏出版社,1994年。
② 参见《道教大辞典》第97页。
③ (北齐)魏收撰,许嘉璐主编《魏书》(第四册)第2466—2467页,汉语大词典出版社,2004年。

"章断注连"考

王充《论衡》的批判精神反而成就了这一注鬼学说·解除术。从其《论衡·解除》的结论上，可以确认注连意识及解除注连的方法，是汉代解除思想的实践法术之一。至今出土的二百余件解注器物中，中原广大地区，分布在今陕西、河南、山西、河北、山东五省二十余县市，但还未在江南地区发现。这一有关解除的物品记年，明确地集中出现在东汉时代，另外，同很多汉墓室画像出于工匠之手不同，这些解除物品同某种仪式专家的法术操作有关。考古发现的约91件解除器物上留有文字，其他没有文字，但这些早期的符文，可认证是道符、古符的前身。①

道教创设期的解除仪式，即解除，由战乱、传染病或天灾而死于非命者的仪式，在继承了东汉时代的解注器（为防止死者把灾祸延及生者的器具）的基础上，还结合了更新的章符诸术（使用章文、灵符的法术或仪式）。当时，颜之推劝诫社会风习，在《颜氏家训》中多次表明了以下内容，即：反对《颜氏家训·风操》中的画瓦书符的厌胜术，以及"祓送家鬼，章断注连（驱除家鬼，上章断绝注连）"，《颜氏家训·终制》也遗言告诫子孙"锡人之属，并须停省（锡人即"替身之物"一类的东西，一律省去不用）"。这说明颜之推个人坚持合理主义立场，在临死前也不曾改变。实际上道教在完善斋法时，完全采用了天师道、上清经派的冢讼章。主要原因是虽然各种祓度斋法（死者救济的仪式）已经定式化，但仍不放弃冢讼章（针对于死者对生者诉求加害，向鬼神上奏章文加以防止），只是章文的格式没有继续发展，且只保留在道教的地方传统中②。

就是说，从文献和考古发现都证实，"章断注连"这一道教的仪式和信仰，在东汉献帝初平四年（193）已见端绪，其目的是通过"祓度斋法"即"章断注连"的仪式，而防止死者祸殃累及生者。道教成立后的"入静"（静心澄意）"请官"消除殃怪杀鬼的仪式，同考古文物中"章断注连"的意象相辅相成，充分说明了"章断注连"这一道教济度仪式的阻断疾病传染的意象及祓禊（静化）的宗教哲学属性。

---

① 李豐楙（戶內俊介、平澤步訳）「注連と解除——道教拔度儀中の非常死亡観」、『死生学研究』第 13 卷 S1 号、東京大学大学院人文社会系研究科グローバルCOEプログラム『死生学の展開と組織化』編集、2010 年 11 月。

② 「注連と解除——道教拔度儀中の非常死亡観」。

2."章断注连"这一新词在日本的传播

周日健、王小莘等在其国家社会科学规划基金项目成果《〈颜氏家训〉词汇语法研究》一书中指出:"由简趋繁,是汉语词汇发展的总趋势。魏晋南北朝社会持续动乱,新的社会思潮、社会形态迅速形成,佛教用语大量传入,复音化进程迅猛加剧,种种因素使新词新义大批繁衍滋生。这种情况在《颜》书中得到了突出的反映。①""章断注连"这一道教仪式虽源远流长,但这一四字新词却首出于《颜氏家训·风操》。这一新词首次被日本平安时代的汉和辞书《倭名类聚抄》收入辞书,并在日本的祭祀仪式中得以传承。

日本隐岐国(也称隐州,现岛根县一带)中世②"御注连神乐③",仪式上,有一神圣的职责名叫"注连职",也称"注连主"。日本最古老的神社之一出云大社④,也有一种从古代继承下来的"注连职""注连主"神圣职责担当者,其职责主要为主持神社祭祀,张开注连绳以"袚清⑤"。

"袚清"这一固有名词起源于《古事记》,即祈愿神灵以祛除心灵邪念,得以神灵保佑而消灾祛病。以"袚清"为目的的相关注连神事仪式及神职担当者,日本学者胜部正郊考证如下:

> 实际上,日本从中世到近世⑥,独掌"切断注连""张开注连"神事的是修验道和阴阳师们,其独掌的神事仪式特别是"切断注连""置放注连""打开注连"等,意味着把世上的所有事物加以净化,从而让凡世也显现净土暨高天原⑦。对于这些修验道和阴阳师们来说,其独掌的有关注连的神事仪式,也称作"切断注连"作法。⑧

---

① 周日健等主编《〈颜氏家训〉词汇语法研究》第6页,广东人民出版社,1998年。
② 中世:镰仓时代文治元年(1185)至室町时代末天正元年(1573)。
③ 祭神时的歌舞音乐。
④ 日本现存最早的史书《古事记》(约712年成书)和《风土记》(奈良时代编撰、具体年份未详)中有关出云神话及出云大社的记载颇多。
⑤ 勝部正郊著『神の国の祭り暦』第155頁、東京:慶友社、2002年。
⑥ 近世:江户时代庆长八年(1603)至庆应三年(1867)。
⑦ 高天原:日本最古史书《古事记》中所记述的天界,有别于地上的人间世界和地下的根国暨黄泉界。
⑧ 勝部正郊『神の国の祭り暦』第154頁、東京:慶友社、2002年。

"章断注连"考

修验道即山中修行，也称作修验宗，是日本最古老的宗教之一①。阴阳师为官职名，隶属日本古代学习唐代律令制建制之一中书省而设立的中务省属下阴阳寮，一般认为乃7世纪后期的天武天皇设置。但最近的研究成果表明，早在6世纪日本就已受到了中国道教文化的影响。

公元6世纪时，为广布佛法从北魏远渡日本的善正上人，从书中记录的内容及其画像来看，善正毫无疑问的拥有仙人之姿。平安后期，道教七郎神信仰借托于埋藏在英彦山山顶的经筒之中，镰仓初期的《彦山流记》中也对三皇五帝道教神崇拜以及三千仙人在山中尝草露进行辟谷修行相关内容有所记载。自室町时代起至江户时代，在修验道最为重视的入峰修行中，举行着起源于密教思想的金胎两部山岳抖擞，而最为神秘的正灌顶柱源秘密仪式则在深仙（神仙）宿中举行，在以气为根源的道教观念下加以完成。②

这一研究成果勾勒了日本受中国道教文化影响的历史脉络，即以6世纪北魏善正法师入日本九州英彦山传播佛教同时传入道教信仰为标志，到日本天武天皇四年（676）设立阴阳寮，中国道教文化在日本的传播，以古代律令制阴阳寮这一行政组织机构的有力保障而切实展开。

天武天皇对道教文化情有独钟，其谥名为"天渟中源瀛真人③"，"能天文・遁甲④"，曾下诏曰："……朕初登鸿祚以来，天瑞非一二多至之。传闻，其天瑞者，行政之理，协于天道，则应之。⑤"

---

① 修验道的创始人为日本飞鸟时代（592—710）的役小角（传说中的人物，生平不详）。
② 長野覚「神仙・道教思想を継承した修験道霊山の英彦山」、『和華』第十七号、日本道観特別協力、アジア太平洋観光社、2018年。
③ "天是尊称。'渟中原'是指沼中之原，即以原本的木沼为清净神圣御都城的意思。"小島憲之等校注・訳『日本書紀』③第300頁頭注一、東京：小学館、1998年。"瀛，《万象名义》中释为'池中也，沧也，大海。'"『日本書紀』①第71頁頭注十七。"真人"这一称谓既受到西汉刘安编著的《淮南子》（建元2年即公元前139年进献给朝廷）这一集道家之大成著作中多次出现的"真人"名称的影响，更是袭用了唐代整理而成的《大塚讼章》中"依千二百官仪并正一真人三天法师所授南岳紫虚元君治病减恶之法"中的"真人"善福语义。参见「注連と解除——道教抜度儀中の非常死亡観」。
④ 『日本書紀』③第300頁。
⑤ 『日本書紀』③第426頁。

遁甲"起于《易纬·乾凿度》太乙行九宫法,盛于南北朝……其法以十干之乙丙丁为三奇,以戊己庚辛壬癸为六象,而以甲统之,以配九宫,视其加临吉凶,以为趋避,故谓之遁甲①"。

在善正从北魏入日本九州英彦山传播佛教和道教文化,以及天武天皇设置"阴阳寮"律令组织,天武天皇本身又"能天文·遁甲"的中国道教文化在日本传播的历史背景中,来分析《倭名类聚抄》"注连"词条把"章断注连"同《日本书纪》中神圣的天照大御神"磐户神话"的"端出之绳"等而视之,是取"章断注连"这一道教信仰"辟凶趋吉"之文化寓意,进而把这一文化寓意升华到"行政之理"的"协于天道"即"政道天道"感应一体的"天瑞政善说"。

三、结　　论

从《三国志·魏书》《倭人传》记述的日本使者"若有疾病,遭暴害,便欲杀之"的习俗,到日本自古传承的"切断注连"仪式,有一个世界性的宗教信仰仪式的升华里程,即从"杀之"以绝病疫灾祸殃及他人,到"被清"(净化)仪式以切断病疫灾祸而不致其累及大众。就如同日本神社"绘马"(绘有马形象)神牌一样,原本是奉纳活生生的马而敬神,"绘马"具有代替活马献神而以免活马牺牲的宗教仪式进化功能。

同样,"章断注连"这一道教仪式,尽管被《颜氏家训》斥之为"偏旁"(旁门左道)之说,但这一从文献和考古发现均证实的早在2世纪已仪式化的道教信仰,约6世纪传入日本,在7世纪天武天皇年代,由古代律令制组织机构"阴阳寮"而制度化地传承了下来。

日本平安时代中期(约10世纪中期)源顺编著的汉和辞书《倭名类聚抄》,首次把《颜氏家训·风操》中"章断注连"作为一个四字成语释义为日本正史《日本书纪》中天照大御神"磐户神话"中的"端出之绳"(日语训读即翻译为:"しりくべなわ"或"しりくめなわ")。

王利器先生认为这一释义"亦鼠腊名璞之比",风马牛不相及。其实不然,把"章断注连"这一道教仪式同日本接受中国道教文化信仰的历史一同

---

① 《道教大辞典》第918页。

考察，就会发现，"章断注连"正是"端出之绳"这一源自日本天照大御神"磐户神话"受中国道教"祓度斋法"即"章断注连"仪式影响的结果。这一道教济度仪式所具有的切断病疫传染的意象及"入静"（祓禊净化）的宗教哲学属性，在日本源自天照大御神"磐户神话"中的"端出之绳"即后代传承的"切断注连作法（仪式）"中得以复现，所不同的是，日本独掌"切断注连仪式"的是修验道和阴阳师。

从《三国志·魏书》《倭人传》的"欲杀""疾病""暴害"者的习俗，到"端出之绳"即"章断注连"仪式，这乃是中国道教文化在日本古代传播并以"阴阳寮"律令制组织制度化的一个个案，具有以宗教仪式而取代"杀生"的道教文化积极意义。

从语言词汇发展史上看，"章断注连"这一出自《颜氏家训·风操》的四字成语，在唐代虽有"主注连"一词，但其后却在中国道教仪式中"脱落"、继而在后代的中国语文词汇中消失，并不知其义了[①]。因此，我国的代表性辞书如《辞源》《汉语大词典》和《成语大辞典》中均未收入这一四字成语。与此相反，日本平安时代的汉和辞书《倭名类聚抄》收录了"章断注连"这一四字成语，并首次从汉和对译的辞书角度，把正史《日本书纪》中天照大御神磐户神话中的"端出之绳"对译释义为"章断注连"，从而使"章断注连"这一源自中国道教信仰的仪式名称固有化在日本传承信仰仪式中，使这一仪式在日本平安时代以后，以"注连主"独掌的"切断注连法式"而历代传承下来。可以说，《倭名类聚抄》中"章断注连"汉和对译释义语料，不仅成为中日道教文化交流影响的珍贵史料，还可弥补中国语言词汇史研究及辞书编撰中对"章断注连"这一四字成语无人问津，以及现当代学者对与其相关联的"端出之绳"释义不到位的缺憾。

（莫文沁　湖北第二师范学院外国语学院日语系讲师）

[①] 参见「注連と解除——道教祓度儀中の非常死亡観」。

对修辞的考究

——《〈文选〉李善注的活用》序章*

[日] 富永一登 著

杨晓斌 张静宜 译

  译者按：对《文选》李善注的研究，是"文选学"的重要组成部分。日本现代学者对《文选》李善注的研究，主要有冈村繁、斯波六郎、小尾郊一、富永一登、衣川贤次、佐藤正光、佐竹保子等人。其中富永一登专注于《文选》研究40余年，尤其对于《文选》李善注有深入精专而集中的研究，在日本汉学界享有盛誉。富永一登出版有专著《〈文选〉李善注前史》（溪水出版1997年）、《文选李善注引书考证（上卷）》（研文出版1990年）、《文选李善注引书考证（下卷）》（研文出版1992年）、《文选李善注引书索引》（研文出版1996年）、《文选李善注的研究》（研文出版1999年）、《〈文选〉李善注的活用——文学语言的创作与继承》（研文出版2017年），与小尾郊一、衣川贤次合著《文选李善注引书考证》（研文出版1990年），以及发表有多篇对《文选》李善注研究的专题论文，既有考索、考证性质的实证研究，也有独到的对《文选》原文中前代语言与后代文学创作之间关系的揭橥，推动了对《文选》李善注的研究由肌理向血脉发展。《〈文选〉李善注的活用——文学语言的创作与继承》为富永一登对《文选》李善注研究的最新成果，本译文即该书的《序章》，是全书内容的要点和精华，是作者对《文选》李善注的总体思考。富永一登在此文中揭示：李善注对《文选》典范地位的奠定贡献极大，甚至可以说是李善注成就了《文选》的经典化。李善为《文选》作注约有四万条，引用文献达到两千种，足以见得他对章句修辞的考究。本书旨

---

* 本译文为国家社科基金项目"胡风东渐与汉魏文学新变"（项目号：18BZW041）、陕西省第八批"百人计划"项目的阶段性成果。本译文为富永一登《〈文选〉李善注的活用——文学语言的创作与继承》一书的《序章》，本译文已获得原作者富永一登先生与研文出版社山本实社长授权。

在利用李善注的材料来探究文学语言的创作与继承,在文学语言的创作与继承方面,《文选》对后世文人影响极大。后世文人甚至可以从《文选》中学习如何造词。李善注展现了文学语言的传承脉络,后世阅读《文选》的文人们才能借此窥知这种继承,从而成为他们创作的灵感源泉。本译文原作者富永一登,文学博士,1949年生于广岛,1972年广岛大学中文系本科毕业,后师从著名汉学家小尾郊一先生,1978年取得文学博士学位。先后任大阪教育大学教授、广岛大学教授,现为广岛大学名誉教授、安田女子大学教授。

  在人文学科的诸领域,先达们留下了大量的传统学术研究遗产,足以令世人骄傲。若想继承并充分利用这些遗产,进而持续产出新的研究成果,"古书今读"这一新视角将无法或缺。我们的研究虽然要沉浸在"逝去的世界"中,但与此同时,也要时刻用当下的视角去审视研究对象。敬古固然重要,但盲目崇古很可能导致个性受到压抑,从而无法构建自己的世界。

  长田弘在《一切尽在给你的信中》[①]论述了"当下"的重要性:"'当下'就悠然地处在历史的长河中。所谓阅读,就是将它引入我们自身所处的时空中;而且它就像酵母,使你的个人体验在自身所处的时空中发酵、酝酿。对于读书这件事,幸田露伴曾说:'读书时,若是依古视古,拘泥于古书之中的古人之说便毫无乐趣可言;当立于今事今人的立场读书时,方可对其事其言了然于胸。'所谓'立于今事今人的立场读书',就是阅读书中活生生的'当下'。它藏在书的字里行间,散发着穿越时空的深度诱惑力。"

  至于如何在研究过程中构建自己的世界,长谷川宏在他与谷川俊太郎合著的《直至灵魂深处——诗与哲学的二重奏》[②]中阐述了诗文注释与文学批评的区别:"如果说批评是站在批评对象的对立面,强调自己的异见;那么注释则是一边沉浸在研究对象的世界里,一边去尝试凸显自我。"一面置身于研究对象的世界中,一面不断积累自己的思考,使研究对象渐渐浸染自身的个性色彩。研究的意义也正在于玩味其中的乐趣,抑或是享受经苦心思考之后融会贯通的成就。融会贯通而后化为己用,这与中国古代文人往往把前人的语言用为典故来创作诗文的做法颇为相似。

---

 ① 长田弘《一切尽在给你的信中》(《すべてきみに宛てた手紙》),东京:晶文社,2001年。
 ② 谷川俊太郎、长谷川宏《直至灵魂深处——诗与哲学的二重奏》(《魂のみなもとへ——詩と哲学のデュオ一》),东京:近代出版,2001年。

一、陶渊明的修辞

陶渊明（365—427）的修辞通常被认为是逸出六朝绚丽的美文风潮而一枝独秀，事实上并非如此。他也巧妙地引经据典，使用适合自身心境的典故来创作诗文。

在陶渊明的代表作《归去来》（《文选》卷四五）中，有三处用了"孤"字。他在归隐后，享受隐居的悠然自得的生活，拄着拐杖四处闲走，眺望着远方吟咏："云无心而出岫，鸟倦飞而知还。景翳翳以将入，抚孤松而盘桓。"此处用了"孤松"一词。

在咏春耕的诗句"或命巾车，或棹孤舟"中，描写出门农耕的情景时使用了"孤舟"一词。第三处是在结尾处感叹应顺其自然，富贵非我愿，神仙世界亦非我所信时，在"乐天知命"的结尾句之前吟咏："怀良辰以孤往，或植杖而耘耔。登东皋以舒啸，临清流而赋诗。"等到好天气的时候独自出门，立杖刈草或给禾苗松土；登上东边的山丘低吟浅唱，在清澈的溪流前赋诗吟咏。在此句中用了"孤往"一词。李善对此句的注如下：

《东征赋》曰："选良辰而将行。"《淮南子要略》曰："山谷之人，轻天下，细万物，而独往者也。"司马彪曰："独往，任自然，不复顾世。"

李善先引东汉大文学家曹大家（班昭）的《东征赋》（《文选》卷九）对"良辰"作注，后引《淮南子要略》与司马彪注，对"孤往"作注。由于"孤往"一词未见先例，于是他给出了形容隐士行为的"独往"一词的例证。从这条注释可以想见，陶渊明在此处是把"独"改为"孤"而使用。

而且陶渊明在《归去来》的起始句"归去来兮。田园将芜，胡不归"之后，接着吟咏"既自以心为形役，奚惆怅而独悲"。在"独"字后加上了"悲"字。若从旧例，"孤往"大可说成是"独往"，为何偏偏要用"孤"字呢？可见陶渊明对"孤"字似乎情有独钟。"孤松""孤舟""孤往"表达了他对归隐生活的态度，这个"孤"字的使用意义非比寻常。

事实上，我们可以找到陶渊明潜心雕字琢句、变换典故原义、活用一词多义的例子。比如"壑舟"一词。2004年出土的唐朝的日本留学生井真成（699—734）的墓志铭中有这样一句话："□遇移舟，隙逢奔驷。"其义是说人生不过短短一瞬，故这句话中的"□"当为"壑"。该句的典故就出自陶渊明。他从《庄子·大宗师》"藏舟于壑"一句中，提炼出"壑舟"一词，用在"终怀在壑舟"句中（《乙巳岁三月为建威参军使都经钱溪》），用作隐遁之意。《庄子》中的"藏舟于壑"是把人的智慧比作藏于壑中的舟，很快就无所遁形，并非取之不尽。而陶渊明则用来表达隐遁之意。而在《杂诗》（其五）中"壑舟无须臾，引我不得住"，也用了"壑舟"一词，却是用来表达时光流逝之快。此处的"壑舟"则是取《庄子》"藏舟于壑"中"很快就无所遁形"这层意思。后者就是井真成墓志铭的典故出处。

陶渊明用这些含有"孤"字的辞藻，来表达他独特的个性，从而坚持自己隐居的生活方式，坚守孤独以求自我充实。陶渊明的"孤"字是他留给当下我们的重要信息，虽穿越了千年历史，与当下依然有相通之处。研究古代文学时，"古书今读"这一视角非常重要。我们的研究虽沉潜于过去的世界，但时刻需要以当下的视角去审视自己的研究对象，融会贯通而后化为己用，并将这种研究与他人分享。这就是研究古典文学的意义所在。陶渊明对于"孤"字的情有独钟，将会在第二章第一节进一步详述。

二、李善对修辞的考究

正因为有前引唐代李善的《文选》注（658年上表），才能使人明白陶渊明对"孤"字的情有独钟。《文选》由梁朝昭明太子（501—531）编纂而成，其中大半是借用前人典故与抒发自我情志相结合的六朝诗文。从唐朝一直到近代，《文选》都被当作是中国文学的典范之一。其文学观集中体现于昭明太子在《序》中所说的"事出于沉思，义归乎翰藻"。论及《文选》对唐代以后文学的影响时，不单是关乎作品内容的"沉思"，体现修辞之美的"翰藻"更是不可忽视。在文学语言的创作与继承方面，《文选》对后世文人影响极大。后世文人甚至可以从《文选》中学习如何造词。

例如盛唐诗人杜甫。吉川幸次郎曾在多处论及杜甫诗与《文选》的关系，他说《文选》是杜甫文学创作的最重要源泉[①]。

宋代朱熹认为李白的创作始终以《文选》为规范，而杜甫晚年诗作却逸

[①] 吉川幸次郎《杜甫Ⅰ》"后记"（《杜甫》Ⅰあとがき），见《世界古典文学全集》，东京：筑摩书房，1967年。

出《文选》的规范，因而算不上佳作（《朱子语类》卷一四《论文下》）。可见，朱熹也将《文选》视为诗歌创作的典范。

不论诗人们将《文选》奉为典范，以此为准则进行创作，抑或是尝试脱离它的规范，都不可否认是后世文学创作最重要的标准之一。

李善注对《文选》典范地位的奠定贡献极大，甚至可以说是李善注成就了《文选》的经典化。李善为《文选》作注约有四万条，引用文献达到两千种，足以见得他对章句修辞的考究。鉴于本书旨在利用李善注的材料来探究文学语言的创作与继承，下面将夹叙前著《文选李善注的研究》[①] 的内容，概述其中要点。

在卷一班固《两都赋序》的开头部分"或曰，赋者，古诗之流也"，李善注先引《毛诗大序》，指出正文的出典，之后说："诸引文证，皆举先以明后，以示作者必有所祖述也。他皆类此。"阐明了他对《文选》最基本的注释方式，即正文中作者的修辞必有典可据，而注释的目的就是要找出原典。

在无法明确判断正文典据出处时，其处理方式可以对卷一班固《两都赋序》中"朝廷无事"的注为例。对"朝廷"一词，李善先列举蔡邕《独断》中的说法，即为了避免直接称呼都城而使用"朝廷"。但因蔡邕是班固之后的人，所以并不能将蔡邕的《独断》作为班固用词的出处，于是再注明："诸释义，或引后以明前，示臣之任不敢专。他皆类此。"即使找不到先于正文的原典出处，李善也极力回避用一己之言来揣度注解，力图做到有据可依。

李善对卷四张衡《南都赋》"以速远朋"作注："《仪礼》曰：'速宾。'郑玄曰：'速，召也。'《论语》曰：'有朋自远方来。'"对"速"字的注引用了《仪礼·乡饮酒礼》的原文与郑玄注。对"远朋"的注则引《论语·学而》的原文"有朋自远方来"。据此，既可明确"远朋"一词是东汉张衡（78—139）依据《论语》所创，又可得知"以速远朋"中还包含着"有朋自远方来"的后一句"不亦乐乎"这一层含义。

当然文人们不可能只是照搬原典，也会改变原来的词义，或改新字或造新语。在这些情况下，李善注或指出恰当的典故出处，或加以说明。

卷二三王粲《赠蔡子笃诗》，是他给友人蔡睦（字子笃）的赠别诗。王粲在诗中咏别："风流云散，一别如雨。"将别离喻为"如雨"，非常少见。

---

① 富永一登《文选李善注的研究》（《文选李善注の研究》），东京：研文出版，1999年。

对此，李善注列举出祢衡《鹦鹉赋》中形容与至交好友离别的"何今日以雨绝"（在现行本卷一三祢衡《鹦鹉赋》中，"雨"作"两"，"以"作"之"。这样一来就成了"何今日之两绝"。但参照《胡氏考异》，李善注本原作"雨"，故作"雨"更为妥当。）和陈琳《檄吴将校部曲文》（卷四四）中形容遭驱逐而亡的"雨绝于天"，指出这两处诗文在修辞表达上的相同之处。在此之后注："然诸人同有此言，未详其始。"将因相隔遥远而永远不能相会的情景比作雨自天降而与天永别的用例，虽然见于与王粲同时代的文人祢衡、陈琳二人的作品，但并未见到先例，故注作出典不详。而且这种情况并非个例。在卷三一江淹《杂体诗（潘黄门）》中，"雨绝"用来表达生离死别，李善注引祢衡《鹦鹉赋》为证。在下文曹植《洛神赋》等的注中也可见到同样的用例。

卷一九，曹植《洛神赋》中"践远游之文履"注。李善注："繁钦《定情诗》曰：'何以消滞忧，足下双远游。'有此言，未详其本。"李善注指出，这种名为"远游"的履，也出现在与曹植同时代的繁钦的诗中，但"有此言，未详其本"。这说明他严格遵循出典必自前人的原则，同时代人之言不作为典故出处。

卷一九，曹植《洛神赋》中"叹匏瓜之无匹兮，咏牵牛之独处"注。李善注："阮瑀《止欲赋》曰：'伤匏瓜之无偶，悲织女之独勤。'俱有此言，然无匹之义，未详其始。"他先指出，在与曹植同时代的阮瑀《止欲赋》的正文中，也有与"叹匏瓜之无匹兮"相同的修辞，但将"无偶"比作孤独的匏瓜星宿这种修辞未见先例，因此最后注："俱有此言，然无匹之义，未详其始。"

卷一一，何晏《景福殿赋》中"温房承其东序，凉室处其西偏"注。李善注："温房凉室，二殿名。卞兰《许昌宫赋》曰：'则有望舒凉室，羲和温房。'然卞、何同时，今引之者，转以相明也。他皆类此。"因"温房""凉室"二词无法列举出使用先例，故引与何晏同时代的卞兰《许昌宫赋》来说明，之后注："然卞、何同时，今引之者，转以相明也。他皆类此。"

卷一四，颜延之《赭白马赋》中"岂不以国尚威容，军駬趯迅而已"注。李善注："庾中丞《昭君辞》曰：'联雪隐天山，崩风荡河澳，朔障裂寒笳，冰原嘶代駬。'颜、庾同时，未详所见。"对于"岂不以国尚威容，军駬趯迅而已"中的"駬"字，李善列举了庾中丞（南朝宋庾徽之）的《昭君辞》，但因其与颜延之处于同时代，并非先例，故曰："颜、庾同时，未详所见。"

由于李善注十分强调忠于"祖述"，因此某种表达如果找不到先例，只能用同时代的用例来注释，那么这就很有可能是当时才产生的新词新语。由下文列举的李善注，可窥知这种新词新语的产生过程。

在无法找到正文词语出典的情况下，先用释义替换原词后再引他书，这也是李善的注释方法之一。

卷二四（集注本卷四七1b），在曹植《赠徐干》诗"圆景光未满"注中，李善注先释义："圆景，月也。"然后依次引《论衡·说日篇》"日月之体，状如正圆"，《诗·小雅·车牵》中郑玄对"高山仰止，景行行止"句的笺："景，明也"，以及《释名·释天》"望，月满之名也"。如此，"圆景"就可以理解为"满月"的一种说法了。李善并未给出先例，据此可以推断这是曹植创作出来的文学语言。

卷二四，陆机《赠尚书郎顾彦先》诗"大火贞朱光"注："朱光，朱明也。《尔雅》曰：'夏为朱明。'"其中先把"朱光"用"朱明"替换释义，然后引《尔雅·释天》指出"朱光"即"夏"的意思。由此可见，用"朱光"指代"夏"是陆机的创造。

卷三（集注本卷五九上14a），谢惠连《七月七日夜咏牛女》诗"倾河易回斡"注："倾河，天汉也。陆机《拟古诗》曰：'天汉东南倾。'"该注也是先解释了"倾河"是"天汉"之意，而后引"天汉"与"倾"同时出现在陆机的《拟古诗》（《文选》卷三）作为典故出处。由此可知谢惠连是据陆机诗创造出了"倾河"一词。

卷二八（集注本卷五六18a），鲍照《白头吟》"直如朱丝绳"注："朱丝，朱弦也。《礼记》：'清庙之瑟，朱弦而疏越。'"为了解释正文中的"朱丝"并非简单的朱色丝线，而是在祭祀祖先的清庙中所使用的琴弦，故将"朱丝"换为"朱弦"，引《礼记·乐记》作为典故出处。由此才能明确下句"清如玉壶水"所对上句"直如朱丝绳"中的"直"的真正含义，也可知鲍照是把"朱弦"换作"朱丝"来使用的。在鲍照的作品中，此类注很常见。由李善注也可以看出，鲍照是一位在语言表达上力求创新的诗人。也许正是由于李善注，唐代诗人才会对《文选》烂熟于心、推崇备至。

以上这些注原本只作意义解释即可，但李善遵循"作者必有所祖述"的原则，对出典的考究近乎执念。这种态度对于我们理解中国古典文学极为重要，特别是对于《文选》所收录的作品而言，大多都是通过驾驭典故以成就修辞之美的，所以在解读《文选》时，这种态度更是不可或缺。李善注展现了文学语言的传承脉络，后世阅读《文选》的文人们才能借此窥知这种继承，从而成为他们创作的灵感源泉。

现行《文选》李善注几经后人增补。将其作为研究资料时，绕不开唐写本、集注本以及现行版本的比较。故在本书第二部分中将揭开唐写本的真面目，论述《文选》版本研究的方向。

（［日］富永一登　广岛大学名誉教授、安田女子大学教授；
　　　译者：杨晓斌　陕西师范大学文学院教授，
　　　　　　张静宜　陕西师范大学文学院博士生）

·朝鲜半岛汉学研究·

满洲史和东北史的关系考察
——基于稻叶岩吉与金毓黻的交流[*]

[日] 毛利英介 著 王广义 张朝钰 译

摘 要：基于金毓黻的《静晤室日记》，对日本满鲜史大家稻叶岩吉与中国东北史奠基者金毓黻的交流进行考察，进而探究日本满洲史研究与中国东北史研究之间的关系。在这个时期的金毓黻与稻叶岩吉的交流，一边出于国家立场应该对稻叶进行批判，一边出于个人的立场还对稻叶保持着来自学术方面的敬意。

关键词：满鲜史　东北史　稻叶岩吉　金毓黻

满洲史研究在日本一直是有研究传统的，稻叶岩吉是标志性人物，其代表作为《清朝全史》（日本早稻田大学出版社，1914年）和《满洲发达史》（大阪屋号书店，1915年），作为日本军国主义的御用历史学家，在中国学界毁誉有加。金毓黻作为中国东北史奠基者，其代表作有《渤海国志长编》（金氏千华山馆丛书，1933年）、《东北通史》（国立东北大学东北史地经济研究室，1941年）、《宋辽金史》（商务印书馆，1946年）。作为学者，稻叶与金毓黻之间在20世纪有着一段频繁的交流，也反映了中日之间东北史学的学术交流。

一、两人相会之前

稻叶岩吉和金毓黻真正见面是在1932年，但在之前金毓黻早已通过一些

---

* 原文为毛利英介《关西大学关西学术研究所纪要》（48卷）第343—363页，2015年，节译。

著作对稻叶已有神交，学术思想上有所交流。

1. 围绕《清朝全史》

以满鲜史研究著称的稻叶岩吉在中国学界广为人所知，他给中国带来极大影响的著作当属《清朝全史》此书不仅在中国被广为阅读，亦对其他著作产生了深远的影响。受其影响最大的就是萧一山的《清代通史》。萧一山原初的写作动机就是来自稻叶的《清代全史》①。"及民国三四年间，海上有译日人稻叶君山氏之《清朝全史》者，颇风行一时。余方读中学，以国人不自著书，而假手外人，真吾国学术界之耻也！稍长，乃埋头致力，发奋著《清代通史》。"

在这里，再举一个在行文思路上受《清朝全史》影响的书就是吕思勉的《白话本国史》，特别是在此书中关于清朝的部分。有 15 处以上都提到了稻叶的《清朝全史》。可能是因为出于在论及中国本土的历史没有借鉴外国人研究的必要的考虑，这些提到了稻叶《清朝全史》的部分主要集中在清朝的对外关系和开国期间的历史。②

之所以将《清代通史》和《白话本国史》当作受到《清代全史》影响的著作列举出来，是因为，通过金毓黻的日记可以知道，这两本书他都是读过的。以下，就对日记的对应部分进行探讨。

金毓黻是在 1925 年 11 月 20 日购入《清朝全史》的。1926 的 4 月 9 日和 11 日才将这本书启开，真正开始阅读是从 1926 年的 11 月 8 日开始的，在第二年也就是 1927 年的 5 月 1 日读完。金毓黻熟读的日本著作除了《清朝全史》和下边所说的《满洲发达史》外，还有鸟山喜一的《渤海史考》（黑木书店，1915 年）③。

实际上，金毓黻从购入《清朝全史》到开始阅读这本书之间存在着一个

---

① 参照 1934 年的《清代通史下卷讲稿辩论集序》（《非宇馆文存》，经世学社，1948 年；文海出版社，1973 影印再版，卷 5）、王家范《萧一山与〈清代通史〉》（《历史研究》2006—2）。

② 除此之外，孟森的《满洲开国史》（上海古籍出版社，1992 年）、《清朝前纪》（商务图书馆，1930 年）也频繁引用稻叶的《清代全史》。孟森的这些著作基本都是一些讲义录，但是也有一些论文，例如《清太祖起兵为父祖复仇事详考》（国立北平故宫博物院编《国立北平故宫博物院年刊》国立北平故宫博物院，1936 年；《明清史论著集刊》中华书局，1959 年再录）。

③ 虽然没有公开发表，但金毓黻托人翻译《渤海史考》这件事情记录在《渤海国志长编》附录 2 中。根据鸟山喜一的《渤海国をめぐる二つの新著を手にして》（《青丘学丛》14，1933 年），鸟山本人也知道此事。

空白期，而在这个时期金毓黻的读物就是在 1925 年 12 月 2 日购入的吕思勉的《中国史》也就是《白话本国史》。可以推测，就是因为这种时间上的关系，《白话本国史》中吕思勉在清初历史部分频繁引用《清朝全史》。才让金毓黻重新审视这部《清朝全史》的价值并且熟读。

金毓黻阅读吕思勉的著作并非是偶然。吕思勉在 20 世纪 20 年代初赴任沈阳高等师范学校。而作为吕思勉门下的卞宗孟与金毓黻有着长期并且密切的接触与交流。从卞宗孟的记述中可以预测，吕思勉在授业解惑中应该也有把稻叶的著作作为参考文献列举过①。可以说，这些都在一定程度上提高了东北地区对稻叶著作价值的认可度。

再者，就像前面所说的一样，金毓黻也读过萧一山的《清代通史》。1928 年 5 月 10 日，金毓黻曾经说过这样的读后感：萧一山的《清代通史》的清初部分就是以稻叶的《清朝通史》为蓝本写的。一方面，根据 1929 年 9 月 5 日的感想，尽管金毓黻在乍看之下觉得稻叶一方的著作似乎也很好，但是依旧列出几点例子来证明萧一山所做的《清代通史》更优。只不过，在那时，金毓黻就认为稻叶的《清朝全史》是原创。而萧一山的是因成之作，对于稻叶的《清朝全史》给予很高的评价。顺带而言，金毓黻和萧一山在卢沟桥事变后于四川相会，并一起在转移到四川的东北大学文学院文科研究所任教。

2. 围绕《辽东志》

所谓《辽东志》就是明代时期辽东的地方志。在这里所指的版本是以"前田家尊经阁藏本"为底本以"尊经阁丛书"为名在 1912 年由高木亥三郎出版著作中的一册。稻叶进行了此书的导读编纂工作。在日记中，金毓黻于 1926 年 5 月 31 日在长春购入《辽东志》。且金毓黻当时正从事《辽东文献征略》编纂工作的一环，也就是对沈阳新出土明代《天王寺碑》②的研究工作，又恰逢在《辽东志》中发现了关联史料，不禁大喜过望。在日记中提到导读是同年的 8 月 15 日，日记叙述了认识到稻叶所作《辽东志导读》价值的金毓黻，在托人对导读进行翻译后进行整理的事。《辽东志》以及汉译导读都被收入了金毓黻编纂的《辽海丛书》中。

---

① 在卞宗孟《東北歷代民族考略》（《東北雜誌》6—11，1924 年）中吕思勉当然也对稻叶之名万般推崇。卞宗孟是通过吕思勉知道稻叶的可能性应该充分加以考虑。

② 参照《满洲金石志稿》2（南满洲铁道株式会社，1939 年）。

经过这次事件，金毓黻对于稻叶有了更高的评价。这也成为金毓黻熟读《清朝全史》的一个重要原因。

3. 围绕《满洲发达史》

《满洲发达史》是在《清朝全史》出版的第二年也就是1915年由大阪屋号书店发行出版的。可以说《满洲发达史》是和《清朝全史》齐名的著作。在日记中是从1927年的4月24日开始谈到这本书的，于7月16日将此书读完。不过因为没有中文版的关系，对于原文的理解并不能达到字字详述文意皆通的境界，不能理解之处甚多。但是，认识到此书重要性的金毓黻，委托杨成能进行翻译①，并决定在自己管理的《东北丛刊》上进行连载。金毓黻对于《满洲发达史》这本书的评价极高。具体来说，1932年12月13日，金毓黻读到了傅斯年等人编纂的《东北史纲初稿》中还没有刊载的明清史的印刷本。发出了这样的感慨："来自日本著作中的地方甚多，尤其与稻叶君山的《满洲发达史》相似。"另外在1933年3月1日的日记中，金毓黻虽然没有明确提到名字，却暗指傅斯年的《东北史纲》。称其闪光点虽然尚有几处，但还是以失望一言以蔽之。《东北史纲》是在中国首次标榜东北的通史著作，与金毓黻后来所著的《东北通史》是齐名的著作。

1938年3月13日，已经几经辗转逃回四川的金毓黻从卞宗孟的手中得到了《东北开发史》。实际上，金毓黻本来是有这本书的，但是在几经周转中遗失，再度得到这本书如获至宝。如1946年8月1日②的日记所载，金毓黻知道在沈阳也出版了汉译的《满洲发达史》时已经是中日战争结束之后的事了。

至于其他，金毓黻也入手了稻叶的《朝鲜文化史研究》（雄山阁、1925），不过并没有在日记中发现关于这本书的详细记载。

二、二人的会晤交流

（一）二人交流的前因后果

金毓黻和稻叶得以见面交流的契机在于黄炎培。1931年3月下旬，黄炎

---

① 关于杨成能，参照蔡鸿源《民国人物别名索引》（吉林人民出版社，2001年），杨成能作、杨棠英编著《橐吾诗书画选》（国家广电总局文印中心，2006年）。

② 金毓黻在中华人民共和国成立以后为了钻研东北史又读过稻叶的《清朝全史》和《满洲发达史》（1956年10月30日）。

培在前往日本之前前往东北与金毓黻交流，之后去京城拜访稻叶，后又向金毓黻传达了稻叶希望与其进行书信交流的愿望。① 从 1932 年的 7 月 11 日金毓黻和稻叶实际会面，到 1936 年金毓黻辗转中国内地，之间数年间两人交流甚欢。

1932 年的 7 月 11 日，两人初次会面，稻叶的发言给金毓黻留下了深刻的印象。接着二人游览了图书馆、博物馆、文遡阁。最后，稻叶送给金毓黻一本"近著"②。14 日，稻叶、园田一龟③、植野武雄④等一些在沈阳的日本人和金毓黻再次相聚。这之后的 24 日，已经回到朝鲜的稻叶通过园田一龟转赠给金毓黻一本《东国通鉴》《海东绎史》。在此之前金毓黻都是通过满铁图书馆借阅这些书物的（1932 年 5 月 31 日），想必是稻叶在与金毓黻的相谈中也察觉出不便之处。对此，作为礼尚往来，金毓黻将自己在《东北丛刊》上登载的自己的一篇文章相赠，另外更想搜集并相赠稻叶在相谈之时提及的《青丘学丛》上刊载的有关渤海的史料⑤。在书信上写着一些金毓黻对稻叶的看法。如下：

对稻叶的敬意起于数十年前拜读其大作《清朝全史》。在这之后把《满洲发达史》交由朋友翻译并刊载在《东北丛刊》上。最近撰写的《渤海国志长篇》也深受《满洲发达史》的启发。

虽然如前所述金毓黻读《清朝全史》的日期并不是在十数年之前。但这

---

① 黄炎培在自己写的《朝鲜》中也有引用金毓黻的《辽东文献徵略》，通过著作可知二人已经是朋友。在《朝鲜》的第五页可以知道黄炎培在上次 1918 年访问朝鲜的时候已经与稻叶相识。另外，黄炎培在访问东北和朝鲜期间的动向在许汉三的《黄炎培年谱》（文史资料出版社，1985 年）中也可以看到。最后，金毓黻的《沈阳蒙难记》（在日记中是 1931 年 9 月 21 日，但是这个是在 1937 年 2 月在南京所写的东西）中也有自己辗转于中国内地时曾在上海向黄炎培求助过的记录。

② 金毓黻在 1933 年 3 月 12 日的《契丹の横宣横赐の名称》（《史林》17—1，1932 年）中曾经提到过，虽然没有详细记述赠送的细节，相比应该是这个时候受赠予稻叶的可能性很高。

③ 关于园田，参照原直史《園田一亀と歴史研究―ある在《満州》日本人の言論軌跡に関するノート―》（《環日本海論叢》17，2000 年）。

④ 当时植野武雄在满铁奉天图书馆工作，参考《满支典籍考》（奉天大阪屋号出版社，1944 年）等著述。

⑤ 指的是《北青城串山城女真字摩厓考释》（《青丘学丛》2，1930 年）。这篇论文虽然没有提到渤海，但是串山城是渤海的南京的可能性已经在池内宏（《朝鲜咸镜南道的古城考》《史学杂志》31—5，1920 年）中指出来了。

可能是出于夸张的手法对事实进行描述。撇开社交辞令不谈，我们可以很轻易地感受到与稻叶会面之后金毓黻的欣喜之情。

接下来二人便开始了频繁的交际，以下就以日程的形式展示二人的交流。

8月21日，金毓黻已经开始读稻叶的近作《清初史料》了。在这一年的11月还在《青丘学丛》上发表了名为《涂改本清太祖实录残卷及其年代》的文章。这篇文章在某些层次上可能来自《清初史料》。

9月20日、计划前往京城的金毓黻预先向稻叶送去了书信进行联络。稻叶作为回复在回信中讲了在即将举行的京城拓本展中有他所期望入手的辽阳《白喇嘛碑》（《大金喇嘛法师宝记》）和沈阳的经幢拓本。在拓本展前金毓黻有没有将这些相赠不得而知。但是在《白山黑水贞石托本的展观》（《青丘学丛》10卷，1932年）的目录中包含着《沈州经幢》。而且在7月29日金毓黻已经在日记中提到了《沈州经幢》。据此推断，金毓黻是有可能将原本自己手中的拓本赠予稻叶的。至于《白喇嘛碑》，就像后面说的那样，应该也被赠予了稻叶。最后，12月12日，以被稻叶请求为契机金毓黻实际上是去辽阳观看《白喇嘛碑》。

从10月15日到20日金毓黻按计划访问朝鲜，在16日在京城的帝大会面稻叶及鸟山喜一、藤塚邻。

10月31日、回到沈阳的金毓黻从稻叶那拿到书信，收到由朝鲜王朝以《宋史》为蓝本改作写的《宋史筌》的序，又在11月23日收到了《弘法大师为藤大使致渤海王子书》①。这些为金毓黻的朝鲜之行提供了很大的帮助。

1932年12月14日，稻叶向金毓黻寄了一封书信，赠送给他高丽《原州与法寺真空大师塔碑》的拓本。这是作为从金毓黻那收到辽碑拓本的答谢。另外，在这个书信中提到的《大氏族谱》，在之后也被收入了金毓黻的《渤海国志长编》中。在这个时候虽然《辽碑》指的是哪些碑拓还不得而知。但是根据当时庆陵的哀册群、这个碑拓是《贾师训墓志》②的可能性很高。之后恐怕还有这种礼尚往来，金毓黻也向稻叶赠送了来自其家乡的《崔源墓志》等与辽阳关联的碑文拓本。

---

① 载于《遍照发挥性灵集》卷5。引用于《渤海国志长编》卷18、第七封书信。在《渤海国志长编》的附录2中，也提及了稻叶曾向金毓黻展示过《弘法大师为藤大使致渤海王子书》。

② 参照罗福颐《满洲金石志》（满日文化协会，1937年；新文丰出版公司，1977年再版）卷2。在《渤海国志长编》的补遗中也有引用。

1933 年 1 月 13 日，金毓黻赠送给稻叶《武经总要》的抄本。金毓黻在《渤海国志长编》卷 1 中《武经总要》前集卷 16 下里对北蕃地理进行引用。

1933 年 1 月 19 日，对此作为答复，稻叶回信一封。除了提及已经收到《武经总要》外，还赠送《辽道宗哀册考》（详细不明）以及《大东金石书》。金毓黻在 23 日就收到了稻叶的回信但是并没有提及内容。

1933 年 8 月 21 日，稻叶给金毓黻寄去书信，介绍内藤湖南的女婿鸳渊一。金毓黻在回信中将前述包含《白喇嘛碑》的三本与辽阳相关的拓本一并送给稻叶。

1933 年 8 月 31 日，金毓黻得到稻叶赠送的其登载在《美术研究》上的一篇《申叔舟画记》。

1933 年 9 月 19 日，稻叶修书一封给金毓黻，在其中展示了作为渤海史关联史料的大江匡房出版的《江谈抄》中的一节。这个被收入了《渤海国志长编》的补录中。

1934 年 2 月 22 日，从朝鲜来到沈阳的稻叶和金毓黻相会，进行了有关朝鲜的会话。其中的内容在 24 日会进行叙述。另外，金毓黻赠送给稻叶《义县万佛堂》的拓本。

同年 8 月 16 日，金毓黻与复归沈阳的稻叶相会。稻叶赠予金毓黻在朝鲜新出版的《乐学规范》。金毓黻在第二天也和稻叶一同出行，观看了《清实录》外又赠送了一些拓本给稻叶。

1935 年 2 月 25 日，金毓黻通过稻叶从朝鲜总督宇垣一成获赠一本申綽《词次故》。（矢野義男、1934 影印）

1935 年 3 月 3 日，金毓黻与从朝鲜再次回到沈阳的稻叶会面。在此期间园田一龟以及金九经也同席。这时二人继续 1934 年 2 月 22 日未谈完的话题，对《沈阳日记》《沈阳现状》等清初的史料进行意见交流。这变成二人最后面对面的独处。4 月 2 日金毓黻的日记再次提及稻叶对清初史料的看法，这或许是金毓黻收到了来自稻叶的书信之故。

1935 年 10 月 7 日，金毓黻受到来自稻叶的书信、进行对与渤海相关的意见交换。这个事在稻叶的《读金静庵氏著渤海国志长篇有感》中也有"去年以来，对君之大作的评判我常常挪揄一二有所保留，现在代之以批判。"[①] 12

[①] 《青丘学丛》23，1936 年。

日，金毓黻作诗一首赠予稻叶。恐怕也是作为7日书信的回应。

另外，稻叶称在《满洲史现状》中收录了金毓黻在《渤海丛书》中所谓燕行录的《滦阳录》和《燕台再游录》。实际上，这篇文章发表的时间已经是金毓黻逃亡中国本土时候所做。稻叶的这个评价应该是针对满洲国时代的金毓黻所发。以上，虽然在考证时存在一些困难，从金毓黻和稻叶的往来书信的记述中，主要是以金毓黻一边的日记加上些许考证而来。可以从中看出二人交流甚欢。例如，就礼仪寒暄方面的书信在日记中就未能全部提及，实际上，二人礼尚往来的此书可能并不止日记中提及的那些。另外。例如金毓黻访问朝鲜之际差不多与《高丽史节要》刊行的同一时间得到此书①。而这本书是由稻叶所属的朝鲜总督府进行出版的，金毓黻的这本书来自稻叶馈赠的可能性很大。也就是说，二人在书物上的礼尚往来并不止上面所述的那些。

如果要再添一例证，那就是1932年7月14日两人会面时、7月24日、9月26日、12月14日等书信的往复无论哪一次都有园田一龟作为中介。虽然不是实证，但二人明明可以直接书信交流却要通过园田作为中间人，也就是说当有园田一龟作为中间人的时候，可能就是金毓黻和稻叶进行礼尚往来的时候。

（二）交流的扩大

金毓黻和稻叶之间的关系，不仅仅是止于二人之间的私交，借由稻叶，金毓黻也得到了和一些日本学者交流的机会。

1. 在沈阳的相会

首先，先对通过稻叶的介绍，在沈阳和金毓黻接触过的人物进行叙述。

1933年3月6日（日记中记载的是3月7日），金毓黻在稻叶的引荐下认识了法制史学者泷川政次郎。泷川是在之后和稻叶同为建国大学教授的人物。那次学术会话的内容，在日记和泷川的文章中都有记述②。同年的8月21日，仍然是通过稻叶的介绍，金毓黻和鸳渊一相识。鸳渊这次来访的目的是受内藤湖南所托、进行有关《辽海丛书》编纂的商谈工作，其中牵扯《满蒙丛书》③和

---

① 《高麗史節要の由来》上、下（《芸文》18—4、5，1927年）。

② 《満洲の学者を訪ねて》（《東亜》6—7，1933年）。

③ 关于《满蒙丛书》，参照《満蒙叢書刊行に就て》（《目睹書譚》弘文堂书房，1948；《内藤湖南全集》12，筑摩书房，1970年收录）。

《东北丛书》①。31日分别时金毓黻还为再次相会鸳渊咏了一首送别的诗,并托鸳渊向内藤湖南带去信件一封。这也是内藤(1934年逝世)与金毓黻在1933年10月15日以后会面的契机。

1934年8月16日,这一日会见稻叶的金毓黻也见到了鸳渊。这次鸳渊沈阳访问的是作为广岛文理科大的修学旅行而来②。金毓黻为了丰富《辽海丛书》的内容,在入手《雪屐访碑录》和《沈阳日记状启》的问题上通过鸳渊拜托内藤。

1933年10月15日到18日金毓黻和内藤会面时,将内藤所咏的《次辽阳金静庵赠鸳渊女婿诗韵却寄》收入《湖南诗存》当中③。那时候《旅顺鸿鹄井刻石》和《丸都纪功碑》的拓本也都由内藤赠予金毓黻了。金毓黻将此时内藤所做的诗与自己的诗一并送给了稻叶。金毓黻和内藤的关系中(10月24日),稻叶也扮演了较为重要的角色。总之,综上可以判断出金毓黻已经与内藤湖南相知相识。《辽海丛书》的诞生既是受来自金毓黻自身构思的影响,也有来自内藤湖南的影响。二者结合才催生出《辽海丛书》。

2. 在京城的相会

对金毓黻在1932年访问作为稻叶据点的京城时所接触的人物进行简单介绍。

通过鸟山喜一所述,这次访问中金毓黻想借由稻叶与鸟山取得联络,为此才来访京城的。据传是为了进行有关东京城(渤海上京遗迹)出土物或是《渤海史考》的某些磋商④。在这次京城访问中,金毓黻在10月16日会见稻叶、藤塚、鸟山,在18日又拜访了鸟山⑤。鸟山喜一的《渤海史考》对于金毓黻来说是和稻叶所著之书并重的佳作。金毓黻同年的11月21日和11月22

---

① 《东北丛书》的编纂原本是金毓黻之前的奉天教育厅厅长谢荫昌的倡议,之后便作为东北学社的事业,实际上是根据金毓黻的计划执行的。参照《编印东北丛书之拟议》(前述的《东北文献丛谭》1所收)。关于谢荫昌,参照田边种治郎编《東三省官紳録》(東三省官紳録刊行局、1924;リプリント日本図書センター、1999再版)。

② 《旅行の思い出と女真字碑文に就いて》(《史学研究》6—2,1934年)。

③ 《内藤湖南全集》14(筑摩書房、1976)。

④ 《板振鎌束嶽に下される事—渤海王国との交通挿話—》(《ドルメン》2—4,1933年)。

⑤ 18日访问中关于渤海的会话鸟山也曾经叙述过。(《渤海史上の諸問題》第221页,风间书房,1967年。)

日在沈阳又受到鸟山的拜会。之后还同鸟山一起前往渤海上京遗迹进行调查。（1935 年 6 月 15 日日记）。鸟山在《入手的两本围绕渤海国新著》中所提及金毓黻之处无不是欢喜和责任等褒义的言语，另外更提及在沈阳访问之际见识到了《渤海国志长编》的原稿①。在《关于奉天的契丹哀册》②中也对此次访问进行了叙述。金毓黻关于渤海相关的话题给鸟山的书信载于 1933 年 3 月 7 日的日记之中③。

最后，在京城的会面者之中，金毓黻 1933 年 8 月 22 日在中国也接受了藤塚的拜访。在 1933 年 4 月 14 日时被赠送了一本《凤城琐录》，这本书被收录在《辽海丛书》之中④。

另外，金毓黻在这个日记中提到了在这次朝鲜访问中已经将很多自己想入手的书成功买到，虽然并没有提及买了哪些书。《渤海国志长编》开始编纂的时候在参考书目（1931 年 11 月 12 日）仅仅列举出《渤海疆域考》。但是在最终公刊的《渤海国志长编》的附录 2 中列举了 13 种朝鲜书目。在这其中，如清代就已在中国闻名的《高丽史》《东国通鉴》外。其他的书目大多是在这数年间也更是在此次京城行中得到的书物。鸟田好也叙述过毓黻在编纂《渤海国志长编》之际曾经踏足大连、京城。⑤《渤海国志长编》的谢辞中也提到了稻叶、鸟山以及在满铁丰田图书馆的植野武雄。

---

①《青丘学丛》14、1933 年。《渤海国志长编》的原稿除鸟山外至少和田清、泷川政次郎也见过。参照各种《满洲旅行谈》（《史学雑誌》44—1，1933 年）以及前述的《《満洲の学者を訪ねて》》。

②《京城帝大史学会報》5，1933 年；《満鮮文化史観》（刀江書院，1935 年）再录。在这篇论文中袁金鎧或是金毓黻制作并转增哀册拓本的记述也很有意思。

③ 中日战后，鸟山于 1957 年通过访华考古学视察团中的驹井和爱与金毓黻取得过联络。参照鸟山喜一《渤海文化の跡を求めて》（《渤海史上の諸問題》，風間書房，1967 年）。这也恰好是因为鸟山与金毓黻和驹井认识的缘故。金毓黻是在滞留于日本时在东京和驹井相识的（1936 年 4 月 24 日、27 日）其后还在东京城的发掘中与驹井共事过，参照東亜考古学会編《東京城 渤海国上京竜泉府址の発掘調査》（東亜考古学会，1939 年）的绪论。

④ 藤塚也送给过金毓黻《凤城琐绿》，这本书被收入《辽海丛书》的事在《清朝文化東伝の研究―嘉慶、道光学壇と李朝の金阮堂―》（国書刊行会，1975 年）第 56 页中有叙述。《凤城琐绿》的作者博明（蒙古旗人）在所谓中朝交流的层面上来说也是藤塚关心的对象。

⑤《新刊紹介、渤海国志長編》（《書香》62，1934 年）。

三、会晤之后

1936年，结束了《奉天通志》编纂改工作的金毓黻以日本调查为契机亡命于中国本土①，自此，金毓黻与稻叶的联系中断。与其愈发被动地与日本侵略进一步加深有关，亡命本土大概是金毓黻仅有的强硬手段。另一边，结束《朝鲜史》编纂工作的稻叶从朝鲜总督府调往建国大学，来到了没有金毓黻的满洲，1940年稻叶身故，二人也永远失去了再次相见的机会。从前金毓黻任馆长的满洲国立奉天图书馆收录了稻叶的旧藏书②，可谓是一段奇缘。已经辗转亡命于当时四川的金毓黻听到稻叶身故的消息是在第二年也就是1941年的5月11日、由《史学杂志》③的记述所知。

1914年，金毓黻在以迁到四川的东北大学的名义出版了《东北通史》④上编。萧一山的《清代通史》被认为是和稻叶《清朝全史》分庭抗礼的著作，而金毓黻的《东北通史》则与稻叶的《满洲发达史》旗鼓相当。

金毓黻著东北史本身是一个长期的计划⑤。但是，在中日战争中公刊的东北史本身就带着政治的色彩。在1939年著书的《东北通史》的引言中，就用了一段口头禅似的话：东北史的研究日本比中国更为盛行是不自然地，这也恰如其分地描述了东北史研究的现状。正因为如此，通过这本书，金毓黻在日后被当作东北史的奠基者。

原本金毓黻在20世纪20年代读《满洲发达史》的时候就把作为东北通史构想的《东北通典》以《通典》的名字，以纪、传的体例来写（1927年5

---

① 关于此间经过，参照《沈阳蒙难记》（日记，1931年9月21日）．

② 中見立夫《稻葉岩吉の旧藏書を追って》松原孝俊《台湾、朝鮮、満州に設立された日本殖民地期各種図書館所藏日本古典籍の書誌的研究》科学研究費報告書，2001年所收．

③ 稻叶的讣告刊载在《史学雜誌》51—8，1940年。

④ 只有上编的原因是史料的遗失，因为下编是有写作计划的（1941年8月21日），所以在上编中也对下编打了广告。另外，虽然一直到死之前金毓黻一直有进行下编写作的构想，但是下编一直未能成书。

⑤ 《东北通史》实际上是金毓黻在东北大学任职前在南京中央大学所写的讲义类杂稿。另外，在《东北通史》的前身《东北史稿》中有谢国桢所作的序。（参照《东北史稿跋》，《禹贡半月刊》7—1、2、3，1937年；《瓜蒂庵文集》，辽宁教育出版社，1996再录）。金毓黻让傅斯年看《东北史稿》的事也在日记中有所记述，那个时候还附送了言及《东北史纲》的书信。

月 16 日）。在满洲国时代与金毓黻相关的编纂物种，例如《东奉天通志》等也是持有相同的传统性质的著作。之后像《东北通史》之类的近代形式著作的刊行，一方面是受到了大作《东北史纲》的影响①。不过这只在基本的古代部分说得通，如果考虑像在本文中论及的那些状况的话，《满洲发达史》的影响也很大。在这种层次上甚至可以说《东北史》是从《满洲史》中诞生的②。

到了 1942 年，作为金毓黻日记摘要的《东北文献零拾》已经从东北大学出版。作为最终卷卷六的杂录末尾有几则关于日本的记述。在这里立有《稻叶君山论治史》的项目，其中收录了在 1932 年金毓黻初次与稻叶相会之时的会话。"除了属于现在朝鲜的北青古城以及女真文字史料的情报外，在辽东历史研究上，都应该从朝鲜开始着手。"这也是稻叶从内藤湖南那里所授之教训③。实际上，金毓黻从内藤本人那里也听到过同样的话，但是最后它仅仅记下了这些话是稻叶说的而忘了出处。在那个时候，不仅是稻叶，内藤也是熟人。所属迁往四川的东北大学的金毓黻，即使是在公开发表的文章中对于曾经在满洲国立的建国大学任教授的人们是持肯定态度的。

再稍微往前追溯一点，在 1938 年 2 月 16 日，听闻中日开战后仍留在北京的明清史家孟森的死讯后，金毓黻不由发出这样的感想："在明清史的研究方面很有名的孟森将研究的重点放在清朝入关以前的史实上，就这一点来说正好和稻叶有着相似之处。"对于金毓黻来说，稻叶和孟森就是清朝研究者中的半壁江山。

---

① 在《东北史纲》未公刊的方壮猷执笔的部分（《安东都护考》）明言了所参照之物。方壮猷的文章也叙述了其著作的蓝本津田左右吉《安东都护考》（《满鲜地理歴史研究報告》1，1915 年；《津田左右吉全集》12，岩波書店，1964 年再录）。

② 赵中孚《近代东北移民开发史研究的回顾》（"中央"研究院近代史研究所编《六十年来的中国近代史研究》下、"中央"研究院近代史研究所，1989 年。指《满洲发达史》是对于《东北通史》未刊部分珍贵的补充，就某些情况来看确实有考究的价值。但是，如果更准确地说，战后中国大陆对于东北史的研究未必就局限在金毓黻所创造的框架里。金毓黻被当作是东北史的奠基者反而是象征性更强一些。

③ 稻叶和内藤之间的关系是人尽皆知的。稻叶与内藤的日常对话参照末松保和《朝鮮史の研究と私》（《日本歴史》560，1995 年）。稻叶在前述《光海君时代的满鲜関係》的自序中也说了："在满洲的历史研究中，从朝鲜遗存的史料中或许可以得到不少意外的收获。这既是恩师所教授的，也是我自己所深信的道标。"

金毓黻人生的终点是在20世纪60年代。但是在此时稻叶已经身故许久，这段时间也是中日之间学术之间交流的低潮时期。

总之，在这个时期的金毓黻与稻叶岩吉的交流，一边出于国家立场应该对稻叶进行批判，一边出于个人的立场还对稻叶保持着来自学术方面的敬意。当然，甲午战争和日俄战争发生在东北附近对于作为东北知识分子金毓黻来说就自然对日本保持着警戒。即使对于稻叶的《满洲发达史》金毓黻也曾认为他是"别有用心之作"（1929年12月20日）。但是在另一方面，在两国的国际关系紧张的情况下仍然保持着敬意的私人关系本身，实际上在那个时候的中日之间其实并不罕见。但是发源于敬意的金毓黻与稻叶之间的关系，在一度交往过后双方都从学问层面形成了代表满洲或是代表东北的立场，这点倒是颇具辨识性。

(毛利英介　关西大学东西学术研究所研究员；
译者：王广义　吉林大学教授，
张朝钰　四川大学硕士研究生)

朝鲜李植对中国文学的接受及其意义*

王 成

摘 要：李植在教育后学上注重学习的次第，他以中国文学为依据，列有"先读""次读"书目，详细地规定了读书学习的次第顺序、阅读遍数。为提高科试之文的创作，李植把中国文学作为学习指南，不仅强调理论知识的学习，更注重实际操作与运用。李植的中国文学阅读法、作文法是不可分割的理论体系，具有重要的学术意义。

关键词：李植 中国文学 阅读法 作文法 意义

李植（1584—1647），字汝固，号泽堂。朝鲜朝光海君二年（1610）文科及第，历官吏曹佐郎、弘文馆副修撰、大司成、大司宪、吏曹判书等职。四典文衡。有《泽堂集》《纂注杜诗泽风堂批解》骈文选本《俪文程选》等传世，参与编纂《光海君日记》《宣祖实录》等。《纂注杜诗泽风堂批解》是朝鲜文人批解、注释杜诗的第一部个人著述。李植与李廷龟（1564—1635）、申钦（1566—1682）、张维（1587—1638）并称朝鲜"文章四大家"，在散文创作上取得了突出的成就。

左江《李植杜诗批解研究》指出："泽堂在教育后学上颇有心得，注重学习次第，注重做人与为文的结合。对童蒙，强调先立根基，读书重领会，持身要实践；对儒生，要求先明经传，再学科举之文。"[①] 李植以中国文学作为阅读、学习的对象，并建构其相对完整的理论体系，在朝鲜文学史上独树一帜，具有重要的学术意义。

---

* 基金项目：国家社科基金项目"韩国古典散文与中国文化之关联研究"（项目编号：14CZW038）阶段性成果。

① 左江《李植杜诗批解研究》第15页，中华书局，2007年。

一、阅读法:中国文学之"先读""次读"

李植曾作《示儿孙等》一文,为晚辈后学等详细地规定了怎样读书学习以及学习的次第顺序。《示儿孙等》包括《先读》《次读》《科文工夫》三个部分。为了全面了解李植的读书思想、方法,兹列《先读》《次读》全文于下。

《先读》

> 诗书。以大文限百读。
> 论。兼章句熟读,限百数。
> 孟。大文读百数。
> 庸学。不限数,朝夕轮诵。
> 纲目宋鉴。与先生讲学一番,熟览。有好文字,抄书一两卷,读数十番。若不及,通鉴少微节要史略中,先学一册。

《次读》

> 周易大文,初读爻辞,识大旨知占法。兼看启蒙,待尽读他书后,更讲究。
> 春秋左氏胡氏传。只数番读,领略大旨。○左传抄读,公羊穀梁,余力一览,大抵四传并读好。
> 礼记。与先生讲论,抄读好文字处。
> 仪礼。读礼记时,通考而不读。
> 周礼。读春秋时,亦通考。
> 小学。学于先生,一月一读过,逐日念着服行。
> 家礼。常时讲究服行,不至读。
> 近思录、性理大全、性理群书、心经、二程全书、朱子全书,此是大段工夫,但不在多读,要在讲论,体认服行而已,穷理工夫全在是。[1]

---

[1] [朝鲜]李植《泽堂先生别集》,载《影印标点·韩国文集丛刊》(第88辑)第513页,首尔:景仁文化社,1997年。

先读内容主要是经学典籍《诗经》《尚书》《论语》《孟子》《中庸》《大学》，以及历史著作《资治通鉴纲目》《宋鉴》。李植指出学习这些书目的遍数，如《诗经》《尚书》《论语》《孟子》等都限定在百遍左右，唯独《大学》《中庸》"不限数，朝夕轮诵"。在李植看来，《大学》《中庸》是研习其他经学典籍的入门、基础，他在《散录》中指出："《大学》《中庸》，文约义备，初学于此二书讲究得力，则他经传路脉，由此洞然，读之无难。"① 李植在多篇文章中强调要利用一切时间来学习《大学》《中庸》，如《赠安进士具秀才两甥及阿冕入道峰书院读书》曰："《大学》《中庸》序文及首章，餐后各读一遍，仔细参究。"②

相较经书的讲究读、诵，对于历史著作，李植则强调讲授、研习，《资治通鉴纲目》《宋鉴》二书要与先生讲学、熟读，并且要抄读其中精彩的文字、语段，通过讲解、抄读达到深入理解、完全掌握的程度。如果没有条件学习这二部著作，也可以从《少微通鉴节要》《史略》中任选一本学习。《资治通鉴纲目》是南宋朱熹所编，效仿《春秋》《左传》，创立"纲"与"目"，按照时间顺序记载史事。记载一事，首先标列提要，用大字书写，顶格编排，是为纲；之后叙述具体内容，用小字分注，低格编排，是为目，这种体裁称为纲目体。《宋史》或称《宋史全文续资治通鉴》，略称《宋鉴》，作者不明。据李裕民《四库提要订误》，此书记事自太祖建隆到理宗景定年间，颇有史料价值，可补李焘《续资治通鉴长编》与刘时举《续宋编年资治通鉴》《两朝纲目备要》等书之不足。《少微通鉴节要》，宋代江贽编，是书取司马光《资治通鉴》，删存大要、首尾赅贯。《史略》，南宋高似孙编写，是现存的第一部史籍专目，第一次将历史评论与史学评论区别开来。在著作的史籍之后附有相关的注解、考证、注音、版本、字句校勘。从几部著述的介绍可见，李植非常重视史学目录学，希望其后辈能从宏观上了解历史，并且要能够向老师讲出学习心得、体会。

"次读"书目较"先读"书目有所增加，不仅有经学著作，也有多部性理学著述，呈现出与"先读"不同的特点。"次读"书目主要有《周易》《春秋左氏传》《胡氏春秋传》《礼记》《仪礼》《周礼》《小学》《家礼》《左传》

---

① 《泽堂先生别集》（《丛刊》第 88 辑）第 530 页。
② 《泽堂先生别集》（《丛刊》第 88 辑）第 513 页。

《公羊传》《谷梁传》《近思录》《性理大全》《性理群书》《心经》《二程全书》《朱子全书》等，这些书籍也不是全部都要阅读，如《仪礼》《周礼》在阅读《礼记》《春秋》时通考而无须阅读。

关于《周易》，李植认为应该有个阅读的过程，因为《周易》比较难于理解，所以先读爻辞，在理解文意以及懂得占卜之法后，再去读其他启蒙类书籍。李植在《示儿代笔》中表达了类似的见解，他说："《易经》，后生未易读，姑观启蒙，从事占法，使穷理转博，然后从事程传，庶几有得。"① 在弄懂启蒙书籍、占卜之法后，大体可以做到穷尽义理，知识渊博，再研习程颐《程氏易传》，经过这样几个阶段的学习，于《易》就会有所收获了。至于《春秋》，李植认为《左传》《公羊传》《谷梁传》《胡氏传》要四传并读，这样可以起到互为补充、互为印证的作用，拓宽视野。这几部典籍阅读的侧重点也有所不同，《左传》是抄读，《公羊传》《谷梁传》可"余力一览"，而《胡氏传》"只番数读，领略大旨"即可。李植在《示儿代笔》中说："《春秋》经世之书，学者不可不早通大义。读《诗》《书》后，一读《胡传》，略窥诸注不可已也。"②《胡氏传》《胡传》即《春秋传》，宋代胡安国撰。胡氏毕生致力于《春秋》学，历时30余年完成10余万字的《春秋传》，对后世产生了深远影响，在宋儒的诸多《春秋》学著作中，此书地位最为显赫，影响了几百年的《春秋》学研究。

《礼记》则需与教书先生讲论，并抄读其中精彩的语段、文字。除了这些经学典籍，李植还提到《小学》《家礼》等多部性理学著述。如《小学》，需先生讲解，然后每月都要阅读一遍，并且要"逐日念着服行"。《家礼》则不需要读，只要"常时讲究服行"即可。《近思录》《性理大全》《性理群书》《心经》《二程全书》《朱子全书》等都不在于多读，而在于讲、论，重在"体认服行"，也就是实践与具体操作。

二、作文法：中国文学之学法指南

朝鲜朝科考偏重于文的写作，如文科初试三场都为制述，"初场五经四书

---

① 《泽堂先生别集》（《丛刊》第88辑）第520页。
② 《泽堂先生别集》（《丛刊》第88辑）第520页。

疑义或论中二篇,中场赋颂铭箴记中一篇,表笺中一篇,终场对策一篇"(卷三《礼典》)①。复试亦是制述,殿试为对策表笺箴颂制诏中一篇。李植注重文对于人修养提升的意义以及社会功用,其《示儿孙等》第三部分是《科文工夫》,主要是指导后学如何提高科试之文的创作。

《科文工夫》

  韩柳苏文、文选、八大家文、古文真宝、文章轨范等中,从所好钞读一卷,限百番。此属先读。
  班马合抄一册,毋过三十篇,限百读。
  荀韩杨中,抄一册数十番读。
  文选、楚辞抄一册,李杜韩苏黄七言,毋过两册,常时读诵,不限数,学赋者学诗者,择于二者。
  四六文,毋过一册。
  老子庄列之属,读近思录诸书时,旁考不读。
  历代史全书、东国史及文集等,经国大典、国朝典故、小说,读纲目后旁考。
  东人科制,抄得数册,作文时考阅。②

"朝鲜王朝古典散文作家,则兼宗唐宋,而特别推崇唐代古文,尤其是韩愈的文章。"③李植推崇韩愈,同时也喜爱柳宗元和苏轼。李植认为韩愈的文章是宗师级,要先读,要选择七八十篇优秀的文章抄读,反复揣摩,把它作为终身学习的对象。"韩文,文之宗,不可不先读。七八十首抄读,若得臭味,仍以为终身模范可也。"(《作文模范》)④ 在李植看来,柳宗元与韩愈是不相上下的,"柳之于韩,如伯仲"(《作文模范》),李植没有明确地指出应该怎样去学习柳宗元,但是从"如伯仲"可以推知,对于柳宗元的文章多半也是采取阅读韩文的方法。"唐宋八大家"其他六子都学习于韩愈,"欧、王、

---

① 《经国大典》第 210—213 页,首尔:亚细亚文化社,1983 年。
② 《泽堂先生别集》(《丛刊》第 88 辑)第 577 页。
③ 陈蒲清、[韩] 权锡焕《韩国古典文学精华》第 414 页,岳麓书社,2006 年。
④ 《泽堂先生别集》(《丛刊》第 88 辑)第 518 页。

曾专出于韩，三苏虽学庄、国，亦不出韩之模范"(《作文模范》)①。正因为欧、王、曾、三苏等人的文章都源于韩愈，所以"柳以下六家之文，抄其尤绝妙者四五十篇，馀力一读，时复阅览"(《作文模范》)②，欧、王、曾、三苏等六子之文是学习韩、柳文章之外的辅助，只要能读熟读通即可。

李植很重视通行的文章选本，他多次提及，如"茅鹿门坤所抄八大家文最为中正""文选、八大家文、古文真宝、文章规范等中，从所好钞读一卷，限百番""熟读古文真宝、文章轨范中一书"(《作文模范》)，等等。明代散文家茅坤提倡学习唐宋古文，反对"文必秦汉"，编辑、评选《唐宋八大家文钞》，"唐宋八大家"之名称也由此产生。《唐宋八大家文钞》流传甚广、影响甚大。《古文真宝》全名《详说古文真宝大全》，相传是宋代黄坚所编，集古诗、古文于一集。该书在韩国、日本成为文人的必读书目，非常流行。《文章轨范》由宋代谢枋得选辑并评点，选录了汉晋唐宋15位作家的69篇文章逐一评点，侧重文章的作法，以帮助初学者理解文意、掌握作文技巧，指导士子科举考试。《文选》在朝鲜流行更广、更为文人所接受，也是李植非常推崇的文学选本。

《文章规范》《古文真宝》等是朝鲜朝流行甚广且被普遍接受、学习的诗文选本，"到了李氏王朝的朝鲜时代（1392—1910），因时代的变迁和现实的要求，大概亦受到中国古文运动的影响，推重《古文真宝》《文章规范》《古文苑》《唐宋八家文》等梁代以后的文集，以此作为学习文章的规范"③。这些书籍成为朝鲜朝的文学启蒙读物供人学习，很多文人别集多有论及，如许筠《惺翁识小录》（下）云："国初诸公皆读《古文真宝》前后集以为文章，故至今人士初学，必以此为重。"④金锡胄《古文百选序》曰："近世选文者，西山有《真宝》，谢氏有《轨范》，是二书最盛行于今。"⑤很多文人士子也把这些书籍作为教育晚辈后学的指定书目，如早于李植的柳希春（1513—1577）《庭训·读书解文第四》云："凡儿童，先学《字类》，次学《联珠诗格》，次

---

① 《泽堂先生别集》(《丛刊》第88辑) 第518页。
② 《泽堂先生别集》(《丛刊》第88辑) 第518页。
③ ［韩］白承锡《韩国〈文选〉研究的历史和现状》，载《郑州大学学报》(哲学社会科学版) 1993年第5期。
④ ［朝鲜］许筠《惺所覆瓿稿》，《影印标点 韩国文集丛刊》(第74辑) 第347页。
⑤ ［朝鲜］金锡胄《息庵遗稿》，《影印标点 韩国文集丛刊》(第145辑) 第243页。

读少微《通鉴》，以发其文理。"① 这些启蒙读物对朝鲜人的汉文学教育起到了积极的推动作用。

李植认为诸子散文也是学习的对象，荀子、韩非之文亦应抄读一册，但只需要做一般性的了解，"荀韩杨中，抄一册数十番读"。之所以做如此要求，是因为荀子的文章"乃韩文之所从出"，数十篇抄读即可。"庄、老以下，《文选》所载秦、汉、魏之文，专弃可惜，亦须抄录时读"（《作文模范》）。《老子》《庄子》《列子》在李植看来是"浮夸""虚诞"的，所以在阅读《近思录》时作为旁考之用，《纲目》作为正史。在写作时，要通识事务，同时，"又必稽古引史"，要从头至尾，仔细阅读二三遍，相互参证，使前代的治乱得失，存诸胸中。

司马迁、班固的文章抄录一册，熟读进而掌握其中的意旨，因为他们的文章记事详瞻，《杂录》云："作史者莫高马、班。两人之于史传，必先定一个主宰之论，如传李斯，主奸贪；传韩信，主智勇；传英布，主勇功；传陈平，主用智宰物；传留侯，主为韩复难；传博陆，主笃行无学。此非有论说褒贬其间，各取其人资材相近者附之，点缀照应，使人读之自不知其为后人之撰造，宛如其人之在目，可遗也。"（《泽堂先生遗稿刊馀》第九册）司马迁、班固的史传在题材的选择上，主次分明，"先定一个主宰之论"。在创作史传、序、记、碑志等散文时，应该取法班、马，"作史及序、记、碑、志之类，尤当取法两氏"。在篇目的选择、取法方式上，李植认为"马十余篇，班数十篇，一番抄读后，又遍览两书，采获文字可也"。

三、接受中国文学的特点及意义

李植对中国文学的接受，主要体现在阅读中国文学有着"先读""次读"的逻辑顺序，以中国文学作为标准指导朝鲜科考文创作等，呈现出较为突出的特点，具有重要的学术意义。

首先，李植强调理论知识与实践操作、运用相结合，不仅提高了自身的创作水平，也对朝鲜的科考文创作起到了一定的推进作用。

李植的"先读""次读"书目包括经学典籍、史学著述、性理学书籍，"经书则讲究义理，日见于行事，而勿以口耳夸博为事，十分诚敬读诵"

---

① 柳希春《眉岩集》，《影印标点 韩国文集丛刊》（第34辑）第212页。

(《示儿孙等》)。李植强调实践性,在他看来,人要修心养性,更要把所学知识运用到实践中,从而指导人生。

朝鲜朝的科考偏重文的写作,"国家以经术策义试士,欲其知道而达于政也。以诗赋四六兼试者,欲其以文章华国辅世也。要须体国家至意"(《示儿孙等》)。李植非常重视四六文的实用性,因为在科举制业中,对四六文创作是有要求的。李植在《作文模范》中论述道:

> 四六之文,亦有古有今。古四六,学之难而无所用。欲学制诰之文,须以欧、王、苏、吕、真大家为主,精采汪藻、刘克庄、李刘、文山数子之作为准的。古四六,徐庾为上,四杰次之,取其宏大绝妙者,人各二三篇,以助藻丽之气,虽学今文,不可废也。①

四六文又称骈文,句式以整齐的四六字句为形式,注重对偶声律,形成于南朝,盛行于唐宋。唐以来,格式定型,遂称"四六"。在宋代得到极大的发展,史称"宋四六",在政府公文、科举考试、书启往来等诸多方面发挥了重要作用。李植认为,四六文有古、今之别,古四六不仅难于学习并且用处不大。今人想学制诰之文,主要应以欧阳修、王安石、苏轼、吕祖谦、真德秀等宋代文人作品为主要学习对象,并辅以汪藻、刘克庄、李刘、文天祥等人的作品。古四六以徐陵、庾信为最佳,"初唐四杰"居其次,选择他们宏大绝妙的文章学习,以增加文章的气势。李植是从实用性、可学性的角度指出四六文(骈文)的学习方式,这也是他对四六文(骈文)的一贯主张、看法。李植在四六文上积极学习,编纂选本,自然会提高他四六文的创作水平,金得臣曾评论说:"(李植)俪文亦通神,赵龙洲(赵䌹)曰:泽堂馆阁四六,通前朝,我朝所未有,岂不信乎?"(《读泽堂文集小序》)②《壶谷诗话》云:"泽堂于行文俪文无不兼该"③,等等。

李植曾编纂《俪文程选》《俪文程选别集》,《泽堂年谱》云:"三年(按:朝鲜仁祖八年,明崇祯三年,1630)庚午七月,抄《俪文程选》四卷,

---

① 《泽堂先生别集》(《丛刊》第88辑)第518页。
② 赵䌹《柏谷集》,《影印标点 韩国文集丛刊》(第104辑)第151页。
③ 蔡美花、赵季主编《韩国诗话全编校注》(第3册)第2237页,人民文学出版社,2012年。

注解《哀江南》《益州夫子庙碑》，有题跋印本行于世。"其中《哀江南》《益州夫子庙碑》是《俪文程选别集》中的篇目内容。郑百昌为之序，文曰：

> 以至缙绅庆吊之礼，科场觳率之文，声韵模范各有定式，则此固馆阁韦布之不可阙焉不习者也。顾其书，传于世者多矣，其所谓《俪语类编》《四六全书》为最。然裒缉既广，考阅颇艰，且不无彼此偏重之讥。吾友泽风李君汝固，左袒斯文，思惠后学，乃就二集中择其尤精粹合度者数百篇，俾锓之梓，用侈厥传。①

《俪语类编》共 20 卷，朝鲜中宗时期赵仁奎所编，该书是一部大型的"宋四六"选本，编选的目的是为了实用。编选者赵仁奎认为，四六文用途是非常广泛的，"凡君臣上下，朋友之交际，冠昏丧祭之情文，莫不用焉"②。在这种认识下，赵仁奎"各以类分，编藏箱箧"③，每一类别又大致以作家年代先后为次第顺序，所选大多数为名家名作。《四六全书》即《八代四六全书》，又称《词致录》，明代戏曲家、散文作家李晔所编。

李植以《俪语类编》《八代四六全书》为底本，抄选其中 318 篇文章，目的是"使学者常加诵读，庶几咀嚼英华，沿袭声韵，为模楷之本。然后博观其馀，以备妆缀"（《俪文程选·凡例》）④，并且坦诚地说"今《程选》所取，专主馆阁场屋体制所宜"（《俪文程选·凡例》），都说明四六文讲究实用性的特点。《程选》收入的文体中，制诏、表、启等文占有很大的比重，如卷一收录制诏 30 篇，卷二收录表 50 篇，卷三收录表 45 篇，卷四收录启 31 篇，卷五收录启 26 篇，卷六收录启 35 篇，卷七收录启 20 篇，卷八收录启 28 篇。其中宋代文人的四六文所占比例最大，李刘 33 篇，刘克庄 23 篇，陆游 15 篇，苏轼 14 篇，真德秀 10 篇，汪藻 8 篇，欧阳修、王安石、吕祖谦、文天祥各 6 篇。所选作家与他在《作文模范》中所指出的学习对象是相对应的。⑤

---

① ［朝鲜］郑百昌《玄谷集集》，《影印标点·韩国文集丛刊》（第 93 辑）第 488 页。
② ［朝鲜］赵仁奎《俪语类编序》（卷首），延世大学校图书馆藏甲辰字本。
③ ［朝鲜］赵仁奎《俪语类编序》（卷首），延世大学校图书馆藏甲辰字本。
④ 李植《俪文程选》（凡例），奎章阁韩国学研究院藏本。
⑤ 参见巩本栋《略论朝鲜时代的宋人诗文选本》，载《域外汉籍研究集刊》（第二辑）第 365—381 页，中华书局，2006 年。

其次，李植重视文字、句义，目的是"已备胄筵之讲"，具有重要的现实指导价值。

李植对中国文学的接受，不仅仅是宏观上的学习，更微观到文字、语句等方面。如关于怎样阅读《四书集注》，他说："凡读《四书集注》，须先于字释处勿为放过，反复参究，虽一字而累释，各有其意思而得之，亦易记忆也。"（《散录》）① 李植在这里提出了更为具体的读书方法，就是从文字入手，虽说是针对《四书集注》而言，实则具有普遍意义和指导性。先从字词的释义处仔细参究，一词多义者要反复揣摩，然后再由字词句到整篇文章，才能彻底领悟出作者意图之所在。

李植对文字的重视是一以贯之的，其《字训书跋》曰："大概凡事物莫不有字，然以形器而为名字者，举字指形，心目便了，若性理等字，无形状方所之可指，且本一物而分以为许多名字。前代之注说不一，外国之方言亦异，非深明字义常目在之，则虽终身博诵经书，或至于面墙擿埴者多矣。"② 如果是"以形器而为名字者，举字指形"，就非常好理解，但是有些字词因为"无形状方所之可指"，并且由于一字多义、注释不一等客观原因的存在，就给学习文字的外国人带来诸多不便于理解之处。李植在文集中曾多次提及因无法识解字义而影响到对经典典籍的理解、认知，《字训书跋》云："顷岁斋居，间与友人说经书，每患其瞢于字义而并文义失之，因辑是篇，以代口讲。"③ 这就是他编写《初学字训增辑》的直接原因，也是他以及很多朝鲜文人遇到的现实困扰。再如《陈北溪字义后序》曰："我东人方言自异，凡性、理等字，注解钦指的，唤东作西，认贼为子者，皆由是也。"④ 李植的后代子孙以及后世文人也指出李植重视字义的思想，如其子李端夏《先季父议政府左议政府君行状》云："臣父尝编辑一书，名之曰《初学字训增辑》，裒聚经传，搜剔字句，奥义微旨，发明靡遗。其意盖以初学之士，不先明于字义，则虽读经书，难晓其旨。"⑤ 鱼有凤《辞赞善疏四疏》认为《初学字训增辑》

---

① 《泽堂先生别集》（《丛刊》第88辑）第530页。
② 《泽堂先生别集》（《丛刊》第88辑）第396页。
③ 《泽堂先生别集》（《丛刊》第88辑）第396页。
④ 《泽堂先生别集》（《丛刊》第88辑）第391页。
⑤ [朝鲜] 李端夏《睡谷集》，《影印标点·韩国文集丛刊》（第153辑）第265页。

可以作为"训蒙之要讲""已备胄筵之讲"①，宋时烈认为此书"真字兴之要诀也"。这些评论从侧面说明李植重视文字、句义的事实。

再次，李植倾向于个人的自学，自学的方式主要是多读、抄写与实践，进而提高道德修养、知识储备。

在《示儿孙等》一文中，"学于先生"的只有《纲目》《宋鉴》《礼记》《小学》四部典籍，其余所列书目都侧重自学、自悟，这是非常符合学习规律的，也符合所列书目的性质。经学典籍通过自学、自悟，更能深刻领悟、学习到其中的真谛，而自己领悟到的道理要比听他人讲授更能提高认识、开阔思维。历史、性理学著作则需要先生讲解，因为经验阅历越丰富，就可能会对史学、人性、为人处事等有更深的感悟，讲授时再结合讲者的切身经历，更能让学习者从中体会到深刻含义，从而指导人生。可以李植的读书次第是有深刻思考、考量的。

综上可见，李植在教育后学上颇有心得，并有着很强的现实针对性，其关于阅读法、作文法、科文作法等的认知、指导，构建了一套较为系统的理论体系，是统一、不可分割的整体。"先读者不可减，次读者从吾所好"，"科文，亦从所好读之，随记性加减为可"（《示儿孙等》）。阅读是创作的基础，也是先决条件，所以他列出了详细的"先读""次读"书目，并规定了读书学习的次第顺序以及相应书籍的阅读遍数。只有充分理解、参透优秀的作家作品，才能汲取有益的养料，为创作提供知识储备。李植对中国文学的接受，具有重要的学术意义与现实指导价值。

（王成　文学博士，黑龙江大学文学院副教授）

---

① ［朝鲜］鱼有凤《杞园集》，《影印标点·韩国文集丛刊》（第184辑）第51页。

崔溥《漂海录》中的比较意识

聂友军

摘　要：崔溥《漂海录》中既有对中国大江南北山川地貌与风土习俗的比较，又有对明代中国与朝鲜在汉字用例、诗赋地位、礼俗制度乃至宦官使用等方面的比较，暗含着对朝鲜坚持传统与恪守礼教的自豪。崔溥采用博观约取的比较策略撰成的《漂海录》与他在中国的言行一道，为他赢得了"跋涉死地也能华国"的赞誉。《漂海录》高度自觉而又贯彻始终的比较意识，为当下的人文学术研究提供了诸如搭建比较的平台、借助他者反观自身、结合语境有效解读等多层面的启示。

关键词：崔溥　《漂海录》　比较意识

1488 年（明弘治元年，朝鲜成宗十九年），朝鲜文士、弘文馆副校理崔溥（1454—1504，字渊渊，号锦南）赴济州奉差途中闻父丧，乘船渡海返乡，不意遭风，与同船 42 人在海上漂流 14 天，漂至中国浙江宁波府界却未得上岸，复漂至台州府临海县牛头外洋登岸。他们先是被疑为倭寇，后经层层审核排除嫌疑，遂经陆路被送至杭州武林驿，再沿京杭大运河经水路送入北京，皇帝接见赏赐后着准经辽东送至鸭绿江返国。崔溥一行在中国经留 135 天，行程 4000 余公里，为朝鲜人中"亲见大江以南者近古所无"（《漂海录》五月十六日[①]）。其据海上遭风漂流与在中国的遭遇、见闻而撰著的《漂海录》，实录式地记载了"漂寓之故、所过沧溟之险、山川之胜迹、风俗之有异"（四月二十七日），具有极高的史料价值。

有研究者注意到，《漂海录》对中国与朝鲜在科举制度、宦官用途、品官

[①]　［朝鲜］崔溥著，葛振家点注《漂海录——中国行记》，社会科学文献出版社，1992 年。以下凡引自《漂海录》中内容，仅注出处条目。

仪仗冠服、待客酬酢用茶用酒多用比较法进行生动对照，具有很高的参证价值。其实，《漂海录》中涉及比较的层面非常多，既有关乎中国南北方的比较，广泛论及山川地貌、自然风土、人烟盛衰、房舍屋宇、风俗人情、衣冠首饰、妇女从业等话题；更有隐而未显的中国与朝鲜的对照，字词用语、诗文地位、礼俗制度、宦官使用等领域尤为集中；甚至可以说在《漂海录》撰著过程中始终贯穿着明确的比较意识，以致影响到该书的行文风格、内容取舍与表达效果。

一、中国大江南北之比较

以往朝鲜派往中国的使节在跨过鸭绿江后，穿越中国东北抵达北京行程即告止，俟完成使命后再沿原路返回。他们对中国烟雨江南的盛景，充其量只能通过阅读诗文形成朦胧的印象。崔溥一行得以从浙江南端一路北上，目睹长江南北、运河沿线的自然风光与风土人情，对中国南北方的差异自然深有感触。他在《漂海录》卷末"附记"中"以扬子一江分南北而观"，就南北人烟盛衰、宅第房舍、衣冠服饰、民之性情、妇女地位、居民从业、流通货币、军备戎器、交通工具以及丧葬墓制等进行对照比较。不仅要言不烦地分梳了南北方之不同，而且传神地记录了中国当时不同侧面的社会现实。

（一）山川地貌

中国相对多样化的自然山川引起崔溥的极大关注，他多次对照南北方的水陆变迁，记录不同地域的地貌特征：

大江以南，地多涂泥陂潴，然天台、四明、会稽、天目、天平诸山，错综横亘乎其间。淮河以南，地多湖浸，泥淖沮洳；以北则地多坟起，漕河跟岸高于平地，决啮流移，水陆变迁。（附记）

崔溥留意到当时中国北方山岭植被稀少的情况："自北京以至于此（鸭绿江），山皆童秃不毛。"（附记）虽有纬度高、气温低的原因，但与中国山水相连的朝鲜半岛却一派郁郁葱葱，因而中国北方连绵起伏的群山皆为荒山秃岭这一点着实令崔溥感到突兀。当时人们普遍缺乏环境保护意识，持续的过度砍伐与疏于清浚造成"山童""川污"。而今情况虽有所改观，但仍未根治。崔溥笔下的"沙土扬起，尘埃涨天"（四月二十三日），如今仍以沙尘暴形式肆虐，当是对我们历史欠账与环保意识匮乏的警示。

崔溥高度关注中国各处的农业生产，着意观察田地或沃饶或贫瘠的情况：

> 自淮河以南，地多水田沃饶，稻粱为贱；徐州以北无水田；辽东以东，天又晚燠早寒，五谷不盛，惟黍生之。（附记）

在以农为本的当时，土地的肥沃程度不仅决定了粮食生产，而且还深刻影响生民的聚居与繁衍。天津卫以北因"五谷不生"，导致"人烟鲜少"（三月二十六日）；而淮河以南因"水田沃饶，稻粱为贱"，是以生齿日繁。

（二）南北风俗

崔溥详细论述了扬子江南北的人烟盛衰，指出江南"繁华壮丽"，江北仅官府所治之城繁华丰阜，由南及北渐次"里闾萧条""人烟渐少"，终至"荒旷无人居"；对照南北宅第，江南"盖以瓦，铺以砖""宏壮华丽"，江北则"草屋，矮小者殆居其半"；比较南北服饰，"江南人皆穿宽大黑襦裤""江北好着短窄白衣""山海关以东，其人皆粗鄙，衣冠褴褛"。特别留意到江南妇女"所服皆左衽"，自沧州以北"女服之衽或左或右"，至通州以后"皆右衽"。（附记）

言及中国南北方的"人心风俗"时也出以比较：

> 江南和顺，或兄弟、或堂兄弟、再从兄弟有同居一屋。自吴江县以北，间有父子异居者，人皆非之。……且江南人以读书为业，虽里闾童稚及津夫、水夫皆识文字。……江北则不学者多。（附记）

崔溥注意到江南多聚族而居，江北则常分户析产；江南人多读书为业，普通民众识字率高，而江北人心强悍，不识字的民众占比重大。诚然，自唐代经安史之乱后，中国经济重心南移，文化重心亦随之缓慢但稳定地南迁；南宋定都临安加速了这一进程；至明代，表现在科举取士方面，南方尤其是江南地区取得压倒性优势。仓廪实而知礼节，江南地区在经济、文化领域的种种优势继而又对民众的好学、乐学形成正向刺激与有效助推，进一步拉大了南北方文化水平方面的差距。

(三) 南北之"同"及问题

崔溥比较中国南北方并不一味探寻差异，他也意识到二者有普遍、深刻的共同之处：

> 其所同者：尚鬼神，崇道、佛；言必摇手，怒必蹙，口唾沫；饮食粗粝，同桌同器，轮箸以食；虮虱必咀嚼；砧杵皆用石；运磨使驴、牛；市店建帘标；行者担而不负戴；人皆以商贾为业，虽达官巨家或亲袖称锤，分析锱铢之利；官府常刑如竹片决杖、拶指、担石之属。（附记）

当崔溥在论述这类共同之处时，其意识深处仍有一种潜在的比较意识，不过重点不在中国南方与北方的比较，而是以朝鲜为背景或底色，反衬中国整体的区别性特征。如提及"行者担而不负戴"，显然是说中国人通过肩挑方式负重运输物品，与朝鲜人头顶重物搬运的方式判然有别。尤其提及南北皆"尚鬼神，崇道、佛"，意味着在这一点上中国与朝鲜显著不同，认为朝鲜较好地传承了崇尚儒学的传统优长，隐晦地表达其自豪心态。

至于说到中国"人皆以商贾为业"，则有以偏概全之嫌。崔溥一行所经过的临海到杭州、京杭运河沿线、北京至鸭绿江畔，沿途都是商贾云集的市镇或官方驿路，所接触到的除官府人员外，衣食住行所需自然多与商贸从业者打交道，遂造成一种人皆以商贾为业的印象。其实终明一季，乃至后来的清代，都坚持以农为本；而且崔溥亦无机会接触江南与运河沿途以外更广阔的内陆腹地，错以为他经过的恰好具备得天独厚经商条件的地方在中国是一个带有普遍性的样本，故有此偏颇判断。

二、中朝间多层面的比较

相对于对中国大江南北的明确比较，《漂海录》中尚有中国与朝鲜的多层面比较，或隐或现，涉及中朝汉字用例、诗文地位、礼俗制度以及宦官用途等方面。

(一) 汉字用例差异

《漂海录》中有一节崔溥与中国地方官员的笔谈：

又书示曰:"郑、美、金太监皆已作古,唯金太监在北京。"

臣曰:"作古二字不晓得。"

答曰:"中国人谓死者为作古,谓已作古人矣。"因问曰:"你国谓何?"

臣曰:"谓之物故。"

问曰:"物故何义?"

臣曰:"物,事也;故,无也。谓死者无复所能于事。"(二月十八日)

崔溥在此向中国地方官员咨询几个曾到过朝鲜或与朝鲜有过交涉的太监的情况。中国人惯用的"作古"一词,崔溥却不理解,因为朝鲜习用"物故"表达同样的意思。

中国官员发问:"物故何义?"显示出该基层官员的文化素养不高。因为"物故"本是一个汉语词汇,先秦文献中多见。《墨子·号令》谓:"即有物故,鼓,吏至而止,夜以火指鼓所。""物故"意为事故、变故。《荀子·君道》云:"人主不能不有游观安燕之时,则不得不有疾病物故之变焉。""物故"为死亡意。《汉书·苏武传》载:"前以降及物故,凡随武还者九人。"义与《荀子》同。皆为殆及明、清,话本、小说中"物故"用例更多,如《三国演义》第八十二回叙及刘备兴兵伐吴以为关羽报仇,吴王大惊,张昭奏曰:"今诸将虽多物故,然尚有十余人,何虑于刘备?"再如《聊斋志异·放蝶》中言:"遭君虐政,姊妹多物故。"两处"物故"皆言亡故。

准确地说,"作古"与"物故"之别并非如崔溥所载,为中朝两国之别,二者皆本于古汉语。共同起源于中国古代典籍的"作古"与"物故"两个词语,在历史发展过程中因中朝两国的用语习惯在偏好方面出现了差异,而各自成为两国的通用语,而在对方语境中因用得少而相应变得生疏。

(二) 诗文地位不同

崔溥在中国驻留期间,不断有中国地方官吏、知识士人请他赋诗,或希望与他唱和,但他基本都推脱或拒绝:

其人又问曰:"你作诗否?"

臣答曰:"诗词乃轻薄子嘲弄风月之资,非学道笃实君子所为也。我

以格致诚正为学,不用意学夫诗词也。……"(闰正月十九日)

在中国,谈诗论赋是文人雅集的润滑剂,有时甚至是重头戏。钱锺书在《宋诗选注》中指出:"中国从六朝到清代这个长时期里,诗歌愈来愈变成社交的必需品,贺喜吊丧,迎来送往,都用得着,所谓'牵率应酬'。"① 崔溥称"诗词乃轻薄子嘲弄风月之资",自己以格致诚正为学,立意做学道笃实君子,故不用意学诗词。这或许是他的心声,更大的可能是他身在丧中的心境使然,未必是朝鲜读书士人对待诗词的普遍态度。因为无论朝鲜遣明的"朝天使"还是明朝派往朝鲜的使节都曾留下了大量两国文人酬唱的诗篇。但相对而言,朝鲜官方民间对科举的重视几至迷信境地,对诗赋不像中国文人一样用心却也并非虚言。

崔溥到京后造访兵部衙门时再遇作诗要求:

臣等先谒侍郎,次谒尚书,然后诣郎中主事官厅。郎中等不复问臣以漂来事,指庭中槐阴为题令做绝句。又以渡海为题令做唐律。(三月二十九日)

崔溥初与中国朝廷官员交接(此前一直与地方官吏打交道),郎中等径让他作绝句、唐律,可能考虑到朝廷命官的雅意不宜峻拒,所以与对地方官吏赋诗要求的应对不一样,真正遵嘱写了一些诗。

他在东昌府见鹦鹉而添去国怀乡情一节写得富有诗意:

此即陇西鸟也,我即海东人也。陇西、海东相距数万余里,今日得相见于此,得非幸乎?但我与此鸟客他乡同也,思故国同也,形容之憔悴亦同也。观此鸟弥增悲叹之情。(三月十二日)

伤春、悲秋、睹物思人等是中国诗文中常见的主题,崔溥此处的由衷感慨与中国诗人的表达方法毫无二致。其实怀乡、思归的情绪弥漫于《漂海录》全篇。崔溥多次表达,出于礼制,渴盼尽快回家奔父丧;出于孝道,理应在

---

① 钱锺书《宋诗选注》第66页,生活·读书·新知三联书店,2002年。

母亲膝前承欢解劝。尤其当中国皇帝接见、赏赐已毕,答应送归却迟迟没有付诸行动时,他的焦虑与急迫之情愈发难耐。

(三)礼俗制度有别

《漂海录》中有一节关于祭孔的辩论,既表现了中朝两国礼俗制度的细微差别,更以慧黠的笔触,显示出崔溥的博学与思辨:

> 臣曰:"孔子之道大于天地,明于日月,信于四时,达之天下万代而无穷。卿大夫、士庶人学其道以修其身;诸侯学其道以治其国;天子学其道以平治天下。则自天子以至于庶人皆当事以先圣先师之礼,又何举鲁司寇之称当拜而不拜乎?"(三月二十一日)

崔溥先以戏谑的口吻问中国官员,天子如何拜于列国之臣(孔子)?中国官员以权变的方式回答,"当拜而实不拜",尊先师与尊天子并行不悖,由此引出崔溥这段论述。虽然列国之臣、小国陪臣的说法因崔溥而起,颇有"白马非马"之风,结合后文"荣嘿然"的辩论结果来看,崔溥的论断显然更有理据。他也希望借助中朝对比的方式,衬托出朝鲜对礼制的持守更严格,对孔子的尊崇更真切。

(四)宦官用途迥异

崔溥曾亲见并实录了中国宦官的专权跋扈:

> 有太监姓刘者,封王赴京,其旌旗、甲胄、钟鼓、管弦之盛,震荡江河……刘以弹丸乱射舟人,其狂悖如此。(三月八日)

"太监姓刘者"即刘瑾,明孝宗时获死罪得免,后侍奉太子朱厚照。《明史纪事本末·七·卷四十三》载:"瑾朝夕与其党八人者,为狗马鹰犬、歌舞角斗以娱帝,帝狎焉。"刘瑾从正德元年到五年实操权柄,有"立皇帝"之称,意为站着的皇帝。但"封王进京"一说不实。中国历史上只有南北朝时北魏宗爱(封秦郡公、冯翊王)、唐代李辅国(封博陆王)和宋代童贯(封广阳郡王)以宦官出身而获封王。刘瑾不在此列。

《漂海录》又载:"此(椰子)则乃广东布政司进献至尊,至尊又赏广宁太监的。"(五月十四日)表明宦官不仅以近侍身份易得擢升,而且皇帝也不各表达对他们的恩宠。

另一处,崔溥记录下因宦官专权而导致"道路以目"的恐怖状态:

> 夜间,荣又来语臣曰:"方才京中来者言,有一尚书与一学士对立,不知所言。校尉拿告于天子,命下锦衣卫监问所言何事。学士身居内阁,至尊有大小事皆与议,今与尚书相对言,尤恐有私嘱,故问之。"(三月二十一日)

崔溥对护送自己的明朝官员感慨直言:"朝臣贬秩者多,何以不斥宦寺之徒,使得意以行?"(三月二十一日)主张贬斥宦官。他还对比中国与朝鲜宦官的不同用途:"我国内官只任宫中洒扫、使命之役,不任以官事。"(三月八日)表明朝鲜虽然也有宦官,但仅用于粗使、传达使命,并不任官掌权。联系中国历史上特别是明代末期的宦官专权祸国,崔溥的建议既富见地又具卓识。

三、比较的策略及其效果

《漂海录》系奉命为上呈御览而作,撰著目的决定了撰著方法。崔溥善用比较,表现出明显的策略性,并达到出色的表达效果,一方面为朝鲜最高统治者提供了深入了解明朝的最鲜活的情报,另一方面也着意彰显了自己处境窘迫犹不忘身份、为国争光的努力。

(一)博观复约取

宋、明儒家有关于"博观"与"约取""多闻"与"一贯""道问学"与"尊德性"的争论,学识渊博而又有识见判断的崔溥兼淹二者之长。奉王命撰成供御览的《漂海录》天然地要求笔墨经济,不能巨细无遗,也不宜过多表现撰著者的个人趣味。面对中国的山川胜景与漂海、进京、返国途中形形色色的见闻观感,可以记录的东西太多,取舍过程中显然要考虑目标读者——朝鲜国王的兴趣所在,当省笔处避而不谈,当克制处点到即止,当细表处方浓墨重彩渲染一番。

崔溥有意识地规避过度猎奇的写法,而从比较异同入手,在不动声色的描述中完成了优劣鉴别,以彰显所撰著内容的参考借鉴价值;他持舍疵取醇的态度，冀望有针对性地向中国学习，以期造福朝鲜国家和人民；他始终不忘自己的身份，严于律己，客观上成就了为国争光的渴盼。

《漂海录》中的各种比较，不乏援用已有知识解释说明外来事物，通过类比获致新知的情况。但归根结底崔溥的思想意识、知识谱系基本内在于中国明代儒学体系的范畴之中，并没有实质性的迥异于中国儒学的新异思想、学识。知识体系的同质化是一把双刃剑，一方面使他理解与记录在中国的见闻观感几无障碍，另一方面使得揭示中国事物的新异特征颇为不易。他在跨国旅行中不乏新见闻，采用博观约取的路径，他确立了以比较的方式突出见闻观感中印象尤其深刻的部分，颇收言简义丰之效。

（二）隐而未显的自傲

《漂海录》中多将中国事物、中国人的行为方式与朝鲜同类进行比较，有一种隐而未显的自傲姿态贯穿其间。

> 萱曰："医、道、佛三法，贵国何重？"
> 臣曰："我国重儒术，医方次之，有佛而不好，无道法。"（三月初八日）

中国文化始则受儒、道两家思想意识深刻影响，魏晋之际又引入佛学教义，后世儒、释、道三教渐次合流，普遍追求动与静、阴与阳、出世与入世、积极进取和与世无争间的平衡与和谐，成为文化审美与集体无意识中极具分量的因素，并投射到中国人的人生观、世界观与价值观中。朝鲜却始终独重儒术，佛教虽传入却无大的影响，于道法则无。

异质文化间的比较无所谓好坏，甚至难以辨别高下。我们可以说中国文化富有包容性，倾向于多元化，而朝鲜文化表现出相对较强的排他性，更崇尚单一化；当然也可以说中国文化体现出确定的社会功利性，而朝鲜文化择善而固执的坚守特质更突出。崔溥生活的年代未必有认同文化多元的意识，但结合他在《漂海录》中多处有意识对比中朝文化的相关记载，当不难看出他对朝鲜坚守儒术之道的自豪。

崔溥如此记载到北京后的见闻观感：

> 朝廷文物之盛有可观焉。然其间阎之间，尚道、佛，不尚儒；业商

贾，不业农；衣服短窄，男女同制；饮食腥秽，尊卑同器，余风未殄，其可恨者。且其山童，其川污，其地沙土扬起，尘埃涨天，五谷不丰。其间人物之伙，楼台之盛，市肆之富，恐不及于苏杭。其城中之所需，皆自南京及苏杭而来。（四月二十三日）

他深具见地地发现，北京城中所需物品不能自给，而大量依赖南京、苏州、杭州等地补充，这是困扰中国历代统治者的一个严重问题。特别令崔溥不能接受的是"男女同制""尊卑同器"。尽管当时中国与朝鲜同受儒学浸淫，且都深深服膺于宋明理学，但在崔溥看来，似乎朝鲜在维持男女有别、尊卑有序的礼制方面比中国执行得更严格。

用后世的眼光来为中国当时所谓的"宽容"，甚至男女"平等意识"的萌芽辩护其实大可不必。崔溥作为朝鲜从五品官员，本身也是一个十分自律的人，自然有对礼制的认同与坚守，但他在中国大多数时候接触的都是身份、地位、受教育程度比他低很多的底层官吏和普通百姓，两者虽有可比性，但毕竟不在一个平台上。简单地说，崔溥可以代表最严格谨守儒家礼制的朝鲜士人，而他笔下中国人的表现，则是芸芸众生无意识的日常言行，以差不多分处两极的人硬性比较，得出两国遵守礼制情况的结论，多少有些差强人意。

（三）"跋涉死地也能华国"

崔溥严格自律，恪守礼制。《漂海录》中记载，他们遇贼于宁波府界而复漂流海上，抵台州地界再遇六只不明身份的船，面对怀疑且有生命之虞时，从吏建议他临时脱掉丧服换穿官服，以证明身份，保全大家，他终不肯违背守孝礼制而拒绝。"释丧即吉，非孝也；以诈欺人，非信矣"（闰正月十六日），将对"孝"与"信"的坚守看得比生命还高。到北京后皇帝开恩接见，礼部官员要求他换下丧服改着礼服，崔溥不忍有悖守孝之制而一度提出自己不参加接见，后不得已换吉服面圣，出宫阙即还服丧衣。（四月十八日）

赴京途中，到连山驿时，有人"横怒肆毒""喝众侵暴"，对崔溥等人怀有敌意，污蔑他们为"劫贼之人"，阻挡驿官提供供给。负责护送的翟勇气愤不过，怂恿崔溥写状告他抢去衣包，崔溥不愿如此，谓："彼人之恶，诚欲可恶，但以不见夺之物诬为强夺，伏人之罪，甚悖于理。"（闰正月二十八日）他尽管深受其害，却不能无中生有，夸大恶人罪状，陷自己于不仁境地。类似表现不一而足，既展现出一个读书士人严于律己的操守，也体现一个朝鲜官员在中国朝野尽力维护国家尊严的努力。

　　崔溥将遭风而得生还、受到中国皇帝接见与赏赐悉数归因于朝鲜国王的"仁以抚众、诚以事大之德"（四月十九日）。在华期间不断提醒随员"虽漂奔窘遽之间，亦当示以威仪，使此地人知我国礼节如是"（闰正月十七日）。崔溥虽因意外漂流至中国国境，却能十分出色地维护人格、国格，不仅没有违背礼制的举动，而且靠严格自律赢得了中国上下一致的尊重，同时也为自己国家争得了荣誉，朝鲜国王成宗称赞他"跋涉死地也能华国"。《漂海录》中或隐或显地以中国与朝鲜相比较，且背后亦有为朝鲜正名或扬威的微言大义，无疑是朝鲜国王高度评价崔溥的一重关键因素。

四、多层面的方法论启示

　　贯穿《漂海录》中的比较意识给予我们以若干启示，有现实层面的，也有人文学研究方法论层面的，举其大者：比较得以开展之先需先行搭建比较的平台；通过比较在深入认识他者的同时亦需反观自身；比较或解读需始终结合语境进行。

　　（一）搭建比较的平台

　　比较的有效开展首在确保比较平台的搭建，其要义在于克服猎奇心态作祟。鲁迅在《灯下漫笔》一文中旗帜鲜明地反对因猎奇而生的无谓的比较："愿世间人各不相同以增自己旅行的兴趣，到中国看辫子，到日本看木屐，到高丽看笠子。"[①] 一些比较东西方文明者，天然地抱持"非我族类，其心必异"的偏见，生拉硬扯地堆砌出一些所谓的文化或文明的差异，其实大多数时候只是放大了表面差别，无限上纲上线，有时为造成对照而在材料取舍方面畸轻畸重，甚至不惜刻意夸大，生造成一种东西方在方方面面都不同的刻板印象，其做法是非学理性的，其结论自然也不具备学术价值。

　　正确的比较强调承认异质文化有同有异。共性是基于共同的社会发展进程、人类相似的心理与思维结构而产生的，承认共通性是进行比较研究的前提和基础。差异性是一种文化迥异于他种文化的区别性标志，关键在于本质性差异，而不在于不同之处的数量多寡，更不体现在细枝末节。

---

① 鲁迅《灯下漫笔》，载《鲁迅全集》（第一卷）第228页，人民文学出版社，2005年。

(二) 内向省思

有效的比较在说清楚事物"是什么"和"怎么样"之余,还应有助于比较者克服"有睫不自见"① 的视域盲点与褊狭,须有自知、自见之明。无论观察事物还是进行学术研究,一种视角的选定,意味着无形中对更多种视角的放弃,但不应否认其他可能性的存在。通过比较,一方面达致对"他者"更深切的认识,另一方面借助参照他者,反观自身、凝视自我,实现内向省思。

在文化相对封闭自足的时代,人们只能就本国文化样态本身做出概括性描述,或者分阶段梳理其演进变迁情况,或者分作几个流派比较各自的异同。若有机会系统掌握异质文化的精义,无疑有利于加深对本国文化样态的认识。在信息全球化的今天,研究者追求具备国际视野,除本国文化之外对外国文化也有一定的了解,就自然能够形成一种居高临远的视点,搭建一个纵横对比的坐标系,借以重新审视本国文化。

内向省思应尽力克服对人对己双重标准,与研究对象保持一定的时空距离和有意疏离,以便对其做客体化处理,定性判断与定量分析相结合,内部研究与外部研究相贯通,以求真求实为唯一标准。作为研究对象的本国文化得到客体化对待的程度越高,论者对它迥异于外国文化的区别性特征的认识就越深切,也越容易形成更加完整、全面、恰切的判断。

(三) 结合语境解读

崔溥在对比中国南北方差异时提到南北方妇女在户外活动、参与农业生产方面有所区别:

> 江南妇女皆不出门庭,或登朱楼卷珠帘以观望耳,无行路服役于外。江北则若治田、棹舟等事,皆自服劳。(附记)

对此不能脱离语境任意解读。崔溥一行漂到浙江近海时值闰正月,正是深冬农闲季节,户外不仅不见女性,事实上亦难见男性在田间劳作。而他们经陆路迤逦至杭州,水陆并进到北京,停留一段时日再返国,到江北、华北、东北时已然渐次进入春耕春播时节,农田里自然有人劳作,且有男有女。农

---

① 参见《韩非子·喻老》《史记·越王勾践世家》。

忙时有相当数量的女性参与田间劳动，南北皆然。崔溥的上述印象很大程度上是他身处江南与江北的季节性差异造成的。另外，江南养蚕、缫丝等手工业较为发达，故女性多在室内活动，少见"行路服役于外"；而江北地区长期以农耕为主，故有女性在外"治田、棹舟"之事。

葛振家在论及《漂海录》对中国南北风物民俗的对照时说："尤其精彩的是，述及江南人待客比较简约，通常只备一盘猪肉；而东北地方待客热情倍至，以全猪和整坛酒款待。表现出南方人的精细和北方人的豪爽。500年前南北待人接物风格的差异，至今读来也深感切当。"① 其实，当崔溥等人在南方时，中国朝廷尚未就其身份最终定性，地方官绅出于常情只能提供最基本的食物管待；而到北京后受到皇帝接见与赏赐，从北京回国途中自然一路受到地方官的礼遇和款待，所谓"上有所好，下必甚之"。说到底，崔溥在南北方所受的饮食招待和南北方待人接物礼俗之间的对应关系似乎不那么绝对，而与其身份地位是否得到官方正式认可相关度更大。

五、结　　语

崔溥一部《漂海录》全用"比较"的方法贯穿始终，将简单的方法用到了极致，可谓以简驭繁，事半功倍，其力道反大于不惮其烦的繁复笔法，颇收"寸铁杀人"之效。《漂海录》不仅高效地实现了对中国社会现实、政治、经济、民生、人情风俗的实录性记载，为朝鲜国王提供了第一手的情报资料，而且通过或隐或显的中国与朝鲜之间的比较，指摘了中国的不尽如人意处，彰显了朝鲜的个性与优长，在一定意义上增强了朝鲜王朝的"道路自信"，为日后朝鲜"小中华"意识的萌发预埋了伏笔。

（聂友军　浙江工商大学东亚研究院副教授）

---

① 葛振家《崔溥〈漂海录〉评注》第232页，线装书局，2002年。

朱熹《家礼》视域下朝鲜中期茶文化的汰革*

赵曦曦　周　欣

摘　要：在践履朱熹《家礼》通、冠、婚、丧、祭的诸多仪节中都要用到茶，茶文化是《家礼》不可规避的重要一环。终李氏朝鲜五百余年，各阶层民众皆奉《家礼》为圭臬。然而受半岛地理气候限制、经济制度制约、思想意识形态转变、政治环境变化等因素的影响，针对《家礼》用茶处，李朝中期学人进行了合宜的汰革，或废茶不用，或以酒代、或以热水代，这正是朱子所倡导"礼从时""礼循俗"观念的直接反映。

关键词：家礼　朝鲜　茶文化　汰革

依照学术界的主流看法，半岛茶饮之风在高丽中后期达到鼎盛，上至王公贵族，下到走马挑夫，都将饮茶融入日常生活的点滴之中。这一时期政府鼓励种茶、制茶，制定了相应的茶税。宫廷设立了官署机构"茶房"，民间有专门从事茶叶栽培的"茶村"，有国家修建供免费饮茶的场所"茶院"，有售茶及有偿消费的"茶店"。文人骚客以饮茶赋诗最为风流洒脱，《东国李相国集》《破闲集》《圃隐集》等诗文集中品茶、颂茶的诗题洋洋大观。可以说，茶文化渗透到高丽社会的各个阶层。

进入朝鲜时代（1392—1910），依托于朱熹《家礼》的朝鲜儒教茶礼，依托寺院经济的佛教茶礼，及依托王室仪章的宫廷茶礼，在李朝前期（太祖元年至明宗末）一承高丽旧制，延续了短暂的繁荣。朝鲜中期（宣祖元年至景宗末）后，受生态环境、思想意识、政治经济情态转变的多重影响，饮茶、

---

* 国家社会科学基金西部项目"广西儒学文献的整理与研究"（项目编号：18XTQ003）阶段性成果。

奉茶不再成为朝鲜士庶各阶层在礼仪、生活中的风尚，高丽时期极盛的茶文化至此萎靡。

朝鲜中后期茶文化的衰落是学界的共识，然既有的研究成果大多是基于宏观视角对佛教茶礼和宫廷茶礼的研讨。而从原始文献出发，从儒家视角，尤其是着眼于朱子《家礼》的具体施用这一角度，对朝鲜茶文化衰落的细节考察，则鲜有学者涉及。笔者在《韩国礼学丛书》①收录的朝鲜《家礼》类文献中，发现李朝士庶面对通、冠、婚、丧、祭礼仪程序中涉及用"茶"处，往往采取"废茶不用""以酒代茶""以水代茶"等方式回避，正可以从日常礼俗的微观角度，为"朝鲜时代中后期茶文化的衰落"这一宏观主题提供最有力的佐证。

一、朝鲜时代《家礼》文献中茶文化汰革现象略述

以《孔子文化大全》所收明内府刊《性理大全》本《家礼》为筛查底本，②"茶"分布在通、冠、婚、丧、祭五礼的诸多仪节中，共出现19次，③一次置于礼经正文，余下皆附于小字注文中。"茶"一物《家礼》众仪节互出，东贤的问答、辨讼及考证之辞繁杂，今特以《家礼·通礼》章"茶"首出处为例，将朝鲜学人的论说作统一的归类整理。

《家礼·通礼》章"正至朔望则参"条目下，朱子本注："主妇升，执茶筅，执事者执汤瓶随之，点茶如前。"而后朱子又注说："望日不设酒，不出主。主人点茶，长子佐之，先降。"在正朝、冬至、每月初一和十五时，主人、主妇率宗族子孙于祠堂拜谒，祠堂以西为上，渐次排列高、曾、祖、考四世神龛，龛外垂帘，龛中放置木椟，神主藏于木椟之中。正、至、朔日的

---

① 《韩国礼学丛书》由韩国庆星大学校（Kyungsung University）韩国学研究所编辑整理，釜山民族文化出版社出版，共138册，礼书185种。该丛书几乎囊括了朝鲜诸儒及门人的礼俗成果，全面反映了朝鲜礼学研究的盛况。它是收录集成域外礼经汉籍工作中规模最大、网罗最丰富的一次，本文材料来源，若无特别说明，均采自《韩国礼学丛书》。

② 朝鲜半岛流行的《家礼》皆为《性理大全》之翻刻。诚如吾妻重二先生所说："《孔子文化大全》影印本《性理大全》，为今见各本中最善者。"参看［日］吾妻重二《朱熹〈家礼〉实证研究》第243页，华东师范大学出版社，2012年。故本文选用此本作为《家礼》文献研究之底本。

③ 此统计将"茶"视为独立饮品，排除器皿类条目，如茶盏托、茶盏、茶筅、茶盒。

参谒之礼重于望日,于其时,启椟出主,香桌上酒、茶皆备,主人斟酒,主妇随之点茶。而望日时,虽启椟但不出神主,香桌上不设酒,主人点茶,以示轻重隆杀有别。

朝鲜《家礼》文献中,东人用茶的情况与朱子注说有显著差别,主要分为以下四种。

(一)"废茶"不用

所谓"废茶"不用,即将《家礼》中需要用茶的环节全部略去不谈,主要代表有李珥(1536—1584)、尹拯(1629—1714)、朴世采(1631—1695)、金钟厚(1721—1780)、李宜朝(1727—1805)等,尤以栗谷李珥的《击蒙要诀·祭仪钞》为嚆矢。李珥云:"《家礼》望日则不出主,不设酒,只设茶。今国俗无用茶之礼,当于望日,不出主,只启椟,不酹酒,只焚香,使有差等。"① 望日祠堂之祭,祭饮只设茶一品,由主人点茶。然而由于李朝茶文化的低迷,喝茶的风俗逐渐消退。栗谷看来应依半岛俗制抛却用茶之礼,故而在正、至、朔、望的参谒中,将《家礼》设茶、点茶的相关文段一并删去。

李珥《击蒙要诀》的辞论此后被东国群贤反复引征和诠释。如《明斋先生疑礼问答》中朴世采问询明斋尹拯是否当依循《击蒙要诀》弃茶不用时,明斋对曰:"当从《要诀》行之。"② 而针对"废茶"之事曾请教尹拯的朴世采,在《南溪先生礼说》中又以答疑者的身份与尹明相(生卒年不详)、宋时烈(1607—1689)论辩往还,朴世采云:"望日不设酒,国俗又不用茶,此则恐难强行。"③ 半岛土俗无用茶之仪,故而朴氏面对本应奉为圭臬的《家礼》,亦发出了此条难以实行的感慨。此外,金钟厚《家礼集考》及李宜朝《家礼增解》两书,皆以李珥《击蒙要诀》为依归。认为东国民俗不用茶,《家礼》中与"茶"关涉的程序应阙而不录。且在李朝举国行礼不用茶的前提下,茶盏、茶托、汤瓶等茶具都应废弃不用。

除《韩国礼学丛书》收录的《家礼》类礼论外,笔者梳理李朝文述,目

---

① [朝鲜]李珥《击蒙要诀》,载《栗谷全书》(卷27),《韩国文集丛刊》(第45册)第93页,首尔:景仁文化社,1990年。
② [朝鲜]尹拯《明斋先生疑礼问答》,《韩国礼学丛书》(第16册)第81页,釜山:民族文化出版社,2008年。
③ [朝鲜]朴世采《南溪先生礼说》,《韩国礼学丛书》(第21册)第124页。

及李汉辅（1675—1748）《拙隐先生遗稿》有："点茶，主妇事也，东俗本不用茶。"① 沈潮（1694—1756）《静坐窝先生集》有："《家礼》望日只曰不设酒，而不曰不用果。则今虽不用茶，而自有新果一大盘。"② 综上，自16世纪初至18世纪末的两百余年，包括畿湖学派宗主的栗谷李珥在内，两班士林的儒学大师先后将半岛生活不用"茶"的做法引入到《家礼》的践行中。

（二）以"酒"代"茶"

若单因东人无用茶的风习，而贸贸然删减《家礼》，则大大破坏了《家礼》文本的完整性。因此，同春宋浚吉（1606—1672）、尤庵宋时烈、云坪宋能相（1709—1758）、星湖李瀷（1681—1763）、梅山洪直弼（1776—1852）、性斋许传（1797—1886）等人在读礼随钞或疑礼问解中，持"以酒代茶"说。众人答述之证择录如下：

> 《星湖礼式》"按礼士月半不殷，故杀于望日，有不设酒等节。然东俗既不点茶，则酒不可不用。"③
>
> 《九峰瞥见》："初一日：《仪礼》茶、酒、果。司马温公月朔具茶、酒、常食数品，见《书仪》。十五日：《仪礼》只用茶。今俗不用茶，代茶用酒。"④
>
> 《士仪》："东俗不用茶，则虽望日不可不用酒于桌上斟之，无缩酒以杀节也。"⑤

茶树种植及茶叶来源限制了《家礼》中茶的使用，因此东人改用家家皆备的"酒"。酒之于半岛人民的地位同我国的茶相当，崔溥（1454—1504）《漂海录》中明人陈萱与朝人崔溥的对话可为旁证。"陈萱问臣曰：'贵国人对客酬酢用茶否？'臣曰：'用酒不用茶。'萱曰：'我地人对客皆用茶。若有

---

① ［朝鲜］李汉辅《著存录》，载《拙隐遗稿》（卷8），《韩国文集丛刊》（续第60册）第132页，首尔：景仁文化社，2008年。
② ［朝鲜］沈潮《答申东野书》，载《静坐窝集》（卷7），《韩国文集丛刊》（续第73册）第208页，首尔：景仁文化社，2009年。
③ ［朝鲜］李瀷《星湖礼式》，《韩国礼学丛书》（第41册）第466页。
④ ［朝鲜］金禹泽《九峰瞥见》，《韩国礼学丛书》（第65册）第257页。
⑤ ［朝鲜］许传《士仪》，《韩国礼学丛书》（第81册）第210页。

情厚远来人,则或有用酒者.'"① 至于为何以"酒"代"茶",《家礼增解》旁引宋能相的阐释:"古礼醴、酒并设,醴重于酒。《家礼》因《书仪》,朔参用茶酒并者,乃唐宋时俗尚之故耳。我国既无茶,俗尚醴,由是则茶代以醴,合于古而不忘本。且望日既不用酒,茶之降神,甚不便矣。"② 古礼仅有朔奠,陈设醴、酒,醴较酒重,且并无月半之祭。《家礼》以《书仪》为蓝本,增月半的望参,将"醴"改为唐宋时的俗饮"茶",酒较茶重。若仅因半岛少茶而将"茶"改替为最显威仪的"醴",反而颠倒了主次轻重。因此郭钟锡(1846—1919)在《疑礼问答类编》中驳辩道:"宋云坪欲代茶以醴而谓之不忘古,然非但今之醴非古之醴也,虽用古醴,醴重于酒,是望参反重于朔参也。"③

(三)以"熟水"代"茶"

截略《家礼》仪文,与李朝学人长期奉朱子学说为圣经的学术习惯相背离;以"酒"代"茶",又与礼有等差秩序的原则相矛盾。因此部分李朝先正认为,应以"汤"代"茶"。该说发轫于李滉(1501—1570)《退溪先生丧祭礼问答》的论礼文字中。寒冈郑逑(1543—1620)问:"茶是古人常用,故祭亦用之。今既罕用点茶,何以为之?"退溪答曰:"今人进汤水,是古进茶之意。"④ 汤水即熟水、热水。

退溪提出以"熟水"代"茶"的看法,切中肯綮,被李朝诸礼家承续,且在半岛士林儒者中影响最为深远。如《丧礼备要》"虞祭"条沙溪金长生(1548—1631)添附按语:"国俗代以水。"⑤ 金集(1574—1656)《疑礼问解续》:"我国不用茶,代以水。"⑥ 夏时赞(1750—1828)《八礼节要》在需要进献"茶"的仪节中,径直言"进熟水"。⑦ 宋来熙(1791—1867)《礼疑问答·四礼辨疑》云:"朔望隆杀,只在茶与酒并用与否。今俗通用酒而无茶,

---

① 葛振家《崔溥〈漂海录〉评注》第135页,线装书局,2002年。
② [朝鲜]李宜朝《家礼增解》,《韩国礼学丛书》(第58册)第267页。
③ [朝鲜]郭钟锡《礼疑问答类编》,《韩国礼学丛书》(第100册)第62页。
④ [朝鲜]李滉《退溪先生丧祭礼问答》,《韩国礼学丛书》(第1册)第320页。
⑤ [朝鲜]金长生《丧礼备要》,《韩国礼学丛书》(第4册)第708页。
⑥ [朝鲜]金集《疑礼问解续》,《韩国礼学丛书》(第9册)第692页。
⑦ [朝鲜]夏时赞《八礼节要》,《韩国礼学丛书》(第62册)第330页。

则朔日加设汤一器,余依《家礼》,似为合宜。"① 依宋氏所说,茶是唐宋时期中国俗尚,半岛用酒而无茶,朔参加设热水,兼顾礼文与等差,最为合宜。此外,黄泌秀(1842—1914)《丧祭类抄》、洪在宽(1874—1949)《四礼要选》、沈宜德(?—1849)《家礼酌通》等人的论著中均言明国俗无茶,常代以熟水。作为朝鲜半岛家庭日用行礼尺绳的李縡(1680—1746)《四礼便览》一书,特将《家礼》行文过程中使用的器具单独提炼,归为"诸具"条项,更在"诸具"中多次直接胪列"熟水",以备世人着手备办礼仪物具时能了然于目。

《韩国礼学丛书》之外,郑重器(1685—1757)《梅山先生文集》录有:"退溪先生答郑道可曰:'今人进汤水,是古用茶之意',来说是矣。"② 以及柳重教(1832—1893)《省斋先生文集》录有:"东俗不用茶,代以熟水。"③ 简言之,"熟水代茶"说以退溪李滉、沙溪金长生以及陶庵李縡为代表,自16世纪初至20世纪初,近四百余年间,诸多礼学硕彦笃信三先生的观点,在献祭时将以"熟水"代"茶"作为通行的仪则。

(四)好礼之家遵《家礼》用"茶"

除废茶、代茶的讲议文字外,少数学者在与远近朋侪的书札中谈到,茶虽稀缺但并非全无,半岛土产茶中最为人熟识的是"雀舌茶"。如李衡祥(1653—1733)在《家礼或问》中介绍道:"中原专以此待客而用。雀舌茶,我东元无此种,庆州佛谷寺有一株,称以自中原移植,种于地异山,今或有略干云。"④《安陵世典》中引李栽(1657—1730)《密庵集》:"古人重茶,以为宾祭之用。不但中原有之,我东湖岭间亦多产,年年上供,所谓雀舌茶是也。"⑤

雀舌茶为绿茶属,原产于中国的浙江、江苏等地,因其形状尖嫩如雀舌

---

① [朝鲜]宋来熙《礼疑问答·四礼辨疑》,载《韩国礼学丛书》(第79册)第176页。
② [朝鲜]郑重器《答李孟猷书》,载《梅山集》(卷6),《韩国文集丛刊》(续第67册)第125页,首尔:景仁文化社,2008年。
③ [朝鲜]柳重教《往复杂稿》,载《省斋集》(卷18),《韩国文集丛刊》(第323册)第430页,首尔:景仁文化社,2004年。
④ [朝鲜]李衡祥《家礼或问》,《韩国礼学丛书》(第29册)第224页。
⑤ [朝鲜]李周远《安陵世典》,《韩国礼学丛书》(第50册)第211页。

而得名。雀舌茶主要流行于李朝中期之后,"甚至雀舌一语还成为当时茶的代名词"①。李衡祥原籍为全州,今为庆尚北道全州市;李栽为安东人,今属庆尚北道安东市。李浚庆在《录遗许太史朝鲜风俗》中云:"八道中,忠清、庆尚、全罗三道地广物众,州郡雄巨,最为富庶,俗尚诗书礼让。其中庆尚道,号为'岭南',风俗之美,道学之士,比诸道倍多。"②李衡祥与李栽所居的岭南地区,多山地丘陵,温度、降水合宜茶树的种植,因此具备用茶的客观条件。

除极少数"岭南"的两班子弟惯常见到茶树,有条件饮茶,能在日常的行礼仪式中使用茶水外。对于半岛大部分民众来说,茶叶难以取获,因此应权衡自家有无,尚礼的家族在物资充裕的前提下,依遵《家礼》用茶是至善的选择。正如郭钟锡《疑礼问答类编》云:"鄙意则茶虽国俗之所阙,然好礼者遵《家礼》用之则固为至善。"③

上述四种观点,笔者评述如下:首先,未敢一字删改《家礼》文本,坚持祭祀用茶的学者或论说所见者寡,多以废茶、代茶为主流意见。其原因在于,《韩国礼学丛书》收录的学者多集中在朝鲜中期,而该时期正是李朝饮茶的低迷期,茶叶产量不高,对于普通百姓来说茶是奢侈品,无法有能力将其用于日常祭祀之中。其次,在废茶、以酒或水代茶的争议中,废茶之说最应摒弃。古人所谓"爱礼存羊",若仅仅是因为"茶"的稀缺就忽略或删除所有献茶、用茶的礼仪环节,实有违礼义。再次,在以酒代茶还是以熟水代茶的选择中,"熟水代茶说"延续的时间最长。一方面由于倡导者为李滉、金长生、李縡等朝鲜儒学泰斗,故而受众最广、影响最大。另一方面,《曲礼》云:"礼从宜,使从俗。"朱子本人也赞同礼当因时、因地而变。在不违背基本礼义的情况下,"从时""循俗"也未尝不可。这也为采"熟水"入礼提供了理论参考。笔者亦倾向于沙溪及陶庵的以"熟水"代茶饮。最后,正如前文所述,朔参礼重于望参,朔参用酒、望参以茶,隆杀有别,若两者皆以酒降神,则违背了礼有等差、不可逾越的基本原则,故而以酒代茶说并不可取。

综上,在保留献茶礼文、仪节的前提下,以人人皆可备办的热水来代贵

---

① 徐海荣《中国茶事大典》第 121 页,华夏出版社,2000 年。
② [朝鲜] 李浚庆《杂著》,载《东皋遗稿》(卷5),《韩国文集丛刊》(第 28 册)第 347 页,首尔:景仁文化社,1989 年。
③ [朝鲜] 郭钟锡《礼疑问答编》,《韩国礼学丛书》(第 100 册)第 62 页。

重的茶叶,既保留了礼仪的整体性,凸显了礼有等差区别的原则,又遵循了朝鲜的国俗民情。

二、李朝中期茶文化汰革原因探析

李朝500多年来勃兴的《家礼》辑解、礼问、补苴等活动,为了解半岛儒教茶礼提供了条件。进入16世纪以后,东人常发出"茶是何物,'点'字之义未详……未知茶之为物?其茎叶为何?古人必用之者,何也"① 的疑问。加之李朝距宋已久,对于宋人流行的点茶法以及点茶专用器具茶筅、汤瓶的器形质料,朝鲜学者更是一头雾水、讹说不断。高丽王朝及李朝初期繁盛的茶文化何以衰退至此?对于茶树形态、茶叶功效、茶品种类、煮茶点茶方法、如何鉴赏茶汤等基本饮茶常识,半岛民众为何匮乏至此?16—19世纪,茶叶何以在朝鲜半岛有近300年的空白期?针对诸般疑问,笔者试图从以下几个方面探寻其原因。

第一,从客观生态气候因素来看:自然灾害严重摧残了茶叶种植和生产。作为耐阴而喜短日照的植物,茶树适宜生长在年平均气温在14—16℃之间,年平均降水量不少于1500毫升的温暖湿润地带。而朝鲜半岛地形北山南原,南北端之间维度跨越较大。受地形及温度的限制,茶叶多种植在全罗道、庆尚道等岭南地区。大约15至19世纪中叶,全球进入到一个寒冷干燥的时期,即科学界公认的"小冰期",这一时期在我国又称为"明清小冰期"②。李氏朝鲜时代同样受到"小冰期"异常气候的波及,据《朝鲜王朝实录》记载,半岛气温骤降、水灾旱灾频发,甚至出现了5月至8月间都下冰雹、强降雪的极端天气。闵鼎重(1628—1692)在《岭南暗行御史别单书启》中记载,李朝1658年"三月初七日、八日,大雪飞下,成花积寸。不但所见惊异,闻之父老,则三月雪前亦有之,而未有如今岁之甚。莫不为之忧惧。又于四月二十二日,雷电雨雹,雹之大者如鸡卵,伤损新生木绵之苗甚酷"③。自然灾

---

① 李周远《安陵世典》,《韩国礼学丛书》(第50册)第210页。
② 王绍武《近代气候变化的研究》,载《纪念科学家竺可桢论文集》第164页,科学普及出版社,1982年。
③ [朝鲜]闵鼎重《岭南暗行御史别单书启》,载《老峰集》(卷11),《韩国文集丛刊》(第129册)第226页,首尔:景仁文化社,1994年。

害引发了严重的生存危机,饥馑和疾病肆虐着朝鲜半岛,李朝显宗年间的"庚申大饥饿"与肃宗年间的"乙丙大饥饿"造成民众的大量死亡,全国人口减少了近10%。① 气候改变,造成了茶丛无法存活,劳动生产力减少,进而茶树无人栽种的恶性循环。

第二,就茶叶的来源及种类来说:昂贵的中国茶叶限制了茶叶消费。半岛饮用的茶叶源于朝鲜土产和中国产两种。土产茶中"茶的产地主要以庆尚道的固城和全罗道的同福县瓦旨茶贡里等二十余处"②。然而,据徐兢《宣和奉使高丽图经》中描述:"土产茶,味苦涩不可入口,惟贵中国腊茶并龙凤赐团。自锡赉之外,商贾亦通贩。"③ 可见从生产技术及鉴赏口味上来说,宋朝制茶较高丽制茶不啻云泥之别。高丽时代的名茶孺茶、龙团胜雪、雀舌茶、紫笋茶、灵芽茶、腊茶、香茶等,大多是依赖朝中贸易由中国购得的。由朝鲜半岛入李朝,朝代虽有更迭,但茶叶的质量在大多数时候仍以中国所产为佳。兼之中国所来之茶由于数量较少,因而往往价格昂贵,客观上影响了其在高门大族、权豪寺观之外的流传普及。

第三,结合思想意识形态转变和经济制度制约来考察:茶与佛教之间密不可分,相辅相成。高丽长期的佞佛之习,产生了众多大庄园经济豪寺,恶僧败髡骄奢淫逸,佛教界流弊百出,以致斥佛之声日渐高涨。李朝取代高丽之后,朱子学说成为构建王朝礼制仪轨的理论武器。太宗在位期间(1401—1418)推行"崇儒排佛"的政策,没收寺院土地,控制僧侣数量。造成了以寺院为依托,以僧侣为主要栽培和饮用主体的茶叶市场的缩小。

第四,从朝鲜与后金的朝贡贸易看:丁卯(1627)、丙子(1636)两次"胡乱",朝鲜被迫向后金"朝贡"。据《清实录》记载,从崇德二年(1637)开始,朝鲜每年需进贡方物"黄金百两,白银千两,水牛角二百对,貂皮百张,鹿皮百张,茶千包……"④ 与朝鲜相比,当时后金的物产更为匮乏,在徐兢眼中"味苦涩不可入口"的高丽茶,也需从朝鲜获得。苛重的茶贡显著地挤压了朝鲜民间的用茶需求。

第五,从半岛政治环境变化来看:李朝中期以后,王朝动荡,统治阶级

---

① 崔德卿《17—18世纪朝鲜的水稻耕作与占候》,载《农业考古》2005年第1期。
② 林瑞萱《中日韩英四国茶道》第124页,中华书局,2008年。
③ 徐兢《宣和奉使高丽图经》,影印文渊阁四库全书本。
④ 《清太宗实录》第431页,中华书局,1985年。

内部矛盾日趋激化，党争不断，士林派与勋旧派互相倾轧，国势日趋衰弱，军备废弛。土地所有关系混乱，两班贵族土地兼并加剧，私田日增。加之北有明清武力胁迫及经济压榨，南有倭寇肆意侵袭杀掠，16世纪末—17世纪中期，半岛先后遭受"壬辰倭乱"（1592—1598）及"丙子胡乱"（1636—1637），外侵战争带来的危机局势，导致百姓离散不能保，父母冻馁不能养，户空人亡，茶文化逐渐从民间生活中消失。

综上，李朝初期茶叶经历短暂的繁荣后，由于恶劣的自然环境、高昂的进口价格、抑佛崇儒的政策、严苛的茶税茶贡、贫窭的民生这几项主要因素，茶叶生产断崖式下跌。李朝汗牛充栋的《家礼》类文献中茶叶使用的空缺，也从侧面验证了朝鲜中期茶文化在世俗生活中的衰微。

三、结　语

从高丽时代市镇中名目繁多的"茶房""茶村""茶院""茶店"，佛教、王室官府、儒林士人品级各异的茶礼，具有本地特色的茶具、茶俗不断推陈出新，不难想见其"茶事鼎盛"的状貌。然而，茶在高丽时代何以兴盛值得我们研究，其在朝鲜中后期的衰落同样应该获得关注。

《家礼》谓"凡礼有本有文"，本者存于心，文者著于物，无本则不立，无文则不行。《论语》中说："丧，与其易也，宁戚"，朱子也一再强调施礼之际"略浮文，务本实"，故而在儒学管摄秩序下，《家礼》所宣导的"名分""爱敬"等礼义精神并未引起治礼者过多的争议。相反，作为"仪节""祝词""礼具""礼式"等礼义"外壳"的"文"，却常常是礼学家研究、阐发的重点。"礼不难行于朝，而难行于野。其行之难，非尽情之难，难于尽其文而已。"① 就本文而言，"李朝茶事不兴"是"礼义"，而朝鲜《家礼》类文献中诸般"废茶不用""以酒代茶""以水代茶"的详尽且琐碎的记载则是"礼文"。"礼文"（茶）虽小，却在冠、婚、丧、祭的施用中，在李氏朝鲜数百年的礼家聚讼中，体现了朝鲜士人对《家礼》的虔诚和尊重，对本民族文化与传统的坚持和考量，以及对朱子礼学精神的高度领会。无论是李珥

---

① ［朝鲜］李植《谚解家礼》，《泽堂集》（卷9）《韩国文集丛刊》（第88册）第158页，首尔：景仁文化社，1992年。

以"今国俗无用茶之礼"为由,对《家礼》相关仪节阙而不录;还是郭钟锡"鄙意则茶虽国俗之所阙,然好礼者遵《家礼》用之则固为至善"。都是凭借各自对《家礼》与"国俗"的理解,以及本人所处的时地环境,做出的不同选择,真正在实践上恪守了朱子"从时""循俗"的礼仪观念。再者,"礼文"(茶)的变迁,也能够成为历史的注脚。从文中胪列的原因可知,李朝"废茶"不是一蹴而就的,各原因也并非同时产生作用,而是在历史的环境中互相交叉、互相影响。朝鲜《家礼》文献产生的时间恰恰与李朝茶文化开始衰落的时间相契合,因而"实时"地从文献记载的角度,成为这一历史文化现象的可贵例证。

(赵曜曜　淮阴师范学院文学院讲师;
周欣　四川大学俗文化研究所博士)

·南亚汉学研究·

70年来印度的中国研究
——历史与趋势

管永前

摘　要：自1949年中华人民共和国成立以来，印度的中国研究大体可分为三个阶段。第一阶段为1949—1962年，重点是对中国历史和文化的研究。第二阶段为1962—1988年，由于中印边界争端的影响，印度的中国研究开始重视现实问题，尤其关注中国外交、军事和发展战略。1988年至今为第三阶段，随着两国关系的正常化，越来越多的印度学者从事中国政治、经济、军事、外交、社会、语言、文化研究，出现了跨领域、全方位开展研究的局面，促进了两国关系的改善。然而，印度目前的中国研究还存在着高层次汉语人才匮乏，第一手中文资料运用不足等问题。今后，两国学术界应进一步开展建设性互动和思想对话，以促进中国、印度两国人文交流和文明互鉴。

关键词：印度　中国学　汉学　中印关系

中国和印度是世界文明古国，两国人民之间的文化交往已有数千年历史。特别是近现代以来，印度对中国的研究逐渐增多。自1949年中华人民共和国成立至今，印度的中国研究大体可分为三个阶段。第一阶段为1949—1962年，重点是对中国历史和文化的研究。第二阶段为1962—1988年，由于中印边界争端的影响，印度的中国研究开始重视现实问题，尤其关注中国外交、军事和发展战略。1988年至今为第三阶段，随着两国关系的正常化，越来越多的印度学者从事中国政治、经济、军事、外交、社会、语言、文化研究，出现了跨领域、全方位开展研究的局面，促进了两国关系的改善。然而，印度目前的中国研究还存在着高层次汉语人才匮乏，第一手中文资料运用不足等问题。今后，两国学术界应进一步开展建设性互动和思想对话，以促进中国、印度两国人文交流和文明互鉴。

一、1949—1962年：以中国历史、文化研究为主

1949年中华人民共和国成立之前，印度的中国研究已经有了一定基础。尽管本文主要梳理1949年后印度的中国研究，但对之前的研究状况也有必要做一简要回顾。1918年，加尔各答大学最早开设了中国语言和文学课程，但影响不大。1921年，印度著名诗人、诺贝尔文学奖获得者泰戈尔（Rabindranath Tagore，1861—1941）创立了国际大学（Visva-Bharati University），聘请法国著名中国学家列维（Sylvain Levi，1863—1935）为客座教授，专讲中国文化和佛学。印度学者师觉月（Prabodh Chandra Bagchi，1898—1956）是当时列维的学生，后来成为印度最重要的汉学家之一，赢得了国际学界的高度认可和崇高声誉。1934年，印度正式成立"印中学会"，设在国际大学，泰戈尔任主席，尼赫鲁（J. Nehru，1889—1964）任名誉主席。1935年，中国南京成立"中印学会"，蔡元培为理事会主席，戴季陶为监事会主席。1937年，国际大学成立以谭云山（1898—1983）①为首任院长的中国学院（Cheena Bhavana），泰戈尔亲自主持开幕，印度著名领袖甘地、尼赫鲁等都给予热情祝贺，这是中印近代文化关系史上的一件大事。中国学院先后培养出了包括白春晖（Vasant V. Paranjpe）、南希珍（K. Vankata-ramanan）、泰无量（Amitendranath Tagore）、慕克吉（P. Makherji）、苏季子（Sujit Mukherji）和谭中在内的一大批印度汉学家，其中精通汉语的白春晖曾出任过印度驻华大使。

---

① 谭云山（1898—1983），湖南省茶陵县下东长乐人，印度总理英·甘地夫人称之为"伟大学者"。青年时代在湖南第一师范学校参加了毛泽东创办的"新民学会"和"新文化书社"。1924赴新加坡和马来西亚任教。1928年接受印度诗圣泰戈尔的邀请去印度国际大学任教。1937年首任印度国际大学中国学院院长。1956年周恩来总理访印时，参观该学院，称赞他为促进中印文化交流做出了贡献。1968年从国际大学中国学院退休，享有国际大学终身名誉教授殊荣。谭云山对中国古典文学、诗词、佛教和印度哲学造诣很深，留下丰富的著述。《海畔诗集》辑入其20世纪20年代所写的诗，30年代在南洋华人中影响很大。他撰写的《世界历法与历法革命》《印度周游记》《印度丛谈》《印度六大佛教圣地图志》《西藏见闻录》等38种英文和10余种中文长篇巨著，具有很高的文化学术价值。

1951年，国际大学因经费不足由私立改为国立。中国学院加入国际大学编制，成为新的国立大学的重要部门。当时印度国防部和一些大学，先后办起中文班，谭云山就把中国学院的年轻中国学者推荐给他们。例如，40年代末50年代初，阿拉哈巴德大学（University of Allahabad）开设中文课程，经谭云山推荐，巴宙①前去任教，后来巴宙成为国际知名学者。在巴宙之后，谭云山又推荐周祥光②及其夫人前去教授中文。周祥光写过一部《中国佛教史》（*A History of Chinese Buddhism*，1953），在印度学术界很有影响。印度国防部外国语学校开设中文班的时候，谭云山又介绍杨允元去讲授中文，后来杨允元也成为国际知名学者。就这样，国际大学中国学院成为印度各地中文教学和中国文化研究的发源地。

国际大学中国学院作为印度第一个正式开展中国研究的学术机构，着重于宣传中国文化。为此，谭云山写了许多关于中国的英文文章③，由"中印学会"（Sino-Indian Cultural Society）在印度出版。在当时印度学术界、文化界对中国了解甚少的情况下，这些文章对于帮助印度知识分子了解中国，纠正西方舆论对中国的误解发挥了重要作用。

中国学院从一开始就聚集了一批来自中国和印度各地的"汉学"研究者。

---

① 巴宙，佛教学者，四川万县人。生于1918年，卒年不详。字望蜀、望舒，号仙樵。毕业于上海蒙藏学院。20岁赴印度留学，以研究印度文化与哲学为主，后获国际大学硕士及孟买大学哲学博士学位。博士论文为《梵巴汉藏对照波罗提木叉之比较研究》，该篇论文是研究原始佛教生活及僧团制度之重要著作。曾任教印度国际大学七年、阿拉哈巴大学七年，锡兰大学十四年，后应美国爱渥华大学（University of Iowa）宗教学院聘请，担任佛学教授。巴宙精梵文、巴利语、现代印度语及欧西等多种文字，并擅佛学及印度学。著作除博士论文外，另有《大般涅槃经之比较研究》（1946）、《梵本摩诃僧祇之波罗提木叉》（1956）、《敦煌韵文集》（1965）、《大乘二十二问之研究》（1979）、《交响与重诂》（1980），又译有《南传大般涅槃经》《泰戈尔小品精选》等。

② 周祥光（Chou Hsiang-Kuang，1919-1963），浙江黄岩人。1942年赴印度加尔各答及德里大学深造，获得博士学位。先后担任印度国际大学、阿拉哈巴大学等校教授。周祥光专攻印度哲学，于佛学、史学均有极深造诣。著有《中国禅宗发展史》（英文版）、《中国佛教史》（英文版）、《印度哲学史》、《印度通史》等书，对促进中印文化交流贡献颇大。

③ 其中包括："Cultural Interchange Between India and China"（1937）、"Buddhism in China Today"（1937）、"What is Chinese Religion"（1938）、"India's Contribution to Chinese Culture"（1942）、"China, India and the War"（1944）、"The Spirit of Indian and Chinese Culture"（1949）、"Ahimsa in Sino-Indian Culture"（1949）、"Sino-Indian Relationship"（1950）、"The History of Chinese Language and Literature"（1952）。

在中印学会的组织和影响下，一批中国有志学者前往印度，如徐悲鸿、陈翰笙、常任侠、金克木、徐梵澄、吴晓铃、陈洪进等。他们或讲学，或访问研究，与印度学者切磋交流，可谓盛极一时。在印度方面，主要有前面曾提及的师觉月，他通晓汉语、日语、德语、法语、英语、梵语和印地语等，先任中国学院研究部主任，后来成为国际大学研究主管，最后被印度政府指派为国际大学校长（1954—1955）。国防大学第二任中文讲师泰无量是大诗人泰戈尔的侄孙，曾留学中国，后来回到国际大学中国学院任教，最后又去美国教学多年。当时在国际大学中国学院任教的学者，还有教授哲学和中文的文卡塔拉曼（Venkataraman），以及从事中文教学的萨提兰建·沈（Satiranjan Sen）等。

谭云山担任国际大学中国学院院长时，泰戈尔要他把研究重心放到佛教在中国发展的课题上。佛教是起源于印度的世界宗教，但在中国发展的历史最为辉煌，现在流传于世的佛教经典绝大多数是首先在中国出版的中文典籍。因此，中国学院从一开始就建立了一项把中文佛经译回梵文的研究项目，聘任懂中文的梵文专家来做这项工作。在中国学院研究佛学典籍的几位学者都能够读中文大藏经。例如，穆克吉（Sujit Kumar Mukherjee）和艾雅斯瓦米（N. Aiyaswami Sastri）在50年代就发表过有关的翻译成果，后来在那里研究，直至退休。还有一位寂比丘（和平比丘，Shanti Bhikksu Sastri）也曾在那里研读中文佛经。

除了中国学院外，设在德里的印度国际文化研究院（International Academy of Indian Culture），也是研究中国文化的重要机构。这个机构由印度著名学者拉古·维拉（Raghu Vira, 1902—1963）创立，他本人著有《罗摩衍那在中国》一书（1933），后又出版了有关中国诗歌和绘画的论著。他的儿子罗凯什·钱德拉（Lokesh Chandra）子承父业，专心于中国文化研究，成为享誉全印度的中国学专家。① 此外，根据尼赫鲁的意愿建立了印度国际研究学院（The Indian School of International Studies），即尼赫鲁大学的前身。德什潘德（G. P. Deshpande）、拉马钱德兰（K. N. Ramachandran）、克里希南（R. R. Krishnan）、希拉·穆尔蒂（Sheela Murthy）等成为东亚系教员，对中国有相当全面的研究。

---

① 郁龙余《中国学在印度》，载《学术研究》2000年第1期。

20世纪50年代，根据中印两国政府交换留学生的协议，第一批印度留学生来到中国学习。其中，维迪亚·普拉卡什·杜德（Vidya Prakash Dutta）和他的妻子嘉姬·杜德（Gargi Dutta）回国后分别在德里大学和尼赫鲁大学任教；克里希南纳特·查特吉（Krishnanath Chatterer）回国后在贝拿勒斯印度教大学（Banaras Hindu University）任教；沈纳兰（Naryan Chandra Sen）回国后先后在国际大学、尼赫鲁大学任教，后来还曾作为孟加拉文专家在北京工作多年。稍后一批到中国学习的有丽娜·甘古利（Reena Ganguly）和甘山·梅赫塔（Ganshan Mehta）等。①

巴帕特（P. V. Bapat）和郭克雷（V. V. Gokhale）也是印度著名中国学家。郭克雷先在国际大学学习，后到德国海德堡大学（Ruprecht-Karls-Universität Heidelberg）学习汉语和藏语，巴帕特则在美国学习中文。他们都曾在费尔古森学院（Fergusson College）中国研究中心工作，从事梵文、巴利文和汉语、藏语佛教典籍的比较研究。

总结第一阶段印度中国研究的发展，可以说，中国学在印度的真正兴起，首先应归功于泰戈尔。在当时的背景下，人们感兴趣的领域主要是中国历史、语言、文学、艺术、佛教和中印之间的历史联系，缺少对现代中国的关注。从中可以看到三个特点：第一，这是一个从无到有的阶段，印度朋友对研究中国表示了热忱。第二，当时中印两国都处在水深火热之中，两国人民成为帝国主义侵略受害者的难兄难弟，印度的中国研究充分反映出这种中印友谊。第三，泰戈尔创建国际大学和中国学院，成为中印友好与相互了解的象征。②

二、1962—1988年：转向现代中国研究

1962年的中印边界冲突是一个分水岭，认识中国和了解中国成为印度朝野的共识。它促使印度转向现代中国研究，主要关注中国的外交政策、军事和安全问题。有关中印边境冲突的成因、军事冲突的过程以及印度北部安全环境的评估都成了印度中国研究中最热门的话题。于是，印度的中国研究开始出现重视地区战略、轻视中印关系，重视现实问题、轻视历史文化的倾向；

---

① 薛克翘《中印文化交流史》第370页，商务印书馆，2017年。
② 谭中《现代印度的中国研究》，载《南亚研究季刊》2011第1期。

当时印度最著名的中国通，不再是语言学家、历史学家或者宗教学者，而是关注中印外交和战略关系的政府官员、专栏作家或者媒体记者。①

在美国福特基金会（Ford Foundation）的资助下，1964年德里大学建立了"中国研究中心"，选送一批年轻学者到美国各大学深造。1966年德里大学成立中国研究系（后为中国和日本研究系，现为东亚研究系）。但因教员尚未齐全、没有教授，暂由文学院长兼管。1969年杜德博士任教授兼系主任，还聘任了四名从美国深造回国的印度青年学者，即从耶鲁大学学成回国的戴辛格（Giri Deshingkar），从哥伦比亚大学学成回国的白蜜雅（Mira Sinha，后改名Mira Sinha Bhattacharjea），从哈佛大学学成回国的古普塔（Krishna Gupta），从加利福尼亚大学伯克利分校学成回国的莫汉迪（Manoranjan Mohanty），再加上原有教授中文的谭中与黄绮淑夫妇，德里大学拥有了较强的中国研究和教学阵营。1971年杜德升任大学副校长，谭中担任系主任，一直到1978年为止。与此同时，1968年谭云山从国际大学退休，此后国际大学中国学院开始衰落。在大学编制上"中国学院"名字取消，改称"中国语言文化系"，国际大学中国学院过去的殊荣逐渐转移到德里大学中国研究系。

60年代中期，中国研究所（Institute of Chinese Studies）成立。该所的最初成员是德里大学的一批学者，主要包括戴辛格、白蜜雅、古普塔、莫汉迪，加上谭中夫妇，他们每周三聚会讨论中国形势，对印度中国研究的发展产生了很大影响。后来中国研究所的队伍不断扩大，包括尼赫鲁大学国际关系学院教授德施班（Govind Deshpande）、阿尔格（Alka Acharya），德里大学经济发展研究所教授帕姬莎（Patricia Uberoi），德里大学东亚研究系教授丝莉玛迪（Sreemati Chakrabarti）、玛姐玉（Madhavi Thampi），尼赫鲁大学中文教授邵葆丽（Sabaree Mitra）、海孟德（Hemant Adlakha）、狄伯杰（B. R. Deepak）等。德里大学东亚系教授谈玉妮（Ravni Thakur）虽然不是中国研究所的正式成员，但也经常参加讨论会。该所出版的《中国述评》（*China Report*）杂志，从1964年创刊至今是印度唯一全面聚焦中国的杂志，在20世纪60、70年代，它是全世界中国以外出版的两大以"China"命名的英文学术杂志之一（另一杂志为英国伦敦的 *China Quarterly*）。特别是70年代后期中印关系逐渐恢复

---

① 章立明、周东亮《印度汉学研究的百年流变及前景展望（1918—2018）》，载《国外社会科学》2019年第4期。

后,《中国述评》对中国改革开放后的政治、经济、外交的研究很多。中国研究所和它的前身中国研究小组在这一阶段变成印度中国研究的中坚,它把来自大学的教师、研究者、其他领域对中国具有特殊兴趣的人和外交官等聚集在一起。莫汉蒂曾于 90 年代担任该所所长,曾任驻华大使的任嘉德(C. V. Ranganathan)也在其中发挥过重要作用。该所组织过很多国际和国内学术研讨会,专家学者们的建议和意见受到印度外交部等政府部门的重视。

1969 年新德里尼赫鲁大学创立,特别重视开展中国研究。尼赫鲁大学设有东亚研究中心(Center for East Asian Studies,CEAS)和社会科学学院(School of Social Science,SSS),还设有语言文学文化学院(School of Languages,Literature & Cultural Studies,SLL & CS)和中国与东南亚研究中心(Center for Chinese and Southeast Asian Studies,CCSEAS)。1978 年,谭中教授由德里大学转来执教,并担任中日系主任直至退休。他是现代玄奘——谭云山先生的长子,先后在德里大学和尼赫鲁大学任教。他秉承父志,为中印文化交流事业奋斗了一生,对印度中国学的发展做出了重要贡献,受到中国和印度学术界的高度评价。

新德里国防战略和分析研究所(Institute of Defense Strategy & Analysis,IDSA)成立于 60 年代中期,出版过一些杂志和时事通讯,其中有不少关于中国的文章和报道,主要是中国国防和军事方面的。斯瓦兰·辛格(Swaran Singh)、斯里甘特(Srikant)曾经是那里的主要研究人员,发表过很多文章。他们二人后来加入到尼赫鲁大学的社会科学学院。该研究所也经常组织有关中国问题的座谈会或研讨会。

总结第二阶段印度中国研究的发展,也有三个特点。第一,印度全国上下认为中国对印度来说是最重要的国家,自觉发展出一种要求了解中国的强烈愿望。第二,印度要求了解中国的心境很复杂,既要防范中国,又想与中国和平、友好相处。印度的中国研究希望把中国复杂、多变的形象真实反映给印度政府和民间。第三,印度传媒很多时候以"望远镜和放大镜"瞄准中国,往往用西方的传媒报道摄取中国形象,意识形态色彩和以偏概全的误解在所难免。这样,开辟印中之间直接了解的渠道就成为印度中国研究者的神圣职责。[①]

---

① 谭中《现代印度的中国研究》,载《南亚研究季刊》2011 年第 1 期。

三、1988 年至今：跨领域、全方位的中国研究

1988 年 12 月，印度总理拉吉夫·甘地（Rajiv Gandhi, 1944—1991）访华，中印关系恢复正常化。90 年代以来，由于双方经贸关系的加强，印度对中国研究的兴趣快速增长，双方访问、学术交往等活动日益增多，印度赴中国学习的学生数量也在增加。目前印度的中国研究主要在四所国立大学中展开，即德里大学的东亚研究系，尼赫鲁大学国际学院的东亚系和语言学院的中文系，国际大学的中文系和贝纳拉斯印度教大学的外国语文系（其中中文教学与中国研究占重要地位）。印度的中文教学也出现了较快发展。关于中印关系、中国政治、军事、经济、文化、社会的研究蓬勃发展，印度学术界出现了跨领域、全方位的中国研究。[1]

关于中印关系研究的著述很多，产生了一批知名学者，如白蜜雅、莫汉迪、德什潘德、阿尔卡·阿恰利亚（Alka Aacharya）、谢钢（Srikantha Kondapalli）、斯瓦兰·辛格、莫汉·古鲁斯瓦米（Mohan Guruswamy）、谭中、狄伯杰等。其中，在中印历史与现实互动关系的探讨方面，主要有白蜜雅的《中国世界与印度》（2001），狄伯杰的《二十世纪前半叶的中印关系》（2001）、《1904 至 2004 年的印度与中国：一个世纪的和平与冲突》（2005）、《中印关系：文明视角》（2012）和《印度与中国：外交策略及反应》（2016），以及玛姐玉的《在中国的印度人：1800—1949》（2005）、《殖民主义世界的印度与中国》（2005）和《1943—1949 年期间印度驻华使节对中国变动情势的观察》（2015）等。在中印文化关系方面，谭中发表了一系列著述，如《中国与勇敢的新世界：鸦片战争起源研究（1840—1842）》（1978）、《人鱼海神和龙：十九世纪中国与帝国主义》（1986）、《跨越喜马拉雅鸿沟》（1998）、《谭云山与中印文化交流》（1998）、《印度和中国：20 世纪文明交流和震颤》（2006）、《CHINDIA/中印大同：理想与实现》（2007）、《谭云山》（2012）和《简明中国文明史》（2017）等。这些著作从不同视角分析中印关系的历史演变，并对如何加强中印之间的文化互信关系提出了自己的见解。

关于中国政治研究，越来越多的印度学者开始实地考察中国，对中国政

---

[1] 尹锡南《当代印度的中国现实问题研究简析》，载《南亚东南亚研究》2018 年第 4 期。

治体制、中国特色社会主义道路、毛泽东思想和邓小平理论等均有不同程度的思考。在中国政治体制方面，2007年莫汉迪出版了《印度与中国的草根民主：参与的权利》。2011年印度智库"观察家研究基金会"（ORF）出版了《当代中国政治、社会与文化》，对中国政治体制进行了简要介绍。该书作者包括谈玉妮和任嘉德等著名学者或外交官。在毛泽东研究方面，1991年辛德（B. E. Shinde）出版了《1927—1978年毛泽东与共产党的政策》，对1927—1978年间中国共产党的内政外交进行了研究。1994年印度迪布茹迦大学（Dibrugarh University）出版的论文集《毛泽东与社会重建》，收录了莫汉迪、戴辛格和白蜜雅等15位学者的论文，论述主题涉及毛泽东的哲学、政治、经济、军事和文学等方面的思想，体现了印度学者对毛泽东思想研究的深入和广泛。1998年室利马蒂·查克拉巴蒂（Sreemati Chakrabarti）出版了《毛泽东、中国知识分子与文革》。关于毛泽东思想与邓小平理论的比较，印度青年学者万可达（G. Venkat Raman）2008年出版了《毛泽东和邓小平发展战略思想的比较研究》，重点探讨了中国领导人关于国家治理的理论。

关于中国军事研究，主要涉及中国军事思想和指导方针、国防战略、军事现代化、核武发展、军事部署与军力投放、海军与空军发展等主题，显示了印度军方、政界和学术界对中国军事发展不约而同的高度重视。戴辛格、谢钢和潘达（Jagannath P. Panda）等学者可以熟练阅读中文资料，其研究成果值得关注。其中，谢钢原为国防分析研究所重要成员，后转型为尼赫鲁大学国际关系学院东亚研究中心教授，先后出版了《中国人民解放军的发展动力》（*The People's Liberation Army: Evolving Dynamics*，1996）、《中国军事：中国人民解放军转型》（*China's Military: The PLA in Transition*，1999）、《中国海军力量》（*China's Naval Power*，2001）等著作。他还与印度、中国和日本学者合编了论文集《中国与邻国》（*China and Its Neighbors*，2010）、《中国军事与印度》（*China's Military and India*，2012）、《中国与金砖五国：另起炉灶》（*China and the BRICS: Setting up a Different Kitchen*，2017）和《一带一路：天下大同》（*One Belt, One Road: China's Global Outreach*，2017）等论文集。

关于中国经济研究，主要围绕中国经济发展的原因、动力和前景，中国经济发展对印度的影响和启迪，中印经济发展的多维比较，中印能源合作与贸易关系等方面展开。如莫汉·古鲁斯瓦米等人的《追龙：印度能否赶超中国》（2010），重点探讨了两国快速发展的经济联系及两种显著不同的发展模式所取得成果的差异。乔杜里·巴尔（Raghav Bahl）的《超级大国？中国兔与印度龟的奇妙赛跑》（2010），预言未来将是美国鹰、中国兔和印度龟和平共存和神奇竞赛的时代。普拉纳布·巴丹（Pranab Bardhan）的《崛起的泥足巨人：剖析中国与印度经济崛起》（2013），在考察了两国的贫困状况、收入不平等和环境等问题后，剖析了中印两国的经济改革和经济增长模式，指出了两国面临的诸多结构性和制度性问题。苏米塔·达瓦拉（Sumita Dwara）出版了研究中国经济发展的著作《奇迹背后的中国》（2015）。随着中印两国经贸合作的发展，印度学界对中国经济问题的探讨取代了之前地缘政治类的热门话题。

关于中国文学、文化、社会研究等方面也出现了不少成果，如尼赫鲁大学邵葆丽的《中国女性作家与性别话语（1976—1996）》和《20世纪中国的文学与政治：问题与主旨》，探讨了中国当代文学中的女性作家群现象以及中国现当代的文化批评问题；墨普德（Priyadarshi Mukherjee）翻译和出版了《鲁迅诗集》《中国当代诗歌集》《艾青诗歌寓言集》以及《毛泽东诗词全集》等大量中国文化著作，2014年获得第八届中华图书特殊贡献奖；狄伯杰利用中文资料出版了《中国农业、农村与农民》（2009）一书。印度教大学的嘉玛希（Kamal Sheel）著有《农民社会与中国的马克思主义知识分子》（1989）一书；而专注中国佛教研究的劳吉（Lalji Shravak）则与人合著了《丝绸之路上的印度》（2010）。[①]

在中文教学方面，由于中国经济增长和中印贸易的不断扩大，已经有越来越多的学生选择学习中文。目前印度一共有568所大学，其中包括国立和私立在内的22所大学开设了汉语课程，据估算在印度高校接受汉语学历教育的人数约为2000人。[②] 其中，有4所大学中文教学实力较强，课程设置合理，招生稳定，培养学生多，学生基础知识牢固，其教员和学生有机会到中国继续深造，进而成为中国研究的专家学者。这4所大学是：尼赫鲁大学（新德里）、德里大学（德里）、国际大学（西孟加拉邦圣蒂尼克坦）和印度教大学（北方邦瓦拉纳西）。另外一些大学因教学或学生问题，中文课程时断时续，不很稳定。这些大学主要包括：阿拉哈巴德大学（北方邦阿拉哈巴德）、帕提

---

① 章立明、周东亮《印度汉学研究的百年流变及前景展望（1918—2018）》。
② 章立明、周东亮《印度汉学研究的百年流变及前景展望（1918—2018）》。

亚拉大学（旁遮普邦昌迪加尔）、外国语学院（德里）、卡尔雅尼大学（西孟加拉邦）、加尔各答大学（西孟加拉邦）、奥朗加巴德大学（马哈拉施特拉邦）、乌特卡尔大学（奥里萨邦）、泰吉普尔大学（阿萨姆邦）、圣雄甘地大学（马哈拉施特拉邦）、戈拉克曹尔大学（北方邦）、海得拉巴大学（安得拉邦）等。①

此外，印度的中国研究还受到欧美高校、智库甚至是华尔街中印裔学者的影响。如阿马蒂亚·库马·森（Amartya Kumar Sen）、塔伦·卡纳（Tarun Khanna）、莫汉·马利克（Mohan Malik）、布拉马·切拉尼（Brahma Chellaney）、杜赞奇（Prasenjit Duara）、穆素洁（Sucheta Mazumdar）和沈丹森等人。他们的研究成果涉及中印经济比较、外交策略、军事对抗或者是能源安全等主题，如莫汉·马利克的《中国和印度：权力角逐者》（2011）、布拉马·切拉尼的《亚洲神像：中国、印度和日本的崛起》（2010）、《水：亚洲的新战场》（2011）等。

四、印度中国研究面临的挑战与建议

进入21世纪以来，中印两国在双边关系与国际舞台上都面临着新的形势：一是，中印两国都"崛起"为经济大国，两国间的相互重视程度大大增加；二是，中印两国都登上了国际舞台，在国际上的接触与合作机会大为加强；三是，两国在国际上的地位与作用不断提高，国防力量也相应增长，如何继续保持和平共处与睦邻关系就变得更为重要。

新的形势对印度的中国研究提出了新的挑战。第一，从地缘政治看，中国是印度最重要的邻国之一，印度政府国防、情报等部门以及民间战略专家都以观察研究中国为己任。但他们大多不懂中文，无法阅读第一手中文材料，也很少接受有关中国历史、地理与文化方面的基本训练，其信息来源主要出自英文媒介，容易误导公众舆论。第二，从人才培养看，印度高层次汉语人才比较匮乏。与中印经贸关系升温不同，最近20年来印度高校中文系博士毕业生人数并没有出现太大的增长。尽管印度学界具有重视当代中国研究的强烈意愿，但高级汉语人才的短缺将会造成印度汉学研究队伍的人数不足，进

---

① 薛克翘《中印文化交流史》。

而影响印度中国研究的整体水平，这在短期内难以根本改善。第三，从合作研究看，印度的中国研究机构和研究人员之间缺少明确的导向和紧密合作，也缺乏与中国学者的接触互动。第四，从资料信息看，印度大部分图书馆的检索系统比较原始和混乱，无法为学者和青年学生提供详尽完善的中文收藏信息。

面对上述形势和挑战，中印学界双方应进一步加强学术互动与思想对话，为"一带一路"建设背景下的中印人文交流做出应有的贡献。第一，扩大中印双方之间的交流，建立大学、研究机构和学者之间的文化接触，定期交换书刊，交换访问学者和研究生，共同举办国际会议等。第二，开展合作研究和比较研究。中国和印度学者应加强合作研究，在经济政策、管理实践、市民社会、非政府组织作用、性别研究、环境、文学和大众文化等方面开展比较研究。第三，加强基础研究资料编目工作，为印度汉学家和年轻学者提供中国研究联合书目。其中应包括德里大学中国与日本研究系、圣地尼克坦国际大学中国学院、加尔各答的孟加拉和国家图书馆亚洲文会等机构中此类专门图书馆及藏书。第四，拓展新的研究纬度，如根据佛教文献（主要是梵语佛教文献）研究中印关系，根据汉文、藏文和其他一些资源重构印度整个古代和中世纪时期的历史，等等。这种研究涉及古代印度及其科学、天文学、医学、历史、语言发展、印度-雅利安语言的语义学、社会-经济状况以及许多其他的知识门类，极有可能发现迄今为止仍然未知，却具有启发性的资料。①

（管永前　北京外国语大学国际中国文化研究院副教授）

---

① ［印］哈拉普拉萨德·雷易著，蔡晶译《印度的中国学研究概览》，载《深圳大学学报》（人文社会科学版）2010年第27卷第6期。

缅甸汉学家妙丹丁翻译的中文作品及影响研究

张秋琳

摘 要："汉学是对中国人和中国文化的研究。"① 在这个传播过程中，汉学家是重要载体。作为缅甸最重要的汉学家之一，妙丹丁（Mya Than Tint，1929—1998）可以说是译作等身，仅仅是中国的文学作品他就翻译了四大名著中的《红楼梦》以及前半部分的《水浒传》，另外还有大量现当代文学史上重要的作品，如老舍的代表作《茶馆》、鲁迅的多篇小说，还有艾青、林语堂、李广田等诸多中国作家的作品，虽然年代已较为久远，但他仍是缅甸翻译史上一座不可逾越的重要里程碑。

关键词：妙丹丁 汉学 《红楼梦》 缅甸

"中国与欧洲文化交流中所产生的汉学的历史渊源：汉学的发生离不开汉字的西传，西方人学习和研究汉语始于认识汉字，进而研究汉语语法。"② 不过，在缅甸，情况有所不同，由于缅甸中文专业的师生多数集中在语言研究的领域，对于中国语言文化方面的研究仅仅停留在了汉字和语法的领域，反而限制了它继续深入文学文化层面，因此从事文学翻译的极少，汉学家主要存在于作家当中。缅甸殖民统治时期（1885—1947）的文学群体较大，也更有影响力，比如敏杜温（Min Thu Won，1909—2004）、东敦枝吴哥哥基（Taung Twingyi U Koko Kyi）、德都（Thet Toe，1913—2003）、貌西都（Maung Si Thu，1918—1981）、达贡达雅（Dgaon Taryar，1919—2013）等。其中妙丹

---

① ［德］奥托·弗兰克《德国的汉学研究》，转引［德］自巴巴拉·霍斯特《德国汉学概述》，载任继愈主编《国际汉学》（第 1 期）第 351 页，商务印书馆，1995 年。
② 阎纯德主编《汉学研究》（总第二十五集）第 4 页，学苑出版社，2018 年秋冬卷。

丁是翻译最多的作家，涉足多国作品，不过本文研究对象是作为汉学家的妙丹丁，所以只列其跟中国有关的作品，即便如此，差不多也只有当代以翻译莫言著称的杜光民（Thaw Kaung Min，1983—）能在数量上与他比肩。而当其他人在大量翻译革命文学和武侠小说的时候，妙丹丁翻译了很多影响巨大的纯文学作品，同时他自己的创作也颇丰，所以在全世界都很有名，尤其是中国研究缅甸文学的人都知道他的伟大，有人对他做过专访，认为他的译作"是中缅文化交流中呈现出的一朵奇葩"①，不过只是提到了他的几部作品，而且没有更详细的信息，另外还有专门的研究论文，高度评价了他的翻译工作："《红楼梦》缅译本的翻译水平达到了令后人难以企及的高度，在现在和将来相当长的时期内，不论是懂英语或中文的缅甸人，还是懂缅文的中国人，在翻译中国古典作品时要超越这一高度都将是一个巨大的挑战。"② 不过也只是从表面上进行的分析，缺乏足够的深度。当然这不妨碍妙丹丁作为缅甸汉学史上最重要的人物之一所具有的极大的研究价值。

1929年5月23日，妙丹丁生于缅甸马佳省帕科库城市。1942年，创办《学校书法》杂志。1948年，进入仰光大学，但在校4年没有参加一场考试。1949年，他的短篇小说处女作《灾难者》在《达雅》（Taryar）杂志上发表后进入缅甸文学界。1954年，参加仰光大学的考试，接连获得了英语、哲学、政治学士学位。1956年，获得法学学士。1962年，奈温（Ne Win）从民主政府手中夺取政权，成为政治犯的妙丹丁1963—1972年被军政府监禁。他最初被关押在仰光臭名昭著的永盛监狱（Insein Prison），后来被与其他政治犯一起转移到印度洋的可可岛（Coco Islands）流放地，3年后获释。他的一生翻译了数十部中文作品，但其实没有学过中文，擅长的是英文翻译，他的中文译作也都是从英文转译过来的。因翻译《战争与和平》（1972）、《飘》（1978）、《红楼梦》（1988）、《欢乐城》（1992）以及《破茧边缘》（1995）这几部世界名著五次获缅甸国家文学奖。1998年2月18日清晨，68岁的他在仰光三川镇（Sanchuang）家中从楼梯上意外摔下，因脑出血去世，被火化葬在仰光的廷平（Hteinpin）公墓。

"'汉学'一词本义是对中国语言、历史、文化等的研究，而在国内习惯

---

① 吕济民《把〈红楼梦〉翻译给缅甸读者的作家》，载《瞭望周刊》1988年12期。
② 赵瑾《〈红楼梦〉缅甸语译本赏析》第274页，载《红楼梦学刊》2013年第2辑。

上专指外国人的这种研究。"① 妙丹丁对缅甸汉学的发展有开创性贡献，他的作品都具有启迪性。1953 年 1 月，在《数码娃》(*Shumawa*) 杂志上发表《中国诗歌》时用的笔名是妙丹。1957 年 5 月，仍用此笔名在该杂志上发表了鲁迅的《狂人日记》译作。1962 年 7 月，在《妙瓦底》(*Myawadi*) 杂志上翻译《中国文人杜甫》。同年他翻译了曹禺的《日出》，交际花陈白露为体面生活放弃了没钱的男友，但内心善良，想救下最终还是死了的小东西，还通过黄省三的遭遇写大鱼吃小鱼、小鱼吃虾米的层层盘剥的社会状况，一切就像黎明前的黑暗，最后陈白露死时窗外的劳动号子又充满力量，象征着希望就像日出一样一定会到来。

他还创作过很多反映现实人生问题的作品，1973 年，根据《丁文学》(*Thint Sarpay*) 杂志上一位不知名的中国诗人的诗整理出版了关于青少年吸毒的小说《刀山火海》，产生轰动效应，多次再版并改编成影视剧。他的写作相对不太侧重大场面，而是更多地体现细腻和温情，毕竟人生已然艰难，但在负面作用之外，苦难也有正面能量：比如它可以使人感觉更灵敏，富有深度、同情心和同理心，也会转化为力量，因为"世界上的眼泪有固定的量"。他这篇文章不仅是为了其他评论家，也为了所有因对人类的兴趣而被小说和戏剧所吸引的师生和文学爱好者。为了可读性，他选择不成为精神分析和文学研究领域激烈的理论战争中的战士。

但作为缅甸翻译鲁迅较早也较多的人，他之所以选择以战士形象著称的鲁迅，是因为在鲁迅看似冷厉的笔锋中发现了他对人生的启示，在塞古瞅瞅（Seikku Cho Cho Sarpay）出版社出版的他自编的《20 世纪世界著名短篇小说选》中有他翻译的鲁迅的《故乡》，此书 1974 年出版时收录了 23 篇各个国家比较有名的短篇小说，2013 年再版增加了 2 篇另外国家的短篇小说而变成 25 篇，2018 年第 3 次出版。妙丹丁 1976 年 1 月在 *San Thit* 杂志上翻译了《鲁迅选集》（第三卷）中的《上海文艺之一瞥》。他说"这是根据在 1929 年 8 月 2 日社会科学研究会讲上鲁迅讲的内容翻译的"。

1977 年，妙丹丁将韩素音的《毛泽东与中国革命》改名为《高潮流或毛泽东与中国革命》并译成缅文，由灿咩（Chan Myae）出版社发行 2000 册，每册 30 缅币。根据《中国人民心上的毛泽东》的参考文献可以推断，翻译完

---

① 宋绍香《中国文学翻译与研究在俄罗斯》第 I 页，学苑出版社，2018 年。

《毛泽东与中国革命》之后他又编辑了《一千河一万山毛泽东和中国革命》第二册（1949—1975）。1981年11月，他在《钦》（Chin）杂志上翻译《一件小事》，题目改为《破衣服下单纯的心》。1984年，在《潘玛瓦迪》杂志上翻译了杨显惠的《爷爷、孙子、海》。同年3月，他用笔名特昂在《三达》杂志上翻译了林语堂的 The enjoyment of travel，缅文名为《去旅行》。1984年5月，又在该杂志上翻译了林语堂的 On Lying in Bed。1986年3月，他再次用特昂的笔名将《丁玲小说选》[①] 中的《奔》（Rushing）翻译成缅文，改名为《去和来》发表于《牟微》杂志，此小说2019年2月又被收录于刀山出版社发行的他过去所译小说的合集《第三河岸》（The Third Bank of The River）。1986年4月，他仍是用了特昂这个笔名在《三达》杂志上翻译了韩素音的《吾宅双门》，译名为《爱是伟大的》；同年5月，他在该杂志上用同一笔名翻译了吴祖光的《睡与梦》。1986年9月到1987年2月，在《白茉莉》杂志上连载了老舍的话剧《茶馆》。2001年2月和3月，该杂志又一次发表了他翻译过的《茶馆》。但直到2003年2月他才把这些文章收集整编成书由战士文学（Sis Thi Taw Sarpay）出版社发行500册，书费为600缅币。

1987年5月，他在《三达》杂志上译了翻译家、作家李霁野的 The Fairly And of Flower, Birds and Insects；同年9月在《潘幼宋》（Pan Yote Sone）杂志上发表《杨振声小说精选》中的《李松的罪》，缅文改为《饿灾》；这年12月，他在杂志《为了大家的英文》（English For All）上发表了 Luo Shu 的 Aunt Liu，遗憾的是，这篇小说唯一可以确定的是属于中国作家的作品，但具体是谁的哪部作品猜测不到。1988年1月，他又用笔名特昂在该杂志上翻译了李广田的 Theft；同年5月和6月，他在该杂志上翻译了许地山的《落花生》（中文版被选入缅甸两个外国语大学的语文课本里）和译名改为《狂言》的《乡曲底狂言》。《落花生》借物喻人，借助朴实无华而用处很多的落花生来写父亲希望自己兄弟姐妹都能做不求名利只求贡献社会的人，笔法跟落花生一样平实。

1988年，凭9卷3000多页的《红楼梦》译本获得缅甸国家文学奖中的翻译文学奖，不过该版次的《红楼梦》由于太过经典，很多人希望收藏，现在已经买不到了，即便偶有出售的藏本，价格也比原本涨了数倍，据2017年5

---

① Miss Sophie's Diary and Other Stories，《中国文学》杂志社英文版，1985年。

月22日的报纸《七天日报》（7 Day Daily）所载，当时在仰光书场（Yangon Book Plaza）举行的一场拍卖会上，此书拍出了全场第二高价1.5万缅币，约合人民币750元，之所以送上拍卖会，就像作家米梦伦（Myae Hmone Lwin）所说的，普通的旧书会被送到旧货市场按斤卖掉，但是这本书是有收藏价值的，通过拍卖的方式也可以提醒更多人注意到它的价值。而同属中国四大古典名著的《水浒传》原定也是由他进行翻译，他从1980年比《红楼梦》更早就开始了这项浩大工程，但此稿以及1986年他用打字机打的都因为某些原因未能出版，后来稿件丢失了，最终是他的小儿子找到的他在截止到1997年的日记中手写的版本，但是只有前45章，现在出版了上卷，然后在缅甸进行的一次翻译比赛中决出了下卷的译者，准备由多民（Toe Myit）出版社发行，但目前还没完成，所以也尚未公开译者身份，读者们都对此充满期待，希望下卷的译者能够拥有像妙丹丁一样的翻译水平和手法，同时也很担心，唯恐下卷出版时不能满足大家的期待，毕竟有妙丹丁珠玉在前，对于下卷的译者来说也是一桩很大的压力。这部在完本出版以前就已经备受关注的《水浒传》写了梁山108个绿林豪杰，被认为是中国武侠小说的源头，侠义精神是它在缅甸受欢迎的原因，但有些描写过于血腥，所以评价毁誉参半。

1989年1月，他再次用特昂笔名在杂志 English For All 上发表了李广田的 Ox；同年3月和5月，他还用该笔名在同一杂志上翻译了李广田的 A Country Inn 和 A Changing Landscape。此外，妙丹丁翻译诗歌时用的是另一个笔名貌德迪（Maung Thit Ti），他用这个笔名翻译了中国现代诗人艾青的《大堰河，我的保姆》。1989年2月，在《宁尼》（Nwe Ni）杂志上第一次发表。1993年，由阿曼迪文学（Arr Hman Thit Sarpay）出版社出版的《二十世纪外国诗歌》中收录了他用貌德迪笔名翻译过的各个国家的诗歌，其中《大堰河，我的保姆》也再次被收录。2017年，该书再版。

1991年12月，在《牟》（Moe）杂志上发表了《中国典型小说》。1993年2月和3月，在杂志 English For All 上翻译了林语堂的 The Art of Writting，题名改成《很多烟灰—3》和《很多烟灰—4》。1995年5月，他在《白茉莉》杂志上发表了老舍的《抱孙》，随后将鲁迅的《在酒楼上》改成《希望和失望》；同年12月发表于《潘微迪》（Pan Wai Thi）杂志。1997年2月，在《宁尼》杂志上他《论语》译成了缅文。2003年，他整理了过去的译作，用特昂笔名把曾经在杂志 English For All 上译过的来自多个国家的40个短篇小说收入了《国际文学》(International literature)书系,还附有它们的英缅文对照,该书共四册。到了 2013 年 8 月,4 册变成 2 册后出版;2017 年 8 月再版。书中包括中国作家的一些作品,比如第一册中有散文家李广田的 Trees,Theft 和 A Country Inna,许地山的《落花生》和《乡曲底狂言》,第二册中有林语堂的 The Art of Writting,这时名字变为了《很多烟灰》。

在妙丹丁这数量庞大的中文翻译作品中,缅甸最家喻户晓的是他译的长篇小说《红楼梦》、话剧《茶馆》和短篇小说《故乡》,尤其《红楼梦》。为了让《红楼梦》更好地吸引缅甸观众,2018 年 12 月 30 日广西广播电视台与缅甸国家广播电视台一起承办的中国电视剧《红楼梦》(1987 年版)缅甸语译制研讨会在内比都举行。这个配音版更能让缅甸观众被真正带进《红楼梦》的艺术世界,了解原著中的人物形象与细节。这也是中华优秀传统文化走出去的方法之一,不仅推动文化交流,也能推动中缅友谊的发展。2019 年 8 月 12 日,开始每周一周二晚上 7 点新闻结束之后缅甸国营电视台(Myanmar Radio and Television,MRTV)就会播放该配音版《红楼梦》,受到了热烈追捧。

《红楼梦》是中国四大名著之一,讲述了四大家族尤其是贾家的兴衰,看上去写的是金玉良缘和木石前盟的爱情故事,但反映了中国很多文化传统,中国有专门研究其中服饰、饮食等方面的红学,传入缅甸后也有文化学方面对它的研究。此书缅文译本共有 9 卷。

1950 年,妙丹丁还是一位学生时,仰光拉达路旁一个身穿白衣脸上满是胡子的华侨给人讲中国故事,其中就有《红楼梦》,妙丹丁也常常去听,但他还不知道《红楼梦》在中国的名声。这是《红楼梦》和译者最初的相遇。1960 年第一次读到"中国文学"杂志上发表的《红楼梦》部分内容,但不太懂此书的意义,然后他读了西方国家的简短译本。1978 年北京外文出版社出版发行的英文版他也看过,这时他知道了此书已经被翻译成多种语言。1987 年法语版问世的时候法国总统吉斯卡尔·德斯坦(Valéry Marie René Georges Giscard d'Estaing)在《美国时间》(American Time)杂志上说该书是他最喜欢的之一。妙丹丁很想知道此书不但在中国而且在国外都很有名的原因,所以他再次看了《红楼梦》全本,然后才决定翻译。之后还为此书写过一系列介绍和评论。

其中最典型的当属他自编的《在红楼梦中梦》一书,这本书收录了 1990

年全年他在《文学杂志》上连载的《红楼梦中的成语》和《在红楼梦中梦》系列评论文章，到了2005年塔拉洼地文学（Tarlarwadi Sarpay）出版社再次整编出版。书中先是写了《红楼梦》主角们的关系，然后细致分析了三个主要角色贾宝玉、林黛玉、薛宝钗的性格、家庭情况以及他们之间的爱情，又对比解释了《红楼梦》中他喜欢的一些成语。此书的目录如下：

1. 亲属关系表
2. 《红楼梦》简介。他评价此书艺术色彩浓厚，涉及茶文化、酒文化、孔孟之道、书画鉴赏等众多领域，而且有这本书中还可以看出中国封建王朝时期如果不能跟帝王搞好关系家族就不免败落，而有一个嫁入皇室的女儿则会风光，这也形成了大户人家不重生男重生女的特点。那时富贵人家的女子每天的生活就是弹琴跳舞刺绣念诗，而丫鬟的命运就比较凄惨，贫穷的人家把女儿卖做丫鬟或妾，最后可能落个自杀的结局。
3. 《在红楼梦中梦》—1——主要介绍《红楼梦》跟译者相遇的各种情形以及译者最喜欢的贾宝玉的出生形式及性格。
4. 《在红楼梦中梦》—2——女主角林黛玉的生活与作者女性角度对她的介绍分析。对于能把林黛玉的优秀和缺点都塑造得很突出而又不引起读者的反感，反而让人很喜欢，让读者对她有时看起来不太讲理的行为不会认为是无理取闹，而是觉得她身上带有十五六岁少女的娇嗔，妙丹丁认为这应当归功于曹雪芹的写作功力。曹雪芹做得很好的还有一点就是从林黛玉所写的诗词中已经隐约预示了她凄清的命运和早夭的结局，比如《葬花吟》《桃花行》《柳絮词》等。
5. 《在红楼梦中梦》—3——主要介绍薛宝钗。曹雪芹笔触落到薛宝钗的时候其实写的都是好的方面，薛宝钗在任何情况下都不会像林黛玉一样使性子，永远顾全大局隐忍不发，是非常典型的女性形象的代表。
6. 《在红楼梦中梦》—4——介绍了贾府里最高权力者贾母，以及她对两府上下一切人和事的权力。
7. 《在红楼梦中梦》—5——介绍了他受邀在关于《红楼梦》"国际讲座会"上宣读的论文。
8. 《在红楼梦中梦》—6——作者对自然风景的描述。
9. 《红楼梦》中的成语—1——毛泽东用过的《红楼梦》中的成语。

10.《红楼梦》中的成语—2——中国社会的婚姻、情侣之间、有关女生的成语。

11.《红楼梦》中的成语—3——人与人交流时需要知道的有关逻辑的成语。

12.《红楼梦》中的成语—4——有关性格的成语。

对于《红楼梦》的理解，中缅两国之间有共识但也有较大的分歧，共识是对于这一巨著在社会文化各个层面的价值，而分歧主要体现在对于女主角的态度，在缅甸，读者们喜欢的都是薛宝钗，因为她也很符合他们的要求，但是在中国，人们更喜欢的是林黛玉。这其中的原因可能是，薛宝钗是男权文化塑造出来的家宅里的天使，虽然近乎完美，却没有自我，而林黛玉性格中虽然有很多缺点，但她从不肯被男权传统所定义，永远清楚自己要什么，敢于为自己争取，这样的人物形象即使有很多瑕疵，在封建社会的背景下来看仍然是难能可贵的，所以才为自己赢得了众多支持者，而曹雪芹也通过林黛玉的形象表达了自己对封建制度中一些规则的不满，体现了作者的反抗意识。这部小说还有一个体现了女权的虽然朦胧但也伟大的觉醒的人物是贾母，缅甸同当时的中国一样，也是男权的社会，像这样拥有整个家族最大权力的人一般都是男人，而在这个小说里，贾母没有遵从"出嫁从夫，夫死从子"的规则，亲自执掌了家族的权力，并且用现在的眼光看，老太太很有管理头脑，我们可以想象在一个男尊女卑的社会里，贾母要让全府上下对自己心服口服远比她丈夫做到这一点难多了，她懂得恩威并施，在合适的时间做合适的事情，也懂得适时放权。在这一点上，假如不是大厦忽倾，王熙凤极有可能成为下一个贾母，不过手段要更狠辣一点，不过在那样的环境之下，作为女性，能够拥有自己的意识，努力为自己争取已经是很大的进步了，虽然手段有些不妥，毕竟是个有血有肉的人。还有秦可卿，不固守贞洁观念，虽然早夭，但是真正地活过。这些就是那么完美的女主角之一、十二金钗之首薛宝钗既得不到贾宝玉的爱，也没能深入当代中国人内心的原因，皆是因为她虽然一切都做得很好，却更像一台被设定了程序的机器，而压抑了自己的人性和感情，但是在缅甸读者心里，她是有很强自制能力的人，更加符合缅甸人的价值观。总之《红楼梦》的翻译可以说在妙丹丁自己的翻译生涯中也是一个具有历史意义的大事件，对于中缅两国的文化交流史更是意义非凡。

除了长篇小说的代表《红楼梦》，妙丹丁的译著中缅甸人最熟知的就是老舍的《茶馆》了。《茶馆》被认为是妙丹丁译著中中篇小说的代表作，因为在缅甸人们对文学作品的体裁区分不是非常细致，话剧一般会被直接视为小说，散文也通常会被视为短篇小说，这跟从英文转译时作品的英文名字可能直接被改为了某某 short story 有关，并且缅甸的散文也是特指对诗歌的解析鉴赏的文章。话剧《茶馆》看之前人们普遍以为这本书是介绍中国茶馆文化的。茶馆在缅甸很重要，贵族和穷人饭后都喜欢去茶馆，茶点很便宜，茶水不贵有的甚至免费，即使到了现在，每当有足球比赛直播的时候（缅甸全民热爱足球），人们也喜欢去茶馆一起看电视，所以对中国的茶馆文化很有兴趣。看完《茶馆》后才发现跟自己想的完全不一样，又对里面的人物产生了兴趣，想了解当时的中国社会是否真的那样，所以这部话剧流行起来了。老舍是要表现当时社会的黑暗，虽然最初人们只是出于猎奇心理看它，不过读完以后就感同身受了，遗憾的是，虽然《茶馆》让读者想到了以前缅甸跟剧本中一样的情况，但却没有人写过评论文章。

老舍出生于北京大杂院中一户舒姓的满族贫民家庭。父亲是护军，母亲靠洗衣赚钱。父亲早逝之后生活更窘迫，但幸运的是一位慈善家资助老舍上学，使他受到良好教育。在他自身的不懈努力下渐渐小有成就。之后的创作中儿时的境遇更是深深影响着他。而《茶馆》之所以有小中见大的特色，与其平民出身有密切联系。老舍的手法也是独一无二的。最突出的一点是，全剧只有三幕，一幕一时段，干净简洁，也容易表现剧情。借助人物表现年代，而年代又作为表现人物的背景，相辅相成，使人不得不用历史剧的眼光评审这部巨作，提升了一个小小的茶馆的高度。其二，尽管茶馆人员三教九流之辈不少，但几个人物贯穿全剧，起着核心作用。《茶馆》让我们受益匪浅。缅文版有跟原版一样的三幕，但前边没有人物表。为方便读者理解，译者将一些名字改为了适合缅甸文化的名字，而且为了不丢失原名保留了一个字。比如"唐铁嘴"不写译音，直接译成相面先生唐，读者看到名字就懂唐铁嘴的职业。松二爷、常四爷、刘麻子译成波宋、波常、波麻，"波"缅文意思是军官或者同志。这些人物都在被时代裹挟着前进，带着时代的烙印，说明他们缺少自己的坚持，一个没有真正的人的时代是最可悲的，社会形态只是给他们没有自我的可悲提供了一个呈现环境而已，一个没有自我的人在任何意识形态的社会之下都没有不同，历史本就是绝对重复下的相对变化，没有一个时代是合理的，只有人能否超越时代让自己合理。

《茶馆》本可以再深刻一点，可惜老舍太在意表现时代，反而忽略了人性，不过做到这一步已是很大的成就，老舍真实地说出社会弊端，不仅中国而且海外读者都十分感动，自不必说缅甸读者喜欢《茶馆》译本了。因为以前缅甸在日本手下也像《茶馆》里表现的一样，工厂都被"亲善"，还不知怎么就成了逆产。殖民统治下的贫困人民只能盼望国家像样，不受外国人和汉奸的欺负，老百姓吃得上饭。茶馆墙上挂着莫谈国事的字使很多读者惊奇。茶馆就是唠家常的地方，多么严苛的社会环境才不能谈国事？故事向读者折射出一大社会问题。当前在中国很少看见茶馆了。就好像从来没有发生过《茶馆》似的。如果没有这部话剧，读者都会认为茶馆平庸无奇，不会有更深的意义。正是妙丹丁把很多中国文化和中国历史带进了缅甸人民的日常生活。

长篇小说《红楼梦》在缅甸的火爆跟电视剧的助推有关系，中篇小说《茶馆》受到关注与缅甸的茶馆文化有关，而作为缅甸翻译鲁迅较早也较多的人，妙丹丁的译作必须提的还有短篇小说的代表作《故乡》。由塞古瞅瞅出版社2013年再版、2018年第3次出版的妙丹丁自编的《20世纪世界著名短篇小说选》中包括各个国家的短篇小说共计25篇。译者在前言里提过他找不到这本书里每篇小说各自的出版时间，所以这本书名字的意思是里边有的作家是20世纪出生有的是20世纪去世的。每篇后面他进行了作家的简介。第一篇是中国作家鲁迅（1881—1936）的《故乡》，译文总共16页（第16页到31页）。译者可能是根据英文版翻译的，因为他并不精通汉语。

《故乡》表面看是童年的回忆，但译者说鲁迅的每篇小说都是表现革命的，使读者增加勇敢的革命主义、振奋的精神，鼓励人民为了革命牺牲。而鲁迅曾经明确地表示过不主张年轻人做无谓的牺牲，之所以妙丹丁会有误解，大概是因为他只看了鲁迅的小说而没有看他的杂文，所以对他的思想缺乏更直观地了解。这篇小说也是道德败坏社会下中国农村的生活，通过回忆中的故乡、现实的故乡、未来的故乡三个时间节点来描写"我"回到故乡的见闻和感受，借助记忆中和现实目睹的故乡对比，用闰土这个人物表达了农村人民生活痛苦的社会根源。其实"家乡本也如此"[①]，不同的只是他的心变了而已。闰土的心也变了，而"故乡"还是那样，历史和人心都是无意义地重复，

---

① 钱理群、王得后编《鲁迅小说全编》第62页，浙江文艺出版社，1991年。

一切都可以变，谁又能指责闰土，"我"又能指责谁，唯有"历来如此"是不可改变的。"家乡本也如此"这句话被翻译成了"家本也如此"。有可能是出于家对很多人比故乡更重要的原因。"家"表面看是房子，用心看却是存在温暖的地方，那里有单纯的童年回忆。所以译者故意把"故乡"译为"家"以让读者更深地体会到温暖感情。"我于是日日盼望着新年，新年到，闰土也就到了。"① 这里的"新年"被译成"过泼水节"，对缅甸人来说表面上看不出差异，但对同时懂中国和缅甸文化的人来说差异很大。中国新年不是泼水节，但泼水节是缅甸新年，这也是妙丹丁的突出之处。将别国的一些文化译成接近的缅甸文化远比直译更有吸引力，使读者比较容易懂。译者翻译《故乡》是因为这篇小说会让人立即想起缅甸独立以前的农村社会。当时缅甸社会跟《故乡》中的情况一样，人民群体生活得很痛苦。不过那毕竟是几十年前的封建社会，无论当时多么苦痛都已经过去，可是现在大人们还是大同小异地为我们打造一个标准童年，然后美其名曰"为你好"，剥夺你正常的生活轨迹，不过更可怕的是你认命了。闰土喊出那一声老爷，这是大人们眼中最好的世界，"老爷"自己也无话可说，如果那个紫色圆脸戴银项圈的小男孩还在月下捉猹，还能在封建社会活下来吗，生而为奴是闰土自己的错，他要做的只是一个奴才该做的事情。水生也将会是下一个闰土，因为几千年来大家都是这么活下来的，所以理当这么活下去，提出质疑的人是可耻的，人只能走在前人走出来的那条路上，不合理多了，也便成了合理，这就是生活。《故乡》的翻译也体现出了妙丹丁自己的很多思考，符合他借助文学作品反思现实人生的一贯主张。

事实上，以上所列也还只是妙丹丁作品的冰山一角，他翻译过各个国家的代表性作品，自己也有大量的创作，本文只探讨他的中文译作。由于中文译作数量巨大，且都十分具有典型性，奠定了妙丹丁作为缅甸最重要汉学家的地位。他对推动中国文学作品在缅甸的传播功不可没，即便是近年来缅甸出版业越来越发达，汉语教学也越来越体系化完备化，能够从中文原著直接翻译成缅文而不必再通过英文转译的翻译家越来越多，也有了诸如杜光民等新秀的兴起，但直到现在妙丹丁也仍然是缅甸翻译界绕不过去的里程碑式的人物。

（［缅甸］张秋琳　北京语言大学中国现当代文学专业博士）

---

① 《鲁迅小说全编》第64页。

·中国文化经典传播与研究·

"史"与"诗"的融合[*]
——詹宁斯《诗经》英译本研究

左 岩

摘要：詹宁斯译本作为《诗经》英译史上首个文献兼文学型的全译本，充分吸收和借鉴理雅各1871年译本的文献学研究成果，在此基础上对《诗经》的主题解读取得很多重要的成就，尤其是在打破封建诗教、突出情感审美属性、中西文化调适与融合等方面都达到了《诗经》英译的历史最高水平。在《诗经》英译史上，詹宁斯译本还首创以隐喻手法转换"比兴"，保留了原作的含蓄性、形象性和联想性，妙趣横生，从而取得了中西诗学交流的重要价值与意义。

关键词：《诗经》 詹宁斯 情感审美属性 隐喻

威廉姆·詹宁斯（William Jennings，1860—1925）于1891年出版的《诗经》译本是迄今为止所知的第三部《诗经》英语全译本。詹宁斯的生平不详。阿连壁（Clement Francis Romilly Allen，1844—1920）在其《诗经》译本中说道："我注意到《中国评论》第十七卷刊登香港牧师詹宁斯的大量《诗经》译作。我相信他最终会结集出版。"[①] 1891年，詹宁斯《诗经》译本在伦敦出

---

[*] 本文系北京外国语大学中国文化走出去协同创新中心2017年招标项目"《诗经》英译对诗经学的接受与诠释"（CCSIC2017—YB05），广东外语外贸大学翻译学研究中心2017年招标项目"海外汉学家译介中国典籍的策略与效果研究"（CTS201703A），广东外语外贸大学阐释学研究院2019年度创新研究项目"《诗经》英译对诗经学的接受与阐释"的阶段性成果

① Clement Francis Romilly Allen, Preface, *The Book of Chinese Poetry: Being the Collection of Ballads, Sagas, Hymns, and Other Pieces Known As the Shih Ching, Or Classic of Poetry*, London: Kegan Paul, Trench, Trubner, 1891, p. 21.

版,题目为 The Shi King: The Old Poetry Classic of the Chinese a Close Metrical Translation with Annotations。

一、19 世纪《诗经》英译的文学化转向

19 世纪下半叶是《诗经》英语全译的高峰时期,共产生 4 个译本,分别为理雅各(James Legge,1815—1897)1871 年译本、理雅各 1876 年译本、詹宁斯 1891 年译本、阿连壁译本。理雅各 1871 年译本(《中国经典》第四卷)以西方专业读者为拟想接受者,用无韵散体的形式对原作逐字逐句地释译,注释尤为繁复。或许是受到 19 世纪《圣经》历史批判学的影响,理雅各从历史学角度去解释中国经典《诗经》:"《诗经》采集和保存是为了表彰德政和善行。这样做的好处是导致《诗经》为我们展现出国家政治和风俗之治乱盛衰的真实图景。"[①] 该译本反对《毛诗序》牵强附会的政教化解释,采用朱熹《诗集传》等中国权威说解,摒除其中对伦理纲常、君臣大义、王道理想等的义理阐释,仅将《诗经》作为史料处理,以客观中性的笔调记述诗句所述事实。

此后,"当时对有关东方和中国题材的著作的需求在不断增长(特别是那些经典著作或者圣典),不过这种类型的著作必须是写给英美两国的一般读者阅读的,并不需要一定是学术类型的。这种兴趣扩大的标志,就是在美国出现了一些盗版《中国经典》的删节本。鉴于盗版问题的出现,Trübner 公司建议理雅各出版《中国经典》的一种'大众读本',以满足大多数人的需求"[②]。理雅各采纳了这一建议,于 1876 年出版《诗经》的韵体译本。从理雅各 1876 年译本开始,《诗经》英语全译本出现向文学性转向的趋势。理雅各 1876 年译本较之 1871 年译本,除了以诗译诗,还将朱熹《诗集传》的义理阐释纳入译文。对此,后来的两位译者从文学性的角度多有批评,詹宁斯评价说:"一般认为,尽管如此,该韵体译本紧接着 1871 年译本,由理雅各在位于英国和其他地方的助手(并非汉学家)协助下完成,远不如他自己译得好。在这个

---

① [英]理雅各《绪论》第 28 页,《中国经典》(第四卷),华东师范大学出版社,2011 年。
② [美]吉瑞德著,段怀清、周俐玲、周振鹤译《朝觐东方:理雅各评传》第 95 页,广西师范大学出版社,2011 年。

译本中,他为了使许多难以理解的诗篇变得易于理解,将本应放在注脚里的说法和若干行解释直接引入译诗,而效果适得其反。"① 阿连壁认为:"将诗篇的中国注释版本(经常以朱熹的解释为准)进行转译,逐节对译并常逐行对译成英诗,如果可能的话就省略或改变原文的一个词。由此导致译诗在音乐性和流畅性上有所缺失。作为现代中国人眼中的古老诗篇的对应物,理雅各博士的译诗是完美的;但作为英诗其价值不大。"② 在他们看来,理雅各1876年译本这种繁复冗长的表述方式与诗歌体式不合,破坏了诗歌的艺术美。

在《诗经》英译文学化的探索上,詹宁斯选择了一条较为稳妥的路径:依据理雅各1871年译本所提供的文献资料,忠实于原诗的字面意义,在此基础上以诗译诗,保持译诗与原诗风格近似,追求"史"与"诗"的融合。詹宁斯十分推崇维克多·斯特劳斯(Viktor Van Straus)的《诗经》德译本:"毫无疑问,欧洲最好的《诗经》韵译本是前文提到的维克多·斯特劳斯译本。在出版目前这一译本时,我希望并立志在准确性方面为英语读者尽我最大努力(尽管这可能导致风格上的一点别扭),就像他为德国人所做的那样。"③ 斯特劳斯译本于1880年在海德堡出版,阿连壁评价说:"维克多·斯特劳斯译本和理雅各译本一样准确,甚至更加难懂。他甚至努力让德语韵脚与每一个汉字对等,以便模仿汉诗的韵律。结果是牺牲韵律性以获取准确性。"④ 詹宁斯译本追求的是保持释义的准确性基础上兼及英诗韵律。该译本的诗行长度从三韵步到七韵步,以四韵步和五韵步的诗行最多,与原作诗节的行数保持一致,但诗节顺序有时略作调整;各诗节的押韵格式不追求一致。阿连壁走的则是另一条更加大胆的路径:抛开中国传统解释框架,吸收中国传统解说中可理解且能与自身传统相结合的部分,将《诗经》重塑成结构完整且情节生动的叙事诗形态。

相比较而言,詹宁斯译本所开创的《诗经》翻译形态在文化传播上具有

---

① William Jennings, *The She King, or, The Book of Ancient Poetry*, London: George Routledge and Sons, Ltd., 1891, p. 21.

② Preface, *The Book of Chinese Poetry: Being the Collection of Ballads, Sagas, Hymns, and Other Pieces Known As the Shih Ching, Or Classic of Poetry*.

③ *The She King, or, The Book of Ancient Poetry*, p. 21.

④ Preface, *The Book of Chinese Poetry: Being the Collection of Ballads, Sagas, Hymns, and Other Pieces Known As the Shih Ching, Or Classic of Poetry*, p. 23.

重要参考价值,最适合西方普通读者接受,在文献性与文学性之间寻求平衡,对《诗经》英译产生了深远影响,此后许渊冲译本、汪榕培译本、安增才译本也都是循此思路发展。

二、理译主题的扬弃

在主题内容上,理雅各1871年译本以其史学客观性为詹宁斯译本的文学性解读奠定了坚实的基础,詹宁斯称理雅各译本:"为了更好地引导我的翻译,我采用了理雅各博士的许多伟大成果"①,"如果没有他在前言和注释中提供的必要知识,我不可能完成目前的工作"②。理雅各1871年译本在诗篇注释中首列题解,简要介绍诗篇主题;詹宁斯译本的诗题很大程度上是对理雅各1871年译本题解的简化,如《卫风·淇奥》,理雅各1871年译本题解先写:"对卫武公的赞扬——他的自律;他的高贵;他的成就。"③ 紧接着,理雅各简要评述"美武公之德"的旧说,其中引述《史记》等史料说明卫武公的功绩,并论及《毛诗序》认为此诗是卫武公在入相于周时的自作,最终指出"至于他在平王时代以前是否有过这样的行为,我们不能确定"④;詹宁斯译诗据此题为"对卫武公的赞扬"。又如《唐风·鸨羽》,理雅各1871年译本题解先指明题旨:"晋人奉王命从征役,哀叹他们的父母因此而遭受苦难,并渴望回到正常的农业生产中"⑤,然后引述《毛诗序》"刺时说",又引姜炳璋《诗序广义》对此诗与《魏风·陟岵》的比较;詹宁斯译约取其义,诗题为"冲突的义务",诗下注释:"据说是写于战火不断的年代,农业生产自然被荒废,父母没有依靠。"⑥ 再如《小雅·鹿鸣》,理雅各1871年译本题解先点题:"这是一首款待君王的大臣和来自诸侯国的客人们的节日颂歌。"⑦ 接着,指出《毛诗正义》宾客即群臣不同于朱熹《诗集传》的宾客包括诸侯使节的

---

① *The She King, or, The Book of Ancient Poetry*, p. 20.
② *The She King, or, The Book of Ancient Poetry*, p. 20.
③ 《中国经典》(第四卷)第91页。
④ 《中国经典》(第四卷)第91页。
⑤ 《中国经典》(第四卷)第183页。
⑥ *The She King, or, The Book of Ancient Poetry*, p. 133.
⑦ 《中国经典》(第四卷)第246页。

说法，最后提到"这首诗写的是文王时代，尽管并非朱熹所说"①；詹宁斯译诗题为"在皇家宴会上"。可见，詹宁斯译本诗题多以理雅各1871年译本为据，不同的是尽可能淡化诗作的时代背景和政治主题，将理雅各译本的具体史实简化为抽象单纯的事件。

另一方面，理雅各译本为避免理解和解读诗旨的随意性，一般不敢冒险抛弃权威解释，故未能彻底摆脱传统经学"以诗附史"的弊病。詹宁斯译本倾向于从文学视角解读《诗经》，在一些诗篇上大胆否定旧说，多有创见，如《周南·樛木》，理雅各1871年译本采用《毛诗序》《诗集传》"后妃逮下说"，詹宁斯译诗题为"匍匐植物"，诗下注释提出："弯曲的树木自然代表丈夫，而匍匐的植物则代表着妻子"②，与同时期的方玉润《诗经原始》、王先谦《诗三家义集疏》"似于夫妇为近"③"喻妇人之托夫家也"④ 基本相同。又如《郑风·叔于田》，理雅各1871年译本依据《毛诗序》、《诗集传》推导出此诗写的是"人们对叔段的赞美"⑤，并引述郑庄公之弟太叔段的相关史实，詹宁斯译诗题为"风度翩翩的年轻猎人"⑥，早于陈子展《诗经直解》"赞美猎人之歌"⑦、程俊英《诗经译注》"这是一首赞美猎人的歌"⑧ 的说法。

更重要的是，詹宁斯重视挖掘人的内心情感："无论这部中国古代诗集具有何种优点，它都有一种值得欧洲读者重视的特质：由三千多年前的中国人所描绘的、如镜子般反映出当时各个阶层的风貌、思想、习俗及喜怒哀乐。"⑨ 他还着意寻求事件中人类普遍的精神意蕴："在《诗经》中，我们看到许多关于古代中华民族的奇怪习俗和特有观念的最古老诗篇。然而，其中还证明了人类在感情、幽默、道德、恶习上相通的一面，尽管远隔千年万里，

---

① 《中国经典》（第四卷）第246页。
② The She King, or, The Book of Ancient Poetry, p. 38.
③ 方玉润撰，李先耕点校《诗经原始》第80页，中华书局，1986年。
④ 王先谦撰，吴格点校《诗三家义集疏》（上）第32页，中华书局，1987年。
⑤ 《中国经典》（第四卷）第128页。
⑥ The She King, or, The Book of Ancient Poetry, p. 100.
⑦ 陈子展撰述，范祥雍、杜月村校阅《诗经直解》（上）第243页，复旦大学出版社，1983年。
⑧ 程俊英译注《诗经译注》第141页，上海古籍出版社，1985年。
⑨ The She King, or, The Book of Ancient Poetry, p. 7.

读这些诗篇仍让我们感到自己似乎正站在现代的欧洲。"① 如《周南·汝坟》题为"妻子的挂念",《邶风·泉水》题为"思乡",《小雅·常棣》题为"兄弟情谊",《大雅·旱麓》题为"他(文王)的人民的赞美"。此后阿连壁译本也大致采纳詹宁斯译本的诗题。

在经学时代,理雅各1871年译本"以史解诗"其实很难彻底将传统诗经学政教化、功利化的观点与历史事实截然分开,因此该译本仍带有政治教化的印记,如《召南·野有死麕》释为:"一位贞洁的少女抵制诱惑者的勾引"②;《鄘风·蝃蝀》释为:"防止不正当关系"③;《郑风·野有蔓草》释为:"一位女士为她所拥有的一段不正当关系感到快乐"④;《郑风·溱洧》释为:"郑国的节日,人们借此行淫乱之事"⑤;《陈风·东门之枌》释为:"陈国年轻人的荒淫聚会"⑥ 等。关于诗教传统,詹宁斯评价说:"在许多诗篇中,孔子会解释为什么删除大量诗作后还保留这些作品,并且其如何有益于礼义。他的回答是,这些作品或是发生无礼和恶行时应含蓄地谴责和阻止的提醒,或是政治黑暗的结果、例证和警示。或者,他和许多中国评论家一样,将许多单纯的情诗与政治事件牵合在一起,而不是诗的本来面貌。"⑦ 詹宁斯译本从文学视角解读《诗经》,强调诗篇的无功利性、形象性和情感性,因此在《诗经》(尤其是情诗)的去政教化、功利化方面较之理雅各译本有明显的进展,如《召南·野有死麕》题为:"狡猾的猎人";《鄘风·蝃蝀》题为:"恋爱婚姻的改革";《卫风·氓》题为:"背叛";《郑风·野有蔓草》题为:"邂逅";《郑风·溱洧》题为:"春季嘉年华";《陈风·东门之枌》题为:"年轻人的节日"等。以上观点具有开明和进步的思想特点,已着现代诗经学的先声。需要指出的是,由于时代的局限性,詹宁斯译本也无法完全挣脱经学的束缚,大部分诗篇还要在传统的框架下阐释,如《周南·关雎》题为"欢迎文王新娘之歌",《召南·江有汜》题为:"克制嫉妒",《邶风·静女》

---

① *The She King, or, The Book of Ancient Poetry*, p. 7.
② 《中国经典》(第四卷)第34页。
③ 《中国经典》(第四卷)第83页。
④ 《中国经典》(第四卷)第147页。
⑤ 《中国经典》(第四卷)第148页。
⑥ 《中国经典》(第四卷)第206页。
⑦ *The She King, or, The Book of Ancient Poetry*, pp. 10-11.

"史"与"诗"的融合

题为:"不正当的调情"等。同时,詹宁斯盛赞《诗经》的社会意义和道德价值:"尽管中国古代的《诗经》可能被轻视为诗而已,还可能仅被当作有韵的散文,但它仍至少带有时代的价值,在一个重要的方面超越了彭斯、拜伦、海涅和其他许多著名诗人,那就是它具有更伟大的道德价值。"① 他还引德国汉学家加贝伦茨的话:"据我所知,整部诗集和整个中国正统的古典文学中,每一行文字都能在这个最讲究规矩的社会里毫不犹豫地大声朗读。无论东方还是西方,我认为没有其他文学可与之媲美。"②

较之理雅各的两个译本,詹宁斯译本在人物形象塑造上更能传达原作的精神。如《周南·关雎》:"参差荇菜,左右流之。窈窕淑女,寤寐求之。求之不得,寤寐思服。悠哉悠哉,辗转反侧。"理雅各1871年译本:

Here long, there short, is the duckweed.
To the left, to the right, borne about by the current.
The modest, retiring, virtuous, young lady: —
Waking and sleeping, he sought her.
He sought her and found her not,
And waking and sleeping he thought about her.
Long he thought; oh! Long and anxiously;
On his side, on his back, he turned, and back again.③

理雅各1876年译本:

See how the duckweed's stalks, or short or long,
Sway left and right, as moves the current strong!
So hard it was for him the maid to find!
By day, by night, our prince with constant mind
Sought for her long, but all his search was vain.
Awake, asleep, he ever felt the pain
Of longing thought, as when on restless bed,
Tossing about, one turns his fevered head.④

---

① *The She King, or, The Book of Ancient Poetry*, pp. 21-22.
② *The She King, or, The Book of Ancient Poetry*, p. 22.
③ 《中国经典》(第四卷)第1—3页。
④ *The She King, or, The Book of Ancient Poetry*, p. 59.

詹宁斯译本：

Waterlilies, long or shorts ones, —
Seek them left and seek them right.
'Twas this chaste and modest maiden
He hath sought for, morn and night.
Seeking for her, yet not finding,
Night and morning he would yearn
Ah, so long, so long! —and restless
On his couch would toss and turn.①

在孔子看来，"《关雎》乐而不淫，哀而不伤"可谓是"中庸"之德的典范。理雅各1871年译诗在写法上追求客观中性，避免使用带有个性化和感情色彩的字句，因而男主人公显得毫无生气；理雅各1876年译诗则流露出强烈的感情，以夸张的笔法渲染人物的相思之苦；詹宁斯译诗既充满深厚的感情，又表露得平和而有节制，较好地把握了原作的基调和风格。

在字词释义方面，詹宁斯译本采用归化的策略，较之理雅各1871年译本弱化术语的准确性，使译文更加通俗易懂。如"葛覃"（《周南·葛覃》），理雅各1871年译本译为："dolichos"，詹宁斯译本译为："creepers"；"蘩"（《召南·采蘩》），理雅各1871年译本译为："white southernwood"，詹宁斯译本译为："fragrant herb"；"棠棣"（《召南·何彼襛矣》），理雅各1871年译本译为："sparrow-plum"，詹宁斯译本译为："wild cherry"；"茨"（《鄘风·墙有茨》），理雅各1871年译本译为："tribulus"，詹宁斯译本译为："thorn-crop"；"椅桐梓漆"（《鄘风·定之方中》），理雅各1871年译本译为："the *e*, the *t'ung*, the *tsze*, and the varnish-trees"，詹宁斯译本译为："dryandras, hardwoods, and the varnish-tree"等。然而，在一些中国文化中具有特殊地位的意象上，詹宁斯译本存在诠释不足的缺陷，造成历史文化意蕴的极大消解，例如《诗经》中的崇玉文化。《卫风·淇奥》："如切如磋，如琢如磨。"詹宁斯译为："Polished, —as by the knife and file, / The graving-tool, the smoothing-stone."② "充耳琇莹，会弁如星。"詹宁斯译为："Rare costly

---

① *The She King, or, The Book of Ancient Poetry*, p. 36.
② *The She King, or, The Book of Ancient Poetry*, p. 81.

stones his ears adorn, /Gems on his bonnet starlike shine."① "如金如锡，如圭如璧。" 詹宁斯译为："Pure as the gold or tin refined, /sound as the sceptre in his hand."② 原诗以攻玉喻卫武公在积学修德上不断砥砺，并以制成的玉器喻卫武公的文采风度，而詹宁斯忽略了"玉"作为诗中"比兴"中心意象的作用，孤立地看待三章中"玉"的意象：第一章他将具有丰富文化内涵的"攻玉"视为普通的打磨，第三章则将作为礼器的"圭""璧"误解为"权杖"。又如《大雅·旱麓》："瑟彼玉瓒，黄流在中。" 詹宁斯译为："Rare are his goblets, rare and fine, /Brimming with amber-coloured wine.—"③ 此句将作为礼器的"玉瓒"译为"高脚杯"，以上都说明译者对华夏文明特征和礼乐文化内涵的认知水平有限。

詹宁斯在序言中谈道："在中国我一直反复被某些传教士提醒，我所翻译这些术语会被抵制，但是我不知道其他的翻译方法。虽然中国关于神的观念在很多方面和我们很不一样，甚至比那些犹太人和伊斯兰教徒还要低级，但是较之基督教徒自己接受的希腊神学和之后异教徒用'God'这个字眼，这里用'God'和'Heaven'翻译术语'帝'和'天'没什么冒犯的意思。"④ 可见，作为19世纪末期的西方传教士，詹宁斯是站在本民族的宗教文化立场上来看待中国宗教观念，强调基督教的唯一合法性，对异质文化采取轻视态度；同时，詹宁斯在"God"一词翻译上采取务实开放的策略对待术语翻译问题。较之理雅各1871年译本，詹宁斯译本更加坚定地维护基督教的权威性。如《大雅·云汉》："靡神不宗"，理雅各1871年译本译为："There is no Spirit whom I have not honoured."⑤ 詹宁斯译本译为："Not a god unhonoured; yet."⑥ 前者用大写的"Spirit"暗示中国的多神崇拜，并且这些神灵具有与上帝（God）同等的地位⑦，后者则用小写的"god"表明这些神灵在地位上低

---

① *The She King, or, The Book of Ancient Poetry*, p. 81.
② *The She King, or, The Book of Ancient Poetry*, p. 82.
③ *The She King, or, The Book of Ancient Poetry*, p. 284.
④ *The She King, or, The Book of Ancient Poetry*, p. 12.
⑤ 《中国经典》（第四卷）第529页。
⑥ *The She King, or, The Book of Ancient Poetry*, p. 324.
⑦ 姜燕《基督教视域中的儒家宗教性——理雅各对〈诗〉〈书〉宗教意义的认识》，载《山东大学学报》（哲学社会科学版）2013年第1期。

于上帝（God），因此中国人的多神崇拜并不妨碍上帝在他们心目中的至高地位。

尽管存在着这些缺点，但从整体而言，詹宁斯译本在理雅各1871年译本的基础上对《诗经》的主题解读取得很多重要的成就，尤其是在打破封建诗教、突出情感审美属性、中西文化调适与融合等方面都达到了《诗经》英译的历史最高水平。

三、"比兴"隐喻化

"比兴"的翻译是《诗经》英译中一个比较棘手的问题。理雅各在1871年译本的序言中谈到对"比""兴"的理解："比"，"作者另有言外之意，这种含义是文字中所没有明示的。因此比句可看作寓言；但是，它是用来说明道德和谨慎这些品行，向来有一种关于《诗经》比句的历史化诠释"。①"兴，以叠句的形式出现在各章节的开头。它们大部分描述的是动物或植物世界的许多物象和情况；之后作者继续他的主题。通常，兴句与后面诗句的意义一致。"② 理雅各将"比"译为"metaphorical"（隐喻），"兴"译为"allusive"（暗示）。他还指出："但兴诗与比诗的不同在于，作者在兴句后面的几行中，直接陈述自己的主题，而比诗每一行都是同一角色。"③ "尽管如此，有时在兴句中不能发现比的因素，只是将它们视为一种叠句。"④ 从中可以看出，理雅各对于"比""兴"的认识深受朱熹《诗集传》的影响，多从形式上着眼，且流于肤浅和简单化。在1871年译本中，译诗直译原作字面意义，诗下注释大致依据朱熹《诗集传》解释比句、兴句所包含的客观意义；1876年译本则将朱熹《诗集传》对比句、兴句的解释添入译诗。这两种做法使比兴所表达的意义确定化，以利于西方读者理解，但也导致《诗经》的丰富意蕴与审美价值严重流失。

关于"比兴"，詹宁斯认为："民歌一个显著艺术特征是，在英诗民歌中通常是在诗篇最后出现一种叠句或合唱的部分，而中国诗则是在开端有与之

---

① 《中国经典》（第四卷）第35页。
② 《中国经典》（第四卷）第35页。
③ 《中国经典》（第四卷）第35页。
④ 《中国经典》（第四卷）第35页。

类似的部分——即用自然物来形象地暗示（allusion）主题，并且在后面大部分诗节中稍做变化加以重复。"① 可见，他并未按照中国传统诗解区分"赋""比""兴"，而是从西方文学的角度指出《诗经》每章开端对自然景物的描写与英国民歌惯用的隐喻手法类似。这一看法尽管尚未深刻把握住这种高度中国化手法的艺术特性，但已注意到"比兴"的诗性本质，为其文学化转换奠定了基础。

在《诗经》英译史上，詹宁斯译本首创以隐喻手法转换"比兴"，即在诗篇发端的景物与下面诗句之间以暗示的方式构成喻体与本体的关系。如《周南·汉广》："南有乔木，不可休息。汉有游女，不可求思。" 詹宁斯译诗："In the South are stately poplars, Vainly there we rest for shade; By the Han maids wander freely, Vainly there love's quest is made."② 朱熹《诗集传》："兴而比也。上竦无枝曰乔。……因以乔木起兴，江汉为比，而反复咏叹之也。"③ 译诗依据朱熹《诗集传》的说法，以乔木上耸不能庇荫比喻女子高不可攀，并使用头韵"Vainly"和尾韵"ade"暗示两种事物之间的类比关系。

又如《小雅·巷伯》："萋兮斐兮，成是贝锦。彼谮人者，亦已大甚！"詹宁斯译诗："How finely wrought! how exquisite! You weave the perfectest brocade! Ye scandal-weavers! —yet ye go Too far with your tirade."④ 朱熹《诗集传》："比也。……言因萋斐之形而文致之，以成贝锦。以比谮人者，因人之小过，而饰成大罪也。彼为是者，亦已大甚矣。"⑤ 译诗依据朱熹《诗集传》，用"weave"与"scandal-weavers"暗示喻体与本体之间的相似关系，以锦缎之精致比喻造谣者编造谎言太离谱。另外，反衬也是隐喻的一种，用两极化的反差映衬其中一极的某项特征。

如《唐风·杕杜》："有杕之杜，其叶湑湑。独行踽踽。岂无他人，不如我同父。" 詹宁斯译诗："Russet pear-tree, solitary standing, Still with foliage thick art thou expanding; —I must wander, lone, no friends commanding. Not that

---

① *The She King, or, The Book of Ancient Poetry*, pp. 19-20.
② *The She King, or, The Book of Ancient Poetry*, p. 41.
③ 朱熹注，赵长征点校《诗集传》第8页，中华书局，2011年。
④ *The She King, or, The Book of Ancient Poetry*, p. 230.
⑤ 《诗集传》第191页。

no one else is near me, —rather, None there be sprung from a common father."① 朱熹《诗集传》:"兴也。……此无兄弟者自伤其孤特,而求助于人之词。言杕然之杜,其叶犹湑湑然;而人无兄弟,则独行踽踽,曾杜之不如矣。"② 译诗释义依据朱熹《诗集传》,先用"solitary"与"lone"建立两者之间的联系,再用"foliage thick"与"no friends"形成鲜明对比,以梨树的繁茂枝叶反衬主人公的孤单。

从中可见,詹宁斯译本以事物之间的外形相似(如《小雅·巷伯》)或内在事理共通(如《周南·汉广》《唐风·杕杜》)为基础,建立"比兴句"与"应句"之间的比照结构和类比关系,并以显性的字、词、句的特殊搭配启发读者去发现喻体与本体之间的隐性关系。可以说,詹宁斯译本的"比兴"隐喻化带有谜语的意味,"比兴句"与"应句"之间的互动结构形成谜面,两者之间的联想关系是谜底,而谜面的语言具有一定的指向性,可以使读者较为容易地推导出谜底。这种手法以诗学隐喻转换"比兴",保留了原作的含蓄性、形象性和联想性,清新自然,妙趣横生,从而取得了中西诗学交流的重要价值与意义。

事实上,詹宁斯译本的隐喻语义大部分没有按照传统旧说进行释义,如《召南·小星》:"嘒彼小星,三五在东。肃肃宵征,夙夜在公。寔命不同。"詹宁斯译诗:"*Starlets dim are yonder peeping, —In the East are five, and three. Softly, where our lord is (sleeping), Soon or late by night go we. Some have high, some low degree.*"③ 朱熹《诗集传》:"兴也。……南国夫人承后妃之化,能不妒忌以惠其下,故其众妾美之如此。盖众妾进御于君,不敢当夕,见星而往,见星而还,故因所见以起兴。"④ 也就是说,传统诗解认为此句以小星起兴属即事取景,只是唤起感情,并无比义。译诗增添了隐喻的含义,"five""three"与"high""low"隐含着处境不平等的共同特征,以昏暗的小星多少不均地在东方隐现,暗指众妾的地位有高下之分。这一独特译法使得原诗中并无深意存焉的兴句衍生出新的联想意蕴,诗旨显得更加显豁,脉络更分明。

又如《召南·鹊巢》:"维鹊有巢,维鸠方之。之子于归,百两将之。"

---

① *The She King, or, The Book of Ancient Poetry*, p. 131.
② 《诗集传》第90—91页。
③ *The She King, or, The Book of Ancient Poetry*, p. 50.
④ 《诗集传》第15页。

詹宁斯译本："The magpie has a nest; The dove yet there will quarter. —Lo! the young bride departs, And countless cars escort her."① 朱熹《诗集传》："兴也。方，有之也。将，送也。"② 译诗采用朱熹《诗集传》的说法，以鸽子居鹊巢比喻女子出嫁。值得注意的是，译诗妙运译笔，将"方"译为"quarter"，"quarter"不仅有居住之意，还有军队进驻的意义；"将"译为"escort"，"escort"有护卫之意，这就使读者联想到女子嫁入夫家，同时也强势掌握家庭主导权，在原作热闹的氛围中又掺入一丝诙谐的气息。

詹宁斯将一些传统诗解认为是正衬的比兴句处理为反衬，如《邶风·凯风》："凯风自南，吹彼棘薪。母氏圣善，我无令人。"詹宁斯译诗："From the South the gladdening breezes blow On the twigs of that thorny tree. And the mother is wise and good, but oh! Bad and worthless men are we."③ 朱熹《诗集传》："兴也。……棘可以为薪，则成矣，然非美材。故以兴子之壮大而无善也。复以圣善称其母，而自谓无令人。其自责也深矣。"④ 也就是说，以棘树只可当柴烧兴儿子不成材。诗下注释说："作为对比，每章起首几行写她（引者按：指母亲）周围令人高兴的自然环境。"⑤ 由此看来，译诗是以微风吹拂树枝，尚且有用映衬儿子反不能事母。诸如此类的探讨，给《诗经》的"比兴"赋予了新意，促成更加丰富多元的阐释空间，推进文学面貌的衍化和发展。

《诗经》中的"兴"体现出先秦时期人的意识中残存的初民那种物人不分的混沌意识，詹宁斯的隐喻手法则体现出精心安排的理性意识。如《小雅·节南山》："节彼南山，维石岩岩。赫赫师尹，民具尔瞻。"詹宁斯译诗："There South Hill rears high its summit, Crag on crag, a frowning pile. So, dread Chancellor Yin, thou standest, All men's eyes on thee the while."⑥朱熹《诗集传》指出："兴也。……此诗家父所作，刺王用尹氏以致乱。言节彼南山，则维石岩岩矣。赫赫师尹，则民俱尔瞻矣。而其所为不善，使人忧心如火燔

---

① *The She King, or, The Book of Ancient Poetry*, p. 44.
② 《诗集传》第 10 页。
③ *The She King, or, The Book of Ancient Poetry*, p. 60.
④ 《诗集传》第 26 页。
⑤ *The She King, or, The Book of Ancient Poetry*, p. 60.
⑥ *The She King, or, The Book of Ancient Poetry*, p. 210.

灼，又畏其威而不敢言也。"① 在朱熹看来，诗以南山起兴，以山之险峻喻师尹地位显赫。译诗不仅以南山之高峻象征师尹的高高在上，又以岩石重叠突兀如人皱眉，暗喻人民对师尹敢怒不敢言，只能眉头紧皱、表情凝重地注视着师尹，构思奇特，具有很强的视觉效果。这两处隐喻是原诗字面所未明示的，属于由兴句中的具体意象引发的联想意蕴；特别是后一处隐喻，不仅表达出"民俱尔瞻"一句的意思，还兼有下句"忧心如惔，不敢戏谈"的诗义。詹宁斯循着朱熹的阐释进行逻辑推演、语义引申，然后对诗句加以形象化变异，将客观的物理与主观的情感相契合，使西方读者通过译诗所营造的情景领会原诗的外在形式、逻辑语义、内在情感、审美意蕴。这一译法既照顾到原诗的形象性，又体现了原诗的深刻性，并使译诗的形、音、义有机地联系起来，展现出译者丰富的联想能力与高超的遣词造句能力。需要说明的是，尽管詹宁斯的隐喻手法不同于理雅各单调直白的概念说明式风格，但仍不脱人为雕琢的痕迹，使得原诗浑然质朴之美有所减损。

综上所述，作为《诗经》英译史上首个文献兼文学型的全译本，詹宁斯译本充分吸收和借鉴理雅各 1871 年译本的文献学研究成果，并在《诗经》的文学性翻译方面取得诸多开创性成就，具有承上启下的重要历史作用。

(左岩 广东外语外贸大学中国语言文化学院副教授、
 阐释学研究院研究员、翻译学研究中心兼职研究员)

---

① 《诗集传》第 168 页。

论典籍翻译中的强制阐释*
——以传教士《中庸》英译本为例

宋晓春

摘 要：本文从张江先生提出的强制阐释论出发，以《中庸》早期的传教士译者柯大卫和理雅各译本中的基督教化强制阐释为例，证明了强制阐释为中国经典早期翻译的常见症候。典籍翻译中强制阐释场外征用基督教义理的四种常用技巧为"话语置换、硬性镶嵌、义理贴附和现身抨击"；"以儒证耶、以耶释儒和以耶批儒"为基督教义理征用于典籍翻译的三种典型模式，并指出典籍翻译中基督教化强制阐释产生的原因除了译者的宗教背景和宗教化的翻译目的之外，中国在世界格局中的地位也直接催化了译本中强制阐释的产生。

关键词：强制阐释 柯大卫 理雅各《中庸》英译

"强制阐释论"是 2014 年中国社科院张江先生提出的理论，用以指明当代西方文论的基本特征和根本缺陷之一。该理论刊发之后引起了学界广泛反响，截至 2018 年年底，据笔者以"强制阐释"和"张江"为主题词在中国知网上的检索，得到论文 94 篇，其中有张江先生本人对强制阐释概念以及内涵等进行进一步阐释的文章，另外还有相当数量的论文或探索该理论义理，或研究西方文论之外的特定领域如中国传统文学（俞武松，2017）、英国文化研究（李永新，2018）和中国现代学术建立之初期（泓峻，2016）强制阐释的面相，无论是哪一方面的研究，都足见"强制阐释论"的强大理论冲击和影响力。其实，除了上述领域，翻译领域中也早有强制阐释之实，本文以张江

---

* 基金项目：本文系湖南省社科基金项目"中国阐释学视域下的《中庸》英译多元阐释现象研究"（18YBA072）的阶段性成果。

先生对"强制阐释"的定义"背离文本话语,消解文学指征,以前在立场和模式,对文本和文学作符合论者主观意图和结论的阐释"①为主线,以《中庸》英译史上早期的传教士译者柯大卫(David Collie)和理雅各(James Legge)的译本为研究对象,意在说明在翻译领域,尤其是阐释性翻译广泛存在的典籍翻译领域,强制性的阐释翻译并非个案,不仅具有西方文论研究中的普遍特点,而且还有其独特的强制阐释特征。

一、基督教义理的场外征用与主观预设

在对强制阐释进行界定之后,张江先生提出了四个特点来具体描述强制阐释的特征,即"场外征用、主观预设、非逻辑证明、混乱(反序)的认识路径"②。其中前两者是主因,后两项可以用来描述其必然结果,此处首先聚焦前两项特征,找出原因,下文再阐明强制阐释所产生的结果。就《中庸》早期的传教士译本中,西方基督教思想的场外征用是极为普遍,究其缘由,还是要追溯到传教士们翻译中国经典的目的。

传教士离开母国,到达中国或因种种原因虽未能踏上中国本土,但仍坚守在离中国本土距离较近的南洋一隅坚持传教,为了有效达到其让中国人皈依基督教的最终目的,为了适应本土文化,从而使传教活动顺利进行,就需要"进入到儒家学者们自己使用的符号体系内部,有选择和批评地剔除那些阻碍或反对他们自己的基督教世界观的儒家立场"。③《中庸》最早的英译者柯大卫,其《四书》译本是作为英华书院的教材,专门为书院的华人学生而译的,翻译目的就是要引导这些书院里的学生对那些著名的中国圣贤所传播的一些极端有害的错误思想做出认真的反思。④从其译本的内容来看,这一反思评判的标尺就是其意在宣扬的基督教思想。《中庸》英译史上另一位影响甚大的译者理雅各,他翻译经典之目的是"帮助西方人理解中国的宗教、道德、

---

① 张江《强制阐释论》,载《文学评论》2014年第6期。
② 《强制阐释论》,载《文学评论》2014年第6期。
③ 费乐仁《适应主义传教护教观之"孟子模式"》,载《传教士与中国经典》第110—111页,宗教文化出版社,2012年。
④ David Collie, *The Chinese Classical Work Commonly Called the Four Books* (1828), Gainesville, Florida: Scholars' Facsimiles & Reprints, 1970, p. i.

社会和政治状况,并找到最适合中国的改革方法"①。此处虽未明白地说出具体的改革方法,但从其对中国经典英译中显著的基督教化阐译倾向来看,此改革方法应该是引入基督教思想以拯救中国的方法,这一点从其译本的总结中也可得到佐证:"我(理雅各)对中国学术所做的成功之研究,乃是 25 年多的辛勤劳作的结果。为了让世界真正了解中国这一伟大的帝国,尤其是为了顺利开展我们在中国的传教事业并获得永久的成功,这样的学术研究是必不可少的。我认为,将孔子所有的著作(儒家经典)翻译并加上注释出版,会为未来的传教士们开展传教工作带来极大的便利。"② 传教士翻译中国经典的目的决定了他们在译本中对基督教思想进行场外征用,以基督教思想为标尺,来衡量和阐释儒家经典。

"强制阐释论"的第 2 个特征"主观预设"。主观预设是强制阐释的核心因素和方法,是指批评者的主观意向在前,预定明确立场,强制裁定文本的意义和价值。主观预设的批评,是从现有理论出发的批评,前定模式,前定结论,文本以至文学的实践沦为证明理论的材料,批评变成对文本和文学做符合理论目的的注脚。③ 以此内涵来观照《中庸》英译史上基督教化阐释,我们发现早期基督教传教士在翻译阐释该经典时,上述产生强制阐释的诸多因素无一例外地清晰显现。

传教士译者在《中庸》翻译时,广泛征用场外基督教思想,从基督教化的前置立场出发,在翻译儒家经典之前,其基督教立场已准备完毕,译者已根据其立场选定了翻译阐释的标准,翻译译本的选择和翻译阐释的取向都服从于这一基督教化的前置立场,并以其为中心而展开,翻译的目的不是为了儒家文化思想介绍和传播本身,而是为了表达和证明基督教的优越和普世性。就柯大卫、理雅各两种《中庸》译本来看,两者虽然在宗教化批判和阐释的方式上略有所异,但都在译本中显示出译者基督教至上的优越感,其阐释性翻译都是集中于阐明"天""上帝"的神学性质,致力于儒教对 God 的认识问题等。在此前置立场下,中国经典翻译的全部意义成为证明其理论的材料,

---

① James Legge, *The Chinese Classics*, Vol. I: *Confucian Analects, the Great Learning, and the Doctrine of the Mean*, Hong Kong: Anglo-Chinese College Press, 1861, p. 51.

② James Legge, *The Chinese Classics with a translation, critical and exegetical notes, prolegomena, and copious indexes*, Vol. I-V, Hong Kong: Hong Kong University Press, 1960/1893, p. 1.

③ 《强制阐释论》,载《文学评论》2014 年第 6 期。

成为其前置立场的同谋，因为，在译者翻译之前，对中国经典的论断已经形成，中国经典中所传递的思想只不过是基督教思想的附庸，是低于基督教传统的思想，这些可以概括为传教士译者对中国经典认识的前置结论。

二、基督教义理征用于典籍翻译的技巧

译者在翻译之前，理论已准备完备，也形成了对所译文本的整体判断，但毕竟场外理论与所译文本的思想之间还是有着相当的隔阂，将已有的理论或思想用于具体文本翻译之中，尚需要一些技巧。"强制阐释论"认为把场外理论无缝隙、无痕迹地运用于文论场内，实现其理论目的的技巧有四种，即"话语置换，硬性镶嵌，词语贴附，溯及既往"。典籍翻译中，传教士译者征用场外基督教思想于典籍翻译中，与文学理论对场外理论的征用有相一致之处，比如传教士译者在翻译《中庸》等儒家经典时，都倾向于用基督教话语置换儒学思想，将儒学体系硬性镶嵌到基督教义理体系中，但儒家经典翻译的基督教化强制性阐释，也有其独特性，这种独特性可以概括为"义理贴附"和"现身抨击"两种，因而总体来说，就《中庸》英译历史上的宗教化强制阐释性翻译而言，征用基督教思想进行阐译的主要技巧可以概括为"话语置换、硬性镶嵌、义理贴附和现身抨击"四种。

（一）话语置换

强制阐释论中所谓话语置换是指为适应场外理论的需要，征用者暗调背景，置换话语，将批评对象的主题锁定在场外理论需求的框架之内。① 在《中庸》等儒家经典的翻译中，该技巧最突出的表现在"God"与"上帝""帝"之间的话语置换中。理雅各努力地在古老的儒家经典中寻踪和阐释"God"的概念，因为他相信，如果能在经典中找到中国具有"God"意识的证据，证据越多，中国民众就越容易接受基督教。② 他在研读中国经典后发现，"信奉上帝是中国最早也曾是唯一的信仰"。③ 中国古代的"帝""上帝"和基督教的

---

① 《强制阐释论》，载《文学评论》2014年第6期。

② James Legge, *The Notions of the Chinese Concerning God and Spirits*, Hongkong: Hongkong Register Office, 1852, preface.

③ James Legge, *The religions of China: Confucianism and Tâoism described and compared with Christianity*, London: Hodder and Stoughton, 1880, p. 69.

"God"相对应,"帝是中国人的父,就像God是我们的父。"① 实际上,理雅各的这一论断带有显著的强制阐释之嫌,因为中国人虽尊奉"帝""上帝",但同时中国人也尊奉其他神,包括圣人,如孔子,而且单就中国人所尊奉的圣人来说,也非仅尊孔子为唯一圣人,孔子之孙子思被尊奉为述圣,其弟子颜回被奉为复圣,曾子为宗圣,孟子为亚圣。因此,显然理雅各将《中庸》中所说的"帝""上帝"的话语置换为基督教的唯一"God",具有明显的强制阐释之嫌。

(二) 硬性镶嵌

强制阐释论中,硬性镶嵌是指搬用场外理论所规定的模式和程序,以证明场外理论的前在判断和认识。所谓硬性,是指批评对象的原生结构和因子并不符合征用理论的本意和指征,使用者单方强行编码,将它们塞挤进既定范式之中。② 传教士在翻译中国经典的过程中,致力于在其中寻找基督教"God"早已存在之理据,以此证明中国人自古就知道并侍奉"God",因而宣扬基督教并非是传播一种新的宗教信仰,而是帮助中国人找回原本就有的信仰。但《中庸》中清晰地阐述了中国人对鬼神、帝、上帝、天、地、圣人、至诚等的崇拜,这种多神崇拜的思想与基督教之一神教根本思想相矛盾的,传教士译者为了圆其一神教之义理,在翻译中国经典时,无视典籍中已清晰阐述的多神崇拜的事实,将儒家思想硬性镶嵌到其一神论的义理体系中去。再以"God"翻译"帝""上帝"为例,上文中传教士将"帝""上帝"等同于基督教的God,其主要依据是《中庸》第19章"郊社之礼,所以事上帝也"的论述。在儒家传统中,"郊社之礼"实际上就是中国帝王祭天、祭地的仪式,所谓"郊"祭是冬至在都城南郊的祭天或上帝;而"社"祭则是夏至在都城北边的祭地或后土,此处完整的表述应该是"郊社之礼,所以事上帝、后土也","郊社之礼,所以事上帝也"实际上是一种省略的表达。对于这一省文的表述,历代注疏家如郑玄、朱熹等都已形成清晰一致的意见,但因省文的表述这一论述与基督教只尊一神的思想从根本上相矛盾,因此,理雅各无视疏典中已有的清晰解释,用"God"翻译"上帝",坚持认为"事上帝"就已经语义足矣,而不应该有所谓的"省文",硬性将基督一神教的思想嵌

---

① *The religions of China: Confucianism and Tàoism described and compared with Christianity*. p. 10.
② 《强制阐释论》,载《文学评论》2014年第6期。

入,将此处强制阐释为中国人只敬祀祈祷唯一神,并以此作为证据证明中国古代宗教信仰也是只尊一神,只笃信一个上帝,一个与基督教 God 相同的上帝,并将上帝奉为最高神、唯一神的宗教传统。

(三) 义理贴附

传教士译者场外征用基督教思想于《中庸》翻译场内的第 3 种技巧为"义理贴附",即将其所译儒家经典中发现的与基督教思想相吻合之义理与相关的基督教思想进行类比,从而证明基督教思想的优越性和普世性。比如在对待《中庸》中的鬼神说方面,柯大卫和理雅各不但没有排斥中国的鬼神信仰,还肯定了鬼神在个人灵修方面所扮演的重要角色,用基督教的精灵、天使和魔鬼来比附中国的鬼神。鬼神在《中庸》中仅出现两次,第 1 次是在第 16 章,引用孔子的话,借鬼神来说明道无所不在,人们要诚心对待;第 2 次是出现在第 29 章,"质诸鬼神而无疑"。在这两章中,鬼神都不是主要的论述对象和内容,16 章主要是借鬼神来说明道不可须臾离也,而 29 章则讲君王治理天下的方法。但柯氏却为此加上了占据两页多篇幅的按语,用基督教的层级说附会中国的鬼神说,认为神是阳之魂,指天使或者好的精灵,鬼是阴之魂,指恶魔或坏的精灵,从而最终将中国的鬼神与基督教的精灵、天使、魔鬼类比起来。理雅各在译本中也将鬼神与基督教的天使相类比,他采用 "spiritual beings" 来翻译 "鬼神",用 "spirit(s)" 来翻译 "神"。"spirit(s)" 在基督教中为"天使",是基督教中主要的角色,天主通过天使或精神来触动人的心灵,给人带来一种"没有原因的神慰",理雅各此处的翻译显然是用基督教的"天使"观来贴附中国文化中的"鬼神"说。

(四) 现身抨击

中国经典英译历史上场外征用的第 4 项技巧为"现身抨击",即对《中庸》中所述与基督教义完全不相融之义理,传教士无一例外都于译本中现身,予以抨击。《中庸》中超过一半的篇幅论述了儒家诚身而圣之道,以及至诚之圣人外化赞天地之化育,与天地参之功效,《中庸》中所描述的对至诚之圣人的崇拜,至诚而圣为儒学思想中的终极存在,这些思想触及了基督教之底线,违背了基督教尊上帝为唯一神,将上帝视为唯一终极实在,是世界万物包括人类唯一缔造者的基本教义,《中庸》中所表达的这一义理是难以用基督教义来进行贴附或置换的,因而也成为传教士儒学基督教化努力的最大障碍之一,翻译中对于这一矛盾思想的处理,译者们一般都会在译本中现身,直接进行犀利抨击。比如柯大卫在翻译第 22 章"唯天下至诚……可以赞天地之化育，则可以与天地参矣"时加上了按语，批判说："……中国人将天、地、人这三种在本质上和能力上都完全不同的三种存在并列起来，是非常可笑的想法，即使天、地这些物质造化的存在可以并列，但人是不能与之并列的，中国人的这种观点是绝对的亵渎，对上帝的亵渎！"① 理雅各在翻译这一章节时，也以基督教义理为根据，进行了批判，他说"上帝，或者说基督教的圣典中都没有提及人能成圣，成为完美之人，更何况是人通过自身的努力而成为圣人"。② 在论述"至诚如神"的义理时，现身挞伐："这一章显然非常可笑，将至诚的力量夸大到无以复加的程度。赋予可以与天地位列的圣人前知的能力，这显然是一种非常荒唐、愚昧的迷信思想。"③

三、基督教义理征用于典籍翻译的模式

传教士在《中庸》英译过程中，由于其前置的基督教立场，以及儒家经典的翻译之传教的目的，使其译本中不可避免出现了与基督教义相比较的做法。就柯大卫和理雅各《中庸》译本中的强制阐释来看，这种比较可以分为三种模式，即以儒证耶、以耶释儒和以耶批儒。这三种模式的共同基础是笃信基督教优于儒学，不承认儒学与基督教之间有相等的地位。三种模式的区别在于，以儒证耶是在儒学中发现基督教义理，从而证明基督教的优越性和普世性；以耶释儒是以基督教义为标准，来类比阐释儒学原理；而以耶批儒则是以基督教义为标尺，来衡量儒学原理，对与之不符之义理，大力鞭挞。

（一）以儒证耶

以儒证耶在柯氏译本中主要表现在以《中庸》的素位思想证基督教中的罪与救赎义理的合理性，《中庸》第 14 章提出"君子素其位而行"强调人无论处于什么情况都要安然自得、平静地对待天命的安排，基督教中所宣扬的原罪和救赎的思想与《中庸》此章中所传递出的儒家"素位"思想，两者之间有高度相似之处，都是强调人对环境的顺应，强调人要安于天命或上帝的

---

① The Chinese Classical Work Commonly Called the Four Books (1828), p. 51.
② The Chinese Classical Work Commonly Called the Four Books (1828), p. 52.
③ The Chinese Classical Work Commonly Called the Four Books (1828), p. 282.

安排，人的言行要与其身份环境相适应的观点。基于这两种思想的契合，柯氏在译本的按语中对此非常欣喜，大加赞扬，认为"这是非常精彩的论点"①，显然，其做出这样评论的深层缘由就在于儒家的素位思想验证了基督教的义理。在理氏译本中，以儒证耶的强制阐释模式主要体现在对"GOD"的发现，理雅各在《大明会典》所记载的嘉靖十七年天子郊祀上帝的一篇祷文中，首次找到了上帝创化万物的明确说法。② 他以此为根据将基督教的"GOD"译为"上帝"。继而在翻译《中庸》时，他发现《中庸》19章"郊社之礼，所以事上帝也"可以阐释为中国人早已认识和尊奉上帝的证据，因而故意忽略郑玄、朱熹等多位著名学者均已明确指出此处表述为省略性的表达这一观点，而强制性将此论述作为完整表述，以此来证明中国人也知道上帝，并事奉上帝，从而成为佐证基督教普世性的力证。

（二）以耶释儒

关于以耶释儒模式，柯氏和理氏译本中都有采用，而且在阐释对象的选择上高度一致，都以基督教的"天使魔鬼"来阐释《中庸》中的鬼神。在对待中国鬼神的问题上，两位传教士不但没有否定中国的鬼神信仰，而且还肯定了鬼神在天地之间的功能，鬼神对个人生活的积极参与，都选用了以"spirit（beings）"作为其译名，以基督教的"天使魔鬼"来阐释《中庸》中的鬼神，为此，柯氏在译本中添加了最长的一条按语，详细论述中国的鬼神与基督教的"精灵、天使和魔鬼"之间相似的功用，提出神是阳之魂，是指天使或者好的精灵，鬼是阴之魂，是指恶魔或坏的精灵。在理氏译本中所构建的基督教化的中国宗教蓝图里，"上帝"居于至高、至上的地位，"天""地"列于其下，祭祀天地成为侍奉上帝的方式之一，而鬼神则是上帝的臣民，帮助传递上帝的旨意，足见基督教化的"鬼神"在此儒学宗教化蓝图中的重要作用。

（三）以耶批儒

以耶批儒是三种宗教化强制阐释模式中最直接，强制化程度最高的一种模式。以耶批儒模式在两种译本中的表现有相同之处，也有所不同。其不同之处在于在柯氏译本中对儒学的批判所涉及的内容更多，批判更直接，涵盖

---

① *The Chinese Classical Work Commonly Called the Four Books*（1828），p. 40.
② *The Notions of the Chinese Concerning God and Spirits*, pp. 25-31.

了首章所论述的"天""天命"、第4章、30章等多处论及的孔子、第22章等论述的"至诚"、第26章论及的文王等;而理氏译本除却对"至诚"的批判之外,对柯氏译本中所批判的其他义理则更侧重于寻求两者之间会通互释的契合点。相同之处则在于"至诚"是两种译本批判的焦点和重心,两位传教士译者都认为"中国人将'天、地、人'这三种在本质上和能力上都完全不同的三种存在并列起来是非常可笑的,……是绝对的亵渎,对上帝的亵渎!"[1]"显然是一种非常荒唐、愚昧的迷信思想"。[2] 在译名的选择上,两者均故意选择只能传递其字面含义的"sincerity"一词作为其英译名。为什么说"sincerity"一词只能传递出《中庸》之"诚"的表层含义呢?首先要看该词在英文中的意义。特里林(Lionel Trilling)的专著《诚与真》(*Sincerity and Authenticity*)曾系统考察过"sincerity"一词演变的历史和意义内涵。据其考证,该词16世纪该词在英语中的日常含义"指人所宣称的与其行为之间的一致性(to be true to oneself)。"在宗教意义上,"sincerity"的评判依赖于其对宗教信仰的忠信度。到18世纪中期,随着浪漫主义出现,其代表人物如罗素等倡导剥离"sincerity"的宗教含义,将其最初的含义,即内在的、自我的"true(真)"的含义拓宽到外在的,对待他人的"faithful"(忠)。由于该流派强大的影响力,使得"sincerity"摆脱了其宗教内涵,回归到16世纪初的原初含义,即"to be true to oneself",同时,它的含义也被拓宽,不再局限于内部的、自我的"(真)true",还包括外在的、对待他人的"(忠)faithful"。

  厘清了"sincerity"一词在英语世界中的内涵,再来看《中庸》中"诚"的含义,从《中庸》本身的论述来看,"诚"即为"性",包括人之本性和天道之本然属性,或为"理之实然"(宋明理学)的内涵。"诚"具有神秘的、超越的力量,而且这种超越的力量是由内而外产生的,也就是说首先要内在的至诚,才有可能前知、成物、与天地参,这就是《中庸》之"诚"所具有的"实"和"化"两个维度的意义。再来对比其译名"sincerity"一词,首先在内在维度上,"sincerity"不具有《中庸》"诚"的本体论和形而上的意义,在外在维度上,"sincerity"强调对他人的"忠",与《中庸》中贯穿物

---

[1] *The Chinese Classical Work Commonly Called the Four Books*, p. 51.
[2] *The Chinese Classics*, Vol. 1: *Confucian Analects*, *the Great Learning*, *and the Doctrine of the Mean*, p. 282.

之始终的"诚",不诚无物、"至诚"能前知,能使人与天地参,能不见而章,不动而变之深刻哲学形而上的含义相去甚远,而且"sincerity"不具有"化"的神秘功用,所以说,用"sincerity"来翻译"诚"没有传递出"诚"的哲学形而上的含义,使《中庸》以"诚"为最高哲学范畴的体系沦为一种对自我以及他人之间相处的日常论述,丧失了其中深刻的哲学内涵。其实两位传教士译者都认识到了"诚"在《中庸》中所传递的有别于日常意义上的内涵,这从他们的译注中可以看出,如柯氏在其注释中就讲到了他在选择译名时的踌躇,在纠结于"sincerity"和"perfection"之后,最终还是放弃了"perfection"一词,选择了"sincerity"。理雅各更是在后来的《中庸》修订版中直接摒弃了"sincerity"作为"诚"的译名,改译为"perfection of nature"。无论是柯氏的踌躇还是理氏的更改,都显露出传教士对"诚(至诚)"与基督教教义之根本相悖的认知,此时都会显露其基督教之根本立场,现身于译本,大加挞伐。

四、结语:《中庸》英译史中基督教化强制阐释的时代因素

传教士译者翻译《中庸》时,背离文本话语,消解了《中庸》文本的儒学指征,以基督教化的前置立场和模式,对《中庸》进行了符合译者宗教信仰的阐释。基督教化强制阐释下的《中庸》英译本,尤其是对"诚(至诚)"基于字面的翻译和批判,使得整个《中庸》文本前后论述缺乏连贯,主题亦不一致,导致译本后半部分所述思想怪诞、空洞,缺乏说服力。超验主义代表梭罗和爱默生阅读了柯大卫的译本,但他们不信任该译本,导致他们对译本质疑的根源就是该译本中大量的脚注与按语,批判了基督教传统之外所有道德系统的合法性。梭罗《瓦尔登湖》中对儒家经典的引用有 9 处,为了得到对原文的准确翻译,他避开了柯氏已有的英文译本,而是遍寻拉丁文版、德语版和法语版的翻译,最终从法国著名东方学学者波提尔(G. Pauthier)的法文版《四书》译本中转译了 8 处。[①] 可见早在传教士翻译的时期,这样的基督教化强制阐释在当时就受到了学者的质疑。理雅各在翻译《四书》之前,参读过柯氏译本,对其基督教化阐释可能或者说已经产生的负面影响

---

① *The Chinese Classical Work Commonly Called the Four Books* (1828), intro. pp. xvi-xvii.

也已知悉，为何在重译本中虽说稍有变通，依旧坚持对《四书》进行基督教化的强制阐释，除了宗教信仰方面的原因之外，还有着重要的社会因素，这种社会原因要追踪到 19 世纪中国与欧洲关系的变化。

首先看《中庸》英译史中基督教化阐译的两位主要译者柯大卫和理雅各的身份。柯大卫，英国苏格兰人，伦敦教会传教士，曾就读于高斯坡神学院，1822 年奉派至马六甲，然后任教英华书院，1824 年开始担任英华书院校长，为该院的第三任院长，直至 1828 年去世，去世前出版了首部《四书》的英译本。理雅各，英国苏格兰人，毕业于阿伯丁大学，曾被伦敦会派驻马六甲主持英华书院，该书院迁往香港后，随之迁居香港，任香港英华书院第一届院长，1861 年出版《四书》英译本。从以上两位译者的履历来看，有着诸多的相似性，诸如都是苏格兰人，毕业于神学院，同为伦敦会传教士，被派往中国传教，都遵循并践行伦敦会的决议"翻译汉语圣经是有利于基督教的最重要目标之一"①。这里尤其值得注意的是，两位译者均来自伦敦传道会，该传道会隶属于基督新教，19 世纪的新教传教士与 17—18 世纪来华的耶稣会士在对待中国文化的态度方面存在着重大的区别，耶稣会传教士对待中国文化和文明是一种尊敬的态度，至少可以说是一种平等的态度，如其代表人物利玛窦，而 19 世纪来华传教士虽然也和其前辈耶稣会传教士一样从事汉学研究，从事中国经典的翻译，但对待中国文化的态度上却与耶稣会士有很大的区别，他们再没有对中国的尊重，而是居高临下的俯视中国。② 同样希望"中华归主"，但采取的方式也大不相同，如上所述，柯大卫译本中随处可举的对儒学的恣意批判上就可以看出。

同为来华传教士，为何在前后不到两百年的时间内，态度会有如此大的转变？这要归因于中国当时在世界的地位，以及中国与欧洲的关系。1800 年前由于康乾盛世，中国国力相对强大，在欧洲产生了中国热，当时的西方知识界主流对中国是一种崇敬和学习的态度。③ 但到了 19 世纪，欧洲快速发展起来，经济上的发展和财富的膨胀，使得欧洲人在精神上开始有了霸气，文化的傲慢已经成为大多数思想家的主旨。新教传教士正是在这样的世界格局

---

① 苏精《中国，开门！马礼逊及相关人物研究》第 9 页，香港：基督教中国宗教文化研究社，2005 年。
② 张西平《传教士汉学家的中国经典外译研究》，载《中国翻译》2015 年第 1 期。
③ 《传教士汉学家的中国经典外译研究》，载《中国翻译》2015 年第 1 期。

之下，在中国与欧洲政治经济交流处于不利地位的情形下，被派往中国传教，自然在对待处于交往劣势一方的文化，会带有一种高高在上的优越感，以一种居高临下的俯视甚至蔑视的态度，从一个评判官的地位出发对待中国文化，将之视为衬托西方进步的对象，一个说明己方思想优越的力证。厘清了新教传教士翻译中国经典时的社会背景，我们就能够充分理解他们在翻译中国文化经典并进行基督教化强制阐释时为何会同时出现以基督教为中心的"以儒证耶、以耶释儒和以耶批儒"三种并存模式，且以"以耶批儒"为主导模式产生的缘由了。

（宋晓春　湖南大学外国语学院教授）

·春秋论坛·

他者的中国眼
——林语堂及其华文打字机

[美] 迈卡·阿毕瑟 著　杨玉英 选译

相对于林语堂的其他身份，打字机发明家林语堂对国内外的读者甚至学者来说都是陌生的。英语世界研究林语堂及其华文打字机的成果也不多，共有5种。具体为：（一）技术奇想：林语堂及其华文打字机的发明。该文于2010年发表在《美国文学》上①。文章指出了学界对林语堂的20世纪30年代至40年代努力发明华文打字机的研究的忽略、林语堂发明华文打字机的背景、打字机面世前后的艰难处境及其意义等做了详细的阐释。文后的52条注释中，作者对美国的打字机发明家林语堂研究的情况做了交代。（二）散居汉字中的声音与文字：林语堂的打字机。2010年，哈佛大学出版了耶鲁大学教授苏静（Tsu Jing）的专著《散居汉字中的声音与文字》。该书的第三章"林语堂的打字机"②详细梳理了林语堂的华文打字机的发明背景与过程，并与世界各国打字机的特征与优劣势做了比较。（三）林语堂与其中文打字机。2001年，普林斯顿大学迈卡·阿毕瑟（Micah Efram Arbisser）的学士学位论文《林语堂与其中文打字机》发表③。除"导论"外，论文正文四章以及结语，共五个部分：热心打字机发明之前的林语堂；西方的字母打字机；中文打字机存在的问题；林语堂"明快"打字机的故事；结语：经验教训与遗产。

---

① R. John Williams. "The Technê Whim: Lin Yutang and the Invention of the Chinese Typewriter". *American Literature*, Vo. l. 82, No. 2, 2010, pp. 389-419.

② Tsu, Jing. "Lin Yutang's Typewriter" In Tsu, Jing ed. *Sound and Script in Chinese Diaspora*. Cambridge: Harvard University Press, 2010, pp. 49-79.

③ Micah Efram Arbisser. "Lin Yutang and His Chinese Typewriter". Undergraduate Thesis, Princeton University, 2001.

（四）华文打字机的历史。2017 年，美国学者斯坦福大学墨磊宇（Thomas S. Mullaney）博士的专著《华文打字机的历史》出版①。全书除"导论"和"结语"外，共分七章对华文打字机的历史进行了详细的梳理，作者对林语堂及其华文打字机的介绍出现在第六章"标准的传统键盘死了！标准的传统键盘万岁！"（五）林语堂：华文打字机（专利申请的一部分）——编辑的话。2009 年，《索引》刊登了林语堂 1946 年 4 月 17 申请专利 1952 年 10 月 14 日同意批复的部分内容及"编辑的话"（专利号为：2，613，795)②。

在这几种成果中，英语世界学者的林语堂研究成果中常常会提及的是一篇本科生的毕业论文，即迈卡·阿毕瑟的《林语堂与其中文打字机》。对一位大学本科生来说，能够对异质文化有如此浓厚的兴趣和深切的理解，并持有自己独特客观的见解，实属难得。现将其"导论"和"结语"部分译介如下，以飨读者。

一、导　论

我很小的时候就对技术创新相当好奇。计算机、汽车、飞机、高楼大厦以及许多其他稀奇好玩的人类发明总能引发我的兴趣。然而，当我进入普林斯顿大学开始了解中国时，我明白现代中国的困境曾经是而且仍将是，如何将这些材料的创新与无数外国的思想和价值理念融为一体，进入一种那些国外的文明无法与之媲美的先进的文明中。

大学二年级，当我开始更加深入地研究"中国问题"（The Problem of China）[借用伯兰特·罗素（Bertrand Russell）的用词时]，我父亲递给我一本他找到的认为我会感兴趣的书。这本书就是林语堂的《生活的艺术》（The Importance of Life），一本看起来有趣的书。书的作者林语堂，我上一个学期偶然在一次研讨会上见过。这本书使卓越的美国读者喜欢上了林语堂。书中充满着对世界的深思熟虑的观察，阐述了中国文化与西方文化之间的相容与不相容的方方面面。他那独特的、天才的洞察和轻松的幽默吸引了我，也同样

---

① Thomas S. Mullaney. *The Chinese Typewriter: A History*. Massachusetts: Massachusetts Institute of Technology Press, 2017.

② "Lin Yutang: A Chinese Typewriter. Part of a Patent Filed by Lin Yutang". *The Indexer*, Vol. 27, No. 3, pp. 107-110. (September, 2009).

吸引了我之前的成千上万的读者。

在读林语堂的《生活的艺术》时，我开始对中文计算机感到好奇。这个主题是我对信息技术和中国的知识兴趣的一个交集。打字机似乎像是处于一个开始了解表意文字是如何能与设计来容纳有限字母的现代系统相和解的逻辑位置。在咨询该到哪里去寻找信息时，我的教授皱着眉头说他也不知道，除林语堂在某个时候发明了一台打字机外，他对中国的计算机知之不多。这个林语堂就是写了我喜欢读的那些关于坐椅子、米老鼠和希特勒该如何停止在公共场合大喊大叫而是应该学会微笑的诙谐幽默的散文的林语堂。

到我选择毕业论文的时候，我想根据我对中国和技术的自然交集的这个兴趣，但问题是，我找不到足够的材料来写一篇符合字数要求的毕业论文。如果一个像林语堂那样多产的作家又能发明打字机的话，那我肯定能找到更多关于这方面的信息的。于是我到图书馆和网上搜寻，尽管信息不是特别多，但足够我用它们来完成一篇独特的毕业论文。

文中所包含的内容就是我从这些信息中所学到的东西。最重要的是，我知道了打字机对林语堂来说远比我一开始所想的要重要得多。尽管它常常仅与 20 世纪 40 年代末林语堂生活的一段很短的时期相关联，但打字机及其汉字选择系统实际上却是林语堂毕生的事业，于 1916 年开始，到 1972 年林语堂的"光辉"成就《现代汉英字典》(*Chinese-English Dictionary of Modern Usage*) 出版时达到顶峰。

论文第一章简要介绍了林语堂及其思想，考证了他对民国时期的贡献，他在美国所起的作用，并简单讨论了他早期的语言学成果。尽管这部分与其打字机没有直接的关系，但它对更好地显示出除讨论林语堂不太为人所知的成就和贡献（如打字机）外其他那些更为人所知的方面起着重要的作用同时，该章也阐释了某些源自我关于林语堂 20 世纪 30 年代的政治思想的小论文。该章篇幅比其他章节短小，这样做可以避免仅仅重复别的更有成就的批评家和历史学家已有的观点。

第二章讨论了西方的字母打字机以及它们提出的问题：为什么要发明这些打字机？为什么这些打字机没有立即就获得成功？为什么到最后又都成功了？等等。或许对于一篇研究东亚的论文来说该章是多余的，但该章在此论文中的必要存在是因为它与该论文在整体上是高度相关的。林语堂作为一个打字机发明家的经验与他的美国和欧洲前辈们建立的模式是非常契合的。

第三章呈现了我试图组织一个对除林语堂的打字机外的中文打字机的诸多机械问题的解决办法的连贯讨论。利用原始资料和那些珍稀的还未出版的二手资料,我试图尽可能多地了解不同的中文打字机。该章,尽管远远算不上完美,但它比我竭尽所能找到的那些分析为中文打字机而发明的光谱资料往前迈了一大步。

最后是第四章,它是论文的核心和生命线。该章阐述了林语堂发明中文打字机的各种尝试,包括他如何解决问题,他的解决办法是什么,以及林语堂发明的中文打字机与作为该发明的林语堂自己有着怎样的结局。论文主要依靠这三种资料:(一)林语堂女儿林太乙的《林语堂传》;(二)默根瑟勒公司的企业档案;(三)林语堂自己对其发明的文字记载。我汇编了关于林语堂中文打字机的英文文献,并希望它是所有语言中对林语堂中文打字机的研究文献中最全面的。

但是,有些不一致我无法避免。尽管林语堂在发明他的中文打字机时这个问题并不存在,但我在必要的时候使用了简体字和汉语拼音。这主要是因为我的文字处理器处理简化字的能力要比其处理传统汉字的能力强得多,而且拼音是我最熟悉的标准汉语拼音。但是,林语堂是支持简化字的,这从他开始写于1933年的第一篇倡导使用简化字的文章直至其1972年告诉《纽约时报》"我赞成毛泽东先生削减汉字总数并简化其书写的运动"① 可以看出。

不管是在我找到的内容方面还是对研究过程本身而言,该文的撰写过程都是一个令人难以置信的学习体验。我发现了许多极其有趣可加以阐释的信息。希望该文的读者也会发现文章是有趣的、创新的,而且甚至是有价值的。言归正传,正是基于此,我撰写了这篇关于林语堂与其中文打字机的学位论文,一个在某种程度上呈现了现代中国的根本困境的问题以及一个聪明人试图解决这个问题的独特故事。

---

① 此为原文"导论"注释第4条:Durdin, Peggy. "Finally, a Modern Chinese Dictionary". *The New York Times*, November 23, 1972, p. 72. "I approve Mr. Mao [Zedong]'s movement to cut down the total number of Chinese characters and to simplify the writing of them." Micah Efram Arbisser. "Lin Yutang and His Chinese Typewriter". Op. cit., p. 7.

二、结语:教训与遗产

"林语堂去世,享年 80 岁。一位学者,哲学家。"1976 年《纽约时报》头版上的大标题如是。讣告如下:"中国人。一位诗人、小说家、历史学家、哲学家。一个向西方人阐释其民族和国家的习俗、愿望、恐惧和思想的人。"① 然而,在这篇高度尊敬高度赞美的讣闻中,没有提及林语堂发明华文打字机。尽管他发明的"明快"华文打字机可称得上是成功的。

由于制造一台如此复杂的硬件所需的费用太高,也由于中国未来政治的极度不稳定,在 1949 年生产"明快"华文打字机是不可能的,但这并不意味着它是失败的。它呈现了迄今为止解决华文打字机所存在问题的最先进的方法,而且见到它的每一个人立刻宣称它是有史以来最棒的。然而,像其他的伟大发明一样,它并未成为最棒的。

(一)"上下形检字法"的失败

但问题是,如果林语堂的"上下形检字法"真的是那么棒的,那为什么它没有在其他的应用程序,如书店、图书馆以及计算系统的索引编辑中流行起来呢?我们现在为什么没有用它?很难解释历史上有些事情为什么没有发生,但是,有几个因素似乎可以用来解释为什么"上下形检字法"没有扎根生长。

一是,要宣传一个需要重新思考语言的系统很难,尤其是没有相当的政治支持。中华人民共和国只有通过其巨大的权力结构的纯粹惯性才能够实施其简化字的计划。然而,因为政治的缘故,台湾和香港仍然在使用传统的汉字形式(即繁体字)。

20 世纪 30 年代,林语堂与左翼作家联盟之间的冲突造成了他与中国共产党之间的隔阂。正如台湾和香港拒绝使用简化字那样,共产党也一直避免采用源自台湾或民国时期的技术与改革,包括在希腊语拼音(GR)和汉字注音已经存在的时候发展汉语拼音,以及当大五码(Big5)和扩展 Unix 系统代码(EUC)等繁体字编码方案已经存在的情况下为计算机设置的汉字国际标码这

---

① 此为原文"结语"注释第 1 条:"Lin Yutang, 80, Die; Scholar-Philodopher". *The New York Times*, March 27, 1976, pp. 1, 28.

样的例子。

当林语堂"叛变"西方后,他实际上断绝了许多政治上的联系,特别是与左翼作家联盟之间的联系。依照《纽约时报》的说法,他也不止一次选择精神的独立而非政治上的爱国:"中国国民政府多次给林语堂提供重要的职位,但他多次拒绝。这样的反应是前所未有的。"[1]

对于林语堂的系统为什么没有流行起来,威廉·汉娜(William Hannas)暗示了另一个更根本的原因。在一次关于中国计算机输入系统过多的讨论中(据记载,时间为1991年,有700多人参加)[2],汉娜做了非常有趣的陈述:

> 有人或许会想,如果在将汉字输入计算机时能有某些自然的或者甚至理性的东西,那很久以前对于该如何这么做就已经出现了一致的看法。但是即便这样,新的方法还是会不断出现,但每一种都会涉及训练时间与准确性或速度之间的某些权衡。这种矛盾永远都不可能得到满意的解决。……[3]

林语堂与威廉·汉娜之间关于使"上下形检字法"普及的潜在性的论争将会是一场非常有趣的表现。当汉娜对计算机问题给予特别的强调时,他的论点可以扩及"上下形检字法"在其他方面的应用以及许多其他的汉字分类系统,这些系统引发了相当数量的计算机输入法。而林语堂则至死都相信"上下形检字法"是最好的解决汉字排列方式的问题的办法。

不幸的是,除林语堂已出版的词典以及一些老式的"神达"(MiTac)计算机还保存着外,他的"上下形检字法"已经完全死掉了。即便林语堂自己的词典网络版采用的也不是他自己的检索系统。对此,编辑在"使用凡例"中是这样解释的:

> 原版采用的"上下形检字法"乃林语堂所创。这一种检字法自面世

---

[1] 此为原文"结语"注释第3条:"Unpedantic Chinese Lexicographer". *The New York Times*, November 23, 1972, p. 72.

[2] 此为原文"结语"注释第4条:Hanna, William C. *Asia's Orthographic Dilemma*. Honolulu: University of Hawaii Press, 1997, p. 267.

[3] 此为原文"结语"注释第5条:*Asia's Orthographic Dilemma*. pp. 267-268.

以来,一直未能普及。词典的网络版由于有了各种强大的电子检索及浏览功能的支援,"上下形检字法"作为"检字"方法而言,已无坚持的必要。①

(二)"明快"打字机的遗产

如我们所知,西方打字机以字母键盘的形式为计算机留下了抹不去的痕迹。考虑到"上下形检字法"未能普及,"明快"华文打字机与现在的中文计算方法之间的联系可能会显得有些模糊不清。但是,如果我们进一步观察绝大部分计算机接受中国输入的方式,就能看出其与林语堂的"明快"打字机之间有着直接的关联。尽管就我所知没有电脑使用"明快"打字机的键盘或上下分类系统,但是许多系统依赖的是林语堂的专利"魔眼"(magic eye)的软件版本。

今天的许多电脑使用带用汉字的笔画和发音以缩小选择的范围直到使用者能轻而易举地选择自己想要的那个字为止的系统。比如,在我使用的系统中,我输入我想要的汉字或词组的汉语拼音,电脑会向我显示与这个拼音相匹配的汉字。这是林语堂的"魔眼"最根本的工作原理,除其分类系统总是将相匹配的汉字缩小至8个或者更少以使其比拼音输入更有效以外。

如果林语堂只是专注于软件而非硬件,那么他的"明快"打字机或许会更加成功。在20世纪40年代,要制造一台可供"明快"打字机使用的机械装置是相当昂贵的。必须得造一台实体机器来机械地"记住"汉字所在的位置②。今天,一名半生不熟的电脑程序员也能设计一款虚拟的"明快"打字机并不用花钱就能让其分布到世界各地。然而,这样的生产,导致了过度充裕的系统,制造了混乱与可怕的存储残片。像威廉·汉娜这样的思想者们从这些问题中得出了悲观的结论。

实际上,林语堂为我们现在所用的许多语音输入系统贡献了另一个理论,尽管这个理论与他自己的打字机毫不相关。在1989年举办的一次关于输入系

---

① 此为原文"结语"注释第6条:Kwan Tze-wan et al. "user's Guide", from *Lin Yutang's Chinese Dictionary of Modern Usage*. Chinese University of Hong Kong online edition. http://www.arts.cuhk.edu.hk/Lexis/Lindict/. Last update unknown. last accessed April 10, 2001.
② 此为原文"结语"注释第8条:Lin Yutang. "Invention of a Chinese Typewriter". *Asia and the Americas*. New York: Asia Press, February 1946, p. 59.

统的研讨中，黄克东（Jack K. T. Huang）和黄大一（Timothy D. Huang）认为导致了基于短语的输入观测系统应归功于林语堂。在这样的系统中，使用者可输入一个语音短语而不仅仅只是汉字的发音：

"林语堂强调，众所周知，即便同音异义字的问题在汉语中相当严重，但是那些超过一个字的同音异义短语却非常少见……下面的建议是基于这个发现的。"①

这个主意源自林语堂词典背后的理论，它是第一部把汉字与语言单位相结合的汉英词典："《林语堂当代汉英词典》最伟大的创新在于它强调并给予了更多的空间给多音节汉字，这些汉字由两个或者更多汉字组成，而不是那些单音节汉字。"②

（三）林语堂及其华文打字机的语境

林语堂发明一种可广泛使用的华文打字机的尝试是非常重要的，从其尝试中可得出许多有趣的结论。最简单的必须与发明者的期望相关。如我希望的，该论文的第二章表明，当开始介入时，打字机并非是注定就能成功的，甚至发明了最好的打字机的发明家在其发明的过程中也常常会损失钱财。

1946年，当林语堂开始一头钻进他的打字机项目时对有可能损失钱财这个事实显然是盲目的。发明和技术创新史充满了各种伟大的装置，这些装置要么是出现在他们那个时代之前的，要么是市场效果很糟糕，要么是被下等却强有力的竞争对手搞得精疲力竭。林语堂身上具备了一项伟大发明所需的许多恰当的东西：能让他人倾听的证明文件，一台革命的装置，以及他自己的一些债券，但这些却都不合时宜。林语堂成了糟糕运气的牺牲者。

其次，林语堂的所有传记全都忽略了他的华文打字机，他的女儿林太乙的《林语堂传》也仅仅只有18页（其中还包括不少题外话）是关于其打字机的，但打字机却是林语堂一生非常重要的一部分。尤其是，它是林语堂语言事业的一个关键时期。语言学被林语堂众所周知的文学成就所遮蔽，但它却是林语堂真正对中国的发展做出贡献的领域之所在，而且他的打字机之梦是其最重要的一些发现的动力。虽然希腊语拼音（GR）、"上下形检字法"以及

---

① 此为原文"结语"注释第9条：Jack K. T. Huang and Timothy D. Huang. *An Introduction to Chinese, Japanese, and Korean Computing*. Singapore：World Scientific，1989，p. 88.

② 此为原文"结语"注释第10条：Peggy Durdin. "Finally, a Modern Chinese Dictionary". *The New York Times*，November 23，1972，p. 37.

他依赖于前两者的词典从未进入主流，但它们全都反过来对那些的确成了主流的系统做出了重要的贡献。

拼音常常被认为是拉丁化新文字（Latinxua Sinwenz）的产物，但事实上却是拉丁文、韦氏拼音、耶鲁拼音方案之最佳与希腊语拼音（GR）之间的一种折中。由于"上下形检字法"依赖打字机的"魔眼"，它在某种程度上对现在使用的数字化中文输入系统有所贡献。林语堂将其词典称作他的"王冠"[①]，实际上它也是，因为直到今天它仍然被广泛地看成是最棒的也当然是最具影响力的汉英词典之一。

"明快"打字机当然不是林语堂一生所做的唯一一件最重要的事。考虑到他的许多成绩，要选出哪一件是其最伟大的贡献是非常难的。然而，对林语堂来说，打字机代表了一个相当重要的梦想，而且他也确实没有在打字机使得其经济窘困时为自己发明打字机而感到遗憾[②]。

绝大部分对林语堂的西方研究都集中在他呈现在其著名的英文著作中的思想上。西方人试图判决他的影响或指出其重要的哲学思想，而大部分的中国研究也关注的是林语堂的思想发展，但却批评他的各种各样的嗜好。在这两种类型的分析中，林语堂早期的语言著作完全被忽略了。他们常常把林语堂的词典当成无关紧要的东西不予理会，或者甚至仅仅因为林语堂的"上下形检字法"未能像他所期望的那样被普及而将其当成"眼中钉"[③]。

打字机或许是普通生活中的一章，但它却是林语堂将其最喜欢的、西方的创新应用到能使中国变得特别的体系中的终身使命的实物标志。"明快"打字机应该是林语堂"献给中国人民的礼物"[④]。尽管"明快"打字机从未能跨越太平洋，但毋庸置疑其遗产却延续到了现在甚至将来。

（杨玉英　长江师范学院外国语学院教授）

[①]　此为原文"结语"注释第11条：Peggy Durdin. "Finally, a Modern Chinese Dictionary". *The New York Times*, November 23, 1972, pp. 37, 72.

[②]　此为原文"结语"注释第12条：施建伟《林语堂在海外》第108页，白话文艺出版社，1997年。

[③]　此为原文"结语"注释第12条：Huang and Huang, p. 52.

[④]　此为原文"结语"注释第14条：林太乙《林语堂传》第237页，台北：联经，1989年。

《聊斋志异》的图像传播*

——大洋洲纪念币与英美烟卡考释

任增强

摘　要：《聊斋志异》传播史上主要存在着文字与图像两种传播方式。以文字为载体在英语世界的流播，主要表征为各类译文与译本，对此国内学界已多有研究；而《聊斋志异》以图像为载体的传播，形式各样，其中大洋洲所发行之聊斋纪念币以及英美烟公司所制之聊斋烟卡，是重要的两种类型。借对聊斋纪念币与烟卡的考释，希冀引发学界对聊斋以图像为载体对外传播的积极关注，探寻其中的经验启示，以进一步推动《聊斋志异》"走出去"。

关键词：聊斋志异　图像　纪念币　烟卡　对外传播

清代著名聊斋评点者冯镇峦常谓聊斋一书"通人爱之，俗人亦爱之，竟传矣"。概而言之，在《聊斋志异》流传过程中，存在两种主要的传播媒介，即文字与图像。

就前者而言，《聊斋志异》尚未成书之前，便以手稿或抄本的形式流播开来；而后青柯亭刻本问世，接着又有吕湛恩、何垠注释本、何守奇、但明伦、冯镇峦等人的评点本相继出现，风行天下200余年。就其在英语世界的传播而言，《聊斋志异》在不同历史时期，亦是以各种译文、节译本，以至全译本的形式行世，成为中国古典小说中拥有外文语种最多的一部，堪称中国文学乃至中国文化"走出去"的典范。

---

* 本文系2018年度山东省高校科研计划项目"中西文化交流视域下非文学文本的翻译研究"（J18RB241）、山东大学基本科研业务费专项资金资助项目"英语世界《聊斋志异》文献整理与研究"（2018TB038）系列性研究成果。

《聊斋志异》的图像传播

近些年来，随着中国文化"走出去"国家战略的实施与推进，越来越多的国内学者将目光投诸《聊斋志异》以文字为载体的海外传播，积极开展对其外译译文和译本的研治。相反，对于《聊斋志异》以图像为载体的海外传播却缺乏应有的学术观照。而事实上，以图像为载体的传播更是"通人"与"俗人"皆爱之的一种重要形式。在聊斋流传史上，如广百宋斋主人所编之《详注聊斋志异图咏》，以及清末光绪年间作为进献慈禧太后六十寿辰礼品的《聊斋图说》等图咏本，均风行于世。《详注聊斋志异图咏》曾被现代著名学者阿英称之为聊斋"插图本之最善者"，[1] 并被英国著名汉学家闵福德收录其聊斋英译本，由世界知名出版商企鹅集团刊行；[2] 而《聊斋图说》非但曾流入清廷，后于八国联军侵华之际遭劫流入俄国。

由此，不难看出《聊斋志异》的图像传播是一个不容忽视的重要话题。本文则着重探讨《聊斋志异》对外传播史上的两种图像传播方式，即大洋洲纪念币上的聊斋人物彩像与英美烟卡上的聊斋故事彩像，希冀以此引发学界对聊斋以图像为载体对外传播的积极关注，探寻其中的经验启示，以进一步推动《聊斋志异》"走出去"。

一、大洋洲彩色纪念币上的《聊斋志异》

纪念币（collector coins）一般由贵金属精制而成，并限量发行，较为珍贵，而《聊斋志异》中的人物图像便曾出现在库克群岛所发行的纪念币上。库克群岛（Cook Islands）位于南太平洋上，是由 15 个岛屿组成的群岛国家。库克群岛进入 21 世纪以来广泛接受世界各地委托发行相关热门题材金银贵金属纪念币，采用新西兰法定货币单位，交由世界著名的金银纪念币铸币厂——澳洲珀斯铸币局（The Perth Mint Australia）精工铸造。库克群岛已先后于 2003 年、2004 年发行过《聊斋志异》彩色银制纪念币和《水浒传》彩色金、银制纪念币各一套。[3]

---

[1] 朱一玄《聊斋志异资料汇编》第 328 页，南开大学出版社，2012 年。

[2] Pu Songling, *Strange Tales from a Chinese Studio*, translated and edited by John Minford, London: The Penguin Group, 2006, pp. xxxiv-xxxv.

[3] 此则报道源自《中华工商时报》，新浪财经纵横网曾加以转载报道，具体参见：http://finance.sina.com.cn。

2003年所推《聊斋志异》彩色纪念币共四枚,由笔者所发现之澳洲珀斯铸币局所开具的"鉴定证书"(Certificate of Authenticity),虽有些模糊,但仍可以看出这一套彩色银币取材于中国古代文学经典"Liao Zhai Ghost Stories"(直译为《聊斋鬼故事》),纪念币的正面分别为聊斋四则故事中的人物彩色图案,这四则故事分别为"Xiang Yu""Abao""Pianpian""Zhao Chenghu",故事标题均采用音译法,即《香玉》《阿宝》《翩翩》《赵城虎》四篇聊斋故事。纪念币的背面为英国女王伊丽莎白二世的头像。四枚纪念币镶嵌于红木精制的小屏风内。银币成色为99.9%,每枚1盎司,面额为1新西兰元,总发行量为3000套。

这四枚聊斋纪念币,均由在西方世界享有盛名的澳洲铂斯铸币局所铸造。据澳洲铂斯铸币局英文官网显示,该铸币厂有着百余年的从业历史,作为世界贵金属行业领导企业和西澳大利亚最大的出口商,每年向全球100多个国家发行价值大约180亿澳元的金银铂等贵金属制品,凭借其原创性的硬币设计工艺和创新性制作理念,每年向全球发行各类流行题材的纪念币。①

从《聊斋志异》人物题材纪念币本身可见,其绘制精美,设色雅丽,色彩形象近乎真人,其中人物走兽、花鸟器物,各尽所长。而且,每图俱就故事中"最富有包孕性的顷刻"落笔。德国美学家莱辛在其著作《拉奥孔》中提出"包孕性的顷刻"这一美学观点,认为"艺术由于材料的限制,只能把它的全部模仿局限于某一顷刻"。"既然在永远变化的自然中,艺术家只能选用某一顷刻,特别是画家还只能从某一角度来运用这一顷刻;既然艺术家的作品之所以被创造出来,并不是让人一看了事,还要让人玩索,而且长期地反复玩索;那么我们就可以有把握地说,选择上述某一顷刻以及观察它的某一角度,就要看它能否产生最大效果。最能产生效果的只能是可以让想象自由活动的那一顷刻了。"② 可以说,莱辛所谓的这个"顷刻"必须包含过去,又展示未来,给欣赏者的想象留有较大的空间,《聊斋志异》纪念币在设计理念上便循此思路。如《香玉》纪念币着重描绘白牡丹感黄姓书生深情而化作香玉与之相会,《阿宝》则紧扣孙子楚相思成疾,化为鹦鹉与情人阿宝相会这一顷刻;而《翩翩》纪念币则描述仙女翩翩对穷困病倒的罗生心生怜悯,收

---

① 具体参见其英文官网 http://www.perthmint.com/to-shine-always.aspx。
② [德]莱辛著,朱光潜译《拉奥孔》第19—20页,安徽教育出版社,2006年。

《聊斋志异》的图像传播

留之并以溪水制良药为罗生治病，用芭蕉叶为其剪缀做衣这一情节；而《赵城虎》图画则展现义虎替老妇人儿子尽孝，人虎相亲这一顷刻。由此使得上述聊斋故事不但更为形象而生动地浮现在观赏者眼前，而且会引发读者去想象故事的前因后果与来龙去脉，探寻其中所蕴含的丰富意趣。

可以说，《聊斋志异》题材纪念币由世界一流制造商精工制作而成，自然可以进入国外主流发行渠道，这对于推进《聊斋志异》在英语世界乃至全世界的传播是非常具有现实意义旳。

（以上图片源自新浪新闻中心）

二、英美烟卡上的彩色绘图

除却大洋洲纪念币之外,《聊斋志异》以图像形式的传播,还不得不提及英美烟公司所出品香烟内烟卡上的彩色绘图。

英美烟公司(The British-American Tobacco Company),是由美国烟草公司和英国帝国烟草公司在经过"烟草战"后于1902年联手建立的,设总部于伦敦及纽约,当时最热心之发起者及美国烟草界大王杜克。[①] 英美烟公司甫一成立,杜克就使用早年使其迅速崛升为美国烟草大王的手段,开始大力扩展公司在中国的业务。[②] 为了支持在华庞大的销售体系,增加其产品的吸引力,据《英美烟公司在华企业资料汇编》显示,英美烟公司通过报刊电台、电影、节日及街头赠品、包装与画片等手段进行广告宣传。

其中香烟卡便是一种重要的广告载体,其英文为"Cigarette Card"。据英国伦敦香烟卡有限公司英文主页的介绍:烟卡的历史可追溯至19世纪晚期,彼时香烟以纸质烟盒包装,容易折断,所以生产商便往烟盒中塞入一些硬卡片,而这很快让生产商意识到其实可以在卡片上做广告。不久便出现了针对男性烟民的成套图卡,以刺激他们持续地消费该品牌的香烟。最早的烟卡系列往往以妙龄女子、运动健将、战斗英雄为题材,而进入20世纪以后,各烟草公司为开展竞争,纷纷开发富有时代气息的多样化题材。[③]

英美烟公司的西方人倾向于采用他们在西方使用的广告宣传策略,而香烟卡早于1880年代便由杜克引进中国,而后曾一度以《聊斋志异》人物故事作为题材。据原美国康奈尔大学中国历史学教授高家龙(Sherman Cochran)研究发现,出于本土化考量,中国艺术家和书画家受聘制作广告,他们展露了使英美烟公司的广告与中国文化环境相适应的才能。在中国画家为英美烟公司设计的广告中,他们描绘了一些几乎为每个中国人所熟知的神话和半神

---

① 上海社会科学院经济研究所编《英美烟公司在华企业资料汇编》(第一册)第1页,中华书局,1983年。

② [美]高家龙《中国的大企业——烟草工业中的中外竞争(1890—1930)》第18—20页,商务印书馆,2001年。

③ 具体参见伦敦烟卡有限公司主页关于烟卡历史的介绍:https://www.londoncigcard.co.uk/cardhistory.php。

话人物。例如,据说是造成唐朝衰亡的狡猾机灵的杨贵妃、南宋的爱国将领岳飞、扮成美女的不朽之蛇白蛇娘娘,以及来自京剧和通俗小说如《水浒传》《西游记》及"二十四孝"的全体人物。① 在此,高家龙虽然未提及《聊斋志异》,但是聊斋题材烟卡的存在却是客观的历史事实。

据称《聊斋志异》烟卡有百余张之多,其在制作上颇为效仿广百宋斋主人所编之《聊斋志异图咏》。烟卡正面为精美的彩色故事插图,背面则移录《聊斋志异图咏》中的咏诗。清人何镛曾称《聊斋志异图咏》:"既穷形尽相,无美不臻,又于每图各系七绝一首,抉海内诗人之心肝,为图中之眉目",可谓是图文并茂。而烟卡上的聊斋图画也承袭了《聊斋志异图咏》的制作传统与特色,正面绘图均工笔勾勒,技法圆熟;背面咏诗,则画龙点睛之笔,首首切中故事主题。如附图所示《夜叉国》烟卡,正面四周围镶有金边,内容为徐姓商贾传授夜叉妻子以及其他夜叉如何以釜煮肉,画面布局错落有致,人物形象栩栩如生;背面则为咏诗:"深山苍茫少人踪,习俗几疑类毒龙。不是徐生还故国,安知海外卧眉峰。"

需要指出的是,英美烟公司的美国人和其他西方人基本是依靠华人买办来进行商业化运作,在广告宣传上也在适应中国烟民的习惯,以至于许多的乡村中不知道"孙中山"是何许人,但很少的地方不知道"大英牌"香烟。② 英美烟公司无孔不入地发展销售业务,在中国城市与农村千方百计地做生意、做广告的本领,着实令人瞠目。旧中国外资大型企业的掠夺性具体地表现在攫取大量超额利润、获得惊人的投资利润率,以及把大量的超额利润源源不断地汇出中国,③ 这自然是其最主要的本质,但是在客观上,其广告宣传也起到了传播《聊斋志异》以及中国文化的作用,因为在当时的中国城市和乡村中也有大量喜好香烟的外国来华官员、商人、传教士以及旅行者。

而且,高家龙曾指出:"如果将英美烟公司的成功归因于'纵向一体化',必须明白公司中的美国人和其他西方人只是实行了部门化管理,而实际控制劳动力、采购和销售业务的华人则是通才,除了在新的广告宣传活动中他们

---

① [美]高家龙《中国的大企业——烟草工业中的中外竞争(1890—1930)》第57页,商务印书馆,2001年。

② 上海社会科学院经济研究所编《英美烟公司在华企业资料汇编·前言》第15页,中华书局,1983年。

③ 《英美烟公司在华企业资料汇编·前言》第20页。

与公司融为一体外,在其他方面,他们依然依靠于从前使用的没有多大改变的商业实践来经营英美烟公司的业务。"① 由此可见,中国题材的烟卡虽出自中国画家之手,但是在"新的广告宣传活动中"美国人和其他西方人与华人是"融为一体"的,即西方人是参与者。更进一步说,英美烟公司内部广告系统各有分工,包括上下级多个部门,其中"部级广告部"由外籍人主管,其他部门由华人负责具体工作。② 关于英美烟公司的图片问题,《英美烟公司在华企业资料汇编》收录了颐中档案中的英文原件,共4份。其中包括1933年4月4日河南郾城S. P. 陆致汉口英美烟公司函、1933年4月30日山西运城Y. S. 徐致汉口英美烟公司函、1933年4月30日徐州H. Y. 陈致汉口英美烟公司函、1933年5月16日天津英美烟公司夏浦致上海英美烟公司函。值得关注的是,在夏浦函件中,提议"应在画片背面,加印简要的剧情说明"③。这一思路,与《聊斋志异》烟卡的设计理念是非常吻合的。由此又可以说,《聊斋志异》等中国题材的烟卡,汇集中国各地分公司建议,必然是经外籍人士认可、主管和策划的。而英美公司在华不断调整机构,其年销售量多时曾达到112万箱,④ 其公司中的外籍员工数量必然也是颇为可观的,多少也会关注其公司烟卡上的内容。

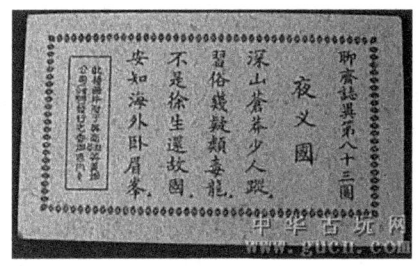

(以上图片分别源自中华古玩网)

---

① [美]高家龙《中国的大企业——烟草工业中的中外竞争(1890—1930)》第62页,商务印书馆,2001年。
② 王强《从英美烟广告看近代外国企业的本土化意识》,载《史学月刊》2007年第5期。
③ 《英美烟公司在华企业资料汇编》第719页。
④ 《英美烟公司在华企业资料汇编·前言》第4—5页。

当然，英美烟公司出品的香烟毕竟还是主要局限于中国内陆销售，就其在西方的传播而言，作为烟卡上重要内容的《聊斋志异》还主要在来华的西方人士之间传播。目前尚未发现进一步的证据，以证明其曾漂洋过海，传至欧美本土。但这至少说明，《聊斋志异》的对外传播，图像是重要的媒介和载体。

结　语

正如英语世界第一部《聊斋志异》全译本译者、美国汉学家宋贤德（sidney Sondergard）所言，"对于聊斋这样一个特殊文本，我觉得应该采取特别的方式"，"对于聊斋来说，'图像'很重要。所以，也可以借助连环画或者图像小说，以图文并茂的形式将聊斋推出去"。① 而前文所述大洋洲纪念币以及英美烟卡上的《聊斋志异》，无疑是聊斋"走出去"的重要路径。

就贵金属纪念币这一方式而言，因其就有收藏性和商业性等价值，容易在海外收藏者中引起反响，我们可以由国内商业机构领衔，甚至是国家有关部门拨付专款，与国外如澳洲铂斯等著名铸币厂开展合作，借助国外主流渠道，适时发行不同题材内容的聊斋故事人物，以民族性展现普适性，以中国题材传达世界性主题。上文所枚举的四枚聊斋题材纪念币便是依循这一设计思路，如纪念币首先涉及爱情这一人类的永恒主题，《香玉》和《翩翩》纪念币，其中男女主人公青春美丽的外表、浪漫的爱情与充满东方古典韵味的服饰与器物，无疑对西方受众是极具吸引力的。此外，《香玉》《阿宝》《翩翩》和《赵成虎》四枚纪念币的图案绘饰还共同涉及更一个具有普适性意义的主题，即人与自然间的和谐共处问题。比如《香玉》纪念币上的男女主人公与一簇簇牡丹花、《阿宝》图案中的女主人公与鹦鹉、《翩翩》绘饰中女主人公翩翩手中的芭蕉叶、《赵成虎》图案中的妇人与老虎的友好相处，无不展现着自然生态这一具有世界意义的普适性话题。

而烟卡上的《聊斋志异》，由历史观之，基本是对在华的西人产生过影响，尚需进一步搜罗相关资料说明其在海外的传播；但烟卡对于《聊斋志异》

---

① 任增强、宋贤德《他乡的知音：与美国汉学家宋贤德对谈〈聊斋志异〉》，载《汉学研究》2016年秋冬卷。

"走出去"也有重要的启示意义,即在对外商品出口时,可依据不同国家消费人群的审美趣味制作聊斋人物彩图,作为赠品,置于产品包装内;或者可以考虑在某些合适的产品包装上印刷彩色聊斋故事人物。更进一步言之,最好再辅以中外双语的形式,在产品包装内,附上简要的相关聊斋故事的情节介绍,甚至是列出重要的《聊斋志异》外译本,以此图文并茂的形式,促进海外受众对《聊斋志异》的感性了解与理性认知。

总而言之,《聊斋志异》以文字为载体的各译文与译本在海外产生了非常大的影响力,而在电影、电脑、电子游戏与智能手机等大众传媒勃兴的"读图时代",聊斋的图像传播更需要进一步加强。这也急需国内聊斋研究,关注聊斋以图像为载体在海外流布的历史与过程,从中汲取经验启示,以更好地推动《聊斋志异》,以使其他中国古典文学作品"走出去"。

(任增强　山东大学国际汉学研究中心副教授)

汉语神学词汇考

——以"圣神"为例

王硕丰

摘 要： 汉语中的一些词汇，由于外来宗教的传入，被注入了新的内容，产生了"旧词新义"，"圣神"一词便如此。"圣神"在中国古代本指"帝王"或"圣人"，随着基督教入华，"圣神"作为拉丁文Spiritus Sanctus 的译名，从唐景教、明末天主教起在不同译者、不同教会笔下发生了曲折的变化，直到今天被确定下来，作为天主教中三位一体的第三位格。本文根据一手资料，以历史为主线，按时间发展顺序，详细论述"圣神"一词在汉语史中的流变过程。

关键词： 圣神　天主教　基督教　Spiritus Sanctus

语言学家爱德华·萨丕尔（Edward Sapir，1884—1939）在《语言论》中说："语言，像文化一样，很少是自给自足的。"[①] 宏观而言，一部中国语言史就是一部汉民族与其他民族的语言接触互动史，也是华夏民族与外民族交流与冲突起起伏伏的历史。不同历史时期，汉外民族接触不同，汉语吸收来的新词也因此呈现出不同的语源与特征，这一点其实也是呼应了历史上的几次翻译活动频繁的"翻译潮"，毕竟外来词是由翻译活动而产生的。而汉语在与外族语言、文化接触的过程中，除吸收、引进不同形式的外来词外，本有的部分词汇也产生了词义的变异，即"旧词新义"，汉语原有的词汇被注入了新的内容，尤其是宗教、哲学词汇。"圣神"一词便是如此。

"圣神"在中国古代有两种含义，一指帝王（亦借指皇帝），如汉代班固《东都赋》："登祖庙兮享圣神，昭灵德兮弥亿年。"南朝颜延之《阳给事诔》：

[①] ［美］爱德华·萨丕尔著，陆卓元译，陆志韦校订《语言论》第172页，商务印书馆，1985年。

"逮元嘉廓祚，圣神纪物，光昭茂绪，旌录旧勋。"唐柳宗元《平淮夷雅》："度拜稽首，天子圣神。"等等。另泛称古代的圣人，如朱熹《〈中庸章句〉序》："盖自上古圣神，继天立极，而道统之传有自来矣。"明王世贞《二酉山房记》："上而皇帝王霸之猷，贤哲圣神之蕴，下及乎九流百氏，亡所不讨覈。"等等。而现代汉语中的"圣神"一词，指的是拉丁语 Spiritus Sanctus、英语 Holy Spirit，是基督教上帝三位一体中的第三位格，在天主教中称为"圣神"，基督新教中称"圣灵"。这个"旧词"的"新义"，便是由基督教入华带来的。

早在唐"大秦景教流行中国碑"中，就有"设三一净风无言之新教"，其中，"三一净风"便是指"三位一体"中的"圣神"①；至明末清初耶稣会入华，在其保留下来的文献当中，可寻到最早使用"圣神"一词的②，是意大利耶稣会传教士龙华民（Niccolo Longobardi，1559—1654）于1602年完成的两部著作："我信圣神、圣而公教会"③"曾许圣教会内，圣神常在"④。此二处皆指称 Spiritus Sanctus；之后在1629年艾儒略（Giulio Aleni，1582—1649）的《弥撒祭义》中也有"愿己胜归入圣神，得见天主"⑤；1636年葡萄牙传教士阳玛诺（Emmanuel Diaz，1574—1644）的《圣经直解》是最早有关《圣经》片段的较大篇幅的译作⑥，这部书中首次确定地将所译经文中所有拉丁文 Spiritus Sanctus 译为"圣神"，全书共出现141处，如：

言讫，嘘之曰："领受圣神。"（若望 20：22）
耶稣曰："圣神默示达未引称之主。"（玛窦 22：43）
维时耶稣谓徒曰："予已全受天地权，汝辈往诲万民，付圣水，因父

---

① "三一妙身无元真主阿罗诃"与"三一分身景尊弥施诃"分别是指"圣父雅威"与"圣子弥赛亚"。
② 本文作者根据费赖之《在华耶稣会士列传及其书目》、徐海松《耶稣会士与中西文化交流论著目录》《东传福音》（全25册）、《天学初函》（全6册），查阅了大量早期耶稣会来华传教士文献中有关《圣经》译介的著作，查证"圣神"一词的使用情况。
③ ［意］龙华民《圣若撒法行实》，载王美秀、任延黎主编《东传福音》（第九册）第213页，黄山书社，2008年。
④ ［意］龙华民《圣教日课》第11页，国家图书馆缩微文献阅览室，索书号：026226。
⑤ ［意］艾儒略《弥撒祭义》第76页，国家图书馆缩微文献阅览室，索书号：026518。
⑥ 此书翻译了约26.5%的福音书内容，译自哲罗姆（Jerome，340—420）的拉丁语武加大圣经（*Biblia Vulgata*），书中除经文翻译外，每段经文后以"箴"释义。

及子及圣神之名。"①（玛窦 28：19）

当时中国教会已经将"圣神"作为 Spiritus Sanctus 几近确定的译名，只有个别著作为诠释"圣神"含义时，会用音译"斯比利多三多"来注解②。然而在"圣神"作为 Spiritus Sanctus 的确定译名时，1707 年由巴黎外方传教士白日昇（Jean Basset，1662—1707）和其中国助手徐若翰（？—1734）写作的汉语《圣经》③ 中，却使用了不同的译法，其中白、徐共同完成的罗马藏本④全部以"圣风"来译，如：

受孕妻玛利亚，盖所怀之孕，自圣风而成，其将生子，汝名之以耶稣。（玛窦 1：20、21）
我洗汝曹以水，其洗汝以圣风⑤。（马尔谷 1：8）

但此"圣风"译法受到其传教会长上批评，认为有失恰当⑥，于是自白日昇去世后，由徐若翰独立完成的剑桥藏本用了两种译法，如：

"圣神"：圣神应示之，未死前必见主之基利斯督，当日梦神照而来。（路加 2：25）
"圣风"：于主前酒与麦皆不饮，犹在母腹而满得圣风矣，且多化依腊⑦。（路加 1：15）

经笔者统计，在徐若翰的《四史攸编耶稣基利斯督》中，其中"圣神"

---

① ［葡］阳玛诺《圣经直解》，1636 年北京刻本，中国国家图书馆普通古籍馆藏，编号 138981。
② 利玛窦于 1605 年出版的《天主教要》中称："斯彼利多三多译言圣神也，乃天主第三位之称。"（梵蒂冈图书馆，编号：Baaaarb Oriente 132）
③ 此书翻译了武加大《圣经》福音全书、《宗徒大事录》《保禄书信》和《希伯来书》第一章。
④ "白徐"《圣经》现存四个版本：罗马卡萨纳特（Casanatense）图书馆稿本（四福音书单列本）、剑桥大学图书馆稿本（四福音书合参本）、大英图书馆抄本（亦称"斯隆抄本"，合参本）、香港大学图书馆抄本（亦称"马礼逊抄本"，合参本），其中前两个是手稿本，故以此二本为本研究参考对象。
⑤ 《白日昇新约译本》，罗马卡萨纳特图书馆，编号 2024。
⑥ 周永《圣言东来——白日升与〈圣经〉中文翻译》，复旦大学硕士学位论文，2008 年。
⑦ 《白日昇新约译本》，剑桥大学图书馆，影印本。

共出现11次,"圣风"出现7次。

白日昇将"圣风"作为Spiritus Sanctus的译名,一改之前天主教在华以"圣神"而译的传统,是由于在"白徐"《圣经》中,作者不若前人以"天主"译Deus、而以"神"来译Deus:"如果我们在翻译《圣经》时,用'神'指代拉丁语的Deus,那么将会出现两个问题,第一个也是最重要的,就是需要找出一个词来表达'le Saint-Esprit',在这里我们称之为'圣神'。但是,如果'神'用来表示'上帝',那么我们需要找另外一个词来表示'le Saint-Esprit',应该是哪个词呢"①,因使用"神"指Deus,为避免词义的混乱,白日昇避免使用"圣神"一词,这也是今天基督新教《圣经》亦未使用"圣神"的原因。而对于新选用的译名,在白日昇的有关信件中,他详细说明了对于"圣风"一词的思考:

我认为汉语中能与拉丁文"Spiritus"意思相对应的是"风","Spiritus"在《圣经》中表示的意思与希腊语中的"Pneuma"相同,而希腊语专家认为"Pneuma"含"风"的意思,在宗教上表示某种非实体的物质。当我们用"神"来表达"Esprit"的时候,我们违反了《圣经》中"le Saint-Esprit"本来的含义,然而如果我们用"风",就可以和希腊语的译法类似了。事实上,《圣经》中"le Saint-Esprit"并不仅仅指"灵魂""风"或"气流",它只是习惯于以"气流""灵魂"或具体的"风"作为一种形象、象征的表达。②

以上,白日昇说明了希腊语对于"Spiritus"的译名"Pneuma"含"风"义,因此汉语也可以用同样的译法。类似的推理,他在1704年3月4日致福建宗座代牧颜珰(Charles Maigrot,1652—1730)的信中也提到过:

应该给"le Saint-Esprit"一个另外的名字,到目前为止我们都将它称作"圣神",以后我们不能再使用这个名字了。难道用"圣风"这个词来称呼不恰当吗?在希腊语里,我们称它为Pneuma,表达的是"风"的意思,这是由于这个用语与Spiritus相符合……当我们将"le Saint-Esprit"称"圣神"的时候,就使《圣经》的整个内容混乱,所以需将它命名为"风"。③

此外,白日昇在信中还提到其他在华传教士对于Spiritus Sanctus不同的译

---

① 白日昇致方济各会士叶宗贤(Basilius Brollo,1648-1704)信(1704.7.31),巴黎外方会档案馆,藏号:A. M. E. 424:256。
② 白日昇致叶宗贤信(1704.7.31),巴黎外方会档案馆,藏号:A. M. E. 424:256。
③ 白日昇致颜珰信(1704.3.4),巴黎外方会档案馆,藏号:A. M. E. 407:419。

法：《创世纪》第一章中说："天主的神在水面上运行"，一些翻译家比如 Alonso Tostado（Tostatus Abulensis, c. 1400—1455）将此处的"le Saint-Esprit"译为"流动的气体"或"风"，艾儒略则翻译为"圣灵"……圣咏集第 147 首："他一吹起他的和风，冰水即刻流动。"圣咏集第 33 首："因上主的一口气，万象生成。"若望福音第三章："风随意向那里吹，你听到风的响声，却不知道风从哪里来，往哪里去：凡由圣神而生的就是这样。"这些句子里的"Esprit"都被艾儒略神父译成了"神"，而在其他地方艾儒略又把"Esprit"翻译成"风"。我们知道，如果一个词在不同情况下有多种不同译法，就会失去表现力和美感，同时其文学价值也会降低……若望福音第 20 章："说了这话，就向他们嘘了一口气，说：'你们领受圣神罢！'"利类思（Ludovic Bugli 1606—1682）神父把这里的"spiritus"翻译为"风"，而他在其他的一些文字中又译成了"神"……在所有这些情况以及其他很多情况下，如果我们把拉丁词"Spiritus"（希腊语为"Pneuma"）翻译成"风"，那么作为物质实体的"风"的概念就会慢慢消失，而是作为《圣经》中"le Saint-Esprit"的象征存在；而如果我们把"vent"翻译成"风"并且称"le Saint-Esprit"为"圣神"，后世就会有人对于已经存在的"风"的译法提出质疑。①

这里，白日昇列举了前辈的不同译法以及他的担忧和困扰，并提出以"圣风"作为唯一、统一译名，才是恰当的做法。

此外，白日昇还从拉丁语"Spiritus"及汉语"风"二词本身的词义方面，阐述了二者的相似：Saint Bonaventure（1221—1274）曾说，"圣灵属于上帝，它既不是像被创造物似的作品，也不是像圣子一样的后代，它根据一种不可言喻的方式产生，就像从嘴里呼出的气息一样，近来有人说它属于'呼吸'"，就像圣托马斯（Thomas Aquinas，1225—1274）说的："'Spiritus'原本的意思似乎是表达某种实体物质的移动，因为它好像同时表示'吹气'和'风'两层意思，另外，爱的本意准确来说是激发并促进爱人者对于被爱者的某种意愿，既然它以上帝爱人的方式出现，那么我们就把它称为'圣灵'吧。"以上说法其实没有考虑到汉语里"风"不止表示"流动的空气"，它还隐喻了一种心理冲动。西安附近的一座庙里保留了基督教的古迹，从其中的文字我们可以知道，当时的人们称基督教为"净风无言之教"，其中的

---

① 白日昇致叶宗贤信（1704.7.31），巴黎外方会档案馆，藏号：A. M. E. 424：256。

"风"就是隐喻义;在这里,内心坦荡的人被称为"有风范的";我经常听到一些中国人谈论被鬼怪附身的人是"被妖风控制"了,这一点其实也与《圣经》里的"他们被邪恶的灵魂控制了"相通。所有这些都表明汉字"风"与拉丁语"Spiritus"有相似之处。[①]……因为《圣经》不仅仅通过"气"体现了圣灵,而且还加入了物质的"气",也就是说通过相同的词语共同组成了圣灵……汉语里"风"这个字不仅指物质上的、由空气组成的风,而且是一种精神上的推动力,中文字典里就是这样解释的,西安的石碑上[②]也写着"净风无言之新教",可见那时的基督教在中国已经使用这个译法了。[③]

以上是白日昇信件中对于"圣风"一词的思考,他通过对"圣神"一词的否定、举希腊语译法为例说明其含"风"义、阐述其他传教士译法的混乱、认为Spiritus与汉语"风"接近、多角度证明"风"义符合《圣经》教义、举例早先景教已使用这一译法等,极力向上级建议"圣风"作为确定译名,不过主要原因应该还是由于他为了避开"圣神"与"神"译名的冲突。然而这一译法遭到其上级的批评,被认为不准确,因此白日昇去世后,由徐若翰独立完成的福音合参本选择了"圣神""圣风"两译名共用,上文已述及。

白日昇之后,由于清政府禁教,基督教在华传教暂告段落,直至百年后,法国传教士贺清泰(Louis Poirot,1735—1814)于1803年写作了《古新圣经》,此书翻译了全部《新约》和绝大部分《旧约》(仅余下《雅歌》及部分先知书未曾翻译),在这部天主教的《圣经》中,贺清泰重新使用了"圣神"一词作为 Spiritus Sanctus 的译名,如:

我用水洗你们,他要以圣神洗你们。(马尔谷1:8)
他不宜饮酒,及凡从叶压出的汁,自母腹即满被圣神。(路加1:15)

19世纪初,基督新教入华,马礼逊(Robert Morrison,1782—1834)作为首位来华新教教士,于1815年出版了他的《华英字典》,该字典中列出了"圣神"一词,并解释为:Holy Spirit[④],同时这部字典中亦有"圣风"一词,但这个词马礼

---

① 白日昇致叶宗贤信(1704.7.31),巴黎外方会档案馆,藏号:A. M. E. 424:256。
② 指"大秦景教流行中国碑"。
③ 白日昇致颜珰信(1704.3.4),巴黎外方会档案馆,藏号:A. M. E. 407:419。
④ [英]马礼逊《华英字典》(第6册Ⅰ)第212页,大象出版社,2008年。

逊并没有给出相应的英文词，而是说该词没有宗教含义、是一个汉语的组合新词：The words don't convey to the Chinese the Christian idea①。由此可以看出，当时的基督教传教士再次普遍认可了"圣神"的译名，"圣风"译名似已被淘汰。

1823年，首部汉语《圣经》全译本——《神天圣书》出版，马礼逊在这部《圣经》的写作中，大量参考、引用、借鉴了白日昇译本②，因此不难想象，在经句、译名的使用上，他同样沿袭了白氏的做法，但由于当时"圣神"译名的重新使用，以及马礼逊在这之前其字典中的表述，《神天圣书》中对于Spiritus Sanctus 的翻译，马礼逊并未完全使用白日昇译法，而是采用了几个不同的译名，反映了他内心的拿捏不定：

"神风"：且耶稣被神风引入野，以被氏亚波罗诱惑。（玛窦4：1）
"圣风"：至于以圣风，嘱其所选之使徒，后而被取上去之日。（使徒行1：2）
"圣神风"：遇马利亚由圣神风而受孕。（玛窦1：18）

同时期马世曼（Joshua Marshman，1768—1837）的《圣经》由于和马礼逊内容相近，其 Spiritus Sanctus 的译名同上。至此，"圣神"之名再次被动摇，而"圣风"一词再次使用，而且出现其他不同译法。

时至1839年，德国传教士郭实腊（Karl Friedlich Gutzlaff，1803—1851）的《救世主耶稣新遗诏书》中，再次使用"圣神"作为 Spiritus Sanctus 的唯一译名：

维时圣神引耶稣到野，为魔鬼所惑。（玛窦4：1）
迄于耶稣托圣神，命其特选圣差，后升天堂也。（使徒行1：2）
马利亚感圣神之德而怀孕③。（玛窦1：18）

---

① 《华英字典》（第6册Ⅰ）第212页。
② 有关马礼逊译本与白日昇译本之间的关系，已有若干学者做过专门性研究，如：周永《圣言东来——白日昇与〈圣经〉中文翻译》、赵晓阳《二马圣经译本与白日昇圣经译本关系考辨》、周永《从"白、徐译本"到"二马译本"——简论白、徐〈新约〉译本的缘起、流传及影响》等。
③ ［德］郭实腊《救世主耶稣新遗诏书》，新加坡坚夏书院藏版，1839年。

郭氏译本非其一人完成，并且当时的译经工作已被作为一项非常庄严、重大的事业，整个翻译活动经过多方努力，持续时间较久，在译名方面更是经过仔细斟酌，可见"圣神"重新得到基督教在华界内的认可。

然而对于基督义理并不精深、搞不清楚"三位一体"的中国人来说，"圣神"便被简单地作为"上帝"的一个代名词了。1842 年，魏源（1794—1857）在其《海国图志》中以"圣神"指称"上帝"："凡天地所覆载，莫非上帝创造，故名曰之天父，曰救世，曰圣神，其实一上帝也。"①

1853 年，太平天国洪秀全《钦定前遗诏圣书》中，同样称上帝为"圣神"："圣神、真神、天父、神父是上帝也""圣神即上帝，非圣神自圣神，上帝自上帝也"，"上帝是圣神，连圣灵俱来"。②

1869 年美国传教士裨治文（Elijah Coleman Bridgman，1801—1861）的《新约圣书》中以"圣灵"翻译"Spiritus Sanctus"，这也是基督新教首次使用该译法，究其原因自然是与白日昇一样——为避免与 Deus（神）译名的混乱：

当时耶稣被圣灵导之适野，致见试于魔鬼。（玛窦 4：1）
玛利亚未婚之先，由圣灵怀孕。（使徒行 1：2）
迄其托圣灵，以命所选之使徒，后升天之日③。（玛窦 1：18）

1904 年，梁启超先生在《饮冰室合集·文集》中亦以"圣灵"指"Spiritus Sanctus"："景教有最精最要之一言焉，曰三位一体。三位者，此译圣父、圣子、圣灵。"④

之后的基督新教《圣经》中，皆以"圣灵"作为 Spiritus Sanctus 的统一译名。至 1968 年雷永明神父（Fr Gabriel Maria Allegra，1907—1976）思高本《圣经》出版，天主教统一以"圣神"作为 Spiritus Sanctus 的译名，至此，经过了数百年的曲折流辩，"圣神"在汉语中的含义终得确定。

（王硕丰　西安外国语大学中国语言文学学院副教授）

---

① 魏源《海国图志》第 833 页，岳麓书社，2001 年。
② （清）洪秀全《钦定前遗诏圣书》，初刊于 1853 年，罗尔纲、王庆成主编《太平天国》第 2 卷，广西师范大学出版社，2004 年，以上经句分别见于第 113、681、682 页。
③ ［美］裨治文《新约圣书》，台湾圣经公会，编号：25。
④ 梁启超《饮冰室合集》第 17 页，中华书局，1989 年。

·汉语教学国际传播研究·

啤嚫道《华英通语》与美国早期汉语教育

潘瑞芳

摘 要：1849年以后，美国加州发现黄金，引发了移民潮。大批的华人前往美国金山。而语言交流就成为中美交流的瓶颈。1867年，美国人啤嚫道（Benoni Lanctot）出版了《华英通语》一书，旨在帮助在金山各个阶层的美国人掌握基本、实用的广东话口语，满足日常交流、工作、教育、旅游、商贸往来等需求。该书既是美国早期的汉语学习用书，也对19世纪60年代前往美国的华人在美国生活、贸易等具有重要的帮助。但学界对其研究和关注较少。本文通过对《华英通语》与美国早期汉语教学的研究，探讨19世纪60年代中美语言接触和文化交往的多维图景。

关键词：《华英通语》 美国汉语教学 语言接触

近代中西接触，是中国历史上的一个重大联键。① 而语言接触是文化互动交流的先导。有了语言的密切交往，才会有深度的文化交流。在两种语言接触的最初阶段，最有效的工具往往是词汇集与会话集。② 在近代中外语言接触中所编写出版的中英双语词汇集和会话集，是近代中西语言接触和文化交流的见证，具有重要的价值。1855—1860年间出版的《华英通语》一书以及流传到日本由福泽谕吉（Fukuzawa Yukichi，1835—1901）修订的《增订华英通语》，在中国和日本英语学习史上具有重要的地位和价值。对此，周振鹤、内

---

① 王尔敏《十九世纪中国士大夫对中西关系之理解及衍生之新观念》，载王尔敏《中国近代思想史论》，社会科学文献出版社，2003年。
② 周振鹤《鬼话·华英通语及其他》，载《读书》1996年3期。

田庆市、① 矢放昭文、② Yong Chen、③ 田野村忠温④等国内外学者对其出版、内容、价值、中外交往、流传等方面展开了比较深入的研究。

但是，还有另外一本同名的由啤嚪道（Benoni Lanctot，生卒年不详）编著的针对美国人学习汉语的《华英通语》，1867年在美国金山出版。目前，学界的研究中却较少涉及。仅矢放昭文在研究福泽谕吉《增订华英通语》时提到了这本书，却并没有对其展开研究；Anne O. Yue 通过历时语言教科书的比较研究后认为，啤嚪道的《华英通语》受到了"四邑方言"的影响。⑤ 作为在美国出版的一本早期汉语教科书，《华英通语》既是美国人早期的汉语学习用书，同时也对19世纪60年代前往美国的华人（以及在美国的日本人）在美国生活、贸易、工作等产生了重要的影响。本文基于所见到的新版《华英通语》，通过对其编者、内容、特点及影响研究，考察其在美国早期汉语教育中的价值。

一、啤嚪道与《华英通语》

（一）《华英通语》的出版

1867年，《华英通语》一书经加利福尼亚州政府的审定在美国金山（也称"旧金山"，或"三藩市"）出版。在封面上题有英文书名：*Chinese and English Phrase Book, with the Chinese Pronunciation indicated in English*。从书名中可以看出，本书的定位是中英文对照的短语书，配有用英语标记的中文发音。同时，编者在封面上也写道"特别为商人、游客和家庭改编"。可见，在出版之初，其针对的核心读者群体就是在美国生活、工作、学习、旅游的人，

---

① ［日］内田庆市《十九世纪的英语资料与汉语研究——以笔者发现的〈华英通语〉的新版本为主》，载《或问》2005年第9期。

② ［日］矢放昭文《福沢諭吉と『増訂華英通語』》，载《京都産業大学日本文化研究所紀要》2015年第20号。

③ Yong Chen, *Chop Suey, USA: The Story of Chinese Food in America*, New York: Columbia University Press, 2014, p. 312.

④ ［日］田野村忠温《新出資料『華英通語』道光本と中国初期英語学習書の系譜——附論 福沢諭吉編訳『増訂華英通語』》，载《大阪大学大学院文学研究科紀要》2018年第58期。

⑤ Anne O. Yue, *Materials for the Diachronic Study of the Yue Dialects*, 载沈钟伟、石锋主编《乐在其中：王士元教授七十华诞庆祝文集》，南开大学出版社，2004年。

图 1 《华英通语》扉页

一级美国的当地人，具有明确的针对性。出版之后，就在《美国文学公报与出版商》(*American Literary Gazette and Publishers*) 第八卷上进行了宣传展示，也得到了媒体的关注和认可,被收录到了多种图书出版目录里,如 1871 年出版的 The American Catalogue of Books：1866—1871 等。

出版机构 A. Roman & Company 位于金山蒙哥马利街第 417—419 号。其经营范围包括图书销售、出版与进口业务等。而在《华英通语》正文之后的广告里,也展示了其出版、经销的多种与中国有关的图书,如露密士 (Augustus Ward Loomis, 1816—1891) 1867 年编写的《孔子与中国经典》等。

(二) 啤嚟道与美国中文学校

《华英通语》的编者 Benoni Lanctot 在中文文献里没有对应的汉语名字,但在正文的第 88 页,有其手书的签名"金山大埠啤嚟道书",落款时间是同治六年五月二十四日,即 1867 年。① 因此,本文将啤嚟道作为其对应的中文名字。可惜的是,目前还没有发现啤嚟道的生卒年月等信息。

啤嚟道是一名金山中文学校 (Chinese School) 的校长,是金山第一所中文学校的创始人。这所中文学校是金山的第一所公立学校,建于一所教堂 (Baptist Church) 之中。1851 年成立时只有 1 名学习中文的学生,其他 106 名学生都是来自世界各地的不同国家。而到了 1859 年,金山已经建立了第一所独立的中文学校,校长就是啤嚟道。这也是加州建立四十年以来的唯一一所面向华人的由政府税收支持的学校。② 而根据 Paul J. Ramsey 的研究,金山的中文学校里很重视英文,其首个汉语老师啤嚟道,是汉英双语通,并能够进行两种语言的自由转换、交流,有利于其开展汉语教学。③

根据加州政府的报告,1868 年,中文学校的校长是 William M. Dye。④ 学校注册学生 179 名,平均出席 38.8 人,每月每个学生的学费是 2.06 美元。⑤ 而

---

① 啤嚟道在序言中使用西式计时方式,记录"序言"的写作时间是 1867 年 2 月 25 日。这里的五月二十四日应该为中式的农历计时,对应的时间应是 1867 年 6 月 24 日。

② Nicholas Patrick Beck, *The Other Children*：*Minority Education in California Public Schools from Statehood to* 1890, University of California, Los Angeles, 1975, pp. 66-73.

③ Paul J. Ramsey, *Bilingual Public Schooling in the United States*：*A History of America's "Polyglot Boardinghouse"*, Palgrave Macmillan, 2010, pp. 292, 93.

④ 根据 1869 年的金山政府报告,Dye 校长为美国学生开设了晚间学校,取得了较大成功,中文学生增长十分迅速。见：Board of Supervisors, *San Francisco municipal reports Fiscal Year* 1867—8, *Ending June* 30, 1868, Cosmopolitan Printing Company, 1869, p. 301.

⑤ Board of Supervisors, *San Francisco municipal reports Fiscal Year* 1867-8, *Ending June* 30, 1868, Cosmopolitan Printing Company, 1868, p. 480.

在 1870 年，啤嚁道担任校长时，学校注册学生 31 名，平均出席 25 人，平均入学率为 83%，每月每个学生的学费是 3.2 美元。[①]

（三）《华英通语》的整体结构

《华英通语》一书，从扉页到正文结束共 88 页。包括前言 1 页，目录 1 页，发音规则和语法规则 1 页，正文从第 9 页开始到 88 页。正文之后包括 25 页各种类型的广告。可以说，这是一本面向基础或入门阶段的汉语学习或英语学习小册子，方便美国人与前往美国的华人开展不同场景的对话、交流。

（四）《华英通语》的编排方法

在《华英通语》的封面书名上，写明 "with the Chinese Pronunciation indicated in English"。也就是说每一个汉字都有英语的注音与之相对应。且使用"ˊ"表示上升声调；"ˋ"表示下降声调。在序言里，编者也列出了注音的发音和英语单词中发音的对应关系。如 "*ai* as y in *fly*" 等。全书的词汇、短语、句子都采用了这一编排方法，方便母语为英语的美国读者学习、使用。例如：

You ought to be very particular.
Ni koi iu ching ching tsó tsó
你该要清清楚楚（第 28 页）

这种使用英语发音标注汉语读音的方法，与早期中国人学习英语时所用的用汉字标注英语读音的方法十分类似，是早期语言接触时所编写的语言学习材料中的常见做法。[②]

二、《华英通语》的使用对象与内容

（一）编写目的与使用对象

在序言里，啤嚁道提出出版这一小卷图书的目标在于"使各行各业的人获得基础、实用的广东话口语知识"。因此，可以说这本书的编写目的是为了

[①] Board of Supervisors, *San Francisco Municipal Reports for the Fiscal Year* 1869-70, *Ending June 30*, 1870, Cosmopolitan Printing Company, 1870, p. 312.

[②] 《鬼话·华英通语及其他》，载《读书》。

方便金山的各行各业的美国人掌握基本的广东口语，从而方便与来自中国的华人进行交往、交流。而其使用对象，正如编者在封面上所写，"商人、游客和家庭"，从全书的内容来看，编者基本上是围绕这三个群体目标而编写的。

编写本书的根本动因在于1860年的美国金山地区已经有了人数众多的华人。1849年以后，随着"淘金热"的兴起，移民潮兴起，大量的华人前往美国。[①] 到1867年前后，在金山的华人，基本上都是来自中国广东。因此，《华英通语》所使用的汉语是广东话，而不是官话。

《华英通语》编写的宗旨是方便在商务和社交中的实际汉语应用。而美国读者只要掌握了广东话这种语言，那么就可以和几乎所有的中国人进行交流，中国人都能很容易听懂他的话。而且，不懂英语的中国人也可以阅读汉语、汉字，因此看着书里的句子，他也能很容易就明白。同时，《华英通语》还适用于在美国的日本商人和受过教育的人，因为他们也能够阅读汉字。

(二) 对汉语语法的认知

在正文之前，编者啤嚷道专门介绍了汉语的动词，说明汉语和英语的一些主要区别。编者认为"时态和语态之类，是汉语中所没有的""动词的主动和被动形式之间没有区别""人称和数也没有区别"等。以上这几条说明了汉语和英语语法之间的重要区别。同时，编者提出语境和表达场合是影响任何段落理解的关键因素。而"时间和时态通过整体句子本身或者表达的情景就能清晰展现"。编者啤嚷道对汉语语法特点的认知，基本符合汉语的特征。因此，啤嚷道在编写《华英通语》时，专门把动词作为一个专门的模块进行描写，共列举了300个常用动词，体现了啤嚷道对动词在日常口语表述中的重要作用，有清晰的理解。

(三)《华英通语》的内容主题

《华英通语》的目录里包含了所有的上下位主题，根据主题的英语音序进行排列，方便读者检索。所收录的主题包括18个。其中词汇类主题9个，句子类主题9个。

词汇部分，共收录了1148个词语。包括日期与月份（20个）、颜色（20个）、水果（29个）、酒类和茶叶（62个）、谷类（65个）、数字（110个）、

---

① 在1867年前往美国的张德彝笔下，一艘船上就有"华人男女老幼一千二百三十七名"，且"多是粤东者"。见：张德彝著，左步青、米江农点校《欧美环游记》，湖南人民出版社，1981年。

食物（116个）、动词（300个）、重要词汇（426个）等。其中"重要词汇"包括家具瓷器与瓦器、刀叉器、衣服、玻璃器皿、睡房、梳妆楼、走兽等下位分类。从词语本身来看，选择的这些词都是日常工作、生活中必需的常用词汇。

其中，动词被编者啤嚼道单独列出来，共收录了300个动词。其中单音节动词71个（占24%），双音节动词221个（占44%），三音节短语8个（占2%）。双音节动词占据了绝对的优势，符合日本关西大学沈国威教授关于汉语"二字词"与词汇近代化的最新研究成果，体现了语言接触对汉语近代化的直接影响。① 三音节短语分别为：定了罪、食大餐、不中意、注定眼、睡迟了、支工银、传新闻、尝味道等。这些三音节短语的使用，主要从日常的句子中产生，是固定的、常用的动词和名词搭配。唯有"不中意"是否定短语；"睡迟了"是动补短语。

《华英通语》共收录句子801个。主题涵盖了日常商务和社交的主要场合，包括会见朋友（13句）、找华工（38句）、商务对话（43句）、旅游对话（50句）、学校（50句）、收入上税（64句）、晚餐安排（66句）、常用句子（147句）、短句（330句）等。其主要场景，与现代汉语的日常交流场景十分相似。从全书句子主题的选择可以看出，编者对语言交际功能的突出和重视。其中，这801个句子包含了丰富的句型类型，陈述句、疑问句、感叹句和祈使句，各种句型都有较多的展示。如在"晚餐安排"主题类句子中，祈使句的比例尤其高。

三、《华英通语》与19世纪60年代的美国社会

《华英通语》里所收录的虽然都是单句，但是连贯起来是一个完整的对话，使用者可以直接拿来应用于交流的场景之中，体现了编者啤嚼道对交际功能和实用性的重视。同时，在这些丰富的词汇、句子和小对话中，反映了19世纪60年代美国社会的情况。

（一）美国华工（China boy）

19世纪60年代，在美国的华人，除了在淘金者以外，还有一部分在金山

---

① 沈国威编著《汉语近代二字词研究：语言接触与汉语的近代演化》，华东师范大学出版社，2019年。

从事家政服务工作。因此,在《华英通语》中,出现了很多在家庭中与华工的对话,包括"找华工""晚餐安排"等。编者对这一主题的重视,反映了当时美国中产社会对华人仆人的较大需求。

而寻找合适、靠谱的"华工",通常也需要推荐或介绍。在"找华工"主题下,是一段完整的对话,甚至还包含了"讨价还价"的交流过程,而使用者也只要拿着这本书,即使对方不会说英语或广东话,也能完成雇佣"华工"的交流。同时,在这一过程中,也发现"华工"找工作,是需要有"保人"担保的。

同样,关于对华工的要求与工作安排,也有详细的描绘。"华工"的工作范围,包括家里的所有保洁服务、做饭、洗衣服、照顾小孩等。每天的工作时间从早上七点钟到晚上八点。且被要求,如果要外出,"你必要问过我"等。可见,当时华人在美国谋生活并不容易。

(二)商业交往对话(Business Conversation)

19世纪60年代,由于金山"广产五金",因而吸引了世界各地的"淘金者"前来,"搜奇者不惮辛苦,咸集于此"。其中就有大量的华人金山从事织造、贸易、餐饮等工作。1867年,"熙熙攘攘"的大城市金山,光华人就有8.9万多。[①] 华人在美国,也开设了中国餐馆、大米店、烟草店、家具店、珠宝首饰店等各种各样的店铺做生意。比如在华人开的大米店,读者带着这本书就可以完成购买大米的交流,"你有的上白米冇呢//有,總係貴啫//點樣為之貴呢//四個銀錢擔//我唔要一擔。我要五十磅。"(第39页)

在金山从事商业贸易或经营店铺,需要办理执照,并定期交税。管理部门会不定期查验。因此,不管是收税部门的美国人,或者是从事经营的华人,都需要学习并掌握关于"税收"的一些词汇和表达。从事商业贸易需要办理营业执照,也就是英语的License,广东话叫作"礼臣币"。商店的执照需要被随时查看。而办理执照,需要每个季度交15美元。

(三)旅游对话(Traveler's Conversation)

旅行在欧洲早就盛行,是一种轻松的休闲方式。随着铁路的出现,旅行更是广受中产阶层的喜爱。[②] 19世纪,旅行也成为美国生活的一种时尚。中

---

① 《欧美环游记》。
② [德]于尔根·奥斯特哈默著,强朝晖、刘风译《世界的演变:19世纪史》,社会科学文献出版社,2016年。

产阶层在旅游的时候，也需要雇佣华仆陪同。在 50 条句子里，既有对户外风景的欣赏（"我乐意游玩此景"），出游交通方式的讨论（"尔搭火车去埠两日就得咯""坐马车""骑马"），也有对中外风景的比较（"尔国中有如此景像有冇呢"），还有雇佣华仆的句子可以组成完整小对话，达到交流的目的。

（四）《华英通语》反映的时代与文化

在 19 世纪中期前，中国人对来自外国的人、物，大多称"番"。如"番话""番鬼""番衫（jacket）"等。在马礼逊（Robert Morrison, 1782—1834）1828 年出版的《广东省土话字汇》第一部分中，English 被翻译为"英吉利"。如"英吉利国公司""英吉利公司""英吉利国""英吉利大班"。① 19 世纪 60 年代及以后，在中国的环境中，已经早已不再使用类似"红毛话"的说法了。但是在《华英通语》中的对应翻译为"番话""红毛话"。如"尔時時在鋪有講番話有無"（第 46 页）"有一個夥伴會講紅毛話嘅"（第 61 页）。

马礼逊将 American 对译为"米利坚国"。但《华英通语》中的 3 处"American"，对应词语仍为"花旗人""花旗面""花旗客"。

马礼逊将 Chinese 的对应词就以"唐人"为主，如"学唐人话""唐话""唐人""唐人话"。仅有一例对译为"汉人"。在《华英通语》中的 China 和 Chinese 对应词分别为"唐山"和"唐话"，反映并保留了广东话的词汇特征。如"你地在唐山辦貨來啞"（第 47 页）"為係你有唔在唐山辦呢"（第 47 页）。但在《华英通语》中称"本地面"是"China flour"，"美国面"为"American flour"。那么，说话的人到底是哪里的？这就与实际对话场景有直接的关系了。

19 世纪，港口得到了极大的发展，是港口的黄金时代。② 在《华英通话》里，City 一词，都被译为"埠"，共 10 处。而"金山埠"也是晚清时期中国人对金山的常用称呼。在正文也多次提到了金山的城市街道，如 Front Street 就是金山比较繁华的街道，当时世界知名的巴西哈瓦那香烟（Havanas）就在这条街道上生产。而接纳了部分华人的 Mission Woolen Mills 羊毛加工厂也出现在《华英通语》中。这说明啤嚁道在编写该书的时候，充分考虑了当地汉

---

① Robert Morrison, *A Vocabulary of the Canton Dialect*, Macao, China, 1828.
② 《世界的演变：19 世纪史》。

语和英语学习与应用的周边环境,体现了教材编写的实用性和针对性原则。

18—19世纪,中国的主要通货是白银和铜钱。① 在《华英通语》中,衡量货物价值的标准,也是"银"。如"现时有几多银货存呢""约存一万银货"(第69页)。而当时在美国使用的美元Dollar,对应的中文广东话是"银钱"。比如"每日十个银钱"(第43页)"借一个银钱彼我"(第55页)等。

四、1867年:中国人所观察的金山

1867年,总理各国事务衙门派出志刚、孙加谷等人,带着翻译张德彝跟随美国使臣蒲安臣(Anson Burlingame,1820—1870)前往美国和欧洲出使考察。到达美国的第一站就是金山。关于这一段经历,在志刚的《初使泰西记》和张德彝所著《欧美环游记》(又称《二述奇》)中有详细的记载。通过他们的书写,可以看到1867年当时以及之前的金山和美国华人情况。

(一)繁华的都市

1867年4月12日,志刚和张德彝等人乘坐美国"斋那"号火轮船到达金山。甫到金山,张德彝对金山的观察极为详细。"地名金山,土人呼为'三莆兰西司皋'。"这个地方所在地方是加利福尼亚州,"是地系合众国之西界,省名'嘎力佛呢亚'"。在张德彝笔下,金山是一个气候宜人的城市,"冬不苦寒,夏无溽暑"。而且当地的土地肥沃,适合百谷的生长。金山是"各国贸易总汇之区",② 但总体上来看,金山的风景"稍逊泰西"。③ 这是近代以来中国出访人员首次对美国加州和金山的正式书写。

(二)唐人城(Chinatown)

志刚在《初使泰西记》中写道"家人等及广东游民往金山谋生者,男女八百余口"。④ 可见,当时广东前往美国谋生的人,并不是单人匹马,而是成批地前往。而在金山的华人聚居区,已经形成了"唐人城"。其建筑风格、街道等都由华人负责设计布置,"井井有条",和中国的城市极为相似,"远望之讶为羊城也"。当时的金山,华人的饭店如远芳楼、杏香楼等,华人戏班、由

---

① 林满红《银线:19世纪的世界与中国》,江苏人民出版社,2011年。
② (清)志刚《初使泰西记》,湖南人民出版社,1981年。
③ 《欧美环游记》。
④ 《初使泰西记》。

粤商出资建造的关帝庙等都已经建成,① 成为华人在异域他乡生活的"乐园"。

(三) 商会会馆

会馆是旅居异地的同乡为联络乡情、团结互助而建立的地缘组织。② 近代以来,漂洋过海前往世界的各地的华人,在世界各地也纷纷成立了商会或会馆。1867年,金山已经"建立会馆六处",美国人称之为"六大公司"。中华使者到达美国,当地的华人会馆负责人,尤其是冈州会馆,积极拜访、交流,"甚属恭敬",使志刚、张德彝等人对华人在美国情况有了较多的了解,也为后来推动华人权利的维护打下基础。通过与会馆负责人的交流,志刚等人了解到,在美国从事贸易的华人,"中外俱甚和美"。但是在金山挖矿的六七万华人,却常常受到洋人的欺侮。尤其不公平的是,对其他国家免收的二元"丁税",对华人却不免。华人洋人发生争端时,其合法的权利也得不到合理的维护。之后,在蒲安臣推动签署的中美合作条约中,也专门强调了平等对待华人的问题。③

志刚和张德彝关于金山华人的书写,与《华英通语》可以形成一个良好的呼应和印证,对了解19世纪60年代美国华人生活情况具有重要参照价值。

五、结　　论

通过研究发现:(1) 作为近代早期的美国汉语学习用书,《华英通语》具有实用性、便捷性的特征,针对性强,其使用对象是在美国本土居民、在美国的华人(以广东人为主)和日本人,以满足他们在美国的生活、旅游、经贸往来等实用目的,在中外语言接触史上具有重要的研究价值。(2)《华英通语》以分类词汇和常用口语句子为主,其中句子的比例占据了总条数的40%。且句子的类型包括商务、会友、家庭、旅游等主要的领域。而编者啤嚟道更强调语境对理解的重要性,重视句子的学习和使用,尤其是连续的句子能够形成连续的小对话,可以直接在交际中使用,体现了口语交际的目标

---

① 《欧美环游记》。
② 刘正刚《清代广东华侨会馆在海外分布析》,载《岭南文史》2002年第4期。
③ 《初使泰西记》。

和特点。(3)《华英通语》反映19世纪60年代前往美国的华人群体以广东人为主;华人在美国也能够进入公立学校接受教育;华人在美国除了淘金、铁路工程以外,还在从事商贸、家政服务类的工作,反映了美国社会雇佣华人仆役的社会现实。(4)《华英通语》对"English""Chinese""American"等词语翻译,体现了广东话口语词汇的特点,反映了19世纪60年代华人在美国的生活、工作等过程中展现的语言接触和文化交往的多维图景。(5)1867年跟随蒲安臣前往美国的志刚和张德彝对金山观察,可以进一步印证《华英通语》中所反映的中美交流的多元状态。

总之,《华英通语》作为早期的汉英词汇集与会话集,对中美语言接触和文化交流具有重要的促进作用。但是对编者啤嘓道及其中文学校的运营情况,有待于进一步挖掘史料,从而更好地构建美国早期汉语教学史,重构近代中美语言接触与文化交流的精彩图景。

(潘瑞芳　北京外国语大学全球史研究院/历史学院2015级博士生,
外语教学与研究出版社有限责任公司副编审)

洋人眼中的汉语教学

——《华西初级汉语教程》

[加拿大] 启尔德 著 廖芷蘅 译

译者按：

1917年11月，加拿大人启尔德（Omar L. Kilborn）为华西协合大学（The Union University）的一年级学生编辑出版了一本中英文教材 *Chinese Lessons for First Year Students in West China*（《华西初级汉语教程》）。全书共298页，除长达10页的"导论"外，共分32课对四川方言进行了细致周全的英汉对照教学设计。该书善本至今保存在加拿大多伦多大学图书馆。一百多年过去，但在中英文期刊网上，均不见对这本重要珍稀文本的研究，仅见2015年10月11日香港《文汇报》记者李兵以《百年英译方言神书，洋人洋相说川话》为标题对该书的简要报道。《华西初级汉语教程》"导论"中呈现的汉语教学模式和建议值得借鉴，对海外汉语教学和国内将包括"方言"英译在内的中国传统文化的英译引入《文学翻译》课程的改革建构与实践研究均具有启发作用。

全书根据实际需要涉及的32课教学内容为：一）与同教书先生说话；二）请伙房；三）请打杂；四）请老婆子；五）喊伙房买东西；六）扫地；七）洗地；八）抹灰；九）安置家具；十）堆箱子；十一）买轿子；十二）坐轿子；十三）坐轿子出远门；十四）上路；十五）换银圆；十六）换银子；十七）擦灯；十八）洗盘子；十九）厨房；二十）摆桌子；二十一）摆饭；二十二）弄蛋；二十三）煮稀饭；二十四）送信；二十五）提灯笼送人；二十六）买柴；二十七）买炭；二十八）洗衣裳；二十九）熨衣裳；三十）睡房；三十一）洗澡房；三十二）喂牛。

导　论

　　对传教士来说，到达中国的第一件事是"懂语言"。现在，最重要的任务就是"给予"（allow）他们头两年的语言学习。我们或许可以更好地避免使用"给予"这个词，而将其说成"要求"（require）他们完成至少两年的语言学习，在此期间不再给这些新来的人安排其他任务。我相信，当新来的人在其第三年或第四年不再要求承担超过其应承担的责任时我们很快就能回到正题上，如此他就可以有更大的自由去完善他自己的语言与工作的方法和法则。

　　对于汉语的习得，听和说的能力是最重要的，其次是阅读，再其次是书写汉字的能力。至少在第一年，这四个进程应该同时进行，但强调的重心应该放在头两个即听和说上，强调最少的应该是最后一个，即书写汉字的能力。显而易见，如果我们能够说、能够听得懂一个字或一个句子，那也会很容易把它写下来。相反，如果只会写而不会说也听不懂，那这个过程与学习死的语言没什么两样。

　　在准备这些句子时我头脑中想到的法则是，与会写汉字相比，会说汉语才是最重要的。我认为，我们应该先来学习"字""句"，而非一个一个的汉字，更不是习语。显然，这是自然的顺序，因为人类在想到要"写"之前很久就已经学会"说"了。他也不是先学会习语的。他开始说。在他学会把他的话写下来时，他便开始发现、下命令或与他人结盟，并把他言语中某些特别的东西指定为习语。

　　但是，我们应该学习什么"字""句"呢？我们的生命很短，尤其是在我们把传教这么一件无比艰巨的任务当成我们自己的事业来对待的时候。那么，干吗不把我们第一年的时间更多花在大量的字、短语和句子上呢？不管我们愿意与否，实际上我们是在以某种方式被迫学习这些字、短语和句子。我的意思是，那些字、短语、句子是我们每天与用人、教书先生、炭商和其他许多人交流时会用到的。我们可以把所有这些与我们打交道的人当成我们的汉语老师。

　　总而言之，我在这里选择了一些语句，它们包括在那些我们一开始就会用到的字、短语和句子中，而且我们每一天，我们生命中的几乎每一天，我们待在中国这块土地上的每一天，都会用到它们。我们要努力直入主题，直接去获取我们所有人最需要的东西，至少是在一开始我们最需要的那些东西，那就是，以最简单的形式，自如地使用日常用语。

口语与方言

不考虑其用法或在书、报纸或杂志上使用的语言的话，在更好的中文课程中，口语与方言是一种可能被当成通俗的东西来使用的表达。我看不出有什么理由我们要犹豫去使用通常挂在中国文人嘴边的、成千上万的表达方式。我清楚地记得我最早的那些先生中有一位是如何仔细地向我解释"这儿"与"那儿"这两个本土词不恰当地被使用的。（成都人常常把"这"和"那"说成是"这儿"和"那儿"）我应该像一般正规字典上的读音一样，总是将其说成"这"和"那"。这样过了一两天，我得了一个机会叫在院子对过的先生，他立刻大声答应我："在这儿！"

不容置疑，有很多字、短语和读音是文人们才用的，我们应该尽力避免它们，尤其是在高贵的语言中，在演讲和祷告的时候。但是，如果我们走向极端，限定我们对书面字和短语的使用，那我们会败得很惨。面对这样的环境和我们的交流对象，我们应该适应我们自己的语言。如果这么做的话，那他的知识面，继而他的经验，肯定会变得更广。

"方言"仅仅指的是对一个地域，通常是一个城市及其临近区域来说特别的字、表达或者发音。

如上面提到的"这"和"那"的发音。这里所谓的良好的口语，无疑是一种方言。因为他不用走到离成都很远的地方他就会发现那儿的人已经不用像"啥子""那么个""在那根前"等这些词了。重庆人喜欢说"候"（*hou*），而且大部分句子是以"*go*"结尾的。嘉定（现乐山）有很多种不同的地域方言以至于几乎可以构成一种独具特色的方言了。荣县人常常把一句话中含有"*ang*"的字中的最后那个字母"*g*"省略掉，等等。现在，需要指出的是确定我们究竟应该在哪里划定界限。我们应该学会并使用符合我们自己身份的所有特别的东西吗？再清楚不过的是，如果我们希望这样的话，那我们完全可以自由地这么去做。我们中的有些人这么做了，而且相信这么做是有道理的。我们中的其他人则更喜欢在更宽泛的范围内划定界限，比如，对方言的界定与省的划分一致（即，以省来界定方言），并自由地接受这些似乎在全省使用效果良好的特性。比如,"荣"字在几乎所有的其他省份都读成"*jung*"(*rong*),但在四川这个字却被读成"*yuin*"(*yun*)。某些变化遍及整个四川的大部分地方。如果我们住在这些地方的话,那我们也许会选择相应地照着管理我们的语言。或者我们更喜欢坚持一半使用我们自己省的语言一半使用其他省的语言。

中国先生

一个好的做法是,当我们的中国先生的观点与字典上的观点不一致的时候,把先生的观点看成是权威的。但是,我们应该抱持一种开放的态度,因为一年结束的时候有可能会换先生,而且也有可能在一年后或长或短的时间间歇中有所变动。我们很快就会发现,先生与先生之间的差别常常会很大,即便先生们是在同一个城市里长大的。随着时间的推移,我们将会形成我们自己的判断,会把我们的先生或先生们教我们的东西与字典上的东西进行比较。

不言而喻,我们应该总是把我们的先生当成君子来对待,这样做我们很少会失望。我们的一点机智和善意的想法对我们会大有帮助。比如,在漫长的一天的学习中,给先生送上一杯茶,尤其是天气炎热的时候。尽管这花费不了我们什么,但却能极大地促进师生间的友好关系。如果可能的话,最好有固定的与先生一起学习的时间,就像我们与他协商付给他的薪水一样,与他协商好与他见面的时间。在要求他准时、有规律地工作时,既需要机智也需要坚定。在这些事情上坚持无视他人的意愿,最可能的后果就是被解雇,然后被其他人代替。但这一切都可能不会引起任何一方的反感。让我们记住,在华西,我们有些最强最成功的传道士一开始就是做私塾先生的。也许我们雇用的这位新的先生会达到这一非常令人期待的目标。

字典

让我们从读巴勒(F. W. Baller)的《新约词汇分析》(*Analytical Vocabulary of the New Testament*)开始,并在阅读所有的经文时都使用它。就此目的来讲,没有哪本字典可与它相比。然后把格兰杰(Adam Grainger)的《西蜀方言》(*Western Mandarin*)和巴勒的或威廉姆斯(卫三畏,Samuel Wells Williams)的字典作为日常参考的扩展补充。我个人更喜欢后者,因为其中包括的汉字更多。新的翟理斯（Herbert Allen Giles）字典《华英字典》（*Chinese-English Dictionary*）太贵了。它与威廉姆斯字典之间的差别并不大，不值得我们花这么多钱。买一本苏慧廉（William Edward Soothill）编辑的《四千常用字学生袖珍字典》以备出门时用。如果有机会并且你也愿意增加你的词汇量的话，可以再买一本字典。过一两年后，再买一本康熙字典。它可是无价之宝。

请允许我再说说字典的使用。我坚信，字典的价值体现在个人对它的使用上，不管是威廉姆斯字典还是翟理斯字典。我的意思是，更喜欢转换一下先生对于汉字的学习所起的作用。为了让我们能掌握这个汉字，对汉字笔画和构成部分的学习是必需的，这大大地有助于我们在头脑中记住它的形和意。我认为我们应该经常使用字典。每次当我们遇到不认识的或者只是有点熟悉的汉字时，就查字典吧。这样做的效果要比你只是跑去问先生这个字怎么读、它的意思是什么要好得多。如果先生在场的话，一定既要跑去问先生，同时也要查字典。但无论如何都不要忽略了去查字典。有时，一个字似乎特别难以捉摸。由于其单调的规律，我们会忘了它的读音或声调，或者它的某些意思。在这种情况下，药方就是用同样"单调的规律"到字典中去"查找"它。用不了多久，我们会发现这个字已经变成了我们的一部分，它被我们记得那么牢，以至于我们再也不会忘记它。

声调

轻视声调的时代已经不复存在了。但是很遗憾，我们中仍然有一些忽视声调的人。这是因为，声调是汉字中与其读音同样重要的部分。而且，如果没有声调，或者有声调却不准确，那汉语就成了一种支离破碎的汉语。

现在，我有机会将四川方言与其他省的语言进行比较。我想说，我们华西的声调是引人注目的，而且我们的口语具有绝对的音乐性。令人感到震惊和可悲的是，一旦一个人忽略了声调，那他就会，并且总会掌握不了声调。我将冒昧地引用沃伦（任修本，Gilbert G. Warren）先生的《中文会话课程》（*Lessons in Conversational Chinese*）"导论"中的一段，该段是最适合的：

"记住，除非你知道一个汉字的声调，否则，你就不认识这个汉字。你可能这样回答我：'中国人自己怎么能不知道一个汉字的声调呢？'知道声调的名称与知道声调本身是两件不同的事。中国人确实知道声调，但只有受过教育的，而且只有受过很高的教育的那一部分人才知道某些独特的汉字的声调名称。因为对我们来说，问一个中国人'你说上品或下品吗？'就如同一个中国人就'bears'和'pears'这两个词问我们，'你们用清音或浊音吗？'大部分的英国人是完全不能回答这个问题的。但是，如果中国人这样问我们，'你们说"bear"或"pear"吗？'那任何一个英国人都能马上做出回答。

　　从一开始就训练你的耳朵听声调。绝不要问：'这个字的声调是什么？'坚持听，一直到你听出它是什么声调为止。如果你还是没听出它是什么声调，那你就问说的人：'你是在说……吗？'先用表示强调的声调问，然后再用你喜欢的任一声调来问。这样，你就有可能学会像中国人一样说汉语。其他任何学习声调的方式都仅仅只能给你一种在考试的时候获得好成绩的机会。在这些问题的答案之外，如果你说'天'的时候搞不懂你有没有用其中一个声调或者两个声调都没有用的话，那你知道汉字'天'念一声，'地'念二声（应为四声）是没有用的。"

　　我衷心赞同沃伦先生的观点。不要问你的先生某个字的声调是什么。如果有必要的话，让他一遍一遍地重复这个字，一直到你可以自己决定这个字的声调究竟是什么。

　　华西地区总共有五个声调。在华西的很多地方的确是这样的。但其他的地方，包括成都和重庆却只有四个声调，因为它的二声和五声是一样的。成都人会发现区别第五声是相当困难的。因此，我大胆地密切关注成都和重庆的语言，通过只指出其中的四个声调，去掉第五声，并将其全部放在第二声中。

　　现在已经被普遍接受的是，使用将数字标在罗马字的右上角的这种声调编号，是最快捷也是最容易的方法。我在该书中采用的就是这种方法。在有两种声调，即，在书面语中使用一种声调，口头语中使用另一种声调的情况下，我们也把后一种声调标示出来了。

罗马化

　　该书中我用的是罗马化标准方案，为适合华西学生我对个别的地方进行了修改。我不再试图对罗马化进行公开讨论，因为没有任何一个方案是会让全中国感到满意的，而且就其性质来说，也不可能有。在我看来，罗马化标准方案较之其他的体系有很多优点。而且，如果我们的这本书不仅仅只是为华西学生编辑的话，我会完全遵照标准方案的。我在其中所做的些许修改，不改或许会更好些，或者至少从其被送到出版社之后我是这么想的。

然而，罗马化只是在学习的开头几个月会被认为是有帮助的。它并非汉语的一部分，而且应该在学生不用罗马化的标示就能学会汉语的时候尽快被忽略直至最后被丢弃。唯一应该提醒的是，汉字的读音，并非一种权威的记录。汉字的读音必须通过一个或者许多中国人的口而学会，因为我们发现，不同的人，在读同一个字的时候，音并不完全一样。因而，随着时间的流逝，我们必须借助我们的经验和字典自己来进行判断，决定我们该采用一个字的哪个读音。

这在很大程度上取决于对一个人耳朵的精心培养。对我们没有听到的东西，我们是无法复制的。有时，一个新学生要努力花上几个小时才能让其先生对他的某个读音感到满意。他认为他准确地复制了这个字的读音，但实际上他无法捕捉到他所听到的和他的中国先生所说的这二者之间的细微差别。不幸的是，先生不能解释究竟是哪不对。或者，先生做了解释，但我们不懂他所说的。因而，在某些情况下，先生只好绝望地放弃，允许他的学生继续读错下去。在这段时间里，一位传教士同伴的帮助是极其宝贵的，至少在其传教士同伴已经遇到过并战胜了被提及的困难的情况下对其是有帮助的。这是语言学校或"传教士训练学校"的许多优点之一，正如在成都华西协合大学的一个部门所实施的那样。

汉字的学习

怎么学习汉字呢？习得汉字是没有捷径可言的。但有些方法确实要比其他的方法更好。没有什么能够替代顽强的毅力。习得汉字的方法就是，复习，复习，再复习，直到需要复习的汉字变得越来越少，甚至消失。

我不赞同"用铅笔注音注义的习惯"（pencil habit）。我希望你们也不要养成这样的习惯。我意指的是，用罗马字在课本边沿或小方格纸上注音、注声调和注义。如果用罗马字来在课本边沿标注汉字的读音、声调和意思的话，那铅笔的痕迹就会分散我们直接学习汉字的注意力，而且他们往往会明显地忽视或者减少在记忆方面的努力。在小方格纸上用罗马字注音注义也是一样的。将汉字的读音、声调和意思标注在小纸片上是太方便了。但是，这种方法最大的坏处就在于会让汉字与汉字之间完全没有联系。上下文语境的好处完全失去了。以我的经验,更好的办法是:买三本《约翰福音》(*John's Gospel*),大本的那种。给你的先生一本,你自己用一本。在学习几章后,开始复习,把你难以记住的所有汉字都标注出来。用钢笔或铅笔,用红色的记号把它们圈起来,但不要标注读音、声调或意思。每天都把那些标注了记号的汉字复习一遍。记住,对所有不认识的字,一定要查字典。绝不要仅仅只满足于给出一个汉字的读音和意思的能力。仅仅是不确定一个字的声调就足以让你去查字典了。

在你读完《约翰福音》的时候,你将会在书上标注了很多的汉字。这个时候,你拿出干净的那本,再把《约翰福音》从头到尾复习一遍,这一次同样把那些你还不太确定的汉字标注出来。每天把你标注了的汉字复习一遍,直到你把书中的每一个汉字都掌握。也即是说,直到你认识每一个字,并且你知道你认识它们。从那个时候开始,你的汉字习得将会明显地变得更容易些。

那么,汉字的书写呢?用铅笔或钢笔。而且,只要你喜欢,随时都可以开始。如果你更喜欢用中国的毛笔,那就用毛笔来写。如果你有写字的天赋,那就给自己一个好的机会,通过练习写字你会获得极大的好处。反之,如果你在这方面的天赋似乎很少或者根本就没有,那你不用花太多时间在这上面,而是最好继续努力。不管你的进步多慢,但都会对你有所帮助的。除非你能把一个字写出来,否则就不算完全认识它。让我们通过书写使这个字牢牢地被我们记住,而且永远也不会再忘记它。

最近几年我开始更多思考书写能力的价值。外国牧师发现,通过他亲自手写给其中国助手们的信,他的影响力和作用都大大地提高了。在这种情况下,信的内容因而不再是公共财产,因为这就如同让一位中国的抄写员抄写一样。当一位外国先生能把他上课的文本或摘要写在黑板上的时候,那他就大大地提高了他的才能和效率。我大胆地认为,我们的传教士,不管他们是哪个部门的,哪怕他们能写一些汉字,那其能力将会得到明显的、绝对的提高。

对于学习书写汉字的最佳方法,依我的经验,我仅做如下建议:最好使用外国的铅笔。学生应该坐在先生的旁边,每日仔细观看先生写少量汉字,然后自己尝试,让先生做批评。要特别注意书写的笔顺。写好后,注意比较先生写的字和你写的字之间的所有细微差别。然后模仿,再模仿。但是,在任何情况下都不要花太多时间在写字上以至于干扰到你汉语口语的正常学习。说、读、写三者的正确顺序应该是，说第一，读第二，最后才是写。

如何使用该书

第一章主要是参考。没有人会试图把简单一些的课程放在首位。如果你希望的话，你完全可以从任一地方开始，甚至是一门课程的中间。然而，你会发现，课程的前一百个句子不仅采用了罗马化的注音，并且提供了完整的字面翻译。第二百个句子则不再提供字面翻译，而且这两百个句子也是最后采用了罗马化注音的句子。从第二百个句子之后，分别附在下面的汉字的字号减小了，而且显示得也不是那么明显，而是和英文评论排列在一起的，这样就使得段与段之间显得更加紧密，而且占的空间也比之前少了很多。

关于重复的价值。为了促进我们的学习，我毫不犹豫地一遍又一遍地重复那些评论和解释。这一实践也将有助于任何时候对任一章节的研究。

为了让其与你所在地方的方言实践一致，你要毫不犹豫地改变句子或短语。我认为，这些句子是用来与人交流的，因而确保了每个句子可能的几种表达方式。这些表达方式有时在意思上或许有些微的差别，或许是完全一样的。你要自己来做比较，来做决定。要看看我标注的声调是否与你的一致。如果出现不同，那就把它们改过来。同样，根据你的实践或你的喜好来改动罗马注音。总之，在任何可能的情况下使用这本书，直到你不再需要它的帮助为止。因为给你们提供帮助正是我编辑这本教程的唯一理由。

结　　语

我知道，这是个陈腐的建议，但我还是要在这里说："学会说汉语的唯一办法就是要去说！"去和你的先生（老师）说，去和你的伙房（厨子）说，去和你的打杂（工人）说，去和你的老婆子（女佣人）说，甚至去和不认识的陌生人说。去和你在路上碰到的同行路人说，去和乡下的农夫说，去和酒家、茶馆里的客人说。仔细地听他们的观点。尽力学会他们的话，哪怕是一个字，一个短语。在交谈的时候做笔记，等你再回去学习的时候对这些你听到的、学会的东西进行考查。在我们试图去学习他们的语言的时候，中国人实际是从不会笑话我们的，这对我们传教士来说是一个很大的恩惠。

因而，即便是我们中胆子最小的，在使用我们学会或学得半会的某个字、某个短语或某个句子的时候也不要感到犹豫。在我们努力学习汉语的时候，我们遇到的只会是同情与共鸣。

千万不要让你的耳朵失聪！要让它们时刻接触新的字和短语。因为只有这样，你才会有所进步，但要成功地防止自己处于不利的地位。不进则退！继续努力！保持微笑！

奥马尔·基尔伯恩（启尔德）
1917年11月于成都

（廖芷蘅　上海大学新闻传播学院博士研究生）

·书评·

一部中西文化交流史研究的厚重之作
——评欧阳哲生著《古代北京与西方文明》

付 政

自从13世纪欧洲与中国文明的新对话开启以来，西方商人、传教士、遣使等群体和个人持续来华，从事商贸、传教和外交等活动，他们留下了大量文献记载，这些材料成为近年来国际汉学界关注和研究的热点。来华西方人在北京观察和生活后取得怎样的"北京经验"（Beijing Experience）？他们对中国历史文化的认识如何？西方来华人士是通过那些具体路线走进中国？他们对中国的观察和记载对西方世界产生了什么样的直接或间接、长期或短期的影响？这些都是大家关注的问题。北京大学欧阳哲生教授所著《古代北京与西方文明》[1]一书，是近年来难得一见的中西文化交流史研究领域的厚重之作。该书从上述问题入手，全景式地呈现了近千年西方人士的中国观念如何从极为倾慕转变为逐步渗透的历史过程，勾勒了西方人视野中的古代"北京形象"。综览全书，该著最为显著的特点主要有三：

首先，作者引入西方人士的"北京经验"这一概念，并以此展开讨论。英文中的"经验"（Experience）包含两层含义：一是亲身经历，二是实录其亲历，有时还包含对其经历的态度和研究（见该书第453页）。作者认为西方人士"通过对中国长达两三百年的接触，特别是驻节北京的亲身亲历，西方对中国的认识从外部到内部，从表层到深入，从地方到中央，有了极大的发展。西方对中国国情的了解，包括历史、地理、人口、政治、经济、文化、军事诸方面的了解不能说已了如指掌，但大体不差"[2]。借助西方人士来华的

---

[1] 北京大学出版社，2018年。
[2] 欧阳哲生《古代北京与西方文明》第544页，北京大学出版社，2008年。

记载、记忆与叙述,填补了对中西交流史研究的一些鲜为人知的空白。以往对中西文化交流史的研究多集中于具体专门领域和与之相关的问题,如基督教在华发展史中的礼仪之争,利玛窦、汤若望等耶稣会士在华个案研究。国际汉学领域的相关研究则在体量、取材和研究深度上都较为有限,西方人士在京的具体日常生活和其对华看法及其形成过程仍然有许多细节不为人知。该著在已有研究的基础上,利用来自英、法、俄、德等西文原始资料或翻译文献,描述了自元代至鸦片战争前北京与西方文明交往互动的全部历史过程。在写作的具体内容上,详人所略、略人所详,着重探讨西人进京的路线、时间和住所等具体细节。以马戛尔尼使团为例,该书介绍了其由老万山群岛登陆,再途经舟山、大沽口、通州抵达北京以及该使团在北京、承德参加各类庆典以及觐见皇帝的活动日程。详细评述了使团上岸后在通州郊区、弘雅园、北京城内豪宅和热河的食宿情况,并且大量援引马戛尔尼使团及其成员斯当东、安德逊等人对此行的相关评价。除了行程和食宿,该著还注意分析使团成员对中方招待的感受,包括对中方提供各项服务的评价,使团成员逝世后中方安排墓葬的做法以及中方提供的严密的安保监控措施……通过这些极富有画面感的"厚描述"(thick description),有助于读者对使团访华过程的个中情节有深入细致的了解。

　　作者从文化交流这一动态视角出发,不过多描述具体的政治关系、经贸往来以及科技艺术的交流,而是以微观化的分析视角和呈现手段对来华人士具体经历进行描写。借助当时来华西方人士留下的文献材料,还原其真实行经路线和沿途观感,通过评介西方人士对中国思想、意识、信仰、习俗等多种文化因素的观察,深度的解析其"北京经验"的形成过程,借用"他者"的经验和域外视角深入挖掘记载中亲历者的感受和中文文献中习焉不察的地方,这不仅大大充实了中西文化交流史研究中的薄弱之处,也为北京城市史的研究留下了宝贵的参考资料。

　　该著第二大亮点是作者在行文中强调历史的绵延感,而非断裂感,这一点与人们常常提及的西方汉学研究最新学术动向之一——全球视野颇有相通之处。正如作者所言,西方的中西文化交流史的研究呈现出整体视野,并且注重中国对欧洲的影响,该书正是注意研究两者互动关系的一个有效尝试。在关注西人在京活动的同时,作者从更长的时间段来考察这些活动产生的深远影响,如作者指出马可·波罗、利玛窦等人的记载,成为西方世界认识中

一部中西文化交流史研究的厚重之作

国的蓝本，马戛尔尼使团的记载帮助英方重新定义中英关系，而使团随行人员小斯当东也是鸦片战争时期英国主战派的代表人物。通过对比中西双方的史料，作者还指出了一些以往研究值得商榷的地方，如18世纪耶稣会解散一事，过去学者多强调清廷"内生"的原因，包括"禁教""闭关自守"等，作者指出罗马教廷也应当为这一时期中西文化交流的中断负一定责任。又如以往结论认为与清代东南沿海广东行商包办一切相比，北京贸易自由特色更为明显，但是作者通过分析俄方史料，指出这一说法并不确切，所谓清代北京贸易相对"自由"的说法也值得商榷，中俄双方在商品交流的各个环节不断出现贸易摩擦，甚至产生冲突。这些观点对修正前人研究，澄清某些误区自有其特殊价值。

除了从全球视野这一角度强调空间上的视野开阔，该著所传递的历史的延续感还在于打通了古代史和近代史的研究脉络，从时间上强调了中国历史的连续性，如此有助于对历史整体的把握。虽然该书下限止于鸦片战争，但是古代北京与西方文明的互动无不影响到近代中西关系的变化。文化的交流和影响是长期的、延续的、潜移默化的，故从"长时段"的角度出发，梳理中西文化交流中双方的互相认知和其中微妙的变化，或许能为我们研究近代相关问题提供新的解释灵感，从而避免千篇一律地重复已有的论断，在以民族国家和经济现代化的视角之外增加了对中国近代史认识的新维度。对于近代中西不同走向的解释，无论是从社会经济角度还是从政治、军事的角度已有很多论断和解释。作者在书中也提到"康乾盛世其实只是在帝制体制内相对平衡、持续的国家稳定和社会繁荣，与同时期欧洲正在进行的新的、具有升级意义的社会转型不可同日而语"[①]。其论断是基于文化的角度考虑得出，一方面，法国耶稣会士向西方传递的中国信息，对欧洲18世纪的"中国热"具有催发的作用，极大程度上构成欧洲人士想象中国的主要材料，从而影响到18世纪启蒙运动乃至整个近代欧洲的文化想象和思想变革。然而，在新的中国经验成为触发法国启蒙思想家想象灵感、推动法国社会转型的动力资源的同时，中国方面却由于仅仅在高层次中西文化交流才得以达成，而当权者对西方先进技术重视不够，尚未能从兴趣层面转换成为实际生产力，从文化交流这一角度也可以理解中西之间出现"大分流"，在近代不同走向的缘由。

---

① 《古代北京与西方文明》第285页。

该书第三个重要贡献是翔实的史料搜集和裁剪工作。该书参考的原始史料从体裁上看，包含日记、书信、游记、回忆录、考察报告、旅行札记、社会调查等等，这些都属于勾勒古代北京政治、经济、社会、文化状况的重要资料，提供了丰富且详尽的信息。该书在每一章节的开头部分都有文字专门介绍相关的史料状况，如俄国使团和东正教传教士的访华文献，法国耶稣会士的书简、报告，英国使团北京之行的文献状况。除了丰富的史料来源，作者对史料剪裁也做了恰当的处理。作者充分注意到此前中外文化交流史研究中人们忽略的来京人士进京的路线，作者整合这些材料，勾连成文，语言流畅，叙事性强，极具可读性。西方人士记载可以补充中文文献对古代北京的描述，例如，16世纪葡萄牙籍耶稣会士利用自身在监狱的经历描述了北京监狱的状况，法国耶稣会士记载了康熙年间北京大地震的发生和损坏状况。北京的火灾也成为传教士关注的对象，他们对1775年北京著名教堂——南堂发生火灾的记载就非常详细，而这些记载对于研究北京的自然灾害史多有裨益。法国传教士、工匠蒋友仁根据自己在御前的观察，描绘了乾隆的日常饮食，为研究乾隆日常生活习惯增补了新的材料。外国传教士近似"田野调查"视角，在一些国人习以为常的领域也留下了记载，如马戛尔尼使团对中国妇女的文字和图画记载，太监和弃婴作为其自身所处社会环境罕见的事物也受到关注并予以记载。除了日常生活材料的收录，该书还披露了一些西文的"首次"记载，如西文第一次提及辽金元初北京城的历史记载，目前所见关于北京纬度的第一次记载等，这些都是具有价值的史料。

该书给读者呈现了西方来京人士近千年来对北京观念的变化，书中各种历史细节的展现使得近千年的交流史变得具体、形象且鲜活。通过这种长时段的图景勾勒和构建，对于我们更好地理解近代中西文化交流的历史场景，从文化交流的角度解读中西关系演变的深层原因，无疑是一个重要的知识补充和视角转变。同时，钩沉和铺叙这些描述，并非仅仅为了还原历史的陈迹，更有助于人们在回望中西方文化交流的进程中，清醒地认识到文明互鉴的现实意义，这是推动人类文明进步和世界和平的重要动力。

（付政　北京大学历史学系）

从西方影像中发掘中国近代史

——《海外史料看庚子事变》介评

姚 斌

一、背　景

1900年，主要发生在中国华北地区的义和团运动震惊了世界。《时代》周刊甚至在进行20世纪大事盘点时将"反对外国人的拳民叛乱"列为人类进入20世纪时的头一项重大事件。义和团事件的影响波及当时世界主要国家。

在我国，义和团运动是中国近代史、晚清史的重要研究主题之一。山东大学历史系师生在20世纪60年代和80年代两次深入义和团运动发生地山东、河北、安徽、江苏、河南农村，访谈了大量当年的"拳民"，并形成了100多万字的口述实录。[1] 根据这些资料，结合清廷诏书、时人笔记和一些海外档案，国内学者对义和团的起源、性质、过程等问题进行了广泛探讨。[2]

作为一场重大的国际性事件，义和团运动在海外产生的影响近年来日益引起研究者关注。路遥主持编纂的《义和团运动文献资料汇编》，翻译出版了英、日、法、德等多国的文字档案。[3] 项蓝欣、姚斌等则利用西方国家的历史档案，从新的视角探究了义和团战争的起源问题以及义和团形象在西方世界的形成与嬗变。[4]

但是，在义和团运动研究领域，从影像视角切入的学术探讨仍不多见，其中一个重要原因便是对影像史料的收集与发掘不足。1900年左右，摄影技术已经相当成熟，在义和团运动发生的现场，有不少亲历者用摄影机和画笔记录下了当时的场景。这些影像在传回西方世界之后，参与了西方公众心目中义和团形象的建构，对理解义和团运动的跨国影响具有重要意义。但是有关的原始影像目前已公开出版的不多，大量影像仍以各种形式散落在世界各地，不易收集。除福建教育出版社组织翻译出版的《1900，美国摄影师的中

---

[1] 路遥主编《山东义和团调查资料选编》，山东大学出版社，1980年。路遥主编《山东大学义和团调查资料汇编》，山东大学出版社，2000年。

[2] 戴玄之《义和团研究》，北京大学出版社，2010年。林华国《历史的真相：义和团运动的史实及其再认识》，天津古籍出版社，2002年。路遥、程歗《义和团运动史研究》，齐鲁书社，1988年。

[3] 路遥主编《义和团运动文献资料汇编》，山东大学出版社，2013年。

[4] 项蓝欣《义和团战争的起源》，华东师范大学出版社，2003年。姚斌《拳民形象在美国——义和团运动的跨国影响研究》，世界知识出版社，2010年。

国照片日记》外，尚未见其他专以义和团运动海外影像为内容的公开出版物。①

在此背景下，重庆出版集团2018年出版的赵省伟主编《海外史料看庚子事变》对推动我国义和团影像史研究具有重要价值。该书分上、下两册，共计661页，收录了法国《画刊》《世界画报》、英国《图片报》和意大利《周日邮报》《周日论坛画报》等媒体上在义和团事件期间刊载的大量绘画、摄影作品及相关文字说明，呈现了义和团事件在西方公众眼中的发生、发展、结局与影响。

二、内容简介——以英国《图片报》（*The Graphics*）为例

限于篇幅，笔者仅以书中收录英国《图片报》相关报道为例，管窥义和团事件及其影像在西方媒体报道中的呈现逻辑与特征。《图片报》创刊于1869年，是19世纪英国具有代表性的时事画报之一。本书收录了《图片报》120余幅影像作品和10万多字的文字报道，篇幅达242页之多，占全书的三分之一强。《图片报》每周一期，在1900年7月7日至12月29日间每一期都刊登了大量对义和团事件的报道，内容覆盖从义和团运动高潮到八国联军侵略的全过程。总体看来，这些报道的内容主要分为三类：一是关于义和团运动对在华西方人构成的"极大"威胁；二是对英国派军队前去远东增援及联军在华活动的描述；三是对中国以及北京的历史与风土人情介绍。

得益于通信技术的快速发展，《图片报》对义和团运动几乎进行了实时呈现。报道中有不少耸人听闻的标题，如："满族人的疯狂""匪患危机""北京大屠杀""满洲拳民暴动：毁坏火车站"等。可以想见这些标题会给关心时事的读者留下何种印象。例如，在7月21日题为"北京大屠杀"的报道中大肆渲染极其恐怖的气氛，"他（端王）在北京处心积虑策划了一场残忍至极的大屠杀，包括驻华公使、使馆护卫和随从在内的上千名欧洲同胞，不论男女、儿童，都不幸遇难，英国使馆被焚毁，一切都埋葬在鲜血和大火中"。当时的实际情况是，清军和义和团组成的联合力量包围了北京使馆区，并切断了使

---

① ［美］利卡尔顿著、徐广宇译《1900，美国摄影师的中国照片日记》，福建教育出版社，2008年。

馆与外界的通信联系。使馆中的确出现了一些伤亡，但清军和义和团并没有攻陷使馆，更没有出现所谓的"大屠杀"。由于通信中断，无法获得来自北京现场的影像，因此在配图方面往往都是刊登一些义和团运动发生以前所拍摄的一些城市景观以及使馆中的官员及家属的照片或版画。

相形之下，关于英国派兵前往远东增援和联军在华活动的影像就丰富多了。7月7日的《图片报》刊登了两张清晰的皇家海军炮兵团在朴次茅斯港的照片。一张是英国士兵武装整齐排队登船，另一张则是炮兵团登船以后与岸上送行者道别的场景。结合对中国形势的描述，这些照片显然是要在西方读者心目中留下这样的印象：英勇的英国士兵要远征中国，去战胜疯狂的清军和拳民。在对联军行动的报道中，"修复义和团造成的破坏""在上海维护治安的警察"等标题配上相应的版画，将联军塑造成维护秩序的正义之师。即便是有关英军和联军士兵在北京及附近地区实施抢掠的图像，相关的文字报道也尽可能地加以美化，例如，将抢劫来的财物视为"战利品"和"必要的赔偿"。

有意思的是，《图片报》在报道义和团运动的同时花费了不少篇幅介绍北京乃至中国的历史、地貌与民俗，多次出现如"北京街景"和中国其他地区人文地貌的影像，特别是落入英国势力范围的长江流域。可以说，义和团运动的爆发使英国公众将视线投向了遥远的中国，因此报社也借机介绍相关背景，试图帮助读者理解他们并不那么熟悉的远东大国。在《图片报》的读者眼中，尽管中国拥有悠久的历史，优美的风景，但它们充其量只是供西方人观察和驾驭的对象，而现实的中国并不美好，亟待西方先进文明拯救。例如，在7月7日"北京街景"标题下，作者评论说："在北京的每条主街都有一条隆起的中心堤道。每天，手推车、驴子、马匹、骆驼川流于两侧……天气暖和的时候，街道上的味道可不怎么好闻。"报道配图中有拥挤的木制建筑、街上的马车和人流，还有穿着长袍马褂巡逻的清朝士兵，给读者的印象是，这样落后的中国确实需要西方"施以援手"。

纵观书中收录的其他几种画报的图文报道，大体也遵循了相近的逻辑，涵盖了类似的内容。当然由于国家立场的细微差异，报道的角度和影像的选取也略有不同，有待读者展卷细读，慢慢发现。

三、简　评

《海外史料看庚子事变》的出版将推动义和团影像史研究。本书的主要特色有以下三点：(1) 填补空白，提供了大量的一手图片和文字资料。本书收录的大量历史素材在国内乃至国际上都属于首次结集出版。目前对义和团事件跨国影响的研究，大多以文字资料为主，特别是当时来华外国人的现场记录、回忆录或海外媒体报道。义和团运动时期的影像只是零星地出现在这些研究中。而本书大量集中收录有关媒体刊载的义和团影像，可以说对义和团的影像史研究具有重要价值。(2) 资料丰富，视角多元。本书收录了英、法、意等三国画报有关义和团的图文报道，内容从义和团事件本身，到西方人的评论，再到中国的国情特色，几乎称得上是对中国历史、地理和当代事件的整体说明，在引导西方读者形成对义和团事件，以致中国和中国人的形象方面起到了重要作用。(3) 本书印刷质量上乘，历史影像清晰度高，而且保留了原画报中的彩版图片，生动地还原了当年原貌。一个多世纪前的那场轰动世界的事件中的人和物，又栩栩如生地呈现在今天的读者眼前。

当然，本书也有一些不足之处，主要体现在编译者仅仅将画报中的原文直接收集和复制出来，但缺少最基本的说明和分析。换句话说，本书只是提供了有关庚子事变的海外图文史料，但并没有提供"看"的视角或背景知识。因为没有对事件背景，中西方对待义和团运动态度的基本差异，以及当时国际关系和政治状况的介绍，对于受到本书装帧吸引，只是出于兴趣来翻阅的读者来说，特别是不了解国内外义和团运动研究传统的读者，恐怕会陷入具体的影像和文字中，而无法形成对该事件较为全面的理解。另外，由于译者本身并非史学研究者，一些译法也值得商榷。例如，为更好地体现西方人眼中的义和团形象，可以将 Boxers 直接译为"拳民"。又如，书中将所有的 China 都译为"清朝"，其实并不确切，因为"清朝"作为朝代名并非当时中国的国名，在晚清，中国、大清国、大清帝国是出现在清廷诏书和国际条约中比较常见的称号。

瑕不掩瑜，这套上下两卷的《海外史料看庚子事变》提供了关于义和团运动的丰富的海外影像史料，从事义和团研究的学者从中可以挖掘出独立于文字史料之外的新视角和新细节。对于只是出于兴趣而阅读的普通读者，本书中丰富、清晰的影像资料，也可以将他们带回到 120 年前那场轰轰烈烈的运动现场。

(姚斌　北京外国语大学高级翻译学院教授)